馬哈希大師
內觀手冊

Manual of Insight

Mahāsi Sayadaw
馬哈希大師 著

溫宗堃、何孟玲——中譯

禮敬世尊、阿羅漢、正等覺者。[1]

全知的佛陀具備九種特質[2]，無有與之相等者。

正法具備六種特質[3]，無有與之相等者。

僧伽具備九種特質[4]，無有與之相等者。

當我們如此思惟時，心會變得特別清明、喜悅。此時，我們就觀察那思惟、清明、喜悅的心理狀態，以及依於這些心理狀態而出現的身體現象。祈願依循此書而修行的善人們，能在今生證得道果、涅槃。這就是我撰寫此內觀禪修手冊的心意所在。

---

1 原為：Namo tassa bhagavato arahato sammāsambuddhassa!

2 世尊（bhagavā），是：（1）阿羅漢（arahaṃ）、（2）正等覺者（sammāsambuddho）、（3）明行足（vijjācaraṇasampanno）、（4）善逝（sugato）、（5）世間解（lokavidū）、（6）無上士調御丈夫（anuttaro purisadammasārathi）、（7）天人師（satthā devamanussānaṃ）、（8）佛陀（buddho）、（9）眾祐（bhagavā）。

3 法（Dhamma），是：（1）世尊所善說（svākkhāto bhagavatā dhammo）、（2）現在可見（sandiṭṭhiko 現見）、（3）立即有效（akāliko 應時）、（4）邀人來見（ehipassiko 來觀）、（5）導向（opanayyiko）、（6）智者內證（paccattaṃ veditabbo viññūhi）。

4 世尊的弟子僧伽（saṅgha），是：（1）善行道（supaṭipanno bhagavato sāvakasaṅgho）、（2）正直行道（ujupaṭipanno）、（3）正理行道（ñāyapaṭipanno）、（4）正當行道（sāmīcipaṭipanno）是四雙（cattāri purisayugāni）及八輩（aṭṭha puṅsapuggalā）、（5）可供養（āarhuṇeyyo）、（6）可供獻（pāhuṇeyyo）、（7）可布施（dakkhiṇeyyo）、（8）可合掌（añjalikarṇīyo）（9）世間無上福田（anuttaraṃ puññakkhettaṃ lokassa）。

目次

第二章 心清淨

第六章 觀智

譯者序

緬甸的馬哈希大師（Mahāsi Sayadaw，一九〇四－一九八二）是當代上座部佛教最為人熟知的禪修大師之一。他所承繼並教導的念處內觀（Satipaṭṭhāna Vipassanā）禪修方法與理論思想，至今已影響了當代東西方僧俗二眾難以計數的禪修愛好者。

此書是馬哈希大師四十一歲時（一九四五）便已完成的著作。讀者能從此書中清晰看到當時的馬哈希大師熟稔巴利語三藏的淵博學識，敢於反思傳統的批判思辨，以及對禪修方法的完整細膩指導。

譯者本身是念處內觀禪法的愛好者，對於此書的中譯與出版感到無比的榮幸與歡喜。譯者在翻譯時參考了此書更早期的英譯本*，然而受限於學力無法直接對讀緬文原本，若有錯解誤譯或疏漏，尚請讀者見諒並不吝給予指正。

溫宗堃、何孟玲

* Mahāsi Sayadaw (1984). U Min Swe (trans). *The Treatise on the Method of Vipassana Insight Meditation*. Buddha Sasana Nuggaha Organization. Yangon.

推薦序

馬哈希尊者的內觀方法與佛陀的教誨完全一致。因此，如果你想真正淨化自己的心並確實證得涅槃，你可以嘗試依照馬哈希尊者的《內觀手冊》來修行。佛陀說正念是涅槃之因，所謂「Appamādo amatapadaṃ.」。所以馬哈希尊者說，你越具正念，就越接近涅槃。

緬甸馬哈甘達勇禪寺住持 暨《馬哈希大師新傳》作者
達馬聶久禪師（Tharmanaykyaw Sayadaw）

約瑟夫・葛斯坦（Joseph Goldstein）的推薦序

馬哈希大師（Mahāsi Sayadaw）是二十世紀緬甸最受尊崇的比丘之一，在傳播早期佛教的解脫教學上，扮演著至關重要的角色。他兼備廣博而透徹的巴利佛典知識以及源自深刻禪修證悟而得的智慧，是一個罕見的比丘典範。一九五四年，第六次佛典結集大會（the Sixth Buddhist Council）在仰光舉辦，當時，馬哈希大師即受邀擔任大會的首席提問者[*1]，這便是對他兼具深刻的理論學養與高度的實修理解之認可。

在教學者的角色上，馬哈希大師主要的貢獻，是對於毗婆舍那（vipassanā）或說內觀禪修（insight meditation）的大力弘傳。他在緬甸各地建立了數百座禪修中心，不論是居士行者或者出家法師，都可以前往禪修中心接受念處禪修（satipaṭṭhāna meditation）的指引與教導——這種四念處的練習，被佛陀稱作是一種通往解脫的直截道路。至今已有成千上萬人在這些禪修中心或其他亞洲國家的禪修中心裡，學習了此種禪修練習。馬哈希大師的弟子們也將這教導，傳授到佛陀的出生地印度乃至西方歐美國家。

今日在美國和其他西方國家廣為流傳的正念教學，主要根源於馬哈希大師的教導，以及他那傳遞覺醒的實修方法的強大力量。雖然正念的當代應用，已為人們帶來巨大利益，但是不要忘了佛陀的原初教學實乃關乎解脫，也就是，讓心徹底免除所有造成自他痛苦的心理狀態。

在《馬哈希大師 內觀手冊》這本超凡的著作中，馬哈希大師鉅細靡遺地深刻闡釋整個修習的道路，始自戒清淨，終至最高的自由——涅槃的證悟。此書整合了最深奧的理論知識和最直接易行的實修教導。可以說，《馬哈希大師 內觀手冊》是一本得慢慢細讀的書，是可以深化我們的理解的參考書，究極而言更是我們自身覺悟道路上的重要指南。

*1　譯按：在佛滅後舉辦的第一次佛典結集大會中，首席提問者是當時的大迦葉尊者。

丹尼爾．高曼（Daniel Goleman）的推薦序

在《馬哈希大師 內觀手冊》中，緬甸禪師馬哈希大師向我們提供了一份來自古代的智慧傳統且呼應現代社會迫切需求的珍貴禮物。許多將毗婆舍那或說內觀禪修介紹到西方的老師們，都曾經向馬哈希大師或其弟子們學習過。既然內觀禪修的簡易版——正念禪修（mindfulness meditation），時至今日已然如此流行，現在，該是這本鉅作出現的好時機了。依於正念所帶出的完整修行道路，就在本書中被次第地完整鋪陳出來。

我個人會接觸此書所披露的教導，是因為曾在馬哈希大師的弟子們，主要是班迪達大師（Sayadaw U Paṇḍita）的座下學習過。在他指導的靜修營中，我與內人塔拉．班內特高曼（Tara Bennet-Goleman）有極大的收穫。班迪達大師以嚴格依循《馬哈希大師 內觀手冊》所描述的道路為榮。就現代的用語，他用「SQ」一詞，即心靈智力（spiritual intelligence）來指稱《馬哈希大師 內觀手冊》所含攝的深奧洞見與實用技能。他已將這方法教導給在緬甸以及世界各地成千上萬的學生，包括翁山蘇姬（Aung San Suu Kyi）。

在我看來，心靈智力描述著情緒智力的心靈層次。情緒智力的基本原則是「自我覺察」，而內觀本身就是能賦予我們最深刻的自我覺察能力。以內觀來審視我們的身心，我們就能細緻地反覆體驗身心現象的來去，破除自我的幻覺。認知科學告訴我們，這幻覺是我們從各類的內在輸入資料綜合而成，我們將這些隨機的信息編織成一個持續進行中的個人故事。可以用內觀看見，這個故事遮蔽了更多關於我們真實本質的核心真理。

在自我覺察後是「自我調節」，亦即反覆運用自我覺察來管理生活的種種方法。有了內觀，便有戒（sīla），也就是自然而發的自我規範，這份紀律，對於平衡心智以使之專注，遠離日常生活裡的分心事物和執著，可說是至關緊要。有了這紀律，我們可以在日常生活中創造一片綠洲，在這片綠洲中，以內觀來向內探究，讓我們有機會體驗到更深入的關於我們自身的真理。

情緒智力的第三部分——「同理心」，有三種型態：其一，認知上的理解，了解他人的想法；其二，情緒上的理解，感受他人的感受；其三，同理關懷，關心他人的幸福並且準備好在需要時提供幫助。最後這一項同理關懷，能夠創造出相互關愛的群體，這是現代社會極度欠缺的特質。內觀修習中的的慈（mettā）與悲（karuṇā）的練習，可以培養慈愛與悲憫，正符合了這個需求。

最後，我們將藉助這些能力來培養有益的人際關係。這條內觀之路冀望達到生命的進化，其最後的結果，是個人轉化的展現。人們越是趨近這道路的目標，個人特質達到情緒智力的靈性高度，就越是趨向於：無論處在任何境遇，皆能保持平等心，沒有嫉妒、憤怒的負面情緒，充滿著慈愛與悲憫之心，並且在當下保持醒覺。

雖然好幾個世紀以來，唯物論者的心智可能會斷然拒絕這類主張，把它視為宗教迷信或文化神話，然而，隨著科技的發展，神經科學已經開始告訴我們一個很不同的故事。譬如近來針對資深禪修行者的科學研究，發現他們的腦神經有結構上與功能上的改變，這合乎古代的描述，所謂密集練習能夠產生持續性人格特質。

大腦實驗的最新研究信息，催促我們必須以更慎重的態度，來看待這個描述著關於心智開發和自我提升方法的地圖。此書翻譯的時間點，顯得正是時候。

英文版主編的序言

如同所有依於因緣而發生的事物，此書的出版也是憑藉著無數因緣條件聚合的結果；其中有些因緣是顯而易見的，但也有許多因緣則無從知曉。之所以催生這本鉅著的英譯誕生，主要的原因是，現今社會中為了各種目的而將正念廣泛運用於不同領域，其運用方式正不斷地在擴展中；同時，學習者希望培育正念與解脫智慧，從而想要尋求合格引導的需求，也在逐漸增加中。某些人已然藉由佛法學習和禪修實踐，從而具備了接受高解析教學內容的能力，並且人數正快速成長。換句話說，現今已有許多佛法學習者，堪能欣賞本書所述及的全面且正統的佛法知識、修習道上可能遭遇的種種禪修經驗的清晰闡明，以及對於觀智的精確描述和有關解脫的細膩內容。與英語世界的讀者分享《馬哈希大師 內觀手冊》這本深奧鉅作的時機點，已經來臨了。

關於作者

《馬哈希大師 內觀手冊》的作者馬哈希大師，被認為是二十世紀最有成就的佛教學者與禪修大師之一。在其出生地緬甸，他是備受敬重的傑出佛教學者，撰寫超過七十本緬文或巴利文的著作。在一九五六年於緬甸舉辦的第六次佛典結集大會中，他受邀在大會中擔任提問者，受到全世界佛教團體的尊崇，相當於佛陀去世後三個月舉行的第一次佛典結集中大迦葉尊者的角色。第六次佛典結集大會中，馬哈希大師也負責監督新版巴利三藏和其注釋、疏鈔的編定工作。這次的三藏版本稱為「第六次結集三藏」（Chaṭṭha Saṅgāyana Tipiṭaka），時至今日在整個上座部佛教世界仍然被廣為使用，受到高度推崇。

除了著作等身的學術成就之外，馬哈希大師也基於個人根植於經教的禪修實踐，發展出一套清晰、簡明，且容易理解（甚至容易精通）的方法，依循這套方法的引導來實踐以正念為基的內觀禪修。馬哈希大師最初教授內觀方法的對象是他的親戚，發現他們能依此而順利開展觀智進程；帶著這份確信，他在一九四九年接受邀請來到仰光一處新成立的禪修中心，即現在的「馬哈希禪修中心」（Mahāsi Sasana Yeiktha Meditation Center），把他的方法傳授給僧俗二眾，指導人們培育解脫智慧。此後有成千上萬的緬甸和外國禪修者在此中心修習。馬哈希大師於一九八二年去世後，班迪達禪師以及其他緬甸禪師保存了馬哈希大師的教學傳統，廣布傳授於成千上萬的緬甸人、西方人，以及非緬甸籍的亞洲學生。

教導清晰而簡明，甚至適合不具備廣泛佛法知識的人群，是馬哈希大師的禪修方法和靜修營的特色。換句話說，既是適合在家居士也適合出家僧人；是有期限的密集靜修營，而非終身的寺院生活；是有一套追蹤禪修進展也就是觀智進展的明確方法；是提供給外國學生一個密集靜修並精通正念的機會。這些特色，讓馬哈希大師被推崇為西方正念運動和內觀禪修傳統的「長老」或「祖父」之一。當代在西方世界各地傳布佛教禪修的幾位關鍵人物，皆屬於馬哈希大師的傳承：第一代的西方內觀老師，包括約瑟夫．葛斯坦、雪倫．薩爾茲堡和傑克．康菲爾德，都曾是馬哈希大師的弟子阿那加利卡．穆寧拉（Anagarika Munindra）和其弟子蒂帕瑪的學生。

這幾位西方內觀老師和之後幾代依循馬哈希方法並運用密集靜修形式的西方內觀老師，建立了一流的內觀禪修中心，例如內觀禪修社（Insight Meditation Society，麻州）、靈磐禪修中心（Spirit Rock Meditation Center，加州）、如來禪修中心（Tatagatha Meditation Center，加州）、蓋亞之家（Gaia House，英格蘭）、貝阿滕貝格禪修中心（Meditation Centre Beatenberg，瑞士），以及許多的分支中心，如劍橋內觀禪修中心（麻州）、同立場禪修中心（Common Ground Meditation Center，明尼蘇達州）、西雅圖內觀禪修社（Seattle Insight Meditation Society）、夏威夷內觀（Vipassanā Hawaii，檀香山）、內觀慈心基金會（Vipassanā Mettā Foundation，茂宜島）以及許多其他團體。如此，馬哈希大師的教導，對上座部教法流傳至西方有著無可否認的重大影響，將上座部教法扎實地奠基在正念的練習之上。

關於此書

二〇〇〇年時，我得知馬哈希大師全面而權威的《馬哈希大師 內觀手冊》尚未譯成英文。作為一位帶領正念和內觀禪修營的資深老師，我知道人們對於這本書所提供的引導之需求，正在逐漸增加。因此我開始組成一個學者和修行者的翻譯團隊，包括在家與出家，著手進行這項歷史性的工作，以便讓英語世界的法友讀者能讀到這本書。參與翻譯和編輯此書的西方與緬甸的佛法學生，不是比丘、尼師，就是過去曾是出家的僧人。團隊的每位成員皆在馬哈希大師的傳統中長期修習正念、培育觀智，在世界各地透過教授與實踐，傳播這些教導。整個翻譯計畫曾禮請班迪達禪師做為顧問，由內觀慈心基金會出資贊助。

一九四五年，馬哈希大師在曼德勒之西的謝昆村（Seikkhun），以七個月的時間撰寫《馬哈希大師 內觀手冊》。在那時候，附近僅距八英里（編按：約十三公里）遠的雪布市（Shwebo）幾乎每天都遭受日軍炸彈攻擊。他所完成的這本著作是一部全面且具權威的論著，闡述著正念（satipaṭṭhāna）的理論與實踐，以及觀智的進展過程，包括佛陀所說的生命理想境界——涅槃（nibbāna）的體證。《馬哈希大師 內觀手冊》的緬甸原文版兩冊共七章，內容介紹佛陀八支聖道的理論與實踐：從正念的實踐與培育開始，修習觀智，最終是覺悟的體證。

第一章〈戒清淨〉綜述如何透過身、語行為的淨化，為正念的實踐奠立倫理基礎（sīla，戒），這是佛法三基礎的第二個基礎[*1]，也是八支聖道裡三種訓練的第一類訓練[*2]。這一章簡述出家僧人的清淨倫理，更多是關注在家修習者的倫理實踐，並補充了佛教傳統中正統而根本的教學內容。

第二章〈心清淨〉詳細描述如何運用正念培育專注力、心的穩定、收攝力（samādhi，定），這是八支聖道裡三類訓練的第二類訓練，也是佛法的第三個基礎，心之培育（bhāvanā，修）的初始階段。相續的正念，能暫時淨化心中的煩惱（kilesa），帶來寧靜，令心遠離散亂。馬哈希大師對於定力培育的描述，澄清一個很重要的議題，區別了「止」的定（固定的）和「觀」的定（瞬間的）二者之間的不同。馬哈希大師將這兩種定作了清晰區分，對於有效的內觀實踐來說，非常有幫助且至關緊要。

第三章〈究竟真實和世俗真實〉清晰闡述關於真實的兩種觀點，為內觀修習提供基礎：一個是對於經驗採取相對的、一般的、共許的或概念性的理解；另一個觀點，是對於經驗採體驗的、經驗的或親身了知的理解。了解這兩種觀點的差異，對於內觀實踐乃至體證四聖諦而證悟，非常重要。雖然說，即使不清楚兩種觀點的差別，仍然可以練習正念，但是若不加區別便不可能證得解脫。此章內容的重要性，在世俗的正念運用中經常未受到重視。

第四章〈修習正念〉乃基於眾所周知且受到高度尊崇的《念處經》(*Satipaṭṭhāna Sutta*)，所描述的佛陀四念處的教學，為正念的培育提供全面的指導。

第五章〈實修指導〉提供內觀修習之前的指引以及實際培育內觀智慧的練習指引，範圍含括從最基本的練習一直到進階練習。此章的其餘內容則在敘述禪修的經驗，從練習的最初一直到證得第一階所謂「預流」的證悟。在這一章中，馬哈希大師特別運用淺顯的語言，鋪陳出禪修者在練習過程中可能會出現的體驗，以及他們最後如何能了解這些體驗，符合所謂觀智進展的光譜中的各種智慧。如此清晰描述練習與觀智開展的進程，使得馬哈希大師的教學有別於當代其他佛法老師的教導。馬哈希大師在〈實修指導〉中，提供一份高解晰的地圖，能精準地引導並鼓舞任何願意努力實踐的人們。一九六五年斯里蘭卡曾出版此章的獨立英譯本，書名是《*The Progress of Insight*》。如今，就在這本書中，它首次在馬哈希大師完整的內觀論述脈絡中被呈現出來。

第六章〈觀智〉呈現一個可用來評估個人修習和觀智進展的完整模版。在此章中，馬哈希大師詳細說明伴隨著定力的培養而產生的各式各樣讓人目眩驚奇的效應，以及十種內觀的障染——有時也稱為偽涅槃。每一個觀智乃至證悟體驗出現的徵兆，也被一一指出。這份資料以往在緬甸以外的地方很難取得。

最後的第七章〈十八大觀〉闡述透過修習而體悟的七種主要與十一種次要的觀慧。此章的內容讓讀者仔細看到觀智如何淨化禪修者的見解，從而拔除潛伏在心相續流裡的煩惱。清晰而細膩地描述著，在有效練習時必然發生的見解轉變，這是歐美西方佛法著作和教學所無法比擬的。

因為我們考慮到馬哈希大師撰寫《馬哈希大師 內觀手冊》時所針對的讀者可能已具備阿毘達磨（Abhidhamma，佛法的身心科學）的基礎知識，這點與今日的英語讀者大不相同，所以我們決定加入厚實的附錄，為讀者提供一些基本的材料，以協助讀者把握書中較為專業的部分。阿毘達磨對於心和它的過程、作用，以及透過禪修所得的成長，有著非常精緻細微的描述。此書中提到的阿毘達磨的各種現象類別，已編輯成方便易讀的圖表，展示出各個類別之間的關係，讓讀者大致理解微細的心識剎那，是如何依序地展開。這些材料是英譯本的補充，並不包括在緬文原書中。

在翻譯計畫的首席顧問緬甸班迪達禪師的督促之下，我們也在此書的注腳裡放入馬哈希大師引用的許多佛典的巴利原文。馬哈希大師有意為他所寫的每則關於正念修習乃至觀智開展的內容，指出原典出處，讓讀者可以參考巴利三藏的佛語或注釋書、疏鈔等其他巴利著作。翻譯團隊花了許多精力，找到五百九十九處巴利佛典出處並提供羅馬字體的引文，讀者可以方便地在這書中找到參考出處。出自藏外文獻的引文，因為找不到其英譯，便直接從馬哈希大師的緬文翻譯加以英譯。

我們也認為，附上大量的巴英和英巴術語字彙對照表*3，對於想參照英譯背後的來源語的人們，會有所幫助。

整體而言，本書裡的資料，引經據典地完整呈現出上座部傳統所傳，所謂令人解脫的佛陀八支聖道的實踐方法。

關於翻譯和編輯團隊

翻譯委員會的每位成員皆練習此書所載的方法數十年之久。所有人也都曾在緬甸出家修習此書裡的教法，有些人長達二十多年。因此，我們很感恩班迪達禪師、迦那卡禪師（U Janaka）、因達卡禪師（U Indaka）、拉卡那禪師（U Lakkhaṇa）、戒諦臘禪師（U Jaṭṭila）、柏林禪師（Belin Sayadaw），感恩他們充滿智慧的督導和指引。若他們未曾教導並指引我們練習，我們便無法很好地籌畫譯成這本書。除了這些大師之外，還有許多緬甸的尼師和比丘們，協助我們找出馬哈希大師引用的許多佛典出處，證實確是佛陀教法。

此譯本的初稿，是由拉明（Hla Myint）所寫成，他年少時曾出家為僧，法名瓦尼塔（U Vaṇṇita），在緬甸極富聲望的馬哈甘達勇寺（Mahā-gandayone）學習，擁有殊勝的巴利語與佛法研究博士僧學位（Abhivaṃsa）。他目前在加州聖荷西（San Jose）的如來禪修中心（Tathagata Meditation Center）寫作、翻譯並教導佛法。從二〇〇〇年開始，他也在安蒂奧克學院（Antioch College）的佛學研究班教導佛法。

英譯初稿的校訂、審核和編輯，由阿利雅．保曼（Ariya Baumann）承擔。她出生於瑞士，曾出家法號聖智（Ariyañāṇī），在緬甸修學長達二十年，精通緬語和巴利文。她目前在緬甸、歐洲、澳洲和美國帶領禪修營。

我作為總編輯，督導從蘊釀到出版的整個計畫，與譯者和編輯者緊密合作，於整個過程的每個階段為草稿進行編輯。在我出家法號覺護（Buddharakkhita）的那幾年，我主要是跟隨班迪達禪師學習。後來擔任了內觀慈心基金會的共同創始人和導師，自一九九〇年起便在世界各地帶領正念、內觀和阿毘達磨的靜修營。我向澳洲的沙格拉禪師（Sayadaw U Sāgara）學習阿毘達磨時，編製了放在此書附錄的阿毘達磨圖表。

雄智（Virañāṇī）尼師，來自美國，自二〇〇五年開始便常居緬甸，協助編輯此書，找出羅馬字化的巴利引文，尋找可用來參考的英文翻譯，並編輯了此書最後的雙語字彙對照。雄智尼師曾在美國和緬甸學習巴利語，且長期練習內觀禪修。她目前在緬甸、歐洲、紐西蘭和澳州帶領禪修營。

卡瑪拉・馬斯特斯（Kamala Masters），出家時的法號為廣智（Vipulañāṇī），自一九八五年起她便以僧尼或居士的身分，跟隨班迪達大師修習內觀和慈心禪。她也曾跟隨阿那加利卡・穆寧拉學習，後者曾師從馬哈希大師。她也是內觀慈心基金會的共同創始人和導師，自一九九三年起便一直在世界各地帶領正念、內觀或慈心禪修營。

蒂波拉・拉特納・海勒（Deborah Ratner Helzer），過去法號葛達米（Gotamī），曾跟隨班迪達大師密集修習內觀。她自二〇〇五年起便一直在美國教導佛法並帶領內觀禪修營。

下列的緬甸比丘法師，為我們提供可貴的研究協助，翻譯巴利文獻並解釋阿毘達磨的專業細節：緬甸仰光恰密禪修中心（Chanmyay Yeiktha）的迦那卡禪師、緬甸仰光恰密緬禪修中心（Chanmyay Myaing Meditation Center）的因達卡禪師、緬甸莫比恰密緬佛學院（Chanmyay Myaing Study Monastery）的沙格拉校長。此外，還有來自德國的馬克・韋伯（Marc Weber），他曾出家，又名阿欽恰諾（Akiñcano）。

出版時間與地點

最初幾代的西方內觀老師選擇不透露他們對這資料所知道的內容，一部分原因是西方的佛法學生有一種帶著「不善的」企圖心，想要努力獲得什麼境界的傾向，而這可能會成為一種障礙，而非帶來利益。馬哈希大師在這本書裡提供的細膩指引，將會帶領修習者有系統地逐步淨除心中的貪執、瞋怒和愚痴，並且體證相繼的證悟階次，最終達至涅槃。

現今出現各種不同的禪修練習方法和形態，競相吸引真誠的佛法學習者的注意。而馬哈希大師的禪修方法，特別是清晰的觀智進展，以往曾吸引且正在持續吸引許多的學習者。西方資深內觀老師們於是有一個共識：考慮到現今西方佛法社群的成長與穩定，這本書裡的資料，相信能為今日所有依循上座部傳統的學習者提供一個正統而有用的參考。

《馬哈希大師 內觀手冊》詳盡描述與正念相關的理論與實踐，藉以導向觀智與涅槃的證悟，這是當代英語佛法著作中所欠缺的。此書包含豐富而精確的巴利三藏出處，並補充了詳細的阿毘達磨資料，明顯有別於西方或非緬甸國家裡關於這主題的大多數著作。在為此書尋求出版社時，智慧出版社是我們的第一選擇。智慧出版社滿懷熱忱認同《馬哈希大師 內觀手冊》的資料對所有佛法修習者的價值，不論他們是追隨哪個傳統。我們很感謝出版社編輯群的指引，協助我們在忠實翻譯馬哈希大師的文風與英語的流暢可讀性之間，找到一個平衡。

我個人需為此書可能出現的任何錯誤負責。對我們而言，令讀者知悉此書裡被發現的一切錯誤，是很重要的。倘若您找到任何錯誤，請將錯誤回報到www.mahasimanualofinsight.org這個網址，我們將會有一頁勘誤表供大家參考。

願此書出版所獲得的一切功德，成為培育解脫善願以及協助眾生離苦的助緣。

史帝夫・阿姆斯壯（Steve Armstrong）

---

*1　譯按：即三福業：一、施類福業事；二、戒類福業事；三、修類福業事。

*2　譯按：即三學：一、增上戒學；二、增上心學；三、增上慧學。

*3　譯按：中譯本省略「巴英和英巴術語字彙對照表」。

導論

依據佛陀的教法，內觀（vipassanā）禪修能令人體悟身心的究竟本質，觀見它們的無常（anicca）、苦（dukkha）、無我（anattā）的共相，並且證悟四聖諦。

否定內觀禪修，便是在否定佛陀的教法，破壞他人對內觀修行的信心，丟棄證得道、果的希望。《法句經》（*Dhammapada*）的偈頌，顯示出這是巨大的過失：

聖阿羅漢依正法而活，
因惡見而誹謗其教法的無智者，
招致自毀的果實，
如同佳他伽蘆葦，結果而自亡。[1]

以下的反思，可以激發修習內觀禪修的熱忱。應知道，得以接觸正法是極其寶貴的機會。我們很幸運能活在歷史的這個時間點，尚能學習佛陀的教導，對所有人而言這是難得的機會。我們有機會得益，證得最可貴的法：道、果和涅槃。然而，此機會稍縱即逝。很不幸，這樣的大好時機不會永遠持續。我們的壽命不久便會到達盡頭。即使壽命未盡，仍可能隨時死亡。即便我們還活著，如果年老而體弱、病痛，如果環境變得不利或者其他問題出現，我們也可能喪失修行的機會。

我們不應當浪費時間。那麼，在閱讀此手冊後該如何做，才能不錯失這個大好機會呢？應該就僅滿足於純粹理論的學習或教學？應該繼續投入全部的時光和心力追逐無止盡的感官快樂？其實，修行以讓自己在臨終時不感到無助，有可靠的修行成就支持著，不是更好嗎？佛陀一再提醒我們，必須趁著尚有時間時就事先好好修行。

今日就必須努力；

明日也許死亡就要到來，誰知道呢？

死亡及它的大軍是無法討價還價的。[2]

懊悔無用。如果有機會而不修行，當我們生病了、衰老了、羸弱了、臨命終時，或者生命終了投生到劣等世界時，將會懊悔莫及。趁時間尚未太遲，要牢記佛陀的教誨：

比丘們！禪修吧！切莫放逸，否則你將會後悔。

這是我對你們的教誨。[3]

你有法的親身體驗嗎？能夠依親身經驗，領會正法的特質嗎？已親自了知正法的特質了嗎？你可知道——佛陀曾經這麼說過：法是可被親身體驗的，有立即的效果，可邀人來見，須由自己體證真理。[4]

如何讀這本書

當你讀這本書的時候，請記得下列的事。

不要漫不經心！重要的是，從頭到尾細心閱讀整本書，了解作者的意思以及引自巴利三藏及其注釋、疏鈔的例子。

如果遇到你所不了解的巴利文，不要感到氣餒。提及這些巴利，主要是為了給嚴謹的巴利學者參考。如果你想了解它們的意思，可以請教巴利學者。書中有些巴利文句並未翻譯，同樣地，它們主要是為了提供給嚴謹的巴利學者參考。再者，摘自《念處經》（*Satipaṭṭhāna Sutta*）的巴利，在許多地方都可找到它們的英譯。

書中有些地方使用日常用語而非佛典專門術語。昔日佛陀說法時，就是使用當時的日常用語摩揭陀語（Māgadhī），而非古典梵語。所以，無需感到奇怪，也不應輕視這些以日常用語呈現的內容。不熟悉巴利佛典的人們，可以聚焦在第四和第五章。即使僅僅閱讀並學習第五章，也足以讓你直接開始內觀禪修，乃至將能體證道智、果智和涅槃。

最後，如果禪修實踐尚未到達令自己滿意的程度，不要感到灰心。找一個老師，在其指導下依據此書所給的指示，有系統地修習七天、十五天乃至一個月，終將有機會獲得滿意的體驗，體證殊勝觀智。如此，你將會親身經驗正法的各種特質。

1 *The Dhammapada: A New Translation of the Buddhist Classic with Annotations*, trans. Gil Fronsdal (Boston: Shambhala, 2005), 43. Yo sāsanaṃ arahataṃ, ariyānaṃ dhammajīvinaṃ; Paṭikkosati dummedho, diṭṭhiṃ nissāya pāpikaṃ; Phalāni kaṭṭhakasseva, attaghātāya phallati. (Dhp 164)

2 *The Middle Length Discourses of the Buddha: A New Translation of the Majjhima Nikāya*, trans. Bhikkhu Bodhi (Boston: Wisdom, 1995), 1039. Ajjeva kiccamātappaṃ, ko jaññā maraṇaṃ suve. Na hi no saṅgaraṃ tena, mahāsenena maccunā. (MN 131.3)

3 *The Middle Length Discourses,* 210. Jhāyatha, bhikkhave, mā pamādattha; mā pacchā vippaṭisārino ahuvattha. Ayaṃ vo amhākaṃ anusāsanī. (MN 19.27)

4 關於正法的六個特質，見第 3 頁的注釋 3。

第一章

戒清淨

比丘的戒清淨

依據《清淨道論》（*Visuddhimagga*）[1]，戒清淨（sīlavisuddhi）指四種已完全淨化的戒行（sīla）。

> 戒清淨即是完全清淨的別解脫律儀等的四種戒行。[2]

戒清淨指四種戒行的清淨，本章將會充分說明。它們是：持守出家戒律（pāṭimokkhasaṃvara，別解脫律儀）、採取清淨的謀生方式（ajīvapārisuddhi，活命遍淨）、依智慧使用資具必需品（paccayasannissita，資具依止），以及謹慎地約束感官（indriyasaṃvara，根律儀）。

戒又有兩類，一是出家眾的戒、二是在家居士的戒。因為出家眾的戒範圍很廣，於此我只摘要地解釋。

別解脫律儀戒

遵守佛陀制定的出家戒律，約束個人的身、口的行為，不違犯，稱為「別解脫律儀」。這種戒行，能保護持戒者免於種種的危險和苦難。徹底淨化此戒行的指引方針是：

> ……於微細過失亦見其可畏，於諸學處受持學習……[3]

比丘應當非常謹慎，不違犯任何戒律，甚至應把微小的違犯看作危險，因為那也會妨礙他證得道果的機會，乃至導致再次投生於劣等世界。

如果比丘違犯了一條戒，他應盡可能地改正，就如同兒童不小心拿到燒燙的木炭時會立刻丟掉。比丘可以透過「別住」（parivāsa）和「摩那埵」（mānatta）[*1]來除罪，或者透過律典所記載的程序捨棄〔不當的〕金錢或物品。依照律典（vinaya）[4]的規定出罪之後，比丘應當決意不再違犯相同的戒。如此，他可以完全清淨持守出家戒律。

活命遍淨戒

依據比丘戒尋求或接受四種資具[5]，稱為「活命遍淨」。此戒最重要的事，是努力以符合比丘戒律的方式獲得四種資具。有許多獲取資具的方法，並不符合比丘的戒律。完整的說明，可參考《清淨道論》。

如果比丘在獲得四資具時違犯比丘戒，這類違犯可能包括「需逐出僧團的罪」（pārājika，波羅夷）[6]、「需召開僧團會議的罪」（saṅghādisesa，僧殘）[*2]、「粗罪」（thullaccaya，偷蘭遮）[*3]、「不當行為」（dukkaṭa，突吉羅），端視所犯的行為而有不同。「突吉羅」是最一般的違犯。[*4]譬如使用不當取得的資具，即屬於「突吉羅」。做出這些違犯時，持守出家戒律的戒行，就破損了，這可能也就損害比丘投生天界乃至證得道智、果智的可能性。但是，如果能透過之前提到的程序來出罪，便可再次讓出家戒律的持守得到淨化，遠離上述危害。所以，比丘也必須徹底淨化這類的戒行。

資具依止戒

以智慧使用資具的戒行，意指應謹記四種資具的使用目的。為了讓此戒行清淨，比丘每次使用資具時，應當思考其使用目的的合適性。例如，當比丘穿著或更換僧袍時，他應當思惟僧袍的目的只是為了遮防蚊虻寒熱，不是為了外在的莊嚴、吸引力。又譬如，當他一口接著一口進食時，應當思惟飲食的目的；如果在進食時並未這麼做，他可以在隔天日出前任何時候思惟；如果在破曉時仍未做到，這表示，像注釋書所說的，他靠「借貸」使用資具（iṇaparibhoga）。

「靠借貸使用資具」並非指比丘在未來世有責任償還護持者的布施。這麼說，是因為比丘如此使用資具的方式類似於人們借款購物的方式。它的解釋如下：布施資具給持戒清淨的比丘，是在家布施者完成施清淨（dakkhiṇāvisuddhi）的一項要件，他們可以因此而獲得布施的最大可能利益。如果比丘未能在使用這些資具時思惟其正當目的，謹記資具使用目的之戒行，便不清淨；如此，布施者將無法享有其布施的完整利益。如此，布施者好比是以貸款或賒帳的方式在販賣物品，他們尚未得到布施的完整價值。而接受布施的比丘，就好比是借貸或賒帳來購物的人，並未給出完整的價值。

《大疏鈔》（*Mahāṭīkā*）[7]說：「Iṇaparibhoga意指借貸使用事物。這樣的布施好比貸款使用某物，因為接受者不符合施清淨的要素。」[8]但是《大疏鈔》也說：「如同債務人無法去到想去的地方，借貸使用資具的比丘也無法出離世間。」[9]那麼，這段文的重點是什麼？重點是如果比丘使用資具而未思考其目的，他對資具的執取便未斷除。這執取會在他死後帶他到劣等世界。底沙比丘（Tissa）的故事說明了這一點。

如《法句經》注釋書所記述的故事，底沙比丘在臨死時仍貪愛著他的新僧袍而投生為僧袍上的一隻蝨子。當另外一位比丘依據比丘戒裡關於去世比丘財物的規定而獲得這僧袍時，這蝨子大叫控訴那比丘搶奪他的僧袍。佛陀以神通聽到蝨子的叫喊，要求比丘暫緩分發那件僧袍，以免那隻蝨子投生到地獄。[10]一週之後，那蝨子死亡投生到兜率天界，這時候佛陀才允許比丘分享那件僧袍。

這是令人驚駭的事。考慮到他作為蝨子而死後便投生兜率天的事實，如果他未執著於僧袍，身為比丘的他在死後其實就可生到天界。另外，如果佛陀並未延遲分發他的僧袍，他可能已投生地獄。執取是很嚴重且可怕的事！佛陀就此事件，說了以下的偈頌：

如同鐵銹腐蝕生銹的鐵，
惡業引領造業者至惡趣。[11]

有些人認為，若比丘「借貸」使用資具便無法證得道、果，因為他有責任償還貸款。他們以為借貸使用資具，比假冒比丘身分和四種波羅夷的違犯更加嚴重，然而這想法與佛典不符。依據佛典，人們即使違犯波羅夷或假冒比丘身分，但在成了在家人或沙彌身分後，仍可能證得道、果。

關於此事的巴利佛典出處，《增支部》注釋書有一段話：

聽聞這教導後[12]，六十位犯重罪的比丘，受出離心（saṃvega）驅策，捨棄比丘身分後，以沙彌（sāmaṇera）之身，持守沙彌十戒。培育善法後，有些人成為預流者（sotāpanna）[13]，有些人成為一來者（sakadāgāmī）[14]，有些人成為不還者（anāgāmī）[15]，有些人投生至天界。如此，即使是犯波羅夷的比丘，仍可以證果。[16]

注釋書解釋，佛陀知道這六十位比丘犯了波羅夷，於是前去為他們宣說經教。從這解釋可以清楚看出，他們犯戒後仍持續假冒比丘身分繼續生活好一陣子。即便如此，他們的重罪和假冒比丘身分的罪，並未摧毀他們證得道智、果智的可能性。

所以，怎麼可能小小違犯的「借貸」使用資具，就會破壞比丘證得覺悟的可能性，而不考慮他在出家戒其他方面持守得好不好。這完全不合理。

■ 出家戒和資具依止

思惟資具使用目的的教導，並非出自律典，而是來自經典。比丘若未能思惟使用資具的目的，並未違犯任何佛陀制定的出家戒。所以這不會對比丘證得道智、果智的希望有任何損害。因此，我們甚至不應該說借貸使用資具的嚴重性，和戒律中最輕微的「突吉羅」「惡說」（dubbhāsita）[*5]一樣。

在此，有人會問：「注釋書說，服用藥食而未思惟其目的，即屬違犯出家戒。那麼，不謹記資具使用的目的也算違犯出家戒，這麼想不合理嗎？」然而，這推論並不正確。比丘只可以為了藥用目的而服用藥食。如果為了營養目的而用藥食，依據下列比丘戒，屬於不當行為。

> 若比丘為了營養，食用午後可用的食物（yāmakālika，非時藥），七天內可用的食物（sattāhakālika，七日藥），和終身可用的食物（yāvajīvika，盡形壽藥），每次食用都屬不當行為（惡作）。[17]

所以，這個違犯是因為觸犯出家戒，並非是未能謹記服用藥食的目的。因此，疏鈔說，在隔天黎明前的任何時候思惟所用資具的目的，便能淨化未謹記資具使用目的之過失。

小龍三藏長老（Tipiṭaka Cūḷanāga Thera）[18]是通達三藏，於歷史上倍受尊崇的大長老，其辨析法與律的學養甚至可以說是與撰寫多本注釋書的覺音尊者（Buddhaghosa）一樣資深。精通三藏[19]的他，普遍受到注釋書的作者群所推崇，因此我們應當認真看待他的觀點。所謂的未謹記資具使用目的便違犯出家戒律，這種觀點與小龍三藏長老的看法相左。依據他的看法，就比丘而言，唯有出家戒（別解脫律儀）才是戒，巴利三藏並未將其他三類描述為戒。和某些老師的見解不同，他認為：約束感官（根律儀）僅是守護六感官門；依循清淨的謀生方式（活命遍淨）只是以正當、誠實的方式獲得四種資具；以智慧運用資具必需品（資具依止）只是反思正當所得的四種資具的使用目的。唯有持守出家別解脫戒這一項是真正意義上的戒。如果比丘違犯此別解脫戒，就好比頭顱被砍斷，不用再去考慮其他四肢（其他三種戒）受到的傷害。如果比丘持守別解脫戒無有缺失，有如頭顱仍健全的人，仍可以照護他的生命和其他四肢。[20]

所以，根據這位長老的看法，只要比丘的出家戒律持守無缺，其他三種戒無論如何受損，都能恢復清淨。當然，毫無疑慮的是，清淨完好的戒，能幫助比丘證得道、果。至於某些老師的看法，認為比丘借貸使用資具，便無法證得道、果，甚至只要有一次未能謹記資具使用目的便無法彌補，這類意見與上述的上座部教法相違背。

阿毘達磨與《一切漏經》（*Sabbāsava Sutta*）[21]、《漏經》（*Āsava Sutta*）[22]等經典，談及飲食知量（bhojanemattaññū）時，解釋了應如何思惟資具使用目的，但是從未把它稱為「資具依止」，而是說為「飲食知量」或「依用斷漏」（paṭisevanāpahātabbāsavā）。因此，小龍三藏長老指出巴利三藏從未將此稱為戒。

■ 禪修與思惟

思惟資具使用的目的，究竟來說，是智慧的反思或省察（paccavekkhaṇa），更適合歸屬在慧學（paññāsikkhā）的領域，而非戒學（sīlasikkhā）。思惟資具使用的目的，並非是要依照戒律將資具合法化，而是作為決意（adhiṭṭhāna）和指派（vikappanā）的練習。而且，這類思惟不應該被當作如咒語般只是反覆唸誦，它是為了保護比丘遠離資具可能引起的煩惱。所以，比丘使用資具時，應當好好地思惟它們的使用目的。

另外，如下文所述，內觀禪修者會自動地完成謹記資具使用目的之任務。

若比丘獲得或使用資具時，從界或不淨加以省察，便不違犯持有、使用逾期或過多的衣等資具之規定。[23]

這一點將在關於在家居士戒那個章節仔細解釋。如此，有兩種方式可以完全淨化資具依止：思惟資具使用的目的；或者，使用資具時修習一種禪修方法。

根律儀戒

約束感官（根律儀）的意思，是當任何一種感官目標進入感官門戶而生起心識活動時，謹慎地節制感官以避免煩惱的生起。此下，將只針對眼門感官來詳細解釋如何自我約束以獲得這種戒行的清淨。其餘的感官根門，可用相同的方式加以理解。

以眼見色時，不取於相，不取細相……[24]

當比丘以眼見色時，應該不辨識是男人相或女人相，也不辨識身體姿態和臉部表情。如注釋書說：「讓見只是見。」疏鈔解釋，心不應該因為注意這人如何地美、醜等，而超出純粹見的事實。

貪愛等的煩惱，常常起因於仔細關注異性的容顏和肢體。所以，應該不主動去關注異性身體的任何部位，包括臉、眼、眉、鼻、唇、胸、臂、腿等等。同樣地，不應該主動關注異性的姿態、動作，譬如，如何微笑、大笑、說話、撅嘴、顧盼等等，如注釋書說「僅是取那裡有的」。[25]

注釋書這句話的意思，是說應該只注意實際存在於所見者身上的。實際存在於人身上的，是頭髮、體毛、指甲、牙齒、皮膚、肌肉、肌腱、骨頭等等。或者，應該觀察人身上的四大和四大所造色。[26]此下將依據注釋書，來說明根律儀如何生起。

當眼可見色撞擊眼門，一系列的心識剎那如下所示次第生起：注意到目標

（āvajjana，轉向），眼識（cakkhuviññāṇa）看見目標，接受目標（paṭicchana，領受），探索目標（santīraṇa，推度），確認目標（votthapana，確定），再完全感知目標或趨向它（javana，速行）。透過戒（sīla）、念（sati）、智（ñāṇa）、忍（khanti）或精進（vīriya），律儀會在速行階段生起。這五種律儀的任何一種現前，便能圓滿根律儀戒。相反的情況是，壞戒、失念、無智、無安忍與懈怠，便會構成非律儀的自我放縱。[27]

■ 戒律儀

依靠戒行而自我約束，巴利語稱為sīlasaṃvara，戒律儀。依據注釋書，這是指持守出家戒。失去這種約束，稱為「壞戒非律儀」（dussīlya-asaṃvara），因壞戒而自我放縱。身、語的行為違反出家戒，都屬破戒。疏鈔[28]說，壞戒非律儀並不隨著「違犯煩惱」（vitikkamakilesa）[29]生起而發生在五種感官根門，只會發生在意門。但其餘的四種非律儀，則會發生在全部的六種感官根門。

■ 念律儀

透過正念而自我約束，在巴利文稱為satisaṃvara，念律儀。這是指感官的約束，也就是包括眼律儀（cakkhusaṃvara）等的根律儀。究竟而言，真正的根律儀是透過正念約束六根門，不令煩惱生起的念律儀。另一方面，忘失正念會導致「失念非律儀」（muṭṭhasacca-asaṃvara），因忘失正念而自我放縱，顯現出貪愛（abhijjhā）和瞋恚，如下段巴利文所描述：

> ……若眼根無防護，貪、憂、諸惡不善法將流入……[30]

■ 智律儀

藉由智慧而自我約束，巴利文稱為ñāṇasaṃvara，智律儀。依據《小義釋》（*Cūḷaniddesa*）和《經集》（*Suttanipāta*）的注釋書等文獻，智律儀會在證得道智時生起：

我說念是（貪、邪見、煩惱、惡行、無明等不善）諸流的約束，它們被（道智的）*6智慧所遮斷，如此稱為智律儀。[31]

依據《清淨道論》，智律儀也在記得資具使用目的之時生起：「此是智律儀。資具使用亦包含其中。」[32]

此外，觀智也應包含在智律儀中。毗婆舍那內觀禪修的練習，能夠以「部分斷除」的方式（tadaṅgappahāna，彼分斷）斷捨潛藏於感官目標裡的煩惱（ārammaṇānusaya，所緣隨眠），比透過思惟以節制煩惱的方式更為殊勝。《義釋》（*Niddesa*）說：

知、見一切行無常時，以智慧遮斷煩惱流。[33]

道智、思惟資具使用目的、觀智，皆被視為智律儀。與這三種智慧相反的是愚痴（moha），即是非律儀。

▪ 忍律儀

藉由耐心而自我約束，巴利文稱為khantisaṃvara，忍律儀。這是指面對冷熱、疼痛、詆毀、謾罵等的時候，保持安忍耐心。究竟而言，這是無瞋（adosa）。它的相反狀態是「無忍非律儀」（akkhanti-asaṃvara），由於失去耐心而自我放縱。

▪ 精進律儀

藉由努力而自我約束，巴利文稱為vīriyasaṃvara，精進律儀。精進的意思是努力斷捨感官快樂等的思緒。究竟而言，這種精進是下列巴利經典所說的正當奮勤（sammappadhānavīriya，正勤精進）：

在此，比丘為令尚未生起的惡不善法不生，起欲，發勤，精進，策心，持心。[34]

依據《清淨道論》，採取清淨謀生方式的戒行（活命遍淨戒），包括在精進律儀中。相反的狀態是「懈怠非律儀」（kosajja-asaṃsvara），因怠惰而自我放縱。

禪修前的律儀

在這五種律儀裡，有兩種律儀無法包含在根律儀的基礎實踐。其一，戒律儀是屬於別解脫律儀的範圍。其二，智律儀則需先前已修得的觀智或道智，所以無法在開始禪修之前遵行。

為了在修習禪修之前透過謹慎節制感官來淨化戒行，必須培養三種律儀——念律儀、忍律儀和精進律儀。運用這些律儀，淨化根律儀戒的方法，記載在名為《殊勝義註》（*Aṭṭhasālinī*）的注釋書中。

> 可以藉由自制、轉變想法、埋首善行，以及導心於善的方式，產生善法。[35]

■ 自制

行者應該自制（niyamita），無論思惟、說話或行動，皆僅以有益或良善的方式進行；只讓善法透過六感官根門進入心中；額外謹慎只讓善法生起。耐心面對任何發生的事；努力讓自己不懷有不健康或不良善的想法。有了自制，不善的心念便會減少。這時候，不善法不生起。人會傾向朝善的方式去思惟。

例如，樂善好施的人如果得到貴重物品，第一個念頭可能是分享給人，而非自己享用。如此，自制可以讓人耐心忍受任何不悅的事物，不會有不善的反應。這是以自制淨化根律儀戒的簡短說明。

■ 轉變想法

倘若不善的想法出現，應該將它們轉化（pariṇāmita）為善的想法。例如，看到女性時產生了染汙的念頭，應該以下列的方式加以轉化：

- 依其年齡而定，把她當作自己的姊妹或母親，然後思惟她所受的苦，從而產生純粹同情或友善的念頭。
- 藉由不淨想，反思她身體令人厭惡的物質——眼淚、唾液、黏液、痰、大便、小便等。

・藉由討論或教導佛法，閱讀書籍、佛典，念誦、做志工服務等，藉以捨棄對女性的染汙想法，代之以對她們的善念。

在《念處經》（*Satipaṭṭhāna Sutta*）的注釋書中，還有其他轉化念頭的方法。這裡只是簡短的解釋。

■ 埋首善行

讓自己時時刻刻皆忙於善行：聽聞、教導、憶持、閱讀、省察和念誦佛典。不管是履行比丘日常的義務，或者探討、論究佛法，或者開示或聆聽法談，或者修習頭陀行（dhutaṅga）等等。如此做時，煩惱便沒太多機會得以生起，大多時間在六根門生起的，是健康、良善的心理狀態。上述是埋首善行（samudācāra）的簡短說明。

■ 導心於善

任何時刻當感官目標出現時，應該引導自心於善法上（ābhujita），培養正確態度（yoniso manasikāra，如理作意）。例如，若毫無理由地遭到辱罵，應該以下列的方式來思惟：

・因為他不知道事實，所以才辱罵我。

・膚淺的人常沒來由地辱罵別人。他們就是如此。

・當真相大白時，他會感到後悔。

・我在過去世曾辱罵過別人，所以現在遭受相同的回報。

・被辱罵是日常生活的一部分，是世間八法[36]之一。連佛陀也曾遭辱罵，何況是我？生活的榮衰常會影響凡夫的心。只有聖者能夠安忍生活的起伏，我將追隨他們的典範。

・佛陀說，即使對把我們砍成碎片的人，我們都必須忍耐。如果我們因此而憤怒，就不是他真正的弟子。被砍可比被辱罵，痛苦得多了。那麼，為何我不能夠奉行佛陀的這個教誨？

・辱罵我的人，究竟而言，只是憤怒等的心理現象和從憤怒心所產生的身體現象。沒有人罵我，只不過是在辱罵的瞬間已經消逝的五種心理（nāma，名）

和身體（rūpa，色）現象的聚合。[37]它們已不復存在。現在並沒有可以生氣的對象。如果我仍在生氣，那只是對後來的身心現象生氣，這會像是有人怨恨的是父母，卻在他們死後對其孩子或孫子報復。

- 那些身心現象只在我被辱罵的當時才存在，現在它們已經消逝。如果我仍然對後來生起的身心現象生氣，那會像是我所怨恨的人已死亡，而我卻在對他們的小孩、孫子或曾孫報復。

還有許多其他思惟方法，可以帶來正確態度。不論用何種方式讓人朝向善法，都是正確態度。這是透過正確態度（如理作意）令根律儀戒清淨的簡短說明。

■ 得三種律儀

運用上述的方法時，會在六根門生起的，就僅有善法，因此，可以圓滿根律儀戒。與感官目標接觸時如此練習，善的覺知充滿，因此成就「念律儀」。如果不善念想不時地生起，就應該下定決心不再繼續想。如此，也能成就「根律儀」。另外，遭遇不愉悅的感官目標時，能保持耐心，這是「忍律儀」。當人們努力避免欲樂念想等的煩惱生起之時，或者在努力促使不善念想消失之時，便有了「精進律儀」。

另外，比丘可以透過根律儀戒來修復戒行，如同向一位同伴比丘坦誠自己的違犯並承諾不再犯以修復戒行一樣。

從禪修生起的律儀

上述淨化根律儀的方法，也許聽來容易，然而實際上不然。心非常叛逆，除非通過禪修加以調伏。心經常會違背個人的意向或決心，奔向各種感官目標。所以，除非藉由禪修加以調伏，否則心會使不上力。有些人以為不需練習禪修或者在禪修之前，就能完成根律儀戒，他們認為應該先圓滿所有四種戒之後才進行禪修。

但是，我們應該思考注釋書和疏鈔所強調的指示：讓心只停留於見、聽等的經驗，不讓煩惱從六感官根門生起。有誰能夠在每次感官目標碰觸感官根門產生感官意識時做到這點？沒有人做得到，即使是非常成熟的內觀禪修者也辦不到。根律儀要克服的煩惱，並非是那種會導致身語違犯的煩惱，因為這種煩惱只需透過戒便可以克服；根律儀所要戰勝的煩惱，是纏縛煩惱和隨眠煩惱，二者必須分別透過定（samādhi）和慧（paññā）才能加以根除。

和別解脫律儀戒不同，根律儀其實不是真正的戒。作為根律儀特徵的正念、智慧、安忍和精進，實際上不屬於戒學，而是屬於定學和慧學的範圍。這就是為何在《小義釋》以及《念處經》注釋中，智律儀被解釋為道智的緣故。這也證明了根律儀無法在禪修之前變得圓滿清淨。通過禪修所調伏的心，將變得溫和而柔順。如此的心會遵從個人意願，可以被引導到任何想要停留的目標上。心就是如此。

因此，根律儀只能透過禪修而得完全清淨。禪修愈成熟，根律儀愈清淨。如同注釋書和疏鈔所說，當禪修完全成熟時，根律儀戒就完全清淨。為了說明這一點，《清淨道論》鼓勵我們效法大底沙長老（Mahātissa）的典範。

大底沙長老修習不淨觀（asubhabhāvanā）多年。有一天，他在森林某處遇見一名妙齡女子對他露出嫵媚誘人的微笑。他完全未被誘惑，反而在見到她的貝齒之餘生起不淨想（asubhasaññā），因此證得初禪。基於初禪，他接著修習內觀禪修，直到證得阿羅漢果（arahattaphala）。

就此，《清淨道論》記載一位古賢所作的偈頌：

看見她齒骨，
憶念最初想，
長老在當場，
證得阿羅漢。[38]

「憶念最初想」這一句明白表示這位長老在這事件之前，不淨想的修習已經純熟。所以，如果想效法這位長老，需要事先好好禪修。否則自身的禪修功夫將無法像這位長老那樣抵擋得住誘惑。

有人也許會問：「具備成熟的修行資糧（pāramī，波羅蜜）[39]的人，如果未事先練習，不可能當下運用這不淨想嗎？」當然，那是可能的。觀察身體的不淨是禪修的一種。無論如何，如果考慮注釋書和疏鈔關於根律儀戒的說法，所謂：不應讓任何煩惱透過六根門生起。那麼，很清楚的是，若不禪修則根律儀是無法完全清淨的。

如果想在練習禪修之前淨化根律儀戒，應當盡可能地遵循上述的方法。但是，如果想要達到圓滿清淨，則必須練習禪修。不應該擔心根律儀尚未完全清淨，而推遲了禪修練習。禪修能夠圓滿包括根律儀在內的所有的律儀。

作為禪修前提的律儀

簡言之，比丘在練習禪修前，有兩種戒需要圓滿，即關於身、口行為的戒（別解脫律儀戒）以及關於謀生方式的戒（活命遍淨戒）。如果違反了這兩種戒，將會危及比丘證得道智、果智的機會（āṇāvītikkamantarāya）。若能圓滿持守出家別解脫戒，涉及謀生方式的活命遍淨戒便會自動變得清淨。如果比丘採用錯誤的謀生方式，他也就破壞了別解脫律儀戒。所以，為了圓滿別解脫律儀戒，比丘需要避開錯誤的謀生方式。

在開始禪修練習之前，比丘也應該盡力防護感官根門，並思惟資具使用的目的。當這兩種戒也圓滿時，就會遠離後悔、懊惱。不過若是無法圓滿這兩種戒，也不會妨害禪修練習，所以不要因此而對禪修有所遲疑。在練習禪修時，這四種戒將會自動圓滿。這一點，在後面討論家居士的戒之後，會更清楚理解。

在家居士的戒清淨

在家居士所持的戒，不像比丘那樣詳細。在家居士只需持守五戒，或者以正確謀生為首項的活命第八戒（ājivaṭṭhamakasīla）。*7有人可能會不理解，這兩種戒的一些戒條不同，何以它們都可以達到所需的目的。這是因為它們的「可做與不可做」基本上是相同的。

所以，如果持守五戒中的不妄語戒，按理也就持守了活命第八戒所包括的另外三條關於說話的戒，也就是不背後中傷、挑撥離間（pisuṇavācā，兩舌），不說粗暴、無禮的話（pharusavācā，惡口），不做輕浮、無意義的言談（samphapalāpavācā，綺語）。同樣地，如果遠離三種身體的不善行和四種言語的不善行，那麼，謀生方式就會自動清淨，這也是活命第八戒的要求。如此，持守好五戒，基本上就與持守活命第八戒相同。

反過來說，如果持守好活命第八戒，按理也應遠離飲酒和一切非法藥物。這些行為屬於沉迷欲樂，因此包含在關於錯誤性行為的戒（不邪淫戒）。如此，持守好活命第八戒，基本上和持守五戒相同。所以，無論持守二者中的哪一種戒，皆屬戒清淨。

五戒是普世通用的。無論佛陀的教法存在與否，五戒都存在。即使有時空的差異，五戒適用於所有人類社會。違犯五戒將構成罪行，持守五戒將帶來利益。事實便是如此。這並非佛陀所決定的事。

和出家比丘戒比較

就五戒和活命第八戒而言，戒除與個人謀生方式無關的三種身體的不善行和四種言語的不善行，相當於在家居士版的「別解脫律儀戒」；戒除與謀生方式相關的三種身體不善行和四種言語不善行，可以算是在家居士版的「活命遍淨戒」。然而，就持守活命第八戒的第八條清淨活命而言，在家居士和比丘不同：對比丘而言，不僅未依戒律尋求四資具時屬犯戒，連每次使用這些資具時也是犯戒；對在家居士而言，當他們謀生時有身、語行為的違犯，才算犯戒，但是當他們使用不當所得的物品時，對他們而言並不是犯戒，這是因為僅僅使用這些物品，並不涉及殺生等的身語不善行為。對在家居士而言，使用不當所得的物品並不會像對出家比丘那樣，被視為違反佛陀制定的戒。所以，對在家居士而言，捨棄以不合戒律所得的物品，並非絕對必要。在家居士只要下定決心不再繼續錯誤的謀生方式，謀生方式就可以變得清淨。思惟必需品使用目的的「資具依止戒」，僅適用於比丘。在家居士可以在使用必需品時，不加思惟使用它們的目的。無論如何，在家居士當然也可以持守這條戒，受用它的好處，從而增加功德，減少過失。

如之前的解釋，約束感官的「根律儀戒」，即使對比丘而言，也難以在實踐禪修之前圓滿，更不用說是在家居士。這一點稍後再說明。在巴利佛典中，沒有證據表示，在開始禪修之前必須讓這四種戒保持清淨多少天、幾個月或多少年。對比丘而言，違反比丘戒會妨害證悟的可能性，因此在開始禪修前必須保持比丘戒的清淨。然而，佛典並未談到比丘在開始禪修前必須維持戒行清淨多久的時間。所以，比丘可以在圓滿出家戒的那一刻起即開始禪修。在家居士的戒，也是如此。當個人的波羅蜜資糧足夠時，便能夠證得定、觀智、道智和果智。

修行的五障礙

就在家居士而言，即使他們以前曾犯過戒，也不會阻礙他們證得道智和果智，除非是因於道、果智的五個障礙。五項障礙中有任何一項，無論在家居士或出家比丘，都無法在今生證得道智和果智。以下將討論這些障礙。

■ 業

「業障」（kammantarāya）指五項嚴重的錯誤行為：殺父、殺母、殺阿羅漢、傷害佛陀、破壞僧團的和合團結（最後一項僅適用於比丘）。這五種行為必然讓人在死後立即投生到下劣的世界。它們會破壞一個人投生天界和證得道智、果智的可能性，被稱為「帶來立即後果的有意行為」（*ānantariyakamma*，無間業）。此外，非禮具戒的比丘尼，是bhikkhunīdūsanakamma（汙損比丘尼業），也會破壞證得道智、果智的可能希望。以上這六種行為，稱為業障。

■ 邪見

「煩惱障」（kilesantarāya）指三種錯誤的見解（邪見）：其一，認為無善無惡的錯誤見解（akiriyadiṭṭhi，無作見）。這邪見相信行為無善惡之分，也不會帶來善或惡的結果。其二，認為生命死亡時一切都中止、結束的邪見（natthikadiṭṭhi，無有見）——這種邪見以為死後不會有來世，沒有什麼善或惡的結果是由於善、惡行為所導致。其三，認為有意的行為也不會帶來善果或惡果（ahetukadiṭṭhi，無因見）——這見解以為苦或樂自行生起，沒有原因。

在這三種邪見中，第一種否認結果有其原因；第二種否認原因有其結果；第三種否認前二者。所以，這三種邪見否定了因果法則。

如果人們固執地捉取這三種邪見之一種，他們就算是具有「決定邪見」（niyatamicchādiṭṭhi），必然在死亡後投生到下劣世界。如此，這些邪見是投生天界和證得道智、果智的障礙。

■ 天生殘缺

「異熟障」(vipākantarāya) 指心靈智力方面的天生殘缺，稱為無因生(ahetuka)或二因生(dvihetuka)。不過，這只是證得道智、果智的障礙，並不成為投生天界的障礙。所以，有此障礙的在家居士，如果行善，仍可以投生到天界。

■ 侮罵聖者[40]

「侮罵聖者障」(ariyūpavādantarāya) 指侮罵或貶抑聖者的行為，不論是否知道他的德行。這會損壞投生天界和證得道、果智的希望。不過，向聖者道歉就能除去這障礙。

■ 故犯僧戒

「故犯僧戒障」(āṇāvītikkamantarāya) 意指比丘明知故犯分為七類的出家戒。[*8] 這會損壞投生天界和證得道、果智的希望。不過，如果比丘依照比丘戒律的規定出罪，就能夠去除這個障礙。

《中部》(*Majjhima Nikāya*) 注釋書說，犯波羅夷的比丘持續以比丘身分生活，或者犯小小罪而未依律出罪的時候，這犯戒的行為才會是個障礙。如果比丘還俗或者依比丘戒律的規定出罪，它就不再是障礙。

無戒在家居士的證悟

有鑑於上述對五種修行障礙的討論，約而言之，在家居士大部分的犯戒行為，並不會造成證悟的障礙。佛典中有四位無戒在家居士證悟的故事，可以支持這個觀點：他們是名為山達地(Santati)的酒醉大臣、漁夫阿利安(Ariya)、某個扒手，以及貴族沙羅卡膩(Sarakāni)。

■ 山達地大臣證悟的故事

憍薩羅國王對大臣山達地能夠成功征服強敵而感到非常欣喜，於是賜給他「七日國王」作為獎賞。這位戰功赫赫的大臣在一星期內可以盡情享受國王般的生活，於是整日快意行樂，酣快暢飲，喝得醉薰薰的。就在第七天，他在皇家侍衛隊的護衛下離開宮殿前往河邊。在半路上遇到了佛陀，於是，正坐在皇家大象寶座上的他，向佛陀點頭致敬。

佛陀曾預知這位大臣當日在聽完一首偈頌後會全然證悟並入「般涅槃」（parinibbāna）。[41]有些外教徒聽到這個預測，便嘲笑佛陀，說酒醉的人不可能在當天完全覺悟。他們很確信喬達摩佛陀會因這誤判而蒙羞。

然而，那天晚上，大臣最心愛的美麗宮女在他面前表演歌舞時，竟然驟然猝死，令他極度悲傷無法自已。之後他來到佛陀面前尋找解除悲傷的方法。於是佛陀告訴他下列的偈頌：

> 讓過去煩惱凋謝，對未來無有愛執，
> 倘若不執取現在，你將會寂靜而行。[42]

《法句經注》（*Dhammapada-aṭṭhakathā*）記載說，大臣山達地在聽聞這偈頌後便成為阿羅漢；且依佛陀的指示，他還飛升至七棵棕櫚樹高的空中以破除人們對他證悟的疑慮。如此，他以在家居士之身進入般涅槃。

這位大臣僅聞一偈頌便成為阿羅漢的事實，不應理解為不必禪修而只憑聽聞佛法便能夠帶來證悟。當這位大臣聆聽佛法偈頌時，他也正觀察自己的身心，如此證得觀智、道智和果智，一步一步，直到他完全覺悟。[43]

《念處經》的注釋解釋如下：

> 雖然覺悟可能在聽聞法談之後發生，然而未觀察身、受、心、法，便能生起觀智或證悟，是不可能的。所以，他們[44]仍透過同樣的四念處道路戰勝憂傷與悲泣。[45]

因為這大臣在聽聞佛陀的偈頌之前已經酒醉整整一個星期，很清楚的是，他的戒行直到證悟之前仍未清淨。光說這是他的最後一生（pacchimabhavikā），仍無法解釋這情況。若他曾出家為比丘，違犯出家戒也理應成為證悟的障礙，即便這是他的最後一生。比丘欝低迦（Uttiya）也是在他最後一生，佛陀給予他下列的指引。這支持了我們的論點。

因此，欝低迦！你應該清淨善法的起點。什麼是善法的起點？極清淨的戒和正直的見解。那麼，欝低迦！當你的戒清淨[46]、見正直[47]時，你應依於戒住於戒，修習四念處。[48]

我依據〈禪那分別〉（Jhāna Vibhaṅga）和《度疑新疏》（*Kaṅkhāvitaraṇī-abhinavaṭīkā*）[*9]，把這裡的戒（sīla）理解為出家戒。應注意，雖然佛陀指導他先成就戒再修習禪修，但並未提到應事先淨化戒達多長時間。另外，佛陀指示應修習四念處，但未指定只修其中一個念處，也未說修習這四個念處的順序。因此，修習所有彼此混合的四個念處，才是佛陀的教導。

欝低迦比丘依循佛陀的指示修習，很快成就阿羅漢。所以，顯然這也是他的最後一生。然而，佛陀仍然指示他在開始禪修之前先圓滿戒行。因此，比丘必須持守好別解脫律儀戒，無論當時是否處在最後一生，畢竟無論是否處於最後一生，犯戒仍然是比丘證悟的障礙。因為相同的理由，欝低迦也被教導需遠離邪見。考慮到這兩個人和他們的成就，即使處在最後一生，比丘犯戒仍是證得道智、果智的障礙，而在家人則未必。所以，我們不應該說：有人因為處在最後一生便能未事先令戒清淨就證得道智、果智。

▪ 漁夫阿利安的證悟

有一天佛陀從舍衛城（Sāvatthī）北門附近的村落托缽回來。他選擇一條可以在路上遇到漁夫阿利安（Ariya）的回程。阿利安，是聖者的意思。

見到佛陀及其弟子們的到來，阿利安放下他的漁網，站在一旁。當佛陀問他的名字時，他回答：「阿利安。」

佛陀說：「傷害其他生命的人，不稱為阿利安。」「真正的阿利安不會這麼做。」佛陀最後說下列的偈頌：

非因害生命，而為阿利安。

因不害一切，乃稱阿利安。[49]

《法句經》的注釋說，漁夫阿利安聽聞佛陀的話後，即成為預流者。

■ 小偷的證悟故事

有一天佛陀在祇樹精舍說法，兩個扒手也在聽眾中。其中一位仔細聽法並當場成為預流者。另一位則自豪偷了五個硬幣，回到家後，他取笑他的朋友說：「你聰明到連飯都吃不上。」

那位洗心革面並成為聖者的小偷，如此思惟：「由於無明，這人自以為是聰明的好人。」他向佛陀稟報此事，佛陀說了以下的偈頌：

愚者想到自己的愚笨，他因此成為智者；

但自認是智者的愚者，他的確稱為愚者。[50]

如果愚者知道自己一無所知，他也許會親近智者，聆聽智者的勸導，然後自己也變得有智慧。真正的愚者是一無所知又自認有智慧。因為以為沒人與他同樣有智慧，他不會聆聽別人的建議，所以終其一生愚笨無知。

■ 沙羅卡膩證悟的故事

沙羅卡膩（Sarakāni）是佛陀皇室家族的一名男子，在他死後，佛陀宣告此人已成為預流者，永不投生於劣等世界。但是其他皇室成員對佛陀的這個宣稱很不以為然，在宮庭中到處譏諷說：

太棒了！各位，太神奇了！各位，佛陀竟宣稱釋迦族沙羅卡膩死後成為預流者，不墮惡趣，命運決定，必至正覺。現在還有誰不會成為預流者呢？釋迦族沙羅卡膩既軟弱無力難以訓練，他還好酒貪杯呢！[51]

佛陀的堂弟大名（Mahānāma）告訴佛陀這個流言。佛陀出於悲憫心解釋沙羅卡膩成為預流者的原因。[52]佛陀援用一個有關種子的譬喻：腐敗的種子在貧瘠的土壤裡，成長當然不好。同樣地，運用錯誤方法的修習，當然不會導致覺悟。然而，好的種子在肥沃的土壤中，自然有好的成長。同樣地，依照佛陀的指引來修習，必然會證得道、果、涅槃。佛陀最後總結如下：

那麼，怎麼看釋迦族沙羅卡膩呢？大名！釋迦族沙羅卡膩在他命終時戒學圓滿。[53]

如此，很清楚的是，沙羅卡膩的戒在之前尚未清淨。就在臨近死亡時，他才圓滿戒的訓練，成為預流者。[*10]

不同類型的人如何適合不同的訓練

在這些無戒又得以覺悟的人之中，小偷、阿利安和散漫的沙羅卡膩顯然未處於他們的最後一生，因為他們只成為預流者。不說自明的是，如果處在最後生，若未事先令戒清淨也無法證得道、果。有人這麼以為，這三人因為是屬於能快速理解的人（ugghaṭitaññū，敏捷知者），或透過詳說就能理解的人（vipañcitaññū，廣述知者），亦即是屬於有特別銳利根器的人，因此他們能夠未事先令戒清淨就成就預流者。如果他們屬於需被引導的普通人（neyya，需引導者），他們就必須事先淨化他們的戒行。[54]但是，這並不符合巴利三藏、注釋和疏鈔所描述的，關於需被引導的普通人的論述。

何人是需引導者？這是透過學習、討論、如理作意、親近善友而逐漸現觀法[55]的人。這類的人稱為需引導者。[56]

這段文說明需被引導者透過以下的方式證得道、果：學習如何實踐禪修，詢問指示不明之處，運用明智的注意力（如理作意）正確修習，在需要澄清疑慮、鼓起精神、信心和熱忱時尋求老師的幫助。注意這裡並未提到必須事先讓戒清淨。另一段關於這主題的說明出自《導論》（*Nettipakaraṇa*）：

> 依止的觀，適合敏捷知者。
>
> 依觀的止，適合需引導者。
>
> 止觀交替，適合廣述知者
>
> 慧增上學，適合敏捷知者。
>
> 定、慧增上學，適合廣述知者
>
> 戒、定、慧增上學，適合需引導者。[57]

注釋指出，修行者依於人的類別不同，適合不同訓練方式，然而這並不是覺悟的前提。例如，雖然它未提及戒的訓練（戒學）是否極適合「敏捷知者」和「廣述知者」，不過，這並非意味著，屬於「敏捷知者」或「廣述知者」的比丘，若違犯了比丘戒，不會成為他證悟的障礙。

同樣地，這也不意味著，「需引導者」必須事先圓滿戒和定。否則的話，證得禪那就成為「需引導者」和「廣述知者」的前提條件，而這是不可能的。從上述巴利引文得出的結論，應是事先培養戒和定，對「需引導者」達至覺悟非常有幫助，但並非是必要。此下，我將再進一步解釋上述注釋的指導其背後的道理。

■ 適合戒學的人

「需引導者」需要很長的時間才能完成他的修學。在整個過程中，這類人傾向於會去反思他們的戒行，如果發現有所不足，心會不得平靜。想到過去的違犯，常有許多的後悔，即使此刻他們的戒清淨無缺。如果他們無法消除後悔，擔憂和焦慮可能會破壞內觀禪修。另一方面，當這類人內心想到自己的戒已淨化很長時間或者至少在練習禪修的時間內是如此，心中會感到快樂、喜悅、安定和寧靜，如此，有助於他們的定和觀智的提升。所以，對於需引導者而言，很有幫助的是，事先讓戒清淨一段長久的時間或者至少在修習禪修的期間。

■ 適合定學的人

當「敏捷知者」聆聽簡要的法談時，他們往往就能迅速地培養出觀智和道智。所以他沒有太多機會證得或重覆進入禪那。因此，戒和定〔的深入修習〕並不特別適合「敏捷知者」，戒也不特別適合「廣述知者」。

然而，如下列注釋所述，定對於「需引導者」的內觀禪修非常有幫助：

> 因為定與內觀尚稚弱的人，修內觀久坐時，身體會疲累，體內像有火生起一樣，汗從腋下滲出，好像熱氣從頭冒出，心受惱害、煩惱、掙扎。但是，他可以進入禪那等至，調伏心、令心柔軟、得休息後再修內觀。當他再次久坐，若還是同樣的情形，便再次進入禪那等至，如之前那樣。的確，禪那等至對內觀有許多幫助。[58]

依據這個注釋，擅長禪那等至的「需引導者」，每當因內觀練習而感到精疲力竭和不安時，可以退回到禪那等至。這讓他們的定和觀智變得更加成熟。然後他將不再感到疲憊與躁動，甚至可以整天或整夜靜坐。這是為何禪那等至對需引導者大有幫助的緣故。

在今日，大多的禪修者（yogis）也會遭遇上述的困難。不過如果沒有禪那可進入，就只能繼續規律地練習內觀禪修，這麼做時，疲累與躁動也是會消失，觀智亦能成熟。

因此，《導論》說三學皆適合需引導者。戒行和禪那，對於觀智的開展確實非常有幫助，但是這並非意味著必須事先早早完成它們，譬如就沙羅卡膩而言，我們可以推想，他憑藉幾日的修習便得以成為預流者。而巴利典籍未說他是在聞法時證悟，所以應當把他當作是需引導者，而非敏捷知者或廣述知者。

認為需引導者必須事先早早清淨其戒方能證得道智、果智，這想法並不正確。事實上，即使是今生無法證悟的人，也可能體驗所有的觀智，而不需事先清淨他的戒行。坦巴達迪卡（Tambadāṭhika，銅鬍鬚）的故事即說明了這個事實。

■ 坦巴達迪卡的故事

在王舍城（Rājagaha），有位死刑執行人，因為有著紅色鬍子所以被人稱為坦巴達迪卡。他為國王服役，每天總得處死好幾個盜賊匪徒。這樣的日子經過了五十五年後，終於要退休了。在退休的那天，他準備了自從當劊子手後便未再吃過的乳米粥。食粥之前，他先在身上灑上香水，用鮮花裝飾並穿上新衣裳。著裝完畢後，正坐下來準備吃米粥時，長老舍利弗（Sāriputta）出於悲憫來到他的門前托缽。坦巴達迪卡看見長老時，非常歡喜，便邀請長老入屋並恭敬地供養米粥。

用完餐後，長老舍利弗為他說法。但是過程中坦巴達迪卡想到他過去五十五年的不善行，感到非常不安，因而無法專心。長老舍利弗發現之後，善巧地問他，他殺死這些盜賊是因為他想殺還是因為接到命令。坦巴達迪卡回答是因為國王的命令。然後，舍利弗長老問：「若如此，你有罪嗎？」

坦巴達迪卡回答說，他認為他是無罪的，不需為這些惡行負責。因此他平靜了下來，並請舍利弗長老繼續說法。就在諦聽佛法的過程中，他幾近證得第一階的道智，達到以平等心面對一切現象的觀智，即「行捨智」（saṅkhārupekkhāñāṇa），也稱為「隨順忍」（anulomikakhantī）。法談之後，坦巴達迪卡伴隨離去的長老舍利弗走了一段路才返回。就在回家的路上，他被一頭牛（事實上是夜叉的化身）撞死了。

那天晚上，佛陀來到比丘聚會處，比丘們稟告坦巴達迪卡的死訊，並問佛陀他投生至何處。佛陀說雖然坦巴達迪卡一生都在行惡，但他投生到兜率天界（Tusitā），因為他在死前，從舍利弗處聞法後領悟了法並證得行捨智。

比丘們不解如此滿手血腥之人如何能僅憑聽聞一次佛法便得以證得如此大的利益。佛陀解釋，說法的長短並不重要，單單一個語詞就可以帶來許多的利益，然後他說了下列的偈頌：

> 比起一千句無意義的話，
> 一個有意義的單詞更好，
> 聽聞之後便能帶來寂靜。[59]

因為坦巴達迪卡無法在生前證得道、果智，我們顯然不能認為他是「需引導者，更不可能是「敏捷知者」或「廣述知者」。然而，即使沒有清淨的戒行，他仍然能夠體證到平等面對一切現象的行捨智，這是在道智之前的觀智，已屬行道智見清淨（paṭipadāñāṇadassanavisuddhi）的最後階段。

為何他能夠如此？因為犯戒對在家居士而言並非證悟的障礙。戒的違犯對出家比丘而言是證得道果的障礙；但對在家居士並非如此，不論他們是敏捷知者還是廣述知者。

■ 無法證得道智、果智的兩個原因

人們在今生無法證得道智、果智的兩個原因，是惡友（pāpamittatā）和缺乏練習或指導（kiriyāparihāni）。阿闍世王子（Prince Ajātasattu）的軼事便是惡友的一個例子。阿闍世錯失證悟的機會，因為他聽從惡友提婆達多（Devadatta）的建議，殺死自己的父親頻鞞婆羅王（King Bimbisāra）。殺父是五無間罪之一，不僅是證得道智、果智的障礙，也是證得生滅智等觀智的障礙。

人們也會因為缺乏練習，而無法證得道、果智。名為倍沙（Pessa）的男子，就是因為這個原因而無法證悟。他的故事記載在《坎達羅卡經》（*Kandaraka Sutta*）[60]。佛陀曾為倍沙說法，談及四種人。如果他能從頭到尾聆聽法談，那時會立即成為預流者。然而，他在法談的後段時離開，失去證得道、果的機會。今日，有很多人像倍沙一樣：他們知道方法，但從未付諸實踐，或者未認真努力，所以未能證得道、果。這是缺乏實踐的情形。

缺乏指導的情況，則如婆羅門商人陀然（Dhānañjāni）在臨終之時，長老舍利弗為他開示修定的方法而非內觀禪修。因此那位婆羅門證得初禪後，投生到梵天界。這是缺乏指導的例子。如果長老舍利弗當時是為那婆羅門講解內觀禪修，他會在這一生證得道、果的。被佛陀訓斥之後，長老舍利弗就去到梵天界教導那婆羅門內觀禪修。從那時起，長老舍利弗的法談必然提到四聖諦。[*11]今日，仍有許多人像陀然婆羅門一樣，缺乏恰當的指導，因而喪失證得道、果的機會。

劊子手坦巴達迪卡是因為缺乏實修練習，所以無法體證道智和果智。他並非缺乏指導，因為他已能夠修得觀智，到達對一切現象保持平等心的行捨智。他的情況也並非因為惡友的緣故。

藉由禪修令戒清淨

為了證得觀智、道智和果智，最終仍需要戒的清淨。所以，在上述山達地大臣等人的例子中，他們最終仍必須清淨個人的戒行。即便就只是在聽法前或聽法的期間，下定決心不再違犯任何戒。這個決意本身可能便已淨化他們的戒行。若非如此，只能是他們的禪修本身淨化了戒行。《無礙解道》（*Paṭisambhidāmagga*）對此議題提供下列的教導：

> 戒是依智的無明斷捨[61]，依無常隨觀的常想斷捨；離是戒；思（意向）是戒；律儀是戒；不犯是戒。
>
> 這些戒引生心的無悔、喜悅（pāmojja）、歡喜（pīti）、輕安、悅意。它們皆導致一向厭離、離欲、滅、寂止、勝智、正覺、涅槃。
>
> 律儀是戒增上學，不散亂[62]是心增上學，見[63]是慧增上學[64]。

斷捨之戒

辨別身心現象的「名色分別智」（nāmarūpaparicchedañāṇa）斷捨關於「人」「眾生」的迷惑。看清條件因緣的「緣攝受智」，斷除了誤認眾生生命的出現是沒有緣由，或者是上帝、梵天或其他神力所創造的迷惑。對無常的體認，斷捨了身心是恆常的迷惑。

在這裡的「斷捨」意指「心中沒有此等迷惑的空間」，就像光明之中沒有黑暗。善法生起，迷惑不生。因此，依於觀智的煩惱斷除，可以視作戒，它是善法生起的基礎（upadhāraṇa），能令善法堅固（samādhāna）。下列禪修所得的戒，也是如此。

離之戒

各類注釋書和疏鈔一致認為，內觀修習時生起的心（vipassanācittuppāda），不包括遠離惡行的「離」心所（virati）。然而，內觀修習時生起的心，是與惡行、邪命相對立的，它能透過彼分斷（tadaṅgappahāna）斷除惡行和邪命，帶來遠離或者戒。同樣地，道智藉由徹底去除（samucchedapahāna，正斷斷）惡行和邪命，產生一切惡行的遠離（maggavirati）——雖然道智是以涅槃為它的所緣目標。

名色分別智等觀智生起時，心中沒有執取人、眾生、無因見、常見、樂見、我見的餘地。此時，潛藏的隨眠煩惱便沒有機會在心中活躍；當它們不活躍時，便沒有人、眾生的概念，也沒有纏縛煩惱生起。而認為有人、眾生的概念不生起，殺、盜等破戒行為也就不會出現。換言之，因為從體驗名色分別智開始，修行者的隨眠、纏縛和違犯煩惱未出現，遠離了它們。這就是「離之戒」。

思之戒

意志（思心所）經常刺激未自我約束的凡夫犯下惡行。但是對於內觀禪修者而言，思心所也可以激發出有效的覺察。可以說，所有的觀照都含有思心所在裡頭。當人們的信心、意欲（chanda）、精進微弱時，思心所就會微弱不明顯。相反地，在心理意志變得顯著時，信心、意欲和精進也會變強。因此，思心所被認為是內觀禪修者的戒，因為它是善法生起的基礎，能令善法堅固。

律儀之戒

前面提到的五種律儀，稱為「律儀之戒」。它們也包括在內觀禪修者每一次觀照時的心理狀態中，因此能阻斷或約束壞戒、失念、無智、不安忍、懈怠的生起。此等律儀能讓人避免自我放縱。不過究竟而言，律儀戒僅包括念、智、忍和精進四者。

不犯之戒

由念所主導的觀照心，讓人不違犯戒，因為觀照不給痴（迷惑）或其他煩惱有生起的餘地。例如，故意殺生，是一種違犯，而離殺生則是不犯。同樣的道理，失念是違犯，因為會讓隨眠、纏縛、違犯煩惱有機會生起。念主導的觀照心，便是不違犯，因為它不讓隨眠、纏縛、違犯煩惱有機會生起。如此，念主導的觀照心就是不犯之戒。

在這五種戒之中，我們只能夠直接體驗到「思之戒」和「律儀之戒」。「斷捨之戒」只是煩惱不現前而已。依據《清淨道論》，「離之戒」和「不犯之戒」相當於內觀修習時生起的心識。雖然從究竟法而言，這兩個是相同的，但是，離之戒指離於煩惱，而不犯之戒則指透過煩惱不生而避免犯戒。

戒是定和智的遠、近因

不論之前是否曾持戒一段時間，在家居士可以運用內觀禪修來圓滿清淨四種戒。然而，我們可能會納悶，究竟在家居士必須修哪種戒，做為開發定力和觀智的基礎，畢竟佛陀在許多地方提到：

> 住戒有慧人，修習心與慧……[65]

答案是，所有的禪修者都必須基於兩種戒來發展定力和觀智，也就是，禪修前已淨化的戒（pubbabhāgasīla，前分戒），以及禪修期間所淨化的戒（sahajātasīla，俱生戒）。在禪修之前已持守一段時間的戒行，可以作為觀智乃至道智的定與慧生起的遠因或說前因（pakatūpanissāya，自然親依止緣）。伴隨著觀智、道智和果智的戒，也會成為後來的觀智與道智裡的定和慧生起的遠因。至於觀智和道智裡的每個心識剎那所伴隨的清淨戒，是那心識本身所含帶的定與慧的近因或者說同時因（sahajātanissaya，俱生緣）。

如果在禪修之前戒已清淨，此人的定與慧便立足於遠因和近因二者。相對地，如果僅憑藉內觀禪修來淨化戒行，那麼，此人最初的定與慧，便只立基於近因的戒；但是，後續生起的觀智和道智之定與慧，則有遠因及近因二種基礎。[66]

淨化出家戒的禪修力量

既然上述種類的戒與禪修有關，比丘便也可以運用內觀禪修來淨化出家眾的兩種戒：別解脫律儀戒和活命遍淨戒。如此是因為去除痴等煩惱，煩惱便無機會現前，無論是隨眠或纏縛。

另外，比丘如果正念地使用資具，便會自動圓滿資具依止——此戒的主要目的是防止與四種資具相關的煩惱生起。事實上，比丘思惟使用資具的目的，只能預防纏縛煩惱，無法對抗隨眠煩惱。然而，修習內觀禪修可以避免潛藏於四資具的隨眠煩惱。

大多數比丘仍未修學禪修。他們認為思惟資具使用目的比實踐禪修更為重要。他們也許難以接受比丘正念地使用資具就能自動地圓滿資具依止戒的事實。實際上，禪修實踐遠比思惟資具使用目的更為殊勝。佛陀曾說禪修片刻便能建立良好的戒行：

> 諸比丘！若比丘僅彈指頃修習……慈心解脫……他即不缺禪，依大師教導而行，依大師教誨，不徒然耗損十方缽食。更何況是多修習者。（諸比丘！若比丘僅彈指頃）於身隨觀身……於受隨觀受……於心隨觀心……於法隨觀法，熱勤、正知、具念，調伏對於世間的貪愛與憂愁，（他即不缺禪，依大師教導而行，依大師教誨，不徒然耗損十方缽食。更何況是多修習者。）[67]

這裡的慈心是指任何人都可以培育的一般慈愛心，並非專指慈心禪那（jhāna）或近行定（upacāra）。《增支部》的注釋書說：

> 慈心在此並非指修習慈心所得的禪那或近行定，而是指一般的慈心，祈願眾生幸福。[68]

如果比丘修習慈心或其他類別的修習，無論止或觀，僅一瞬間，他就算是「有學」（sekkha）。因此而食用十方的食物，對自己和對布施者都有利益。當然，對於不間斷修習的人們而言，就更不用說了。《增支部》的注釋作如此解釋：

若比丘僅彈指頃修習慈心，他非徒勞受用十方缽食，而是有益於自己與布施者（amoghaparibhoga）。如何有益於他自己？由於修習慈心，他的受用是自有的（sāmiparibhoga）、無債的（āṇaṇyaparibhoga）、繼承而得的（dāyajjaparibhoga）。即便他受用食物而未思惟其目的，他也不負任何債，因為他給了布施者完整的利益。當然，修習慈心本身有益於他自己。這就是彈指頃修習慈心如何有益比丘自身。

在此，布施者也能夠獲得大的利益，因為他們把食物布施給屬於八福田之一的比丘，正努力要證得第一階證悟的人。[69]因為雙方都得到大利益，所以我們說「有益於自己與布施者」。僅彈指頃修習慈心，便對雙方都有利益，更何況是不間斷的修習。[70]

注釋書直接地表述慈心修習的利益。依據巴利三藏，其他的禪修也是如此，無論是修止或修觀。注釋書在此未提及其他的止觀禪修，因為解釋了一種禪修，其他的禪修也可以依此類推。因此說，觀智能圓滿資具依止戒。

注意：戒的訓練是必要的

我解釋單憑禪修便能淨化戒行，目的並非要貶低持戒的重要性，而是為了糾正認為戒必須清淨很長的時間後才能夠禪修的錯誤觀念，為了反駁認為作為近因（俱生緣）的戒不算是禪修合宜基礎的觀點。這類觀念可能會讓人無法趁早開始禪修，也可能讓人輕視那些正在修習禪修的人們。

事實上，應當恭敬重視持戒。大概百分之九十九的情況中，投生惡趣是因為犯戒的緣故。投生人或天界的情況，超過一半是因為修習清淨戒行。大多數證得道、果的人們，也可能在禪修前便獲得戒的清淨。如大臣山達地等未事先持戒而能證得道、果的人們，肯定是少數的、罕見的。

所以，修行者應當像守護生命一般，小心翼翼地守護自己的戒行。不應疏忽自己的行為，以為之後仍有機會加以改正。生命隨時都可能消逝，如果戒行缺損，可能就會立即投生到下劣世界。戒行對正在練習禪修的人而言尤其重要，甚至應當敬重戒行勝過自己的生命，保持戒的圓滿清淨。

因此，如果修行者打算禪修，應當事先持守五戒或活命第八戒，以加強定和觀智的發展，即便戒行已經大致清淨。如果打算放下世俗的責任，參加密集禪修閉關，便應當要遵守八戒或十戒。

如果修行者恰當地淨化戒行，那麼在禪修期間每當思惟到自己的戒行時，會感到無愧於心，從而將會體驗喜悅、歡喜、寧靜、快樂和安詳。藉由觀察當下生起的身心現象，你將如實了知身心的真相，證得更深的觀智。

1 西元六世紀由覺音尊者（Buddhaghosa）所撰寫的一本禪修手冊。

2 也見 *The Path of Purification: Visuddhimagga*, trans. Bhikkhu Ñāṇamoli (Onalaska: BPS Pariyatti Editions, 1991), 605。Sīlavisuddhi nāma suparisuddhaṃ pātimokkhsaṃvarādicatubbidhaṃ sīlaṃ. (Vism 18.1)

3 *The Long Discourses of the Buddha: A Translation of the Dhīgha Nikāya*, trans. Maurice Walshe (Boston: Wisdom, 1987), 99. ... anumattesu vajjesu bhayadassāvī, samādāya sikkhati sikkhāpadesu ... (DN 2)

*1 譯按：「別住」是犯戒者住於僧團之邊緣，期間喪失應有的權利。「別住」和「摩那埵」的性質完全相同，只是「摩那埵」固定為六天，而別住的天數則視覆藏犯戒的天數決定，隱瞞幾天就別住幾天，所以「摩那埵」可說是固定的六日「別住」。

4 律典：比丘戒律共含 227 條戒。

5 四資具是衣服、飲食、住所和醫藥。

6 有四大重罪，會讓人立即喪失比丘、比丘尼的身分，無法在此生中再次成為比丘、比丘尼，即：殺人、偷盜、性行為，以及謊稱自己修行成就。

*2 譯按：「僧殘」，犯此罪，幾乎喪失僧格，但仍可挽回。犯這類罪的僧，要暫時「別住」於僧團邊緣，受六夜「摩那埵」。期滿後，還需在二十清淨比丘僧中，舉行「出罪」，得全體同意後，出罪清淨，方才回復在僧伽地位。

*3 譯按：「偷蘭遮」在此指「波羅夷」「僧殘」的預備罪、未遂罪或不完全符合犯戒要素的行為。但它也包括一些較輕的、無法被歸屬於特定戒條的行為，如裸身而行。

*4 譯按：「突吉羅」是最輕的罪，只需要自責心悔，就可以重獲清淨。出家眾犯戒的類別，還有「波逸提」（pācittiya）和「提舍尼」（pātidesaniyā）。若犯「波逸提」，應於僧團中報告，得到僧團同意，然後到離僧團不遠，眼見耳不聞處，向一位清淨比丘發露出罪。若犯「提舍尼」，不必在僧伽中報告，只需向一位比丘承認自己的過失。

7 法護（Dhammapāla）所撰的《清淨道論大疏鈔》（*Visuddhimagga-Mahāṭīkā*）。

8 Iṇavasena paribhogo iṇaparibhogo, paṭiggāhakato dakkhiṇāvisuddhiyā abhāvato iṇaṃ gahetvā paribhogo viyāti attho. (Vism-mhṭ)

9 yathā iṇāyiko attano ruciyā icchitadesaṃ gantuṃ na labhati, evaṃ iṇaparibhogayutto lokato nissarituṃ na labhatīti. (Vism-mhṭ)

10 關於上座部佛教的宇宙觀概覽，見「附錄 6：存有的世界」。

11 *The Dhammapada*, 63. Ayasāva malaṃ samuṭṭhitaṃ, tatuṭṭhāya tameva khādati. Evaṃ atidhonacārinaṃ, sāni kammāni nayanti duggatiṃ. (Dhp 240)

12 即 *Aggikkhandhopama Sutta*, AN 7.72。見 *The Numerical Discourses*, 1090–94。

13 證得第一階段證悟（道和果）的人。

14 證得第二階段證悟（道和果）的人。

15 證得第三階段證悟（道和果）的人。

16 Imaṃ pana desanaṃ sutvā jātasaṃvegā ṭhānaṃ jahitvā sāmaṇerabhūmiyaṃ ṭhitā dasa sīlāni pūretvā yoniso manasikāre yuttappayuttā keci sotāpannā keci sakadāgāmino keci anāgāmino ahesuṃ, keci devaloke nibbattiṃsu, evaṃ pārājikāpannānampi saphalā ahosi. (Mp)

*5 譯按：「惡說」，指不恰當的語言，泛指一切未被戒條提及的不當語言。

17 Yāmakālikaṃ sattāhakālikaṃ yāvajīvikaṃ āhāratthāya paṭiggaṇhāti, āpatti dukkaṭassa. Ajjhohāre ajjhohāre āpatti dukkaṭassa. (Vin)

18 長老（thera）是出家為比丘至少十年者。

19 三藏（tipiṭaka）包括經（sutta）、律（vinaya）、論（abhidhamma）。

20 Tipiṭakacūḷanāgatthero panāha—"pātimokkhasaṃvarova sīlam, itarāni tīṇi sīlanti vuttaṭṭhānaṃ nāma natthī"ti. Vatvā taṃ anujānanto āha—"indriyasaṃvaro nāma chadvārarakkhaṇamattameva, ājīvapārisuddhi dhammeneva samena paccayuppattimattakaṃ, paccayasannissitaṃ paṭiladdhapaccaye idamatthanti paccavekkhitvā paribhuñjanamattakaṃ. Nippariyānyena pātimokkhasaṃvarova sīlam. Yassa so bhinno, ayaṃ chinnasīso viya puriso hatthapāde, sesāni rakkhissatīti na vattabbo. Yassa pana so arogo, ayaṃ acchinnasīso viya puriso jīvitaṃ, sesāni puna pākatikāni katvā rakkhitumpi sakkoti"ti. (Spk)

21 MN 2. 見 *The Middle Length Discourses*, 91–96。

22 AN 6.58. 見 *The Numerical Discourses of the Buddha: A Translation of the Aṅguttara Nikāya*, trans. Bhikkhu Bodhi (Boston: Wisdom, 2012), 942–44。

23 Paṭilābhakālepi hi dhātuvasena vā paṭikūlavasena vā paccavekkhitvā ṭhapitāni cīvarādīni tato uttari paribhuñjantassa anavajjova paribhogo, paribhogakālepi. (Vism)

24 *The Middle Length Discourses*, 274.

25 *The Path of Purification*, 23. Yaṃ tattha bhūtaṃ, tadeva gaṇhāti. (Vism 1.54)

26 四大和所造色的完整描述，見「附錄 5：色法」。

27 這五種狀態構成「非律儀法」（asaṃvaradhammā）。

28 特別是《根本疏鈔》（*Mūlaṭīka*）和《大疏鈔》（*Mahāṭīkā*）。

29 煩惱有三層：發出身、語行為的「違犯煩惱」（vītikkama kilesā）；糾纏在心裡的「纏縛煩惱」（parivuṭṭhāna kilesā）；潛伏著的「隨眠煩惱」（anusaya kilesā）。

30 *The Long Discourses of the Buddha*, 100. Cakkhundriyaṃ asaṃvutaṃ viharantaṃ abhijjhā domanassā pāpakā akusalā dhammā anvāssaveyyuṃ. (DN 2)

*6 譯按：pidhiyyareti rūpādīsu pana aniccatādipaṭivedhasādhikāya maggapaññāya ete sotā sabbaso pidhiyyantīti. (Sn-a)

31 Sotānaṃ saṃvaraṃ brūmi, paññāyete pidhīyare'ti ayaṃ ñāṇasaṃvaro. (Nidd-a II)

32 *Path of Purification*, 10. (Vism 1.18). Ayaṃ ñāṇasaṃvaro. Paccayapaṭisevanampiettheva samodhānaṃ gacchati.

33 "Sabbe saṅkhārā aniccā"ti jānato passato pannāyete sotā pidhīyyanti ... (Nidd II)

34 *The Path of Purification*, 23. Anuppannānaṃ pāpakānaṃ akusalānaṃ dhammānaṃ anuppādāya chandaṃ janeti, vāyamati vīriyaṃ ārabhati cittaṃ paggaṇhāti padahati (MN 77.16)

35 tassa iminā niyamitavasena pariṇāmitavasena samudācāravasena ābhujitavasena ca kusalaṃ nāma jātaṃ hoti. (As)

36 世間八法：得、失、毀、譽、稱、譏、苦、樂。

37 五類聚合（khandhā，蘊），是指：物質（色）、感受（受）、感知（想）、心理構成物（行）、心識（識）。

38 *The Path of Purification*, 23. Tassā dantaṭṭhikaṃ disvā, pubbasaññaṃ anussari; tattheva so ṭhito

thero, arahattaṃ apāpuṇī"ti. (Vism 1.55)

39 上座部佛教裡共有十種波羅蜜或說淨化的力量：布施（dāna）、持戒（sīla）、出離（nekkhamma）、智慧（paññā）、精進（viriya）、忍辱（khanti）、真實（sacca）、決意（adhiṭṭhāna）、慈（mettā）、捨（upekkhā）。

*7 譯按：五戒包括：不殺、不盜、不邪淫、不妄語、不飲酒。活命第八戒包括：不殺、不盜、不邪淫、不妄語、不兩舌、不綺語、不惡口、清淨活命。

40 聖者（ariya），是指任何覺悟階次的證悟者。

*8 譯按：古稱七聚、七罪聚，即波羅夷，僧殘，偷蘭遮，波逸提，提舍尼，突吉羅，惡說。

41 完全證悟的阿羅漢在身體死亡後進入般涅槃。

42 Yaṃ pubbe taṃ visosehi, pacchā te māhu kiñcanaṃ; majjhe ce no gahessasi, upasanto carissasi. (Nidd II)

43 換言之，當他坐著聽法時，他逐步成為預流者、一來者、不還者和阿羅漢。

44 亦即如山達地大臣和波羅遮那女（Paṭācārā）。

45 Yasmā pana kāyavedanācittadhammesu kanci dhammaṃ anāmasitvā bhāvanā nāma natthi,tasmā tepi imināva maggena sokaparideve samatikkantāti veditabbā. (Ps; Sv)

46 持守出家戒。

47 關於業的正確見解。

48 *The Connected Discourses of the Buddha: A Translation of the Saṃyutta Nikāya*, trans. Bhikkhu Bodhi (Boston: Wisdom, 2000), 1645. Tasmātiha tvaṃ, uttiya, ādimeva visodhehi kusalesu dhammesu. Ko cādi kusalānaṃ dhammānaṃ? Sīlañca suvisuddhaṃ, diṭṭhi ca ujukā. Yato ca kho te, uttiya, sīlañca suvisuddhaṃ bhavissati, diṭṭhi ca ujukā, tato tvaṃ, uttiya, sīlaṃ nissāya sīle patiṭṭhāya cattāro satipaṭṭhāne bhāveyyāsi. (SN 5.47)

*9 譯按：〈禪那分別〉是《分別論》（*Vibhaṅga*）的第十二品。英文底本所記的 Kaṅkhā subcommentary，在 U Min Swe 譯本記為 new Kaṅkhā-ṭīkā。Kaṅkhā 指 Kaṅkhāvitaraṇī，《度疑》，為巴利《律》別解脫戒的注釋書。new Kaṅkhā-ṭīkā 指 *Kaṅkhāvitaraṇī-abhinavaṭīkā*，《度疑新疏》，亦稱 *Vinayattha-mañjūsā*，《律義寶函》。

49 *The Dhammapada*, 70. Na tena ariyo hoti, yena pāṇāni hiṃsati; ahiṃsā sabbapāṇāṃ, "ariyo"ti pavuccati. (Dhp 270)

50 *The Dhammapada*, 17. Yo bālo maññati bālyaṃ, paṇḍito vāpi tena so; bālo ca paṇḍitamānī, sa ve "bālo"ti vuccati. (Dhp 63)

51 *The Connected Discourses*, 1811. Acchariyaṃ vata bho, abbhutaṃ vata bho, ettha'dāni kho na sotāpanno bhavissati. Yatra hi nāma sarakāni sakko kālakato, so bhagavatā vyākato: 'sotāpanno avinipātadhammo niyato sambodhiparāyaṇo'ti, sarakāni sakko sikkhādubbalyamāpādi, majjapānaṃ apāyī"ti. (SN 5.55)

52 佛陀的解釋可見於《相應部》的《預流相應》。參見 *The Connected Discourses*, 1808–21 頁。

53 *The Connected Discourses*, 1813. Kimaṅgaṃ pana sarakāniṃ sakkaṃ! sarakāni, mahānāma, sakko maraṇakāle sikkhāya paripūrakārī ahosī"ti.

*10 譯按：對應的《雜阿含經》：「摩訶男！百手釋氏臨命終時，受持淨戒，捨離飲酒，然後命終，我記說彼得須陀洹，乃至究竟苦邊。」

54 關於 ugghaṭitaññū、vipañcitaññū、neyya 這些巴利詞的討論，參見 *The Numerical Discourses*,

1702, fn. 831。

55 特別指四聖諦。

56 Katamo ca puggalo neyyo? Yassa puggalassa uddesato paripucchato yoniso manasikaroto kalyāṇamitte sevato bhajato payirupāsato evaṃ anupubbena dhammābhisamayo hoti – ayaṃ vuccati puggalo "neyyo". (Pp)

57 Ugghaṭitaññussa samathapubbaṅgamā vipassanā sappāyā. Neyyassa vipassanāpubbaṅgamo samatho, vipañcitaññussa samathavipassanā yuganaddhā, ugghatitaññussa mudukā desanā [adhipaññāsikkhā[MS]] neyyassa tikkhā desanā [adhisīlasikkhā ca adhicittasikkhā ca adhipaññāsikkhā ca[MS]], vipañcitannussa tikkhamudukā desanā [adhicittasikkhā ca adhipaññāsikkhā ca[MS]]. (Nett)

58 Yassa hi samādhipi taruṇo vipassanāpi. Tassa vipassanaṃ paṭṭhapetvā aticiraṃ nisinnassa kāyo kilamati, anto aggi viya uṭṭhahati, kacchehi sedā muccanti, matthakato usumavaṭṭi viya uṭṭhahati, cittaṃ hannati vihannati vipphandati. So puna samāpattiṃ samāpajjitvā taṃ paridametvā mudukam katvā, samassāsetvā puna vipassanaṃ paṭṭhapeti. Tassa puna aticiraṭṃ nisinnassa tatheva hoti. So puna samāpattiṃ samāpajjitvā tatheva karoti. Vipassanāya hi bahūpakārā samāpatti. (Ps)

59 *The Dhammapada*, 27. Sahassampi ce vācā, anatthapadasaṃhitā; ekaṃ atthapadaṃ seyyo, yaṃ sutvā upasammati. (Dhp 100)

60 MN 51. 見 *The Middle Length Discourses*, 443–53。

*11 譯按：此故事出於 MN 72，對應《中阿含．梵志陀然經》。Theropi taṃkhaṇaṃyeva gantvā mahābrahmuno dhammaṃ desesi, tato paṭṭhāya cātuppadikaṃ gāthaṃ kathentopi catusaccavimuttaṃ nāma na kathesīti. (Ps)

61 辨別身、心現象的名色分別智，以及辨視條件原因的緣攝受智。

62 不躁動。

63 觀智。

64 亦見 *The Path of Discrimination*, trans. Bhikkhu ñāṇamoli (Oxford: Pali Text Society, 2009), 43–48。*Ñāṇena avijjāya... Aniccānupassanāya niccasaññāya... pahānaṃ sīlaṃ, veramaṇī sīlaṃ, cetanā sīlaṃ, saṃvaro sīlaṃ, avītakkamo sīlam. Evarūpāni sīlāni cittassa avippaṭisārāya saṃvattanti... Pāmojjāya saṃvattanti, pītiyā saṃvattanti, passaddhiyā saṃvattanti , somanassāya saṃvattanti... ekantanibbidāya virāgāya nirodhāya upasamāya abhiññāya sambodhāya nibbānāya saṃvattanti... Yo tattha saṃvaraṭṭho, ayaṃ adhisīlasikkhā. Yo tattha avikkhepaṭṭho, ayaṃ adhicittasikkhā. Yo tattha dassanaṭṭho, ayam adhipaññāsikkhā.* (Paṭis 251–66)

65 *The Connected Discourses*, 101. Sīle patiṭṭhāya naro sapañño, cittaṃ paññañca bhāvayaṃ... (DN 1.23)

66 *Visuddhimagga-mahāṭīkā*, VRI 1.12.

67 *The Numerical Discourses*, 125. Accharāsaṅghātamattampi ce bhikkhave bhikkhu mettācittaṃ āsevati, bhāveti, manasikaroti. Ayaṃ vuccati bhikkhave bhikkhu arittajjhāno viharati satthusāsanakaro ovādapatikaro amoghaṃ raṭṭhapiṇḍaṃ bhuñjati, ko pana vādo, ye naṃ bahulīkaronti. Accharāsaṅghātamattampi ce, bhikkhave, bhikkhu... Kāye kāyānupassī viharati... vedanāsu vedanānupassī viharati... pe... citte cittānupassī viharati... pe... dhammesu dhammānupassī viharati ātāpī sampajāno satimā vineyya loke abhijjhādomanassaṃ.... Ayaṃ vuccati, bhikkhave—'bhikkhu arittajjhāno viharati satthusāsanakaro ovādapatikaro, amoghaṃ raṭṭhapiṇḍaṃ bhuñjati.'

Ko pana vādo, ye naṃ bahulīkaronti"ti. (AN 1.18)

68 Mettāya sabbapubbabhāgo *nāma neva appanā, na upacāro, sattānaṃ hitapharaṇamattamevā"ti.* (Mp)

69 已經證得預流道（sotāpattimagga）。

70 Paribhuñjatī'ti cattāro paribhogā theyyaparibhogo iṇaparibhogo, *dāyajja*paribhogo sāmiparibhogoti... Tattha imassa bhikkhuno ayaṃ raṭṭhapiṇḍaparibhogo dvīhi kāraṇehi amogho hoti. Accharāsaṅghātamattampi mettācittaṃ āsevanto bhikkhu raṭṭhapiṇḍassa sāmiko hutvā, aṇaṇo hutvā, dāyado hutvā paribhuñjatītipissa amogho raṭṭhapiṇḍaparibhogo. Accharāsaṅghātamattampi mettaṃ āsevantassa bhikkhuno dinnadānaṃ mahaṭṭhiyaṃ hoti, mahapphalaṃ, mahānisaṃsaṃ, mahājutikaṃ mahāvipphārantipissa amogho raṭṭhapiṇḍaparibhogo... ye pana imaṃ mettācittaṃ bahulaṃ āsevanti bhāventi punappunaṃ karonti, te amoghaṃ raṭṭhapiṇḍaṃ paribhuñjantīti ettha vattabbameva kim? Evarūpā hi bhikkhū raṭṭhapiṇḍassa sāmino aṇaṇā dāyādā hutvā paribhuñjantīti. (Mp)

第二章

心清淨

心的清淨

心清淨或說心的清淨，是巴利語cittavisuddhi的翻譯。Cittavisuddhi的要素就是citta（心）。透過止的禪修或觀的禪修，培養強而有力的定，心將不再被思緒或其他蓋障所干擾。無論修止或修觀，持續專注於禪修所緣的清淨之定，即是心清淨。由於定的力量，與如此的定所相應的心，將淨除種種蓋障。

三種心清淨

有三種定，屬於心清淨：近行定（upacārasamādhi）、安止定（appanāssmādhi）和剎那定（khaṇikasamādhi）。

■ 近行定

透過專注於禪修的概念性所緣（paṭibhāganimitta，似相），阻斷散亂的思緒，便可以培養近行定。因為它鄰近安止定，所以稱為「近行定」或「鄰近」定。想要培養真正的近行定，可以透過專注於視覺化所緣，例如：彩色的圓盤（kasiṇa，遍處），或者專注於身體的不潔物（asubha，不淨），或者修習身至念（kāyagatāsati）、入出息（ānāpāna）、四梵住（brahmavihārā）[1]，或無色禪（ārupa）。

至於，八種隨念（anussati）[*1]、厭逆想（pāṭikūlasaññā）以及四界分別（catudhātuvavatthāna），無法產生真正的近行定。換言之，這三種禪修方法產生的定，不能視為真正的近行定，因為它們不能產生安止定。然而，通常它們也被歸為近行定，因為它們同樣能鎮服五蓋。

■ 安止定

安止定的定力非常穩固，心像被吸入到禪修所緣。總共有八種或說九種的安止定：色界禪那（rūpajjhānā）可分四種或五種，無色界禪那（arūpajjhānā）則有四種。

■ 剎那定

當內觀修行者的信、精進、念、定、慧變得有力而平衡時，禪修的進展持續順暢。思緒或其他的蓋障不介入干擾。這時候，每一次的觀照，都能產生強而有力的定，專注於作為禪修所緣的身心現象。這是透過剎那剎那的觀察所產生的剎那定。

兩種前往證悟的車乘

若在近行定或安止定的基礎上修習內觀，此人稱為「止乘者」（samathayānika），即搭乘寧靜車乘，前往涅槃的人。止乘者利用近行定或安止定獲得心清淨。他的內觀修習是以此心清淨作為基礎。

若是純粹修習內觀，未事先奠立近行或安止定的基礎，此人稱為「純觀乘者」（suddhavipassanāyānika），只搭乘內觀之車乘前往涅槃的人。純觀乘者只用剎那定獲得心清淨，因此，他的內觀修習是以此心清淨作為基礎。

依據《清淨道論》：

> 心清淨，包括八等至和近行定。[2]

雖然《清淨道論》並未明白說剎那定是心清淨，但是，後來的巴利典籍則有說明。[*2]近行定和安止定被明確提及，是因為它們必須事先培養，剎那定則是在內觀禪修練習的過程中，自然培養出來的。

剎那定也被認為應包括在近行定的總稱中，因為它們在遠離五蓋的力量上是相似的。依據《念處經》（*Satipaṭṭhāna Sutta*）的注釋：

> 另外十二個，也是近行業處。[3]

所以，我這樣的觀點，應是符合巴利典籍。

請好好思考下列出自《清淨道論大疏鈔》的文字：

止即車乘，故是止乘，若人有此止乘則為止乘者。立住於禪那或禪那的近行之後而修習內觀的人，有此名稱……止乘者以止為入口修習內觀，但是觀乘者不依靠上述二種定的止，所以說是純觀乘者。意思是觀不與止混雜。[4]

從這段文可以看出，修習近行或安止定之後修習內觀的人稱為「止乘者」；而純粹修習內觀未依靠這兩種定的人，稱為「觀乘者」。從「提婆達多，一直發胖，白天不進食」這句話，我們可以推論：提婆達多在夜間進食。同樣地，我們也能從「不依近行或安止而生起觀」這句話推論出：觀乘者依於剎那定而修觀。下列的疏鈔文段，清楚指明這一點：

止乘者若無近行或安止定，不會證得出世法；觀乘者若無剎那定，則不會證得出世法。對二者而言，若無三解脫門（vimokkhamukha）[5]，也不會證得出世法。因此說「修習定與觀」。[6]

疏鈔的這段話，所依據的經文是：

住戒有慧人，
修習心與慧，
熱勤智比丘，
能夠解此結。[7]

「能夠解此結」這句話，應當理解為「他能夠解決執著的問題」。這句話本身並不清晰，但是，佛陀指出，如果「修習心與慧」，便能夠解決這個問題。在這脈絡中，「心」指的是定，「慧」指的是觀智。因此，上述的注釋書說「修習定與觀」。

這段巴利經文的大致意思是：修習定和觀智，將能解決執著的問題，也就是說，將能成為完全覺悟者——阿羅漢，徹底從執著解脫。注釋本身並未說明誰應當修習哪種定，也未說為何定和觀皆應當修習。不過，疏鈔對於這一點則有詳細解釋。

如同疏鈔說的，止乘者只能在修得近行或安止定之後，才能證得道智和果智；觀乘者只能在修剎那定之後，才能證得道智和果智。再者，止乘者和觀乘者都必須透過解脫門才能證得道智、果智，也就是要透過洞見身心現象的三種共通的特徵（共相）：無常、苦、無我。換言之，只有修得三種定之任一種，並且證得洞見三共相的觀智之後，才能證得阿羅漢，解決執著的問題。疏鈔精要地以「修習定與觀」一句，含括了上述要點。

順著疏鈔的解釋，顯然觀乘者並不需要修近行定或安止定，單憑剎那定就足以讓他們獲得證入道智與果智所需的心清淨。

止乘與觀乘的禪修方法

上述觀點引自《清淨道論》注釋書，為了加強你們的信心，我再引用《中部注》解釋兩種禪修方法的文段。

止乘者的修行方法

這是修習聖道的方法[8]：有人在觀之前修止，後依於止再修觀。怎麼說呢？

先得近行定或安止定，這是止。他觀察定以及與定相應的法為無常等，這是觀。

如是，止先觀後。因此說，在修觀前先修止的人，稱為止乘者。止乘者，如此修習時，道生起。[9]

依據疏鈔所說，止乘者修習聖道的方法是：觀察定以及與之相應的心所之無常、苦和無我。大多數的止乘者依循這個方式。

應注意，注釋書說，必須先修定，再觀察定的無常、苦、無我。這可能會讓人以為，未先修得名色分別智和緣攝受智，就可以證得洞見無常、苦、無我的觀智。然而，若未先證得前兩個初階智慧，是不可能證得洞見無常等的觀智。同樣地，認為未培養定，就能證得這兩個初階智的看法，也不合理。

所以，上述偈頌的意思應理解為：先修習定，然後修習兩個初階智，接著才是洞見無常等的觀智。此處「觀察……無常等」一句，是扼要式的表達（padhānanaya），透過提挈重要之事來指稱一系列相關的事物。例如，「王來了」這句話只提到國王到來，但我們大可認為國王從不隻身出門，而是帶著許多的隨從、護衛。同樣地，雖然疏鈔只提到洞見無常等的觀智，我們可以理解也包括了兩個初階智。否則，這段話將和其他解釋觀智進展的巴利典籍有所衝突。

■ 觀乘者的修行方法

在此聖教中，有人未得上述的止——近行定與安止定，他觀察五取蘊為無常等，這是觀。當觀足夠強大時，穿透觀的所緣，定生起，這是止。如是，觀先、止後。當他依於觀而修止，道生起。[10]

疏鈔說：「第二種是就觀乘者而說。」[11]可知，上述是觀乘者修習聖道的方法。「未得上述的止」表示，開始發展內觀時並不具備近行定或安止定。就止乘者而言，「觀察……無常等」暗示他已培養出辨別名色與緣起的兩個初階智。「當觀足夠強大時，穿透觀的所緣，定生起」意指當內觀禪修變得足夠有力時，會產生定。依疏鈔所說，此處的「觀」一詞特指「至出起觀」（vuttānagāminīvipassanā），緊接這種觀智之後，便是道智。疏鈔認為，這裡的「止」指的是與道智相應的定。

「道生起」裡的「道」一詞，意指第一階的聖道，如下列巴利引文所示：

「道生起」意指第一階的出世間道生起。[12]

他習近、修習、多修習道。[13]

不可能習近僅維持一心識剎那的道。因此「他習近、修習、多修習道」意指他令第二、三、四道生起。[14]

如此，藉由習近、修習、多修習道，他斷捨諸結（saṃyojanāni），根除隨眠煩惱（anusayā）。[15]

原來的《中部注》只說「依於觀而修止」，而這裡的止，並不必然是指與道相應的定。注釋書也說修定的人得第一階的出世間道。不過，如果認為是要透過修習與道相應的定，來獲得道智，這話是沒有意義的，因為這會像是在說「把金子變成金子」，畢竟與道相應的定是道本身的一部分。

上述對「依於止而修觀」方法的描述中，「二者」一詞意指修習觀和止。考慮到用來描述兩個修行方法的平行結構，在「依於觀而修止」的方法中，〔止和觀〕兩種修習都應是屬於世間。因此，這裡的「止」，應該理解為「與觀相應的剎那定」。

觀與剎那定

我們可以把「觀」和與它相應的「剎那定」，分類為三級：初階、中階和高階。

初階的觀與剎那定

初階的觀與剎那定，始於名色分別智。在此等級的定中，思緒和蓋障無法干擾練習。因此，心離於五蓋，了知身心現象的獨特性質（sabhāvalakkhaṇa，自相），證得名色分別智（nāmarūpaparicchedañāṇa）。此剎那定產生的心一境性堪比止乘者所修得的近行定。若沒有這基本的定力，便無法覺察到身心現象的真實本質。這剎那定構成心清淨，有助名色分別智等觀智的發展。

《無礙解道》描述此基本的定力：

> 心增上學（adhicittasikkha）無散亂（也就是說，是定）。[16]

依據下列的巴利文，名色分別智和緣攝受智（paccayapariggahañāṇa）也被視為觀。[17]

> 每個觀智皆驅散它的對敵，如同光明驅散黑暗。例如，名色分別智幫助驅散關於身心現象的我見。緣攝受智幫助驅散關於無因與偽因的邪見。種姓智（gotrabhū）[18]驅散對所緣的執取。這是彼分斷（tadaṅgappahāna）。[19]

■ 中階的觀與剎那定

中階的觀與剎那定始於生滅智（udayabbayañāṇa）。《清淨道論》稱此觀智為「稚嫩觀」（taruṇavipassanā），並稱達到此觀智的人為「勤觀者」（āraddhavipassaka）。在許多巴利文獻中，此觀智被視作是可證道、果的精勤支（padhāniyaṅga）之一。[*3]它是第一個成熟的觀智。

■ 高階的觀與剎那定

高階的觀始於壞滅智（bhaṅgañāṇa）。高階的剎那定也從這裡開始。在這章之末會依據《無礙解道》和《清淨道論》的解釋進一步說明。

■ 強而有力的剎那定

剎那定可以像是心僅聚焦在單一所緣那般強而有力。雖然剎那定在不同的所緣之間移動，前一個心識剎那和後一個心識剎那皆同等的專注，專注於一個所緣接著一個所緣。這時候，剎那定的力量好比止禪裡安止定的力量。差別在於止禪安止定的所緣是一直固定的，因此無法幫助禪修者看清當下的身心現象以及它們的無常等性質。觀禪裡定的所緣不停地在變化，當觀智發展成熟時，這幫助禪修者看清身心現象和它們的無常等性質。這就是兩類定的所緣之間唯一的差別。無論心以哪一類為所緣，都可以同樣的專注。如《大疏鈔》說：

> 剎那的心一境性（khaṇikacittekaggatā）是僅住剎那的定。當它持續地以相同的力量在諸所緣上生起時，不會被敵對的蓋障所擊敗，它能夠令心穩固，猶如安止。[20]

此處，疏鈔支持了注釋書中「論入出息」（Ānāpāna kathā）[21]裡對「令心等持」（samādahaṃ cittaṃ）的解釋。[*4]意思是：近行定和安止定並非唯一能讓心穩定不動於所緣上的定；與觀相應的剎那定，也可以穩定不動。

這剎那定的力量有多強大？「當它持續地以相同的力量在諸所緣上生起時」（ārammaṇe nirantaraṃ ekākārena pavattamāno）這一句話意指，它應該強大到能夠持續地專注在諸所緣上，猶如近行定般沒有散亂的蓋障。這時，觀照心穩固不動。

「不會被敵對的蓋障所擊敗……猶如安止」（paṭipakkhena anabhibhūto appito viya）這一句指出，與生滅智、壞滅智等觀智相應的定，更加強而有力：它的定可以如安止定一般穩定，不被敵對的煩惱所干擾。

一關鍵詞的兩種詮釋

注釋書[22]所說vossagārammaṇato複合詞（穿透觀的所緣）裡的vossagga一詞，有兩種解釋的方式：它可以意指「捨棄、放棄」或者「穿透、奔入」，兩個都是可行的解釋。如果我們把這複合詞中的vossagga理解為「棄捨」，則這複合詞就應理解為「棄捨、放棄所緣」（ārammaṇānaṃ vossaggo pariccāgo），此時所指的所緣，是外在的。在內觀修行的脈絡中，任何未能加以觀照的所緣，都被視為是外在的所緣。依據《念處相應》（*Satipaṭṭhānasaṃyutta*），「心散於外在」（bahiddhā vā cittaṃ vikkhipati）的意思是心游移到觀的範圍之外。[23]

如果把vossagga解讀作「穿透」，就必須把複合詞理解為「穿透、奔入所緣」（ārammaṇe vossaggo pakkhandanaṃ），這時的所緣是內在的。所有被成功觀照到的所緣，都視為內在的所緣。如《念處相應》所說：「……於內具念，快樂」（ajjhattaṃ satimā sukhamasmi）。[24]觀的所緣被視為是內在的所緣，落在觀的範圍內的所緣。如此，稱為「內行境」（gocarajjhatta）。

這兩種詮釋，實際上內涵相同，只是文法意義不同。「捨棄外在所緣」意思是不讓心往外遊散，也就是心「穿透內在所緣」。於此，重要的是，觀乘者未得近行定或安止定便修習內觀，但他們藉由培養觀智而得到定力。

注釋書援引巴利經文來解釋這兩種修行方法，幾乎是逐字依照巴利經文的記述，只添加一二語詞到經文上，讓文意更清晰，所以對於注釋書解釋是否符合經文旨意，應該不必有疑慮。巴利經文的出處，可參考《增支部》和《無礙解道》。《無礙解道》的巴利文是如此記載：

> 見色無常是觀，見色苦是觀，見色無我是觀。在那時生起諸法，棄捨或奔向所緣、心的一境性，是不散亂的定。如此，先觀後止。因此說依於觀修止。[25]

這裡的意思是，在觀的剎那，觀的心識和包括心一境性的心所生起，棄捨外在所緣或說穿透內在所緣，是為不散亂的定。

但是，《中部．根本五十經篇》（*Mūlapaṇṇāsa*）的疏鈔這麼解釋：

「在那時生起」，是在聖道剎那，生起正見等法時，捨棄或奔向所緣，意思是以涅槃為所緣。而「心的一境性」，是說道正定。[26]

修觀的方法

在巴利經典中，提到四種修觀的方法。除上述兩種之外，另兩種是：雙運的方法（yuganaddhanaya）、去除法掉舉的方法。在注釋書中只詳述前文所述的兩個方法，這是因為後兩種方法，其實已包括在前文所述的兩個方法之中。

雙運的方法

在雙運的方法中，已修得禪那的人，先入初禪，然後修習內觀，觀察初禪本身。同樣的方式，禪修者入二禪、三禪等，並分別以內觀加以觀察，直到證得道智。因此，這個方法也包含在先修止後修觀的方法（samathapubbaṅgama）之中。

去除法掉舉的方法

當生滅智生起的時候，禪修者可能會遭遇到觀染，即內觀的障礙（vipassanupakkilesa），例如明亮的光、智慧、喜悅、輕安等等。[27]無論先止後觀，或先觀後止，都可能會遭遇這類障礙。如果錯把這些現象誤認作某種證悟或者證悟的成果，可能會浪費時間去思惟這些經驗。這種躁動不安稱為與修習有關的躁動（dhammuddhacca，法掉舉）。禪修者若陷入這類掉舉躁動，便會看不清楚所緣目標，修習會停滯不前甚至退步。那時，如果不去理會光明等事，更加仔細地觀照所緣，便能克服這類與修習有關的躁動。透過觀照，這躁動會自然消失，身心現象會變得更加清晰。觀照的心會穩定地專注於內在行境。[28]

此後，觀智將逐漸開展，直到禪修者證得道智。這種修習方法對於依止修觀和依觀修止的人都適用，所以也包括在它們之中。這便是為何注釋書只提到之前的兩種方法的緣故。

觀乘者的心清淨

上述的巴利佛典清楚表明，觀乘者不需事先培養止來證得心清淨，而可以從純粹修習內觀開始。內觀修行變得足夠有力時，剎那定將會生起，產生心清淨。

本書的主要重點，便是要解釋這一點：觀乘者的修行方式——也就是，如何在沒有止的基礎下純粹修習觀禪。所以在此處不需廣泛解釋心清淨的內容。

然而無論如何，若能了解下列幾點，對依剎那定開展觀智的觀乘者是有幫助的：八種脫離（niyyāna）、脫離的八種障礙（niyyānāvaraṇa）、定的六個敵人以及避敵的方法，還有心一境性（ekatta）或說五蓋的遠離。

脫離與障礙

名為「出離」（nekkhamma）的內觀善業，是聖者脫離輪迴之法。聖者透過修習內觀而脫離輪迴。欲貪是脫離的障礙。由於欲貪的障礙，便不知聖者脫離之法。因此，欲貪稱為脫離的障礙。[29]

如下列援引的偈頌所解釋的，「出離」一詞有多種意涵。

出家、初禪、觀和涅槃，這些善法皆名為出離。[30]

依情況而定，出離可指布施、初禪、修習內觀、體證涅槃，或造作任何的善行。《大疏鈔》將出離定義為任何不帶貪愛而做的善行。但是，在這裡，出離可理解為內觀定（vipassanā-samādhi）。用於描述下列的脫離時，它同樣只和內觀定有關。

▪ 觀與欲貪

當身心現象在六感官根門出現時，若不觀照它們，將無法了知，除了因緣而生的無常、苦、無我的身心現象之外，別無他物；因此，人們會對未加觀照的所緣產生欲貪。反之，如果在身心現象出現時加以觀照，便會了知，除了因緣而生的無常、苦、無我的身心現象之外，別無他物。因此，將對能夠被觀照的身心所緣不起欲貪。如此，內觀善業讓人脫離欲貪，是一種「出離」。這種出離，透過逐漸修習進而證得涅槃，令聖者脫離輪迴（saṃsāra）。因此，內觀善業稱為「聖者脫離之法」（ariyānaṃ niyyanaṃ）因為它具有脫離輪迴的作用。

感官的貪愛（kāmacchanda，欲貪）被稱為障礙，因為它阻礙內觀修習。為了在今生獲得快樂和安適，我們必須為自己、伴侶、小孩、親人、朋友、信眾、施主或老師等，做無數的事。這些行為全是受到渴求快樂與安適的貪愛所驅使。我們不斷尋求尚未得到的，同時努力維護已經得到的東西。因為我們必須耗費心力來滿足自己的渴望，所以找不到時間修行，甚至連修行的想望都沒有。縱然曾經想到修行，也可能未曾付諸實踐。最糟的是，我們滿足於隨心所欲，自我享樂，只做想做的事、說想說的話。

當我們想到練習禪修時，不免又擔心失去眼前享受的小小快樂和舒適，最後的結果是不去禪修，因此便受用不到內觀的利益。不曾內觀修行而想要從輪迴脫離，是不可能的事。因此，欲貪是我們受束縛的源頭。欲貪阻礙內觀練習，使我們無法證得解脫。有些人不能夠修習內觀，因為他們還想在未來世繼續享受感官快樂。以上所說是欲貪障礙解脫道的情況。

欲貪也會在我們修行的期間障礙內觀的進展。這有許多種情況。譬如，欲貪常常顯現為想著感官對象，也就是分心。它也可能是和練習本身有關的溫和渴望；也可能是享受練習時的舒適感或特殊體驗；也可能會因這些經驗而感到自豪，然後一再地回味、思惟。也可能想到鼓勵好友來禪修；或者，可能希望練習更好更順利，能有更多不同的非凡體驗。甚至可能希求證得道、果和涅槃。

有些學者說，渴望道、果和涅槃並不是「渴愛」（taṇhā），而是一種善法欲（chanda）。而且，渴愛無法以「出世間法」（lokuttarā）作為所緣。我們應當思考的是，凡夫能否以真正的道、果和涅槃做為心的所緣。凡夫只有在「種姓心」生起時，才能夠以真正的涅槃作為心的所緣。緊接在種姓心之後的是預流道——第一個道智。對凡夫而言，沒有其他的心識能夠以涅槃為所緣。另外，凡夫也不可能以真正的道、果為所緣。

依據巴利文獻的解釋，凡夫對於道、果、涅槃的觀念，並非是究竟法（paramattha），而只是基於傳說、推論（anumāna）和其他概念所得的觀念。這類觀念只是「概念法」（paññatti），所謂的「名稱概念」（nāmapaññatti）、「樣態概念」（ākārapaññatti），或「形狀概念」（saṇṭhānapaññatti）。這些對於道、果、涅槃的概念想法，可以成為心的所緣對象，不只可以是善希求的對象，也可以是不善貪愛的所緣。

《六處分別經》（*Saḷāyatanavibhaṅga Sutta*）說：「生起對無上解脫的渴望」[31]，我們可以理解這是指「生起對阿羅漢果（arahattaphala）的出世解脫渴望」。疏鈔澄清這段文，說這裡提到的阿羅漢果並非真正的證悟，而是基於聽聞與推論所得到的關於阿羅漢果的觀念。《帝釋問經》（*Sakkapañha Sutta*）的疏鈔也有同樣的說法。[32] 真正的出世間法，無法成為渴愛的所緣對象。渴愛的對象，其實是從傳聞而知的阿羅漢果的觀念。

如果欲貪不起，內觀修行的過程便會順暢。如果它們生起，就會阻礙內觀的開展。它們成為內觀的對敵，像是說：「輪到我們了，觀閃邊去！」一旦欲貪居上風，定和觀就都會退步，禪修者可能要感到後悔。這是欲貪在修行期間成為阻礙的情況。也有人說，欲貪讓人無法了解到內觀善業是聖者解脫的原因。這是指欲貪阻止我們獲得親身體證的修所成智（bhāvanāmayañāṇa），而非理論的知識（sutamayañāṇa，聞所成智）。如此，欲貪阻礙了作為聖者解脫之因的觀智，因此它被稱為「蓋障」（nīvaraṇa）。

總之，稱為「出離」的內觀善業，被視為是脫離之因，它帶領聖者脫離輪迴。由於內觀是聖者解脫之因，所以無論是誰想要脫離輪迴，都必須修習內觀。另一方面，因為欲貪會阻礙內觀使其無法成長，導致無法帶來解脫，所以被說為是解脫的障礙。無論如何，禪修者必須盡可能地避免欲貪生起，倘若欲貪出現了，則可透過即刻觀照來加以去除。

無瞋與瞋

無瞋[33]，是聖者脫離輪迴之法。聖者透過無瞋而脫離輪迴。瞋是脫離的障礙。由於瞋的障礙，便不知聖者脫離之法。因此，瞋稱為脫離的障礙。[34]

內觀練習的觀照心，沒有瞋或挫折，稱為「無瞋」（abyāpāda）。這心理特質，讓人在面對不悅的所緣、難忍的疼痛或其他練習的困難時，仍不感挫折、失望，而能持續地觀照，直到證得涅槃，從輪迴解脫。因此，無瞋也是聖者脫離輪迴之法，應在修行中加以培養。

對某人或某事感到排斥，或者對練習中的困難感到挫敗，即是「瞋」（byāpāda）。如果瞋存在，便無法脫離苦。如果瞋生起，行者便無法經驗到以無瞋進行觀照時所出現的法。瞋是解脫的蓋障，必須加以去除。瞋可以顯現為對某人感到生氣或想像與之爭論，對遇到的困難、疼痛生氣，或是對看到、聽到的事物等感到生氣，或因觀照有遺漏而感到失望等等。對於這些形式的瞋心，我們必須透過即刻觀照來加以去除。然後，我們應該回頭觀照基本的禪修所緣。如果觀照瞋心兩、三次之後，瞋心仍然持續，應該繼續反覆地在瞋心生起時加以觀照，瞋心終究會完全消失。

光明與昏沉睡意

光明想，是聖者脫離輪迴之法。聖者透過光明想而脫離輪迴。昏沉睡意是脫離的障礙。由於昏沈睡意的障礙，便不知聖者脫離之法。因此，昏沉睡意稱為脫離的障礙。[35]

觀想日光、月光、星光和禪修中出現的光明，稱為「光明想」（ālokasaññā）。它能夠克服昏沉與睡意（thinamiddha）。藉由光明想克服昏沉與睡意之後，便可持續修習內觀。藉由內觀練習，可以證得涅槃，脫離輪迴。因此，光明想也被稱為聖者脫離之法。

在內觀禪修的脈絡中，觀照身心現象，使它們了了分明，也稱為光明想。當修行者能夠了了分明觀照所緣目標時，昏沉、睡意、慵懶便會消失。無論日夜，心常保清明，沒有睡意。即使停止禪修，上床準備睡覺，也可能自動地觀照當下生起的所緣。所以說，我們也能夠透過清晰觀照所緣而克服昏沉睡意。如此，逐漸證得觀智、道智，從輪迴脫離。因此，清晰觀照所緣，也是聖者脫離之法。

慵懶無精神，無論是否導致睡眠，仍是脫離輪迴的障礙，因為它阻礙禪修者清晰地觀察。當它出現時，應當加倍謹慎加以克服。

剎那定和掉舉

不散亂，是聖者脫離輪迴之法。聖者透過不散亂而脫離輪迴。掉舉[36]是脫離的障礙。由於掉舉的障礙，便不知聖者脫離之法。因此，掉舉稱為脫離的障礙。[37]

剎那剎那地專注於身心現象所緣的剎那定，可稱為「不散亂」（avikkhepa），它是和掉舉相反的心理狀態。當剎那定變得強而有力，每回觀照所緣時，觀照心彷彿穿透觀照的所緣。

觀照心和它所觀照的所緣，似乎經常連結在一起，就像沉重的米袋沉穩地立住於被放置的位置，或者像尖銳的矛穩固地停在它刺中的地方，或者像丟擲出的黏性物體黏在牆上。同樣地，雖然身心所緣不斷的變化，但每當它們出現時，禪修者的心仍然透過剎那定穩固地聚焦在每一個所緣。這剎那定帶來觀智、道智和果智，使聖者從輪迴解脫。因此，不散亂或剎那定，稱為聖者脫離之法，應當多加修習。

練習過程中，心離開禪修所緣的分心狀態，稱為掉舉（uddhacca）。它使心從所緣漂離開來。由於掉舉的緣故，心無法在禪修所緣上停留許久，經常游蕩到其他地方。掉舉的力量愈強，心游離的時間就愈長。掉舉愈弱，心游離的時間也就愈短。

有時候，心也會思索著禪修自身。例如，心會從所緣離開，開始思考所緣的觀照是否有效、循序、清晰；心也會去思考該如何觀照所緣。在這些情況下，內觀定是無法生起的。當我們的心游移飄蕩時，任何的定都無法成熟。因此，掉舉被說為是脫離的障礙。當掉舉發生時，應當透過即刻觀照加以去除。在這些時候，必須特別謹慎地觀照基本所緣。

■ 分別智與懷疑

法分別智[38]，是聖者脫離輪迴之法。聖者透過法分別而脫離輪迴。疑是脫離的障礙。由於疑的障礙，便不知聖者脫離之法。因此，疑被稱為脫離的障礙。[39]

辨別善與不善的智慧，稱為法分別智（dhammavavatthānañāṇa）。透過正確辨別善法和不善法，聖者斷除不善法並培養善法，直到體證涅槃，脫離輪迴。因此這分別智被稱為聖者脫離之因。

關於何為善、何為不善的不確定，就是「疑」（vicikicchā）。疑被視為解脫的障礙，因為它阻礙分別智的生起。對於善法、不善法有疑的人，是無法捨棄不善法並培養善法的，也就無法脫離輪迴。

在內觀修行中，很重要的是能夠分別什麼是內觀、什麼不是內觀，分別得出能幫助內觀的善法，以及不能幫助內觀的不善法。這兩種分別，應視為脫離輪迴的原因。

本書稍後會詳細解釋辨別內觀和非內觀的方法。[40]扼要的說，時時刻刻觀察身心現象，稱為親身體驗的內觀（paccakkhavipassanā，現量觀）；當這種親身體驗的智慧（paccakkhañāṇa，現量智）成熟時，也能發展出對過去、未來和外在現象的推論內觀。不管是親身體驗的或推論的這兩種內觀，都屬於內觀善法。不過，一般的推論因為並非立足於親身體驗的觀智，不能算是真正的內觀善法。聖者了解這個區別，因此，他們能修習真正的內觀，直到證得涅槃，脫離輪迴。倘若人們了解持戒、頭陀行（dhutaṅga）、止禪、如理作意等，都是支持內觀的善法，這個了解也是脫離輪迴之法。因此，應該透過學習、聽聞和討論，培養這兩種脫離之法。

若懷疑僅僅觀照當下生起的身心現象就算內觀善法，這也是疑。這種疑非常微細，鮮少能被覺察為疑，反而被認為是一種調查。這種懷疑常喬裝成分析的智慧。

《導論注》解釋〈應理類〉（Yuttihāra）時說：

> 疑，偽裝成調查。[41]

知識不多的人少有這類疑。因為他們依靠老師指引，謹慎地依循修習指示。然而，若沒有老師的協助，他們便無法修習。反過來說，博學的人若學得正確的修習方法，可以在沒有老師的指引下修習。但是，如同初次去某處旅行的人可能對路線感到迷茫不確定因而延誤路程一樣，博學的人也可能會因為懷疑而耽誤行程。

《蟻蛭經》（*Vammika Sutta*）[42]把「疑」比喻為道路上的叉路，如果行人無法決定該走哪條路，便會停滯在那裡。同樣地，如果禪修者陷入躊躇遲疑，便無法繼續內觀練習。如此，他將成為煩惱的受害者，無法脫離輪迴。唯有當他藉由觀照疑而加以捨棄，並不間斷地持續修習，才能從輪迴解脫。

疑的對象有八種：佛法僧、三學[43]、過現未三世，以及緣起（paticcasamuppāda）。現今，人們也對另外四種事感到懷疑：他們的老師、禪修方法、依法禪修而證悟者，或者自身的練習。因為希望禪修者捨棄懷疑後順利修習內觀而快速證得道、果、涅槃，我在這本書中談戒清淨時便已收集許多例子。在之後的內容裡會再進一步說明。[44]

依據將在第五章描述的內觀方法，對行、住、坐、臥、彎、伸等的觀照，都是善法。不應對這些觀察是否屬於善法，有所懷疑。例如，觀照某個身體移動的當下，便足以洞見那動作所含的身心現象之本質，同時，也生起了念、信、無貪和無瞋——這些全都是善心所。因為與每個觀照同時生起的都是善法，因此，禪修者只需修習內觀善法即可。同樣地，以地遍（pathavīkasiṇa）為禪修所緣修習止禪的人，在每次觀照「地」「地」的時候，也都生起善法。以上是為了去除對修行方法的懷疑所做的簡短解釋。後面會再更仔細說明。[45]

如果有懷疑，便無法證得分別智，無法自己確認觀照身心現象即是內觀善法。修習內觀時倘若缺乏此分別的智慧，是無法脫離輪迴的。因此，疑被稱為脫離的障礙。應小心不要把懷疑誤認為是分析的智慧。當懷疑出現時，請努力加以去除，否則它會阻礙你脫離輪迴。請格外留意。

■ 智與無明

智（ñāṇa），是聖者脫離輪迴之法。聖者透過智而脫離輪迴。無明（avijjā）是脫離的障礙。由於無明的障礙，便不知聖者脫離之法。因此，無明被稱為脫離的障礙。[46]

若依據《清淨道論大疏鈔》來理解，這裡的「智」，包括名色分別智和緣攝受智。不過，如果認為此處的智含攝了所有的觀智和道智，而不僅是上述二種智，也是合理的。

《大疏鈔》也說，「無明」包括關於人、眾生、我的邪見，關於上帝、帝釋天、梵天創造眾生的邪見[47]，以及認為眾生生命沒有緣由的邪見。然而，所有的無明，各種與觀智相對立的無知，都應看作是無明。如此，在內觀修行脈絡中，我們理解所有的觀皆是智，而所有的無知都是無明。智與無明二者不能並存。

在身心現象生起時加以觀察，便會開始了悟：存在的，只有能了知所緣的名（心理現象）和不能了知所緣的色（身體現象）。當內觀較成熟時，也會了悟到：某些原因導致這些身心現象，這些現象只是某些原因的結果；存在的只有因與果，別無它物。當內觀更成熟，禪修者了悟現象是無常、苦、無我。接著，了悟到身心現象在生起後即滅去。接著，了知它們剎那剎那不斷地滅去。從觀照產生的這些了悟，稱為觀智。聖者培育這些不同階段的觀智並證悟涅槃，從而脫離輪迴。所以，每一個觀智皆稱為聖者脫離輪迴之法。因此，我們必須修習內觀。

若未能在身心現象出現時加以觀照，便無法看清它們只是身心現象，無法了知其因果關係，以及無常、苦、無我的性質，也無法了知它們在生起後立即消逝，以及持續不停地滅去的事實。因此，人們會誤把這些現象視同個別實體，是由神所創造的，或無因而生，把它們當作是恆常、樂、持久不變的事物。即使在體驗的當下未這麼想，但後來思考時，一定會有這樣的錯誤信念。因此說，任何現象若未被觀照，皆會產生無明。

「智」在巴利語中稱為ñāṇa（智）或vijjā（明）。與它相反的心理特質，就稱為moha（痴）或avijjā（無明）。上述種種的迷惑或無知，都算是巴利語的avijjā。未能觀照的人，就會持續地生起無明。尤其在最初開始修習的期間，無明往往占上風。初期練習觀照時，禪修者還無法辨別身心現象，觀照力尚淺，仍是從概念法了知所緣。例如，禪修者在未能了知其真實本質前，看的時候，總是立即將看的過程或所看到的事物，誤認為「我在看」或「看到某人某物」。

雖然無知或無明的字面義是「不知」，不過，在這脈絡中，它的意思是指「不知究竟法」。無明能立即以概念法了知事物。因為無明和伴隨它的心理特質（心所）首先生起，邪見便隨後到來。因此說：「無明掩藏所緣的真實本質。」每當六感官根門、六感官所緣和六感官心識等內觀所緣生起之時，我們便會對它們產生錯誤的見解，因為無明已先行生起。因此，作為脫離輪迴之法的觀智，也就無法現前，所以說，無明是脫離輪迴的障礙。

總之，在所緣出現時即加以觀照，即是「智脫離」（ñāṇaniyyāna）。每一次的觀照，都是在修習脫離。另一方面，未能觀照和散亂思緒，也是無明，乃脫離的障礙（avijjāniyyānāvaraṇa）。每當忘記觀察所緣時，觀照這現象：「忘記」「忘記」或「在想」「在想」，便能斷除無明的狀態。在這情況裡，它的相應心理特質，也被稱為無明。

■ 愉悅與不喜

> 修行的愉悅（pamojjā），是聖者脫離輪迴之法。聖者透過培育愉悅而脫離輪迴。無精打采[48]是脫離的障礙。由於無精打采的障礙，便不知聖者脫離之法。因此，無精打采稱為脫離的障礙。[49]

《大疏鈔》提到，在某些情況下，愉悅將引生禪那。但是，這並非說愉悅不能帶來內觀定。有些巴利典籍明確表示，愉悅會引生其他善法的生起，如欣喜（pīti）、輕安（passaddhi）、樂（sukha）、定、如實知見（yathābhūtañāṇa）。在內觀修行的脈絡中，每次專注地觀照所緣時，便會帶來愉悅。因此說，練習內觀會使人愉悅。這個愉悅也接著支持觀智的進展，一步一步，直到聖者脫離輪迴。

愉悅較常於感性的人身上生起，理性偏強的人則較少發生。這就像小孩子有幾塊零用錢就感到滿意，但是成人需要幾千塊甚至更多，才會滿意。然而，無論這人有多麼理性沉穩，生滅智生起時或者觀照進行順利時，愉悅都會生起。如同《法句經》所說：

了知蘊生滅，證得喜和悅，
分明了知者，此即是甘露。[50]

如之後我將解釋的[51]，當禪修者的念、定、慧成熟時，愉悅會自動生起。一般而言，喜悅並不需要刻意去培養。但是，當無精打采成為障礙之時，應該為了讓愉悅生起，試著憶念三寶的功德、內觀的益處，或者開始禪修後的戒行清淨，或者觀照心的清淨、殊勝。

內觀修行的無精打采，是一種不滿、不喜（arati），許多人為此而無法好好練習，所以修行的人數總是遠少於不修行的人數。所以，我們不應抱怨眼下遭受的困苦。如《法句經》說：

世間人盲瞑，能觀見者少，
如鳥脫羅網，鮮有升天者。[52]

即使在少數的內觀修習者之中，還有一些人會在觀照不順利或無法得到任何觀智時，變得無精打采。因為無精打采生起，愉悅消褪，無法繼續練習。於是他們無法脫離輪迴。這便是為何無精打采是脫離輪迴的障礙。想要克服這個障礙，應該像上述所說的那樣，憶念三寶等的功德，或者思惟修行迫切感（出離心）的八個理由。[53]

■ 善[54]與不善[55]

一切善法皆是聖者脫離輪迴之法。聖者透過善法而脫離輪迴。一切不善法是脫離的障礙。由於不善法的障礙，便不知聖者脫離之法。因此，一切不善法稱為脫離的障礙。[56]

所有的善法，如布施、持戒、禪修、自願服務，都是脫離之法。在sabbepi kusalā dhammā（所有一切善法）這一句裡，放在巴利詞sabba（一切）後的強調語pi（皆），意指「每一種善法」。換句話說，每一種善法都是脫離輪迴之法。任何事，只要有助於脫離輪迴，皆是善法。有句巴利文說：

被正確導引的心……帶著被正確導引的見……[57]

聖者藉由已修習的一切善法而證得涅槃，脫離輪迴。如果想要脫離輪迴，應該盡全力修習各種有助於脫離輪迴的善法，包括布施、持戒、禪修、自願服務等。沒有哪一種善法可以被忽視。

然而，在密集修習內觀時，你應該把內觀放在第一位，因為內觀是從輪迴解脫的根本原因，應當特別重視內觀禪修，不應中斷練習，乃至一分一秒都不中斷。內觀在所有世間善法中最為殊勝，因為它是解脫之因，能令人以涅槃為所緣而證得道智。在密集的內觀修習中，不應中斷練習而去修習包括止的修行在內的善法，更不用說其他費心力的善法，因為那會干擾內觀修行。《法句經注》藉著比丘阿塔達答（Attadattha）的故事來說明這一點：

▪ 比丘阿塔達答的故事

佛陀入滅前的最後幾個月，某位比丘想要把握時間在佛陀入滅之前證悟。他決定密集地修行直到能於佛陀面前成為阿羅漢。他的決意非常堅定，甚至不願意暫時退出禪修，去參加定期僧團聚會。因此，他被取了一個外號Attadattha，意思是「自身的利益」。

於是，有些未證道、果的比丘向佛陀抱怨，他們稟告說，比丘阿塔達答不敬愛佛陀，即使佛陀入滅日期愈來愈近了，他仍然不願意參加僧團集會，非常冷漠、孤僻。於是，佛陀傳喚比丘阿塔達答。聽了他的回應，佛陀稱讚阿塔達答：「很好！」之後，佛陀勸導其他比丘說：

比丘們，凡敬重我的人皆應效法阿塔達答。供養香等物品，並非敬重我，如法修行才是敬重我。所以，其他人也應效法阿塔達答。[58]

接著，佛陀說了這個偈頌：

不要為他人的福祉，
放棄你自身的福祉。
應了知自身的福祉，
致力於自身的福祉。[59]

在世俗的事務上，我們不應該為了讓他人獲得利益而放棄自身的福祉，不論自身的福祉是多麼微小，他人的利益又有多麼巨大。同樣地，在修行上，即使是為了讓別人能夠證悟阿羅漢果，我們也不應該犧牲自己預流的證悟。別人所得到的利益，即使再大，也可能不會為自己帶來任何快樂。再者，自己的福祉，即使再小，也必然為自己帶來某程度的快樂。要記住這一點，盡全力去確保自身的福祉。為了自身福祉而努力時，也應該選擇好而有益的機會，而非壞而有害的機會。例如，工作一天賺得一百元的人，不應該接受一天只賺一元的工作。注釋書如此解釋：

「不放棄自身的福祉」意思是，比丘不應該捨棄有助於證得道、果、涅槃的僧團義務，如修復塔寺或照顧自己的親教師。執行這些義務也是對自己的福祉有益。然而，密集修習內觀的比丘，希望盡快證得道、果、涅槃，則應該僅從事個人的修習，而不執行其他的義務、工作。[60]

上述的注釋意味著，比丘需要完成照顧親教師等的義務。若做不到這一點，算是「違反義務的惡作」（vaṭṭabhedakadukkatā），這會影響投生天界和證得道智、果智的機會。然而，為了自身的內觀修行，連這個重大義務也應該擱下，更不必說修復塔寺等不涉及比丘戒的僧團義務。在這種情況下，想要密集修行內觀的比丘，應該請求親教師允許自己不必照顧他，免除其義務。

■ 最勝布施

佛陀入滅前躺臥在拘尸那城（Kusinārā）末羅王子娑羅園時，天人和梵天從十千世界各處前來，圍繞著佛陀，以種種花、香、天樂向佛陀致上最終的敬意。在那場合中，佛陀說：

阿難！以如此花、香、天樂等，也未能禮敬、尊敬、敬重、供養、敬愛如來。

阿難！無論是比丘、比丘尼、男居士或女居士，若依循導向證悟的法而加以懇切實踐，他便是禮敬、尊敬、敬重、供養、敬愛如來。

因此，阿難！你們應該如此學：「我們應當依循導向證悟的法加以懇切實踐。」[61]

事實上，禮敬佛陀或供養佛陀花、香，也是在培養善法，是聖者的脫離之因。但是，佛陀說，如此的供養並非真正的尊敬。注釋書解釋佛陀的意思如下：

佛陀用四大阿僧祇劫又十萬劫的時間精進努力圓滿佛果的資糧——也就是波羅蜜（paramī）、布施（cāga）和正行（cariya）——目的是為了幫助眾生證得道、果、涅槃，並非是為了受到花、香的禮敬。如果有人滿足於只是用物質禮敬佛陀並且認為這是大善法，那麼，他也許不會圓滿更崇高的戒、定、慧善行，因而無法在今生證得道、果、涅槃，並從輪迴解脫。再者，透過這類虔誠的布施，也無法幫助佛陀的教法（sāsana）久住於世，甚至連住世一天乃至一頓早餐的時間都辦不到。縱使建立一千座的寺院或佛塔，這也只是帶給施者大福德的善行，並非是幫助佛法久住的供養。唯有戒、定、慧的修行，才是對佛陀更合適而有價值的供養和禮敬，因為這些實踐有助於佛陀教法久住於世。由於佛陀希望人們能透過親身實踐來向他致敬，因此，佛陀給了上述的教導。

以上是注釋書所載內容的大致意義，並非直接的翻譯。

■ 法的繼承人

下列引文出自巴利經典《中部》的《法嗣經》（*Dhammadāyāda Sutta*）：

比丘們！應該成為我的法繼承人，莫成為我的財物繼承人。出於悲憫，我思惟：「我的弟子如何成為法的繼承人，而非財物的繼承人？」[62]

佛陀允許比丘使用的衣、食、住、藥四種資具是次等的物質遺產。享用這種遺產的比丘是次等的繼承。帶著投生善趣的希望而做的善行，也被認為是次等的繼承。任何比丘、沙彌、在家居士這麼做時，都被視為次等的繼承者。只受用資具遺產的人無法脫離輪迴，即便他們已擁有值遇佛陀教法的難得機會。就像心中充滿悲憫，對小孩將來可能受苦而感到顫抖的母親一樣，佛陀看到眾生於輪迴中受苦，他對眾生生起大悲心。因此，佛陀勸誡弟子不要滿足於次等的物質遺產。真正珍貴的法財遺產，是道、果和涅槃。

戒、定、慧也算是真實的法財遺產，因為它們是在今生裡證悟道、果、涅槃不可或缺的基礎。布施、持戒等一切以證得涅槃為目標的善法，也都是法的遺產。然而，這些稱為「相似的法遺產」，因為這種善法只是為了在未來世證得道、果、涅槃所需的基礎。[63]

因此，必須努力獲得兩種法的遺產：真正的和相似的法遺產。在這兩類遺產之中，需要在今生努力修習戒、定、慧，以獲得道、果、涅槃的法遺產。關於此事，佛陀在對大長老波提拉（Poṭṭhila Mahāthera）的教導中說得很清楚，所謂：弟子應當努力在此生證得道、果、涅槃。在後面的章節我會再簡要的敘述這個故事。[64]

佛陀的教學，有崇高、神聖的目的。佛陀並不滿意弟子僅證得最低階的道、果。佛陀只對證得阿羅漢果智感到滿意。在《法句經》中，佛陀說：

比丘！不應該因為持戒、博學、得定、獨住，
或想「我已觸凡夫不知的出離樂」而感安心，
如果你尚未證得諸漏煩惱的滅盡。[65]

這個教導，是針對已擁有良好的戒行和其他成就的比丘們而說。有些比丘可能因於自身的戒行便感到滿意，認為戒行已清淨而不需任何練習就能隨時成為阿羅漢。有些比丘可能因為已圓滿頭陀行、博學多聞、四禪八定、獨住，或證得不還果

而感到滿意，他們以為成為阿羅漢並不困難，也感到滿意而不再為證得阿羅漢果而修習內觀。針對這類比丘，佛陀於是給予上述的教導。事實上，只要還未成為阿羅漢，就不應該感到滿意，應該持續精進直至成為阿羅漢。佛陀的願望確實非常崇高而神聖。

依據佛陀的這些教誨，在所有應做的工作之中，內觀修行是最重要的事。修習內觀的人是在以最崇高的方式向佛陀致敬，也是聖法的繼承人。內觀禪修者依循佛陀所教，不滿足於小小成就。在密集禪修的期間，應以內觀練習為最優先考量，在這期間不需做其他善行。然而，如果欲貪等煩惱妨礙了內觀修行，此時禪修者可以運用其他禪修方法來調伏這些煩惱。下一節將依據《止尋經》（*Vitakkasaṇṭhāna Sutta*）簡要地說明這些方法。

驅逐蓋障的有用方法

■ 一一對治

此第一組有用的方法，適合博學多聞的人以及擅於止禪的人。

- 為克服性欲，觀察身體的不淨物。
- 為克服對物質對象的貪愛，透過思惟它們不受控制且不長久，生起無常想。
- 為克服瞋恚，培養慈心。
- 在生氣時，反思人是由四界所構成。[66]
- 在與疑、猶豫相應的痴生起時，藉由聽法和討論加以去除。
- 在對戒行感到懊悔時，應向同儕比丘發露所犯以減輕懊悔。
- 為克服任何的煩惱，可運用任何一種止禪的方法。
- 為了緩解長期間練習的疲憊，可以轉而修習已熟練的止禪。若無熟練的止禪，應該以感到自在的方式持續修習觀禪。[67]

■ 思惟過患

當欲貪念頭（kāmavitakka）生起時，應該這樣思考它們的壞處：如果欲貪高漲，將會毀人戒行，使人投生至惡趣。欲貪常常使人無法投生更高級的天界，讓人無法脫離輪迴。如果滿足欲貪而過度愛惜色身，會在輪迴中受許多的苦。

應該這樣思惟其危險來克服這類的不善念頭。古代的賢者為這種思惟寫了下列的偈頌：

哦！身體！不善念頭的中心，
我已不再是你的奴隸、僕人。
佛陀教導我，我不再取悅你。
因為照顧你，我在輪迴受苦。[68]

■ 轉移注意

這方法最適合行捨智已經成熟，但卻因為渴求或精進過度而未能證得道果的人們。在這種情況下，如果觀照所緣經常引起不善念頭，不應該繼續觀察那些所緣。如果這類思緒頻繁地出現，甚至需要完全停止觀察。巴利經典說，在這種情況下，「應該試著放掉那些思緒，不應該去注意它們。」[69]如此休整，對渴求或用力過度的人而言，非常有幫助。

在這段休息期間，應該完全暫停練習，可和同伴聊天兩、三個小時、半天，甚至整天或整夜。或者，去佛塔禮佛、沐浴、洗衣服，或做其他類似的事。如果他想要，也可以睡個好覺。在適當的時機，再重拾練習。

在《中部注》，我們也發現下列的建議。如果轉移注意力仍無法停止這些思緒，應該念誦已熟記的典籍，或者閱讀一些文本。也可以重覆地確認一些簡單的事物，例如拿出隨身的包：「這是火柴盒。這是火柴棒。這是針。這是剃刀。這是指甲剪。這是大頭針等等。」注釋書還提到一個故事描述比丘藉由興建寺院而成功停止不善思緒。

■ 覺察起因

當思緒漂移時，應該注意它的起因。游移的思緒在完全顯露之前，在心與所緣接觸時，若未加留意，思緒便得以開始逐漸成型。若能立即觀照這未加注意的狀態，思緒便會消失，無法延續。

只有放任、沉溺於胡思亂想，胡思亂想才會持續很久。如果能在它們出現時便加以觀照，不再放縱不管，它們會在被觀照時立即消失或者稍後消失。如果思緒被觀照後仍未停歇，那麼可以追溯誘發它生起的先前思緒，找到其源頭後，應該下定決心：「我不再讓它引生這樣的思緒。」然後繼續練習。

堅定觀照

更加堅定的觀照，實際上並非特別的方法，只是堅持平常的觀照方式。無論任何的煩惱生起，應該堅定地下決心，無間斷地觀照，好像在威嚇煩惱說：「煩惱！你做什麼？等著，我將征服你！」所以，佛陀說：

> 如果，當他留意去停止那些思緒的源頭思緒時，與貪、瞋、痴相應的不善思緒仍然生起，那麼，他應當齒齒相著，舌抵上齶，以心制心。[70]

使用這種方法，你肯定會克服漂移的思緒。這是堅持平常的觀照，不讓心漂移他處的修行方法（appanidhāyabhāvanā）。這第五種方法，非常適合初學者和欠缺佛法知識的人。內觀禪修者尤其應該使用這個方法。

上述前四種方法，是導引心識轉向其他所緣的方法（panidhāyabhāvanā），較適合資深或博學的修行者。這兩類方法，在〈念處相應〉（*Satipaṭṭhāna Saṃyutta*）[71] 皆有所說明。《念處經》（*Satipaṭṭhāna Sutta*）等的注釋，也解釋了斷除五蓋和培養覺支（bojjhaṅgā）的方法，其中大多數方法是專注於各種禪修所緣。

所有的善法，皆能支持聖者的解脫，值得培育。但是在密集內觀練習期間，必須以修習內觀禪修為優先。其他方法，只有在心過於散亂，無法持續修習內觀時才稍加使用。一旦漂移的思緒停歇，便應立即重拾內觀練習。老師應該適時地給予缺乏知識的禪修者恰當的指導。

所有的不善法都是解脫的障礙。在內觀修習的脈絡裡，一切散亂思緒都是內觀修行的障礙。因此，每當散亂思緒生起之時，禪修者皆應該藉由觀照它們加以斷除。

定的障礙與克服的方法

■ 過去、未來的思緒

追憶過去，心散亂。放捨過去，心等持於現在一處。如此，心不散亂。
期盼未來，心躁動。放捨未來，心傾向於現在一處。如此，心不散亂。[72]

過去曾見、聽、嗅、嘗、觸、想的事物，稱為過去所緣。回憶它們會讓心變得散亂。這稱為散亂的心。在內觀練習期間，過去事讓我們分心的方式有許多：也許是單純回憶曾有過的經驗，也許想到之前的練習是否順利，也許是思索自己的觀察方法是否有效，也許好奇之前的觀照是否清楚，也許想著自己經驗到的是名法或色法等等。

倘若心像這樣游移至過去，我們說，心是散亂的，造成內觀定的障礙。如此，在每次觀照到心散亂時，應該把心帶回到當下的所緣。就修內觀定而言，這意味著禪修者必須觀照當下時時刻刻生起的所緣，透過時時刻刻觀照當下的身心現象，心專注地保持在當下的所緣；就修奢摩他而言，這則意味著心必須保持在止禪的所緣。

以後可能將會看到、聽到、嗅到、嘗到、觸到或想到的事物，稱為未來所緣。期盼或預想未來的事，會讓心變得躁動。在內觀修行中，讓人思慮未來的情況，有許多種可能，譬如：也許期盼著將看到、聽到的所緣等，也許關於未來前景的白日夢，也許想像遇到想見的人，也許幻想著投生天界，也許想到未來將觀照到某些所緣，也許期待修行有良好的進展，也許期望證悟或獲得某種特殊經驗，也許擔心自己是否將會和別人一樣修習得很好。

當期盼或預想那些尚未存在的所緣時，心本質上是搖擺、躁動、不穩定的。這是內觀定的障礙。因此，每回心變得躁動時，應該把心引導至當下所緣。這時，心將不再游移，而能專注在當下所緣。

總之，不追憶過去，不預想未來。應做的只是觀照當下一切的身心現象，無有遺漏。

■ 怠惰與散亂

退縮鬆懈時，心變得怠惰。令心活躍，斷捨怠惰。如此，心不散亂。
過度活躍時，心變得掉舉。減少活躍，斷捨掉舉。如此，心不散亂。[73]

當練習不順利，觀智不起或無法進步時，心往往會退縮鬆弛而出現怠惰與懶散。這怠惰、無意練習，是內觀定的障礙。因此，對於怠惰，應該透過緊密地觀照加以去除。如果這方法不起作用，則應該運用其他方法來激勵自心。《長部注》[74]提到十一種培育「精進覺支」（vīriya-bojjhaṅga）的方法，例如思惟地獄之苦、修行的利益、傳承的高貴等等。[75]以下描述其中一些反思的方法。

思惟地獄的可畏

地獄眾生的身長約有三牛呼（gāvuta）。[76]獄卒將他們推入熾燃的鐵地，逼迫他們平躺在灼燙的地上。接著，獄卒會把像棕櫚樹那般長的釘子釘入地獄眾生的左右手、左右腳和腰部。然後，又逼迫他們伏臥、側臥，一次次受同樣的煎熬折磨。只要他們的不善業果報未盡，就不會死亡。光是看到燃燒的鐵地板，聽到獄卒嚴酷冷峻的咆嘯，就會帶來極度的痛苦。被釘在那地板上受熊熊火焰吞沒，看到大釘子無情刺穿自己，種種景況帶來不可度量的身心痛苦。在地獄中，沒有仁慈可言，沒有人會來拯救，即使撕心裂肺地哀號求救也無人理會。完全與父母、親人、好友分離，徹底孤單，只能無望地沮喪地悲嘆地遭受著巨大的折磨，片刻也不得休息。在這時候，是沒有機會修習內觀的。

如果地獄眾生在第一輪折磨後仍未死去，獄卒會用大如屋頂的鐮刀將其身體亂刀斬斫，直到血流成河。熊熊火焰會從血水中冒出燒毀那些身體碎片。這地獄眾生遭受無量的苦，完全沒有機會修習內觀。

如果這還未讓地獄眾生死去，獄卒會倒掛起他們來，用扁斧將肌肉削成一片一片。如果還沒死透，獄卒會讓他們像牛馬般拖著燒燃得正旺的車子，逼迫他們把車拉上舖滿熾紅木炭的山坡。如果拒絕，就會不斷地被燒灼的鐵棒刺穿。到山頂之後，獄卒會再驅趕下山。如此，反覆上山下山。

如果在這之後還未死去，獄卒會把他們丟入一個充滿赤紅液態鐵水的大桶（lohakumbhī）。歷經三萬年沉入桶底，然後再花三萬年從桶底浮出，如此上上下下浮浮沉沉就像沸水中的米粒。地獄眾生受無量的苦，在那裡不可能修習內觀。

如果他們的不幸尚未到盡頭，仍未死去，獄卒會把他們從桶子拉出，丟入火焰地獄。這地獄長、寬、高皆一百由旬（yojana）[77]，像是一個巨大的鐵盒。如果火焰從東邊的牆竄出，會在西邊的牆燒穿一個洞，那股熱會延伸出牆外一百由旬。相同的情況，也適用於西、南、北邊和上、下的牆所冒出的火焰。地獄眾生亂成一團，被丟來扔去，哭叫嘶喊，遭受極苦。有時，在幾年後，牆上的門會打開。眾生絕望地向門外飛奔逃竄以求解脫。有些在半路就精疲力盡，有些能跑到門口，有些的確跑出門外。經過幾萬年後，這門會再次關上。

那些逃到門外的眾生會立即掉入糞屎地獄。浸泡在糞便之中，被粗如大象脖子或小船大小般的蛆所咬蝕。如果能逃出糞屎地獄，他們會落入熱灰燼地獄，在那裡被大如房舍的燒紅木炭炙灼，他們再次經歷無量的苦。如果他們逃出熱灰燼地獄，他們會掉入刺林地獄，燒紅的刺針有十六英吋長（編按：約四十公分）。獄卒逼迫他們在這樹上來回攀爬。當他們往上爬時樹的刺針會朝下，往下爬時刺針會朝上，攀爬過程中身體一直被針刺穿，在造成極度的恐慌。當他們逃出這地獄，他們進入劍葉地獄。一到那裡，有著兩面劍刃的葉子會掉落在他們身上，切割著身體的手、腳、耳、鼻等。如果他們逃跑，必須穿越阻擋在前方從地面和鐵牆冒出的銳利刀刃。

如果他們逃離這個地獄，將會來到稱為維塔藍尼河（Vettaranī）的地獄。這條河流淌著沸騰冒泡的鐵水，河流中漂有銳利如剃刀的蓮葉和蘆葦，不僅河床覆蓋著銳利的剃刀，河岸的草叢、蘆葦也利如刀刃。如果地獄眾生跌落河裡，他們會被河岸的利刃千刀萬剮，一旦掉入河中將再被赤紅滾燙的鐵水所翻騰烹煮。岸邊的草和河裡蓮葉都猶如利刃，將他們的身體割得支離破碎。在這裡，他們也沒有機會修習內觀。

獄卒看到地獄眾生在河裡載浮載沉遭受劇苦時，會用大鐵勾將其拉上岸邊並問他們想要什麼。當他們回答餓了的時候，獄卒會帶來充滿燒紅熱鐵丸的籃子。地獄眾生嚇得緊閉其口，但獄卒用斧頭將嘴撬開，並灌入燒紅的鐵丸。熱鐵丸燒透嘴唇、舌頭、上顎、喉嚨、腸子後，從肛門穿透而過。如果他們口渴，將被迫喝下的滾燙的鐵水，從口流至尿道穿透身體。地獄眾生動彈不得，承受駭人的痛苦。

如果他們的業力仍未窮盡，還未死去，他們會被丟入大地獄。這些地獄的苦被詳細地描述在《愚智經》（*Balapaṇḍita Sutta*）[78]和《天使經》（*Devadūta Sutta*）[79]等經典中。因為遭受如此可怕的痛苦，地獄眾生完全沒有機會修習內觀。這樣思惟，能夠讓人認真修習。

各位大德！內觀行者啊！不要放逸！不要怠惰！如果放逸懈怠，你將無法脫離輪迴。因為無法脫離，有時候可能就會投生地獄承受巨大的痛苦。事實上，你過去無疑曾在地獄受苦。一旦落入地獄，一切便已太遲，縱使涕淚縱橫想要修行，在那裡也沒有機會。現在是把握機會修行的時機。所以，不要怠惰！不要放逸！應勤奮密集地修習內觀，依照佛陀的指示：

> 比丘！禪修吧！切莫放逸！
> 莫讓心盤繞在貪欲中。
> 莫因放逸，吞下熱鐵丸，
> 然後被灼時，哭號著：「這真苦！」[80]

在動物的世界，也沒有機會修習，因為總是處在被羅網、陷阱補捉的危險中。如馬、牛等被馴養的動物，也沒有機會練習，總是不停地被役使去拉車、載重物，還要不時被棍棒皮鞭教訓。餓鬼的世界，也沒有機會修行，在不同佛世之間的數萬年期間，餓鬼一直處在極度飢渴之中。再者，稱為卡藍坎奇（Kālakañcika）的阿修羅（asura）也不可能修行，他們的身高超過一百英呎（編按：約三十公尺），皮包骨的乾癟身軀瘦骨嶙峋，持續在烈日下暴曬，飢渴交迫。即使動物、餓鬼、阿修羅能夠修習，他們也不可能得到任何觀智或道智。

各位大德！只有生為人身時，才能好好修習內觀。莫要怠惰，莫要放逸，認真修習。以上是藉由思惟惡趣過患，自我鼓勵的方式。

思惟修行的利益

內觀修行能讓人證得道、果、涅槃，脫離輪迴與惡趣之苦。它所帶來的利益如此巨大，所以絕不可能僅靠漫不經心的修習而證悟。

在這個世界上，即使只為掙得小小錢財，人們也必須付出相當的努力。如果有份工作能一天就賺夠一年花用的錢財，人們自然會帶著高度的熱忱從事這份工作。如果工作一個月就能賺得一輩子的財富，人們會用更大的熱忱來從事這份工作。

那麼，如果花兩個星期、一個月或兩個月的時間密集修習內觀，並忍受其中的困難，而它的回報卻是從輪迴解脫，這難道不是一項很好的投資嗎？人們應該抱著比從事高薪工作時更大的熱忱來修習內觀，因為只需幾週或幾個月的精勤修行，就能讓人擺脫無休止的輪迴之苦。

各位大德！應當密集修習內觀！它一定會為你帶來道、果、涅槃的巨大利益。好好思惟這些利益，激發你修行的熱忱。

思惟傳承的高貴

內觀練習並非一般人所依循的道路，而是佛陀、辟支佛（paccekabuddha）和聖者們所依循的道路。懶惰、粗魯之人，是無法走上這條道路的。因此，遵循這條道路的人，其修行的品質和功德可與佛陀和其他聖者相媲美。

各位大德！你對這些殊勝無動於衷嗎？你就不想具備它們嗎？走上這條高貴的道路吧！應當好好思惟這條道路的偉大，鼓勵你自己努力修習。

尊重並感激所得的資具

唯有比丘能運用這種思惟方式，激發修習內觀的動機。

為了維持生計，在家護持者必須日夜工作，有時甚至得冒著生命危險。然而，他們僅使用所得的一部分在自己身上，而把剩餘的所得布施給比丘。這份布施既不是給到他們自己親人，也不是為了回報恩情或期待增加財富。之所以布施是因為比丘具備戒、定、慧，布施給他們可以帶來今生的快樂、天界的快樂，以及涅槃的快樂。

捐贈一顆榕樹種子可和捐贈一棵榕樹一樣帶來大利益。捐贈一匙飯、一盤菜、一個水果、一塊蛋糕、一件衣服、一輛馬車或一瓶藥，可帶來無數世投生人界、天界的繁榮。因為希望獲得這些利益，在家護持者以自身財物行布施。當然，在家護持者在布施之時，必須不摻雜煩惱，方能獲得善的果報。

即使布施的意向清淨，但接受布施的比丘如果並未具足戒、定、慧，那麼這個布施也無法獲得它最大的利益。所以，若比丘希望護持者從其布施獲得最大可能的利益，應該好好培養戒、定、慧，不應怠惰。如果怠惰，可以說是未能善待護持者。因此，《願經》（Ākaṅkheyya Sutta）說：

若比丘祈願：「願我所用的衣服、飲食、住所、醫藥資具，為布施者帶來大果報和大利益！」那麼，就讓自己住於戒，〔致力於內心止，不忽略禪修，具足內觀，住於空屋。〕[81]

所以，比丘應當這般思惟以鼓勵自己：在家護持者出於信心為我提供四資具。他們這麼做的原因是希望從這布施獲得三種快樂：人間樂、天界樂和涅槃樂。他們並不期待從我這裡得到什麼。多虧他們的護持，我方能依循佛陀教導，而不需擔心衣食資具。他們給我很大的幫助。如果我疏於戒、定、慧的修習，我的護持者將無法得到他們為我提供幫助的完整利益。為了回報他們，我應該精勤修習內觀。

以上是比丘透過生起對在家護持者的感恩心而鼓勵自己修行的方法。如同注釋書所示，比丘如此自我鼓舞後，能夠生起四正勤，修行證得阿羅漢果，例如比丘馬哈米塔（Mahāmitta）和比丘賓達帕底卡底沙（Piṇḍapātika Tissa）。[82]在《相應部》，我們看到一段經文：

當……依信出家的族姓子精進……足以為此目的，不放逸地努力。[83]

我們可以將這段經文的意思理解為——依於信心，為了證得道、果、涅槃而加入僧團的比丘，應該帶著如下的決心，勇猛精進：

就讓我只剩下皮筋骨，讓身上的血、肉枯竭！[84]只要尚未證得以人力、精進、勇猛能證得的成就，我便不會停止精進。」次等的不能證得殊勝的，殊勝的能證得殊勝的……因此，比丘們！提起精進，為了證未證的，為了得未得的，為了悟未悟的，應當心想：「如此，出家才不白費，而有成果、有收穫，當我們受用他人布施的衣、食、住、藥等資具時，這些布施才會為他們帶來巨大的果報和利益。」比丘們！你們應當如此激勵自己。

比丘們！思考你自身的利益，這足以讓你為了目標，不放逸地努力；思考他人的利益，這足以讓你為了目標，不放逸地努力；思考自他二者的利益，這足以讓你為了目標，不放逸地努力。[85]

其他思惟方式

還有能引發喜覺支（pitisaṃbojjhaṅga）的其他思惟方式，可以為自己帶來鼓舞：思惟自己是聖者的繼承人；思惟聖者是自己的老師；思惟三寶的功德；思考索那大長老（Soṇa Mahāthera）和其他人的勇猛精進；憶念自己的戒行清淨；憶念過去曾受其鼓舞的經典等等。在這些思惟方法中，無論你採用一個或多個，都能鼓舞你。受到鼓舞時，心會停止游移，逐漸專注、穩定。那時，你的觀照將變得非常順利。

過度努力

有時候，心會過度努力、精進過度。這有許多種的情況，例如：下定決心想要有效觀照每一個所緣，無論所緣多麼微細、模糊；或者，花許多的時間檢查觀照是否成功或遺漏了哪個所緣；或者，當發現遺漏了一個所緣時，便決意不再錯失任何一個所緣；或者，想著自己已盡最大努力，做不了更多；或者，努力時身體僵硬，下巴繃緊、牙齒緊咬、手掌緊合、拳頭攥緊。

當有上述的想法和情況時，心往往過度努力，躁動散亂。當躁動生起，觀照心像是越過觀照的所緣，無法專注所緣。因此，過度努力的心，是內觀定的障礙。

「散亂」（vikkhepa）和「掉舉」作為定的障礙之時，兩個字有相同的意義——躁動。然而，於此，「散亂」乃特指過去所緣把心帶離當下所緣；而「掉舉」的意思則是過度努力追逐禪修所緣，以至於觀照心錯失所緣。當人們過度努力之時，可能就觀察不到因為過度努力而產生的思緒漂移。那時觀察的所緣會不清晰，他可能因此感到練習有困難。

在這種情況，應該先放鬆下來並思惟：「本就沒有『我』能隨心所欲。無論多麼努力，也可能仍然無法證得觀智。讓一切順其自然吧。就算遺漏了一些所緣也不打緊。我就盡己所能地持續觀照吧。」這時，躁動或漂移的心可能會自行停歇。有時候，一放鬆下來，心會立即安定，觀照變得順利、清晰。因此，過度努力會感到緊繃；放鬆下來，心可以不游移變得穩定。

總結：

努力鬆懈時，心需要鼓舞；
過度緊繃時，心需要放鬆；
不鬆又不緊，觀照平衡時，
心得以專注。

貪與瞋

心滿意時，貪生起。正知於貪，便放捨貪。
如此，心不散亂。
心挫折時，瞋生起。正知於瞋，便放捨瞋。
如此，心不散亂。[86]

對練習的順利感到滿意愉快的心，或者期待著觀智、道智、果智、涅槃的心，是得意的心。如在「觀與欲貪」一節中所說，這種心理狀態與貪心有關，會成為內觀定的障礙。所以，如果這種喜心生起，應該加以觀照。透過觀照，清楚了知，便能斷除貪，使貪不再生起。如此，心從貪脫離。如何藉由只是覺察貪或其他煩惱，便能斷除它們，這將會在討論《相應部》和《中部》的注釋[87]時加以釐清。僅憑觀照貪，而遠離貪，這時，心不再游移，變得專注。

持續練習多天或幾個月之久的修行者，內心可能會生起這樣的想法，認為自己應該成不了事而想要放棄。這類想法會使人偏離內觀的道路，遠離證得更高觀智、道智和果智的機會，甚至會想要就此離開禪修中心。這種心理狀態，與瞋心有關。當它出現時，無法帶來定，修行不可能進步。挫折感是內觀定的障礙，因此，應該藉由觀照來斷除它。禪修者需要覺察想要放棄的心、想要離開禪修中心的心，覺察挫折的感覺。就算觀照這感覺一兩次之後，它們仍未消失，也不應放棄，只需在它們出現時持續加以觀照。之後，再回頭觀照平常觀照的所緣。如此，挫折感終會徹底消失，你將能平靜地觀照。這就是為何佛陀說：「正知於瞋，便放捨瞋。」此時，心不再散亂。

總而言之：

莫為任何事，心常懷希求，
莫因任何事，心常感挫折。
歡喜與希求，處處當觀照。
挫折與失意，時時當覺察。

心一境性[88]

藉上述六種方法[89]克服定的障礙時，心不再追憶過去、期盼未來，既不退縮也不過度活躍，只是觀照當下出現的身心現象。如此，在觀照時，心完全淨除障礙，這稱為心一境性。換言之，當定變得強而有力時，煩惱便不能干擾觀照心，這類的禪修心被說為「沒有同伴」，也就是沒有煩惱，如此的定，稱為一境性（ekattagata）——沒有任何煩惱的禪修心。禪修心，是依於定，而非煩惱。

淨除六種障礙後，心完全清淨，達到一境。什麼是一境？基於施的一境、基於止所緣的一境，基於壞滅相的一境，基於滅盡的一境。

基於施的一境，為決意棄捨者所有；基於止所緣的一境，是修止禪者所有；基於壞滅相的一境，是修觀者所有；基於滅盡的一境，是證涅槃的聖者所有。[90]

■ 施隨念的一境性

憶念自己的布施，能生起強而有力的定，以至心能僅專注於自己所作的布施。此時，達到心一境。如此，心不再受煩惱干擾，安住於施隨念的一境性（dānavosaggupaṭṭhānekatta）。

■ 止禪的一境性

修習止禪，能生起強而有力的定，以至心能僅專注於禪修所緣。此時，達到心一境。觀照的心不再受煩惱干擾，安住於依止禪的一境性（samathanimittupaṭṭhānekatta）。如此，因為心只專注在止禪的所緣，所以這個一境是近行定或安止定。

■ 壞滅智的一境性

內觀禪修者體驗辨別名色的觀智時，便開發出定力，開始能夠僅觀照身心現象所緣，而其他所緣不顯現。他的觀照心具一境性，相續而起，不被思緒所中斷。從這時起，觀照心達到一境性，沒有煩惱障礙。

從壞滅智開始，乃至到隨順智的階段，每當觀照身心現象時，禪修者會特別體驗到現象的滅去。此時，每一個觀照心都遠離煩惱，安住在依於壞滅相的一境性（vayalakkhaṇupaṭṭhānekatta）。換句話說，由於禪修者體驗到的只是現象的滅去，於是剎那定被很好地建立。這就是為何巴利典籍說剎那定在壞滅智階段完全成熟的緣故。已證得壞滅智的禪修者，很清楚這一點。

■ 滅盡智的一境性

在內觀練習的頂峰，禪修者將體證道智和果智——那時，禪修者體驗到的僅是涅槃，所有依緣而生的身心現象皆止息。因此，我們說，道智和果智安住在依於滅盡的一境性（nirodhupaṭṭhānekatta）。對於已體驗涅槃的人，這一點十分清楚。

透過上述的解釋，我們可以明白，內觀禪修者應如何修習以滿足心清淨，以及心清淨是如何生起的。

1 四梵住，是四種態度：慈愛（mettā，慈）、悲憫（karuṇā，悲）、同感喜悅（muditā，喜）、平穩沉著（upekkhā，捨）。

*1 譯按：八隨念，即六隨念（佛、法、僧、戒、施、天）加上寂止隨念和死隨念。

2 *The Path of Purification*, 605.*Cittavisuddhi nāma sa-upacārā aṭṭha samāpattiyo*. (Vism 18.1)

*2 譯按：由斯里蘭卡比丘 Siddhattha Thera 寫於約十二、十三世紀的 *Sārasaṅgaha*（《真髓輯錄》），便明確指出：「所謂心清淨，就止乘者而言是八等至與近行定；就觀乘者而言，只是近行定而已，或若無近行定時則是剎那定。」見 *Sārasaṅgaha* 107 (PTS)：Cittavisuddhi nāma samathayānikassa sa-upacārā aṭṭhasamāpattiyo, vipassanāyānikassa pana kevalam upacārasamādhi vā tasmim asati khaṇikasamādhi vā。

3 《長部》注釋書《吉祥悅意》（*Sumaṅgalavilāsinī*）以及《中部》注釋書《破斥猶豫》（*Papañcasūdanī*），描述身念處的十四種練習。其中兩個：入出息念和身不淨觀，可得安止定；其餘十二個，即威儀、正知（sampajañña）、界分別、九塚間想，可得近行定。最後這一組，即巴利注釋文段中所提到的「另外十二個」。

4 Samathova yānaṃ samathayānaṃ, taṃ etassa atthīti samathayāniko. jhāne, jhānūpacāre vā patiṭṭhāya vipassanaṃ anuyuñjantassetaṃ nāmaṃ... samathayānikassa samathamukhena vipassanābhiniveso, vipassanāyānikassa pana samathaṃ anissāyāti āha "suddhavipassanāyāniko"ti. Samathabhāvanāya amissitavipassanāyānavāti attho. (Vism-mhṭ)

5 「解脫門」包括無常隨觀、苦隨觀和無我隨觀。

6 Samathayānikassa hi upacārappanāppabhedaṃ samādhim, itarassa khaṇikasamādhiṃ, ubhayesampi vimokkhamukhattayaṃ vinā na kadācipi lokuttarādhigamo sambhavati. Tenāha "samādhiñceva vipassanañca bhāvayamāno"ti. (Vism-mhṭ)

7 *The Connected Discourses*, 101. Sīle patiṭṭhāya naro sapanno, cittaṃ paññañca bhāvayaṃ; ātāpī nipako bhikkhu, so imaṃ vijaṭaye jaṭaṃ. (DN 1.23)

8 在此，聖道（Ariyamagga），是指聖者（ariya）的道路（magga）。

9 Bhāvanānayoti koci samathapubbaṅgamaṃ vipassanaṃ bhāveti, koci vipassanāpubbaṅgamaṃ samathaṃ. Kathaṃ? Idhekacco paṭhamaṃ upacārasamādhiṃ vā appanāsamādhiṃ vā uppādeti, ayaṃ samatho; tañca taṃsampayutte ca dhamme aniccādīhi vipassati, ayaṃ vipassanā. Iti paṭhamaṃ samatho, pacchā vipassanā. Tena vuccati "samathapubbaṅgamaṃ vipassanaṃ bhāvetī"ti. Tassa samathapubbaṅgamaṃ vipassanaṃ bhāvayato maggo sañjāyati. (Ps)

10 Idha panekacco vuttappakāraṃ samathaṃ anuppādetvāva pañcupādānakkhandhe aniccādīhi vipassati, ayaṃ vipassanā. Tassa vipassanāpāripūriyā tattha jātānaṃ dhammānaṃ vossaggārammaṇato uppajjati cittassa ekaggatā, ayaṃ samatho. Iti paṭhamaṃ vipassanā pacchā samatho. Tena vuccati "vipassanāpubbaṅgamaṃ samathaṃ bhāvetī"ti. Tassa vipassanāpubbaṅgamaṃ samathaṃ bhāvayato magoo sañjāyati. (Ps)

11 Tattha paṭhamo samathayānikassa vasena vutto, dutiyo vipassanāyānikassa. (Ps-ṭ)

12 Maggo sanjāyatīti paṭhamo lokuttaramaggo nibbattati. (Mp)

13 *The Numerical Discourses*, 535. So taṃ maggaṃ āsevati, bhāveti, bahulīkaroti. (AN 4.170)

14 So taṃ magganti ekacittakkhaṇikamaggassa āsevanādīni nāma natthi, dutiyamaggādayo pana

uppādento tameva āsevati bhāveti bahulīkarotīti vuccati. (Mp)

15 亦見*The Path of Discrimination*, 287。Tassa taṃ maggaṃ āsevato, bhāvayato, bahulīkaroto sannyojanāni pahīyanti, anusayā byantī honti. (Paṭis 11.1)

16 見 *The Path of Discrimination*, 47. *Yo tattha avikkhepaṭṭho, ayaṃ adhicittasikkhā.* (Paṭis 1.265)

17 這兩個智（ñāṇa）的巴利術語並未說它們是觀智（vipassanāñāṇa）。但是，當馬哈希大師在教學時，他常附加「觀」（vipassanā）一詞在內觀禪修所證得的種種智上，以便將它們和其他類似但並非觀智或不會引生觀的智慧做出區別。嚴格來說，名色分別智和緣攝受智，是在念的基礎上而非觀的基礎上所得到的智。然而，如馬哈希大師此處所解釋，這些智也可以視為觀，因為它們驅散相同的蓋障。這就是為何在整本書中馬哈希大師也把這些智稱為觀智的緣故。

18 緊鄰在道智之前的心識剎那。

19 Yaṃ nāmarūpaparicchedādīsu vipassanāñāṇesu paṭipakkhabhāvato dīpālokeneva tamassa, tena tena vipassanāñāṇena tassa tassa anatthassa pahānaṃ. Seyyathidaṃ, nāmarūpavavatthānena sakkāyadiṭṭhiyā, paccayapariggahena ahetuvisamahetudiṭṭhīnaṃ... gotrabhunā saṅkhāranimittaggāhassa pahānaṃ. Etaṃ tadaṅgappahānaṃ nāma. (Ps)

*3 譯按：這是指五精勤支的 udayatthagāmin paññā。另四個是：信（saddhā）、健康（appābādha，少病）、誠實（amāyāvin）、發勤精進（āraddhavīriya）。見 AN 5.53、MN 85。

20 Khaṇikacittekaggatāti khaṇamattaṭṭhitiko samādhi. Sopi hi ārammaṇe nirantaraṃ ekākārena pavattamāno paṭipakkhena anabhibhūto appito viya cittaṃ niccalaṃ ṭhapeti. (Vism-mhṭ)

21 律典的注釋。

*4 譯按：「令心等持」是入出息念修行的十六個階段之一。英譯注所說的律典注釋提到，令心等持可指禪那或者內觀修行的剎那：Samādahaṃ cittanti paṭhamajjhānādivasena ārammaṇe cittaṃ samaṃ ādahanto samaṃ ṭhapento. Tāni vā pana jhānāni samāpajjitvā vuṭṭhāya jhānasampayuttaṃ cittaṃ khayato vayato sampassato vipassanākkhaṇe lakkhaṇapaṭivedhena uppajjati khaṇikacittekaggatā. Evaṃ uppannāya khaṇikacittekaggatāya vasenapi ārammaṇe cittaṃ samaṃ ādahanto samaṃ ṭhapento "samādahaṃ cittaṃ assasissāmi passasissāmīti sikkhatī"ti vuccati. (Sp)。

22 前文「觀乘者的修行方法」標題下出自《中部注》的巴利文。

23 *The Connected Discourses*, 1638.

24 *The Connected Discourses*, 1639.

25 *The Path of Discrimination*, 289. Rūpaṃ aniccato anūpassanāṭṭhena vipassanā, rūpaṃ dukkhato anupassanaṭṭhena vipassanā, rūpaṃ anattato anupassanaṭṭhena vipassanā. Tattha jātānaṃ dhammānañca vosaggārammaṇatā cittassa ekaggatā avikkhepo samādhi. Iti paṭhamaṃ vipassanā, pacchā samatho. Tena vuccati— vipassanāpubbaṅgamaṃ samathaṃ bhāvetī" ti. (Paṭis 11.73)

26 Tattha jātānanti tasmiṃ ariyamaggakkhaṇe [uppannānaṃ[VRI]][jātānaṃ[MS]] sammādiṭṭhiādīnaṃ dhammānaṃ. Niddhāraṇe cetaṃ sāmivacanaṃ. [Vavassaggārammaṇatoti vavassaggassa [VRI]] *ārammaṇatāya* [Vossaggārammaṇatāti vossaggassa ārammaṇatāya [MS]].... nibbānassa ārammaṇakaraṇenāti attho. Citta ekaggatāti [maggasammāsamādhimāha[VRI]] [maggasamādhimāha[MS]].

27 內觀的十種障礙或說染汙，包括光明、喜、輕安、勝解（決定）、精勤、樂、智、念（現起）、捨、欲。見「附錄 1：觀智的進展」

28 「內在的行境」指身心所緣。

29 *The Path of Discrimination*, 165. Nekkhammaṃ ariyānaṃ niyyānaṃ. Tena ca nekkhammena ariyā niyyanti. Kamācchando niyyānāvaraṇaṃ. Tena ca kamācchandena nivutattā nekkhammaṃ ariyānaṃ niyyānaṃ nappajānātīti— kamacchando niyyānāvaraṇaṃ. (Paṭis 3.5)

30 Pabbajjā paṭhamaṃ jhānaṃ, nibbānañca vipassanā; Sabbepi kusalā dhammā, nekkhammanti pavuccare. (It-a)

31 *The Middle Length Discourses*, 1069. anuttaresu vimokkhesu pihaṃ upaṭṭhāpeti (MN 137.13)

32 Anussavūpaladdhe pana anuttaravimokkhe uddissa pihaṃ upaṭṭhapento "tattha pihaṃ upaṭṭhapetī"ti vutto. (Sv-ṭ)

33 或者，無挫敗感。

34 亦見 *The Path of Discrimination*, 165。Abyāpādo ariyānaṃ niyyānaṃ. Tena ca abyāpādena ariyā niyyanti. Byāpādo niyyānāvaraṇaṃ. Tena ca byāpādena nivutattā abyāpādam ariyānaṃ niyyānaṃ nappajānātīti byāpādo niyyānāvaraṇaṃ. (Paṭis 3.5)

35 *The Path of Discrimination*, 165. *Ālokasaññā ariyānaṃ niyyānaṃ. Tāya ca ālokasaññāya ariyā niyyanti. Thinamiddhaṃ niyyānāvaraṇaṃ. Tena ca thinamiddhena nivutattā ālokasaññaṃ ariyānaṃ niyyānaṃ nappajānātīti—thinamiddhaṃ niyyanāvāranaṃ.* (Paṭis 3.5)

36 或者心的躁動。

37 *The Path of Discrimination*, 165. Avikkhepo ariyānaṃ niyyānaṃ. Tena ca avikkhepena ariyā niyyanti. Uddhaccaṃ niyyānāvaraṇaṃ. Tena ca uddhaccena nivutattā avikkhepaṃ ariyānaṃ niyyānaṃ nappajānātīti—uddhaccaṃ niyyānāvaranaṃ. (Paṭis 3.5)

38 就此，法（現象）指善法（kusala）和不善法（akusala）。

39 Dhammavavatthānaṃ ariyānaṃ niyyānaṃ. Tena ca dhammavavatthānena ariyā niyyanti. Vicikicchā niyyānāvaraṇaṃ. Taya ca vicikicchāya nivutattā dhammavavatthānaṃ ariyānaṃ niyyānaṃ nappajānātīti—vicikicchā niyyanavaraṇaṃ. (Paṭis 3.5)

40 本書第三章，頁 145-148，以及第四章，頁 199-202。

41 Ubhayapakkhasantīraṇamukhena vicikicchā vanceti. (Nett-a).

42 MN 23. 見 *The Middle Length Discourses*, 237–39。

43 八支聖道上的三學：戒學、定學和慧學。

44 第三章，頁 136-140。

45 第四章，頁 167-168。

46 *The Path of Discrimination*, 165. Nāṇaṃ ariyānaṃ niyyānaṃ. Tena ca nāṇena ariyā niyyanti. Avijjā niyyānāvaraṇaṃ. Tāya ca avijjāya nivutattā nāṇaṃ ariyānaṃ niyyānaṃ nappajānātīti—avijjā niyyānāvaraṇaṃ. (Paṭis 3.5)

47 帝釋天是三十三天界（Tāvatiṃsa）的統治者。梵天是色界（rūpaloka）前三天的統治者，有時也稱為大梵天。

48 或說「不滿」（arati）。

49 Pāmojjaṃ ariyānaṃ niyyānaṃ. Tena ca pāmojjena ariyā niyyanti. Arati niyyānāvaranaṃ. Tāya ca aratiyā nivutattā pāmojjaṃ ariyānaṃ niyyānaṃ nappajānātīti—arati niyyānāvaraṇaṃ. (Paṭis 3.5)

50 *The Dhammapada*, 96. Yato yato sammasati, khandhānaṃ udayabbayaṃ, labhati pītipāmojjaṃ,

amataṃ taṃ vijānataṃ. (Dhp 374)

51 第五章，頁 273。

52 The *Dhammapada*, 46. Andhabhūto ayaṃ loko, tanukettha vipassati, sakuṇo jālamuttova, appo saggāya gacchati. (Dhp 174)

53 《清淨道論》描述的修行迫切感的八種理由是：生（jāti）、老（jāra）、病（byādhi）、死（maraṇa）、惡趣之苦（apāyadukkha）、現在輪迴之苦（paccuppanne vaṭṭamūlakaṃ dukkhaṃ）、過去輪迴之苦（atite vaṭṭamūlakaṃ dukkhaṃ），以及未來輪迴之苦（anāgate vaṭṭamūlakaṃ dukkhaṃ）。

54 Kusala：有德的、善巧的、健康（善）的。

55 Akusala：無德的、不善巧的、不健康（善）的。

56 *The Path of Discrimination*, 165. Sabbepi kusalā dhammā ariyāna niyyānaṃ. Tehi ca kusalehi dhammehi ariyā niyyanti. Sabbepi akusalā dhammā niyyānāvaraṇaṃ tehi ca akusalehi dhammehi nivutattā kusale dhamme ariyānaṃ niyyānaṃ nappajānātīti—sabbepi akusalā dhammā niyyānāvaraṇ*ā*. (Paṭis 3.5)

57 Sammā paṇihitaṃ cittaṃ... sammā paṇihitāya diṭṭhiyā... (It-a, Ud-a)

58 "Bhikkhave, yassa mayi sineho atthi, tena attadatthena [therena[MS]] viya bhavituṃ vaṭṭati. Na hi [bhikkhave[MS]], gandhādīhi pūjentā maṃ pūjenti. Dhammānudhammapaṭipattiyā pana maṃ pūjenti. Tasmā annenapi attadatthasadiseneva bhavitabban"ti. (Dhp-a)

59 *The Dhammapada*, 44. Attadatthaṃ paratthena, bahunāpi na hāpaye; Attadatthamabhiññāya, sadatthapasuto siyā. (Dhp 166)

60 "Attadatthaṃ na hāpemī"ti bhikkhunā nāma saṅghassa uppannaṃ cetiyapatisaṅkharaṇ*ā*dikiccaṃ vā, upajjhāyādivattaṃ vā, na hāpetabbam. Ābhisamācārikavattañhi pūrentoyeva ariyaphalādīni sacchikaroti, tasmā ayampi attadatthova. Yo pana accāraddhavipassako "ajja vā, suve vā"ti paṭivedhaṃ patthayamāno vicarati, tena upajjhāyavattādīnipi hāpetvā attano kiccameva kātabbaṃ. (Dhp-a)

61 *The Long Discourses*, 262. Na kho, ānanda, ettāvatā tathāgato sakkato vā hoti garukato vā mānito vā pūjito vā apacito vā, yo kho, ānanda, bhikkhu vā bhikkhunī vā upasako vā upasikā vā dhammānudhammappaṭipanno viharati sāmīcippaṭipanno anudhammacāri, so tathāgataṃ sakkaroti garuṃ karoti māneti pūjeti apaciyati paramāya pūjāya. Tasmātihānanda, dhammānudhammappaṭipannā viharissāma sāmīcippatipannā anudhammacārinoti. Evanhi vo, nanda sikkhitabbaṃ. (DN 16)

62 *The Middle Length Discourses*, 97. Dhammadāyādā me, bhikkhave, bhavatha, mā āmisadāyādā. Atthi me tumhesu anukampā—"kinti me sāvakā dhammadāyādā bhaveyyuṃ, no āmisadāyādā"ti. (MN 3.2)

63 這是「相似的法遺產」，證悟本身才是「真正的法遺產」。

64 第四章，頁 170 及其後幾頁。

65 *The Dhammapada*, 70. Na silabbatamattena, bāhusaccena vā pana; atha vā samādhilābhena, vivittasayanena vā. Phusāmi nekkhammasukhaṃ, aputhujjanasevitaṃ; bhikkhu vissāsamāpādi, appatto āsavakkhayaṃ. (Dhp 271–72)

66 第一章，第 35 頁。

67 第一章，第 51 頁。

68 Nāhaṃ dāso bhato tuyhaṃ. Nāhaṃ posemi dani taṃ. Tvaṃeva posento dukkhaṃ, pattovaṭṭe anappakaṃ. 這偈頌是基於下列《中部》的注釋：nāhaṃ dāso na kammakaro, anamatagge saṃsāre taṃyeva upaṭṭhahanto vicariṃ.。

69 *The Middle Length Discourses*, 212. Asati-amanasikāro āpajjitabbo. (MN 20.5)

70 *The Middle Length Discourses*, 213. Evameva kho, bhikkhave, tassa ce bhikkhuno tesampi vitakkānaṃ vitakkasaṅkhārasaṇṭhānaṃ manasikaroto uppajjanteva pāpakā akusalā vitakkā chandūpasaṃhitāpi dosūpasaṃhitāpi mohūpasaṃhitāpi. Tena, bhikkhave, bhikkhunā dantebhidantamādhāya jivhāya tāluṃ āhacca cetasā cittaṃ abhiniggaṇhitabbaṃ. (MN 20.7)

71 SN 47:10 (10). *The Connected Discourses*, 1638–40.

72 *The Path of Discrimination*, 169. Atītānudhāvanaṃ cittaṃ vikkhepānupatitaṃ; taṃ vivajjayitvā ekaṭṭhāne samādahati – evampi cittaṃ na vikkhepaṃ gacchati. Anāgatapaṭikaṅkhanaṃ cittaṃ vikampitaṃ; taṃ vivajjayitvā tattheva adhimoceti – evampi cittaṃ na vikkhepaṃ gacchati. (Paṭis 3.16)

73 *The Path of Discrimination*, 169. Līnaṃ cittaṃ kosajjānupatitaṃ; taṃ paggaṇhitvā kosajjaṃ pajahati—evampi cittaṃ na vikkhepaṃ gacchati. Atipaggahitaṃ cittaṃ uddhaccānupatitaṃ. Taṃ viniggaṇhitvā uddhaccaṃ pajahati—evampi cittaṃ na vikkhepaṃ gacchati. (Paṭis 3.16)

74 Mahāvagga Aṭṭhakathā, PTS 3.789.

75 十二個方法是：1. 思惟苦趣的過患。2. 思惟修行的利益。3. 思惟正確的道路。4. 尊重感激所獲得的資具。5. 思惟法財遺產的偉大。6. 思惟佛陀的偉大。7. 思惟傳承的偉大。8. 思惟同梵行者的偉大。9. 遠離怠惰的人。10. 親近精進的人。11. 讓心傾向不斷精進。apāyabhayapaccavekkhaṇatā ānisaṃsadassāvitā gamanavīthipaccavekkhaṇatā piṇḍapātāpacāyanatā dāyajjamahattapaccavekkhaṇatā satthumahattapaccavekkhaṇatā jātimahattapaccavekkhaṇatā sa brahmacārimahattapaccavekkhaṇatā kusītapuggalaparivajjanatā āraddhavīriyapuggalasevanatā tadadhimuttatāti. (Sv)

76 大約 5.12 公里。

77 相當於 2048 公里。

78 MN 129. *The Middle Length Discourses*, 1016–28.

79 MN 130. *The Middle Length Discourses*, 1029–36.

80 *The Dhammapada*, 96. Jhāya [tuvam[MS]] bhikkhu mā pamādo, mā te kāmaguṇe ramessu cittaṃ. mā lohaguḷaṃ gilī pamatto. mā kandi “dukkha-midan” ti ḍayhamāno. (Dhp 371)

81 *The Middle Length Discourses*, 115. *Ākaṅkheyyace, bhikkhave bhikkhu—“yesāhaṃ cīvarapiṇḍapātasenāsana gilānappaccayabhesajjaparikkhāraṃ paribhuñjāmi tesaṃ te kārā mahapphalā assu mahānisaṃsā”ti, sīlesvevassa paripūrakārī, ajjhattaṃ cetosamathamanuyutto anirākatajjhāno, vipassanāya samannāgato, brūhetā suññāgārānaṃ.* (MN 6.5)

82 一位貧窮女子布施食物給比丘馬哈米塔。之後，他精進修行證得阿羅漢（Ps; Sv）；長老賓達帕底卡底沙，乃藉由修習入出息念而成為阿羅漢（Vism I.284）。

83 *The Connected Discourses*, 553. ...alameva [... [SNCom'y]] saddhāpabbajitena [... [SNCom'y]] kulaputtena [... [SNCom'y]] vīriyaṃ ārabhituṃ... alameva appamādena sampādetuṃ (SN 12.22)

84 這四個破釜沉舟的決心，代表精勤的四個要素。

85 *The Connected Discourses*, 553. Alameva saddhāpabhajjitena kulaputtena vīriyaṃ ārabhataṃ: "kāmaṃ taco ca, naharu ca aṭṭhi ca avasissatu, sarīre upasussatu maṃsalohitaṃ. Yaṃ taṃ purisathāmena purisavīriyena purisaparakkamena pattabbaṃ, na taṃ apāpuṇitvā vīriyassa saṇṭhānaṃ bhāvissatī"ti.... Na bhikkhave, hīnena aggassa patti hoti. Aggena ca [kho[VRI]], bhikkhave, agassa patti hoti... tasmātiha, bhikkhave, viriyaṃ ārabata appatassa pattiyā, anadhigatassa adhigamāya, asaccikatassa saccikiriyāya. "Evaṃ no ayaṃ pabbajjā avanjhā bhavissati saphalā sa-udrayā. Yesañca mayhaṃ paribhuñjāma cīvara-piṇḍapātasenasana gilānapaccayabhesajjaparik khāraṃ tesaṃ te kārā amhesu mahapphalā bhavissanti mahānisamsā" ti. Evañhi vo, bhikkhave, sikkhitabbaṃ. Attattaṃ vā hi, bhikkhave, sampassamānena alameva appamādena sampādetuṃ; paratthaṃ vā hi, bhikkave, sampassamānena [alameva appamādena sampādetuṃ[VRI]]; ubhayattaṃ vā hi bhikkhave, sampassamānena alameva appamādena sampadetuṃ. (SN 12.22)

86 *The Path of Discrimination*, 169. Abhinataṃ cittaṃ rāgānupatitaṃ; taṃ sampajāno hutvā rāgaṃ pajahati— evampi cittaṃ na vikkhepaṃ gacchati. Apanataṃ cittaṃ byāpādānupatitaṃ; taṃ sampajāno hutvā byāpādam pajahati—evampi cittaṃ na vikkhepaṃ gacchati. (Paṭis 3.15)

87 第四章，頁 167-168；195-196。

88 一境性（one-pointedness）巴利語是 ekatta。ekatta 這個語詞，有時譯作「一」「統一」或「合一」。不過，在這裡，ekatta 特指與「定」相關的心理狀態，不應解釋為有「不二」意味的「合一」。

89 有六種對治方法，能克服「定」的六種障礙：1. 不憶過去，扼止關於過去的分心思緒；2. 不思未來，扼止關於未來的分心思緒；3. 怠惰時，自我鼓勵；4. 努力過度時，放鬆自己；5. 感到歡欣時，留意貪心；6. 感到挫敗時，觀照瞋心。

90 *The Path of Discrimination*, 169. Imehi chahi ṭhānehi parisuddhaṃ cittaṃ pariyodātaṃ ekattagataṃ hoti. Katame te ekattā? Dānavosaggupaṭṭhānekattaṃ, samathanimittupaṭṭhānekattaṃ, vayalakkhaṇupaṭṭhānekattaṃ, nirodhupaṭṭhānekattaṃ. Dānavosaggupaṭṭhānekattaṃ cāgādhimuttānaṃ, samathanimittupaṭṭhānekattañca adhicittamanuyuttānaṃ, vayalakkhaṇupaṭṭhānekattanca vipassakānaṃ, nirodhupaṭṭhānekattanca ariyapuggalānaṃ. (Paṭis 1.3)

第三章

究竟真實與世俗真實[1]

什麼是真實

究竟真實

我們不能說有條件的、相對的真實是「究竟的」。只有超越時空、不可變的真實，方可認為是「究竟的」。究竟真實（paramattha，究竟法）僅包括下列的現象，因為它們是絕對的、不可變的經驗事實：心、心所、色，以及涅槃。

究竟、不虛的真實，稱為究竟真實。[2]

我們從他人處所得知的，未必絕對真確，所以不應視為究竟真實；另一方面，親身體驗到的，便非虛假，是恆常真確的。因此，心、心所、色和涅槃，稱為「究竟法」，因為它們可以被親身體驗。如阿毘達磨的注釋所說：

究竟的、親身經驗的真實，是究竟真實。[3]

「實存」（saccikaṭṭha）一詞，是指「究竟真實」，而非像魔術、海市蜃樓等那般被認識的錯覺。「究竟真實」則意指不可藉由傳聞等而被認識的最上真實。[4]

……因為是親身經驗的，故稱為「究竟真實」。此類究竟真實，共有五十七種，即：五蘊、十二處、十八界和二十二根。

根據注釋書，這五十七種法稱為「親身經驗的」或「究竟真實」「究竟法」。究竟法可歸納為四類：心、心所、色、涅槃；或者，總括為名、色。為了方便，我在此稱它們為名、色。[*1]

概念的錯覺

當魔術師從磚、紙、石頭變出金、銀、珠寶時，人們產生了錯覺，以為這些是真正的金、銀、珠寶。這類魔術稱為「非真實存在」（abhūtattha）或「非親身經驗的」，它們被錯認為是真實，就像口渴的鹿從遠處誤把海市蜃樓當作水。所謂的女人、男人、手、腳等等，也具有這種錯覺的性質。另一方面，名色可以如實地被經驗，所以它們是「究竟法」「親身經驗的」「真實存在」（bhūtattha）。

舉例而言，當人們眼見某個可見色時，他們知道「我見到可見色」或「存在著看到的可見色」。這可見色是真實存在，是在眼見時真實被了知的；它不是幻術師創造的金、銀或寶石之類的幻覺，也不是被誤以為是水的海市蜃樓。若沒有可見色，便不會有看見。因此，能以眼見到的可見色是真實存在的、親身經驗的真實。如果色可被親身經驗，它就是究竟真實。

在見到可見色的經驗之後，接下來的心理過程是探索、決定它的形狀為高的或矮的，球形或平面，方的或圓的，男的或女的，是臉或是手臂等等。遇到特別新奇的對象時，就可以明顯地體驗到這種探索的心理過程，因為探索新奇的對象總是需要時間。而探索過去曾經見過或熟悉的對象，這種探索通常不明顯，因為並不需要花時間。所以，一般人會錯以為確實看到了自己想像的形狀、樣態，因為他們無法區別之前看見的心理過程和之後探究的心理過程。依據阿毘達磨的疏鈔：

> 眼識的作用僅是見色而已，不是探知身體的姿態或移動。但是，之後的意門心路過程緊隨而來，才使一般人以為他們好像以眼看到後來探究過程所了知的移動。[5]

例如，當我們看到手移動，我們的眼識只看到可見之色。它無法知道它是手，或它在移動。但是，心的活動非常快，所以後來的探究心理過程所了知的移動，被以為是用眼看到的。一般人無法區分之前和之後的心理過程。但是，精通內觀的禪修者，可以區別出見到所見色的心理過程與後來知道它是手、移動的心理過程。

巴利典籍舉了一個揮舞火炬的例子來說明這一點。如果在黑暗中旋轉點燃的火炬，任何人見著，它會看似是一個火圈。如果揮舞成一直線或三角型，它會看似是一條線或三角型。實際上，圓圈、直線、三角型，都不存在，只有被看見的火紅色可見物在火炬經過處移動。實際上，是後來的心理過程把在不同的地方出現的可見色合併一塊兒，並把它們理解為火圈等。這是出自巴利典籍的實際例子。

另一個例子，是閱讀能力不好的人必須慢慢讀才能理解一段文字的意思，要一字一字細心地閱讀。對他們而言，探索的心理過程會很明顯，因為這過程進行緩慢。反之，對於閱讀能力很好的人來說，彷彿他們一讀到字就懂得它的意思，探索的心理過程就會迅速許多，因此無法清楚被看到。同樣地，當我們看到新穎的所緣，我們會個別地經歷看見和探索的心理過程，因為探索過程進行得很緩慢。反之，當我們看到熟悉的所緣，探索的心理過程就不會被注意到，因為它發生得非常迅速。

所以，情況彷彿是我們一看到人，就知道是男人或女人。但是實際上，是在我們看見事物之後，立即生起了探索的過程。由於這個探索，我們才能夠決定所見是男人或女人等等。如此，男人和女人並非真實存在、可親身經驗的究竟法，只是世俗概念（sammutipaññatti），如同火圈一般。我們可以如此思考來理解這點：倘若把一切可見色，從被我們認作是女人或男人的存在中去除掉，我們將看不見所謂的男人或女人。我們真正看到的，只是某個可見色，而非一個女人或男人等。實際上我們只看到一堆可見的外相，是看不到男人或女人的。看到的男人、女人，只是個概念，並非如想像中那樣真正存在。

你也許會問：「難道我們碰觸不到女人或男人嗎？縱使他們缺乏任何可見的外相。」這情況也相同。我們觸摸到的，並非男人或女人，僅是碰觸時可以經驗的現象。我們只能碰觸到可碰觸的（poṭṭhabba，所觸）；實際被碰觸到的，並非男人或女人。如果把我們所能清晰碰觸到的所觸現象去掉之後，就沒有所謂可碰觸的男人或女人。因此，女人或男人等的概念，稱為「非真實存在」「非自己親身經驗的」。我們以為見到、觸到的男人或女人，並非真正存在。它未被親身體驗，並非究竟而言的真實，不是究竟法。

真實存在的是「眼淨色」（cakkhupasāda）。眼識由於眼淨色而見到了可見之色。如果沒有眼淨色，我們無法看到可見色。我們如何看見呢？舉例而言，如果鏡面很乾淨，我們可以看到鏡子裡的映像；但如果鏡面不乾淨的話，就看不見，因為映像未顯現。因此，若要看見，必須有眼淨色，也要有真正存在、可親身體驗、作為究竟法的可見色。如此，看見本身是真實存在。多虧眼識存在，我們才能看見各式各樣的景象。如果看見不存在，我們便無法知道我們所看到的，更何況說出它是什麼。因此，眼識也被稱為「真實存在」「親身體驗的」「究竟真實」。聽聲音的例子中，聲音、耳根和耳識，也是如此。其他的感官根門的例子，也是相同的道理。

傳聞等

透過傳聞等所知道的事，可能是真，可能是假。所以，此類聽聞不會被認為是最上真實（uttamattha）、究竟真實。反過來說，可以親身體驗的，才真實存在，才算是最上真實、究竟真實。在「傳聞等」一詞中的「等」字，意指基於傳承、典籍、邏輯、方法、推論或個人意見，而被接受的事實。然而，這些非依於個人體驗而被接受的真實，不能視作究竟真實。

師長或祖先所傳承下來的（paramparā）以及從傳聞所得知的（itikirā），有時是真的，有時卻並非真的，所以它們不應該被認為是究竟真實。被認為符合典籍的（piṭakasampadā），正確性有賴於典籍的品質，即使典籍是可靠的，仍然需要加以正確詮解才能從中得出真正的真理。所以，這類的真理，都還不算是究竟真實。透過邏輯（takkahetu）所得到的觀念未必都是真理，因此不應視為究竟真實。透過推論得到的觀念（nayahetu）可真、可不真，端賴推論的合理性，所以它們不應被視為究竟真實。基於思考理由（ākāraparivitakka）或個人認同的見解（diṭṭhinijjhānakhanti）而接受的觀念，也不總是真，因此不應視為究竟真實。

基於這些理由，佛陀在《卡拉瑪經》（*Kālāma Sutta*）[6]和其他經典中勸誡我們不要盲目依憑傳聞、傳統等的說法，因為透過這些方式而被接受的事理，並不可靠。佛陀教導我們應該透過實踐，親身去體驗真理。唯有通過親身體驗，我們才能夠了知身心現象的真理。

天生眼盲的人，無論他人如何描述，也無法了解白、紅、黃或藍的顏色。因為他怎麼也無法理解什麼是看的經驗。同樣地，無論別人怎麼解釋，缺乏嗅覺的人，也無法了解香味和臭味的差別。無論他人怎麼描述，我們也無法真正知道未嘗過的食物的滋味。如果未曾經驗過頭痛、牙痛或肚子痛，人也無法了解這些疼痛是如何。

同樣地，對於尚未證得觀智、禪那，或者道、果的人而言，無論別人怎麼依據經教加以解釋，他們也無法真正了解。透過傳聞、傳統（anussava）或推論

（anumāna）的方式了解某個所緣，不能說是了知它的究竟真實。唯有內觀行者、得禪那者和聖者，才有真實的依於經驗的了知。因此，憑藉傳聞或類似的方法所了知的，都僅是概念，並不是真實、究竟存在的名色現象。

因為我們可以見到可見色，它們可以在經驗上被了知。因為生命之流顯然有眼根和眼識，它們也可以在經驗上被了知。聲音、耳根、耳識的名色現象也是如此。其他嗅、嘗、觸、想的感官經驗也是類似。我們透過觀智、道智、果智和省察智（paccavekkhaṇañāṇa），可以清晰地經驗這些身心現象。因為我們可以從經驗了知它們，這些真實存在的身心現象稱為親身經驗的、最上真實、究竟真實。

因為我們透過親身經驗知道這些現象，所以它們是真實的。且因為他們並非透過傳聞或典籍而被接受，它們不可能是不正確的真實。因此，他們是親身經驗的真實存在。

描述 vs. 經驗

阿毘達磨的疏鈔說：

> 基於傳聞等的了知，也許真實也許不真實，所以它不是究竟真實。親身經驗的才是究竟法。為了說明這一點，所以說：「不可藉由傳聞等而被認識的最上真實（uttamattho）。」[7]
>
> 不虛的、第一的、究竟的真實，稱為究竟法，是智者所親自體驗的，自相無法被指出的，因此它們被稱為最上真實。[8]

因為真實存在的名色法是不可化約的，它們是究竟真實的，因此稱為究竟法。思擇智（patisaṅkhāna-ñāṇa）、觀智等，能清楚地體驗這些究竟法，但這究竟法無法僅憑聽聞而被指出，身心現象的自相（sabhāvalakkhaṇā）無法被指出。

阿毘達磨注釋書和疏鈔分別用的「不可藉由傳聞等而被認識」（anussavādivasena aggahetabbo）和「自相無法被指出的」（aniddisitabbasabhāvo），基本上含有相同的意思。注釋書說，究竟法無法藉由傳聞等來體驗，而疏鈔則進一步說，無法藉由對於究竟法的描述幫助別人了解它們。但是，兩句話同樣都表示，只有透過親身體驗才能了知究竟法。

也許有人難以理解究竟法為何「無法被指出」，因此我將針對「究竟法不可描述」這一點作進一步說明。首先，我們當然可能去描述諸法的特質，例如：地界有硬的特質，心有識知所緣的特質，觸有接觸所緣的特質等等。那麼，為何名色的自相被說成是不可描述的？

我們可以描述名色法的特質，巴利三藏、注釋書、疏鈔也確實提供了這些描述。然而，我們依賴佛典描述所了解的名稱，如地界（pathavīdhātu）、心（citta）、觸（phassa）等，並非究竟法，只是名字、概念。這些名稱確實指涉究竟法，所以它們稱為「實存概念」（vijjamānapaññatti）或者「依彼概念」（tajjāpaññatti）。如果學習這些究竟法的樣態，譬如「地」有堅硬的樣態、「心」有認知所緣的樣態，作為心所的「觸」有連結所緣的樣態等等，所知道的仍只是關於這些現象的「樣態概念」（ākārapaññatti）。如果感受它們是固體或顆粒狀，則所知道的只是「形狀概念」（saṇṭhānapaññatti）。

即使博學多聞者可從巴利典籍中知道關於道、果、涅槃的描述，循此可以談論它們；但是，未證悟者無法以真正的道、果作為心的所緣，他們不能經驗這一切。在證得種姓智（gotrabhū）之前，心無法緣取涅槃作為所緣，絕對不可能體驗涅槃。因此，未證悟者並未透過親身經驗體悟道、果、涅槃，他們知道的涅槃仍然不是究竟法。只是透過傳聞、傳統或經典、理智來知道這些法的概念，僅只是概念上的了解而已。這類的了解如不是「名字概念」（nāmapaññatti），就是「樣態概念」，或者「形狀概念」。

事實上，即使是我們認為已了解的世間法，也只是在概念上知道它們，除非我們親身去體驗。凡夫可以體驗屬於欲界（kāmāvacara）的名色法，因為這些現象顯然出現在他們的生命之流。凡夫可以在名色法生起於六根門時藉由內觀修行體驗它們。已證得禪那的人，也可以體驗禪那。當然，我們可以把自身經驗拿來與巴利典籍和所聽聞的法談相核對，知道某個現象稱作「地界」，某個現象稱作「心」，或者某個現象稱為「觸心所」。

從未吃過葡萄的人並不知道葡萄的真正滋味，縱使曾經從他人處聽聞過葡萄。只有當他真正吃了葡萄，才知道葡萄真正的滋味。人們通常以為：出世間法很深奧，凡夫無法了解；而世間法是任何人都能了知的——不過，我之前曾提到一個例子，天生眼盲的人，無法了解顏色是什麼。

為了解釋名色的自相無法被描述，阿毘達磨的疏鈔這麼說：

> 自相是無法被指出的。[9]

意思是說，我們無法憑藉描述來了知名色法的本有特質（自相），只能憑藉親身體驗來加以了知；換言之，唯有自己親身體驗的，才是究竟法——這是多麼深奧的一句話。請反覆思考這句話，直到理解它的意思。

究竟真實的正確定義

在《阿毘達磨義廣釋》（*Abhidhammatthavibhāvinī-ṭikā*）[10]中，依據《隨鈔》（*Anuṭīkā*）將究竟真實（paramattha）定義為「最上」（uttama）、「不虛」（aviparīta）的「真實」（attha）。「最上」和「究竟」（parama）有相同的字面意思，而「不虛」也是究竟的同義詞。究竟的其他同義詞包括：「實」（bhūta）或「如實」（yathābhātu）、「如」（tatha）、「如真」（taccha），以及「不假」（avitatha）。

循著注釋和疏鈔給的解釋，我們應該這麼理解究竟真實：四種可以親身體驗、不虛而真實存在的法，即心、心所、色、涅槃，稱為「究竟真實」。我們應該記住這個究竟法的定義。

有如此的誤解，認為究竟法是恆常不變的，而概念法（paññatti）是短暫變化的。因此，有人解釋究竟法就特相或就作用而言是恆常的。例如，色（rūpa）的定義是，會因冷熱等而改變、轉化、變化的；但是，又說它的特相是恆常的。這個衝突實際上是因為混淆aviparīta（不虛的／不顛倒的）和aviparinaṇāta（不變的）兩個字，錯以為它們有相同的意思。

avipariṇāta 這個字，由字根√nam和前置詞vi-及pari-所構成；照字面的意思是「不變的」；它的延伸意義可以是「持久的」「永恆的」。相對地，aviparītal這個字是由字根√i和相同前置詞vi-及pari-所構成；照字面意思是「不虛的」或「真實的」。而《第一義廣釋》（*Paramatthavibhāvinī*）[11]的疏鈔即把究竟真實定義為「不虛」

（aviparīta）、真實（attha）。這個解釋應該可以解決上述的問題。[12]記住這些正確的定義，才能正確理解究竟真實的意義。

瞬逝

認為概念是短暫的，這是完全錯誤的理解。事實上，概念並不會生、住、滅。它們在究竟意義上並不存在，不能說它們生起或滅去。概念法不可能生、住、滅，因為它們並非真實存在，只是想像的建構。

以人的名字為例。這名字何時出現？存在何處？在頭、身體，還是其他地方？它何時滅去。事實上，不能說名字出現、存在或消失於某處。它是純粹構想出來的事，不是嗎？當人們忘了它或不再用它，名字好像消失了，但它並沒有消失。這是為何直至今日我們仍然知道活在四大阿僧祇劫暨十萬劫之前的隱士蘇美達（Sumedhā）[13]這個人名的緣故。這也適用於其他的名稱，如「女人」「男人」「壺」「布裙」等。一切概念的名稱，「女人」「男人」「壺」「布裙」就像人的名字一樣；它們不會生起、存在或消失。究竟而言，這些名稱並不存在於任何地方。

看到的色、聽到的聲音、觸到的觸覺等等的集合，被當作是女人、男人等的實體，我們以為他們真的存在。如之前所解釋，這類概念的形成，是因為無法區別先發生的看、聽、觸等的心理過程，以及之後發生的構想出實體的心理過程。就像離開輪、軸等車子的構成部分，我們找不到車子的存在；同樣地，除去了身、心現象，我們也找不到男人或女人。

以下是巴利佛典為了解釋這一觀點所提供的比喻：

一排白蟻

從遠處看，一排移動中的白蟻看來就像一條連續的直線。但是，除了有一隻一隻的白蟻外，實際上並沒有一條連續的直線。同樣地，除了身心現象之外，並沒有人或任何實體。

沙袋

把沙袋掛起並刺穿後，沙子會像水流持續傾洩而出。把袋子前後挪動，沙流也會看似在前後移動。我們看到沙流是某種往下流動的東西。事實上，沒有沙流，也沒有移動，只有一連串落下的沙粒。當袋子洞口被封住，或所有沙子清空時，沙流便停止。但是，我們不能說沙流消失，因為除了個別的沙粒之外，實際上沒有實質存在的沙流。事實上，說沙流不存在，意思是沙粒不再持續落下而已。同樣地，除了身心現象外，並沒有人的存在。除了在移動中出現的身體現象之外，也沒有移動的手或腳。除了新的身心現象不再生起外，並沒有死亡的人。[14]

■ 繩

繩子看似是堅實的實體。但是，離開構成繩子的個別細線，並沒有繩子。繩子的厚度和長度取決於細線的數量和長度。本質上長繩並不存在。同樣地，離開了無實質的身心現象，本質上並沒有一個人存在。除了眨眼即逝的名色身心現象外，並沒有本質上存在的人，活了一個小時、一天、一個月、一年等等。

■ 河流

河流看似持續流動，往下流動的水不斷地被新的水代替。然而，如果我們盯著河流的一點看，我們會發現當下看到的水與前一秒看到的水並不相同。同樣地，男人或女人似乎永遠是同一個人，因為消失的身心現象持續被新的現象所取代。這是相續概念（santatipaññatti）。

■ 樹

樹是由許多部分構成，包括樹幹、樹枝、細枝、葉子等等。實際上，離開這些部分，並沒有本質上存在的一棵樹。有些長青的樹似乎從未落葉，因為落下的葉子持續被新的葉子替補。這讓人以為這種樹總是蒼翠繁茂。然而，只要觀察凋落的舊葉和新生的葉芽，就能知道它們也非恆常不變。這個例子顯示組合概念（samūhapaññati）、形狀概念（saṇṭhānapaññati），以及相續概念（santatipaññati），只有在概念上存在，究竟上來說並不存在。

反覆地思惟這些例子，我們可以完全了解女人、男人等的概念法就如同人名一樣；它們其實並不存在，不會生起或消失，只是我們構想出的對象。我們可以總結地說，概念法不會變化。

在究竟真實之中，涅槃被稱作「無為究竟法」（asaṅkhataparamattha）——它不以任何事物為其因緣，被認為是恆常（nicca）、穩定（dhuva）。其他的究竟真實都是「有為究竟法」（saṅkhataparamattha）——因為它們是依於相關的因緣條件而生，確實會生起和消失，所以它們被說是無常（anicca）、不穩定（adhuva）。這些有為的究竟法，無論內在的外在的，皆於現在真實存在，於過去曾經真實發生，在未來也將會存在。除了有為法以及無為的涅槃之外，其他在心中想像的一切對象，都是概念法。

名稱或文字是「名字概念」（nāmapaññatti）。這些文字所指涉的人或事，是「事物概念」（atthapaññatti）。名稱或文字，例如意為「色所緣」的巴利文rūpārammaṇā，皆是構想出的事物。無論內在或外在，它們現在不生起，過也去不曾生起，未來也不會生起。它們無法被親身經驗。因此它們被視為名字概念，不是究竟法。

相對地，「色所緣」的名稱所指涉的現象，是真實可見的所緣，在看見的瞬間可以體驗到它，或者在之後可探索它。如此可親身體驗的事物是究竟法。至於無法真正看見或體驗的事物，只是構想出的對象，它們可能是名稱概念、樣態概念，或集合概念。

因為於內於外、過去、現在、未來皆不存在，無法被親身經驗，所以不是究竟法。這些被構想出的對象好比是膽小的人想像出的鬼魂，或者是在夢裡出現的人事物。這類事物看似真實，但其實並未實際存在；它們只出現在我們的想像中。因此，所有被心創造出的對象都是概念法。眼根、眼識、聲音、耳根、耳識等的情況，也是如此理解。它們的名稱或文字，也都是概念法，而我們可以親身體驗的事物，才是真正的究竟法（nibbattita paramattha）。

動作的兩種意義

「行」「住」「坐」「臥」「彎」「伸」等動詞，全是概念法。因為這些字詞確實指向真正的動作和意向，所以它們稱為「實存概念」(vijjamānapaññatti) 或者「依彼概念」(tajjāpaññatti)，即指向究竟法的概念。這些動詞所指的動作，究竟而言，是由心、心所和色法所構成。概念法所指向的意義，有兩種：一種是凡夫所知的意義，一種是內觀禪修者所知的意義。

一般人所了解的意義

當一般人在移動、站立、坐下、躺下、彎曲的時候，他們做這些動作的經驗是混雜著「我」「手」「腳」「身體外形」的概念。他們的經驗實際上是「人的概念」(puggalapaññatti) 或者「形狀概念」(saṇṭhāna)。他們的經驗並不是究竟真實，因為除了移動的意向、移動的身體過程等之外，並沒有一個本質上存在的人。所以智慧發現它們不存在。

你也許會問：「指向實際存在事物的實存概念所指涉的，為何不應該是究竟法？」會有這樣的疑問，是因為我們的理解依賴我們的思惟方式。舉例而言，在佛陀出世之前，人們已在使用色、受 (vedanā)、地 (pathavī) 等等的文字語詞，但並不是從經驗了知它們的意思。當時使用這些語詞的時候，人們所了解的並非究竟真實，而只是色、受、地等的概念。即使現在，一些博學的佛教徒，仍然只是基於他們的想法，來認識這些概念。雖然這些實存概念指的是可體驗的究竟法，但這並不表示人們必定能親身體驗它們。

內觀禪修者所了解的意義

當觀智藉由持續觀照身心而成熟時，禪修者會覺察到要走的意向和之後逐漸移動的過程。他也會看見一旦前一個現象消失，之後的現象立即取而代之。如此，他了知「我在走」這句話所指涉的移動的我並不存在。透過自己的觀智，禪修者了知，真實發生的情況是出現要移動的意向，之後接著逐漸的移動過程。站立的時候，禪修者可以體驗要站的意向，以及它所帶來的支撐站姿的一系列的緊繃。內觀禪修者了知到站的過程剎那剎那生起又滅去，「我站」這句話只是一個概念。實際上，他們透過自身的觀智了解到，沒有站立的我，只是一系列的意向和緊繃。

同樣地，我們可以觀察到彎曲是想彎的意向，跟著個別的漸漸向內的小小移動。我們可以看到彎曲所涉及的現象剎那剎那生起又消失。所以「手在彎」「腿在彎」或「我在彎」只是文字語詞而已，實際上並沒有彎曲的手、腿或者彎腿的人。禪修者透過自己的觀智了解到，只有想彎的意向和逐漸彎曲的移動。坐、躺臥、伸展等過程，也應該以相同的方式來了解。如此了知的現象，被視為是究竟真實法，因為它們是透過觀智而被如實了知的現象。這是區別世俗真實和究竟真實的方法。

「女人」「男人」「手」「腳」「壺」「布裙」等，皆為名字概念。它們意指於究竟意義上並不存在，因而無法被直接體驗的事物。如之前已解釋的，認為是男人或女人的想法，只是對身心現象的一種詮釋。實際上，人並不存在，只是身心現象而已。我們看到某物或某人時，真正看見的，只是可見的色。我們聽到某事時，真正聽到的，只是聲音。嗅覺、味覺，也是如此。我們碰觸某物的時候，真正碰觸的，是以軟、硬為特相的地界（pathavīdhātu）、以冷、熱為特相的火界（tejodhātu），還有以緊、鬆為特相的風界（vāyodhātu）。

除了這些身體感受外，我們並未碰觸到「男人」或「女人」。我們無法從親身體驗去了知所謂的「男人」或「女人」。當「看到女人」的眼識滅去時，我們僅能藉由之後第三個心理探索過程（vīthi，心路）來了知它。[15]雖然我們知道它，但是這了知並非體驗式的了知，而是基於對之前經驗的構想所得出的結論。然而，透過思擇智（paṭisaṅkhānañāṇa）的反思，我們可以依親身體驗而知道，在我們身心裡，什麼正在生起，什麼已經生起。藉由思擇和觀智，我們確定這些世俗真實（概念）究竟而言並未真正存在，因為我們無法從經驗中找到所謂的「女人」，無法透過觀智體驗到所謂的「男人」。然而，當觀智變得銳利而足夠成熟時，我們能夠體驗到這些概念背後的真實現象。如同有一句話說：

究竟法出現時，概念法便隱沒。

這意味著，我們同時知道究竟的名色法和虛妄的概念法。對尚未證得任何觀智的人而言，情況是完全相反的：

當概念法出現時，究竟法隱沒。

這意味著，只有概念法清晰地現前，究竟的名色法處於隱沒的狀態。所以，對普通人而言，所謂男人、女人的概念，總是經常普遍生起；而像顏色、聲音等究竟名色法，只有刻意去留意時才會變得明顯。這是因為普通人無法區分前後不同的心理過程。以上是辨別究竟真實和概念法的方法。

兩種內觀

內觀／毗婆舍那有兩種，經驗性的（paccakkha，現見的、現量）和推論性的（anumāna，類比的、比量）。透過親身觀照身心現象所培育出的了知，稱為經驗性內觀。透過經驗性內觀，可以清晰地覺察現象諸法的獨特性質和無常性質。內觀禪修者應該從最初開始便培育經驗性內觀，一直到頂峰的隨順智（anulomañāṇa）。

經驗性內觀成熟時，之後接著會生起推論性內觀——基於經驗性內觀中體驗到的現象，對未直接體驗到的現象加以推論。這推論性內觀的所緣包括一切的世間諸法，涉及內在、外在、過去、未來、現在的世間諸法。然而，推論性內觀無法體驗諸法的獨特性質。禪修者也不需要刻意培養推論性內觀，因為它會自行在每個經驗性內觀成熟時生起。因此，以下我將只解釋經驗性內觀的所緣。

適宜的禪修所緣

為了修得名色分別智等觀智，應該觀察名色究竟法，而非觀察概念法。再者，在名色諸法之中，唯有屬於世間法（lokiyadhamma）的名色，應成為內觀禪修的所緣，而非出世間的名色法。之所以如此的理由是如《清淨道論》所說，凡夫根本無法觀察「尚未證得的」出世間法（anadhigatattā）。[16]然而，即使已證得出世間法，觀察出世間法也無法達到內觀修行的目的[17]，因為只有對世間法才會有恆常、快樂和我的錯覺，這錯覺與出世間法無關。觀察世間法才能夠消除這些錯覺，觀察出世間法則無濟於事。這就像是有人想要讓地面變得平整，他需要移除過高的地面，填補過低的地面。如此，他可以達到整平地面的目的。但是，如果地面已經平整了，那麼相同的工作便無法達到目的。

在種種世間法當中，最頂端的禪那，「非想非非想處」禪那（nevasaññānāsaññāyatana），是初學者無法觀察的所緣。這個定境極為微細，即使長老舍利弗也無法直接觀察。[18]禪那體驗裡色界、無色界的心識雖然屬於世間法，但就未證得禪那的人而言，也無法觀察它們。因此，疏鈔說，未得禪那者無法觀察色界和無色界的心識（mahaggacittāni）。

> 唯有就得禪那者而言，色界、無色界的心識才足夠顯著。[19]

「才足夠顯著」一詞，意指這類色界、無色界心可憑親身體驗加以觀察；如果現象不顯著，那麼只能從推論加以了知。所以，已得禪那的人可以憑親身體驗去觀察禪那法的特相；未得禪那的人，只能依推論來了知它們。因此，尚未證得禪那法的人不應該觀察禪那法，只應觀察欲界（kāmāvacara）諸法。不過，觀察欲界法的經驗性內觀成熟時，禪修者便可依推論了知禪那法。因此，不要認為仍然有一些世間法是禪修者無法了知的。

就欲界法而言，應該只觀照顯著的名色法。不應該想像經典所述來觀照模糊的所緣。為了確認這一點，《清淨道論》說：

> 即使在可觀察的世間法中，應該努力於觀察顯著而容易觀照的所緣。[20]

在二十八種色法之中，應該只觀察十八種色法。[21]它們被稱為「色色」（rūparūpa）——即真正的、究竟的色；也稱為「所成色」（nipphannarūpa）——即由業、心、時節或食素所產生的色；「有相色」（salakkhaṇarūpa）——即具備生、住、滅三相的色；以及「觀智所知色」（sammasanarūpa）。

其餘的「非所成色」（anipphannarūpa），不應加以觀照。如疏鈔說：

> 僅辨視所成色，而非變化色。[22]

這句話應如此理解：應該觀察所成色，或者稱有相色、觀智所知色，三者都指十八種色法。不應該觀察六種色：空界（ākāsadhātu）和包括下列五種色的「變化色」（vikārarūpa）：1. 身表色（kāyaviññattirūpa，顯示為身體動作的身體表述）、2. 語表色（vacīviññattirūpa，顯示為口語表達的口語表述）、3. 輕快性（lahutā）、4. 柔軟性（mudutā）、5. 適業性（kammaññatā）。也不應該觀察四種相色（lakkhaṇarūpa）：1. 色積集（upacaya）、2. 色相續（santati）、3. 色老性（jaratā）、4. 色無常性（aniccatā）。

在種種名法心理現象之中，凡夫和七種有學聖者（sekkha）無法觀察那些僅阿羅漢才擁有的名法，因為阿羅漢圓滿覺悟，屬於第八階的聖者。所以，對於凡夫、觀乘者和有學聖者而言，適合的觀察所緣僅限於十八種所成色、四十五種欲界心（kāmāvacaracitta）以及與欲界心相應的五十二種心理特質（cetasika，心所）。[23]

十八種所成色：

1-5. 眼淨色、耳淨色、鼻淨色、舌淨色、身淨色

6-12. 色、聲、香、味，以及包括地界、火界、風界的觸

13-14. 女根色、男根色

15. 水界

16. 心所依處

17. 食素（營養）

18. 命根色（生命力）

四十五個欲界心：

1-12. 十二個不善心

13-29. 十七個無因心

30-37. 八個大善心

38-45. 八個大果報心

在這些名色法中，基本上應該選擇觀察某一個清晰的所緣。

在我們「看」之時，我們能夠體驗的法，是眼淨色、色境色、眼識，以及和眼

識相應的心所。然而，它們之中經常只有一個足夠顯著而可讓我們體驗到它的特相。眼見色的完整心理過程，是由三十八種心識剎那所構成。[24]

1. 一個將五感官門之一轉向所緣的心識剎那（pañcadvārāvajjana，五門轉向心）
2-3. 兩個領受心（sampaṭicchana，接受所緣的感官印象的心識剎那）
4-6. 三個推度心（santīraṇa，探索所緣的心識剎那）
7. 一個確定心（votthapana，確定所緣的心識剎那）
8-27. 二十個速行心（javana，推動業力且完全感知或移向所緣的心識剎那）
28-38. 十一個彼所緣（tadārammaṇa，登記所緣的心識剎那）

同樣地，我們也可以清晰地體驗其他感官根門的身心現象。我們可以體驗耳淨色、聲音、耳識，以及與聽有關的心所；鼻淨色、香、鼻識，以及與嗅相關的心所；舌淨色、味、舌識，以及與嘗相關的心所；身淨色，以軟、硬（地）；冷、熱、暖（火）；移動、張力、壓力、緊繃、放鬆（風）為特相的觸色、身識，以及與觸相關的心所。

當我們意識到自己男性或女性的外表時，我們可以體驗到自己的性別「根色」。當吞吐唾液或感受眼淚、痰或流汗的時候，我們可以體驗到水界（āpodhātu）。

在思惟或想像的時刻，我們可以清晰地體驗到思惟或想像的心，以及它的物質基礎——「心所依處」（hadayavatthu）。思惟、想像可能涉及三十二種心識剎那[25]：

1. 一個意門轉向心（manodvārāvajjana，將心轉向心理所緣的心識剎那）
2-9. 八個善的速行心
10-21. 十二個不善的速行心
22-32. 十一個彼所緣心

就禪修觀察的心而言，有二十個心剎那[26]：

1. 一個意門轉向心
2-9. 八個善的速行心
10-20. 十一個彼所緣心

這裡，應注意，觀的善速行心可能有時候在智不相應（ñāṇavippayutta）的情況下生起，如下列巴利典籍所說：

> 修習時，透過二種善速行心之一而修習，智相應或智不相應。[27]
>
> 有時候，因為熟練的緣故，禪修者以智不相應心作觀。[28]
>
> 反覆修習止觀時，有時候也以智不相應心而生起作意。[29]

當我們的氣力隨著進食與否而有所增減時，我們可以體驗「食素」（營養）色。我們可以清楚體驗到依賴於持續生起的淨色、性根、心所依處的命根，當它們變清晰的時候。如上所說，在眾多所緣之中，你應該觀察當下那最顯著的所緣。

■ 我們應該觀察內在的還是外在的法？

應該觀察內在和外在二種所緣。但是，應該先以親身經驗的方式去觀察依於個人波羅蜜資糧與智慧而顯露的內在所緣。當經驗性內觀智成熟時，可以用推論性內觀，推論式地觀察外在所緣的整體而不加區別。這是佛陀弟子所用的兩種觀察方法。應該主要觀察內在所緣，自己親身經驗的現象。下列引自《逐一經》（*Anupada Sutta*）[30]疏鈔的一段文字顯示，長老目犍連僅觀察佛陀弟子通常觀察的所緣的一部分，便得到完全的證悟：

> 「僅一部分」（ekadesamevā）一詞意思是，因為他無法觀照所有的法，他只觀照符合其波羅蜜所得之智力的自身部分所緣……所以，他觀察他自己的法，然後他整體地觀察別人的法，未個別地加以辨別。這是佛陀弟子的觀察方法。[31]

內觀禪修不應該尋求外在所緣，因為這麼做常會造成心的躁動。躁動會導致定和觀智的培養變得緩慢。即使經過兩個星期或一個月，也體驗不到任何特殊經驗。因為僅憑自身想法來思考、反思，而未進行經驗性內觀，是無法培育出定力和觀智的。這便是為何唯有當外在所緣自行出現在六根門時，才需要加以觀照的原因。禪修者應該努力持續地觀照自身的內在所緣。只有依靠觀察自身內在的所緣，才能達到內觀的目的。循此，《清淨道論大疏鈔》說：

> 起初藉由觀照內在或外在所緣來修習內觀。然而，當觀察內在所緣而成就觀之時，一切名色所緣的相便被圓滿地觀察。[32]

■ 我們應該觀察過去、未來諸法還是現在諸法？

禪修者應該只觀察現在諸法。當經驗性內觀成就時，便會依推論性內觀了知過去和未來的現象。不應該費心於過去或未來的所緣，因為無法精確地體驗它們的自相和共相。舉例而言，我們可能體驗在過去世生起的名色法嗎？能知道自己當時膚色是白或黑、是否殘缺、是男性或女性嗎？可以真正了知發生在過去世的名色法嗎？可以知道我們在過去世不同時刻所體驗的心嗎？能真正了知發生在過去世的心所嗎？即便在現在世，能精確地體驗去年、上個月甚至昨天發生的名色法嗎？的確，即使是一小時前甚至幾分鐘前發生的名色法，也不可能精確地體驗它們。如果不相信這一點，只要練習觀察當下生起的所緣，就會承認事實是如此。

我們無法體驗未來法。當我們提起了右腳，我們無法知道下一秒提起左腳時將會發生什麼。雖然我們期待的是善心，但結果也許是不善心生起。儘管我們希望快樂，但悲傷可能會到來。雖然夢想著歡樂，但可能遭受意外與災難，像是遭人攻擊、房屋倒蹋、慘跌一跤、火災、溺水、蛇咬、絆倒等等。甚至在臨終時，我們也許還期望著長壽與快樂。如果能夠精確預測未來，占星師和通靈者就要失業了。對未來的預測有時候會準確，但這可能只是巧合。畢竟，我們猜測丟出的銅板是正面或反面時，有時候也會猜對。

現在法是那些正發生在我們生命之流，在我們身心內，發生在六感官根門的現象。如果正念地、注意地觀察，可以體驗到清楚出現的身心現象的自相、共相。例如，如果在閃電現起的時候看著它，可以實際看到閃電的位置以及它如何地現起。但是，如果在閃電發生後才去看它，便看不到它現起於何處，更不用說它怎麼現起。在閃電發生之前，也完全不可能知道它將在何處發生又如何發生。同樣的道理，人也無法精確地觀察過去法和未來法。我們只能知道現在法。所以，不要費心於過去和未來的所緣，應只是從親身體驗去觀察現在所緣。

隨眠煩惱就存在於我們未能觀照的現在法之中。它們是「潛伏於所緣的煩惱」，或者說「未觀察所緣時所生起的煩惱」。這類煩惱不存在於已被觀照的所緣。觀照現在所緣，便可暫時移除部分煩惱（tadaṅgappahāna，彼分斷），因此，受它影響的不善業和其不良結果，就可被排除。在後面討論「無常隨觀」（aniccānupassanā）[33]的那一章節中，我將會進一步解釋這一點。

只要所緣未被加以觀察，這個遺漏便會讓煩惱潛伏在心中，換句話說，「堅實概念」（ghanapaññatti）會刻印在心中，像是一張畫好的畫。所以，當我們想到過去曾經看、聽、嗅、嘗、觸、想到的事物時，堅實概念便會出現，認為事物是恆常、樂、我的錯誤見解，也會隨之而來。因此，這個堅實概念深植於心中難以去除，縱使我們反覆地思惟它們只是無常、苦、無我的名色現象，也無法除掉心中根深柢固的常、樂、我的信念。

小孩子如果被教導不要怕鬼，那麼就算他們見到鬼，也就不會感到害怕。他們只會想到自己遇到了奇怪的東西。同樣地，當所緣一出現便被觀照，它們便不會產生煩惱，即使事後回想它們，也不會生起煩惱，因為這些所緣未以堅實的形相烙印在記憶之中。緬甸小孩自幼被教導鬼很可怕，所以通常非常怕鬼。幾乎很難再教育他們不需害怕，因為「鬼」的概念已經深深植入他們的心中。而人們若未能在色等所緣發生時加以觀照，因而生起了對於人或事物的錯覺，之後要拔除這些錯覺，便已經太遲。所以，觀察過去法起不了什麼用處，無益於觀智的培育和煩惱的斷除。

未來諸法，現在尚未到來。所以，除非我們在所緣實際生起時加以觀察，觀察未來法同樣無法幫助我們脫離堅實概念的錯覺。觀察未來法無法達到了知特相和去除煩惱的目的。

因此，你不應費力去觀察過去或未來的現象；然而，當你經驗性內觀成熟時，你能夠透過推論性內觀了解它們。當現在法生起和滅去時加以觀察，你不僅能夠了知身心現象的真實本質，也能夠斷除煩惱。下列所述《賢善一夜經》巴利文也證明我們應該只觀察現在法：

> 不去追逐過去，也不去期待未來，
> 因為過去已過去，而未來尚未到來。
> 現在的諸法，應當場加以觀察。
> 智者應該修習，不動不壞的觀智。[*2]
> 今日便需努力！
> 死亡也許明日便來，誰能夠知道？
> 無法與死亡商量，阻止死亡的軍隊。
> 但牟尼聖者說：
> 日夜精進不懈怠的人，擁有一個美好的夜晚。[34]

佛陀解釋說，當我們回憶過去時，會執著過去，回想著我們過去長得如何。注釋書進一步解釋，也許我們高興地記得我們的皮膚曾有著寶石般的色澤。從這解釋看來，可以合理認為這裡提到的「過去」，意指一般的過去，不是過去世（addhātīta）。只有得禪那者才能回憶過去世。而這段經文的對象，不僅是已證得禪那的人，也包括一般人。

我再多說明一下普通人回憶過去和想像未來的情況。

過去出現的一切法都已經消逝，我們不應該帶著貪愛和邪見回憶它們。例如，過去眼見物時發生的現象已經消逝，如今並不存在。但是，我們也許會執著於過去所見之事，心想：「過去我的眼睛看得清楚，視力非常好，甚至可以看見微小的東西。」或者「我的容顏曾經多麼漂亮有吸引力。我的眼睛、眉毛、手臂、腿都很好看。我的皮膚過去非常潔白。」或者「我曾有許多好看的衣服，很多不同的飾物。」或者「我曾遇到某某人，和他或她度過美好的時光。」像這樣，因為執著於曾見過的某物或某人，出現了快樂的回憶。其實，我們對過去懷有錯誤的見解，帶著某種錯覺，認為有個「我」或「眾生」在看，認為自己看到「人」，或者認為見到的「某人」死去、出生，或不再出生。所以，我們不應該帶著貪愛執著和錯誤見解來回憶過去。聽、嗅、嘗、觸、想等其餘的感官知覺也是如此。就禪修者而言，他不應該回憶之前練習期間曾經有過的好經驗或不好的經驗。

我們也不要幻想著未來。未來之事尚未到來，它們如今尚不存在。花時間想像未來，就像浪費時間在心裡盤算中了彩券後要做些什麼。所以，我們不應幻想未來，不應想像未來想見到的事物，例如「讓我餘生都保有好視力！願我視力不會變差！」「願我永遠美麗迷人！」「願我看到美麗的人和物」或者「願我總是能看到」等等。對於聽等其餘的感官，也是如此。就禪修者而言，他不應該期待在修習期間證得觀智、道、果等特殊的經驗。

現在

不論是見、聽、嗅、嘗、觸、行、住、坐、臥、彎、伸、想，當這些現象發生的時候，我們皆必須當下觀察這些現在法，以便了知這一切只是名色身心現象，了知它們的無常、苦、無我的性質。否則，我們將會貪著這類現象，並相信它們是永恆、愉悅、美麗的，順從我們的意願。如此將導致我們長養錯誤的見解。於是，不善的思緒從貪著和邪見生起。

當我們看到一個人時，我們會認知他的身分，是男或女，是誰的兒子或女兒，是誰的母親或父親，為何這人在這裡，他的個性如何，他的行為如何等等。另外，如果我們覺得那人有吸引力，就會產生執著，帶著貪愛心想著：「長得多麼可愛呀！多麼優雅！舉止多麼紳士！如果我有機會和他們說話多好！如果有機會與他們當朋友多棒！」（這是「欲尋」）相反地，如果我們感到某人不討喜，我們將帶著瞋恚心想著：「看來真糟！他的個性多麼讓人不悅！對我的態度真差勁！如果他們遇上麻煩，被折磨或死掉，那多好！」（這是「瞋尋」和「害尋」）這時，心「被貪著與邪見所動搖」（saṃhīra）且「被貪著與邪見所毀壞」（saṃkuppa）。在聽等發生時，若未能觀察其中的現象，心同樣會「被貪著與邪見所動搖」且「被貪著與邪見所毀壞」。

相對地，當我們能夠觀照的時候，每次觀照時，依於貪著和邪見的感官思緒將不會生起。如此觀照的心「不被貪著與邪見所動搖」（asaṃhīra）且「不被貪著與邪見所毀壞」（asaṃkuppa）。我們應該藉由觀照現在所緣培育內觀，直到證得「捨遣隨觀」（paṭinissaggānupassanā）的階段，這個階段包含「行捨智」（saṅkhārūpekkhañāṇa）、「隨順智」（anulomañāṇa）、「種姓智」（gotrabhūñāṇa）、「道智」（maggañāṇa）和果智（phalañāṇa）。

■ 當場

我們可以問說，《清淨道論》不是引用《賢善一夜經》裡長老大迦旃延的評論，而提到包含出生到死亡的「一期現在」（addhāpaccuppanna）嗎？[35]是的，正是如此。然而，只有心被貪著與邪見所動搖、毀壞時，才關乎「一期現在」。但是，在現象發生之前便推測想像，或在它們消失後才回憶反思，以這種方式總觀從出生到死亡所出現的一切現象，不可能證得觀智。我們必須在現象發生時就觀察才能培育觀智。注釋在解釋《小部》（*Khuddaka Nikāya*）的一句話時，說明了這一點：

> 「當場」（tattha tattha）意指即使一法於現在世生起，也應該當場以無常隨觀（aniccānupassanā）等七種隨觀[36]加以觀察。[37]

注釋裡，「即使」（pi）一詞的意思是，即便從出生到死亡之間生起的種種法被視為「現在」，也不可能整體地觀察它們。需要做的是，當現在法出現時，立刻加以觀察。「當場」的意思是，應該在它發生的那一刻觀察，而非在發生之後或之前。

所以，內觀禪修的所緣必須是「相續現在」（santatipaccuppanna）或「剎那現在」（khaṇapaccuppanna）的現在法，而不是從生到死的「一期現在」的現在法。和觀智的情形一樣，他心通（cetopariya abhiññā）也僅觀察相續現在的法。這就是為何《清淨道論》和它的疏鈔這麼說：

> 在此，《相應部注》說「一期現在」是指一心路過程。這是善說。[38]
>
> 此處的「一期現在」應理解為一個心路過程，並非從生到死之間的時間。這是《清淨道論》的解釋。[39]

依據這些巴利典籍，很清楚的是，能讀他人心思的他心通以及經驗性內觀所體驗的法，是與單一心路過程相關的法，而不是整個一輩子裡的種種法。然而，從出世到死亡的一切法，能在推論性內觀的過程中加以思惟。總之，依據《賢善一夜經》（*Bhaddekaratta Sutta*）及注釋，經驗性內觀的所緣只是當下生起的現在法。

■ 《念處經》的教導

《念處經》和它的注釋也明確地說，唯有現在法應該被觀照。在身隨觀的段落中，我們被教導應如此觀察：

> 行走時，比丘了知：「在走」……[40]

我們未被教導去觀察過去和未來的所緣，像這樣：「走了之後，比丘了知：『曾走』。」或者「將走時，比丘了知：『將走』。」

在感受（vedanā）的段落，我們被教導去觀照現在的感受：

> 感受樂受時，比丘了知：「感受樂受」……[41]

我們並未被教導去觀察過去和未來的感受，像這樣：「感受樂之後，比丘了知：『曾感受樂』或者「將感受樂時，比丘了知：『將感受樂』。」

在法隨觀的段落，佛陀教我們觀照現在的所緣：

> 內有欲貪時，比丘了知：「內有欲貪」……[42]

佛陀並未教我們去觀察過去或未來的欲貪，像這樣：「覺察曾生起的欲貪」或說「覺察將生起的欲貪」。

心隨觀的段落解釋我們應該如此觀察我們的心：

在此，比丘了知有貪心為「有貪心」……[43]

這句子並未明確說明我們應於何時觀照所緣。為了澄清這一點，注釋書解釋說：

每當任何心生起而加以觀察者，或於自心、或於他心，或有時於自心，有時於他心，隨觀心而住。[44]

這注釋的重點是，心隨觀（cittānupassanā）是在心生起時觀照心。在這裡，我把sallakkhento翻譯作「觀察」，也就是，「觀照」。「觀照」「觀察」和「留心」，都是指內觀練習。

有些人輕忽了上述注釋書的解釋，反將注釋書裡心的種類的說明視為隨觀心的方法。依據他們的想法，心隨觀的練習應該思惟：「八種貪根心稱為有貪心（sarāgacitta）。世間善心或無記心（abyākata）稱為無貪心。」因為他們未留意注釋書的上述解釋，所以採取這樣的意見。或者說，因為他們未掌握注釋書的重點，不了解內觀禪修的正確方法和本質，所以他們有這樣的誤解。

顯然，當心生起時觀察心，是心隨觀的方法。思惟著八種貪根心稱為有貪心，不可能真正地觀察心，無論是自己的心、他人的心，過去、現在或未來的心。無貪心的情況，也是如此。用這種思惟所了知的，只是概念，只知道貪根心的名稱、數量等而已。心隨觀絕無法以這種方式來修習，這樣的觀點純粹是種誤解。

若就他心通的情況而言，那樣的詮釋顯然更是一種誤解。佛陀在談他心通時所描述的體驗他人心念的方式，和心隨觀時體驗自己心念的方式相同：

他了知有貪心為「有貪心」……[45]

注釋書以相同的方式進行解釋。

如果依照某些人的觀點，思惟「八種貪根心稱為有貪心」時，便應證得了他心通。但是，事實並非如此。所以，顯然注釋書只是把「八種貪根心稱為有貪心」當作一個例子。只有當某人明確了知別人正在生起的心，我們才說此人擁有他心通。同樣地，在心隨觀的注解中，八種貪根心的描述只是作為一個例子，並不是如何練習心隨觀的方法。

這些巴利經典和注釋書的文證，足夠讓我們確定，只有當現在法生起時立刻觀察它們，才能夠修習經驗性內觀。倘若你對這點仍然有懷疑，之後在第六章以及下節談及從止乘者處學到的事之時，我會提供更多的證據。如果在閱讀它們之後，仍然感到困惑，那麼你可能懷有根深柢固的疑，這會阻礙你在今生了悟聖者的解脫之法。

■ 教說順序與修習順序

> 任何色，無論過去、未來、現在、內在或外在、粗或細、劣或勝、遠或近，皆應整體地觀察為無常。這是一種領會（sammasana）。[46]

有人也許會懷疑：「不應該先觀察過去法嗎？」答案是「不是的」。上述經文裡關於法的類別的順序，僅是教說的順序（desānakkama），不是修習的順序（paṭipattikkama）。另外，這裡所提到的觀察無常等的領會智（sammasana-ñāṇa），也不是經驗性內觀，而是推論性內觀。所以，這段巴利文不能支持禪修者應該先觀察過去法的見解。

內觀禪修是不間斷地觀察在感官根門生起的一切法，如此修習者可以在名色身心現象出現時了知它們的自相與共相。如果按照上述那段巴利文的順序練習，禪修者能在現象生起時立刻〔以那樣的順序來〕加以觀察嗎？在過去之後，應該是現在，而非未來。在未來之後，也不會是現在，因為它之前出現過了。外在的、細緻的法，也不只在內在的、粗顯的法之後才生起。如果觀察過去法之後觀察未來法，那就遺漏了中間的現在法。如果在未來法之後觀察現在法，那也就時間顛倒了。在提起右腳的時候，無法觀察未來之時將提起的左腳，然後再回頭觀察現在的右腳。

就算這事是可能的，如此也不會令人修得生滅智或壞滅智（bhaṅga），因為唯有觀察現在法才可能修得觀智。

上述引文也用「內在或外在」，但這並不意味，禪修者應先觀察內在所緣。觀察外在所緣，再觀內在所緣，也完全是可能的。因此，注釋書這麼說：

> 觀察外在所緣後，（觀）內在所緣（時）達到（道智）。[47]

如前文所解釋的，不可能藉由觀察已經不存在的過去法或者尚未發生的未來法而了知個別名色法的特相。由於無法體驗過去法和未來法的特相，所以也不可能了知它們「生」「住」「滅」的「有為相」（saṅkhatalakkhaṇā），更不用說它們的「共相」（sāmaññalakkhaṇā）——「無常」「苦」「無我」。所以，再說一次，上述巴利經文的內容是依據教說的順序而非修習的順序。

推論性內觀：領會智

如上所述，領會諸法無常、苦、無我的觀智，並非經驗性內觀而是推論性內觀。這意味著，總觀所有的色法，而非個別地、一一地觀察。例如，把所有種類的感受視為一個整體來加以觀察，但非觀察剎那剎那生滅的個別感受。如此總觀的時候，不可能體驗感受的自相，因此這時只能是推論性內觀。

推論性內觀將隨著成熟的經驗性內觀之後而生起，它總觀諸法的無常、苦、無我。使用推論性內觀時，可思惟的世間法所緣並無限制。博學多聞的人可以思惟的所緣範圍很廣。這也是為何《無礙解道》（*Paṭisambhidāmagga*）和《清淨道論》詳細描述此種觀的廣大範圍。雖然了知無常等共相的經驗性內觀智，僅從生滅智（udayabbayañāṇa）開始生起，了知諸法無常等共相的推論性內觀，可以發生在生滅智與壞滅智之前，或者之後。後面談這類觀智的章節，會再列出支持這一觀點的巴利文出處。

推論性內觀有好幾個名稱。稱為「作聚觀」（kalāpasammasana），因為它把諸法作為整體而加以觀察；稱為「方法內觀」（nayavipassanā）、「方法見」（nayadassana）、或者「方法作意」（nayamanasikāra），因為它在經驗性內觀之後了知諸法。下列的巴利文說明了將這種了知稱為方法見或方法作意的原因。

> 即便只見單一個有為法是無常，便能以方法作意所有其他的有為法也是無常。因此「了知一切有為法無常」這句話是就方法見而說，非依所緣。[48]

注釋書用「即使」（pi）一字來表示，即使透過經驗性內觀發現單一個有為法是無常，也能隨後生起推論性內觀——更何況發現諸多有為法的無常。這種推論性內觀也稱為「方法作意」。「見……無常」這句是指經驗性內觀的了知。「以方法作意……」這句則指推論性內觀，也稱為「方法作意」「方法見」。因為這種了知是整體的觀察，所以《清淨道論》稱它為「作聚觀」。

「這句話是就方法見而說，非依所緣」這句，意指巴利經文裡的其他文段，例如「一切有為法無常……一切有為法苦……一切有為法無我。如來覺悟、現觀此……」[49]是在顯示經驗性內觀之後，禪修者透過推論性內觀整體地觀察一切有為法。所以，這些經典文句，意在說明推論性內觀的觀察方法，而非經驗性內觀。因此，我們可以總結：推論性內觀並非是應該先修習的方法；在經驗性內觀之後，它自行生起。

應該強調的是，無論用任何方法，作為所緣的名色身心現象全部是現在法。《清淨道論》裡說明如何觀察諸法無常等相的段落描述了這一點。[50]

從止乘者處學到的事

現在，作為一個例子，我將說明止乘者修習內觀禪修的方法。這裡描述的方法，以《念處經》為直接的基礎，並有其他許多經典的支持。不過有些人或許需要更多證據，才能克服他們的疑慮，接受正確的方法。

在此，比丘離欲、惡不善法，於有尋有伺具喜樂的初禪，成就而住。

他善觀其中的色、受、想、行、識是無常、是苦、是病、是癰、是刺、是禍、是疾、是異、是壞、是空、是無我。[51]

巴利經文表明，得禪那者進入初禪以便修習內觀。從禪那出定後，立刻觀察在初禪裡出現的種種法以修習內觀。以相同的方法觀察其餘的色界禪那和無色界禪那。還有許多其他的巴利經文描述著與此相同的止乘者的內觀方法。它們一致地說，得禪那者先入禪那，再從禪那出來觀察在初禪裡出現的諸法。然而，沒有哪個巴利經典說有人藉由思惟、思考、想像諸法來修習內觀。應將這當作指導方針，謹記在心。在上述引文中「是無常」（aniccatā）一詞不應該理解為，可以僅是對現象諸法的思惟或沉思，便能修得前兩種觀智：辨別身心現象的「名色辨別智」和了知因緣的「緣攝受智」。我們應當推論，若未直接經驗諸法現象的各種特質，便無法修得最初的二種智慧。《清淨道論》與巴利注釋一致地說：

如實知見名色是為見清淨（diṭṭhivisuddhi）。為了培養見清淨，止乘者必須從除了非想非非想定之外的色、無色界禪出定，然後從相、作用等，觀察尋等禪支和相應的諸法，如觸、想、思、心等。[52]

依據疏鈔，證入禪那並藉由觀察禪那法而修習內觀的禪修者，可以忽略稱為「非想非非想定」的最深的禪那，因為它無法被觀察。當我們讀到《逐一經》時，這一點會很清楚。

「從相、作用等」（lakkhaṇarasādivasena）意指得禪那而藉由觀察禪那法修習內觀的止乘者，應該觀察禪支和其心所的特相、作用等，而非觀察它們的名字、樣態、形狀、數字等。當我們說「我從下方看月亮」（candaṃ hettimatala vasena passāmi），「從」（vasena）這個字，意指我們看月亮時所採的特定視角，也就是，它的下方。這暗示著排除了同時從上方看的可能性。同樣地，當上述的巴利文說：「從相、作用等，觀察……」（lakkhaṇarasādi vasena pariggahetabbā），「從」這個字意指，禪修者應該努力從諸法的特相、作用等的特定視角去觀察諸法現象。[53]然而，在這裡，究竟法的特相、作用等，就是究竟法的全部。了知特相、作用等，便意味著完全了知究竟法，而非局部了知。以觸心所為例，它的特相是心與所緣接觸。直接經驗這個特質，就不是局部了知，而是完全了知。所以，很重要的是，我們正確理解此處巴利文vasena的語義。

另外，疏鈔並未提到觀察色法，其理由是最先向得禪那者顯現的，往往是禪支（禪那的構成要素）和相應的心理成分。所以，得禪那者大多先觀察名法現象。省略色法的另一個原因是，觀察色法的方法已包括在之後描述純觀乘者觀察方法的段落裡。理由也有可能是因為應該優先觀察名法，或者，因為名法與色法不能同時觀察。因此，《清淨道論》後來才解釋如何觀察禪那的色法基礎——心色（hadayarūpa）。

《清淨道論》的這一段文與上述《增支部》的引文一致。下列引自疏鈔的三段文字顯示我們不應該因為巴利經文未提到最高的無色禪那和色法，從而認為經文並不完整。疏鈔解釋說：

色法和非色法，由於彼此正好相反，無法同時被觀察。[54]

名法（非色法）能了知所緣，但色法無法了知所緣。它們正好相反，無法一起被觀察。

觀乘者經常藉由觀察色法開始修習內觀，止乘者經常藉由觀察非色法開始修習內觀。[55]

在第五章，我將解釋從色法開始觀察的內觀修習方法。

主要觀察色法時，觀察入出息念。主要觀察非色法時，觀察禪支。[56]

「主要……非色法」（arūpamukhena）這詞意指，在同時生起的名色身心現象之中，只清晰地觀察名法，不特別觀察色法。但是，即使主要聚焦於名法，名色二者都必須被觀察。主要觀察色法的情況，也是如此。

入出息的觀察

《長部疏鈔》的那段引文說，止乘者在觀察色法時觀察入出息。這是因為此處是專門在解釋入出息（ānāpāna）的練習。事實上，觀察色法時，止乘者也可以觀察其他的色法，不只是入出息。

在思考巴利佛典時，我們應該小心避免錯誤的觀念。例如，說入出息的觀察，只能用來修止（samatha），不能用於修觀（vipassanā），這並不正確。同樣不正確的說法是，因為得禪那者才能入出禪那，所以唯有得禪那者能用入出息念來修習內觀。在巴利三藏、注釋、疏鈔中，沒有一處說：「在欲界法[57]中，某某法只是給得禪那而藉由觀察禪那法修習內觀的止乘者（samathayānika）修習，某某法只是給觀乘者（vipassanāyānika）修習。」任何被止乘者取為所緣以修習內觀的欲界法，皆可被觀乘者所用。唯一的差別是，觀察呼吸的禪相（nimitta）會引生止，而注意呼吸的接觸和移動會導至觀。

這便是為何佛陀在《入出息念經》（*Ānāpānasati Sutta*）說：

> 諸比丘！我說這是諸身中的一個身，也就是入出息（assāsapassāsa）。[58]

這句話意指呼吸不僅是概念，也是真實存在可被親身體驗的究竟法。依據注釋書，入出息是地、水、火、風四界中的風界之顯現。它也和二十五種色裡的「觸處」（photthabbāyatana）有關。二十五種色法，可見於《中部·大牧牛經》（*Mahāgopālaka Sutta*）[59]和《增支部》。

依據巴利典籍[60]，止乘者應該觀察當下顯著的所緣，例如禪那心、相應名法和所依色法。純觀乘者應該效仿止乘者，觀察當下清晰的現象。二者唯一的差別是，止乘者能夠清楚地觀察與禪那相關的諸法；而純觀乘者必須觀照其他法，因為他們無法觀察與禪那相應的法。這是唯一的差別，觀察的方式並無差異。因此，在看東西時，純觀乘者應該觀察眼識、其心所、所依色法，或者色所緣。對於聽、嗅、嘗、觸等其他感官活動，也是如此。在起心動念的時候，可以觀察想像、思惟的心、心所，其色法基礎，心念的內容對象，或者，由於那心念所引生的色法。

然而，禪修者並不需以阿毘達磨所描述的方式很詳盡地觀察所有的名色法。在這些名色法中，應該只觀察當下最顯著的。在同一剎那裡，親身覺知兩個法或更多的法，是不可能的。例如，地界的特相和水界的特相不同，觸心所的特相和受心所的特相不同。人無法同一時間裡親身經驗兩個不同的特相。但是，在同時發生的諸多身心現象中，如果覺察了知到其中一個，便已達到觀照和了知的目的。

觀必須要淨化到什麼程度？

有些人也許以為：所有證悟者都觀察了相同的法，或者，他們的證悟都是因為他們如巴利三藏和注釋書所描述的那樣仔細地觀察所有的法。但是，事實上，體證的深度依個人波羅蜜資糧而有所差異。利根的解脫者（tikkhabhabba-puggala），能夠擁有聲聞弟子（sāvaka）最完整而仔細的了知範圍。然而，這樣的了知仍不如阿毘達磨和經典裡所說的那樣全面。當我們參考《逐一經》（*Anupada Sutta*）時，這便變得十分清楚。

如果是鈍根但也能解脫的人（mandabhabba-puggala），只憑藉證悟所需的最低程度的觀慧，便能證得道智和果智。《中部注》這麼說：

> 聲聞弟子僅觀察一部分的四界而證得涅槃。[61]

在《緊獸喻經》（*Kiṃsukopama Sutta*）[62]中，四位阿羅漢對同一個問題的不同回答也指明了相同的事實。該經提到的問題是：

> 一個人的見應該如何清淨才能成為阿羅漢？[63]

■ 第一個回答

> 賢友！當比丘如實了知六觸處的生與滅，如此，他的見是善清淨。[64]

藉由觀察內六處而成為阿羅漢的比丘，給了這個回答。他的回答暗示他完全未觀察任何外在的色法。他只觀察內六處，包括心和五種淨色：眼、耳、鼻、舌、身淨色。他並未觀察其他色法，也未觀察任何的心所。然而，這個方法讓他證得阿羅漢果，所以，誰敢否定這方法呢？當他基本上只觀察內六處之時，觀察了知外六處的目的也同時完成。這符合巴利佛典和注釋書的解釋，因為在那裡，觀察內六處被說為相當於「觀察了知所有的名色法」。

■ 第二個回答

賢友！當比丘如實了知五取蘊生滅，如此，他的見是善清淨。[65]

這個回答是全面的。

■ 第三個回答

賢友！當比丘如實了知四大種生滅，如此，他的見是善清淨。[66]

這個回答暗示，這位阿羅漢只觀察四界。他並未觀察其他的色法，也未觀察任何的心法。然而，他的方法依然有效。當他基本上僅觀察四大種的時候，也同時圓滿了觀照了知其他同時生起的名色法之目的。這與巴利佛典和注釋書給的詳細解說並不衝突。這些佛典只是簡略描述不同的人以不同的方法觀察了知諸法。它們並未說每個人都必須觀照並了知所有的法。

■ 第四個回答

賢友！當比丘如實了知「凡會生起的，皆會滅去」，如此，他的見是善清淨。[67]

這個回答也是全面的。

這時候，最初提問題的比丘仍然認為所有阿羅漢皆擁有相同經驗，了知所有的名色法。因此，他對這些阿羅漢的回答並不滿意，這不僅是因為他們未提到觀察一切名色法，也因為他們的答案都不一樣。

於是，他請佛陀解釋其原因。佛陀這麼回答：

……善人們的心如何傾向而令見善清淨，他們便那樣地回答。[68]

這意思是，每位阿羅漢的回答，都是依照自身證得阿羅漢的觀察方法，這四種方法全部是可以證阿羅漢的正確方法。

長老舍利弗的方法

依據上述的巴利佛典和注釋書，再清楚不過的是，禪修者無法依據阿毘達磨所解釋的詳細方式，觀察所有同時生起的名色法。當禪修者在眼見色時觀察一個清晰的色法或名法所緣，他就達成了觀察和了知在那同一時間生起的其他名色法之目的，足以證得阿羅漢果。

在此，我將解釋長老舍利弗卓越的禪修方法，這方法如《逐一經》所說：

比丘們！在半個月期間，舍利弗逐一觀察諸法。舍利弗逐一觀察諸法的情況是這樣：在此，比丘們！舍利弗離欲、惡不善法，於有尋有伺具喜樂的初禪，成就而住。凡於初禪中之法：尋、伺、喜、樂、心一境性、觸、受、想、思、心、欲、勝解、精進、念、捨和作意[69]，他都逐一確定。這些法生起，他知道；持續，他知道；滅去，他知道。他了知：「這些法未有而生，生已滅去。」[70]

■ 逐一觀察生起之法

十五天之間，長老舍利弗在諸法生起時逐一加以觀察而成為阿羅漢。簡略地說，他的練習方法是：進入初禪，他能辨別初禪所包含的十六種法的每一個法。[71]長老舍利弗清楚地看見這些法的開始、中間和結束，也就是它們的生起、持續和滅去。如此，長老舍利弗了知：「這些法，在我進入初禪之前並不存在，現在已經出現。之後，它們又滅去。」他以相同的方式觀察所有其他的色界禪那和無色界禪那，一直到第三個無色界禪那。所觀察的禪那法之間有所差異，有些禪支不會出現，有些禪支仍會出現。

更詳細地說：長老舍弗進入初禪，然後觀察初禪。之後他進入二禪，再觀察二禪。以相同的方式，他一一地進入八個禪那，透過觀察那些禪那來修習內觀。這稱為「逐一法觀」（anupadadhamma-vipassanā）。依據巴利文獻裡的另一種定義，「逐一法觀」意指進入某個禪那之後，在禪那心的各種禪支生起時逐一地觀察它們。這表示「當禪那心所含的法生起時，逐一地加以觀察」。

注釋書如此定義「逐一法觀」：

> 依等至（samāpatti）[72]或禪支[73]，次第地修習法觀。

依據第二個定義，似乎僅進入禪那一次，便持續觀察它十六次。然而，《無礙解道》說，觀察到一個所緣滅去，應立即觀察能觀的心本身。[74]《清淨道論》也說，第一個心被第二個心觀察，接著第二個心被第三個心觀察。[75]如此，這些佛典說明一種「每次觀察一個心」的方法。依此，第一次進入禪那後，觀察尋心所；第二次再進入禪那，觀察伺心所。循此方法，可以合理接受，有人進入禪那十六次，也逐一觀察禪支十六次：長老舍利弗便以十五天的時間修習這兩種逐一法觀而成為阿羅漢。

■ 長老舍利弗如何逐一修觀

長老舍利弗依序進入禪那。從每個禪那出定後，他立即觀察尋、伺等心所，並了知它們的特相。所以他了知這些法的特相：

尋（vitakka），特相是把心最初投向所緣。

伺（vicāra），特相是心持續地導向所緣。

喜（pīti），特相是歡喜。

樂（sukha），特相是快樂。

心一境性（cittekaggatā），也就是定，特相是不散亂。

觸（phassa），特相是心理的接觸。

受（vedanā），特相是感受。

想（saññā），特相是感知所緣。

思（cetanā），特相是意向。

心（citta），特相是識知。

欲（chanda），特相是想要行動的欲望。

勝解（adhimokkha），其特相是決定。

精進（vīriya），特相是努力、奮鬥。

念（sati），特相是對所緣念念分明。

中捨（tatramajjhattupekkhā），特相是平衡的沉著、平衡的觀察。

作意（manasikāra），特相是注意所緣。

如此，長老舍利弗逐一地分別並了知這十六法。當它們生起、存在、消逝時，他都清楚了知。他了知它們生起後立即滅去。然而，不應該誤以為他是以禪那心了知這些禪那法的生、住、滅；也不應誤以為禪那和其他了知的心在同一時間生起。為了澄清這一點，注釋書說：

用指尖碰觸指尖本身是不可能的。同樣地，心識無法了知它自身的生、住、滅。禪那心不可能了知自身。如果兩個心識剎那同時發生，那麼一心可以了知另一心的生、住、滅；但是，兩個觸、受、想、思或心識同時生起，這是不可能的。一次只能一個。不同的心識無法同時生起。[76]

因為長老舍利弗能夠區別並了知，作為這十六種法的色法所依和心的所緣，當他從禪那出定並開始觀察禪那時，他清楚地了知這些法的生起，好似它們當下正在生起。同樣地，他清楚了知它們的持續與滅去，好似它們當下正在持續與滅去。

在生滅智和壞滅智中如此觀察了知個別諸法，便是在觀察了知「剎那現在法」（khaṇa-paccuppanna-dhamma）。這就是為何在上述《逐一經》的段落中，佛陀說：「這些法生起，他知道。」等等。了知「未有而生」，這是了知「生起」（udaya）

的觀智；了知「生已滅去」，這是了知「滅去」（vaya）的觀智。這樣的解釋符合注釋書的說法。

長老目犍連的方法

長老舍利弗如此修習十五天後成為阿羅漢。然而，長老目犍連只用七天便成為阿羅漢。長老舍利弗的智慧更深，但是卻比長老目犍連多花一個星期才圓滿修習，這是因為他的修習範圍更廣大。也就是說，他藉由逐一觀察禪那等至來修習內觀。長老目犍連只用了七天圓滿修習，因為它的修習並非那樣全面。注釋書說：

長老目犍連猶如用拐杖底端觸壓，僅觀察聲聞弟子觀察範圍的一部分，努力七天後成為阿羅漢。長老舍利弗全面地觀察聲聞弟子的觀察範圍，僅忽略佛陀和辟支佛的觀察範圍。所以，他如此觀察努力半個月才成為阿羅漢，他知道，其他的弟子不可能了知他所得到的智慧。[77]

疏鈔說：

觀察的對象被說為觀察範圍，即內觀的領域。[78]

可親身了知的內在法和可推論了知的外在法，都是內觀修行者的領域。好好思惟引文中「猶如用拐杖底端觸壓」的意思。走路時，用拐杖底端所碰觸到地面，相較於未被觸及的周遭地面的大小，可說十分狹窄。同樣地，聲聞弟子所觀察的範圍，相較於未被他們所觀察的範圍，可說非常狹小。縱使是身為第二位上首弟子的長老目犍連，他的練習也和完整練習有很大的差距，所以，把他的觀察範圍比擬作拐杖碰到地面上的極小面積，可說是合理的。我們可以想像一下，「一般的」阿羅漢、不還者、一來者、預流者和凡夫，他們的觀察範圍又會有多大的差距。

一個提醒

巴利佛典和注釋書說，就內觀修行而言，長老舍利弗能夠觀察聲聞弟子所能觀察的範圍裡的一切所緣，但是最多只能逐一地清楚了知他所觀察的十六種法。然而，他實際上只了知十五種法，因為在十六種之中，樂（sukha）和受（vedanā）在體驗上是相同的心所。阿毘達磨說，初禪包括三十五個心所。即使拿掉視情況生起的悲（karuṇā）和喜（muditā），仍然還有三十三個心所。所以，就初禪而言，加上禪那心本身，共有三十四個法。

在上述的經典和注釋中，顯然舍利弗在三十四個法之中，只觀察十五個法，是否觀察剩下的十九個法，並不明確。疏鈔提到兩種看法：其一、「阿闍黎的說法」（ācariyavāda）認為：「只有這十六個法是清晰的，因此只有這些被觀察。」但是，其二、「他人的說法」（aparevāda）認為，不應該說其餘的法不清晰。[79]雖然長老舍利弗只觀察這十六種法，不過他的智慧仍值得讚賞，因為他能夠透過親身體驗，區別並觀察禪那裡的十六種法。這是多麼了不起而可敬的行為，已系統地修習內觀的人們對此都感到無比敬重和驚歎。但是，對於尚未達到觀智的修習者來說，可能會誤以為只觀察這十六個法，尚不完整，或認為這並不困難。所以，要特別小心，不要輕視「只」觀察這十六法的人。

有些人會認為，憑藉關於諸法特相、作用、現起、近因和心路順序等的知識和記憶，去思惟各種名色法，便能完成內觀練習。然而，上述的巴利三藏、注釋和疏鈔並不支持這個論點。這些典籍不斷地強調，只有當人們如實地了知內或外的名色法之時才能成就內觀，學問上的知識無法達成這個目的。

藉由思惟、推測所了知的所緣，只是概念而非究竟法，因為它們於內於外皆未真正存在。同樣地，人容易僅從理智上理解各種法，無論是關於微細的禪那、道、果、涅槃的經驗，或者較粗顯的感官所緣。未曾聽過杜鵑鳥啼叫聲的人，無法像聽過杜鵑啼叫的人們那樣清楚知道這種鳥的甜美聲音。同樣地，無親身體驗的人，無法如同有親身體驗的人們一般，能清楚地知道從未體驗過的禪那、道、果、涅槃。禪那的體驗極其微妙，相較之下，感官所緣顯得非常粗顯。無法如同了知感官所緣那般清楚地了知禪那。

既然這樣，透過思惟的了知，怎麼可能會是相同的？基於一般知識所思惟的，並非親身的體驗，並非真實的究竟法，只是概念，因此那樣的思惟不算真正的內觀。就真正的內觀而言，因為最高的無色界禪那極為微細，長老舍利弗也無法像了知其他禪那一樣清晰地加以了知。所以，當相關的法生起時，他無法逐一加以觀察。他必須以其他禪那經驗為基礎，藉由推論以總體觀察的方式（kalāpasammasana，作聚觀）了知這些法。下列的巴利文說明了他的觀察方法：

比丘們！舍利弗超越無所有處（ākiñcaññāyatana），於非想非非想處，成就而住。他正念地從那裡出定，觀察過去、已滅、變化的種種法：「確實，這些法未有而生，生已滅去。」[80]

關於其他的禪那，佛陀詳細說明了長老舍利弗如何逐一辨別和觀察那些禪那裡的尋、伺等種種法，如何了知它們的生、住、滅；但是，在非想非非想處，佛陀只是概括提到長老舍利弗「觀察過去、已滅、變化的種種法」。注釋書解釋其理由如下：

「觀察……法」[81]意指，逐一觀察非想非非想處和它的心所，是佛陀才有的觀察範圍。這並非聲聞弟子的觀察範圍（因為對弟子而言這禪那法太微細而無法個別從經驗上加以觀察）。這便是為何（佛陀解釋說長老舍利弗）對它進行推論的整體觀察。[82]

就最高的無色界禪那而言，唯有佛陀能當下逐一辨視觀察想、心一境性、觸、受等心所。即使長老舍利弗或其他聲聞弟子，也無法逐一地區別、觀察。原因是，這個禪那十分微細，就像陷入深眠、喪失意識或死亡之前的最後意識那樣微細。因此，聲聞弟子無法逐一觀察此禪那裡的種種法，區別它們的特相。

所以，長老舍利弗必須從此禪那出定後，觀察它的整體：此禪那如同之前的禪那，未有而生，生已滅去。他基於對之前禪那的觀察經驗，透過推論性內觀，了知此非想非非想定。佛陀藉由解釋推論性內觀，大致地描述了這個禪那。「作聚內觀」（kalāpavipassanā）、「作聚觀」（kalāpasammasana）、「方法內觀」（nayavipassanā）、「方法作意」（nayamanasikāra），都是相同的意思。

無法透過基於一般知識的推測，來辨別最高的禪那和較低的禪那。正因為如此，長老舍利弗只是逐一觀察他能清晰了知的較低禪那的種種法。對於最高的禪那，無法生起逐一觀察的觀智，只有對諸法的整體觀察。為何如此？

理由是這樣：長老舍利弗的觀察，並非是理論上的「聞所成慧」（sutamayañāṇa），也不是分析式的「思所成慧」（cintāmayañāṇa），而是「修所成慧」（bhāvanāmayañāṇa）——是如實觀察實際發生之現象的真正修行智慧。如果只依靠一般知識加以思惟就能獲得真正的觀智，那麼長老舍利弗便會依靠一般知識去逐一思惟這最高禪那的種種法。然而，基於一般知識的反思或臆測並不會產生真正的觀智。因此，我希望你們捨棄錯誤的見解，不要認為不需實際觀察真正存在的名色法，只需藉由思惟便能夠產生內觀。

「其他人會執著他們自己的見解且頑固堅持，難以放捨；我們則不會執著自己的見解，不會頑固堅持，而是會容易地放捨。」應該如此學習煩惱的損減。[83]

上文提到的《增支部》和《逐一經》，描述了止乘者用以修習內觀的方法。其他的經典也有相似的描述。我們應該以止乘者為範例，來了解純觀乘者的方法。止乘者觀察自身相續裡生起的名色法；同樣地，純觀乘者也應觀察正生起於自身相續裡的名色法，或者說，正生起於六根門的名色法。觀察禪那法的逐一法觀，只涉及當下單一清晰的所緣；同樣地，經驗性內觀也是觀察顯著以至其特相等能被觀察的單一個所緣。

對止乘者而言，最高的禪那屬於推論性內觀的範疇。同樣地，對於純觀乘者而言，未發生在自身相續內的法、不顯著的法，或太微細以至於其特相等無法被了知的法，都屬於推論性內觀的範疇。因此，禪修者不應該刻意去觀察不清晰的法。如果這麼做，那些法也不會變得清晰。你更不應該一開始就觀察最高的禪那。當藉由親身觀察顯著所緣而得到的觀智變得成熟、清淨時，你便能藉由推論性內觀，觀察那些不顯著的法。所以，在長老舍利弗的經驗性內觀藉由觀察明顯的下級禪那而成熟清淨時，他藉由推論性內觀，觀察最高級的禪那。

1 只存在一個現實世界，但是可以從不同的觀點來看待：一個是通俗、公認的觀點，這是我們日常生活中所知道的觀點；另一個，是「絕對的」或「究竟的」觀點，這是不依思維而透過覺知所親身體驗到的觀點。這兩種觀點是描述同一個現實的不同真理。

2 Paramo uttamo aviparīto attho. (Abhidh-vibh-ṭ)

3 Paramo uttamo [attapaccakkho[MS]] attho paramattho. (Abhidh-s-a)

4 Saccikaṭṭhoti māyāmarīci-ādayo viya abhūtākārena aggahetabbo bhūtaṭṭho. Paramatthoti anussavādivasena aggahetabbo uttamattho... attano pana bhūtatāya eva saccikaṭṭho, attapaccakkhatāya ca paramattho, taṃ sandhāyāha. (Ppk-a)

*1 譯按：涅槃被稱為「名」（nāma）因為它作為所緣，使出世間心、心所傾向於涅槃自身。

5 Cakkhuviññāṇassa hi rūpe abhinipātamattaṃ kiccaṃ, na adhippāyasahabhuno calanavikārassa gahaṇaṃ. Cittassa pana lahuparivattitāya cakkhuviññāṇavithiyā anantaraṃ manoviññāṇena viññātampi calanaṃ cakkhunā diṭṭhaṃ viya maññanti avisesaviduno... (Abhidh-Mlṭ)

6 AN 3.65. *The Numerical Discourses*, 279–83.

7 Anussavādivasena gayhamāno tathāpi hoti annathāpīti tādiso neyyo na paramattho, attapaccakkho pana paramatthoti dassento āha: 'anussavādivasena aggahetabbo uttamattho' ti. (Abhidh-Mūlaṭīkā)

8 Aviparītabhāvato eva paramo padhāno atthoti paramattho, nāṇassa paccakkhabhūto dhammānaṃ aniddisitabbasabhāvo, tena vuttaṃ 'uttamattho'ti. (Abhidh-Anuṭīkā)

9 *Dhammānam aniddisitabbasabhāvo*. (Abhidh-Anuṭīkā)

10 《阿毘達磨義廣釋疏》（*Abhidhammatthavibhāvinī-ṭikā*）是《攝阿毘達磨義論》（*Abhidhammatthasaṅgaha*）的注釋書，由十二世紀的斯里蘭卡法師善吉祥阿闍黎（Ācariya Sumaṅgalasāmi）所寫。在緬甸，這本疏鈔被稱為 ṭīkā-gyaw，即「有名的疏」。

11 也就是 *Abhidhammatthavibhāvinī-ṭikā*。

12 可參考 *Paramatthavibhāvinī* 如何解釋其他有時令人困惑的用詞，像是 saññavipallāsā、sammādiṭṭhi 和 viparīta。

13 蘇美達，見到燃燈古佛（Buddha Dīpaṅkarā）時，發願在未來成為佛陀。在他最後一生，他出生為悉達多太子（Prince Siddhattha），並成為瞿曇佛陀（Gotama Buddha）。

14 「沒有人死亡」意思是，只是此生最後出現的法：最後一個心識剎那以及業生色和心生色。屍體是剩下來的時節生色和食素生色。

15 見「附錄 3：心識之流」。第一個心路過程只是看見出現的可見色（H10），第二個心路過程感知之前的色（H11），第三個心路過程詮釋這可見色是人或物體（H12）。

16 *The Path of Purification*, 97. (Vism 3.56)

17 Avisayattāvisayatte [pi [MS]] ca payojanābhāvato.

18 *Anupada Sutta* (MN 111) *The Middle Length Discourses*, 901,fn. 1051。

19 Lābhino eva pana mahaggatacittāni supākaṭāni honti. (Vism-mhṭ)

20 *The Path of Purification*, 630. Yepi ca [sammasanūpagā[KNC]][sammasanupagā [MS,Vism]], tesu ye yassa pākaṭ*ā* honti. Sukhena pariggahaṃ gacchanti, tesu tena sammasanaṃ ārabhitabbaṃ. (Vism 20.12)

21 見「附錄 3：色法」

22 Rūpārūpāneva hi idha pariggayhanti, na rūpaparicchedavikāralakkhaṇ*ā*nī.

23 參見「附錄 2：每個心的心所」。
24 參見「附錄 7：心識的功能」。
25 參見「附錄 7：心識的功能」。
26 參見「附錄 7：心識的功能」。
27 Bhāventopi tesaṃyeva aññatarena bhāveti. (As)
28 Sammasantassa kadāci paricayabalena ñāṇavippayuttacittehipi sammasananti. (Ledi Sayadaw *Paramaṭṭhadīpani-ṭīkā*)
29 Paguṇaṃ samathavipassanābhāvanaṃ anuyunjantassa antarantarā ñaṇavippayuttacittenāpi manasikāro pavattati... (It-a)
30 MN 111. *The Middle Length Discourses*, 899–902.
31 Ekadesamevāti saka-attabhāve saṅkhāre anavasesato pariggahetuñca sammasituñca asakkontaṃ attano abhinīhārasamudāgatañāṇabalānurūpaṃ ekadesameva pariggahetvā sammasanto.... Tasmā sasantānagate sabbadhamme parasantānagate ca tesaṃ santānavibhāge akatvā bahiddhābhāvasāmannato sammasati. Ayaṃ sāvakānaṃ sammasanacāro. (MN-ṭ)
32 Ajjhattaṃ vā hi vipassanābhiniveso hotu bahiddhā vā. Ajjhattasiddhiyaṃ pana lakkhaṇato sabbampi nāmarūpaṃ anavasesato pariggahitameva hoti. (Vism-mhṭ)
33 第七章，頁 436 及其後幾頁。
*2 譯按：此偈頌在漢譯經典也稱為「跋地羅帝偈」，不同佛典的譯文有些許差異。《中阿含經》：「慎莫念過去，亦勿願未來；過去事已滅，未來復未至。現在所有法，彼亦當為思；念無有堅強，慧者覺如是。若作聖人行，孰知愁於死？我要不會彼，大苦災患終。如是行精勤，晝夜無懈怠；是故常當說，跋地羅帝偈。」《尊上經》：「過去當不憶，當來無求念；過去已盡滅，當來無所得。謂現在之法，彼彼當思惟；所念非牢固，智者能自覺。得已能進行，何智憂命終？我必不離此，大眾不能脫。如是堅牢住，晝夜不捨之；是故賢善偈，人當作是觀。」《瑜伽師地論》：「於過去無戀，不悕求未來。現在諸法中，處處遍觀察。智者所增長，無奪亦無動。」
34 *The Middle Length Discourses*, 1039. (MN 131) "Atītaṃ nānvāgameyya, nappaṭikaṅkhe anāgataṃ; Yadatītaṃ pahīnaṃ taṃ, appattañca anāgataṃ. "Paccuppannañca yo [yaṃ (nettipāḷi)] dhammaṃ, tattha tattha vipassati; Asaṃhīraṃ [asaṃhiraṃ (syā. kaṃ. ka.)] asaṃkuppaṃ, taṃ vidvā manubrūhaye. "Ajjeva kiccamātappaṃ [kiccaṃ ātappaṃ (sī. ka.)], ko jaññā maraṇaṃ suve; Na hi no saṅgaraṃ tena, mahāsenena maccunā. "Evaṃ vihāriṃ ātāpiṃ, ahorattamatanditaṃ; Taṃ ve bhaddekarattoti, santo ācikkhate muni" [munīti (sī. syā. kaṃ. pī.)]
35 現在可以有三種定義：「一期現在」，從生到死的期間（addhāpaccuppanna）、「相續現在」（santatipaccuppanna），含蓋一個心路過程的時間。「剎那現在」（khaṇapaccuppanna），僅一個心識剎那的時間。
36 這七個是：無常隨觀（aniccānupassanā）、苦隨觀（dukkhānupassanā）、無我隨觀（anattānupassanā）、厭離隨觀（nibbidānupassanā）、離欲隨觀（virāgānupassanā）、滅隨觀（nirodhānupassanā）、捨遣隨觀（paṭinissaggānupassanā）。這七種隨觀在第七章詳細解說。
37 Tattha tatthāti paccuppannampi dhammaṃ yattha yattheve so uppanno, tattha tattheva naṃ aniccānupassanādīhi sattahi anupassanāhi vipassati,... (Nett-a)
38 *The Path of Purification*, 428. Addhāpaccuppannaṃ pana javanavārena dīpetabbanti

saṃyuttaṭṭhakathāyaṃ vuttaṃ. Taṃ suṭṭhuvuttaṃ. (Vism 13.117)

39 Addhāpaccuppannaṃ javanavārena dīpetabbam, na sakalena paccuppannaddhunāti adhippāyo. (Vism-mhṭ)

40 *The Middle Length Discourses*, 146. Gacchanto vā "gacchāmī"ti pajānāti. (MN 10.6)

41 *The Middle Length Discourses*, 149. Sukhaṃ vedanaṃ vedayamāno sukhaṃ vedanaṃ vedayāmī'ti pajānāti. (MN 10.32)

42 *The Middle Length Discourses*, 151. Santaṃ vā ajjhattaṃ kāmacchandaṃ atthi me ajjhattaṃ kāmacchando'ti pajānāti. (MN 10.36)

43 *The Middle Length Discourses*, 150. Bhikkhu sarāgaṃ vā cittaṃ "sarāgaṃ cittan"ti pajānāti. (MN 10.34)

44 Yasmiṃ yasmiṃ khaṇe yaṃ yaṃ cittaṃ pavattati, taṃ taṃ sallakkhento attano vā citte, parassa vā citte, kālena vā attano, kālena vā parassa citte cittānupassasī viharati. (Sv and Ps)

45 *The Middle Length Discourses*, 165. Sarāgaṃ vā cittaṃ "sarāgaṃ cittan"ti pajānāti. (MN 12.8)

46 *The Path of Discrimination*, 53. Yaṃ kinci rūpaṃ atītānāgatapaccuppānnaṃ ajjhattaṃ vā bahiddhā vā, oḷārikaṃ vā sukhumaṃ vā, hīnaṃ vā paṇītaṃ vā, yaṃ dūre santike vā, sabbaṃ rūpaṃ aniccato vavattheti. Ekaṃ sammasanaṃ. (Paṭis 1.278)

47 Bahiddhā abhinivisitvā ajjhattaṃ vuṭṭhāti. (Dhs-a)

48 Ekasaṅkhārassāpi aniccatāya diṭṭhāya sabbe saṅkhārā aniccāti avasesesu nayato manasikāro hoti... sabbe saṅkhārā aniccāti ādivacanaṃ... nayato dassanaṃ sandhāya vuttaṃ, na ekakkhaṇe ārammaṇato,... (Ppk-a)

49 *The Numerical Discourses*, 363–64. Sabbe saṅkhārā aniccā'ti... sabbe saṅkhārā dukkhā'ti... sabbe dhammā anattā'ti yadā paññāya passati. Taṃ tathāgato abhisambujjhati abhisameti. (AN 3.136)

50 《清淨道論》的這一段落符合 pāḷimuttaka 注釋所採用的方法。巴利文 pāḷimuttaka 意指未收入巴利三藏主體但收於注釋書裡的佛語。

51 *The Middle Length Discourses*, 539–40. Idha bhikkhave bhikkhu vivicceva kāmehi vivicca akusalehi dhammehi savitakkaṃ savicāraṃ vivekajaṃ pītisukhaṃ paṭhamaṃ jhānaṃ upasampajja viharati. So yadeva tattha hoti rūpagataṃ vedanāgataṃ saññāgataṃ sankhāragataṃ viññānagataṃ te dhamme aniccato, dukkhato, rogato, gaṇḍato, sallato, aghato, ābādhato, parato, palokato, suññato, anattato, samanupassati. (MN 64.9)

52 亦見 *The Path of Purification*, 605。Nāmarūpānaṃ yāthāvadassanaṃ diṭṭhivisuddhi nāma. Taṃ sampādetukāmena samathayānikena tāva ṭhapetvā nevasaññānāsaññāyatanaṃ avasesarūpārūpāvacarajjhānānaṃ aññatarato vuṭṭhāya vitakkādīni jhānaṅgāni, taṃsampayutta ca dhammā lakkhaṇarasādivasena pariggahetabbā. (Vism 18.3)

53 這句話言下之意，也排除了透過視覺化觀想、列舉、條列的方式。

54 Rūpārūpānadhammaṃ accantavidhuratāya ekajjham asammasitabbathā. (Vism-mhṭ)

55 Rūpe vipassanābhiniveso yebhuyyena vipassanayānikassa, [evaṃ[VRI]] arūpe vipassanāhiniveso yebhuyyena samathayānikassa hoti. (Vism-mhṭ)

56 Assāsapassāse pariggaṇhāti rūpamukhena vipassanaṃ abhinivisanto... jhānaṅgāni pariggaṇhāti arūpamukhena vipassanaṃ abhinivisanto. (DN-ṭ)

57 關於欲界色，見「附錄6：存有的世界」裡的「欲界」。

58 *The Middle Length Discourses*, 945. Kāyesu kāyaññatarāham bhikkhave evam vadāmi, yadidam assāsapassāsa. (MN 118)

59 MN 33. *The Middle Length Discourses*, 313–18.

60 尤其是《增支部》和《清淨道論》。

61 Sāvakā hi catunnaṃ dhātūnaṃ ekadesameva sammasitvā nibbānaṃ pāpunanti. (Sv)

62 SN 35.245. *The Connected Discourses*, 1251–53.

63 這個翻釋是依照馬哈希大師的理解。較直譯的譯文，參見 Bodhi (*The Connected Discourses*, 1251)：「賢友！比丘的見如何才是善清淨？」Kittāvata, nukho ,āvuso, bhikkhuno dassanaṃ suvisuddhaṃ hotī'ti?... (SN 35.245)

64 *The Connected Discourses*, 1251.... yato kho, āvuso, [bhikkhu[MS]] channaṃ phassāyatanānaṃ samudayanca atthangamañca yathābhūtaṃ pajānāti. Ettāvatā kho āvuso bhikkhuno dassanaṃ suvisuddhaṃ hotī'ti. (SN 35.245)

65 Ibid. Yato kho, āvuso, bhikkhu pañcannaṃ upādānakkhandhānaṃ samudayañca atthangamañca yathābhūtaṃ pajānāti, ettāvatā kho āvuso bhikkhuno dassanaṃ suvisuddhaṃ hotī'ti (SN 35.245)

66 Yato kho āvuso catunnaṃ mahābhūtānaṃ samudayancaṃ atthaṅgamañca yathābhūtaṃ pajānāti, ettāvatā, kho āvuso, bhikkhuno dassanaṃ suvisuddhaṃ hotī'ti (SN 35.245)

67 Yaṃ kiñci samudayadhammaṃ sabbaṃ taṃ nirodhadhammanti yathābhūtaṃ pajānāti... (SN 35.245)

68 Yathā yathā adhimuttānaṃ tesaṃ sappurisānaṃ dassanaṃ suvisuddhaṃ hoti, tathā tathā kho tehi sappurisehi byākataṃ... (SN 35.245)

69 在初禪時生起的心所，見「附錄 2：每個心的心所」。

70 The Middle Length Discourses, 899. Sāriputto, bhikkhave, addhamāsaṃ anupadadhammavipassanaṃ vipassati. Tatridaṃ, bhikkhave sāriputtassa anupadadhammavipassanāya hoti. Idha bhikkhave sāriputto vivicceva kāmehi vivicca akusalehi dhammehi savitakkaṃ savicāraṃ vivekajaṃ pītisukham pathamaṃ jhānaṃ upasampajja viharati. Ye ca pathame jhāne dhammā, vitakko ca vicāro ca pīti ca sukhañca cittekaggatā ca, phasso vedanā saññā cetanā cittaṃ chando adhimokkho vīriyaṃ sati upekkhā manasikāro—tyāssa dhammā anupadavavatthitā honti. Tyāssa dhammā viditā uppajjanti, viditā upaṭṭhananti, viditā abbhatthaṃ gacchanti. So evam pajānāti—"evaṃ kirame dhammā ahutvā sambhonti, hutvā paṭiventi"ti. (MN 111.2–4)

71 The Middle Length Discourses, 135–36.

72 等至（samāpatti）是長時間專注於單一所緣的禪修成就。

73 Samāpattivasena vā jhānangavasena vā anupatipātiya dhammavipassanaṃ... (Ps)

74 見 *The Path of Discrimination*, 58–9。

75 見 *The Path of Purification*, 648–51。

76 Yathā hi teneva aṅgulena taṃ aṅgulaggaṃ na sakkā phusituṃ, evameva teneva cittena tassa [citassa[VRI]] uppādo vā ṭhiti vā bhaṅgo vā na sakkā jānitunti evam tāva taṃñāṇatā mocetabbā. Yadi pana dve cittāni ekato uppajjeyyuṃ, ekena cittena ekassa uppādo vā ṭhiti vā bhaṅgo vā sakkā bhāveyya jānitum. Dve pana phassā vā vedanā vā saññā vā cetanā vā cittāni vā ekato uppajjanakāni nāma natthi, ekamekameva uppajjati. Evaṃ ñāṇabahutā mocetabbā. (Ps)

77 Mahāmoggalānatthero hi sāvakānaṃ sammasanacāraṃ yaṭṭhikoṭiya uppīlento viya ekadesameva sammsanto sattadivase vāyamitvā arahattam patto. Sāriputtatthero thapetvā buddhānaṃ paccekabuddhānanca sammasanacāram sāvakānaṃ sammasanacāraṃ nippadesaṃ sammasi. Evaṃ sammasanto addhamāsaṃ vāyami, arahattanca kira [patvā[VRI]] aññāsi..." añño sāvako nāma paññāya mayā pattabbaṃ pattuṃ samattho nāma na bhavissatī"ti. (Ps)

78 Sammasanaṃ carati etthā'ti sammasanacāro, vipassanāya bhūmi. (MN-ṭ)

79 這兩種觀點分別是，覺音長老的老師的觀點，以及同時代其他老師的觀點。

80 *The Middle Length Discourses*, 901. Puna ca paraṃ bhikkhave, sāriputto sabbaso ākincaññāyatanaṃ samatikkamma nevasaññānāsaññāyatanaṃ upasampajja viharati. So tāya samāpattiyā sato vuṭṭhāhati. So tāya samāpattiyā sato vuṭṭhahitvā ye dhammā atītā niruddhā vipariṇatā, te dhamme samanupassati—"evam kirame dhammā ahutvā sambhonti, hutvā paṭiventī"ti. (MN 111.17–18)

81 Te dhamme samanupassati.

82 Te dhamme samanupassatīti yasmānevasaññānāsaññāyatane buddhānaṃyeva anupadadhammavipassanā hoti, na sāvakānaṃ, tasmā ettha kalāpavipassanaṃ dassento evamāha. (Ps)

83 *The Middle Length Discourses*, 127. Pare sandiṭṭhparāmāsī ādhānaggāhī duppatinissaggī bhvassanti. Mayamettha asandiṭṭhiparāmāsī anādhānaggāhī suppatinissaggī bhavissāmāti sallekho karaṇīyo... cittaṃ uppādetabbaṃ. (MN 8.44)

第四章

修習正念

在這一章，我將依據巴利三藏、注釋書、疏鈔，說明禪修的方法，以及正確的知見。

在上一章，我曾解釋止乘者觀察他所進入的禪那心、禪那心的色法依處，或者因禪那心而生起的色法。同樣地，觀乘者觀察當下生起的見、聽、嗅、嘗、觸、想的心，及它的色法依處，或因這些心而生起的色法。另外，我也依據巴利經典、注釋書和疏鈔，作出解釋：「見」意指見的整個心理過程，而不是每一個個別的心識剎那。關於這一點，我們在第六章說明壞滅智的時候，會進一步闡述。

以佛典檢驗禪修

五種法

禪修者在見的當下，我們應該觀照「見」。聽等也是如此。禪修者在觀照「見」的時候，體驗下列五種法之一：（1）眼淨色（cakkhupasāda），（2）色處（rūpāyatana），（3）眼識（cakkhuviññāṇa），（4）眼與色的觸（phassa），（5）受（vedanā）——苦、樂、不苦不樂。

例如，當禪修者明顯覺察到視力清晰，他主要是在體驗眼淨色。當被見到的景色吸引注意力時，主要是覺察到色處（視覺所緣）。當禪修注意到了見的心理狀態，他主要是在體驗眼識。如果眼與視覺所緣的接觸變得清晰，他便是在體驗觸心所。如果發現所緣是令人愉悅的、不愉悅的或者二者皆非，那麼就主要是覺察到受。

你也許會問，「如果是如此，那麼與其觀照標記『見』，我們不是應該根據清晰體驗到的，來觀照標記為『眼淨色』『色處』『眼識』『觸心所』或『受』，如此一來，標記才會和所觀照的相符合嗎？」

這聽來非常合理。但是，實際上這會使禪修者忙於思索在見的瞬間究竟體驗到哪個所緣，使得在觀照與觀照之間會有許多的間隙。換言之，他就無法專注在當下的所緣。另外，禪修者也會無法觀照到思緒和分析的心，所以它的念力、定力和觀智將無法及時成熟。因此，不應該在觀照時試著找出與經驗完美吻合的標記。相反地，每次看見時，應該只是觀照「見」。如此，你會避免這類的困擾。

「見」一詞應理解為：包含在見的心理過程中的所有的法。因此，它是一個指涉究竟而言確實存在的事物的概念，稱為「實存概念」（vijjamāna-paññatti）。它也稱為「依彼概念」（tajjāpaññatti）。「地」（paṭhavī）、「觸」（phassa）等語詞，也全都指向究竟真實的法。在後面幾章，我也會再提這點。再者，也許有人會問：「我的注意力不會被吸引到所用的文字概念，反而未連結到那文字所指的究竟真實法嗎？」

在禪修尚未成熟的階段，確實是如此。然而，最初開始練習時，只有當禪修者藉著一一標記所緣來觀照它們的時候，禪修者才能夠精確地把心專注在所緣上。然而，禪修者最終將學會體驗到概念、名稱背後的究竟真實法。如此，現象堅實而連續（santatighana）的認知，即會消失，禪修者將能了悟三共相。下列《大疏鈔》的文段肯定了這一點：

> 應以依彼概念觀察自性法嗎？[1]
>
> 是的，在修習的最初應該如此。但是，當修習成熟時，心會超越依彼概念而安住於自性法。[2]

這段文是針對憶念佛陀特質的禪修而說，但是它也可以作為內觀禪修的一個很好的指導方針。在某些階段，如生滅智，現象的出現如此迅速，以至於不可能個別去標記它們，所以禪修者只需覺知而已。第五章會再對此作進一步的仔細解釋。不過到達這些階智時，其實禪修者會自已體悟。所以，不應該浪費時間決定怎麼標記。每次見到，就觀照標記「見」。禪修者會經驗它們的特相、作用、顯現或者近因。這時，禪修者如實了知這些現象。

■ 法的四個面向

有些人也許想知道，沒有學習理論，那麼能夠精確地體驗法嗎？這是可能的，如果我們在身心現象出現時加以正念地觀察。究竟法不外乎四個面向：（1）特相（lakkhaṇa，相），（2）作用（rasa，味），（3）顯現（paccupaṭṭhāna，現起），（4）

近因（padaṭṭhāna，足處）。

所以，如果直接體驗到某個究竟法，我們會是從這四個面向之一加以了知。換言之，我們也只能夠從這四個面向體驗某個究竟法；如果是以另外的方式感知某一個所緣，所感知的對象就不是真正存在的究竟法，而是某種概念，例如樣態、身分、影相、堅實等的概念。

在某個現象發生時加以觀察，如實地體驗它。這種體驗，不是想像也不是推理，而是覺知它的特相、作用等等。舉例來說，如果我們在一道閃電落下時，觀察那道閃電，必然會覺察到它的特相（明亮），作用（去除黑暗），顯現（是否為直的、有分岔的，還是彎的），或者它的近因（烏雲等）。相反地，如果在閃電消失後才去想像、分析它，我們不可能如實地感知閃電。同樣地，如果在名色法發生時觀察它們，我們可以如實地了知它們的特相、作用等等，即使事先不具備關於它們的理論知識。

縱使我們有相關的理論知識，但若僅止於思惟、反思，未在名色法發生的當下觀照它們，我們仍無法如實了知它們的特相、作用等。舉例而言，觀照一個不愉悅的感受時，你能夠以個人的經驗如實地了知它的特相（不快樂）、作用（壓力）、顯現（不舒服）或近因（心與令人不悅的所緣接觸）。

然而，實際上，所緣的近因有別於所觀察的所緣自身。所以，在禪修的早期階段[3]，你不應該去關注它。這便是為何《阿毘達磨義廣釋》只是說，應該只留意觀察所緣的特相、作用和顯現，且這個了知即被認為是見清淨（diṭṭhivisuddhi）。循此，《大疏鈔》[4]解釋說，因為近因是另外的法，所以未被提及。舉例而言，修習四界分別觀察四大種的任何一個時，並不需要去注意作為其近因的其餘大種，否則我們會變成在觀察與本來想觀察的所緣不一樣的所緣。

同樣地，在名色分別智的階段，只要在當下的名色法生起時覺察它們，不用去關注它們的原因。如果需要去觀察所緣的近因，那麼，在觀察某一個大種時，我們會先需要去覺察其他三大種。或者，當觀察眼淨色時，我們會先需要去觀察作為眼淨色近因的四大種。或者，在某個感受變顯著時，我們會先需要去觀照作為其近因的觸心所。或者，當觸變明顯時，我們會先需要去觀察所緣。

如此，當一個所緣變得最顯著時，我們必須去覺察另一個所緣。換句話說，必須遲些才去觀察第一個所緣。這會變得好像是我們略過了名色分別智而得緣攝受智（paccayapariggahañāṇa）。很重要的是，《清淨道論》和阿毘達磨疏鈔[5]並未將觀察近因包含在第一階智的教導中。《攝阿毘達磨義論》納入近因，是因為在見清淨的後期，即將要證得緣攝受智的時候，近因會變得顯著而可以被觀察。

每一次只能了知特相、作用、顯現或近因這四個面向的其中一個。任何時候觀照身或心的現象時，四個面向中僅有一個面向是顯著的，所以，一次只能觀察其中一個。因為不會有兩個、三個或四個同時都變得顯著，所以無法一次覺察所有四個面向。幸運的是，不需要同時覺察所有四個面向，才能達到我們的目的。從單一個面向了知所緣就達到目的。如《大疏鈔》說：

> 為何特相和作用在這裡〔在四大種的情況〕被提及？因為它們是為了不同天性的禪修者。觀察某一大種時，有人從其特相了知，有人從其作用了知。[6]

觀察四大種之一時，只知其特相或其作用，就算圓滿達成目的。我們無法同時觀察特相和作用。注釋書解釋特相和作用的原因，是因為人有不同的天性和傾向。我再多加說明：在觀察四大種之一時，對某些人而言，特相是顯著的，因此，它們可以只觀察了知特相；對其他人而言，作用是明顯的，因此他們也可以只觀察了知作用。

身隨觀

見

當我們觀照「見」的時候，可以從四個面向的任何一個來體驗見的五個要素中的任何一個。我會依序解釋每一個情況：

■ 眼淨色

當我們體驗到看得很清晰或所見物清楚現前，就是了知眼淨色的自相

(sabhāvalakkhaṇa)。

當我們體驗到眼淨色把注意力帶到所緣上，或讓我們見到所緣時，就是了知眼淨色的作用。

當我們體驗到眼淨色是見的基礎或起點，就是了知眼淨色的顯現。

當我們覺察到堅實的肉眼，就是了知眼淨色的近因。

■ 所見色

當我們精確了知所見色，我們知道它出現在眼前（特相），被看見（作用），它是視覺的對象（顯現），它以四大種為基礎（近因）。這解釋符合巴利典籍的說法：「……知眼、知色……」[7]，意思是「從特相和作用了知眼淨色和可見色。」[8]

「粉碎作意」(cuṇṇamanasikāra）是觀想四大種，在心裡將它們粉碎成粒子的止禪修行。有些人在內觀禪修中運用這種方法，將身體觀想成碎片。但是，這個方法不適合內觀禪修，因為這使得觀察所緣的特相、作用等，變為不可能。

■ 眼識

我們精確地了知眼識時，我們知道它出現在眼中，或見到可見色（特相）；它只以可見色為所緣，或者它只是看（作用）；它被導向可見色（顯現）；它的生起是由於作意、眼與可見色合會，或者善惡業（近因）。

■ 眼與所緣之間的觸

當我們精確了知眼觸，我們知道它接觸所見色（特相）；它遭遇所見色（作用）；它是眼與所見色的相遇（顯現）；所見色導致觸（近因）。

■ 苦受、樂受、不苦不樂受

當我們精確了知樂受時，我們知道它是愉悅的（特相）；它感到愉悅（作用）；它在心中產生快樂（顯現）；以及它的生起是因為與令人愉悅的或可愛的所緣接觸，或是因為平靜的心（近因）。

當我們準確地了知苦受，我們知道它是不愉悅的（特相），它感到不愉悅（作用），它在心中激起不快樂（顯現），它的生起是因為與令人不悅的或不可愛的所緣接觸（近因）。

當我們準確地了知不苦不樂受，我們知道它既非愉悅也非不愉悅（特相）；它感到既非有趣也非無趣（作用）；它是平淡的（顯現）；它的生起是因為樂與不樂的平衡（近因）。

其實，眼識本身只與中性的感受（捨受）相應。然而，根據與內觀相關的經文，我們應該觀察六根門的三種感受。其原因是，六感官根門的整個心路過程也包括了與樂受或苦受相應的心識剎那，也就是推度心（santīraṇa）、速行心（javana）、彼所緣（tadārammaṇa）。之後我們討論《盡知經》（*Abhiññeya Sutta*）和《遍知經》（*Pariññeyya Suta*）兩部經時，會更明白這一點。

下面將詳細說明，以擴大我們的理解。疏鈔說：

> 不善果報的捨受（upekkhā）可認為是苦受，因為它是不可喜的；善果報的捨受可認為是樂受，因為它是可喜的。[9]

基於上文裡的「不可喜」和「可喜」的用詞，可以合理認為，如果所緣既非可喜也非不可喜，它所涉及的感受可視為不苦不樂受。雖然感官心識本身是與不苦不樂受相應，但是，當我們遇到悅目的景色、悅耳的聲音、芬香的氣息，或可口的滋味時，我們可能會感受到樂受。當我們體驗到花或香水的香氛，或嘗到美味的食物和飲料時，樂受是明顯的。相反地，當我們遇到令人不悅的景色、聲音、氣味，滋味，像是腐敗或燒焦的氣味、苦藥的味道等，我們會感受到不悅。身識有兩種，愉悅的和不愉悅的。看起來這是說，當所緣不苦不樂時，仍可能感受到苦受或樂受，也可能感受到不苦不樂受。然而，這種不苦不樂受，應當作是較輕的樂受。

如以上所說，眼淨色、所見色、眼識、眼與所緣接觸的觸心所，苦、樂、不苦不樂的感受，這五個要素構成「見」的經驗。在見的時候，觀照「見、見」，如之前解釋過的，我們依據自身的天性和傾向，了知它們的特相、作用或顯現。在見清淨的成熟階段，我們也許也能夠了知它的近因。為了這個目的，《相應部》[10]和《無礙解道》說：

比丘們！眼應被完全了知，色應被完全了知，眼識應被完全了知，眼觸應被完全了知，依於眼觸而生的感受，無論是樂的、苦的或不苦不樂的，應被完全了知。[11]

■ 學問與邏輯思考

透過學習與邏輯思考所獲得的了知並非觀智。當名色法生起時，覺察名色法的特相等等，如此才能如實了知名色法。這種了知或觀智，比學問與邏輯思惟更殊勝。它也比從止禪修習所得的了知（samathabhāvanāmaya）更加殊勝。關於這個論點的佛典出處：

「通智之慧」（abhiññāpaññā）是透過觀察特相等而了知究竟法的智慧。[12]

究竟意義上，這是名色分別智和緣攝受智。

通智（abhiññātā）是以慧而了知（名色和因緣），較聞所成智、思所成智，甚至某些止禪所得智更殊勝。[13]

上述文段表明學問和邏輯思考甚至不屬於初級的觀智，更談不上是高階觀智。

《通知經》（*Abhiññeyya Sutta*）[14]說應該完全了知眼、所見色等，如此依序一一地概略說明不同的重點。如果有人想要以這五種方式來觀照一個所緣，他會遺漏其他許多的所緣而未能加以觀照。無論如何，心的觀照速度不足以在每次見時觀照到所有五個要素。這種方式也和巴利三藏的《無礙解道》相衝突，《無礙解道》說：得到壞滅智的人可以覺察到所緣的滅去，也可以覺察到觀察滅去的覺知本身。所以，每次見的時候，應該只覺察那五個法之中的一個法。覺察並了知這五個之中的一個明顯的法，便達到了觀照了知的目的。

《遍知經》（*Pariññeyya Sutta*）[15]解釋如何達成這目的。在首兩個觀智成熟時，無論何時觀照「見」，都會了知到：「見」之前不存在，現在才出現。因此，他了知到這五法的生起。他看見它在生起之後又滅去，進一步了知到這些法的消失。他以強大的正念看見它們迅速消失。當禪修者開始看到生起與消逝，他了知到無常的性質（aniccalakkhaṇa）；因為現象不能免於生起和滅去，它們無法令人滿意——這是了知苦的性質（dukkhalakkhaṇa）；且因為即使不想要它們生起又滅去，它們仍然生起並滅去，沒有一個我能控制它們 ——這是了知無我的性質（anattālakkhaṇa）。如此，他完全了知見時生起的五法之無常、苦、無我共相。

《通知經》和《遍知經》以相同的方式解釋了六感官根門。依據《遍知經》，當禪修者透過觀察五法裡某一個明顯的法而了知到無常等共相時，他就達成完全了知見時諸法的這個目的。當他成就此了知，那些法便不會引發煩惱。

▪ 煩惱的生起與不生

和「見」相關的某煩惱生起時，它是在見的當下，基於你所見到的一個顯著所緣而生起。當顯著的所緣不存在，未被看到時，煩惱便不會生起。對某人的情感或恨意生起只因為你以前曾見過或遇過那個人。也可能只因為從他人處聽聞與此人相關的事。設想一下，如果你從未見過這個人，也未曾聽說過與此人有關之事，甚至不知道世界上有此人，如此，你的心裡並未出現這個人，你也不認識他，你心中自然不可能對他有愛或恨。這也適用於，你過去、現在都未見過，甚至未曾想過的所見色——這樣的所見色，就像是你未曾見過的、住在某村落、城市、國家、天界或不同宇宙裡的一個男人或女人。因為你心中未清楚出現過那樣的可見色，不可能出現與它有關的貪愛、瞋恨或其他煩惱。因此，在比丘摩羅迦子（Māluṅkyaputta）的請求下，佛陀曾藉由下列的問題，給予他禪修的指導：

> 「摩羅迦子！你怎麼想？對於你過去未見過、從未曾見，現在沒見著，且沒想過會被見到的眼所知色，你會有任何的欲求、貪著和愛染嗎？」「尊者，不會。」[16]

藉由這個問題，佛陀明白地說，未出現的所見色不可能引發煩惱。換句話說，不需要努力去預防與這種所緣有關的煩惱生起。另一方面，這意味著，煩惱會從真正看到的顯著所緣生起。所以，如果能夠用內觀禪修去預防貪或瞋生起，那麼即使是顯著的所見色，煩惱也不會生起，和面對不清晰的所見色時煩惱不生的情況一樣。重點是，應該觀察見到的所緣，以便讓內觀禪修阻止煩惱生起，如同未見過的所緣不會引生煩惱一樣。這類的隱含意義，在巴利語中稱為neyyatthanaya（「應知其意的方法」）、avuttasiddhinaya（「不說而成立的方法」），或者atthāpannanaya（演繹的方法）。

是什麼讓我們在看到一個人時，會對他或她產生愛或恨？從究竟法而言，是所見色——皮囊勾勒出的可見形象。基於這個可見色，我們想著這個人，認為他整個人或整個身體，是我們所喜歡或不喜歡的。如果未曾見過這人的外表，我們不會認為他整個人或身體是我們所喜歡或不喜歡的；既然在看到人時，貪愛不生起，煩惱不生則自然也不需要斷除。相反地，若看見所緣時生起貪著，則可能在想到它的任何時候引生煩惱。因此，我們必須觀照我們見到的所緣，才能讓它們不引生愛或恨，就像是我們未見到的所緣不會引發愛或恨。

對於聽、嗅、嘗、觸、想這些感官經驗，佛陀也提出相同的問題和答案。

摩羅迦子！在此，對於你所見、所聽、所感、所識，於所見裡將僅是所見，於所聽裡將僅是所聽，於所感裡將僅是所感，於所識裡將僅是所識。摩羅迦子！你將不會「和它一起」。摩羅迦子！當你不「和它一起」，你將不會「在其中」。摩羅迦子！當你不「在其中」，你將不會在這裡或那裡或中間。這就是苦的盡頭。[17]

在《自說經注》（*Udana-aṭṭhakathā*）[18]中，「當你不『在其中』」被解釋為——不在內六處（眼、耳、鼻、舌、身、意），也不在外六處（色、聲、香、味、觸、法），也不在它們兩者的中間，即六識中。如此，不在內六處、外六處或六識中，這就是苦的盡頭。

這偈子的說明如下：當你看到可見色，就讓見只是見，不要思想著所見色而讓煩惱侵入。你應該觀察你看到的所見色，讓煩惱無機會生起。正念覺知所見色，你會了知它的真實本質：你將了知它有被見的性質，生起後消失，甚至在被觀照時消失。如此，你將了知它是無常、苦、無我。即使你看見這個所見色，它和你未見到的所見色相同，你不會在心中捉取它，當作是可愛、可恨或者堅實不變的事物。即使你偶而想到它，你的思緒也不會帶著錯覺。你會記住它是無常、苦、無我，就如同最初你觀照時一樣。如此，與這所見色有關的思緒不會產生愛、恨的煩惱。

換句話說，每回你見物的時候，你必須觀照，讓煩惱不生起。聽到聲音時、嗅到氣味時、嘗到味道時、碰觸時，或想事情時，你必須觀照，以確保思緒和煩惱沒有機會生起。你讓聽只是聽，其他感官也是一樣。當你讓見只是見，聽只是聽，如此不間斷地持續觀照，你會隨著內觀禪修逐漸培養出戒、定、慧，並在最後證得與道智相應的戒、定、慧。

《自說經注》進一步解釋此偈頌。[19]舉例而言，當你持續觀察所見色：「見」——見只是見。此時，觀照可見色時，「只是見」的本質是明顯的，無常、苦、無我也是明顯的，但所見色是可愛或可恨的事或所謂的人時，就變得不明顯。這些所緣就像不顯著的所緣，不再招致煩惱。由於你對這些所緣沒有貪愛，煩惱即無法生起。這就是為何巴利經典、注釋、疏鈔說這種所緣不會留下隨眠煩惱（ārammaṇānusayakilesā）的原因。內觀禪修暫時地斷除煩惱，所以被稱為暫時的遠離（tadaṅgaviveka）、離欲（virāga）、滅（nirodha）、棄捨（vosagga）。如《相應部》所說，內觀修習者被視為是煩惱暫時息滅的人（tadaṅganibhūta）。他不被與「見」等相關的煩惱所挾持，對「所見」等，無貪亦無瞋，也不認為它們是恆常、快樂或是我。

因為如此的人可以斷除常、樂、我想，所以他們的智慧稱為「斷遍知」（pahānapariññā）。了知所見色的消逝是「觀斷遍知」（vipassanāpahānapariññā）。再者，了知包括所見色和觀察心在內的一切有為法息滅，是「道斷遍知」（maggapahānapariññā）。緊接其後，則是果（phala）——道智和果智皆以涅槃為其唯一的所緣。那時候，「你將不會在其中」與感官所緣在一起。也就是說，你不再有渴愛（taṇhā）、慢（māna）和邪見（diṭṭhi）。[20]

注釋書解釋上面的經文說，道和果指阿羅漢道（arahattamagga）和阿羅漢果（arahattaphala）。我們不能說完全證悟的阿羅漢是在此生或這個世界，因為他沒有任何渴愛。同樣地，我們也不能說他在「那裡」（在來生或另一個世界），因為他死後不會再投生。因此不「在這裡或那裡」（此世界或彼世界）意味著，由於沒有渴愛，沒有新的名色生起，所以苦的輪迴完全止息，這稱為「無餘涅槃」（anupādisesanibbāna）。

有些學者如此解釋這一文段：在道、果的剎那，內六處（眼、耳、鼻、舌、身、意）未出現在心中，因此無法觀察它們。外六處（色、聲、香、味、觸、法）也未出現在心中，所以無法觀察它們。六識也未出現在心中，因此也無法觀察它們。道智和果智生起時，以內外六處和六識的止滅為所緣。以道、果了悟到滅的本質，稱為涅槃——苦的盡頭。

摩羅迦子尊者用他自己的話，精要地回答佛陀：

見色念忘失，注意可愛相，
心染而感受，持續的執著。
諸多受現起，依於可見色，
貪害亦如此，因彼心受惱。
如此積聚苦，遠離於涅槃。[21]

這個偈頌說明，如果在見時缺乏正念，將無法證得涅槃。「注意可愛相」指出，不明智的注意方式（非理作意）會產生欲望。「念忘失」意思是未能如實地覺察可見色為無常、苦和無我。「心染而感受」也意味著，如果所緣不可愛，也會對它不滿，如果所緣是中性的，則會無知地將它忽略。

正念見色已，於色不貪著；
離染心感受，不緊緊執著。
如此具念行，苦盡不增生。
如此減苦者，離涅槃甚近。[22]

這個偈頌解釋說，如果在見時具備正念，可以證得涅槃。佛陀也針對其餘的感官知覺，包括聽、嗅、嚐、觸、想，給與了相同的指導。然後，佛陀確認摩羅迦子的理解，讚許說：「善哉！摩羅迦子！」佛陀告訴摩羅迦子，應該仔細牢記這個內觀禪修的簡短指導。之後，佛陀重述了以上的偈頌。摩羅迦子尊者依據這個要點修習內觀，不久後便成為阿羅漢。

《摩羅迦子經》傳達了三個重點：（一）不明顯且未被六種感官心識之一所感

知的現象，自然不會引生煩惱，所以不需要試著去觀照它們。（二）明顯的、被六種感官心識之一所感知，但未被觀照的現象，會引生煩惱，所以，應該觀照它們——對於缺乏正念而生起的煩惱，也可以透過觀照將它們去除。（三）如果對一個顯著的現象保持正念，煩惱不會因它而生起，無論它明顯或不明顯，所以，觀照顯著現象時，觀照了知的目的就已達成。

倘若每次在看見時加以觀照，從而了知現象的生滅與無常等性質，那麼了知「見」時所含的五要素的目的便已達成。

在《六處相應》裡可找到相關的完整的經文。[23]

煩惱

雖然嘗試著持續地觀照見「見、見……」，觀智未成熟時，煩惱仍會經常侵入。然而，你不需要感到失望也不應放棄。可以透過反覆觀照來克服煩惱，如同洗衣時反覆捶打擠壓，令衣服完全清淨。差別在於，人們很容易看到衣服如何變潔淨，但是，禪修者沒辦法知道自己每日去除多少煩惱。只有當我們證得道智、果智的時候，我們才能知道斷除了多少煩惱。為了闡明這一點，佛陀以木匠為譬，指出木匠並未留意斧頭的木製握把已逐漸磨損，直到幾個月或幾年後出現了手指印記才知道。這部經可見於《相應部》的《蘊相應》。[24]同樣地，在證得道智和果智前，禪修者無法精確知道自己斷除了多少煩惱。

不過，當觀智成熟時，煩惱的出現也會逐漸減少，且一旦觀照便會消失。它們不再頑強堅持。反而是觀照心在大多時候不斷地轉起。之後觀智強而有力，使得不善速行不再生起。即使是面對可能激發貪愛的所見色，善速行心仍會生起在見的心路過程。這時候，見的心路過程也可能停止在確定心（votthapana），這是發生在速行之前的一個確定所緣的心識剎那。於是，禪修者在內觀修行期間清楚看見煩惱止息。依據《相應部．六處相應》的注釋：

> 「比丘們……正念的生起也許慢」[25]一句意指正念的進程緩慢。但是，一旦培養起來，某些煩惱會被壓制；它們不再堅持。例如，如果貪經由眼門滲入，會發現到這煩惱在第二個心路過程出現。如此，善的速行在第三個心路過程生起。禪修者

可以藉由第三個心路過程來抑制煩惱，這並不令人驚訝。即使色所緣是可喜、會引生貪的，在眼識相關的心識之後，亦即從有分心到轉向心一直到確定心[26]之後，也能以善速行心取代不善速行心。這是精勤內觀者住於修行與思擇的利益。[27]

文中顯示，處於中階觀智的禪修者也許在見時會生起煩惱，但是他可以藉由第三個心路過程將它轉化為善的狀態。「這並不令人驚訝……」則是顯示，禪修者處於高階觀智時，不會有煩惱生起，只有純粹的觀察持續的轉起。這段文也暗示，後起的心路過程可以感知之前的眼門心路過程。

■ 沒有速行心的感官經驗

下列這節是為了顯示，見的心路過程甚至可以在速行心之前便停止。

就成熟（有力的）禪修者而言，當所緣透過眼門或其他根門進入時，如果非理作意，在維持兩個或三個確定心之後，他的心會落入有分心，而未激起任何的煩惱。這是處在修習頂峰的禪修者的情況。

對另一類的禪修者而言，心路過程伴隨著煩惱而生起。在那心路結束時，他了知心伴有煩惱，並開始觀照它。然後，在第二個心路過程，心脫離了煩惱。

對又另一類禪修者而言，只有在第二個心路過程結束時，他才了知到心伴有煩惱，並開始觀照它。於是，在第三個心路過程，心脫離了煩惱。[28]

這裡描述三類禪修者：第一級禪修者（處於成熟內觀的最高階位），第二級禪修者（處於成熟內觀的中間階位），第三級禪修者（處於成熟內觀的低層階位）。

有關第二和第三類的禪修者，這段巴利文的翻譯已經夠清楚，不需要額外的解釋。至於第一類的禪修者，由於歷經反覆的內觀練習，即使轉向所緣的心識帶著不明智的注意（非理作意）生起，它也不會強大到清晰呈現所緣。其後的五識（pañcaviññāṇa）、領受所緣的領受心（sampaticchana）和探索所緣的推度心，也都是如此。如此，亦稱為意門轉向心（manodvārāvajjana）的確定心也不能清晰地確定所緣。它出現兩、三次，反覆地檢驗感官所緣，這在此偈頌裡被稱為「在維持……之後」（āsevanaṃ labhitvā）。然而，因為兩三次後，感官所緣無法被確定，速行心不生起，於是生起有分心。

這種心路過程稱為「止於確定的心路」（votthapanavāravīthi）。它不僅發生於感官所緣的情況，也可以發生在意門所緣的情況。在這種心路過程中，所緣未被清晰地體驗。只是體驗到見、聽、想的概況。從有分心（bhavaṅga）出來後，意門裡生起基於內觀的心路過程，它觀照著那不很清晰的見的過程。就這類的禪修者而言，善與不善的心路過程都不會透過五門生起。內觀速行的心路僅在意門生起。

■ 六支捨

在對諸法保持平等心的行捨智階段（saṅkhārupekkhāñāṇa），可以清晰地體驗到這種心路過程，那時捨心盈滿，能夠非常穩定。處於此階段的禪修者，可依自己的經驗來核對這一點，他此時被認為擁有「六支捨」（chaḷaṅgupekkhā），如同阿羅漢一般。就像《滿足希求》（*Manorathapūraṇī*）裡《五增支》（Pañcaṅguttara）的《三刺品》（Tikaṇḍhakīvagga）所說：

比丘們！很好的是，比丘時時保持捨心而住，具念、正知，遠離可厭與不可厭二者。[29]

注釋解釋說：

這是指六支捨。這六支捨好比漏盡阿羅漢的捨。然而，這不是真正的漏盡阿羅漢的捨。在這經中，佛陀是說觀。勤觀者（證得生滅智）能夠有這種捨。[30]

另外一段關於《大象喻經》（*Mahāhatthipadopama Sutta*）[31]的注釋說：

在此，upekkhā（捨）指六支捨。這是漏盡阿羅漢的捨，對可喜不可喜的所緣保持平衡的態度。然而，比丘透過精進力、修行成就，把自己的觀，置於漏盡阿羅漢的六支捨的狀態，所以，觀也稱為六支捨。[32]

尊者波提拉的故事即涉及到這種心理過程。話說一位非凡的年輕沙彌，運用捉蜥蜴的比喻，教導尊者波提拉修習內觀，直到五根門心路的速行心不生起。

■ 尊者波提拉的故事

在佛陀的時代，有位比丘名為波提拉。他曾在包括毗婆尸佛在內的古六佛時期，學習並教導三藏經典。在我們的佛陀在世時，他也是如此。但是，他並未修習禪修。每次佛陀遇到他時，都故意叫他「沒料的波提拉」（Tuccha Potthila）[33]。

因此，尊者波提拉生起了修行的急迫感，他想：「我已熟悉整個三藏和注釋，也在教導五百比丘。但是佛陀仍叫我『沒料的波提拉』。這一定是因為我還沒有禪那或道、果等修行的成果。」

於是，為了練習禪修，他離開居住處來到距離一百二十由旬[34]遠的地方。在一座森林寺院中，他遇到三十位阿羅漢，謙遜地請求最年長的比丘指導自己練習禪修。然而，那位最年長的比丘為了消除他自恃佛典知識淵博的傲慢，讓他去年紀第二高的比丘處學習。但是，第二位比丘又叫他去年紀第三高的比丘那兒。就這樣，尊者波提拉最後只能去找寺院裡最年輕的阿羅漢，而他是個七歲大的小沙彌。

這時，尊者波提拉已經沒有任何飽學佛典知識的傲慢。他雙手合十向沙彌問訊，並謙遜地請求這年少的阿羅漢指導他禪修。多麼可敬啊！雖然戒臘高的僧人不可向資淺的僧人禮拜，但是，在請求指導、原諒時，他可以雙手合十表示敬意（añjalīkamma）。真的值得尊敬！如此博學多聞的資深比丘能夠為了求法，表達如此謙卑的敬意，而不是自負地認為：「我將照我所學的來練習，不用接受任何人的指導。」

但是，這沙彌也拒絕了他的請求，說道：「尊者！我還年輕，學識不多，我才該向你學習才對。」但是，尊者波提拉堅持他的請求。

小沙彌說：「好吧，如果你細心地依照我的指導，我會教你怎麼禪修。」

尊者波提拉承諾：「就算你叫我走入火中，我也會照你說的去做。」為了測試他的誠意，沙彌要他走入附近的池塘。那位資深比丘，沒有一秒遲疑，立即就走進池塘。

但是，就在池水浸溼了他的衣角時，沙彌叫他回來，並教導他練習方法：「尊者！如果一個蟻丘有六個出口，裡面住著一隻蜥蜴。若你想要捉住那蜥蜴，就必須先關閉五個出口，然後在第六個出口處守候著。同樣地，在六種感官根門裡，你必須只在意門工作，讓另外五個根門關閉。」

這裡「讓另外五個根門關閉」的意思，是不讓五門感官心路過程發展到產生業力的速行心階段；它不是指字面意思的關閉眼、耳等感官，這實際上是不可能的，因為沒辦法「關閉」舌根門或身根門。即便是可能的，也沒有任何的用處。這便是為何佛陀在《修根經》（*Indriyabhāvanā Sutta*）說：

「烏多羅！如果是這樣，那麼依據波羅奢利亞婆羅門所說，盲人或聾人也在修根。因為盲人眼睛看不見，聾人耳朵聽不到。」[35]

再者，佛陀教導我們正念覺察感官經驗，需要體驗感官經驗，而不是迴避它們。這一點和許多經典是一致的，例如：

在此！以眼見色後，比丘不喜不悲，住於捨，具念、正知。[36]

佛陀從未教導我們用阻止感官經驗生起的方式來保護我們自己。所以，我們可以下結論說：「關閉根門」意思是不讓五門的感官心路過程持續到速行心。「只在意門工作」意思是只藉由在意門工作來修習內觀。這裡的重點，是不斷練習直到修得六支捨。

因為尊者波提拉是非常博學的比丘，他完全了解那年少阿羅漢的意思，就像是在黑暗中看見一盞明燈。當這位資深比丘依照指示修習時，佛陀放出光芒，並以下列的話鼓勵他：

智從修習生，無修習而智衰減。
知增減兩者，自安住而慧增長。[37]

《法句經注》說，在此偈頌之後，尊者波提拉完全覺悟，成為阿羅漢。這就是修習內觀而達到六支捨的方式：在見發生時觀照見為「見」，其餘感官也是用同樣的方法。

■ 更多證據

從上面提供的證據來看，很清楚的是，遍知的目的藉由觀察於心路過程生起時的任一法而完成。在此，我將提供一些來自注釋與疏鈔的額外參考，為上述的觀點提供更有力的支持。

> 很好地把握色法之後，非色法的三個面向——觸、受、識，也會生起。[38]

如果有人能夠很清晰地觀照色法，那麼每次觀照色法時，名法的觀照心也會自行顯露。再者，當禪修者以色法為所緣時，五門的名法，如身識、眼識等，也會自己顯現。但是，它們並非成群一起出現：當觸心所變明顯時，觸會顯現；當受變明顯時，受會顯現；當識變明顯時，識會顯現。

觸、受、識的其中一個，會變得明顯。例如，當你體驗到硬、軟（地大），你觀照它並標記：「觸、觸」「硬、硬」或「軟、軟」。對某些人而言，撞擊軟、硬的觸心所是明顯的。對某些人而言，體驗軟、硬的感受是明顯的。對某些人而言，僅是識知硬或軟的心識本身是明顯的。

如此，當觸心所明顯時，可以親身觀照觸心所的真實本質。但是，觸心所不會單獨生起。除了觸心所之外，其他的心所，如受、想、思和心識本身也會一同生起。不可能單獨分離出觸心所。因此，當觸心所變得顯著而被了知時，同時生起的其他心所和心識本身，也算顯現而被了知。不能說它們像沒出現般未被了知。

想像一下五條繩子綁在一起，其中四條浸在水中。你只能看到一條繩子。如果你拉這條繩子，你拉到的不僅是這一條繩子，而是所有綁在一塊兒的五條繩子。在這個例子中，你看到的繩子就像那明顯的觸心所。浸在水中的四條繩子就像不明顯的受、想等法。拉著你看見的繩子從而拉到浸入水裡的繩子，就如同觀照明顯的心所從而包括了受等諸法。若明顯的是受或心，同樣可以這樣理解。如《大疏鈔》說：

注釋書明確地提到，了知觸心所為觸。然而，當觸心所被了知時，其餘的名法也顯現，亦即，也了知：受為受、想為想、思為思、識為識。[39]

疏鈔說，當觸心所變明顯時，可以觀察其自相。但是，當觸心所明顯時，相伴隨的受、想、思心所以及心也變得明顯。這是指，變明顯便達到它們的目的。

《帝釋問經》（*Sakkapañha Sutta*）[40]和《念處經》[41]的注釋、《分別論注釋》的《念處分別》、阿毘達磨的注釋，這麼說：

當觸心所變明顯時，他也把握了觸等五法：「不僅這個觸生起，與它在一起的能感受所緣的受、感知的想，意願的思，和知道的識，也都生起。」[42]

你應該如此來了解上面引用的兩段注釋：對那人而言，觸心所顯著，所以他只觀察觸心所的特相等。然而，注釋卻說他觀察了觸等五法（phassapañcamaka），這是因為觸心所不會獨自生起，總是和受、想、思、識一起出現。

這段文不應該理解為：當禪修者的觸心所明顯時，因為他知道觸心所不會單獨生起，而是總有受等的伴隨，他應該基於他學得或聽得的知識來對它們進行反思。事實上，巴利經典、注釋和疏鈔，沒有哪一處提到禪修者應該透過反思所學或聽聞的知識來進行觀照。典籍文獻總是說觀照必須基於親身的體驗。

舉例而言，月亮對人而言，只會透過可見色而變得明顯可知。人們也只能看到這個可見色。至於月亮的氣味、滋味和觸感，是不明顯、不可知的。然而，我們可以說，人們透過見到外相而看見並了知月亮。同樣地，當觸心所變得明顯而被觀察到，我們可以說，其他相隨的法也明顯了。雖然之前曾多次解釋過這一點，但是，此處我將再舉更多的文證：

與眼識相應的三蘊：受、想、行。它們可以和眼識一起被識知。所以，它們稱為與眼識一起被識知的（cakkhuviññāṇaviññātabbā）。[43]

如果以三種遍知（知遍知、度遍知、斷遍知）了知觸心所，三種受也就被遍知，因為它們以觸心所為根，與觸心所相應。[44]

此處提及的巴利術語，應理解如下：「知遍知」（ñātapariññā），指區別出身體與心理現象的名色分別智，以及洞見緣起的緣攝受智。[45]「度遍知」（tīraṇapariññā）指領會智和生滅智[46]。「斷遍知」（pahānapariññā）指其餘的觀智，以及道智。[47]

> 當某一類心被遍知時，相應的名色法也被遍知，因為以心為根，與心一起生起。[48]

從這些引文可清楚知道的是，如果了知某個顯著所緣的任何面向，就達成目的：不僅了知觸等五法，也了知在那過程裡的其他法。再者，考慮到「一起生起」（sahuppanattā）一詞，可以合理認為，如果觀察並了知某個顯著名法或色法所緣的任何面向，也就完成了了知與之相應的所有名色法之目的。

下列引文來自《多界經》（*Bahudhātuka Sutta*）[49]和其注釋：

> 阿難！有六種界：地界、水界、火界、風界、空界和識界。當比丘知見這六種界，他稱為於界善巧的比丘。[50]
>
> 在此，「知見」指觀（vipassanā）和道（magga）。[51]說「地界、水界……」是顯示沒有眾生，只有諸界。再者，其他界也應加上，所以總共算十八界。算作十八界時，應把識界分成六類，即眼識界等。當眼識界已被觀照，作為其基礎的眼界和作為其所緣的色界也就被觀照了。其他的識界也是如此。當意識界已被觀照，其他二界，即意界和法界也就被觀照。佛陀在經中提到六界，因為他想要那比丘的出離行令他一路到達最終的目標。[52]

這引文說明：當比丘以觀智和道智了知六界時，他可稱為「於界善巧」。了知六界的人能夠完全了知觸界和識界。在法界中[*1]，只有水界和空界被了知。其餘的法界，以及眼、耳、鼻、舌、身、色、聲、香、味界，皆未了知。所以，對於能夠了知十八界這句話，可能會有疑惑。為了消除這些疑惑，《中部注》注釋說：「再者，其他界（tāpi purimāhi）……」並對此解釋：有六種識界，即眼識界、耳識界、鼻識界、舌識界、身識界、意識界。

如果了知眼識界（見），那就了知眼界（眼的所依色）、色界（所見的色）。如果了知耳識界（聽），便了知耳界（耳的所依色）和聲界（所聽的聲音）。如果了知鼻識界（嗅），便了知鼻界（鼻的所依色）、香界（所嗅的氣味）。如果了知舌識界（嘗），便了知舌界（舌的所依色）、味界（所嘗的色）。如果了知身識界（觸），便了知身界（身的所依色）、觸界（所感的觸）。巴利經典直接提到觸界。在觸的時刻，可以親身觀察並了知硬、軟、熱、暖、冷、挺直等。如果了知意識界（想），那就了知意界（包括兩種領受心和五門轉向心）及法界（所起的念頭）。如此，了知其餘諸界的目的便完成，雖然基本上只了知六界，但是十八界皆被了知。

總結如下。從這些巴利典籍、注釋可以清楚看出，透過了知一個識界，可以了知它的所依色以及它的名或色的所緣。因此，基於「一起生起」一詞，如果觀察了知任何顯著的名色法，就達成了知所有其他同時生起的名色法之目的。

聽

就如上述關於見的說明一樣，當我們觀照聽為「聽」（嗅為「嗅」，嘗為「嘗」，觸為「觸」）時，在聽（、嗅、嘗、觸）時五法中變得顯著的一法，其特相、作用等會變得明顯。如此，我們如其所是觀見並了知該法，這是「知遍知」。我們也觀見並了知無常等的共相，觀見並了知現象的生起與滅去。這就是「度遍知」和「斷遍知」。

耳淨色

當禪修者正確了知耳淨色（sotapasāda），他知道：它夠敏感、起作用而足以探測到聲音（特相）。它帶來聲音或聽到聲音（作用）。它是聽的基礎，是聽產生的依據（顯現）；它的近因是業所生的耳（近因）。這是《念處經》（*Satipaṭṭhāna Sutta*）所說「了知耳」（sotañca pajānāti）的意思。[53]

聲處

當禪修者正確了知聲處（saddāyatana），他知道：它顯現在耳中（特相）；它被聽到（作用）；它是聽的對象，透過聽被體驗（顯現）；它以四大種為基礎（近因）。這就是《念處經》說「了知聲」（sadde ca pajānāti）的意思。

■ 耳識

當禪修者正確了知耳識（sotaviññāṇa），他知道：它出現在耳裡或它聽到聲音（特相）；它只以聲音作為所緣，或它只是聽到（作用）；它被導向聲音（顯現）；它的生起是由於注意力、耳與聲的和合，或善惡業（近因）所致。

嗅

■ 鼻淨色

當禪修者正確地了知鼻淨色（ghānapasāda），他知道：它夠敏感、起作用而足以探測到氣味（特相）；它帶來氣味或嗅到氣味（作用）；它是嗅的基礎，嗅產生的依據（顯現）；它的近因是業所生的鼻（近因）。這是《念處經》所說「了知鼻」（ghānañca pajānāti）的意思。

■ 香處

當禪修者正確了知香處（gandhāyatana），他知道：它顯現在鼻裡（特相）；它被嗅到（作用）；它是嗅的對象，透過嗅被體驗（顯現）；它以四大種為基礎（近因）。這是《念處經》說「了知香」（gandhe ca pajānāti）的意思。

■ 鼻識

當禪修者正確了知鼻識（ghānaviññāṇa），他知道：它出現在鼻裡或它嗅到氣味（特相）；它只以氣味作為所緣，或它只是嗅到（作用）；它被導向氣味（顯現）；它的生起是由於注意力、鼻與香的觸，或善惡業（近因）。

嘗

當我們享用食物時，我們體驗到它的滋味：甜、酸、辣、苦、鹹等。如此，當我們吃東西時，我們應該觀照它，「吃」或依據它的味道「甜」「酸」等。

■ 舌淨色

當禪修者正確地了知舌淨色（jivhāpasāda），他知道：它夠敏感、起作用而足以探測到滋味（特相）；它帶來滋味或嘗到滋味（作用）；它是嘗的基礎，嘗產生的依據（顯現）；它的近因是業所生的舌（近因）。這是《念處經》所說「了知舌」（jivhañca pajānāti）的意思。

■ 味處

當禪修者正確了知味處（rasāyatana），他知道：它顯現在舌中（特相）；它被嘗為甜的、酸的等（作用）；它是嘗的對象，透過嘗被體驗（顯現）；它以四大種為基礎（近因）。這就是《念處經》說「了知味」（rase ca pajānāti）的意思。

■ 舌識

當禪修者正確了知舌識（jivhāviññāṇa），他知道：它出現在舌上或它嘗到甜味、酸味等（特相）；它只以滋味作為所緣，或它只是嘗到（作用）；它被導向滋味（顯現）；它的生起是由於注意力、舌與味的觸，或善惡業（近因）。

另外注意：當我們進食時，見到食物是見；食物的氣味是嗅；手指、嘴唇、舌頭、喉嚨等與食物的碰觸是觸；手的移動、張嘴、閉嘴、咀嚼食物等等，也是觸。思索著食物則是想。

如此，當以上述見等的例子進行觀照時，我們了知所有的移動和動作的真實本質。再者，我們可以了知在聽、嗅、嘗時包括的觸、受等心所的特相等等。

觸

我們可以在全身體驗到觸。腳彼此接觸、手彼此接觸、雙手接觸雙腳。雙手、雙腳、頭髮接觸身體，舌頭碰觸牙齒、上顎。黏液、唾液、食物、水碰觸喉嚨和上顎。身體內許多的器官和物質彼此碰觸，像是食物和內在氣流碰觸腸子。血液、內在氣流、肌肉、腱、骨頭彼此碰觸。我們總是和外在物碰觸，例如衣服、鞋子、床、枕頭、毛毯、地板、牆、雨傘，或拐杖、石頭與植物、風、陽光和水、工具與家具等。動物和昆蟲，如蚊子和馬蠅也碰觸我們。每次觀照觸時，都必須觀照標記：「觸」，除非是更特定的感受。

如果觸的感受是明顯的愉悅的或不愉悅的感覺，那麼我們應該如實觀照標記它。如果感覺到熱，觀照標記「熱、熱」。如果是冷，觀照標記「冷、冷」。如果是溫暖，觀照「暖、暖」。如果是涼，觀照標記「涼、涼」。如果正躺下，觀照標記「躺下、躺下」。如果累，觀照標記「累、累」。如果痛，觀照標記「痛、痛」。如果麻，觀照標記「麻、麻」。如果隱隱地痛，觀照標記「隱痛、隱痛」。如果癢，觀照標記「癢、癢」。如果僵，觀照標記「僵、僵」。如果暈，觀照標記「暈、暈」。如果愉悅，觀照標記「樂、樂」。如此，我們應該時時觀照觸。清晰、準確地觀照這些觸受，並使用指涉究竟法的日常語詞加以標記。

■ 身淨色

當禪修者正確了知身淨色（kāyapasāda），他知道：它夠敏感、起作用而足以探測到觸（特相）；它帶來觸或觸到所觸（作用）；它是觸的基礎，觸產生的依據（顯現）；它的近因是業所生的身體（近因）。這是《念處經》所說「了知身」（kāyañca pajānāti）的意思。

■ 一般的所觸處

當禪修者正確了知所觸處（phottabbāyatana），他知道：它顯現在身上（特相）；它被感覺為碰觸（作用）；它是觸的對象，透過觸被體驗（顯現）。

■ 特定的所觸處：四界

當禪修者正確了知地界，他知道：它是硬或粗，軟或滑（特相）；它是所有其他色法的所依或基礎（作用）；它接受或承受其他色法（顯現）；由於另外的三界，它是硬或軟——亦即由於堅實、冷和壓力，它是硬；由於濕潤、流動和暖，它是軟（近因）。

覺察到重量，無論輕或重，是覺察地界。然而，身的苦受和樂受可以和地界、火界、風界任何一界相關。名為《殊勝義注》（Aṭṭhasālinī）的阿毘達磨注釋說：

地界被分為六個特質：硬、軟、滑、粗、重、輕。另外，三大種也被分為兩個特質：樂觸和苦觸。[54]

當禪修者正確了知火界時，他知道：它是熱、暖或冷（特相）；它讓色法成熟（作用）；它讓色法柔軟（顯現）；由於另外的三界，它是熱、暖或冷（近因）。

當禪修者正確了知風界時，他知道：它是支撐、挺立或張弛（特相）；它移動或轉移色法（作用）；它傳遞到其他地方（顯現）；由於另外的三界，它是挺立或張弛（近因）。這是《念處經》所說「了知觸」（phoṭṭhabbe ca pajānāti）的意思。

■ 身識

當禪修者正確了知身識（kāyaviññāṇa），他知道：它出現在身上或它體驗觸（特相）；它只以觸作為所緣，或它只是觸（作用）；它被導向所觸（顯現）；它的生起是由於注意力、身與所觸和合，或善惡業（近因）。

■ 身苦

當禪修者正確了知身苦（kāyikadukkha），他知道：它是感受不可意觸（特相）[55]；它讓相應的心萎縮或變弱（作用）[56]；它是痛苦的，或讓身體疼痛（顯現）[57]；它是痛苦的，原因是身淨色或不可意觸（近因）。[58]

■ 身樂

當禪修者正確了知身樂（kāyikasukha），他知道：它是感受可意觸（特相）；它強化相應的心所（作用）；它是快樂的，可享受的（顯現）；它是快樂的，原因是身淨色，或可意觸（近因）。

入出息念

……具念地吸氣，具念地呼氣。[59]

依據這巴利經典的引文，每次我們觀照呼吸進出為「吸、呼」的時候，我們感受到氣息的接觸，覺知到身識。如此，覺察呼吸等於覺察觸。在第三章，我解釋過入出息念可以是內觀禪修。

如果觀察呼吸時，體驗它在鼻內擴張。這是正確了知風界的特相，支持的特相（vitthambhanalakkhaṇa）。如果我們感覺到移動、運動、動作，這是正確了知風界的作用，移動的作用（samudīraṇarasa）。如果我們感覺到傳遞，這是正確了知風界的顯現，傳遞的顯現（abhinīhārapaccupaṭṭhāna）。

如果我們看見呼吸的每個移動是由身體、鼻和呼吸的意向所造成，這是正確了知呼吸生起的原因，經文這麼說：

……他於身隨觀生起的特質而住……[60]

如果我們看到呼吸的個別移動消失，或者看到若無身體、鼻子和呼吸的意向，則呼吸無法生起。這是對它滅去之特質的正確了知。經文這麼說：

……他於身隨觀滅去的特質而住……[61]

當我們隨著每次觀照「吸、呼」時，我們不把這過程視作是人、眾生、男人、女人、我或我的所有，而是我們看見並了知它僅是許多移動的感受。或者說：

或者，「僅有身」的念已確立……[62]

腹部由於呼吸而上升、下降。觀照這移動「上、下」，我們覺察到緊、鬆。這是正確了知風界的特相。如果我們覺察到移動和傳遞，這是正確了知風界的作用和顯現。如果我們見到腹部的上下移動，每段移動出現消失，這是正確了知生滅。換言之，我們應該依照下列巴利經文觀察身體的動作和移動：

……無論身體如何擺置，他都了知。[63]

從究竟法來說，腹部的上升與下降，有緊、挺或動的特相，這是風界。它屬於色蘊（rūpakkhandha）的一部分、是所觸處、所觸界（phoṭṭhabbadhātu），漏是苦諦（dukkhasacca）。如此，腹部的上升下降是內觀修行的禪修所緣。

另外，從上引最後一句話可知，任何身體的動作或移動，都可以視為內觀修行的所緣。這個看法絕不能認為是錯誤。事實上，這符合佛陀的教導，且有許多深遠的益處。藉由內觀禪修，獲得正見（sammādiṭṭhi）和明智（vijjā），可以斷除無明煩惱，達到苦的盡頭——也就是阿羅漢果和涅槃。

我在此提及這一點，並非因為觀察腹部上下屬於入出息念的練習，而是因為入出息帶動腹部上下。實際上，覺察腹部上下是身隨觀（kāyānupassanā），因為它是身體的移動，也是四界之一。它也可視為法隨觀（dhammānupassanā），因為它包括在五蘊的色蘊、十二處的觸處和四諦的苦諦之中。

四大種

不論行、住、坐、臥，在任何時候，我們都可以體驗四十二個身體組成部分（身分）的任何一個。這些身分包括：二十種身分以地界為主[64]，十二種身分以水界為主[65]，四種身分以火界為主[66]，六種身分以空界為主[67]。

接觸其中某個身分時，他觀照「觸、觸」，並正確了知——透過硬、軟、滑的特相體驗地界（kakkhaḷakkhaṇa）；透過熱、暖、冷的特相體驗火界（uṇhattalakkhaṇa）；透過支撐、挺立、鬆弛的特相（vitthambhanalakkhaṇa）、移動、推或拉的作用（samudīraṇarasa），以及傳遞的顯現（abhinīhārapaccupaṭṭhāna）體驗風界。

實際上，我們無法藉由觸覺直接體驗水界。但是，考慮到水界的力量，我們可以透過與水界俱生的地、火、風界的身體感受，藉由意識來了知它的真實本質。如此，透過觸的觀照得以了知水界——經由流動或溶解的特相（paggharaṇalakkhaṇa）體驗水界。尤其是在有汗水、體液、淚水時，吞吐痰、口水時，或小便時，特別容易注意到這種感受。水界的作用是藉由擴展或溼潤（brūhanarasa）而得以體驗。我們主要是在洗澡、喝水時感受水界。水界的顯現則是凝結或聚集（saṅgahapaccupaṭṭhāna）。

每當我們觀照身體感覺時，會覺察到這四大種。我們會了知：沒有人、眾生、女人、男人、「我」或「我所有」，只是一團硬、軟、熱、暖、冷、緊、鬆、動、拉、推、流動、融化、濕潤、擴展、凝結的身體感覺。這個了知符合下列的巴利經文：

……無論身體如何動、擺置，比丘從界省察這個身體：「在這身裡，有地界、水界、火界和風界。」[68]

應注意：覺察腹部上下，當然與這巴利經文吻合。正念覺察走路、彎曲和其他的移動，也包括在觸的覺察之中。然而，要走的意向、要彎的意向等等，是心隨觀，這在之後談及四威儀姿勢和正知的小節裡，將會再對它們加以說明。

如何觀思緒

之前曾說過，妄想、思慮、檢驗、反思等心理活動，屬於意門心路過程。當禪修者觀照它們：「妄想」「思慮」「檢驗」「反思」時，意門、法所緣、意識、觸心所或受心所等其中一法，會透過其特相、作用等變得明顯，如此，他可以如其所是地看到並了知這些法，此為知遍知；他也將看到並了知它們的無常、苦等共相，乃至看見並了知它們生起和滅去——分別是度遍知和斷遍知。

注釋和疏鈔如此解釋：「意門」（manodvāra）指有分心和意門轉向心。而稱為心所依處的心臟，因為是它們的基礎，所以它也可假稱為意門。修習內觀時可觀照的「法所緣」則包括五淨色：眼、耳、鼻、舌、身淨色，以及六種微細色（sukhumarūpa）：水界、女根（itthibhāva）、男根（pumbhāva）、心所依處（hadaya）、命根（jīvita）、食素（āhāra），以及所有的世間心、心所。「意識」則包括善、不善心，以及彼所緣心。至於觸心所和受心所，則是與意識相應的那些觸和受心所。

■ 意門

當觀智變得極銳利、純淨，在兩個連續的觀照之間會有空隙。例如在彎曲手臂時，彎曲的每一段移動，必須被觀照「彎、彎」。保持覺察時，前一個觀照、下一個意向，和接下來的彎曲移動之間的這類空隙，會變得顯著。一段時間後，觀照的所緣會看似愈來愈少，或說感到觀照中出現空隙。事實上，所緣並未變少，而觀照之間也沒有空檔。正因為觀照變得迅速，落在連續的心路過程之間的有分心變得明顯。那時見到兩個連續的心路過程之間的空檔，其實是了知有分心，或說了知意門。

另一種意門是意門轉向心。當禪修者正確地了知轉向心時，他知道轉向心是最初的注意（特相），最初的探索（作用），最初的檢驗（顯現），以及有分心之後第一個完全意識的心識剎那（近因）。

如之前提到的，心所依處也可假稱為意門，因為它是心識的基礎。當禪修者正確地了知心所依處時，他知道它是思惟或觀照心的基礎（特相）；它支撐思惟心或觀照心的存在（作用）；它接受或承載思惟心（顯現）；它是由四大種所造（近因）。這就是《念處經》裡「他了知意」（manañca pajānāti）的意思。

■ 法所緣

許多種類的心（citta）和心所（cetasika）都歸於法所緣的範疇。我已解釋過某一些的法所緣，像眼、耳、鼻、舌、身五淨色、水界、心臟的心所依處。之後會再解釋其他的法所緣，所以這裡就不詳細敘述。

■ 性色

當禪修者意識到自己的性別而微笑或想事情時，他體驗到自己的男根或女根。當禪修者正確地了知性色時，他知道：它有男性特徵或女性特徵的性質（特相）；它顯示男性特質或女性特質（作用）；它顯現為男性或女性的身體結構、性別特徵、行為和工作；它是四大種所造（近因）。

■ 命根色

稱為命根（jīvita）的色法，給與五門、心所依處和性色生命。當禪修者觀照到形色、聲音等的時候，命根色和它們一起變得明顯，因為它和這些法一起出現和消失。它在消失前執行給與眼淨色等色法生命的作用。由於命根色，才有眼淨色持續產生新色代替舊色的過程。當禪修者正確地了知命根色，他知道：它維持眼淨色等色法（特相）；它使眼淨色等生起（作用）；它支持眼淨色等色法的存在（顯現）；它是由四大種所造（近因）。

■ 食素

當禪修者進食後感到身體有力氣，精神好的時候，食素（營養）變得顯著。當禪修者正確了知食素時，他知道：它有營養（ojā）（特相）；它支持色身（作用）；它令身體強壯（顯現）；它是由食物產生（近因）。

■ 思惟的心

當禪修者正確了知意識時，他知道：它顯示為思惟、反思、思考、知道、走神等等（特相）；它只取法所緣為所緣，或者，它只是識知（作用）；它導向所緣（顯現）；它是由注意、心所依處和法所緣結合所造成（近因）。

■ 觸心所

當禪修者正確了知觸心所時，他知道：這是所緣與心的接觸（特相）；它撞擊所緣（作用）；它是心所依處、識、所緣共同生起（顯現）；它是由於所緣出現所導致（近因）。

■ 受心所

當禪修者正確了知悅受（somanassavedanā），他知道：它體驗可喜的所緣，或者它令人歡喜（特相）；它體驗愉悅（作用）；它是心理的愉快與歡喜（顯現）；它是由可意的所緣或內心平靜（輕安）所造成（近因）。

當禪修者正確了知憂受（domanassavedanā），他知道：它體驗不可喜的所緣，是不可喜的或令人挫折的，是心的苦惱、悲傷、傷心、擔憂（特相）；它體驗不可喜（作用）；它是心理的惱、不愉快、苦（顯現）；它是由不可意的所緣和心所依處所造成（近因）。

當禪修者正確了知捨受（upekkhāvedanā），他知道：感受到的是中性的、不苦不樂（特相）；它讓心平衡保持在樂與苦之間（作用）；它是平靜或微細的（顯現）；它是由無喜之心或不苦不樂的所緣所造成（近因）。

■ 想心所

想心所（感知）也稱為想蘊（saññākkhandha），是認出、記得、辨視所緣而不忘記。當遇到一個新奇的所緣或格外留意某人或某物時，它特別明顯。當禪修者正確了知想心所時，他知道：它感知所緣而不忘記（特相）；它認出過去曾遇見的所緣（作用）；當初領會的保留在記憶中（顯現）；它是由所有明顯的所緣所導致（近因）。

■ 行蘊

除了受和想之外的其餘五十個心所[69]，被列為行蘊（saṅkhārakkhandha）。它包括使見、聽、行、住、坐、臥等發生的所有心理現象。

在這裡，我將只解釋這五十個心所裡的思心所（cetanā，意願），因為它指導所有其他的心所。就此而言，思心所就像領班一樣，在執行自己的工作時也指導其他的同事做他們的工作。另一個比喻是思心所就像在農田裡做自己的工作，同時也監督著他的工人。同樣地，思心所也讓其他心所做它們的工作。尤其是在緊急情況需要採取行動並感到好像被催促去行動的時候，思心所特別明顯。

當禪修者正確了知思心所，他知道：它啟動或激發心所（特相）；它行動、工作、達成（作用）；它協調各種活動，像判人死刑的統治者，或允許他給的布施物被拿走的布施者（顯現）；它的原因（近因）是善或不善的注意力或態度（manasikārapadaṭṭhāna）、不知道真正的快樂和苦（avijjāpadaṭṭhāna）、依處和所緣（vatthārammaṇapadaṭṭhāna）或者心識（viññāṇapadaṭṭhāna）。

如何觀照一般活動

行走的時候，你應當觀照每一個步伐「走、走」「動、動」，或「左、右」「提、推、放」。當正念和定力變得強大時，你將能夠在開始走和移動之前，觀照到想走的意向或想動的意向。那時候你會自行且完全了知想走的意向首先生起，由於這個意向，一連串的移動才發生；也會了知，當這些移動發生於各處時，稱為「身」的身體現象一點一點地移動，一個接一個生起滅去。這稱為「走」。《大念處經》和《念處經》裡的經文，如下描述行走的觀照：

……行走時，比丘了知：「在行走」。[70]

《長部注》說：

他了知：「想走」的心生起。此心產生風界。這風界產生身表。由心所造的風界擴散，整個身體向前移動，這稱為走。[71]

這並非一般的常識。從未如此修習或未得任何觀智的人們，也許會懷疑「行走時，比丘了知：『在行走』」這個指導。我將依據注釋書來解釋這一點。

也許有人會奇怪：「狗或狐狸走的時候不也知道牠在走嗎？」確實知道，但是，佛陀並非指這種一般常識。實際上，狗、狐狸和凡夫並未覺察他們想走的心，也不知道移動中有許多個別的小移動。他們無法區分名、色現象的差別，也不知道想走的意向促使移動發生。他們不知道只是一連串相續的意向和相應的移動一個接一個生起又消失。事實上，狗、狐狸和凡夫只是有時候知道他們在走，也許是走的開始、中間或者結束時，大部分的時間，當他們走的時候，他們的心跑到別處。

即使凡夫有時知道他們正在走，但他們把這事看作是一個人在走，他們認為那人是不變化的。他們以為，在走的之前、中間和之後都是同一個人。即使走了一百英哩，人到了不同的地方，他們也認為，還是和出發之前的那人是同一個人。他們認為這人和以前完全一樣。以這樣的普通常識，是無法捨棄我見、貪愛，也無法產生觀智的。以這種常識作為禪修所緣，或者基於這種理解的禪修，並不是內觀修行。這種常識理解並非禪修（bhāvanākamma）。因為這種常識不是內觀禪修（vipassanākamma）的基礎，所以不能稱為修習的基礎——業處（kammaṭṭhāna）。因為這種理解並非基於內觀或正念，所以它不是念處禪修（satipaṭṭhānabhāvanā）。

我們應該了解，在上述引文中佛陀談的，並非狗、狐狸和凡夫具備的常識。

然而，當你走路時，如果你觀照「意向」或「走」，在心中生起的意向和身體移動會非常清晰。這時，你不會混淆意向的心理過程為身體現象，而會知道它們是不同的過程。同樣地，不會混淆身體移動為心理現象，而會知道它們是不同的過程。你將會了知想走的心產生個別的移動，從而了知只有想走的意向和移動的存在。再者，這些意向不會併入那些小移動中，小移動也不會併入下一個小移動，它們一個接著一個滅去。如注釋書所解釋，你將會看到在一個「推」的移動之中有六個甚至更多的個別小移動。

基於你的了知，你會知道「我在走」或「他在走」是純粹世俗的表達。事實上，沒有人在走，只有意向，以及接著的移動的色法。甚至沒有色法存在超過一眨眼的時間。沒有什麼是恆常的，因為每一個法都即生即滅，只是無法令人滿意的苦聚。你能夠基於親身體驗判斷它是苦的。這種了知稱為「無痴正知」(asammohasampajañña)，是四種正知之一。從觀照「意向」或「走」產生的了知，屬於「行處正知」(gocarasampajañña)。行處正知是無痴的原因。你應該反覆修習成就行處正知，以便無痴正知可以自動生起。

這就是透過觀照意向和身體移動所修得的觀智，以斷除我見並去除對此見的執取的方法。除了成為「反照內觀」(paṭivipassanā) 的所緣之外，它會使觀智有力地生起，所以它被稱為「業處」。因為這個了知藉由正念而修得，所以它也稱為「念處修行」。「行走時，比丘了知『在行走』」這個教導，無疑是真實的佛語。

> 這比丘的了知捨斷了有眾生的邪見，拔除了有我的想，因此它是業處，也是念處禪修。[72]

依據這段注釋書的引文，「業處」和「念處修行」究竟而言，意義相同。但是，技術上來說，意義是不同的。穿透意向、行走等所緣的正念，稱為「念處」(satipaṭṭhāna)；因為它必須被培育，所以也被稱為「修行」(bhāvanā)。由於這兩個理由——它是必須被培育的，能穿透所緣的正念，它被稱為「念處修行」。

觀智必然與正念有關。缺乏正念便沒有觀智。就此而言，當了知是由正念所引導時，應只稱為「念處修行」。而這了知也稱為「業處」，是因為它協助一系列的觀智有力地生起。這了知也是「反照內觀」的基礎，因為它是後續修行的禪修所緣——當禪修者觀照意向時，該觀照心接著被觀照為「觀照」或「知道」；之後，禪修者觀照意向造成的移動過程，然後這個觀照心又被觀照。這稱為「反照內觀的修行」（paṭivipassanābhāvanā）

如此，從壞滅智起，以觀照心為觀照所緣，觀慧愈漸強大。這就是為何將正念覺察行走中的名色法而產生的了知，稱為「業處」和「念處修行」的原因。

正知

■ 在行走時

這段巴利文的教導解釋了無痴正知（asammohasampajañña）如何生起：

……比丘前進、返回時保持正知……[73]

注釋書解釋如下：

無痴正知或真實正知，是了知行為背後沒有「我」或「自我」存在的智慧。以下列的方式了知：凡夫對前進、返回有誤解，如「自我在進前」「前進由於自我而發生」或「我在前進」或「前進因我而發生」。相反地，前進或返回的比丘（或禪修者）了知：想要前進的心生起時，這心和從它而生的移動（風界）造成前進至某處（身表）。心所生的移動擴散時，名為身體的色法聚合（aṭṭhisaṅghāto）[74]往前移動。往前走時，每次提腳時，地界和水界變弱而無力，而火界和風界變強而有力。抬平和推出腳時也是如此。當放下時，火界和風界變弱而無力，地界和水界變強而有力。當腳踩地和壓下腳時，也是如此。[75]

依據疏鈔，提腳時主要的是火界，跟著是風界；抬平和推出腳時主要是風界，跟著是火界；放腳時主要的是水界，跟著是地界——在這裡可以說，水界比地界更重，這與《殊勝義註》相符；觸地和壓下時，主要是地界，跟著是水界。如此，當我們覺察到提腳時，了知火界；當我們覺察抬平和推出腳時，了知風界；當我們覺察放下腳時，了知水界；當我們覺察觸地和壓下時，了知地界。

提腳時想提的心和提的動作，並未延續到抬平的過程。同樣地，抬平時的名色並未延續到推出的過程。在跨越時的名色未延續到放下的過程。放下時的名色未延續到觸地的過程，觸地的名色未延續到壓下的過程。它們一個接一個生起又滅去。它們明顯地生起與消逝，就像芝麻子在熱炒鍋裡爆破弄出劈啪劈啪聲響。所以，誰在進前？誰的移動？究竟而言，只是無我的界在進前，只是界在站，只是界在坐，只是界在躺。如此，隨著色法……

前心消逝，後心生起[76]，就像河水水流一直不停地流。

這是前進等時的無痴正知。[77]

從上引注釋的文段，如「想要前進的心生起時，這心和從它而生的移動（風界）造成了前進至某處（身表）」「提腳時想提的心和提的動作，並未延續到抬平的過程」，顯然非指四界分別的奢摩他禪修，而是內觀禪修的練習。這是因為這種了知僅屬於內觀禪修者所有，而非奢摩他禪修者。這些引文解釋了：當內觀練習——即行處正知，強而有力時，無痴正知的觀智便生起。

在此，「界」（dhātu）一詞和「命」（jīva）相對立。界是指名色法，在移動時佔主要力量的四大種。雖然所有談及此教導的注釋書都使用「骨頭的聚合」（aṭṭhisaṅghāto）一詞，但是，如果據此便做出結論說：骸骨會顯現在觀禪修習者心中，這並不順理。另外，同樣不順理的是，認為觀想骸骨的止禪修習者會因此了知想走的心等等的名色法。所以，正確用詞應是「色法的聚合」（rūpasaṅghāto），而不是「骨頭的聚合」。即使認為「骨頭的聚合」是正確的用詞，也必須將它理解作是指身體的可厭不淨，而非按字面意思指稱骨頭。

有些使用止禪觀想粒子的老師，教導人們把腳的前進等想像為微塵粒子來進行觀察。但這是不對的，因為這些注釋書教導我們覺察那在移動腳時居主導地位的風界。當禪修者覺察這風界時，他將會體驗到其緊繃、張弛的特相、移動的作用，或者傳遞的顯現。如果了知這些面向的任何一個，他對風界的覺察便是準確的。觀想腳的形狀包含諸多粒子，這實際上是概念，不是究竟法。

當你站、坐或躺下，依據巴利典籍[78]，應觀照它：「站」「坐」「躺」。當你的正念、定力和觀智強而有力時，你會清楚了知想站的心和維持站立姿勢的風界。坐的時候，也是如此。當你躺下時，你會清楚了知想躺下的的心，以及在躺下過程裡顯現的風界和地界。就此而言，禪修者和一般人的了知並不相同。如《分別論注》說：

某一位比丘行走時，想著這個，思慮那個，另一位比丘行走時，未捨棄禪修業處。站著、坐著、躺下，也如此——某一位比丘想著這個，思慮那個，另一位比丘未捨棄禪修業處。[79]

所以，為了遵循巴利的教導，所謂「比丘前進、返回時，保持正知」，當你在前進、返回、旁行、彎曲的時候，你應該覺察這些事。在練習變得強而有力時，你將會覺察到在前進、返回、旁行等之中的動機和風界。

■ 看時

往前看、往旁看時，保持正知……[80]

依據這一句巴利文，應該在往前看、往旁看，乃至往下、往上、往後看時，保持正念。在看的時候，應該觀照「看」。如此，修習者保持他的覺知，不捨棄內觀禪修的所緣。這是「行處正知」。

不捨棄禪修業處是行處正知。在往前看、往旁看時，以蘊界處為業處的人應修習自己的內觀業處。但是，修遍處的人，在往前看、往旁看時，應以自己的止業處為優先。[81]

所以，如果修習止禪的禪修者想要看某人或某物時，他應該在看時不捨棄他的禪修業處，就像母牛即使在吃草時，最優先的事仍是保護牠的小牛。但是，就內觀禪修者而言，任何所緣都可以是內觀禪修的所緣。所以，藉由觀照「想看的心」，可以生起觀智，洞見屬於名法的四種蘊、兩種處和兩種界；藉由觀照〔因想看的〕心所產生的「移動」，如張眼、動眼或轉頭，可以生起觀智，洞見屬於色法的蘊、處、界；藉由觀照「看的心」，可以生起觀智洞見五蘊、四處、四界。如果思緒生起，也可以藉由觀照這個思緒，產生類似的觀智。

如此，內觀禪修的所緣不外乎是想看的心等，當下發生的身心現象。因此，注釋書說，應該依據個人的業處來處理「看」這個動作。止禪的禪修者不需要用特別的方式處理看的行為；只是把注意力焦點暫時轉移到看上。但是，內觀禪修者必須一直觀照當下任何生起的名法或法色；藉由如此的觀照，當觀智變強時，想看的心和風界（它顯現為眼或頭的移動）將會清楚地被了知。

■ 彎曲伸直時

……在彎曲、伸直肢體時，保持正知……[82]

依據這句巴利文，當禪修者伸展肢體時，應觀照「伸展」。當禪修者甩手時，推、拉、抬手時，舉起、放下手時，應該觀照「甩」「推」「拉」「抬」「舉」「放」。待觀智變強而有力時，他將清晰了知想彎或想伸的心，以及顯現在伸展和彎曲的移動中的風界。《中部・根本五十經篇》的注釋，援引下列一名長老比丘的故事來解釋行處正知：

曾經有位長老比丘在和他的弟子說話時，突然地彎曲他的手臂，然後再把他的手臂放回原來的位置，並且緩慢地再彎一次。他的學生問他為何有如此特別的舉動，他解釋說：「自從我開始禪修，我從未沒正念地彎曲手臂。但是，剛才和你說話時，我彎手時忘記保持正念。這是為何我把手放回又正念地再次彎手的原因。」他的弟子對他的正念充滿敬意說：「尊者！善哉！您是真正的比丘。」

如果像這位長老比丘一樣，彎伸肢體時也不捨棄禪修業處，觀照「彎」「伸」，那將會了知想彎、伸的心，以及那顯示為一個接一個小移動的彎曲或伸展的移動。

這是行處正知。待觀照變得銳利時，他會了知身體內沒有我在彎曲或伸展，只是意向的心促使許多個別的小移動生起。再者，他會了知在實際的彎曲移動發生前，想彎的心消失，而且彎曲的移動也一個接一個生起又消失。如此，他了解所有的法是無常、苦和無我。這是無痴正知。

你也許會懷疑：「去觀照『彎』『伸』，不就是只看到肢體彎曲伸展的概念名稱及形態嗎？」實際上，在一開始時，你會偶而觀照到所緣的概念名稱和形態，但是也會觀察到風界的顯現：移動。所以，起初階段，你的了知會混雜著概念法；然而，待正念、定力和觀智變得強而有力時，你將不再專注在概念，因為你的觀智生起，致使只看到意向的心和許多移動一個接一個生起和消失。有關於此，我在這一章最初已經解釋過。

■ 拿、穿時

……穿衣及持大衣、缽時，保持正知……[83]

在穿衣時，觀照「穿」。使用缽、杯、盤、湯匙時，依情況而觀照「觸」「拿」「提」「放下」等等。待觀智變強而有力，意向的心和它們帶來的移動（風界），以及感受和身識，會變得顯著。

■ 吃、喝時

……吃、喝、嚼、嘗時，保持正知……[84]

當禪修者吃、喝、嚼、舔或吞時，覺察「吃」「喝」「嚼」「舔」「吞」。待觀智變強時，想吃的心、吃的移動（風界）、感受和舌識，會變得顯著。

有些人建議，練習飲食禪修時，應該依據培養無痴正知的注釋所示，去觀察食物的可厭、不淨。但是，這實際上是止的修習，也就是，觀想食物的十個可厭面向，例如，取得食物的麻煩，食用的過程，在胃裡與膽汁、痰、血等混在一起的可厭狀。

另外，當行處正知透過吃、嚼、吞、嘗等的觀照，而變得成熟時，禪修者也會了知到食物的可厭。就某些禪修者而言，在準備或進食時保持觀照，食物的可厭與不淨會變得明顯。這類禪修者會感到噁心而停止進食，只是坐著觀照，雖然仍未飽足。在過往的禪修者之中，這種經驗相當常見，即便今日也是如此。不過，有些禪修者在修行尚未成熟可能便有這種經驗——對食物感到噁心，彷彿那是殘渣穢食，但這情況並非真正的正知，只是瞋心的反感。注釋書也特別提到食厭想與無痴正知的關係，因為當行處正知成熟時，食厭想通常會自動地生起。

■ 大、小便時

……當大小便時，保持正知……[85]

大、小便時，觀照標記「大便」等。在內觀禪修中，所緣沒有好、壞，應只是如其所是地覺察每一個現象。當觀智變得強而有力時，顯著呈現出來的，僅有想小便、大便的心，與它所導致的移動（風界），以及不樂的感受、身識等。

■ 行、住、坐、入睡、醒來、談話、沉默時

行、住、坐、入睡時、醒時，談話、沉默時，皆保持正知。[86]

觀照行走、站立、坐著的方法，之前已經解釋過。關於入睡的覺察，則應在感到睡意時，觀照「想睡」「打盹」「昏沉」「困倦」等。覺得非常想睡而要躺下時，在躺下的過程中觀照「躺下」「躺下」，以及所有其他明顯的身心現象。當醒來時，也要試著去觀照醒來的心。

就初學者而言，這可能是困難的。如果還沒有能力觀照醒來的過程，你應該在你記得要正念的瞬間開始觀照。待正念變強時，你將能夠觀察到醒過來的瞬間。然後，你會了知到入睡前的名色法不會持續到入睡期間。所謂入睡就是不能夠（有意

識地）去想、觀照、看、聽、觸等，這些心識，不會在入睡時生起。同樣地，在入睡期間生起的名色法也不會持續到醒來。在這裡，「醒來」是指完全有意識的活動，即想、觀照等活動再次出現。你將會了知，沒有一個自我或「我」在入睡或醒來。你將會了知，這些現象是無常是苦。這了知稱為無痴正知。

說話時，應觀照：「想說」和「說」。詳細地觀照說話，是十分困難的事，所以，除非必要，最好不說話。當正念變強，只有想說的心和導致的移動（風界）、觸覺（地界）會變得明顯。停止說話時，則觀照「想停」「停」和「沉默」，然後持續觀照其他顯著的所緣。待正念變強，將會了知說話時的色法在不說話時消失，想停止說話的心和不說話的色法也消失。這了知是無痴正知。

■ 內、外法

當行處正知變強而銳利時，禪修者了知行走中只有想走的心和一系列的色法以個別的小移動一個接一個。其中沒有我在走。「我走」只是出於方便所運用的一個概念，就像為了禮貌而稱呼陌生人「侄子」「孫子」「阿姨」或「爺爺」。[87]

當無痴正知生起，他了知「他走」「女人走」「男人走」只是世俗的表述，事實上並沒有眾生或我在走。他了解到，別人也是如此，因為只有想走的心和身體許多個別的小移動。這種理解，與下列巴利文相符：

……於外，於身隨觀身而住……[88]

我在第三章曾解釋，不需要去觀照他人身心相續裡的現象。有時候，僅透過觀照自己相續裡的「想走的心」和「走」，無痴正知就得以生起，禪修者便據以了知他人的身心相續也是如此。如此，他在內法和外法之間交替觀照。這符合經文：

……於內外，於身隨觀身而住。[89]

■ 生、滅

想走的心和它導致的移動皆在生起後立即消失。這是了知生滅。在觀照時，他了知：這些色法的生起有其原因；如果沒有原因，它們不會生起。由於心，這些色法生起；如果沒有心，它們不會生起。這些色法因為過去的業而生起；如果沒有業，它們不會生起。這些色法因為無明而生起；如果沒有無明，它們不會生起。這些色法因為渴愛而生起；如果沒有渴愛，它們不會生起。這些色法由於營養（食素）而生起；如果沒有食素，它們不會生起。如此，基於自己所見、所觀，以及所學，他了知名色法的生起與滅去。這符合：

……他於身隨觀生起的性質和滅去的性質。[90]

精準的覺知

隨著每次觀照「意向的心」和「走」，禪修者覺察到：存在的只是移動的色法，不是眾生、人、我、女人或男人。這意思是：他覺察到的，是意向的心和移動不間斷而持續地生起，沒有堅實形態或形狀的概念。當覺知開始變得敏捷銳利，某些禪修者會檢視他們是否還有身體、頭、手或腿。藉由精準的覺察，禪修者的覺知和觀智逐漸進展，變得敏銳而鋒利。每一次的觀照都遠離於執取。這符合：

……無論身體如何擺置，他皆了知。[91]

以上是身隨觀（kāyānupassanā）。

受隨觀

樂受

……感受樂受時，比丘了知「感受到樂受」。[92]

依據《念處經》的這段經文，應該觀照身體或心理的愉悅感受（sukhavedanā）為「愉悅」「舒服」「好的」或「快樂」。然後，他將如實了知這樂受。在討論如何觀照看、觸、想的段落，我曾解釋過這種如實了知如何生起的。有關於此，《中部・根本五十經篇》的注釋為缺乏觀智的人們驅除了這個疑惑。以下我將根據這部注釋加以解說。

你也許會想：「就算是襁褓中的嬰兒，也能了知樂受的快樂，不是嗎？」的確。然而佛陀指的不是那種了知。而對凡夫來說，就像嬰兒一樣通常未覺察樂受，他們的心大部分的時間都在游移，未能覺察正在經驗的感受。即使他們能偶而覺察到，對於樂受的了知也是基於感受快樂的那個「我」。因為未看見樂受的短暫性質，他們以為樂受是恆常、持久的。他們無法在這種了知上捨棄有我和眾生的見解。因此，當他們以這種了知聚焦一個對象時，觀智不會生起。這種了知不是內觀禪修的對象，因此不稱為「業處」；它也不會帶來念處修行，因為它不是基於正念的了知。所以，應該了解，佛陀所說的了知並非是嬰兒和凡夫擁有的那種了知。

不斷觀察的禪修者，在每次樂受生起時都加以覺察，所以他從樂受的特相等，了知這是一種現象。他也看到一連串的樂受並未持續存在，而是一個接一個地消逝。如此觀照事物的方式，致使相續的概念無法掩藏樂受是無常、苦、無我的事實。以這種了知，便能捨棄有我和眾生的見解。如同在說明觀照姿勢的段落裡所說的，這稱為「業處」，也是「念處修行」。佛陀是針對這種了知，才說：「感受樂受時，比丘了知：感受到樂受。」

待念力變強大時，禪修者藉由親身體驗了知「我舒服」「我快樂」等這類的表達只是約定俗成的說法；實際上並沒有「我」或某個「眾生」在感受舒服或快樂。存在的，僅是短暫的舒服或快樂的心理狀態。這便是為何注釋會說：

> 以生起樂之事為所緣，觀察受是「受」，如此觀察者即是：「他知道：『我在感受樂受。』」[93]

苦受

身體的不愉悅感受（dukkhavedanā），如抽筋、僵硬、痠疼、暈眩、燥熱、發冷、痲木、絞痛、搔癢、疲累，全歸為「身苦」（kāyikadukkha）。應當準確地觀照它們並標記「抽筋、抽筋」等。心理的不愉悅經驗，包括悲傷、挫折感、憂慮、恐懼，歸為「心苦」（cetasikadukkha）或「憂」（domanassa）。這些感受應當加以觀照並運用日常用語標記為「悲傷、悲傷」「挫折、挫折」等。應當如何體驗了知上述身苦與心苦，我們在之前討論看、觸、想應如何觀照的段落中，已充分解釋。

有些人認為僅在使用rūpa（色）、nāma（名）、pathavī（地）、āpo（水）、phassa（觸）、vedanā（受）、sukha（樂）、somanassa（憂）等的巴利術語時，才能了知究竟法。這是錯誤的觀念，專門術語並不重要。重要的是，如實見到身心法的生起和滅去。巴利用詞對巴利語學者來說是有用的，對其他人並無大用處。譬如就緬甸人而言，用緬甸語就可以。英語使用者則應該使用英語。

緬甸人觀照疼痛時，就以緬甸語標記「narde」，便能夠覺察疼痛的真實特質，不知道疼痛的巴利語又有什麼關係呢？已修得的觀智會因為不懂巴利語知識而喪失嗎？完全不會。知道正確巴利術語的知識，有助於提升觀智嗎？不可能。事實上，當禪修者觀智成熟時，他會發現身心過程即生即滅，以至於在觀照中沒時間標記命名，這時候的觀智是進步的而非退步。所以，認為只有在觀照時使用巴利術語才能了知究竟法，是完全不正確的。

不苦不樂受

想要清晰地體驗中性的捨受（upekkhavedanā）是相當困難的，因為它既不苦也不樂。《方廣小經》（*Cūḷavedalla Sutta*）[94]和《合誦經》（*Saṅgīti Sutta*）[95]的注釋將不苦不樂受與無明相類比，因為無明也是太微細而難以察覺。《多界經》（*Bahudhātuka Sutta*）[96]的注釋也說，由於捨受本身並不明顯，與無明有相似之處。倘若以書本知識來把握不苦不樂受和無明，理解起來是容易而清晰的；但是，想要藉由親身體驗來理解，則不然。

觀照無明不如觀照貪愛和瞋心那般容易。同樣地，觀照不苦不樂受也不如觀照苦受、樂受那般容易。就親身體驗的困難度而言，不苦不樂受和無明，都是難以了知而不明顯的。就此而言，《帝釋問經》（*Sakkapañha Sutta*）[97]和《念處經》（*Saṭipaṭṭhāna Sutta*）[98]的注釋說：

> 不苦不樂受不顯著，如同暗中之物。苦受和樂受不存在時，有不苦不樂受。如此，可推論了知它是苦樂受的相對。[99]

「不顯著」在此指難以憑藉經驗看清（不苦不樂受）。因此注釋說「如同暗中之物」。[100]

不苦不樂受極其微細難以覺察，不過，當苦、樂受消失時，它就會成為明顯的對比。此種了知，稱為「推測鹿的足跡」（migapadavalañjananaya）——這說法來自於一個例子：因為在一塊平坦岩石的前、後方看到鹿的足跡，所以即使岩石上不見足跡，也可推測鹿已踩過那岩石。

同樣地，當禪修者清晰地體驗苦受並觀照「痛、痛」等的時候，疼痛的感受可能消逝。這時候苦受已不復存在，但也沒有樂受顯現。但有另一個顯著所緣為禪修者所觀照。幾分鐘後，樂受或苦受也許又再度出現，禪修者即加以觀照。於是，禪修者了解不苦不樂受在前一個苦、樂受和下一個苦、樂受之間出現。

禪修者從這類經驗了知，不苦不樂受很難清楚地感知。然而，因為心理現象一定都伴隨有感受，所以可以得出結論說：苦受、樂受未現前時，一定是不苦不樂受——透過「推測鹿的足跡」的方法可得到這個結論。無論如何，不苦不樂受對禪修新手而言是不清晰的，但對心智銳利或成熟的禪修者來說是能夠親身體驗到的。之前討論禪修者如何觀照看或想的時候，我已說明體驗了知它的方式。

世俗樂受

與個人所愛所喜的外在物事（配偶、子女、衣物、財富、地產、動物、金、銀等）或內在事物（視力、愉快、才賦、技能等）有關的快樂，稱為世俗樂（sāmisasukha）。此巴利語詞的字面義指「依靠感官的快樂」，也就是與感官對象有關的快樂。也稱為「在家之悅」（gehassitasomanassa），也就是住在感官滿足之家的快樂。

舉例而言，當人享受配偶的美貌與甜美聲音時，那視覺對象或聲音會帶來快樂。或者，當人回想過去曾經擁有的美好時光時，也會感到快樂。對於這一切的快樂，應該依照下列的指示，加以觀照「樂、樂」：

……感受世俗樂受時，他了知：「感受世俗樂受。」[101]

非世俗樂受

覺知持續不間斷且觀智成熟的禪修者，會在六感官根門經驗到感官對象的生起和消逝，了解到它們的無常性質。從這些現在所緣聯想到其他現在所緣或過去所緣，他了解它們也是無常、苦、一直在變化。這種體悟會帶來一種稱為「非世俗樂」（nirāmisasukha）的快樂，是與感官對象無關的快樂，這也稱為「出離之悅」（nekkhammassitasomanassa）。對於這種快樂，佛陀在《六入分別經》（*Saḷāyatanavibhaṅga Sutta*）曾說：

藉由了知色的無常、變異、息滅、止息，以正慧看見過去、現在色是無常、苦、變異之時，喜悅生起。此類的喜悅稱為出離喜。[102]

佛陀對其餘感官對象，也重述相同的話。此種樂會在生滅智階段變得強烈而無法抑制。這時候，只需依據下列巴利文所說，如實覺察，觀照「樂、樂」：

……感受非世俗樂受時，他了知：「感受非世俗樂受。」……[103]

世俗苦受

當我們未得到自己想要的，我們會感到失望、挫折，認為自己很不幸。有時候，想到現在或以往的匱乏，我們便感苦悶。這類的苦惱、悲傷、挫折、擔心等，稱為「世俗苦」（sāmisadukkha），是與感官對象有關的苦，也稱為「在家之憂」（gehassitadomanassa），也就是住在欲求不滿之家的苦惱。每當這類悲傷生起時，應觀照標記「悲傷」，如巴利文所說：

……感受世俗苦受時，他了知：「感受世俗苦受。」……[104]

非世俗苦受

當禪修者證得生滅智，並投入許多時間禪修後，他可能會希望證得道智和果智（maggañāṇa; phalañāṇa），成為聖者。但是，禪修者可能會感到沮喪，因為未能證得他所希望證得的，也因為以為自己今生無望證得道智、果智。這種苦惱稱為「非世俗苦」（nirāmisadukkha），是與感官對象無關的不滿足，或稱為「出離之憂」（nekkhammassitadomanassa）。每當這類苦惱或不滿出現時，應如實了知它，如巴利經文所說：

……感受非世俗苦受時，他了知：「感受非世俗苦受。」……[105]

注釋書舉出博學的長老大濕婆（Mahāsīva）的故事來解釋非世俗苦，我在此簡述這個故事。

長老大濕婆的故事

尊者大濕婆是向十八個佛教部派教導佛典的大師。據說在他的指導下，有三萬位比丘證得道、果智。

其中一位比丘在反思自己的修行成就時，發現有數不盡的功德。然後，他運用神通力探索老師的功德，本想老師會比自己更殊勝，但是讓他很訝異的是，他的老師仍是凡夫，尚未證悟。於是他以神通力飛至老師那裡，希望提醒老師雖是許多人的庇護所，卻不是自己的庇護所。

他飛至老師寺院附近，找到老師。老師問他來此的目的，他回答說，是來聽老師的說法。但老師說，沒時間教他。

於是他問老師，老師於寺門口等待出發托缽時是否能夠教導他。但老師再次拒絕，因為要忙於教導其他向他學習的比丘。他接著問老師，是否可以在前往村莊托缽的路上教導他。長老同樣給予拒絕。

比丘繼續謙遜地問，老師在調整僧衣拿缽或用餐時，是否可教導他。每一次問，他都得到相同的答案。他又問老師，是否可在下列場合教導他：從托缽回來的路上、用午餐後、午休期間、準備就寢時、起床時、洗臉前、坐在房間內的時候。每一次，老師都回答他很忙碌。

然後，比丘直率地點出他老師的生活方式：「尊者，你應該至少有一些時間，即當你清晨起床後洗完臉進房盤坐三、四次，如此足以讓房間溫暖起來的時間。但是你似乎連死的時間都沒有！你就像一張椅子，支持著別人，但從未支持你自己。所以，我放棄我想要聆聽你教導的希望了。」說完後他便飛入空中。

這位老師方才了解，那比丘前來此處不是為了向他討教，而是要提醒他應該要修行。於是，隔天一早，那長老即帶著衣缽離開寺院去修行。他未告訴任何學生，心想：「像我這樣的人，要證得阿羅漢果（arahattaphala）並不難。可能只需要兩、三天就能徹底證悟。」

那長老就在七月滿月日的前兩天，開始在村落附近的山谷練習。然而，他並未如自己預期那樣，在滿月日證悟。於是他仍持續練習，以為：「我本想花兩三天證得阿羅漢果，但事實不然。那就這樣吧，在這次三個月雨安居（vassa）期間我會持續練習。雨安居後，我會讓大家知道我是誰。」但是事與願違，待雨安居結束，仍未證得任何道智。他因而感到十分羞愧，心想：「我原本想在兩三天內達到目標，但是現在甚至已過三個月，卻什麼也未證得。我的同伴比丘也許會以阿羅漢身進行自恣（pavāraṇā）[106]，但我卻不是。」當他想到這裡，眼淚從兩頰落下。

此後，他不再躺臥，把床晾在一邊，只採坐、站、走三種威儀，把所有的時間用來密集練習。他完全不躺下，認為躺著是浪費時間。即使如此，經過二十九年，他仍未證悟。這過去的二十九年裡，每次自恣日他都不禁潸然淚下。就在這第三十次自恣日，他知道自己仍未體證任何道智、果智，再次因未能證悟而傷心掉淚，懊惱自己未能在自恣日和同伴比丘一樣成為阿羅漢。不過，這次他聽到附近有人在哭泣，於是大聲問說是誰。

「是我。」一位天人回答：「尊者，我是位天人。」

「你為何在這裡哭泣？」那長老問。

「尊者，因為我希望靠哭泣證得幾個道智、果智。」

那長老比丘聽後感到羞愧而告訴自己：「天人也在取笑我！我不應當再如此。」於是，他放下懊惱，內心恢復平靜，依次發展觀智，直到最後證得阿羅漢果。

長老大濕婆用這麼長的時間才圓滿其修行，可能是因為他內觀的觀察範圍很廣，而這也是尊者舍利弗比尊者大目犍連用了較長時間才證得阿羅漢的原因。疏鈔說，舍利弗用了相對較長的時間，內觀才成熟，這是因為他觀智修習的觀察所緣範圍，比證得阿羅漢所需的範圍更為廣大所致。

長老大濕婆相當博學，甚至已熟記整個藏經，所以也可以合理地認為：他的波羅蜜資糧（pāramī）和觀智，足夠以小規模的觀察便證阿羅漢果；如同佛陀的前世——成佛之前的隱士蘇梅達（Sumedha）的情況，蘇梅達的波羅蜜和觀智其實是足夠他在燃燈佛（Dīpaṅkarā Buddha）座下成為證悟的弟子的。

世俗不苦不樂受

愚闇凡夫（andhaputtujjana）遇到不苦不樂的感官對象時，常常既不快樂也不難受，但未能加以覺察，因此也就無法捨棄感官對象，而對它有所貪愛。這種感受稱為「世俗不苦不樂受」（sāmisa-adukkhamasukha）或「在家之捨」（gehassita-upekkhā）或「無智捨」（aññāṇupekkhā）。內觀禪修者經常經驗到此種感受，但是因為它不顯著，所以很難加以觀照。不過，當你注意到它時，應依據巴利經文加以觀照：

> ……感受世俗不苦不樂受時，他了知：「感受世俗不苦不樂受。」……[107]

非世俗不苦不樂受

當內觀修習超越觀染而得淨化時，出現的感官對象會變得很清晰，就算難以觀察的不苦不樂受，在銳利的觀智之前，尤其在行捨智的階段，也會變得顯著。這不苦不樂的感受稱為「非世俗不苦不樂受」。它也稱為「出離捨」（nekkhammassita-upekkhā）。應依照下列的引文，加以觀照：

> ……感受非世俗不苦不樂受時，他了知：「感受到非世俗不苦不樂受。」……[108]

了知受

觀察感受的方式，如同之前隨觀身體的章節所說觀察內外法的方式。

觀照感受時，見到了感受生起又消失。這是對生滅的了悟。禪修者也可了悟到人之所以感受到快樂、不快樂或中性的感受，是因為分別有苦的、樂的和不苦不樂的所緣對象；當這類對象不存在時，就沒有這些感受。他也會進一步了悟：感受的生起也是由於過去的業、無明和渴愛；若沒有過去的業、無明和渴愛，感受便不會生起。因此，禪修者了悟到感受生起、消失和不生的原因，如下列巴利文所說：

……於受隨觀生起的性質……滅去的性質。[109]

每次精確觀照感受時，將了悟到沒有人或眾生，沒有我、我所，也沒有在感受男人或女人，只有樂受、苦受或不苦不樂受。換句話說，能夠看清感受，免於任何堅實影像的概念。如此，正念和觀智提升，執取減少，如巴利經文所說：

……他確立「受存在」的念……[110]

以上是受隨觀（vedanānupassanā）。

心隨觀

心的狀態

渴望、欲望、欲求都稱為「有貪心」（sarāgacitta），是受貪影響的心。這種心出現時，觀照標記它「貪、貪」。觀照它一、兩次之後，它可能就消失。如果它仍持續，那就反覆地繼續觀照，直到它最終自然消失。沒有想要、喜愛之時，心變得清淨，處於「無貪心」（vītarāgacitta）的狀態，你也應該觀照這種心的狀態，如巴利經文所述：

心有貪時，了知「心有貪」。心無貪時，了知「心無貪」。[111]

生氣、挫敗、恨意、敵意、殘酷，稱為「有瞋心」（sadosacitta）。當它們出現時，就觀照「生氣」等等。當你觀照它一兩次時，它也許會消失。如果它仍持續，反覆地觀照，直到它消失。最後它會完全消失，心變得潔淨、清晰，即無瞋心（vītadosacitta）。你應當如實觀照這種心，如巴利經文所述：

心有瞋時，了知「心有瞋」。心無瞋時，了知「心無瞋」。[112]

感到困惑而被無明或錯覺所掌控的心，稱為「有痴心」（samohacitta）。欲望的念頭、偽善和對自身的錯覺，是以貪為根且受愚痴影響的「貪根有痴心」（lobhamūla samohacitta）。不悅的心理狀態，如恐懼、擔心、悲痛、傷心、厭惡、嫉妒、後悔等，則是以瞋為根且受愚痴影響的「瞋根有痴心」（dosamūla samohacitta）。當上述任何種類的心出現後，應該如實地觀照它們。在這些心消失後，心會變得清淨，處於不受愚痴影響的「無痴心」（vītamohacitta）的狀態，你也應當如實觀照它，如巴利經文所說：

心有痴時，了知「心有痴」。心無痴時，了知「心無痴」。[113]

當經驗到下列的心理狀態時，禪修者也應該如實觀照：懶惰的心（saṃkhittacitta）、散亂的心（vikkhittacitta）、專注的心（samāhitacitta）、不專注的心（asamāhitacitta）、解脫的心（當觀照心暫時遠離煩惱時）（vimuttacitta）、未解脫的心（當缺乏覺知，或散亂的心有煩惱時）（vimuttacitta）。

下列四種心識狀態則只出現在證得禪那（jhāna）的人們心中，所以它們和純觀行者無關：廣大心（mahaggatacitta）、非廣大心（amahaggatacitta）、有上心（sa-uttaracitta）、無上心（anuttaracitta）。

時時刻刻如實觀察心的狀態，稱為心隨觀（cittānupassanā）。如果只是條列或算數心的數目：「被貪影響的心有八種，稱為貪根心」等等，這不是真正的心隨觀，只是概念。因此，注釋書這麼說：

在心生起時，觀照它，無論是自心、他心、有時自心有時他心。這稱為「心隨觀」。[114]

在心生起時加以觀照，便會了解：心有了知的特相（vijānanalakkhaṇā）；它有能見、聽、嗅、嘗、觸的作用，雖然它和心所同生同滅，它就像是了知所緣對象的前導者——它具有領導心所的作用（pubbaṅgamarasa）；它持續地顯現，一個剎那接著另一個剎那（sandahanapaccupaṭṭhāna）；它的近因是依處、所緣、心所、受等（vatthārammanapadaṭṭhāna; nāmarūpapadaṭṭhāna）。

了知心

隨觀心的方式，和隨觀身一樣，應覺知內、外的現象。

在觀照心的時候，會看見它立即地生起又滅去。這是了知心的生滅。也會了悟到某類的心只有在特定的心所、依處、過去的業、無明、渴愛的條件下才會生起；缺乏這些條件，那類的心便不會生起——這是了悟心生滅的原因。如巴利經文所述：

> ……他於心隨觀生起的性質和滅去的性質。[115]

每當觀照心時，他了悟到沒有人、眾生，沒有我或我所，沒有了知的女人或男人，只有對所緣的了知。換言之，禪修者能了知心而不受概念影相所影響。因此，正念與觀智提升，執取減少，如巴利經文所說：

> ……他確立「心存在」的念……[116]

以上是心隨觀（cittānupassanā）。

法隨觀

五蓋

渴望感官快樂的享受稱為「欲貪蓋」（kāmacchandanīvaraṇa）。這也包括想要證得禪那或了悟道、果、涅槃的渴望。在第二章，我解釋過想要心靈成就的渴望如何可以成為欲貪。當欲貪生起時，應如實觀照。

……內有欲貪時，比丘了知：「我內有欲貪。」[117]

生氣、挫折、怨恨、冷酷、敵意，屬於所謂的「瞋恚蓋」（byāpādanīvaraṇa），應在它們生起的瞬間，如實加以覺察。心和心所處於懶惰、遲鈍、欠缺能量的狀態，稱為「昏沉睡眠蓋」（thinamiddhanīvaraṇa），應在它們生起的瞬間，如實地加以覺察。心的不安定稱為「掉舉」（uddhacca），應在它生起時，如實觀照。悔恨、懊悔稱為「悔」（kukkucca），當它生起時，如實觀照。這是依據巴利經文的觀照方法：

內有瞋恚……昏沉睡眠……掉舉後悔……比丘了知：「我內有瞋恚」……「我內有昏沉睡眠」……「我內有掉舉後悔」。[118]

懷疑佛陀的一切智、道果涅槃的證悟；懷疑佛弟子的覺悟；懷疑沒有人、眾生而只有因果法則的事實[119]；懷疑自己是否修習正確的方法，能否導向道、果、涅槃；或者懷疑老師的指引是否正確、是否有人以這套方法開悟。上述這些稱為「疑」（vicikicchā）。在感到這類懷疑的當下，應如實地觀察它，如下列巴利文所說：

內有疑時，比丘了知：「我內有疑。」[120]

當你觀照這些心理蓋障一兩次或幾次後，它們可能會消失。你也應該觀照沒有這些蓋障時的心理狀態：

內無欲貪時，比丘了知：「我內無欲貪。」[121]

感官的欲望（欲貪）因不明智的注意（非理作意）而生起。待觀智成熟時，你將能夠覺察到這欲貪；而當你覺察它時，你也將會體驗到欲貪的消逝。這覺察、覺知，就是明智的注意（如理作意）。有時你也可能很快就覺察到不明智的注意，從而避免欲貪的生起。其他的蓋障也是如此。例如，當昏沉睡眠被觀照而消失後，你可能會日夜保持警醒。這樣，你就會了知造成障蓋的原因。你會了悟不明智的注意引生欲貪和其他障蓋，而明智的注意則消除障蓋。

如理作意

如在第一章已解釋過，任何激發善法的覺知，都應視為如理作意（yoniso manasikāra，即明智的注意或正確的態度）。這裡我將詳細說明如理作意和內觀禪修的關係。

在內觀禪修中，如理作意是指觀照、觀察當下生起的身心現象，了知它們的個別特徵（自相）和共同特徵（共相）。當體驗身心現象的體驗性知識（現量智）成熟時，禪修者可以透過類比、推論，來了知其他尚未體驗的現象，這也是如理作意。因此，如理作意是導向證悟更高的觀智、道智、果智的注意力。如注釋書說：

> 如理作意是注意的正確方法和道路。如理作意是於無常處見無常，於苦處見苦，於無我處見無我，於不淨處見不淨。[122]

觀智、道、果、涅槃是內觀禪修者希望證得的真正成就。因此，如理作意是對現象的如實覺察，觀察身心現象的無常等特徵。

內觀禪修者應該僅是如實了知顯著的身心現象；他不是去體驗人、眾生、我、女人、男人。禪修者必須了知無常、苦、無我三共相，以斷除煩惱；不是去體驗常、樂、我、淨的表相。當禪修者在六根門體驗感官對象時，五門轉向心（pañcadvārājjana）或意門轉向心（manodvārāvajjana）將會生起而認識感官對象，以至於它們只被視為無常的身心現象。在這種轉向心之後生起的，則是內觀速行心。轉向心和內觀速行心，都被視為「如理作意」，因為它們導向對身心現象的正確了知，以及道智、果智。如《念處經》的疏鈔所解釋：

如理作意是藉由正確了知善法的自相（、共相、作用）等而起的與智相應的心理狀態。它稱為如理作意，因為它是運用注意力的正確方法。轉向心也被視為如理作意，像那（與智相應的）心理狀態一樣。[123]

因此，依據疏鈔，轉向心和內觀速行應視為如理作意，因為它們引生後續心路過程裡的善法。

非理作意

非理作意（ayoniso manasikāra）不是注意的正確方法和道路。非理作意是於無常處見常，於苦處見樂，於無我處見我，於不淨處見淨。[124]

把在六根門出現的身心現象視為恆常、快樂、我、淨（有吸引力），便是非理作意。事實上，任何失去正念的時刻皆應視為非理作意，因為它會導致常、樂、我、淨的觀念。

舉例而言，假設我們無法在眼見的瞬間觀照見的過程，我們就不會停留在「只是見」的過程，而是接著開始想「那人是誰」或「我們以前曾見過面」，然後又想「這人剛才在那裡，現在在這裡」或者「是我在看到他之後想著他的」。有這些想法意味著我們懷有恆常的見解。或者，我們可能高興地認為：「我看到女人」「我看到男人」「他不錯」「見到她真好」。或者，會把對象和我們的眼識當作是人、眾生或「我」。或者，會認為對方很好、很有吸引力。在這樣的時刻，是不可能見到無常和其他共相的，即使我們注意，無常等共相也不會清楚顯露，更不用說在這種情況下我們完全沒有機會證得道、果。無論如何，缺失正念的狀態都視為非理作意，因為它沒有利益，不會帶來觀智、道、果。非理作意是不善法的肇因。

應該視「轉向心」和在前面的心路過程裡生起的「不善速行」，為非理作意，因為它們引生了之後心路過程裡的不善法。在單一心路過程中，當「轉向心」導向不善法時，它應視為非理作意。

凡夫通常傾心於能激發煩惱的感官所緣。當所緣出現在六根門時，轉向心即基於非理作意而生起，就好像它想知道所緣是可愛還是可怕的一樣。這種轉向心好比怕鬼的人因暗夜中的響聲而起驚嚇，或者像是急著要見好友的人錯把路人當成好友。就五根門的心路[125]而言，轉向之後，領受心、推度心隨而生起，之後是確定心——決定所緣是否可愛。然後，造業的速行，依於貪、瞋、痴而生起。就意門心路過程而言，造業的不善速行依於對所緣的注意力而生起，這時注意力轉向所緣並把它視作是可愛的或可憎的。這就是不善心如何因非理作意而生起。

簡言之，在內觀禪修中，如理作意指的是正念。支持正念的作意，也視為如意作意。至於游移散亂的心，則是非理作意，會產生障蓋。應當覺知這兩種作意，如巴利經文所示：

> ……他也了解未生的欲貪如何生起，已生的欲貪如何滅去，已斷的欲貪如何不生。[126]

關於已斷的五蓋在未來不生起，它們的斷除分別是：第一道智會拔除疑；第三道智會斷除欲貪、瞋恚和悔；第四道智則斷除昏沉睡眠和掉舉。

各階道智完全根除哪些特定的障蓋，是在各階道智之後的省察智時，才能了知。在此之前，只能夠依據經教知識來了解。譬如我們可以運用這些經教知識來判斷某人尚未證得某道智，因為看到他仍有某些蓋障。這經教知識可以幫助我們更加努力以證道智。

五蘊

觀察五蘊並沒有其他特別的方法。如之前所說，適合觀照色法的人在觀照「見」「聽」等的時候能夠了知到色法。適合觀照入處（āyatana）或界（dhātu）的人在觀照「見」「聽」等的時候將能夠了知處或界。適合觀照名色現象的人，也用這種方法觀察名色現象。

在見的時刻觀照「見、見」，若覺察到眼根或色所緣，這就是覺察到色蘊。若覺察到與色所緣相關的苦受、樂受、不苦不樂受，這就是覺察受蘊。若覺察到對色所緣的辨視，就是覺察想蘊。若覺察到心理上與色所緣的接觸、想要見的意願、貪心、信心等等，這就是覺察行蘊。如果覺察到眼識，這就是覺察識蘊。如此覺察五蘊，符合巴利經文的描述：

在此，比丘了知：「如此是色……如此是受……如此是想……如此是行……如此是識。」[127]

觀照聽、嗅等也是如此。如果在肢體彎曲時觀照「彎曲」，這是在覺察：色蘊的彎曲移動，識蘊裡想彎曲的動機，以及與彎曲有關的行蘊——如名色之間的觸和驅動移動的思（意向）。其中，受蘊和想蘊，只是偶而才顯著，當它們變得明顯時，禪修者覺察到與想彎曲的動機有關的愉悅或不愉悅，覺察到能辨視出這經驗的想蘊。伸展、行走等，也是如此。

如此，明辨身心現象的智慧將會生起。禪修者了解色蘊就只是「會變壞」，僅此而已。受只是感受，想只是辨知，行只是執行其作用，識只是識知所緣。這並不是五蘊的條列算數，而是基於時時刻刻覺知的體驗，符合上述的巴利經文，所謂：「如此是色……如此是受……。」有關於此，注釋書給與下列的解釋：

「如此是色」意指：「如此是色，色就這樣，此外沒有色。」他了知色的自相。受等也是如此。[128]

■ 身體現象的生和滅

每當觀照身體現象時，如果禪修者看見它們即生即滅，例如，在看的時候，我們觀察到眼淨色和眼所見色，瞬間生起和消逝，這是生滅智——了悟生起之相（nibbattilakkhaṇā）和變異之相（vipariṇāmalakkhaṇā）。

人們普遍相信身心現象是美好的，不認為它們是苦的、不好的、不淨的。他們不了解這些身心現象的徹底息滅是安詳美好的。這個不了解，就是無明。由於無明，人們在過去生就執著於身心現象，試圖讓它們變愉悅，從而造作善或不善的行為。這些善或不善的行為即是業（kamma）。善業是獲得人身的原因。內觀禪修者在了悟到業會帶來身心的善惡果報的知識後，接受這個業的法則。在修習內觀時，他也依於經驗了悟身心現象的起因，以及現象的生起和滅去。所以禪修者的了知，是親身經驗和經教知識的結合。

透過反思，禪修者了解：今生有此色身乃是因為過去生有無明；若沒有無明，這色身就不會生起。今生有此色身是因為過去生有執著和渴愛；若沒有執著和渴愛，這色身就不會生起。今生有此色身是因為過去生有善業和不善業；若沒有善業和不善業，這色身就不會生起。今生有此色身是因為今生的食物滋養；若沒有今生的食物滋養，這色身就不會生起。

依據《無礙解道》，上述透過反思而得的了悟，被視作色之生滅的推論智。這時的禪修者也會了悟到個人此生身體現象的近因，例如，了悟手彎曲的過程是由彎曲手的動機所引發；沒有這個動機就不會有彎手。再者，冷、熱的身體感覺，是由環境的冷熱條件所造成；若沒有那條件，就不會出現冷熱的身體經驗。如同巴利典籍所說：

> 如此是色，如此是色的集起，如此是色的滅去……[129]

■ 受、想、行

舒服、愉悅、快樂，稱為「樂受」（sukha-vedanā）。不舒服、不愉悅、悲傷稱為「苦受」（dukkhavedanā）。既非愉悅也非不愉悅的感受稱為「捨受」（upekkhāvedanā）。觀照這些感受時，將看見它們即生即滅。這是了悟現象生起與滅去的生滅智。

透過反思，禪修者了解：「今生有這些感受生起，是因為過去生有無明；沒有無明，這些感受就不會生起。今生有這些感受，是因為過去生有執著和渴愛；沒有渴愛，這些感受就不會生起。今生有這些感受是因為過去生有善業和不善業；沒有善業和不善業，這些感受就不會生起。今生有這些感受是因為今生的食物滋養；沒有今生的食物滋養，這些感受就不會生起。」

上述的了悟是受之生滅的推論智。想和行也是如此。如巴利佛典所說：

> ……如此是受，如此是受的集起，如此是受的滅去……[130]

■ 識

在觀照心識「見到」「聽到」「想彎曲」「想伸出」「知道」等的時候，禪修者會看到心識即生即滅。這是了悟現象生起與滅去之相的觀智。

透過反思，禪修者了解：今生有這心識生起是因為過去生有無明；沒有無明，這心識就不會生起。今生有這心識是因為過去生有執著和渴愛；沒有執著和渴愛，這心識就不會生起。今生有這心識是因為過去生有善業和不善業；沒有善業和不善業，這心識就不會生起。今生有這心識是因為今生的食物滋養；沒有今生的食物滋養，這心識就不會生起。

這了悟是識之生滅的推論智。由於所緣，才有識生起；若沒有所緣，識就不生起。由於有前一個心識，下一個心識才生起；若沒有前一個心識，下一個心識就不生起。如巴利佛典所說：

> ……如此是識，如此是識的集起，如此是識的滅去……[131]

依據注釋書，生滅智的生起有五十種方式：五蘊的每一蘊皆從十個方面了知——生起、滅去、生起的四種原因、滅去的四種原因。[132]如此，總共以五十種方式了知五蘊。然而，最重要的是其中的十種了悟，即見到五蘊每一蘊的生起和滅去。

六處

■ 見

眼見時，我們能夠經驗處、界、名色現象，例如，作為眼處（cakkhāyatana）、眼界（cakkhudhātu）的眼淨色；作為色處（rūpāyatana）、「色界」（rūpadhātu）的眼所見色；以及意處（manāyatana）。

我們也可以體驗視覺心理過程的處和界。它們出現的順序，依次是：眼識界（cakkhuviññāṇadhātu）、由轉向所緣的轉向心（āvajjana）和接收所緣的領受心（sampaṭicchana）所組成的意界（manodhātu），之後是意識界

（manoviññāṇadhātu），包括探索所緣的推度心（santīrana）、決定所緣的確定心（votthapana）、形成業的速行心（javana），和註記所緣的彼所緣心（tadārammaṇa）。[133]

所有心所都屬於法處（dhammāyatana）或法界（dhammadhātu）。包括與所見色接觸的觸（phassa）、受（vedanā）、想（saññā）、思（cetanā）、貪（lobha）、瞋（dosa）和信（saddhā）等心所。

心和心所二者合稱為「名」（nāma）——它們「去」向或「彎」向所見色。[134] 眼淨色和所見色，則無法彎向所緣，它們稱為「色」（rūpa）——當它們遇到相反的物質條件時，它們會改變或者損壞。[135]如此，依於個人的特質，每次觀照見為「見」時，禪修者若非從四處、六界，便是從名色的角度，了解諸法（種種現象）。

■ 聽、嗅、嘗、觸

在聽聲時，我們所體驗到的處、界、名色法是：相當於耳處（sotāyatana）、耳界（sotādhātu）的耳淨色；稱為聲處（saddāyatana）、聲界（saddādhātu）的聲音；聽的心理過程是名法——可以從處的角度分為意處、法處，或從界的角度分為耳識界（sotāviññāṇadhātu）、意界、意識界、法界。

在嗅香時，我們可以體驗到：相當於鼻處（ghānāyatana）、鼻界（ghānadhātu）的鼻淨色；相當於香處（gandhāyatana）、香界（gandhādhātu）的氣味；嗅香的心理過程是名法——從處來看分為意處、法處，從界的角度分為鼻識界（ghānaviññāṇadhātu）、意界、意識界和法界。

在嘗味時，我們可以體驗到：相當於舌處（jivhāyatana）、舌界（jivhādhātu）的舌淨色；相當於味處（rasāyatana）、味界（rasadhātu）的滋味；嘗味的心理過程是名法——從處來看分為意處、法處，從界的角度分為舌識界（jivhāviññāṇadhātu）、意界、意識界和法界。

在身觸時，我們可以體驗到：相當於身處（kāyānāyatana）、身界（kāyadhātu）的身淨色；相當於觸處（phoṭṭhabbāyatana）、觸界（phoṭṭhabbadhātu）的身體觸受；身觸的心理過程是名法——從處來看分為意處、法處，從界的角度分為身識界（kāyaviññāṇadhātu）、意界、意識界和法界。

如此，依於每個人的特質，每當觀照聽、嗅、嘗、觸為聽、嗅、嘗、觸時，禪修者若不是從四處、六界，就是從名色的角度，來了解諸法（種種現象）。

■ 思考

在思考的時候，我們體驗到下列的處、界、名色法：單純取名法所緣的心——意處（manāyatana）、意識界（manoviññāṇadhātu）。

我們能夠體驗到法處與法界的心所，例如與所緣接觸的觸心所、受、想、思、定、尋、伺、勝解、精進、喜、欲、貪、瞋、痴、邪見、慢、嫉、悔、昏沉與懶惰、掉舉、疑、無貪、無瞋或慈、悲、隨喜、信、念、慚、愧、慧、輕安、輕快等等。

也有與思考有關的、屬於法處、法界的色法，如心所依處（hadayavatthu），它是心念生起的物質基礎，還有女根（itthindriya）、男根（purisindriya），它們分別會產生女性和男性特徵。

如此，依於個人的特質，每當觀照心念，如想要彎曲的意向、思惟、分心、思慮、觀照、觀察等，禪修者依二處、二界，或名色的角度了解諸法（種種現象）。心的所緣對象可以是概念法或究竟法。如果是究竟法，就能夠從處、界 ，或從名色的角度加以了知。

十結

有十結：(1)「欲貪」（kāmarāga），對內、外感官對象的渴求；(2)「瞋恚」（paṭigha），生氣、挫折、瞋恨，希望某人死；(3)「慢」（māna），自視甚高，與他人爭勝；(4)「邪見」（diṭṭhi），認為有個「我」或人格身分永存或死後斷滅；(5)「疑」（vicikicchā）；(6)「戒禁取見」（sīlabbataparāmāsa），錯誤地以為儀式或某些習俗行為能夠導至解脫；(7)「有愛」（bhavarāga），對美好生命和其享樂的貪愛；(8)「嫉妒」（issā）；(9)「慳吝」（macchariya），不希望別人像自己一樣擁有相同的財富和名聲；(10)「無明」（avijjā），不知道身心的真實本質——它會伴隨其他一切的結縛。

十結的任一結縛現前時，他或她將在此生命終止後開始另一段生命，無法免於輪迴之苦中。之所以將它們稱為「結」是因為它們把我們捆綁於輪迴再生之苦。如果在看的時候未覺察眼淨色、所見色或眼識，在聽的時候未覺察耳淨色、聲音或耳識等等，這十結就會在我們心中生起。當某個結縛現前時，我們應該如實觀照它。

如果在欲貪生起時能如實加以觀照，禪修者會覺察到激起欲貪的非理作意。藉由如實觀照，禪修者也會覺察到驅散欲貪的如理作意。待練習成熟，有時候會在非理作意一生起時就能覺察到它，藉由觀照，欲貪將會消失而未得完全發展。因此，巴利佛典如此說：

> 在此，比丘了知眼，了知色；了知緣於二者而生的結縛；了知未生的結縛如何生起；了知已生的結縛如何斷除……[136]

省察智是在道、果智之後生起的智慧，它反思這五件事：道、果、涅槃、已根除的煩惱和未根除的煩惱。禪修者只能夠在省察智的時刻，回顧那根除結縛煩惱的道智，如巴利經文所說：

> ……了知已斷的結縛如何於未來不生。[137]

然而，作為常識，禪修者應該知道：初道智根除有身見（sakkāyadiṭṭhi）、關於佛陀教法的疑（vicikicchā）、錯信某儀式或習俗能解脫的戒禁取見（sīlabbataparāmāsa）、嫉妒（issā）、慳吝（macchariya）。第二道智根除較粗的欲貪（kāmarāga）和瞋（paṭigha），第三道智根除較細微的欲貪和瞋。最後第四道智根除慢（māna）、有貪（bhavarāga）和無明（avijjā）。

應注意到，並非每個看似是吝嗇的例子都必然是慳吝結的徵兆。雖然初道智根除慳吝，但這並非意指預流者會變得慷慨到給出自己所擁有的一切。看似為慳吝的，可能是執著財物，或者就是慳吝。無法忍受財物落入他人之手，或想到別人使用該財物便無法忍受的吝嗇，必是慳吝。預流者沒有這種慳吝，但對財物仍有執著。

應該記得，在佛陀時代，證得預流、一來、不還這前三階證悟的人，不乏富有的男居士、女居士、國王、皇后。當時肯定曾有盜賊或外道威脅他們布施、提供財物。如果這些聖者順從要求，他們會失去所有的財物。譬如商人給孤獨長者曾遭遇過盜賊，要是他總是給出被要求的財物，那些盜賊就沒有理由犯下強盜的罪行。所以，不願意給予，並不必然是慳吝。另一方面，想到別人會擁有或使用自己的財物時感到嫉妒，這才算是慳吝。只是執著於個人的財富，並非慳吝而是貪愛。

再者，不給不應給與的，既不是慳吝也不是貪愛財富。例如，女阿羅漢蓮華色（Uppalavannā）拒絕比丘優陀夷（Udāyi）對她索求下衣。蓮華色並非僅去除欲貪和慳吝，她已是斷除一切煩惱的阿羅漢。她拒絕那請求，只是因為給與別人她的下衣並不合宜。

七覺支

■ 念

從生滅智階段開始，禪修者的練習愈來愈不受五蓋所干擾，能穩定地讓念安住在所緣上。即生即滅的名色所緣似乎是自發地向觀照心顯現，一個所緣被觀照後立即出現另一個所緣。觀照心似乎沉入所緣裡，所緣也似乎沉入觀照心中。注釋書說，這種觀照的特徵是一種把心所「浸入」所緣對象的心理狀態。這種念的特質是念覺支（satisaṃbojjhaṅga），因為它導向道智。

■ 擇法

觀照所緣時，禪修者了知與它相應的名色法的特質，也見到名色法的驟然生滅。他也會清楚地看到它們無常、苦、無我的性質。這份了知是擇法覺支（dhammavicayasaṃbojjhaṅga）。

■ 精進

觀照所緣時，禪修者應該運用適度的精進努力。練習時，如果運用過多的精進，會變得太急躁而不安穩，觀照也不會達到最佳效果。另一方面，練習時，如果運用過少的精進，努力的強度不足以支持觀照，心將變得昏沉、遲鈍。所以，練習時應當運用適度的努力，若精進太過時應減少努力，若精進太弱時則應加強努力。

如此，便不會因為過度努力而躁動，也不會因精進不足而昏沉，禪修者將能正念覺察每個生起的所緣而不漏失任何所緣。這種精進稱為精進覺支（vīriyasaṃbojjhaṅga）。

■ 喜、輕安

隨著每次觀照而體驗到的歡喜，稱為喜覺支（pītisaṃbojjhaṅga）。透過不費力地練習而經驗到的輕安或寧靜，稱為輕安覺支（passaddhisaṃbojjhaṅga）。尤其在生滅智初期，喜和輕安的特質會非常顯著，禪修者會感受到前所未有的歡喜和寧靜，這證實了佛陀的話：

法喜勝一切喜。[138]

在行、住、坐、臥、曲、伸等一切動作中，禪修者身心感到舒適。由於喜的緣故，可能會感到好似在吊床中來回搖擺。由於輕安的關係，可能不會觀照任何所緣，感覺好似只凝視著它或者只是寧靜地坐著。這種喜悅、輕安的心理狀態，從壞滅智開始僅會偶而出現，但是它們通常會隨著行捨智而增強。

■ 定

觀照時，心專注於每個所緣，黏著在所緣上沒有游移，穩固地聚焦於所緣。這種專注讓禪修者能夠了知名色身心現象的自相和無常等共相。這種含於觀照的每一瞬間的「剎那定」稱為「定覺支」（samādhisaṃbojjhaṅga）。

■ 捨

觀照每個所緣時，心保持平衡、泰然。這種心的平衡狀態（taramajjhattatā）稱為「捨覺支」（upekkhāsaṃbojjhaṅga）。要在經驗上了解這種捨心或向他人解釋，是相當困難的事。然而，禪修者藉由生滅智等的觀智，透過個人的體驗可以輕易地了解。

平衡五根

■ 信和慧

當禪修者每次觀照只看見名色身心現象的生滅時，他可能會基於強烈的信心反覆想著這件事。例如，禪修者可能訝異於名色生起後又立即消失，甚至不到一眨眼的短暫工夫。想著名色法的確是無常、苦、受因緣制約，以至於相信佛陀無所不知。他可能會想佛陀和老師說的話，真是真實不虛。然而，當禪修者滿懷信心與感激思慮著這些事時，他可能就忘了覺察信心這個心理狀態，以及其他正在生滅的現象。這是對法的信心過度而妨礙觀照的情況。

慧力過度的禪修者可能會經常思考、反思。例如，可能想著正觀照的是名法還是色法，是觸還是受，是否有效地在觀照所緣，是否正體驗其特相、作用，或是否見到生、滅、無常等等。此類禪修者在練習中體驗到某個清晰經驗時，可能會把這體驗和熟悉的經教、個人想法，或他人的話語相互比較。然而，當禪修者想著這些事的時候，他就忘了覺察這思考、推理的心理狀態，以及其他正在顯現的現象。這是過度分析或推理妨礙了觀照。

由於本質為平衡的捨的緣故，信和慧會保持平衡，皆不過度。禪修者僅觀照著正生起的所緣，不因信和慧而思慮、分析。如此，禪修者能夠觀照當下生起的身心現象並清晰了知它們的實相。

■ 精進和定

精進過度時，會變得太努力，乃至禪修者會變成一直在尋找所緣來觀照，或者擔心無法有效觀照所緣，或者擔心可能漏失要觀照的所緣。有時候，禪修者甚至變成想著未來自己將如何有效觀照，或者想著過去自己曾如何遺漏所緣。由於這些過度擔憂，心無法好好專注，徒然引生掉舉、躁動，使得禪修者無法完整地覺察每一個生起的名色身心現象。因此，過度精進會導致練習時定力退失和體驗不清晰。這是精進過度而妨礙觀照的情況。

再者，如果定力太強，觀照心可能長時間只停留在某一個所緣上。其他所緣不能向心顯現，使得禪修者忽略觀照其他所緣。當禪修者持續以鬆散的方式觀照而不付出努力時，精進力將會變弱。這就像反覆硬記一首唱誦的時候，愈來愈不需努力。因此，所緣和觀照心變得模糊不清，昏沉與懶惰開始蔓延，致使無法完整地覺察每一個生起的名色身心現象。這是定過度而妨礙觀照的情況。

由於捨心具有讓精進和定保持平衡的功能，禪修者能夠時時刻刻清晰地觀照。即使有許多所緣出現，心也不會變得躁動。一切顯現的名色現象都將被觀照，好似觀照心自行運作，心穩定地保持在覺察的所緣上。禪修者將會感受到沒有哪一個所緣被遺漏，已覺察所有生起的所緣。

■ 平衡的練習

信與慧平衡、精進與定平衡，平衡諸根，稱為捨覺支。當捨成熟時，念等心所也平衡、強大而顯著。這時，禪修者不需去找尋所緣；前一個所緣被觀照後，下一個所緣將自行顯現。所緣的觀照將不需花力氣，就好像觀照過程自行平順地流動。心將穩定保持在任何生起的所緣上，禪修者將會體驗到名色身心現象的自相和共相。

在這個階段，禪修者應該保持平衡，避免去分析體驗，或增加、減少精進力。讓練習平順進行，不做任何改變。然後，禪修者將能夠覺察到這平衡的心理狀態，體驗到其中的七覺支，如下列指引所說：

> ……比丘內有念覺支時，了知：「我內有念覺支」……[139]

當因為過度精進或未觀照所緣而導致練習不流暢，覺支不存在之時，禪修者知道覺支不存在，並觀照標記「不穩」「失念」「在想」等等。如同經文的指導：

> ……內無念覺支時，他了知：「我內無念覺支」……[140]

覺支得以生起的近因，是過去的念和如理作意，例如想要喚起覺支的決心，或者思惟能喚起信心的事物。循此，禪修者了解什麼可以喚起覺支，如巴利經典的記載：

……他了知未生起的念覺支如何生起……[141]

只有在證得阿羅漢道智而全然證悟的時候，所有的覺支才完全開發。透過完全證悟之後的審察智，禪修者將會了知覺支的完全發展。如經文說：

……了知如何藉由修行圓滿已生起的念覺支。[142]

七種苦

四聖諦是：(1)苦聖諦（dukkhāriyasacca），聖者所了知的關於苦的真理。(2)苦集聖諦（samudayāriyasacca），聖者所了知的關於苦因的真理。(3)苦滅聖諦（dukkhanirodha-ariyasacca），聖者所了知的關於苦滅的真理。(4)向苦滅道聖諦（dukkhanirodhagāminīpaṭipadā-ariyasacca），聖者所了知的關於通往苦滅之道路的真理。

這四個真理被稱為「聖諦」（ariyasacca）是因它們是唯聖者才能體悟的。簡單說，可以稱它們為「苦諦」（dukkhasacca）、「集諦」（samudayasacca）、「滅諦」（nirodhasacca）、「道諦」（maggasacca）。

一期生命中名色法的最初出現稱為「生」（jāti）。這些名色法現象的持續出現和成熟，稱為「老」（jarā）。一期生命中最後名色法的滅去，稱為「死」（maraṇa）。生、老、死的現象是苦（dukkha）[143]，因為它們造成每一世的身心痛苦。苦意味著，這些現象是不好的，無可享受的，可厭的。因此說：

生是苦、老是苦、死是苦；……[144]

苦苦

疼痛等各種身體之苦，以及憂、悲等各種心理之苦，全稱為「苦苦」（dukkhadukkha）。這些身心之苦顯然讓人痛苦。

壞苦

雖然身心的樂受生起時是令人愉悅的，我們稱為舒服、快樂，但仍是壞苦（vipariṇāmadukkha）——因為當它們消失或出了問題的時候，我們會感到痛苦。出現時愈令人感到愉悅的感受，當它消失時就愈讓人痛苦。

就像墜落一樣，墜落的高度愈高，所受的傷害就愈大，甚至會死。這也像與所愛的人或事物分離一樣，我們愈執著於某個人，分離時便愈是痛苦。愉悅的感受一旦消逝就變成是痛苦。這是所有愉悅樂受的本質。這種苦也像偽裝成可愛天使的魔鬼；如果我們能知道這種天使的真實本質，就會對它感到害怕和厭惡。這就是為何樂受稱為「壞苦」的原因。

行苦

由於無常的性質，不苦不樂受和渴愛除外的所有世間身心現象稱為「行苦」（saṅkhāra-dukkha）。[145]這種苦滲透在所有其他的苦。行苦也包括苦受和樂受。巴利典籍說：

> 我也就諸行的無常性而說：「凡被感受的，皆是苦。」。[146]

樂受是顯著的，當它消失時我們會感到難過。可以說，比起〔不顯著的〕行苦，我們對於壞苦更感到害怕、難受。再者，不愉悅的苦受也是顯著的，因為它顯然更加讓人受苦，我們對它的害怕難受，更是甚於行苦、壞苦兩種苦，覺得它是一切苦中最糟的。這就是為何注釋家分別討論壞苦、苦苦這兩種苦，雖然它們都可以包括在行苦的範疇之中。

從內觀練習來看苦諦，我們必須徹底了解什麼是行苦。因為誤信內外身心現象是永恆的，所以我們喜歡它們。如果能了解它們是緣起的、無常的，我們將不再視它們為恆常、令人滿意，反而會把它們當作是可怕和令人受苦的。

隱覆苦和非隱覆苦

非外顯的身苦（如頭疼、耳疼、牙疼等）以及心理的苦惱（欲望造成的擔憂、挫折、或瞋心造成的悲傷）皆稱為「隱覆苦」（paṭicchannadukkha）。受此苦的人把它表達出來時，他人方能知道，否則他人便無法得知。這也被稱為「非顯露苦」（apākaṭadukkha），是不顯著的苦。至於，外在傷害或攻擊造成的身體疼痛，稱為「非隱覆苦」（appaṭicchannadukkha）或者「顯露苦」（pākaṭadukkha）。

明確的苦和非明確的苦

苦受是明確的苦（nippariyāyadukkha）或明白的苦；而諸如生、老等苦，是非明確的苦（pariyāyadukkha），這是說它們的苦並不明確，但能夠導致身心之苦。因此在七種苦中，生、老、死被稱為苦諦。

四聖諦

苦諦

佛典說：生是苦，老是苦，死是苦。如果我們失去親人、朋友、健康、財富、道德行為、信念，或者被處罰、折磨、關入監牢，我們會感到愁苦（soka）。愁苦如果強烈，會引生悲泣（parideva）。傷心欲絕難以抑制的絕望是瞋心的一種，稱為「過惱」（upāyāsa）。身體的一切苦，稱為「身苦」（dukkha）。心理的一般苦，稱為「憂」（domanassa）。愁苦、身苦、憂，因為能夠導致身心之苦，令我們感到痛苦，所以被稱為苦諦。悲泣和過惱，屬於非明確的苦，因為它們能夠導致身心之苦，所以被稱為苦諦。遇見不喜愛的人物也是苦，與所愛別離也是苦，渴望無法獲得的事物也是苦，這三種苦被稱為苦諦，因為它們能夠製造各種身心之苦。

如果我們未能覺察見、聽等之時的五蘊——色、受、想、行、識，它們可能會成為執取與邪見的對象。這就是為何它們被稱為「取蘊」（upādānakhandhā）的原因。我曾在第三章談《一夜賢善經》（Bhaddekaratta Sutta）的時候解釋過這一點。如果這五取蘊存在，以生為始的十一種苦就會生起；如果五取蘊不存在，苦便無從生起。因此，這五取蘊被稱為苦諦，因為它們具有無常的性質，且會遭受這裡談到的其他苦。因此，佛陀說：

> ……簡言之，五取蘊是苦。[147]

▪ 集諦

在見、聽等之時我們能夠直接體驗的身心現象，稱為五取蘊和苦諦。貪著於五取蘊，是渴愛。因為渴愛，我們渴望在今生和來世擁有更好的生活，為此我們在身、語、意從事善、不善行為，而構成善業和不善業。在我們一生之中，我們造作無數的業。

在此生最後一刻，臨命終時，在我們心中會出現過去某一個行為（kamma），或者出現行為當時印烙在我們心裡的一個影相——業相（kammanimitta），或者出現我們死後即將前往的來生的影相——趣相（gatinimitta）。當我們此世生命結束時，結生心——來世裡最初出現的五蘊——會立即到來，它會取臨終時最後顯現在心中的影相作為所緣對象。[148]這就像夢中體驗到的恐懼在夢醒後仍然持續存在一樣。死亡與結生的關係，就類似於實際看見某事和事後回想所見的關係一樣：二者用不同的方式緣取相同的所緣。禪修者將能夠了解這一點。

五取蘊從結生到死亡不斷地生起，在未來生裡也同樣如此，與這一生的情況相同。例如，我們看到某事然後回想所見，聽到某事然後回想所聞等等。如此，五取蘊持續生起。五取蘊在新生中首次生起即是生苦，五取蘊重複地生起、成熟即是老苦。五取蘊最後的消逝是死苦。我們在死亡前經驗到的任何愁苦、悲泣等，當然也是苦。基於見、聽等而持續生起的五取蘊，也是苦。

苦諦是業所作，業又是由於渴愛——對五取蘊的貪愛和執取所引起。若除去渴愛，便不會形成新業，已經形成的業也無法再招致新的一生。所以渴愛是一切苦的原因，這苦從每一世五取蘊的生起開始。例如，在看的時候，我們變得愛著看時所涉及的五取蘊，因為我們誤以為它們會令人愉悅。渴愛是苦的原因，是集諦（samudayasacca）。因此經文說：

> 這是渴愛，導致再生，與喜、貪俱行……[149]

▪ 滅諦

透過道智證入涅槃時，我們將真正了解，一切生起又滅去的名色現象皆是苦。因此，對名色五蘊的渴愛將不再生起，我們也將不再經歷再生輪迴。換言之，名色身心現象將會止息。這是一切苦滅，或者說「無餘涅槃」（anupādisesanibbāna）。在此「滅」一字意指五蘊不再生起。注釋書稱它為沒有殘餘的涅槃。涅槃——渴愛息滅和名色五蘊息滅——稱為滅諦。道智即以涅槃為其所緣。這就是一切苦滅的滅諦（nirodhasacca）。

……這是那渴愛的無餘止滅……[150]

■ 道諦

包括正見等，直取涅槃為所緣的八聖道，即是道諦。

簡言之，凡夫身中生起滅去的一切名色現象，都是苦和苦因。進一步說，渴愛是苦集諦，其他名色法都是苦諦。覺知本身和其所緣對象二者息滅，即是苦滅諦。體驗這息滅的心理狀態，即是道諦。

正念了知四聖諦

流轉與還滅的聖諦

修習內觀的禪修者，在四聖諦中，應當僅觀察屬於生命流轉的兩個聖諦（vaṭṭasacca）——苦諦和集諦。至於滅諦和道諦，這超越生命流轉的還滅二諦（vivaṭṭasacca），禪修者只能從理智上了解，只能心嚮往之，如此一來，對這於二諦的了知便算完成。依據注釋書[151]：

在這四諦中，前二是生命的流轉（vaṭṭa），後二是超越流轉的還滅（vivaṭṭa）。其中，唯流轉二諦是比丘禪修業處；他不觀察還滅二諦。對於流轉二諦，比丘應跟從老師扼要學習，了知五取蘊是苦；渴愛是苦的因；或者他應當詳細學習五取蘊。禪修者反覆思惟而做內觀業。

關於另外二諦，比丘只是耳聞滅諦是可欲、可愛、可意；道諦是可欲、可愛、可意，他如此而做內觀業。如此做時，他依道智以一通達通達四聖諦，以一現觀現觀四聖諦。

他以遍知通達苦諦，以斷捨通達集諦，以現證通達滅諦，以修習通達道諦。

如此，在一開始，透過學習、請問、聽聞、憶持和觀察，通達前二諦。滅諦和道諦，僅憑聽聞而通達。後來，在道智剎那，完成應做而通達苦諦、集諦和道諦，作為所緣而通達滅諦。[152]

修習內觀時，不需觀察滅諦和道諦。凡夫無法以出世間法作為觀察所緣。聖者已證得道智，觀察它們也無助於進一步斷除煩惱染汙。注釋書用「可欲、可喜、可意」的用語，來表明想要了悟出世間滅諦和道諦的熱忱和希求。就如同有人如此下定決心表達意向：「願我藉由這個練習而從老死解脫。」[153]同樣地，禪修者只需要希願自己了悟這二諦即可。然而，不需要過度希願或反覆思慮這件事，否則這可能會產生貪愛、邪見，反而有害修習。我在第二章，曾就解脫的第一個障礙，解釋過這一點。如疏鈔所說：

流轉二諦可以成為禪修業處，因為可以體驗它們的自相。但是還滅二諦則不如此，因為凡夫無法以它們為所緣，而聖者以其為所緣也沒有用處。所以「可欲、可愛、可意」一詞是為了讓心傾向滅諦和道諦，而非指依於渴愛和邪見的喜愛。於還滅二諦，應只是希求通達。[154]

如何證苦

觀照每一個生起的名色身心現象時，禪修者將了知每一法的獨特性質。他將了知色法變異、變壞的性質，了知名法傾向所緣對象的特質。禪修者也將了知逼迮的特質（bādhanalakkhaṇā）——被生滅、苦受、心苦、身苦所壓迫。

當觀智成熟，了悟生、滅相時，即使未具理論知識，也會了知：「存在的一切只是這類不斷生起和消逝的現象！它們生起然後滅去。不論被觀照的哪個現象，都是無法令人滿意的。只要這些現象持續，便沒有寂靜。由於這些現象存在，所以有苦。它們何時會不再存在？」這合乎下列的經文：

比丘如實了知：「這是苦。」……[155]

他如實了知三界中除了渴愛之外的一切法[156]：「這是苦。」[157]

「如實」一詞意指從究竟義了知（亦即，被苦受、身心苦和無常所壓迫），換言之，了知它們會變壞、堅硬等等的個別性質。[158]

上述注釋書所用的「三界中……一切法」，只指三界中有情生命的現象諸法，無涉非有情的生命。非有情的物質不是苦聖諦，理由是：雖然非有情物質確實會生起、消逝，雖然可說為無常、苦，但它們不是由渴愛引起的，同時道智也無法將它們斷除。禪修者仍可以觀察衣服等外在所緣，檢視外在所緣的無常和無我性質，令煩惱染汙不因其而生起。外在所緣自行在六根門生起，即應加以觀察，但是，非有情生命的外在所緣，不是應遍知的苦聖諦（pariññeyya-ariyadukkhasacca）。

在有情生命的諸現象法之中，我們只需要了知我們自身中的四聖諦。其理由是，當苦諦由於個人自身的渴愛而生起時，它只生起在自己身上，不會生起在其他人身上。當苦諦由於他人的渴愛而生起時，它只生起在他人自身中，而不會生起在我們身上。再者，向苦滅道諦也只會導致自己個人的苦與渴愛的止滅，無法導致他人的苦與渴愛的止滅。他人的道也只能導致他人自己的苦與渴愛的止滅，無法導致我們的苦和渴愛的止滅。另外，聖者體驗個人自己的苦與渴愛的止滅，無法體驗他人的四聖諦。不過，在體證個人的四聖諦之後，聖者可憑藉推論而了知他人的四聖諦。

因此，禪修者雖然可以藉由覺察外在事物來助成證得道、果，但最重要的是了知個人內在的四聖諦。

《念處經》（*Saṭipaṭṭhāna Sutta*）等巴利經典，先提及內在的覺知從而賦予它優先權。下列從經典、注釋、疏鈔節錄的文段說明了這一點：

賢友！關於世界的盡頭，那裡不生、不老、不死、不滅、無再生。我說無法藉由行走而知、見，到達。然而，賢友！我說若不到世界盡頭，則無法做苦邊盡。賢友！正是就此有想、有識的一尋之身，我教示世間、世間因、世間滅，以及通往世間滅的道路。[159]

在此，「世間」指苦諦，「世間因」指集諦。「世間滅」指滅諦。「通往世間滅的道路」指道諦。藉由「賢友！我說若不……」等句，佛陀教導：我並未指草木等非有情法裡的四聖諦，而是指此四大所成的一尋之身裡的四聖諦。[160]

屬於自相續的苦和渴愛不生，所以滅也像是屬於自相續的，因此說「自己的四諦」。「他人的四諦」也是這樣理解。[161]

如此，非有情的諸法並非苦聖諦，因為依據巴利經典、注釋書和疏鈔，四聖諦只考慮屬於有情的諸法。雖然滅諦嚴格說是外在之法，不過上述的疏鈔明確地說，應把它歸為自己或他人的四聖諦。雖然每個人都擁有所有的四聖諦，但是，每個人只能夠斷除自己的渴愛來通達自己的集諦，作證自己的苦滅來通達自己的滅諦，修習自己的道路來通達自己的道諦。沒有人能夠斷除另一個人的渴愛，作證另一個人的苦滅，或修習另一個人的道路。因此，重要的是，了知自己的四聖諦。

如何證集

因為觀照每一個生起的名色現象，對渴愛保持正念，禪修者能夠如實了知渴愛。這是對當下渴愛的實際了知。現在的渴愛，並非現在苦的原因，是未來的苦因。現在所造的業，產生未來的苦。同樣地，過去世造作業時形成的渴愛或欲貪，則是今生苦的原因。

如同今生所做，人們由於愛著自身或感官快樂，在過去生造作善、不善行為——這業自從人出生後便產生個人的名色法。我們無法在經驗上了知過去的渴愛，只能夠比擬現在的渴愛，依推論加以了知。現在體驗的渴愛和過去的渴愛，只有過去或現在的差別，兩者在特質上並無不同。甚至可以說，它們是相同的，因為它們顯現在同一個人的身心相續上。這就好像在說我們看見了山或海，即使我們實際上只看到它的一小部分。如果覺察當下的渴愛，禪修者可以了解集諦。無論如何，名色分別智成熟時，禪修者也可以透過推論了知過去的渴愛。

禪修者可以實際觀察名色現象之間的因果關係：想要彎曲的動機出現時，彎曲的動作才會發生；天氣冷時，才感受身體的冷；有眼所見色和可作用的眼時，眼識才會生起；有注意對象時，意念才會生起；有前一個心識剎那，下一個心識才會生起。

在導向道智的高階觀智階段，這種了悟才會變得更加清晰。那時，禪修者將會了知，觀察到的名色現象並非沒有原因，自出生以來已生起的名色現象也是因緣而生。他也將會明白，這一生能投生善趣是因於過去造作的善業。這個了知是基於他對業與業果的信心。如此，他擁有業的正確知見。

他立基於直觀的修所成智（bhāvanāmaya），且運用分析式的思所成智（cintāmaya）和理論面的聞所成智（sutamaya），了知渴愛是此生生命的原因——受到渴愛和欲貪的驅使，在過去生曾造作善和不善的行為，就如同今生所作。依於渴愛的過去業，於是產生了這一生，如注釋書所解釋的：

過去的渴愛導致此苦（名色），所以說「這是苦的原因」。[162]

這是藉由推論，了知此生苦的原因。應注意到，此處提供了繁瑣冗長的解釋，只是作為一般參考知識。當然，在實修上禪修者很快就能理解。理解後就可以如常一般地繼續觀照當下的所緣。

■ 顯而難見

四諦中的前二諦的現象其實十分明顯，因為它們一直呈現在我們自身中，它們並不深奧難解。然而，想要了知它們純粹是讓人受苦、無法令人滿意的，而且渴愛是它們的原因，這就極度困難，因為這事並不顯著。了知明顯現象的困難之處，在於我們並未對它們保持正念或留意，如緬甸諺語所說：「若不留意，山洞也看不見。」所以，如果我們能保持正念，加以關注，我們會透過觀智如實了知前二諦。之後，在觀智的頂峰，隨著道智到來，這個了知將會變得堅定，無可逆轉。

苦諦[163]出現時，它是明顯的。如果被木枝、樹杈刺傷，人會大叫「好痛！」[164]當人經驗到想做、想吃等的欲求，集諦（即渴愛）也是明顯的。但在了解其特相上，苦集二諦則是深奧的。如此，此二諦難見而深奧。[165]

「難見」意指即使苦諦和集諦出現時相當明顯，但它們如此深奧以至無法用一般智慧見到它們的特相與作用，只能透過達至修所得智頂端的聖道智。[166]

如何證滅和道

如注釋書所說，滅諦和道諦極為深奧，因為凡夫未曾體驗，無法從親身經驗了知。如之前所說，禪修初學者就滅、道二諦所需做的，僅是得知它們的殊勝而心嚮往之即可，並不需要去觀察或者思惟它們。

然而，在生滅智階段，禪修者可能會開始反思：若沒有無明、渴愛、行、食素、觸、或名色法，五蘊便不會存在。禪修者從壞滅智起，可能會自行反思：只要見、聽、觸、想、觀察等名色過程存在，便沒有真正的安穩；當這些名色不存在時，才會有安穩。這是在內觀修習期間的智性思所成智。如《無礙解道》說：

> 生是可畏，不生是安穩。[167]

在欲解脫智（muñcitukamyatāñāṇa）階段，我們可能不想要觀察名色現象，因為觀照時只見它們不好的一面。然而，禪修者練習的動能仍在，名色現象照舊現前，不需付出太多努力觀察就能覺察。最終，禪修者會了解：若不觀察，名色就不會止息；安穩只會隨著涅槃體驗到來，而涅槃體驗只有當我們如常觀照時才會發生。這是內觀練習期間的一種思所成智。

以上是內觀禪修期間透過觀察而了知四諦的情形。

修習世間慧

知四聖諦，意指知苦、斷集、證滅、修道。因此，人們只有在完成了斷集、證滅、修道，才算真正了知四諦。知、斷、證、修四個任務，隨著每一個觀照而同時圓滿。可以說，隨著每一個觀照在了知四聖諦。

■ 苦

觀照時覺察的名色現象全是有為法、苦。名色的持續生起和滅去，使人不快樂，所以它們是苦諦。當禪修者內觀成熟並體驗到名色的自相和共相（無常等）時，他即是遍知苦諦。這便是為何說禪修者完成遍知任務（pariññākicca）的原因。

■ 渴愛和滅

愈是能夠精準地覺察名色法，常、樂、我的幻覺，會變得愈是微弱，也因此，對現象法的渴愛也會減弱。當智慧令渴愛不生，渴愛便被捨斷。如此，就圓滿了斷除渴愛的任務（pahānakicca），接著即免除執取（upaādāna）、業以及它所產生的輪迴後果。這是內觀禪修練習中，讓煩惱暫時止滅的「彼分滅諦」（tadaṅganirodhasacca）——觀照之時渴愛和苦的止息。如此，在每一次的觀照，禪修者完成「作證」滅的任務（sacchikiriyākicca）。不過，在道智剎那，「作證」是以涅槃為所緣。就內觀練習而言，雖未以涅槃為所緣來體驗滅諦，但相當於完成作證滅諦的任務。

■ 道

如實了知名色法的自相和共相，即是正見。此外，還有正志、正精進、正念、正定。再加上觀照的心理過程中，含有正語、正業和正命——因為它和邪語、邪業、邪命相對立。這就是屬於世間的八聖道。我之後會詳細解釋。

因為禪修者在每一次觀照時，即是修習向苦滅的道路，觀照本身便圓滿修道的任務（bhāvanākicca）。如《清淨道論》所說：

> （以成熟生滅智）見名色法生滅時，這是世間八聖道，如此，向苦滅道諦顯現。[168]

因為四種任務在每一次的觀照中完成，所以當名色生起而禪修者加以觀照時便了知（世間）四諦。因為觀照時四個任務同時完成，修習正念的人將在觀智成熟銳利時，逐漸證得向苦滅道的出世間四諦——這時候，四諦將藉由道智同時被了知。《念處經》注釋如此解釋「成就正理」：

> 「成就正理」指證得八聖道。在出世間道之前所習的世間念處之道，導向出世間道智的成就。[169]

修習出世間慧

▪ 苦：第一聖諦

我們無法在道智剎那以苦為所緣，但是能在道智剎那遍知苦。理由是，以一切行法止息的涅槃為所緣時，禪修者將了悟到：被觀照的現象和能觀照的心，如同一切現象，皆是苦、不安穩。他了悟到，它們是無常的，即使表面上看來是恆常的、快樂的、有我的。我們可以把這比擬為迷路、失去方向感：當我們不知道東西南北的方向時，也許不知道怎麼找到某個城鎮、城市、道路、池塘、湖泊，但是，一旦我們找回方向感，便知道如何找到要去的地方，不再困惑。

另一個比喻是從一個極炎熱的地方移動到一處較不熱的地方：在比較時，我們可能會想「這裡涼快！」如果我們再移往更不熱的第三個地點，我們仍會想「現在，這裡真涼爽！」但當我們最終到了一處真正涼快的地點時，我們會知道「哦，這裡才真是涼爽啊！」並意識到之前的地方實際上還是炎熱。同樣地，未練習過內觀禪修的人，心想除了苦受之外一切的名色現象都是好的，他把不那麼熱的地方當作是涼快的地方。內觀禪修者了解，他所觀察的名色現象都無法讓人滿意，只有對現象的覺知才是好事。這就像是把不太熱的地方當作涼爽之地。在道智剎那，禪修者體驗涅槃從而了解一切名色有為法都是不安穩的。這就像最後到達最涼爽的地方而了悟到其實之前的地方還是熱的。

在日常生活中可以找到許多例子。例如，當我們碰到特別好看的景色、芬香的氣味、美妙的聲音、可口的滋味、愉悅的碰觸、和善的朋友、可愛的城鎮的時候，我們知道之前的經驗其實不那麼棒。同樣地，道智雖然不直接以苦作為所緣，但是它也能夠透過遍知而通達、現觀苦諦。

運用經典的知識或推理的力量，凡夫仍無法肯定地確認一切的名色現象是無常、苦、無我。他們唯有透過直接的個人體驗，才能成就這種智慧。所以，仰賴經教知識或思惟論理的凡夫，是無法根除疑惑的。通常愈是去思惟分析，他們愈會感到困惑。

相對地，證得道遍智（maggapariññā）的聖者，可以肯定地確定一切名色現象是無常、苦、無我。和凡夫不同，聖者不以為名色法是常、樂、有我，所以不會執著於名色法。他們愈是觀照，對無常、苦、無我的了知便愈清晰。所以，雖然已證初道智的聖者仍然會執著感官欲樂並享受其中，但不會再想造作會導致投生惡趣的不善行為。

這是關於苦的出世間慧。

■ 渴愛：第二聖諦

如上所述，當禪修者清晰覺察名色法時，渴愛執著不再生起。由於初道智，導向投生苦趣和超過七世投生善趣（sugati）的渴愛，無法再生起。由於第二道智，導致粗顯的欲貪（kāmarāga）並超過再生二次的渴愛，將無法再生起。由於第三道智，對感官快樂的微細欲貪渴愛，無法再生起。由於第四道智，對於色界、無色界的渴愛和執著，無法再生起。

我們可以把這情形，和原本貧窮困頓的人後來成為富人、國王或皇后的情況相比：他不會再喜愛他過去作為窮人的生活。或者另一個例子：曾經的前任配偶既粗鄙又蠻橫，後來擁有謙順無可挑剔的配偶，了解到新配偶的美德和舊配偶的失德，便不會再喜愛過去的配偶。

由於道智的緣故，渴愛不生，稱為「斷通達」（pahānappaṭivedha）、「斷現觀」（pahānābhisamaya）。這意味著，道智藉由斷除而通達、現觀集諦，雖然道智並不以渴愛為所緣。這個斷除或不生，被稱為「通達」（paṭivedha）和「現觀」（abhisamaya），因為它完成了知的任務。疏鈔解釋如下：

> 以捨斷的方式通達，因此稱為「斷通達」（pahānappaṭivedho）。[170]

聖者了知對名色法的渴愛執著，乃是苦的原因，而凡夫誤以為它們帶來快樂。我們可以把這相比於有人原本常抽煙，但後來了解抽煙是不健康無利益的壞習慣，而不再喜歡抽煙。

這是關於苦因——渴愛的出世間慧。

▪ 滅：第三聖諦

在修習內觀時，被觀照的名色法和能觀照的心是明顯的。這些名色法的生滅變化也是明顯的。再者，名色法個別的自相、作用也是明顯的。

但是，在道智和果智的剎那，這些名色法消失不見，致使安穩的性質十分顯著。在這安穩（滅）的狀態裡，沒有生起和滅去，沒有變化，也沒有色法、身體、形態、形狀或禪相。在道智剎那，禪修者以稱為滅諦的涅槃作為觀察的所緣對象，體證它寂靜的特相（santilakkhaṇā）、不死的作用（accutirasa）、無相的顯現（animittapaccupaṭṭhāna）。這是「作證通達」（sacchikiriyāpaṭivedha）、「作證現觀」（sacchikiriyābhisamaya）。與聞、思的體驗不同，這個諸法止息的體驗非常清晰，就像看著放在手掌上的珠寶。

在體證道智之後，會生起省察智，了知涅槃是寂靜的，其中有為法並不存在。聖者了知涅槃沒有生滅，因此沒有變化，是恆常的，沒有色、形態、形狀、禪相。

這就像有人離開炎熱的場所而進入蔭涼處時，知道這是涼爽的地方。或者就像有人久病得癒後，知道疾病已消失不在。

這是關於苦滅的出世間慧。

▪ 道：第四聖諦

修習內觀以培養向苦滅道諦的八聖道時，禪修者以涅槃為所緣，於是向苦滅道諦在自身中生起。這是「修通達」（bhāvanāpaṭivedha）、「修現觀」（bhāvanābhisamaya）。以道智本身了知道智，是不可能的，就像用手指本身碰同一手指，是不可能的。當找到自己思考已久的問題的答案時，人們會大叫：「找到了，我知道了！」

在這智慧出現之後，禪修者反思：「在我體驗涅槃的平靜之前，名色法的苦尚未止息。只有在這智慧產生之後，名色法的苦才止息、斷除。因此，這智慧是向苦滅的正道。」

這是向苦滅道諦的出世間慧。如此，藉由以滅為所緣並完成其他三諦的遍知作用，四聖諦同時被了知。這一點可以被注釋書的說明所證實。

如何修習八聖道

如果想了悟四聖諦成為聖者，必須修習向苦滅道諦。如果想要證得出世間道智，必須藉由內觀修習——如之前的描述那樣，觀照所有生起的名色法，培養正見為首的世間道。理由是，內觀道（vipassanāmagga）是證得聖道的原因，是出世間道的決定性支持條件（upanissayapaccaya，親依止緣）。

因此，當世間的內觀道未發展成熟時，出世間道便無法生起。當內觀道發展成熟至「隨順智」時，出世間道會自行生起而不需要額外的努力。如《清淨道論》說：

為了成就第一道的人，沒有其他應該做的事。修習內觀至隨順智是一切所需做的事。[171]

如果想要證得道智，只需要修習內觀。如此，世間的內觀道應該也屬於應被修習的道諦（bhāvetabbāmaggasacca）。如《迷惑冰消》（*Sammohavinodanī*）[172]所說：

這是出世間八聖道，連同世間道（內觀），被稱為向苦滅道（dukkhanirodhagāminīpaṭipadā）。[173]

包括在道心裡的八個道支，被稱為「出世間道」（lokuttaramagga）。然而，若無內觀修習，便無法導向苦滅。換言之，以涅槃為所緣的聖道，無法在缺少修觀的情況下生起。這便是為何出世間道和世間道被合稱為道諦、向苦滅道諦。《清淨道論》說：

世間道也被間接地包括在其中，因為若未培養世間的止和觀，則出世間道無法生起。[174]

■ 如何培養依遠離、依無欲、依滅的道支

阿難！於此，比丘修習正見，它依於遠離、無欲、滅，成熟於出要。他修習正志……正語……正業……正命……正精進……正念……正定，它依於遠離、無欲、滅，成熟於出要。阿難！有善知識、善伴侶、善友的比丘，如此修習八聖道。[175]

「遠離」一詞意指，他的修習依於彼分離（tadaṅgaviveka）、正斷離（samucchedaviveka）和出要離（nissaraṇaviveka）。詳說如下：在內觀練習時，追求聖道的禪修者，以暫時斷除煩惱的形式，培養依於彼分離的正見，以希求涅槃的方式，培養依於出要離的正見。在道智剎那，禪修者以完全斷除煩惱的方式，培養依於正斷離的正見，並以取涅槃為所緣的方式，修習依於出要離的正見。以相同的方式理解「無欲」和「滅」，因為它們是相同的意思。

然而，有兩種出要（vosagga）：捨棄煩惱的出要（pariccāgavosagga）和奔向涅槃的出要（pakkhandanavosagga）。第一種出要，在正念觀照的時候，暫時斷除煩惱，在道智剎那永久斷除煩惱。第二種奔向涅槃的出要，在正念觀照時只是希求涅槃，但在道智剎那時，以涅槃為所緣。在此，以出要的兩個意思用來解釋世間法和出世間法。

因此，正見既捨斷煩惱也奔向涅槃。「成熟於出要」（vossaggapariṇāmiṃ）意指正成熟的觀和完全成熟的道，二者皆捨斷煩惱和奔向涅槃。重點是，修學禪修的比丘以如此的方式修習道，讓正見（於修觀的時候漸漸）成熟並完全成熟（在道智剎那），以捨斷煩惱並奔向涅槃。其他七個道支也是如此。[176]

「遠離」（viveka）、「無欲」（virāga）、「滅」（nirodha），共有五種：「彼分」（tadaṅga）、「出離」（nissaraṇa）、「正斷」（samuccheda）、「鎮伏」（vikkhambhana）、「止息」（paṭipassaddhi）。

從壞滅智開始以後的觀智，並沒有與感官對象相應的潛伏隨眠煩惱，因此，煩惱沒有機會變成纏縛煩惱或違犯煩惱。在內觀修習的脈絡中，暫時遠離煩惱稱為彼分遠離（tadaṅgaviveka），於煩惱暫時無欲稱為彼分無欲（tadaṅgavirāga），煩惱暫時止滅，稱為彼分滅（tadaṅganirodha）。

每次觀照之時，禪修者如實地了知名色身心現象——這是內觀正見，伴隨有內觀的正志、正精進、正念和正定。思等的其餘心所，構成正語、正業和正命。這八個內觀道支，隨著每次的觀照而生起，被稱為「依遠離」(vivekanissita)、「依無欲」(virāganissita)、「依滅」(nirodhanissita)——因為這些道支立基於上述的彼分離、彼分無欲、彼分滅。在此，「依」只是意味著，每個觀照導向三類煩惱的遠離、無欲和滅，並非指遠離、無欲和滅是觀照的所緣。

涅槃被稱為「出離」，因為它從煩惱輪轉、業輪轉和果報輪轉出離。由於涅槃也是遠離、離欲，脫離煩惱，所以它稱為「出離遠離」(nissaraṇaviveka)、「出離離欲」(nissaraṇavirāga)和「出離滅」(nissaraṇanirodha)。希求體驗涅槃而實際觀照生起的名色現象，才會生起上述的內觀道支。享受生活而不希求涅槃的人不會修習內觀，所以內觀道支不會對他們生起。如此，這些道支稱為「依於涅槃」，因為心中懷有證得它的希求。也因此，它們是基於遠離的涅槃、基於離欲的涅槃、基於滅的涅槃。在這種情況下，觀照之時，禪修者不以涅槃為所緣。稱為「依於涅槃」是因為想要體驗涅槃的希願。

這就像帶著想要證得涅槃的目標而行布施。在布施時生起想證得涅槃的動機而布施，其所緣是布施，而非涅槃。但是，因為布施行為的目的是證得涅槃，所以它是「依於涅槃的善行」或「依於還滅(vivaṭṭanissita)的善行」。同樣地，雖然當下生起的名色現象是所緣對象，但因為它是為了獲得涅槃而做的，所以稱為「依於涅槃的」內觀。如此，觀照當下名色法的禪修者，是在修習依彼分遠離、無欲、滅的內觀道支。如我已說的，這是可以藉由內觀練習體驗的暫時遠離。

藉由四個出世間道智而產生的遠離、無欲、滅(，斷除四道智分別斷的煩惱，)被稱為「正斷遠離」(samucchedaviveka)、「正斷無欲」(samucchedavirāga)、「正斷滅」(samucchedanirodha)。由於出世間道支完全斷除煩惱而成就遠離、無欲和滅，所以它們被稱為「依於涅槃的遠離」「依於涅槃的無欲」「依於涅槃的滅」。再者，因為它們也以涅槃為所緣，它們也稱為「依出離的遠離」「依出離的無欲」「依出離的滅」。

成熟於出要

內觀道支出現於斷除煩惱的成熟過程中。因為這些道支僅出現在希願證得涅槃的人們心中，這成熟的過程，也包括透過希求涅槃而捨入涅槃，因此稱為「成熟於出要」（vosaggapariṇāmī）。

當禪修者觀照每個生起的名色法時，即是在修習內觀道支。修習出世間道支成熟，能斷除個別道智所斷的煩惱。完全成熟而捨入涅槃，以涅槃為所緣。這就是為何這稱為「成熟於出要」。

在此，「完全成熟」意指在道智剎那，禪修者不需用力去取涅槃為所緣或去捨斷煩惱。基於修習內觀道支（直到隨順智）所獲得的前分道（pubbabhāgamagga），禪修者會自行以涅槃為所緣並斷除煩惱。舉例而言，想要跳過寬闊溝渠的人，從稍遠之處便開始奔跑，當他從溝渠邊跳起之後便不需再費力氣，他就只是藉由之前的動能被帶到另一邊。這可能不好理解。

戒道支

內觀練習也包括正語、正業和正命的戒道支。阿毘達磨和《小部》的注釋書如此解釋：

> 其餘七個道支也是如此。[177]
>
> 正語等三支，指離心所和思心所。然而，在道剎那，只指離心所。[178]

避免不道德的語言、行為和職業，是「離」——這是包括正語、正業和正命的戒蘊。主動地創造身、語、意善行，涉及良善的意向（善思），也稱為正語等。然而，在道智的時候，只有與離有關的心所，稱為正語等。由於內觀禪修屬於善心，而善心涉及的思，構成正語等。但是，在觀智和道智中的離心所，和一般的戒行涉及的思心所不同。

在巴利典籍《學處分別》（sikkhāpadavibhaṅga）[179]，有學處的定義，從究竟法而言，它是離心所、思心所，和一切相應法（sampayuttadhammā）。在三者中，這裡只提到離和思心所，因為它們是主要的心所。換句話說，離妄語等是離，而說實語等是思。[180]

■ 圓滿四諦

依據注釋，內觀禪修稱為「四諦業處」（catusaccakammaṭṭhāna），因為它以證得道智涅槃為目標，透過觀察名色法，最後證得了知四聖諦的道智；也因為它是以了知四聖諦為目標的禪修，導致道智、果智的殊勝喜樂。

帶來通達四諦的內觀業處，是為四諦業處。或者，以體驗四諦為目標而生的內觀修行業是禪修者道、果智殊勝樂的原因，因此說四諦業處。[181]

■ 入出息念為例

注釋書說，依據《念處經》二十一種方法的任何一種所修習的禪修，皆能導至阿羅漢果（arahattaphala），皆被認為是四諦業處。在這裡，以入出息念（ānāpānasati）為例。

緣取入出息的念是苦諦。之前的渴愛是因。二者之滅是涅槃。知苦、斷愛、以涅槃為所緣的道智，是向苦滅道諦。透過觀察四諦，逐漸淨化並到達煩惱的止息。如此，入出息念是比丘透過阿羅漢智從苦輪轉解脫的原因。[182]

如果禪修者依據這經文觀照入出息，每次觀照時將體驗到風大或觸覺。這是稱為前分內觀道的正念。因為這對證得出世間道而言是必需的，所以它也可說包括在「修道」中。但是，因為它是世間道，所以入出息念不算向苦滅道諦，實際上屬於苦諦。四諦業處是只以體證四諦為目標的內觀練習。如此，注釋家在解釋四諦的觀察如何產生時，他們說念只屬於苦諦。

注釋書說「緣取入出息的念是苦諦」。正念被單獨挑出並說為苦諦，但這只是一種比喻的說法，因為正念是其中主導的要素。實際上，與念相應的一切名色法也都是苦諦。這包括與念相應的心、心所、念所依靠的色法、入出息所帶來的風大、觸色。在修觀時看見念和所有的名色法是苦諦，在道智剎那時完全遍知。對前一個正念和其相應心的覺察，稱為「反照內觀」。

作為自體之因的渴愛，也是念的原因，因為念依於自體。如果沒有渴愛，自體便不能存在，念也不能存在。因此說：「之前的渴愛是因。」就像「緣行有識」指起源於行的一切世間識，符合經說。[183]

從結生識開始的一切名色法，皆是前生所作的故作善行的結果。這些故作善行的因，是對生命和業果的渴愛。因此，渴愛被視為個人今生一切名色法的因。

在上述的巴利文中，把這事與「緣行有識」裡的「識」一詞的使用相比。此中，「識」本只是指「果報」識，即屬於過去諸行之直接結果的識。然而，擴大來說，它也包括其他類的識——善、不善、唯作（kriyacitta）。這是因為其他類的識，皆源自於那個果報識。

同樣地，我們前世所有的渴愛，終其一生都在產生名色法的果報輪轉，包括念在內。這就是渴愛被說為念之因的原因。所以說，念是苦諦；它的原因——過去生的渴愛，是苦集諦。雖然從經驗上去覺察過去世的渴愛是不可能的，但在內觀練習成熟而足以看見今生的渴愛時，我們可以依推論了知過去世的渴愛。每次我們觀照今生的渴愛，我們可以說是見到集諦，因為過去和現在的渴愛有著相同的特相，並屬於同一個自相續。

涅槃——苦諦之滅與渴愛（集諦）之滅——稱為「苦滅諦」。以涅槃為所緣而遍知苦並斷除渴愛的出世間八聖道支，稱為向苦滅道諦。作為禪修者，就滅諦和道諦所需做的事，是欣賞其殊勝而激發想體證它們的希願。因此，如《清淨道論》所說：

肯定地，我將藉由這修習而從生老病死的輪轉解脫。[184]

基於之前對滅和道的希願，禪修者觀察當下生起的入出息或任何其他名色身心現象（即苦諦和集諦）。這時，他們即是修習稱為四諦業處的內觀禪修。逐步通過各種清淨（visuddhi）的階段，從見清淨開始至初道智等的四種知見清淨

（ñāṇadassanavisuddhi），他到達一切煩惱的息滅。這意指他成為阿羅漢。上面引述的注釋書已解釋了這點。

道智剎那

在稱為智見清淨的四種道智剎那，禪修者同時通達四聖諦。之前曾解釋過如何通達，在此我將再進一步說明。

■ 如何知苦

道智體驗涅槃——一切名色法（如持續生滅的入出息和念）的息滅。藉由此體驗，禪修者完全了知而無困惑：所有這些法（入出息、念、所依色法、持續生滅的名色法、有為法）是苦，並不安穩。

■ 如何知渴愛

當禪修者完全了知一切行法是苦時，對這些名色法現象的渴愛將不再生起。這是透過斷除的洞察，稱「斷通達」（pahānappaṭvedha）；也是透過斷除的了悟，稱「斷現觀」（pahānābhisamayā）。

■ 如何知滅和道

藉由心緣取涅槃——諸行的止息——為所緣，正見等道支清晰顯現於自身。這時，體驗涅槃是通達、現觀滅諦。以涅槃為所緣時，道支或向苦滅道諦生起，這是透過入出息等所緣的觀照。此稱為「修通達」或「修現觀」。

較詳細的解釋，見上文。

其他禪修所緣

我已解釋，內觀禪修者如何以入出息作為基本所緣而得證悟阿羅漢果。對於其餘二十段討論身威儀等禪修所緣的經文，注釋書也給了相似的解說。這些各式各樣的練習，彼此間的唯一差異是：正念的主要所緣對象。在這裡，我將簡略談一下這些所緣：

「威儀姿勢」（iriyāpatha）：覺察走、站、坐、躺等身體姿勢的正念是苦諦。

「正知明覺」（sampajañña）：覺察往前、往後、肢體的彎曲、伸展等等的正念是苦諦。

「厭逆作意」（pāṭikūlamanasikāra）：覺察身體的三十二個部分——頭髮、體毛、指甲、牙齒、皮膚等的正念是苦諦。但是，這個正念是與止相應，不是與觀相應。髮等的所緣是概念法，不是究竟法。因此，這類所緣不包括在苦諦中。

「界作意」（dhātumanasikāra）：覺察四種主要物質元素（四大種）的正念是苦諦。

「塚間作意」（sivathika）：覺察屍體的膨脹等的正念是苦諦。

「受隨觀」（vedanānupassanā）：覺察感受的正念是苦諦。

「心隨觀」（cittānupassanā）：覺察心的正念是苦諦。

「蓋」（nīvaraṇa）：覺察五蓋的正念是苦諦。

「取蘊」（upādānakkhandha）：覺察五蘊的正念是苦諦。

「入處」（āyatana）：覺察內外六入和結煩惱的正念是苦諦。

「覺支」（bojjhaṅga）：覺察覺支的正念是苦諦。

「四聖諦」（ariyasacca）：覺察苦諦和集諦的正念，以及只是希願滅諦和道諦的正念，二者也是苦諦。

在這二十段落中，只有念被挑明說為苦諦。然而，如之前所解釋，這只是一種「舉隅法」，意味著念是其中最主要的。實際上，一切相應的心所、名色所緣、與念相關的色法依處，也是觀智和道智需通達的苦諦。因此，使用這些禪修所緣修習內觀時，為了證得道智、涅槃，就必須去觀察：身威儀等所緣、對所緣的正念、伴隨著正念而來的心所、念的色法依處（如果它明顯），以及與過去的渴愛（現在法之因）相似的現在渴愛。

當觀智成熟時，將自動推論而得以了知現象的過去因，所以並不需要費力去思考它們。若如此練習，則是在練習稱為四諦業處的內觀禪修。歷經清淨的各個階段之後，禪修者會到達阿羅漢諸漏永盡的狀態。

以上依據注釋書約略地說明，練習《念處經》的任一禪法時，如何了知四諦並證得道果智，直到成為阿羅漢。

正念的利益

依據《念處經》修習的人，證得四個階段的道智、果智後，便已淨除貪、瞋、痴等一切煩惱，超越一切的憂愁與悲泣；斷除一切的身苦和心苦（般涅槃之後便再無身苦，證阿羅漢智後便再無心苦），證得稱為正理（ñāya）的四道智，並作證一切苦滅的涅槃。

唯一之道

佛陀如下文這樣稱讚四念處修行：

諸比丘！這是淨化眾生、超越哀愁與悲泣、滅除痛苦與憂傷、成就正理與作證涅槃的唯一之道[185]，也就是，四念處。[186]

這段文明白道出正念是淨化煩惱證得涅槃的唯一之道。所以，正念覺察身、受、心、法，必然是四諦業處，是觀的修行，是前分道。四正勤、五根、七覺支、八正道等，也全包含在這正念練習中。若未覺察身、受、心、法，便不能導向涅槃。注釋書對這一點的說明如下：

ekāyano ayaṃ bhikkhave maggo這一句中，應知意思是如此：諸比丘！這是唯一之道（ekamaggo），不是分叉的路或兩條路。[187]

Ekamaggo的意思是唯一的道路，因為正念之外沒有其他通往涅槃的道路。也許有人會奇怪：「有許多其他的路，為何只說正念練習？」的確有許多其他的路，但是全被包括在正念練習裡，它是不可或缺的。這便是為何《義釋》提到慧、精進等，但在「總說」中只隨著聽法者的傾向，提到念。「不是分岔的路」一詞，指沒有其他的道路，且這條路不通向涅槃是不可能的。[188]

再者，注釋書說，正是僅透過正念練習，無數的佛陀、辟支佛和聖弟子淨化了煩惱。不觀照身、受、心、法則不可能產生智慧。佛陀時代的某些人僅憑藉聽聞一首偈頌而證得道智和果智，也是歸因於依正念練習帶來的道智。

因此，應該記住，唯一能導向道、果的修行，是觀察身、受、心、法這些究竟法的正念練習。

佛陀的認可

佛陀曾認可，具中等智慧的人（majjhimapaññāneyya）若依據二十一種方法之一來修習，最久七年、最快七天，能夠成為阿羅漢或不還者：

若任何人如此修習這四念處七天，二果中的一果是可期待的，即今生得盡智或有殘餘執著時得不還果。[189]

在《菩提王子經》（Bodhirājakumāra Sutta）[190]，佛陀指出具備敏銳智慧的人（tikkhapaññāneyya）甚至可能在一夜或一天之內完全證悟：

具備五精勤支的比丘，若有如來訓練他，夜間受教，晨間可證殊勝；晨間受教，夜間可證殊勝。[191]

以下是五種精勤支：(1)相信佛、法、僧、自己的禪修老師，和禪修方法。(2)足夠的健康，能夠消化食物。(3)足夠的誠實，能夠向老師和同伴禪修者說出個人的體驗，而不吹噓自己所沒有的品德，也不隱藏個人的缺點。(4)持續努力直到完全證悟的決心，即使血肉枯竭、僅餘皮筋骨也不放棄。(5)具備了知名色身心現象生起消逝的生滅智。

「願你們能夠在七年之內或七日內，甚至一日或一夜之內，證得道智、果智和涅槃。」這些話不是凡夫所說，而是出自佛陀，他自身已經如實了知一切法。被稱為善逝的佛陀，只說真實而有利益的話。因此，願你們具備從輪迴之苦徹底解脫的信心和希願。

諸佛不說模稜兩可的話（只說真實語），勝者不說無用的話（只說有益語）。[192]

禪修者若相信佛陀只說真實有益的話，相信上述的兩項宣言，應當如此希願：「如果我是睿智之人，我將在一夜或一日之間完全覺悟。如果我是中等智慧之人，我將在七天、十五天或七年內完全覺悟。」

願你們能帶著如此希願，修習正念禪修。

合宜的業處

《念處經》和其注釋說，修習二十一種的任一方法（如入出息念處）便可證得最高的果智。然而，這並非指，僅純粹依據某一個練習就能證得道、果智。佛陀曾教鬱低迦（Uttiya）和其他人修習所有的四念處。[193]他們在修習後證得阿羅漢。

依據二十一種禪修之任一種，將證得阿羅漢果。這是指，以二十一種禪修業處之一作為主要的所緣，而非意味著，應該只觀照其中某一個特定所緣而忽略其他顯著的所緣；如果這麼做，對於未被觀照的名色現象，會產生常、樂、我、淨的錯覺。

現今，要精準地決定某人最適合某個業處，十分困難。然而，依據我的經驗，以身隨觀作為主要所緣，普遍適合大多數人。這便是為何在下一章將解釋如何以身隨觀為主要所緣來修習四念處。我會依循應當修習的順序來說明四念處，而不是依據經文的順序。最後以此祝福作為結語：

願你們能夠依此教導觀照身心現象，使用適合自身的秉性與性格的某一個或多個業處，並且迅速歷經各種觀智而證得道智、果智和涅槃。

1 也就是，「應該使用精確的名稱來觀察究竟法嗎？」

2 Nanu ca tajjā paññattivasena sabhāvadhammo gayhatīti? Saccaṃ gayhati pubbabhāge, bhāvanāya pana vaddhamānāya paññattiṃ samatikkamitvā sabhāveyeva cittaṃ tiṭṭhāti. (Vism-mhṭ)

3 例如名色分別智（nāmarūpaparicchedañāṇa）。

4 《清淨道論大疏鈔》（*Visuddhimagga-mahāṭīkā*）。

5 具體說，是《大疏鈔》和《阿毘達磨義廣釋》。

6 Kasmā panettha ubhayaggahaṇaṃ? Puggalajjhāsayato. Ekaccassa hi dhātuyo manasi karontassa tā sabhāvato gahetabbataṃ gacchanti, ekaccassa sakiccakaraṇato. Yo rasoti vuccati. (Vism-mhṭ)

7 這句指《念處經》（MN 10.40）和《大念處經》（DN 22.15）的段落。這句的英文依據 Bodhi 菩提比丘的 *The Middle Length Discourses*, 153。

8 Cakkhupasādaṃ... rūpanca yathāvasarasalakkhanavasena. (Sv)

9 Upekkhā pana akusalavipākabhūtā aniṭṭhattā dukkhe avarodetabbā, itarā iṭṭhattā sukheti. (Abhidhamma-mlṭ)

10 與馬哈希大師的引文完全一致的經文，只出現在《無礙解道》和《清淨道論》。不過，《相應部》裡有一系列的契經傳達相同的意思，每一經的強調有一些稍微的差異。見 *The Connected Discourses*, 1141–43 (SN 35:25–27)。

11 [Cakkhuṃ[MS]][Cakkhu[VRI]] bhikkhave abhiññeyyaṃ. Rūpā abhiññeyyā, cakkhuviññāṇaṃ abhiññeyyaṃ, cakkhusamphasso abhinneyyo, yampidaṃ cakkhusamphassapaccayā upajjati vedayitaṃ sukhaṃ vā dukkhaṃ vā adukkhamasukhaṃ vā. Tampi abhiññeyyaṃ. (Paṭis; Vism)

12 Sabhāvadhammānaṃ lakkhaṇasallakkhaṇato ñeyya-abhimukhā paññā abhiññāpannā. (Vism-mhṭ)

13 Apica sutamayāya, cintāmayāya, ekaccabhāvanāmayāya ca abhivisitthāya paññāya ñātā abhiññātā. (Vism-mhṭ)

14 SN 35:46. 見 *The Connected Discourses*, 1147。

15 SN 56:29. 見 *The Connected Discourses*, 1856–57。

16 *The Connected Discourses*, 1175. "Taṃ kiṃ maññasi mālukyaputta, ye te cakkhuviññeyyā rūpā adiṭṭhā adiṭṭhapubbā, na ca passati, na ca te hoti passeyyanti? Atthi te tattha chando vā rāgo vā pemaṃ vā"ti? No hetaṃ bhante. (SN 35:95)

17 同上，1175-76。"Ettha ca te Mālukyaputta diṭṭhasutamutaviññātesu dhammesu diṭṭhe diṭṭhamattaṃ bhavissati, sute sutamattaṃ bhavissati, mute mutamattaṃ bhavissati, viññāte viññānamattaṃ bhavissati. Yato kho te Mālukyaputta diṭṭhasutamutaviññātabesu dhammesu diṭṭhe diṭṭhamattaṃ bhavissati, sute sutamattaṃ bhavissati, mute mutamattaṃ bhavissati, viññāte viññānamattaṃ bhavissati; tato tvaṃ Mālukyaputta, na tena. Yato tvaṃ Mālukyaputta, na tena; tato tvaṃ mālukyaputta, na tattha; yato tvaṃ Mālukyaputta na tattha; tato tvaṃ Mālukyaputta, nevidha, na huraṃ, na ubhayamantarena. Esevanto dukkhassa"ti. (SN 35:95)

18 Udana-aṭṭhākathā: Bāhiyasuttavaṇṇanā.

19 "Vipassanāya visayaṃ diṭṭhādīhi catūhi koṭṭhāsehi vibhajitvā tatthassa ñātatīraṇapariññaṃ dasseti." (Ud-a) "Heṭṭhimāhi visuddhīhi saddhiṃ saṅkhepeneva vipassanā kathitā." (Ud-a)

20 渴愛、慢、邪見是三種心理增生的傾向（戲論）。

21 *The Connected Discourses*, 1176.

Rūpaṃ disvā sati muṭṭhā, piyaṃ nimittam manasikaroto;

Sārattacitto vedeti, tañca ajjhosa tiṭṭhati.

Tassa vuḍḍhanti vedanā, anekā rūpasambhavā.

Abhijjhā ca vihesā ca, cittamassupahaññati;

Evaṃ ācinato dukkhaṃ, ārā nibbānavuccati. (SN 35:95)

22 *The Connected Discourses*, 1176–77.

Na so rajjati rūpesu, rūpaṃ disvā paṭissato;

Virattacitto vedeti, tanca najjhosa tiṭṭhati.

Yathāssa passato rūpaṃ, sevato cāpi vedanaṃ;

Khīyati nopacīyati, evaṃ so carati sato;

Evaṃ apacinato dukkhaṃ, santike nibbāna vuccati. (SN 35:95)

23 見 *The Connected Discourses*, 1175–78、Saḷāyatanavaggapāḷi, PTS 4.74。

24 見 *The Connected Discourses*, 959–61 (SN 22.101)。

25 見 *The Connected Discourses*, 1250 (SN 35.244)。

26 見「附錄 3：心識之流」H10–12/12A。

27 *Dandho bhikkhave satuppādoti satiyā uppādoyeva dandho uppannamattāya pana tāya kāci kilesā niggahitāva honti, na saṇṭhātuṃ sakkonti. Cakkhudvārasmiñhi rāgādīsu uppannesu dutiya... javanaṃyeva javati. Anacchariyañcetaṃ, yaṃ vipassako tatiyajavanavāre kilese niggaṇheyya. Cakkhudvāre pana iṭṭhārammaṇe āpāthagate bhavaṅgaṃ āveṭṭetvā āvajjanādīsu uppannesu voṭṭhabbanānantaraṃ sampattakilesajavanavāraṃ nivattetvā kusalameva uppādeti. Āraddhavipassakānanhi ayamānisaṃso bhāvanāpaṭisaṅkhāne patiṭṭhitabhāvassa.* (Spk)

28 Balavavipassakassa sacepi cakkhudvārādīsu ārammaṇe āpāthagate ayoniso āvajjanaṃ upajjati, voṭṭhabbanaṃ patvā ekaṃ dve vāre āsevanaṃ labhitvā cittaṃ bhavaṅgameva otarati, na rāgādivasena uppajjati, ayaṃ koṭipatto tikkhavipassako. Aparassa rāgādivasena ekaṃ vāraṃ javanaṃ javati, javanapariyosāne panarāgādivasena evaṃ me javanaṃ javitanti āvajjato ārammaṇaṃ pariggahitameva hoti, puna vāraṃ tathā na javati. Aparassa ekavāraṃ evaṃ āvajjato puna dutiyavāraṃ rāgādivasena javanaṃ javatiyeva, dutiyavāravasane pana evaṃ me javanaṃ javitanti āvajjato ārammaṇaṃ pariggahitameva hoti, tatiyavāre tathā na uppajjati. (Ps)

29 *The Numerical Discourses*, 761. Sādhu bhikkhave bhikkhu kālena kālaṃ patikūlañca appaṭikūlañca tadubhayaṃ abhinivejjetvā upekkhako vihareyya sato sampajāno. (AN 5:144)

30 Chaḷaṅgupekkhāvasena pañcamo. Chaḷaṅgupekkhā cesā khīṇāsavassa upekkhāsadisā, na pana khīṇāsavupekkhā... imasmim sutte pañcasu ṭhānesu vipassanāva kathitā. Taṃ āraddhavipassako... kātum sakkoti... (Mp)

31 MN 28. 見 *The Middle Length Discourses*, 278–85。

32 Upekkhā kusalanissitā santhātīti idha chaḷaṅgupekkhā, sā panesā kiñcāpi khīnāsavassa iṭṭhāniṭṭhesu... arajjanādivasena pavattati, ayaṃ pana bhikkhu vīriyabalena bhāvanāsiddhiyā attano vipassanaṃ khīṇāsavassa chaḷaṅgupekkhāthāne thapetīti vipassanāva chaḷaṅgupekkhā nāma jātā. (Ps)

33 馬哈希大師說明，也可譯作：「對什麼也沒好處的波提拉」「無用的波提拉」「徒勞的波提拉」。

34 一由旬（yojana）約八英哩。

35 *The Middle Length Discourses*, 1147. Evaṃ sante kho, Uttara, andho bhāvitindriyo bhavissati, badhiro bhāvitindriyo bhavissati, yathā pārāsiviyassa brāhmanassa vacanaṃ. Andho hi, Uttara, cakkhunā rūpaṃ na passati, badhiro sotena saddaṃ na sunāti. (MN 152.2)

36 *The Numerical Discourses*, 857. Cakkhunā rūpaṃ disvā neva sumano hoti na dummano, upekkhako viharati sato sampajāno. (AN 6:1)

37 The *Dhammapada*, 73. Yogā ve jāyatī bhūrī, ayogā bhūrisaṅkhayo; etaṃ dvedhāpathaṃ natvā, bhavāya vibhavāya ca; tathāttānaṃ niveseyya, yathā bhūrī pavaḍḍhati. (Dhp 282)

38 The *Path of Purification*, 610. Evaṃ suvisuddharūpapariggahassa panassa arūpadhammā tīhākārehi upaṭṭhahanti phassavasena vā, vedanāvasena vā, vinnāṇavasena vā. (Vism 18.18)

39 Tenassa phusanākārena supākaṭabhāvena upaṭṭhānaṃ dasseti. Phasse pana upaṭṭite yasmiṃ ārammaṇe so phasso, tassa anubhavanalakkhaṇā vedanā, sañjānanalakkhaṇā sannā, āyūhanalakkhaṇā cetanā, paṭivijānanalakkhaṇaṃ vinnāṇanti imepi pākaṭā honti. (Vism-mhṭ)

40 DN 21. 見 *The Long Discourses*, 321–34。

41 MN 10. 見 *The Middle Length Discourses*, 145–55。

42 Yassa phasso pākaṭo hoti, sopi “na kevalaṃ phassova uppajjati, tena saddhiṃ tadeva ārammaṇaṃ anubhavanāmānā vedanāpi uppajjati, sañjānamānā saññāpi, cetayamānā cetanāpi, vijānanamānaṃ viññāṇampi uppajjatī”ti phassapañcamakeyeva parigganhāti. (Vibh-a)

43 ...idha pana cakkhuviññāṇasampayuttā tayo khandhā. Te hi cakkhuviññāṇena saha viññātabbattā “cakkhuviññāṇaviññātabbā”ti vuttā. (Spk)

44 Phassāhāre tīhi pariññāhi pariññāte tisso vedanā pariññātāva honti tammūlakattā tamsampayuttattā ca. (Spk)

45 也就是，「如實智見」（yathābhūtañāṇadassana）。

46 也就是，觀諸法的無常、苦、無我三共相。

47 也就是，觀諸法而無所取著。

48 Viññāṇasminhi pariññāte taṃ pariññātameva hoti tammūlakattā, sahuppannattā ca. (Spk)

49 MN 115. 見 *The Middle Length Discourses*, 925–30。

50 *The Middle Length Discourses*, 926. Chayimā, Ānanda dhātuyo—pathavīdhātu, āpodhātu, tejodhātu, vāyodhātu, akāsadhātu, viññānadhātu. Imā kho ānanda cha dhātuyo yato jānāti passati—ettāvatāpi kho, Ānanda “dhātukusalo bhikkhūti alaṃ vacanāyā”ti. (MN 115.5)

51 這並非指理論的知識（sutamayañāṇa，聞所成智）或分析的理智（cintāmayañāṇa，思所成智），而是指體驗的智慧（bhāvanāmayañāṇa，修所成智），從觀智和道智所得到的認識。

52 Tāpi purimāhi aṭṭharasahi dhātūhi pūretabbā. Pūrentena viññāṇadhātuto nīharitvā pūretabbā. Viññāṇadhātu hesā cakkhuviññāṇādivasena chabbidhā hoti. Tattha cakkhuviññāṇadhātuyā pariggahitāya tassā vatthu cakkhudhātu, ārammaṇaṃ rūpadhātūti dve dhātuyo pariggahitāva honti. Esa nayo sabbattha. Manoviññāṇadhātuyā pana pariggahitāya tassā purimapacchimavasena manodhātu, ārammaṇavasena dhammadhātūti dve dhātuyo pariggahitāva honti. Iti [... MS] idampi ekassa bhikkhuno niggamanaṃ matthakaṃ pāpetvā kathitaṃ hoti. (Ps)

*1 譯按：法處包括（五十二）心所、（十六）微細色及涅槃的六十九法屬於法處與法界。五淨

色與（七）境色十二種名為粗色、近色與撞擊色，其餘的是細色。

53 MN 10. 見 *The Middle Length Discourses*, 145–55。

54 Ettha ca "kakkhaḷaṃ mudukaṃ saṇhaṃ pharusaṃ garukaṃ lahukan"ti padehi pathvīdhātu eva bhājitā. [... MS] "Sukhasamphassaṃ dukkhasamphassan"ti padadvayena pana tīnīpi mahābhūtāni bhājitāni. (As)

55 *The Path of Purification*, 463. Aniṭṭhaphoṭṭhabbānubhavanalakkhaṇaṃ dukkhaṃ. (Vism 14.127)

56 Ibid. Sampayuttānaṃ milāpanarasaṃ. (Vism 14.127)

57 Ibid. Kāyikābādhapaccupaṭṭhānaṃ. (Vism 14.127)

58 Ibid. Kāyindriyapadaṭṭhanaṃ;"... "Phassapadaṭṭhāna vedanā. (Vism 14.127)

59 *The Middle Length Discourses*, 145–46.... satova assasati, satova passasati (MN 10.4; DN 22.2)

60 Ibid., 146.... samudayadhammānupassī vā kāyasmiṃ viharati... (MN 10; DN 22)

61 Ibid.... vayadhammānupassī vā [kayasmi VRI] viharati... (MN 10; DN 22)

62 Ibid. Atthi kāyo"ti vā panassa sati paccupaṭṭhitāhoti... (MN 10; DN 22)

63 Ibid.... Yathā yathā vā panassa kāyo paṇihito hoti, tathā tathā naṃ pajānāti.

64 二十種地界所支配的身分，包括：頭髮、體毛、指甲、牙齒、皮膚、肌肉、肌腱、骨、骨髓、腎臟、心臟、肝臟、肋膜、脾臟、肺臟、大腸、小腸、胃中物、糞、腦。

65 十二種水界所支配的身分，包括：膽汁、痰、膿、血、汗、脂、淚、膏、唾、涕、關節滑液、尿。

66 四種火界所支配的身分，包括：以它而熱，以它而衰老，以它而燃燒，及以它而使食的飲的嚼的嘗的得以消化。

67 六種風界所支配的身分，包括：上行風，下行風，腹內風，腸內風，肢體循環風，入出息。

68 *The Middle Length Discourses*, 148. Imameva kāyaṃ yathāṭhitaṃ yathāpaṇihitaṃ dhātuso paccavekkhati "atthi imasmiṃ kāye pathavīdhātu āpodhātu, tejodhātu vāyodhātu"ti. (MN 10; DN 22)

69 五十二個心所的條列，參見「附錄 2：每個心的心所」。

70 *The Middle Length Discourses*, 146. Gacchanto vā "gacchāmī"ti pajānāti. (MN 10; DN 22)

71 Esa evaṃ pajānāti—"gacchāmī"ti cittaṃ uppajjati, taṃ vāyaṃ janeti, vāyo viññattiṃ janeti, cittakiriyavāyodhātuvipphārena sakalakāyassa purato abhinīhāro gamananti vuccati. (Sv)

72 Imassa pana bhikkhuno jānanaṃ sattūpaladdhiṃ pajahati. Attasaññaṃ ugghāṭeti kammaṭṭhānañceva satipaṭṭhānabhāvanā ca hoti.

73 *The Middle Length Discourses*, 147. ...abhikkante paṭikkante sampajānakārī hoti. (MN 10; DN 22)

74 指一個意為「一堆骨頭」的巴利字時，馬哈希大師加了下列的評論到原來的巴利引文：「rūpasaṅghāto 比 aṭṭhisaṅghāto 更好」；我們在英譯時使用他偏好的用法。

75 Abhikkamādīsu pana asammuyhanaṃ asammohasampajaññaṃ. Taṃ evaṃ veditabbaṃ—idha bikkhu abhikkamanto vā paṭikkamanto vā yathā andhbalāputhujjanāabhikkamādīsu "attā abhikkamati, attanā abhikkamo nibbattito"ti vā, "ahaṃ abhikkamāmi, mayā abhikkamo nibbattito"ti vā sammuyhanti tathā asammuyhanto "abhikkamāmī"ti citte uppajjamāne teneva cittena saddhiṃ cittasamuṭṭhānā vāyodhātu vinnattiṃ janatamānā uppajjati. Iti cittakiriyavāyodhātuvipphāravasen a ayaṃ kāyasammato aṭṭhisaṅghāto abhikkamati. Tassevaṃ abhikkamato ekekapāduddharaṇe pathvīdhātu āpodhātūti dve dhātuyo omattā honti mandā, itarā dve adhimattā honti balavatiyo; tathā atiharaṇavītiharaṇesu. [Vosajjane tejovāyodhātuyo omattā honti mandā, itarā dve

adhimattā [honti^MS] balavtiyo; tathā sannikkhepanasannirumbhanesu^MS,MNCom'y]. [Vosajjane tejodhātu vāyodhātuti dve dhātuyo omattā honti mandā, itarā dve adhimattā balavtiyo; tathā sannikkhepanasannirujjhanesu ^DNCom'y]. (Ps; Sv)

76 字面義是「舊的心消逝，新的心生起」。

77 Tattha uddharaṇe pavattā rūpārūpadhammā atiharaṇaṃ na pāpuṇanti, tathā atiharaṇe pavattā vītiharaṇaṃ vītiharaṇe pavattā vosajjanaṃ, vosajjane pavattā sannikkhepanaṃ, sannikkhepane pavattā sannirujjhanaṃ [sannirumbhanaṃ] na pāpuṇanti. Tattha tattheva pabbaṃ pabbaṃ sandhi sandhi odhi odhi hutvā tattakapāle pakkhittatilāni viya paṭapaṭāyantā bhijjanti. Tattha ko eko abhikkamati, kassa vā ekassa abhikkamanaṃ? Paramatthato hi dhātūnaṃyeva gamanaṃ, dhātūnaṃ ṭhānaṃ, dhātūnaṃ nisajjānaṃ, dhātūnaṃ sayanaṃ. Tasmiṃ tasmiṃ [hi^MS][kaṭṭhāse ^MS][koṭṭhāse^VRI] saddhiṃ rūpena. Aññaṃ upajjate cittaṃ, aññaṃ cittaṃ nirujjhati; avīcimanusambandho, nadīsotova vattatīti. Evaṃ abhikkamādīsu asammuyhaṃ asammohasampajaññaṃ nāmati. (Ps; Sv)

78 馬哈希大師引為例子：「站時，他了知：『在站』」(Ṭhitovāṭhitomhī'ti pajānāti). (MN 10; DN 22)

79 Eko hi bhikkhu gacchanto aññaṃ cintento aññaṃ vitakkento gacchati, eko kammaṭṭhānaṃ avisajjetvāva gacchati, tathā eko tiṭṭhanto, nisīdanto, sayanto, aññaṃ cintento aññaṃ vittakkento sayati, eko kammaṭṭhānaṃ avisajjetvāva sayati. (Vibh-a)

80 *The Middle Length Discourses*, 147. *Ālokite vilokite sampajānakārī hoti.* (MN 10; DN 22)

81 Kammaṭṭhānassa pana avijahanameva gocarasampajannaṃ. Tasmā [ettha ^DNCom'y] khandhadh ātuāyatanakammaṭṭhānikehi attano kammaṭṭhānavaseneva, kasiṇādikammaṭṭhānikehi vā pana kammaṭṭhānasīseneva ālokanavilokanaṃ^MNCom'y, SNCom'y,ACom'y][*ālokanaṃ vilokanaṃ* ^DNCom'y] kātabbaṃ. (Ps; Sv)

82 *The Middle Length Discourses*, 147. Saminjite pasārite sampajānakārī... (MN 10; DN 22)

83 Ibid. Saṅghāṭipattacīvaradhāraṇe sampajānakārī...

84 Ibid. Asite pīte khāyite sāyite sampajānakārī...

85 Ibid. Uccārapassāvakamme sampajānakārī...

86 Ibid. Gate ṭhite nisinne sutte jāgarite bhāsite tuṇhībhāve sampajānakārī hoti.

87 在緬甸，會依陌生人的年紀來稱呼對方：約是自己母親歲數的女人，稱為阿姨；約是自己爺爺歲數的男人，稱為爺爺；約是自己小孩年紀的小孩，稱為侄女；約與自己同齡的人，稱為兄弟或姊妹。

88 Ibid. Bahiddhā vā kāye kāyānupassī viharati...

89 Ibid. Ajjhattabahiddhā vā kāye kāyānupassī viharati...

90 Ibid., Samudayadhammānupassī vā... vayadhammānupassī vā kāyasmiṃ viharati...

91 Ibid.,Yathā yathā vā panassa kāyo paṇihito hoti, tathā tathā naṃ pajānāti

92 Ibid., 149. Sukhaṃ vā vedanaṃ vedayamāno "sukhaṃ vedanaṃ vedayāmī"ti pajānāti...

93 Vatthuṃ ārammaṇaṃ katvā vedanāva vedayatīti sallakkhento esa "sukhaṃ vedanaṃ vedayāmīti pajānātī"ti veditabbo... (Sv)

94 MN 44. 見 *The Middle Length Discourses*, 396–403。

95 DN 33. 見 *The Long Discourses*, 479–510。

96 MN 115. 見 *The Middle Length Discourses*, 925–30。

97 DN 21. 見 *The Long Discourses*, 321–34。

98 MN 10. 見 *The Middle Length Discourses*, 145–55。

99 Adukkhamasukhā pana duddīpanā [andhakārāva MN Com'y][andhakarena viya DN Com'y] [andhakārā KN, A Com'ys] avibhūtā. Sā sukhadukkhānaṃ apagame sātāsātapaṭipakkhepavasena majjhattākārabhūtā adukkhamasukhā vedanāti nayato ganhantassa pākaṭā hoti. (Ps; Sv)

100 Duddīpanāti nānena dīpetum asakkuneyyā, dubbinneyyāti attho. Tenāha andhakārāva avibhūtāti. (DN-ṭ)

101 Sāmisaṃ vā sukhaṃ vedanaṃ vedayamāno sāmisaṃ sukhaṃ vedanaṃ vedayāmīti pajānāti... (Ps; Sv)

102 *The Middle Length Discourses*, 1068. Rūpānaṃ tveva aniccataṃ viditvā viparināmavirāganirodhaṃ, "pubbe ceva rūpā tarahi ca sabbe te rūpā aniccā dukkhā vipariṇāmadhammā"ti evamevaṃ yathābhūtaṃ ammappannāya passato uppajjati somanassaṃ. Yaṃ evarūpaṃ somanassaṃ idaṃ vuccati nekkhammasitaṃ somanassaṃ. (MN 137.11)

103 Ibid., 149. Nirāmisaṃ vā sukhaṃ vedanaṃ vedayamāno "nirāmisaṃ sukhaṃ vedanaṃ vedayāmī"ti pajānāti. (MN 10; DN 22)

104 Ibid., 150. Sāmisaṃ vā dukhaṃ vedanaṃ vedayamāno "sāmisaṃ sukhaṃ vedanaṃ vedayāmī"ti pajānāti.

105 Ibid. Nirāmisaṃ vā dukkhaṃ vedanaṃ vedayamāno" nirāmisaṃ dukkhaṃ vedanaṃ vedayāmī"ti pajānāti.

106 「自恣」是年度雨安居靜修結束時的儀式，比丘會彼此邀請對方仁慈地指出自己在雨安居時行為上的疏失。

107 Ibid. Sāmisaṃ vā adukkhamasukhaṃ vedanaṃ vedayamāno"sāmisaṃ adukkhamasukhaṃ vedanaṃ vedayāmī"ti pajānāti.

108 Ibid. Nirāmisaṃ vā adukkhamasukhaṃ vedanaṃ vedayamāno "nirāmisaṃ dukkhamasukhaṃ vedanaṃ vedayāmī"ti pajānāti.

109 Ibid. ...Samudayadhammānupassī vā... vayadhammānupassī vā vedanāsu viharati...

110 Ibid. "Atthi vedanā"ti vā panassa sati paccupaṭṭhitā hoti.

111 Ibid. Sarāgaṃ vā cittaṃ "sarāgaṃ cittan"ti pajānāti. Vītarāgaṃ vā cittaṃ "vītarāgaṃ cittan"ti pajānāti.

112 Ibid. Sadosaṃ vā cittaṃ sadosaṃ cittanti pajānāti. Vītadosaṃ vā cittaṃ vītadosaṃ cittanti pajānāti.

113 Ibid. Samohaṃ vā cittaṃ samohaṃ cittanti pajānāti, vītamohaṃ vā cittaṃ vītamohaṃ cittanti pajānāti.

114 Yasmiṃ yasmiṃ khaṇe yaṃ yaṃ cittaṃ pavattati, taṃ taṃ sallakkhento attano vā citte, parassa vā citte, kālena vā attano, kālena vā parassa citte cittānupassasī viharati. (Sv; Ps)

115 *The Middle Length Discourses*, 151. Samudayadhammānupassī vā... vayadhammānupassī vā cittasmiṃ viharati. (MN 10.35)

116 Ibid. "Atthi cittan"ti vā panassa sati paccupaṭṭhitā hoti.

117 Ibid. ..."Atthi me ajjhattaṃ kāmacchando"ti pajānāti.

118 Ibid. ...Santaṃ vā ajjhattaṃ byāpādaṃ... thinamiddhaṃ... uddhaccakukkuccaṃ... pajānāti.

119 例如，懷疑是否無明導致行等。

120 Ibid..... Santaṃ vā ajjhattaṃ vicikicchaṃ "atthi me ajjhattaṃ vicikicchā"ti pajānāti.

121 Ibid..... Santaṃ vā ajjhattaṃ vicikicchaṃ "atthi me ajjhattaṃ vicikicchā"ti pajānāti.

122 Yoniso manasikāro nāma upāyamanasikāro pathamanasikāro. Anicce aniccanti vā, dukkhe dukkhanti vā, anattani anattāti vā asubhe asubhanti vā manasikāro. (Ps; Sv)

123 Yonisomanasikāro [nāma[MS]][... [VRI]] kusalādīnaṃ taṃtaṃsabhāvarasalakkhaṇa-ādikassa yāthāvato avabujjhanavasena uppanno ñāṇasampayuttacittuppādo. So hi aviparītamanasikāratāya "yonisomanasikāro"ti vutto, tadābhogatāya āvajjanāpi taggahikā eva. (DN-ṭ)

124 Ayonisomanasikāro nāma anupāyamanasikāro uppathamanasikāro. Anicce niccanti vā, dukkhe sukkhanti vā, anattani attāti vā, asubhe subhanti vā manasikāro. (Ps; Sv)

125 見「附錄 3：心識之流」。

126 *The Middle Length Discourses*, 151. Yathā ca anuppannassa kāmacchandassa uppādo hoti tañca pajānāti, yathā ca uppannassa kāmacchandassa pahānaṃ hoti tañca pajānāti, yathā ca pahīnassa kāmacchandassa āyatiṃ anuppādo hoti tañca pajānāti. (MN 10; DN 22)

127 Ibid. Iti rūpaṃ... ;iti vedanā... ;iti saññā... ;iti sankhārā... ;iti viññānaṃ...

128 Iti rūpanti idaṃ rūpaṃ, ettakaṃ rūpaṃ, na ito paraṃ rūpaṃ atthīti sabhāvato rūpaṃ pajānāti. Vedanādīsupi eseva nayo.

129 *The Middle Length Discourses*, 151. Iti rūpaṃ, Iti rūpassa samudayo, iti rūpassa atthaṅgamo.

130 Ibid. Iti vedanā iti vedanāya samudayo, iti vedanāya atthaṅgamo.

131 Ibid. Iti viññāṇaṃ iti viññāṇassa samudayo, iti viññāṇassa atthaṅgamo.

132 指上述四個反思；滅去的四種原因是，1 無渴愛，2 無業，3 無食素、所緣、觸等個別原因，4 無無明。

133 見「附錄 3：心識之流」，H2。

134 這語源學解釋的觀念是，巴利語詞 nāma（名）源自具有「彎、曲」意思的動詞字根 √nam。

135 這語源學解釋的觀念是，巴利語詞 rūpa（色）源自具有「損壞、侵犯」意思的動詞字根 √rup。

136 *The Middle Length Discourses*, 153. Yañca tadubhayaṃ paticca uppajjati saṃyojanaṃ tañca pajānāti, yathā ca anuppannassa saṃyojanassa uppādo hoti tañca pajānāti, yathā ca uppannassa saṃyojanassa pahānaṃ hoti tañca pajānāti... (MN 10; DN 22)

137 Ibid. Yathā ca pahīnassa saṃyojanassa āyatiṃ anuppādo hoti, tañca pajānāti...

138 *The Dhammapada*, 91. Sabbaratiṃ dhammarati jināti. (Dhp 354)

139 *The Middle Length Discourses*, 153.
Santaṃ vā ajjhattaṃ satisambojjhaṅgaṃ "atthi me ajjhattaṃ satisam-bojjhango"ti pajānāti... (MN 10; DN 22)

140 Ibid., Asantaṃ vā ajjhattaṃ satisambojjhangaṃ "natthi me ajjhattaṃ satisam-bojjhango"ti pajānāti...

141 Ibid. Yathā ca anuppannassa satisambojjhaṅgassa uppādo hoti, tañca pajānāti.

142 Ibid. Yathā ca uppannassa satisambojaṅgassa bhāvanāya pāripūrī hoti, tañca pajānati.

143 Dukkha 一詞通常英譯為 suffering、unsatisfactoriness、distress 或 affliction。然而巴利語也包括無常、不實、令人不滿、空、不完美和不安全的意思。

144 Ibid., 278. Jātipi dukkhā, jarāpi dukkhā, maranampi dukkhaṃ (MN 28, 141; DN 22; AN 6.63; etc.)

145 渴愛（taṇhā）嚴格而言不是苦，而是苦的原因。

146 *The Connected Discourses*, 1271. Taṃ kho panetaṃ bhikkhu mayā saṅkhārānaṃyeva aniccataṃ sandhāya bhāsitaṃ—"yaṃ kiñci vedayitaṃ, taṃ dukkhasmin"ti... (SN 36.11)

147 *The Numerical Discourses*, 964. Saṃkhittena pañcupādānakkhandhā dukkhā. (AN 6.63)

148 見「附錄 3：心識之流」，凡夫死亡時的心路過程。

149 *The Middle Length Discourses*, 135. Yāyaṃ tanhā ponobbhavikā nandīrāgasahagatā... (MN 9, 44, 141; etc.)

150 *The Connected Discourses*, 1844. Yo tassāyeva taṇhāya asesavirāganirodho... (SN 56.11)

151 這一段並非逐字翻譯，而是包括馬哈希大師的解釋。

152 Tattha purimāni dve saccāni vaṭṭaṃ pacchimāni vivaṭṭaṃ. Tesu bhikkhuno vaṭṭe kammaṭṭhānābhiniveso hoti, vivaṭṭe natthi abhiniveso. Purimāni hi dve saccāni "pañcakkhandhā dukkhaṃ, tanhā samudayo"ti evaṃ saṅkhepena ca, "katame pañcakkhandhā, rūpakkhandho"ti-ādinā nayena vitthārena ca ācariyassa santike uggaṇhitvā vācāya punappunaṃ parivattento yogāvacaro kammaṃ karoti. Itaresu pana dvīsu saccesu —"nirodhasaccaṃ iṭṭhaṃ kantaṃ manāpaṃ, maggasaccaṃ iṭṭhaṃ kantaṃ manāpan"ti evaṃ savanena kammaṃ karoti. So evaṃ karonto cattāri saccāni ekapaṭivedhena paṭivijjhati ekābhisamayena abhisameti. Dukkhaṃ pariññāpativedena pativijjhati, samudayaṃ pahānapaṭivedhena pativijjhati, nirodhaṃ achikiri-yāpaṭivedhena, [pativijjhati MS], maggaṃ bhāvanāpaṭivedena pativijjhati. Dukkhaṃ pariññābhisamayena [abhisameti. Samudayaṃ phānābhisamayena. Nirodhaṃsacchikiriyābhisamayena. MS] [... pe... VRI] Maggaṃ bhāvanābhisamayena abhi-sameti. Evamassa pubbabhāge dvīsu saccesu uggahaparipucchāsavanadhāraṇasam-masanapaṭivedho hoti, dvīsu pana savannapaṭivedhoyeva. Aparabhāge tīsu kiccatopaṭivedho hoti, nirodhe ārammanappaṭivedho. (Sv)

153 Addhā imāya paṭipadāya jarāmaraṇamhā parimuccissāmī. (Dhs-a)

154 aṭṭe kammaṭṭhānābhiniveso sarūpato pariggahasabbhāvato. Vivaṭṭe natthi avisayattā, visayatte ca payojanābhāvato [... MS] Iṭṭhaṃ kantanti nirodhamaggesu ninnabhāvaṃ dasseti, na abhinandanaṃ, tanninnabhāvoyeva ca tattha kammakaraṇaṃ daṭṭhabbaṃ. (DN-ṭ)

155 *The Middle Length Discourses*, 154. Idaṃ dukkhanti yathābhūtaṃ pajānāti. (MN 10; DN 22)

156 三界是指欲界（kāma）、色界（rūpa）、無色界（arūpa）。

157 Thapetvā taṇhaṃ tebhūmakadhamme idaṃ dukkhan"ti yathāsabhāvato pajānāti. (Ps; Sv)

158 Yathāsabhāvatoti aviparītasabhāvato. Bādhanasakkhaṇato yo yo vā sabhāvo yathā-sabhāvo, tato, ruppanādi kakkhaḷādisabhāvato. (DN-ṭ)

159 *The Connected Discourses*, 158. "Yattha [nuAN] kho āvuso na jāyati na jiyyati na mīyati na cavati na upapajjati, nā'haṃ taṃ gamanena lokassa antaṃ ñāteyyaṃ diṭṭheyyaṃ patteyyanti vadāmi'"ti... a kho panāhaṃ āvuso appatvā lokassa antaṃ dukkhassa anta-kiriyaṃ vadāmi. Api ca khvāhaṃ āvuso, imasmimyeva byāmamatte kalevare sasaññimhi samānake lokañca paññapemi, lokasamudayañca, lokanirodhañca, lokanirodhagāminiñca patipadaṃ..." (SN:2.26)

160 Lokanti dukkhasaccaṃ. Lokasamudayanti samudayasaccaṃ. Lokanirodhanti nirodhasaccaṃ. Paṭipadanti maggasaccaṃ. Iti "nāhaṃ āvuso, imāni cattāri saccāni tinakaṭṭhādīsu paññapemi, imasmiṃ pana cātumahābhūtike kāyasmiṃyeva paññapemī"ti dasseti. (Spk)

161 Sasantatipariyāpannānaṃ dukkhasamudayānaṃ appavattibhāvena pariggayhamāno nirodhopi sasantatipariyāpanno viya hotīti katvā vuttaṃ "attano vā cattāri saccānī"ti. Parassa vāti etthāpi eseva nayo. (DN-ṭ)

162 Tasseva kho pana dukkhassa janikaṃ samuṭṭhāpikaṃ purimataṇhaṃ"ayaṃ dukkhasamudayo'ti. (Sv)

163 這包括見、彎等經驗。

164 這顯示苦受是較容易理解的苦諦。

165 Dukkhasaccañhi uppattito pākaṭaṃ. Khānukaṇṭakapahārādīsu "aho dukkhan"ti vattabbatampi āpajjati. Samudaympi khāditukāmatābhuñjitu-kāmatādivasena uppattito pākataṃ. Lakkhanapaṭivedato pana ubhayampi [taṃ SN Com'y] gambhīraṃ. Iti tāni duddasattā gambhīrāni. (Sv and Spk)

166 'Duddasattā'ti attano pavattikkhaṇavasena pākaṭānipi pakatiñāṇena sabhāvarasato daṭṭhuṃ asakkuṇeyyattā. Gambhīreneva ca bhāvanāñāṇena, tathāpi matthakapattena ariyamaggañāṇeneva yāthāvato passitabbattā gambhīrāni. (Sv)

167 亦見 *The Path of Discrimination*, 60。..."Uppādo bhayaṃ, anuppādo kheman"ti... (Paṭis 1.300)

168 亦見 *The Path of Purification*, 654–55。
Yañcassa udayabbayadassanaṃ, maggovāyaṃ lokikoti maggasaccaṃ pākaṭaṃ hoti... (Vism 20.100)

169 Ñāyo vuccati ariyo aṭṭhaṅgiko maggo, tassa adhigamāya, pattiyāti vuttaṃ hoti. Ayañhi pubbabhāge lokiyo satipaṭṭhānamaggo bhāvito lokuttaramaggassa adhigamāya samvattati. (Ps and Sv)

170 Pahānameva vuttanayena paṭivedhoti pahānappaṭivedho. (MN-ṭ and DN-ṭ)

171 *The Path of Purification*, 696. Tattha paṭhamamaggañāṇaṃ tāva sampādetukāmena aññaṃ kiñci kātabbaṃ nāma natthi. Yañhi anena kātabbaṃ siyā, taṃ anulomāvasānaṃ vipassanaṃ uppādentena katameva. (Vism 12.3)

172 一本阿毘達磨的注釋書。

173 Esa lokuttaro ariyo atthaṅgiko maggo. Yo saha lokiyena maggena dukkhanirodhagāminīpatipadāti saṅkhyaṃ gato,... (Vibh-a)

174 Nānāntariyabhāvena panettha lokiyāpi gahitāva honti lokiyasamathavipassanāya vinā tadabhāvato. (Vism-mhṭ)

175 *The Connected Discourses*, 180–81. Idhānanda bhikkhu sammādiṭṭhiṃ bhāveti vivekanissitaṃ virāganissitaṃ nirodhanissitaṃ vosaggapariṇāmiṃ, sammāsaṅkappaṃ bhāveti... pe... sammāvācaṃ bhāveti... pe... sammākammantaṃ bhāveti... pe... sammā-ājīvam bhāveti... pe... sammāvāyāmaṃ bhāveti... pe... sammā-satiṃ bhāveti... pe... sammāsamādhiṃ bhāveti vivekanissitaṃ virāganissitaṃ nirodhanissitaṃ vosaggaparināmiṃ. Evaṃ kho Ānanda bhikkhu kalyānamitto kalyānasahāyo kalyānasampavaṅko ariyaṃ atthaṅgikaṃ mag- gaṃ bhāveti, ariyaṃ atthangikaṃ maggaṃ bahulīkaroti. (SN:3.18)

176 Vivekanissitanti tadaṅgavivekanissitaṃ, samucchedavivekanissitaṃ, nissarana- vivekanissitañca sammādiṭṭhiṃ bhāvetīti ayamattho veditabbo. Tathā hi ayaṃ ariyamaggabhāvanānuyutto yogī vipassanākkhaṇe kiccato tadangavivekanissitaṃ, ajjhāsayato nissaranavivekanissitaṃ, maggakāle pana kiccato samucchedavivekanis- sitaṃ, ārammaṇato nissaranavivekanissitaṃ, sammādiṭṭhiṃ bhāveti. Esa nayo virāganissitādīsu. Vivekatthā eva hi virāgādayo. Kevalañhettha vosaggo duvidho pariccāgavosaggo ca pakkhandanavosaggo cāti. Tattha pariccāgavosaggoti vipassanakkhane ca

tadaṅga-vasena, maggakkhaṇe ca samucchedavasena kilesappahānaṃ. Pakkhandanavosaggoti vipassanakkhaṇe tanninnabhāvena, maggakkhane pana ārammaṇakaraṇena nibbānapakkhandanaṃ, tadubhayampi imasmiṃ lokiyalokuttaramissake atthasam- vaṇṇanānaye vattati.
Tathā hi ayaṃ sammādiṭṭhi yathāvuttena pakārena kilese ca pariccajati, nibbānaca pakkhandati. Vosaggapariṇāmin'ti iminā pana sakala vacanena vosaggatthaṃ pariṇamantaṃ parinatañca, paripaccantaṃ paripakkañcāti idaṃ vuttaṃ hoti. Ayañhi ariyamaggabhāvanānuyutto bhikkhu yathā sammādiṭṭhi kilesapariccāga- vossaggatthaṃ nibbānapakkhandanavosaggatthañca paripaccati, yathā ca paripakkā hoti. Tathā naṃ bhāvetīti. Esa nayo sesamaggaṅgesu. (Spk)

177 Esa nayo sesamaggaṅgesu... (Vibh-a)

178 Sammāvācādayo tayo [pubbabhāge [AN Com'y, Psm Com'y]] [musāvādāveramaṇītiādi-vibhāgā [Ud Com'y]] [pubbabhāge nānākkhaṇā nānārammaṇā [Abhi. Com'y]] viratiyopi honti cetanādayopi maggakkhaṇe pana viratiyova.

179 阿毘達磨的注釋書。

180 Sikkhāpadavibhaṅge "viraticetanā, sabbe sampayuttadhammā ca sikkhāpadānī"ti vuttāti [vuccantīti [DNÁṬ]] tattha padhānānaṃ viraticetanānaṃ vasena "viratiyopi honti cetanāyopī"ti āha. Musāvādādīhi viramanakāle vā viratiyo, subhāsitādivācābhāsanā-dikāle ca cetanāyo yojetabbā. (DN-ṭ)

181 Catusaccapaṭivedhāvahaṃ kammaṭṭhānaṃ catusaccakammaṭṭhānaṃ, catusaccaṃ vā uddissa pavattaṃ bhāvanākammaṃ yogino sukhavisesānaṃ ṭhānabhūtanti catusaccakammaṭṭhānaṃ. (DN-ṭ)

182 Tattha assāsapassāsapariggāhikā sati dukkhasaccaṃ, tassā samuṭṭhāpikā purimataṇhā samudayasaccaṃ, ubhinnaṃ appavatti nirodhasaccaṃ, dukkhaparijānano, samudayappajahāno, nirodhārammaṇo ariyamaggo maggasaccaṃ. Evaṃ catusaccavasena ussakkitvā nibbutiṃ pāpunātīti idamekassa assāsapassāsavasena abhiniviṭṭhassa bhikkhuno yāva arahattā niyyānamukhanti. (Sv)

183 Sā pana sati yasmiṃ attabhāve, tassa samutthāpikā tanhā, tassāpi samutthāpikā nāma hoti tadabhāve abhāvatoti āha "tassā samutthāpikā purimataṇhā"ti, yathā "saṅkhārapaccayā [viññāṇan [MS]]"ti. Tam viññāṇavījataṃsantatisambhūto sabbopi lokiyo viññāṇappabandho "sankhārapaccayā viññāṇaṃ" teva vuccati suttantanayena. (DN-ṭ)

184 見 *The Path of Purification*, 176。Addhā imāya paṭipadāya jarāmaraṇamhā parimuccissāmi... (Vism 6.22)

185 Ekayāna. 菩提比丘將此字譯為「直接的道路」(direct path),但是也可以如馬哈希大師所理解的方式,譯為「唯一之道」「唯一的道路」。

186 *The Middle Length Discourses*, 155.(英譯已依馬哈希大師的理解調整)。Ekāyano ayaṃ bhikkhave maggo sattānaṃ visuddhiya, sokaparidevānaṃ samtikkamāya, dukkhadomanassānaṃ atthaṅgamāya, ñāyassa adhigamāya, nibbānassa sacchikiriyāya, yadidaṃ cattāro satipaṭṭhānā. (MN 10; DN 22)

187 Ekāyano ayaṃ bhikkhave maggoti ettha ekamaggo ayaṃ, bhikkhave, maggo na dvidhā pathabhūtoti evamattho daṭṭhabbo. (Ps and Sv)

188 Ekamaggoti eko eva maggo. Na hi nibbānagāmimaggo añño atthīti. Nanu satipaṭṭhānaṃ idha maggoti adhippetaṃ, tadaññe ca bahū maggadhammā atthīti? Saccaṃ atthi, te pana satipaṭṭhānaggahaneneva gahitā, uddese pana satiyā eva gahaṇaṃ veneyajjhāsayavasenāti daṭṭhabbaṃ. "Na dvidhāpathabhūto"ti iminā imassa maggassa anekamaggabhāvābhāvaṃ viya

anibbānagāmibhāvābhavañca dasseti. (DN-ṭ)

189 *The Middle Length Discourses*, 155. Yo hi koci bhikkhave ime cattāro satipaṭṭhāne evaṃ bhāveyya sattāhaṃ, tassa dvinnaṃ phalānaṃ aññataraṃ phalaṃ pātikaṅkhaṃ diṭṭheva dhamme aññā; sati vā upādisese anāgāmitāti. (MN 10; DN 22)

190 MN 85. 見 *The Middle Length Discourses*, 704–9。

191 Ibid., 708. Imehi pañcahi padhāniyaṅgehi samannāgato bhikkhu tathāgataṃ vināyakaṃ labhamāno sāyamanusiṭṭho pāto visesaṃ adhigamissati, pātamanusiṭṭho sāyaṃ visesaṃ adhigamissati. (MN 85)

192 Advejjhavacanā buddhā, amoghavacanā jinā... (Buddhavamsa)

193 SN 47.16. 見 *The Connected Discourses*, 1646。

第五章 實修指導

在這一章[1]，我將從實修的角度，來說明如何修習內觀乃至如何體驗道智、果智。我將使用日常用語而非佛典專門術語，也不會引用大量的佛典文獻，如果讀者對某個主題有任何疑問，可以參考出現在前幾章的輔助資料和文獻。

修習的準備

如果希望在此生證得道智、果智和涅槃，禪修者應該透過下列的準備，來除遣禪修期間的障礙：

如第一章所述那般，應淨化戒行並祈願：「願我的戒行成為道智的助緣。」如果懷疑自己曾冒犯已證悟之人，應為自己的過失向他道歉；如果無法當面道歉，應在老師面前懺悔。

應把自己托付給「佛陀的智慧」，以便在密集禪修期間可能出現可怖的所緣時，可以免於畏懼。也應把自己托付給老師的照顧，如此，可以得到老師毫不猶豫的指導。若本已敬謹遵循老師的指導，便不需要如此。

思惟涅槃的功德——完全免於身心之苦。思惟道智的功德——根除煩惱並直接趨向涅槃。思惟觀智的功德——必定導向道智和涅槃。請記得，自己正依循著的內觀道路，和佛陀、諸阿羅漢及一切聖者所依循的道路，並無二致，應當藉此來自我勉勵。

應當向佛陀禮拜，就自己所知來憶念佛陀的種種德行。應當從寺院的護法天神開始，對所有眾生修習慈心。如果可能，也應當憶念死亡以及自己身體的不淨。

最後，禪修者應盤腿端坐或採用其他舒適的坐姿，按照下列所述來進行觀照。

基本練習

基本所緣

禪修者應該把心專注於腹部，如此，將會感受到腹部的起伏。如果感受不清楚，可以把一隻手放在腹部來幫助覺察，一會兒後，腹部的起伏會變得明顯起來。吸氣時，禪修者會經驗到腹部上升的移動，觀照它並標記為「上」；呼氣時，禪修者會經驗到腹部下降的移動，觀照它並標記為「下」。

這麼觀照時，心中或許會想著，觀察到腹部的形狀等概念並不恰當，然而不需為此擔心。一開始練習時，當然無法避免形狀等的概念，最初必然會從概念法下手來觀照所緣，如此觀照，是使禪修者的專注力、覺照力和觀智成熟的唯一方法。無論如何，等到適當的時機，觀智將會穿透概念法，而洞察其背後的究竟法。

真正的內觀修習是覺知任何在六種感官之門持續生起的一切身心現象。不過在一開始，因為定力、覺知力仍不強，禪修者很難觀察到所有持續生起的現象，不夠善巧而無法跟隨所有的所緣；或者，可能會忙於尋找所緣來觀照。因此，禪修者最初應僅專注於腹部起伏——腹部起伏一直都存在著，足夠明顯而不難觀察。之後，當修習成熟時，禪修者將能觀照在當下生起的種種所緣。

因此，禪修者應該既同步且持續地觀照腹部的移動並標記：「上」「下」，無有間斷。關於標記，應只是在心裡默記，而非口唸。不應使勁呼吸來使腹部起伏更加明顯，也不應加快或放慢呼吸的速度。如果禪修者控制著呼吸，那麼很快就會感到疲累而無法好好觀照下去。就只要正常地呼吸，並且同步地觀照。

■ 佛典補注

腹部起伏是風界的顯現，風界是觸色之一。觀察到腹部起伏時，將感受到壓縮的張力和移動（風界的特相）。這符合下列的巴利引文：

> 比丘們！仔細地注意色，如實正觀色的無常！[2]
>
> 比丘們！比丘見無常色為無常。這是他的正見。[3]

這是引自（《相應部》）〈蘊相應〉的經典。觀察腹部起伏，也符合（《長部》的）《大念住經》（*Mahāsatipaṭṭhāna Sutta*）所說的（五蘊）法隨觀。

比丘們！仔細地注意觸，如實正觀觸的無常！[4]

比丘們！比丘見無常觸為無常。這是他的正見。[5]

於觸證知、遍知，厭離，捨斷，方能盡苦。[6]

知、見（觸）為無常時，無明斷，明生。[7]

這是援引自（《相應部》）〈六處相應〉的經典所說。觀腹部起伏也符合《大念住經》（六處）法隨觀。

內風界和外風界皆是風界。應以正慧如實見風界：「它不是我的。我不是它。它不是我的自我」。[8]

這是關於界的經典所說，也符合《大念住經》的（界）身隨觀。

另外，風界是色取蘊（*rūpa upādāna- kkhandha*）的一部分，因此也包含在苦諦。依據佛陀的教導，應當加以如實了知：

苦聖諦，應遍知。[9]

這符合關於四諦的經典所述，同時也包括在《大念住經》的（四聖諦）法隨觀之中。

因此，觀察腹部起伏顯然是符合佛陀的教導，因為這是讓人如實去了知風界的張弛和移動的性質。關於呼吸〔導致腹部起伏〕的觀察，如在第四章所解釋的：

無論身體被如何擺置，他皆應了知。[10]

分心

持續觀照腹部起伏的過程中，可能有各式各樣的念頭出現。當這情況發生時，觀照這些念頭並用日常用語加以標記。例如，發現自己在想事時，觀照它並標記「想、想」。如果在作白日夢亂想時，觀照它並標記「亂想、亂想」。如果在想像某事，觀照它並標記「想像、想像」。如果在考慮某事，觀照它並標記「考慮、考慮」。心散亂時，觀照它並標記「散亂、散亂」。如果想像自己旅行到其他地方，觀照它並標記「旅行、旅行」。如果想像遇見某個人，觀照並標記「遇見、遇見」。如果想像與人談話，觀照它「談話、談話」。想像看到某物或某人的時候，觀照它「看到、看到」，直到它消失之後，禪修者隨即回來觀照腹部的起伏。

身體的不舒服

觀照腹部起伏的期間，可能會想要吞下或吐出口中的唾液，應該觀照它並標記「想吞」或「想吐」。如果禪修者實際上正在吞或吐唾液，便觀照它並標記「吞、吞」或「吐、吐」，然後隨即回來觀照腹部起伏。如果禪修者想要低下頭，觀照它「想低頭、想低頭」。如果是在彎下頸部，就觀照「彎曲、彎曲」，專注於過程中的任何移動，應該慢慢地彎曲，不應快速地進行。再次抬頭的過程，也是一樣。這樣觀照之後，隨即再度回去觀照基本的所緣：腹部起伏。

身體任何部位有不舒服的僵硬出現時，專注於那僵硬，持續觀照它並標記「僵硬、僵硬」，觀照應和實際的感受同步進行。僵硬感可能會慢慢消失，或者變得更為劇烈。如果無法忍受而想要變換姿勢，觀照那個心理狀態並標記「想換、想換」。實際在變換姿勢時，應持續觀照過程中的每個移動。例如：想要舉起某個肢體時，觀照並標記「想舉」；之後實際舉起時，觀照它並標記「舉起、舉起」；伸直時，觀照它並標記「伸直」；彎曲時，觀照它並標記「彎曲」；放下時，觀照它並標記「放下」。這些移動都要緩慢、平穩地進行，不急促、不躁進。如果在移動過程中，感到身體的任何部位有被某物碰觸到，要觀照它並標記「觸」。完成姿勢的更換後，或者未更換姿勢而僵硬感消失了，就隨即回來觀照腹部起伏。

感到身體某處有明顯熱感時，把心專注於那裡，觀照它並標記「熱、熱」，既同步且持續地觀照。如果熱消失了，隨即回來觀照腹部起伏。如果變得無法忍受而想變換姿勢，觀照並標記「想換」。當實際變換姿勢時，就去觀照抬起肢體的整個過程，按照之前所說那樣，同步且持續地觀照。之後隨即立刻回來觀照腹部起伏，不要讓觀照的流程有空隙。

當禪修者感到癢時，把心專注於癢，穩定、持續地觀照它並標記「癢、癢」。

如此觀照時，癢可能消失。如果癢消失了，就隨即回來觀照腹部起伏。如果癢變得難以忍受，讓人期待它消失或者想要搔癢，就觀照它並標記「想要它消失」「想要搔癢」。如果禪修者想舉起手去搔癢，就觀照並標記「想舉」。當實際舉起手時，觀照它並標記「舉起」——舉手的動作要緩慢而穩定。當手觸及身體癢的部位時，觀照並標記「觸」。搔癢時，每次手或手指來回移動的當下，觀照並標記「搔癢」。想停止搔癢時，觀照並標記「想停」。想把手收回放下時，觀照並標記「想放下」。實際在放下手的當下，觀照它並標記「放下、放下」。感到收回原處的手正在接觸時，觀照它並標記「觸」。在這之後，禪修者隨即回到基本所緣，即腹部起伏去觀照。

任何苦受生起而變得明顯時，禪修者應把心專注於苦受，精確而穩定地觀照並運用日常用語標記，例如：「痛、痛」「麻、麻」「痠、痠」「疲累、疲累」或「暈眩、暈眩」。如此觀照時，苦受可能會消失或增強。如果禪修者有耐性、有毅力地觀照這苦受，它通常會消失。倘若苦受變得難以忍受則應忽略它，而格外小心地去觀照腹部的起伏，同步且持續地觀照。

奇特的經驗

當定力增強時，可能會覺察到身體有難以忍受的痛楚。譬如，胸腔內彷彿有個膨脹的氣囊，令人感到窒息般的壓迫感；或者，感到像被利刃戳刺般的劇烈疼痛；或者，像是有許多小針在扎刺般的刺痛；或者，像被小蟲爬搔般的渾身不適；可能感到灼熱、劇癢、難忍的痠痛、冷冽的寒意，或者其他種種苦受。

當這些強烈的感受出現時，如果禪修者覺得害怕而停止觀照，他會發現那感受隨即就消失不見了；但是，當觀照又再次增強時，那感受通常會再出現。對於此類經驗，禪修者不需感到害怕，這並非嚴重疾病的徵兆，就只是身體上常見的一般感受，平時我們很少注意到，是因為注意力被更顯著的感受所佔據，而它現在會變得如此明顯，是因為定力增強的緣故，所以不需要擔心是否身體出了問題，應該持續地觀照這感受加以超越。如果停止觀照，那麼在每次定力變得較強時，同樣的感受可能會一再地反覆出現。禪修者若能有耐心、有毅力地加以觀照，它會在某個時間點突然消失，而且永遠地消失。

如果感到身體想搖擺，觀照它並標記「想搖」。如果身體實際上開始搖了，觀照它並標記「在搖、在搖」。如果禪修者自己並未故意這麼做，不需感到驚慌，也不要鼓勵它，只是持續地觀照它，既穩定且和緩地觀照「在搖、在搖」，要有自信，相信自己若加以觀照的話，它終將停止。如果搖擺變強，以坐姿練習時可以倚靠著牆或其他支撐物，或者換以臥姿來練習。如此正念地觀照，搖擺很快就會完全停止。倘若身體在顫抖，也該依循相同的方式來觀照。

有時候，背部或全身可能會起雞皮疙瘩，或感到一陣涼意，不需要對此感到害怕，這應該只是禪修引生的喜。有時候，聽到任何聲音，都可能使人受到驚嚇，禪修者也不需對此感到害怕，這只是心理觸知的敏感度由於定力增強而變得極為敏銳的緣故。任何時候，禪修者若想要改變姿勢、移動手腳，此時首先應觀照想移動的動機，然後觀照過程中每瞬間的相續移動。禪修者不應匆促急躁，應緩慢而穩定地移動。

喝飲料

感到口渴時，應該觀照它並標記「渴」。如果想要站起來喝水，應該觀照它並標記「想站起」。禪修者在準備站起時，應該使用日常用語標記，觀照其中所有的移動。站起時，專注身體逐漸上升的過程，觀照並標記「站起、站起」。禪修者應該和緩、穩定地移動。起立後靜止不動時，應該觀照並標記「站立、站立」。如果看見或注視某物或某人，應該觀照並標記「看」或「注視」。想要走去取水時，應該觀照並標記「想走」。實際在行走時，應該觀照每一個步伐並標記「走、走」或「右、左」。從腳板舉起的動作開始，一直到腳板放下，禪修者都正念地跟隨著每一個步驟。緩慢行走或者正式行禪時，應該觀照每個步伐的兩個階段：「提起、推出」或「提起、放下」或「推出、放下」。一旦能夠輕易地觀照每步伐裡的兩個階段時，應該轉而觀照三個階段「提、推、放」。

注視或看見飲水的容器時，應觀照並標記「注視」或「看」；在其面前站立不動時，應觀照並標記「站、站」；伸手拿杯子時，應觀照並標記「伸、伸」；碰觸杯子時，應觀照並標記「觸、觸」；拿杯子時，應觀照並標記「拿、拿」；倒水進杯子時，觀照並標記「倒、倒」；把水杯舉向嘴時，觀照並標記「舉、舉」；當杯子碰到嘴唇時，觀照並標記「觸、觸」；感覺到水的冷度時，觀照並標記「冷、冷」；喝水、嚥水時，觀照並標記「喝」「嚥」；喉嚨或胃中感到冷時，觀照並標記「冷、冷」；把水杯放回時，觀照並標記「放下、放下」；手收回時，觀照並標記「收回、收回」；手碰觸身體時，觀照並標記「觸、觸」。

想轉身回到座位的動機出現時，觀照並標記「想轉」；實際轉身時，觀照並標記「轉、轉」。當走回座位時，每一步應如之前所說那樣去觀照。想要停下來站立不動時，觀照並標記「想站、想站」；站著不動時，觀照並標記「站、站」。如果站立維持一段時間，可以去觀照腹部起伏和站姿並標記「上、下、站」。想要坐下時，觀照並標記「想坐」。如果在座位上需要調整身體時，以相同的方式加以觀照。若必須轉身，觀照並標記「轉、轉」。

實際坐下時，觀照並標記「坐下、坐下」，去覺知身體的重心正在逐漸下降。每個動作，都需要緩慢且穩定。一旦坐下了，隨即擺置好手、腳，過程中涉及到的所有動作，應運用日常用語來標記，仔細地觀照。然後，如果沒有其他明顯的所緣可觀察，就如往常那般回來觀照基本所緣——腹部起伏。

就寢

想要躺下時，觀照它並標記「想躺」。在鋪床時，觀照過程中手、腳的所有移動並標記「舉」「伸」「放回」等等。實際在躺下時，觀照漸漸躺下的整個身體並標記「躺下、躺下」。感覺到碰觸枕頭、棉被時，觀照並標記「觸、觸」。最後躺平時，觀照手、腳、身體的移動，以及臥姿的調整。動作應該緩慢而穩定。然後，如果無其他所緣可觀照，應該專注於腹部起伏，持續加以觀照。

當禪修者躺在床上觀照腹部起伏時，可能會有某種令人不悅的感受生起，例如、僵硬、熱、痛、癢等等。這些感受生起時，應正念地觀照它們，如同坐禪時的方式。倘若有任何分心如吞嚥唾液、思惟、妄想等，也應該像其他時候一樣，仔細地觀照。如果想要翻身，伸展、彎曲手腳，或調整臥姿，應先觀照動機，然後觀照其中的每一個移動而無遺漏。沒有其他特別的事物可觀照時，則應回到基本所緣——腹部起伏。

如果感到想睡，觀照它並標記「想睡、想睡」。如果眼皮感到沉重，觀照它並標記「沉重、沉重」。當禪修成熟時，睡意會消失，心再次變清明，如果是這樣，禪修者就觀照它並標記「清明、清明」，然後回頭觀照腹部的起伏。如果睡意並未消失，禪修者不應就此停止練習，應持續地去觀照腹部起伏或其他所緣，而不是打主意說，那就入睡算了。在觀照中，身體如果真的疲累了，終將沉入睡眠的。

睡眠是「有分心」的長時相續。有分心和投生、死亡時生起的心識，屬於同一種心識。這類心識非常微細，因此無法了知它的所緣。清醒的時候，有分心也會生起，例如，它會在見和想之間或者聽和想之間生起，但是在這些時候，它持續的時間太短暫了，因此難以被我們觀察到。睡眠時，有分心持續的時間雖然夠長，不過我們仍然難以覺察它的特相或所緣，因為當我們熟睡時是無法觀照到任何所緣的。

起床

當我們一睡醒，應觀照並標記「清醒、清醒」。在剛開始修習時，禪修者會發現很難補捉到最初清醒的時刻。如果還不能從清醒之初便開始觀照，那麼應該觀照從他記得觀照時開始出現的一切所緣。如果發現自己正在思惟，觀照它並標記「想、想」；然後，回來持續觀照腹部起伏。如果禪修者被聲音喚醒，應觀照並標記「聽、聽」。如果沒有其他所緣可觀照，應該回來繼續觀照腹部的起伏。

翻身、彎曲、伸展肢體時，動作應緩慢而有正念，以日常用語標記，觀照每個動作。如果想到現在是什麼時刻了，觀照它並標記「想、想」。如果想要起床，觀照它「想要、想要」。應該無間隙地觀照起身過程裡所包含的一切移動，專注於身體的起身，觀照它「起身、起身」。.如果禪修者接下來是坐著，觀照它並標記「坐、坐」。之後，再回來觀照基本所緣——腹部起伏。

若是洗臉或洗澡，過程中的每個動作，皆應不留間隙地觀照。例如，應該觀照自己看著水瓢、伸手去取水瓢、拿起水瓢、舀水、淋水在身上、水的冰涼、擦洗身體等等。[11]禪修者也應該無間隙地觀照其他的活動，例如穿衣、鋪床、開門、關門、整理物品等等。

用餐

用餐時，當眼睛注視著菜盤，此時應觀照並標記「注視」或「看」。聚攏一口飯時，應觀照並標記「聚攏、聚攏」。把那口飯提向嘴時，觀照並標記「提、提」。頭低下時，觀照並標記「低下、低下」。碰觸到嘴唇時，觀照並標記「觸、觸」。張開嘴時，觀照並標記「張開、張開」。把那口飯放入嘴中時，觀照並標記「放、放」。合上嘴時，觀照並標記「合上、合上」。放下手時，觀照並標記「放下、放下」。如果再次抬起頭，觀照並標記「抬起、抬起」。每次咀嚼食物時，觀照並標記「咬、咬」。嘗到食物的味道時，觀照並標記「嘗、嘗」。把食物吞下時，觀照並標記「吞、吞」。如果感覺食物經過喉嚨、消化道，觀照並標記「觸、觸」。[12]

如此，禪修者在用餐期間應細心地觀照。在修習初期，禪修者還無法觀照到許多事物，中間會有許多間隙，也會有不少時刻無法覺察、觀照到想移動身軀的動機。然而，禪修者無需為此感到沮喪，如果禪修者擁有想要謹慎、仔細地觀照的態度，他將能觀照到愈來愈多的事物。當智慧變得成熟時，禪修者可以輕易地觀察到比這裡所解說的還要多的事物。

增加所緣

修習大約一天之後，禪修者很可能會覺得只是觀照腹部起伏過於容易。他也許會發現在腹部的上升與下降的移動之間有空隙或中斷，這時候，禪修者應觀照三個所緣。加上「坐姿」做為第三個所緣，此時他將觀照並標記「上、下、坐；上、下、坐……」。在觀照「坐」的時候，禪修者應該以和觀照腹部起、伏相同的方式，去覺察身體的坐姿。如果是躺著，則應觀照「上、下、躺」三個所緣。

觀照三個所緣時，如果覺得仍有間隙，禪修者可以觀照並標記「上、下、坐、觸」，亦即增加身上一個明顯的觸點，做為第四個所緣。如果不喜歡這方式，也可以觀照「上、坐、下、坐」。躺著時，可以觀照的四個所緣是「上、下、躺、觸」或「上、躺、下、躺」。如果呼吸變得極細微而無法清楚感受到腹部的起伏，可以去觀照坐／臥姿勢或者接觸點。禪修者也可以觀照四、五或六個觸點，一個接一個地輪流觀照。

人，為何而生？為何而活？人生的大哉問
—— 人為何而活？是你無法逃避的生命課題！

作者／高森顯徹 、明橋大二、伊藤健太郎
譯者／《人，為何而生，為何而活》翻譯組　定價／480元

日本經典長銷書，熱賣突破百萬！
佛教大師解答生命困惑，讓你重拾「生而為人」的喜悅。

唯有永遠不會崩潰的幸福才是人生的目的，而將此一教義之精髓在日本發揚光大的人，正是開創了淨土真宗的親鸞聖人，他說：「人生的目的不是錢財，也不是名譽或地位，而是斬斷人生苦惱的根源，得到『生而為人真好』的生命喜悅，活在未來永恆的幸福裡。」

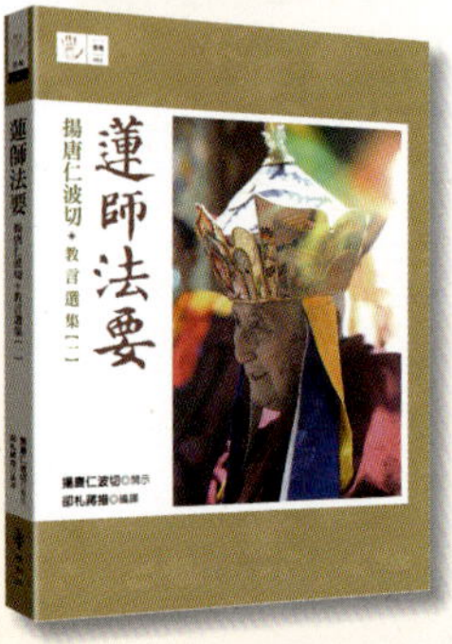

蓮師法要
—— 揚唐仁波切教言選集（一）

作者／揚唐仁波切
譯者／卻札蔣措　定價／460元

揚唐仁波切的心中，總是有著滿滿的蓮師。

這是仁波切數十年傳法生涯當中，針對〈蓮師心咒〉內涵和功德利益所留下的唯一講授紀錄。這篇開示當中，說明了如何實際透過念誦〈蓮師心咒〉，來獲得加持、取得悉地，乃至去除疾疫、饑荒、戰亂和人與非人的危害。

一行禪師 佛雨灑下
—— 禪修《八大人覺經》《吉祥經》《蛇喻經》《中道因緣經》

作者／一行禪師
譯者／釋真士嚴、慧軍、劉珍　定價／380元

佛法並非一套哲學、真理，而是一項工具，
幫助我們捨離所有概念，讓心靈完全自由。

書中包含四部經文，分別是《八大人覺經》《吉祥經》《蛇喻經》和《中道因緣經》。於每部經前，一行禪師會先引導讀者了解經文的大意，接著用最日常的言語和例子解釋經文內容。當你將經文融入自己的生活體驗，才能理解和實踐，也愈能發現其中蘊含的深奧智慧。

大地之歌

── 全世界最受歡迎的獸醫，充滿歡笑與淚水的行醫故事【全新翻譯版本】

作者／吉米・哈利（James Herriot）　譯者／王翎　定價／680元

Amazon 4.8顆星 近18000則讀者好評激推！
英國影集《菜鳥獸醫日記》改編自本系列叢書

獸醫吉米・哈利，在書中描寫出約克郡鄉間神奇、令人難忘的世界，以及他的一群感人、有趣和悲慘的動物病人。深刻描寫出那年代鄉村農場中人類和動物間的情感，更用細膩卻又不失幽默的文筆寫出處理各種疾病和傷口的細節。

全然慈悲這樣的我

── 透過「認出」「容許」「觀察」「愛的滋養」四步驟練習，脫離自我否定的各種內心戲

作者／塔拉・布萊克（Tara Brach）　譯者／江涵芠　定價／550元

暢銷書《全然接受這樣的我》作者最新作品！
你必須愛自己才能療癒！
唯一能帶我回到「家」的道路，就是這條自我慈悲之道。

所謂活得忠於自己，意指帶著愛去生活、活在當下、真誠待人；此外，還有盡情地表現自己的創造力、相信自己的價值、做自己愛做的事，並且擁有力量超越自己的不安全感，去和糟糕的人際關係達成和解。

徒手氣血修復運動

── 教你輕鬆練上焦，調和肌肉與呼吸，修復運動傷害、遠離長新冠！

作者／李筱娟　定價／550元

強爆汗or微出汗 × 局部運動or全身動起來，
自由搭配的修復兼鍛鍊計畫！

針對上半身各個部位的局部運動，也有針對心肺的全身養生功法；有動作少、非常簡單，但卻有效衝高心跳的心肺運動；也有暢通氣血的穴位按摩和呼吸練習。讀者可以按書中步驟一步步學，也可以依照自身的身體狀況和時間地點來選擇動作，是非常自由、簡單，卻十分專業、有效的運動工具書！

一般所緣

仔細觀照腹部起伏等身體現象時，並不需要去觀照一般的「看到」或「聽到」的現象。如果能仔細觀照腹部起伏等現象，其實也就完成了觀照、了知「看到」或「聽到」的現象所要達到的目的——僅僅就只是看到、聽到。不過，如果是刻意注視看著某物或某人，應該要觀照並標記「注視、注視」，之後，再繼續觀照基本所緣。如果並非刻意去看，只是無意間看到男人、女人等，則應觀照並標記「看到、看到」兩、三次，然後即繼續回來觀照基本所緣。如果刻意去聽某個聲音，應觀照並標記「聆聽、聆聽」，然後回來繼續觀照基本所緣。如果聽到明顯的聲音，如人說話、唱歌、巨響、狗吠、鳥叫、雞鳴等的聲音，應該觀照並標記「聽到、聽到」兩、三次，然後回來繼續觀照基本所緣。

如果未觀照這些吸引注意力的顯著所緣，禪修者便無法清楚地覺察基本所緣。禪修者也可能陷入對它們的思惟而引發心理的煩惱，這時候，禪修者應該觀照「想、想」，然後回到基本所緣。如果禪修者忘了觀照身體現象或思緒，他應該觀照「忘記、忘記」，然後再回來繼續觀照基本所緣。

如果呼吸變得極微細，腹部起伏因而不明顯，這時候若是採用坐姿來修習，可以觀照「坐、觸」；若採臥姿，可以觀照「臥、觸」。觀照「觸」時，心應在四、五乃至六個不同的觸受之間，交替地觀照。

心理狀態

修習了一段時間，如果沒有任何進展，禪修者可能會懶散起來，這時應觀照並標記「懶散、懶散」。當正念、專注力和觀智尚未生起時，禪修者可能會以為正念觀照並沒有帶來任何的進展，因此產生了懷疑，這時，禪修者應觀照並標記「懷疑、懷疑」。

有時候，禪修者希望修習能更順利或者能有特殊的經驗，此時則應觀照並標記「期望、期望」。如果回想過去的修習，應該觀照「回想」。如果對所緣是名或色感到疑惑，觀照它並標記「疑惑、疑惑」。有時修習並不順利，會因而感到沮喪，應觀照它並標記「沮喪、沮喪」。有時，發現禪修進展順利時會感到高興，觀照它並標記「高興、高興」。禪修者應該以這個方式觀照所有當下的心理狀態，之後隨即繼續觀照基本所緣。

精進

無論生起的念頭是善或不善，禪修者應該觀照每個念頭。無論身體的移動是大是小，禪修者應該觀照每個動作。無論身心的感受是令人愉悅或令人不悅，禪修者應該觀照每個感受。無論是善或不善，禪修者應該觀照每個心理所緣。如果沒有其他特別的事物可觀照，便回來觀照基本所緣，也就是，靜坐時觀照腹部起伏，行走時觀照腳板的提起、推出、放下。禪修者應不間斷且持續地觀照這些所緣。

如此，除了睡眠時間，禪修者應日夜持續不間斷地觀照，不久後將能觀照到所有身心現象的生滅。這麼修習下來，禪修者將能逐步經驗到生滅智乃至更高階的觀智。

觀智

名與色

禪修者如上所述那樣地修習，當正念、專注力和內觀成熟時，將發現觀照心和所觀照的所緣，成雙成對地生起。例如，禪修者會觀察到腹部上升的身體現象（色），以及觀照這上升的心理現象（名）；或者，腹部下降的身體現象，以及觀照它的心；或者，提起腳的身體現象，以及觀照它的心；或者，腳向前移動的身體現象，以及觀照它的心；或者，放下腳的身體現象，以及觀照它的心等等。

禪修順利時，禪修者將如此分別地見到腹部起伏以及觀照心二者。就這樣，他能夠辨別心理現象和身體現象，或者說名與色。這會像是觀照心奔向所觀照的所緣，如此便是覺知到心具有傾向所緣的特相（*namana-lakkhaṇā*）。對於色身所緣的觀照愈是清楚，觀照心便會變得愈是顯著。《清淨道論》說：

> 每當身體現象（色）變得清楚、不模糊而顯著時，與這些身體所緣相關的心理現象（名），也將自行變得顯著。[13]

一般的禪修者，對身、心有此體悟時，他們會感到高興且往往生起如此的想法：「除了身和心之外，什麼也不存在。只有腹部的上升以及觀照腹部上升的心。只有腹部的下降以及觀照腹部下降的心。只有坐姿以及觀照坐姿的心。只有彎曲的移動以及觀照彎曲的心。所謂的人，不過是身、心這兩種現象罷了，除了這兩種現象之外什麼也不存在。所謂的男人或女人，也只是這兩種現象。除了這兩種現象之外，沒有所謂的人或眾生。」

具備佛典知識的人，在清楚體驗到感官所緣、感官依處以及能知的心的時候，他們會感到很快樂，並且往往會如此地反思：「存在的，真的只有身心現象而已！觀照時，我真正體驗到的，是所觀照的身體現象和能觀照的心。其他的時候，也同樣是如此。並沒有獨立於這些身心現象之外的男人、女人或眾生。真正存在的，是當下的身心現象。這些身心現象，一般被稱為人、眾生、女人或男人，但這些只是名稱，實際上並沒有獨存的人、眾生、女人或男人。觀照時，存在的就只有所經驗到的身、心現象。」

當這些反思出現時，應該觀照這反思的心理狀態並標記「思惟、思惟」。之後，隨即再回到基本所緣，不間斷地加以觀照。

因與果

當修習更為成熟時，若禪修者想要移動身體，那時，想移動的動機本身會變得明顯。一旦動機生起，禪修者將能輕易地覺察到它。舉例而言，在修習初期，即使觀照並標記「想要彎」，禪修者還是不能清楚地覺知到想要彎曲手臂的動機；然而，當禪修成熟時，禪修者將會清楚地覺知到想彎的動機，而不會把它和其他事物混淆，因此，這時候，想要變換姿勢時，應該先觀照動機，然後再觀照實際的移動。

修習之初，禪修者在變換姿勢時常常未能加以觀照，因此他會有這樣的想法：「色身的速度較快，而觀照心總是較慢。」不過，當直觀的智慧成熟了，呈現出來的現象就會是觀照心彷彿預先在歡迎所緣那般，禪修者能夠觀照想要彎、伸、站、走等等的動機，也能觀照到彎、伸等所含括的種種移動，那時，禪修者了悟：「色身較慢，心較快。」他親身體驗到，想移動的動機生起之後，彎曲、伸直等的動作才得以生起。

感到熱或冷時，觀照並標記「熱、熱」或「冷、冷」，如此正念觀照時，禪修者將可以體驗到熱或冷的覺受可能在增強。進食時，禪修者將可以體驗到氣力逐漸在補充。如此觀照之後，如果有另一個所緣生起，禪修者不應立即回到基本所緣，而應留下來持續觀照那新出現的所緣。此外，觀照內心的影相（如：佛陀、阿羅漢等的影相）或身體的覺受（如：癢、熱、痠痛、疼痛）時，在目前觀照的所緣尚未消失之前，另一個所緣可能就生起了，這時候，禪修者應轉到新的所緣，不間斷地持續觀照。

透過對每個當下所緣的觀照，禪修者將體驗到，所緣存在時觀照心才生起。而且，有些時候，腹部起伏變得極微細以致無法觀照它們，這時候，禪修者將體認到：如果所緣不存在，觀照心就無法生起。在這情況下，若是在坐禪時，應該觀照並標記「坐、觸」為基本目標而非腹部起伏；同樣地，若是在臥禪時，則應觀照並標記「臥、觸」。禪修者也可以在多個觸點之間轉換。例如，在觀照並標記「坐」一次後，可以隨即觀照右腳板的觸點並標記「觸」；然後，觀照並標記「坐」；然後，觀照左腳的觸點並標記「觸」。如此，禪修者可以在四、五或六個觸點之間轉換。此外，在觀照見或聽的時候，禪修者將清楚了知到：有眼和所見物時，才有見的體驗；有耳和聲音時，才有聽的體驗。

就這樣，透過觀照種種的所緣，禪修者清楚地了知，不同的原因引生不同的結果。例如，想彎曲的動機和想伸展的動機，分別引生彎曲和伸展的移動；冷和熱的環境，分別引起冷和熱的感受；食用有養分的食物，色身才能延續；腹部起伏等可觀照的所緣出現了，才有觀照心的生起；對心理所緣的注意，引生了思惟、想像等心理狀態；因為有能見物或可聽的聲音之存在，見的心識和聽的心識才能生起；再者，也因為有眼、耳等的存在，見的心識和聽的心識才能生起。

禪修者也會清楚領悟到：過去生所作的出自意志的行為，會引生此世的苦受或樂受——由於昔日有意志的行為，才有此世自出生後所現起的身心現象；而這些身心現象，並非由所謂的創造者所創造，它們是隨因果法則而生起的。當這些了悟生起時，禪修者並不需要停止觀照來思惟分析它們。這些了悟會在觀照中自動顯現，此時，禪修者應觀照這些領悟並標記「領悟、領悟」「體會、體會」或「思考、思考」，然後，回頭持續觀照基本所緣。

領悟到因果法則或身心的互動如何在今生運作之後，禪修者也將理解它們在過去生的運作以及在未來生的運作，禪修者可能會如此反思：「過去生的身心現象和未來生的身心現象，與現在的現象一樣，有著相同的原因；沒有獨存的人、眾生，也沒有創造者，只有因果法則。」這類反思會經常出現在高智力的人們身上，智力愈高，理解的範圍便愈廣。無論如何，當這類反思生起時，禪修者應去觀照這類反思，然後回到基本所緣。如果禪修者能將持續觀照當作優先選項而非熱衷於思惟，那麼花費在思惟的時間就會少些，修習就能進展得更為迅速。所以，稍作思惟也就夠了。

定力所致

當定力增強之時，禪修者可能會經驗到種種令人不悅的感受，如癢、熱、痠痛、疼痛、沉重或緊繃的感受等。如果停止觀照，這些感受通常就會消失，然而一旦重新觀照，便又再次顯現。這些感受並非疾病的象徵，正是修習本身使這些感受變得明顯。因此，禪修者不需畏懼它們，應該專注且有毅力地加以觀照這些感受，它們將逐漸變弱乃至消失。

禪修者可能也會看到各種的影相、景相，這些影相可以像肉眼親見般的鮮明。例如，禪修者可能見到佛陀、僧眾或其他聖者的到來；可能感覺到彷彿眼前有尊佛像、佛塔、全景的樹林、山丘、花園、雲朵等等；也可能感覺自己正看到一具腫脹屍體或骷髏躺在身旁；或者，看到宏大的建築或巨人在消解；或者，看到自己的身體在腫脹、流血、裂為兩三塊，或變成一副骷髏；禪修者也可能看到身體內部的影相，像是骨、肉、腱、腸、肝等等；或者，可能有地獄、地獄眾生、餓鬼、天界、天人、天女的影相。這些影相、景相是概念法，之所以產生，就只是因為定力所致，禪修者不需對它們感到高興或害怕，它們就如同夢境一般。

然而，體驗到這些心理影相的心識，是究竟法，因此必須加以觀照。不過，如果這心識並未非常明顯，便不需觀照它。只有當所緣明顯時才需要加以觀照，因此，禪修者應該觀照所見的影相並標記：「看到、看到」，直到它消失。禪修者會發現影相或景相有所變化，然後逐漸模糊或銷融瓦解。起初，禪修者必須觀照三、四次或更多次，影相才會消失；但是當慧觀變得成熟時，禪修者會發現在觀照一、兩次之後影相便消失不見。

另一方面，如果對這些情境感到好奇、害怕或者有所執著，這些影相將會駐留久時。因此，禪修者應格外注意，不要去思惟這些不尋常的所緣。如果禪修者發現自己在思惟它們，應該藉由貼近觀照來除遣這樣的思惟。有些人則未經驗這些不尋常的景相或感受，他們只是一直觀照基本所緣，後來變得懶散了起來，此時，禪修者應觀照這懶惰並標記「懶散、懶散」，直到它消失。

三共相

在此階段，禪修者不論是否有不尋常的經驗，每次在觀照所緣時，都能清楚見到所緣的始、中、末全程過程。不同的是，在此階段之前，禪修者觀照到的是在前一個舊所緣消失之前便已出現的新所緣，所以無法清晰地看見所緣的消失。而在此階段，禪修者能在看見新的所緣之前，得以看見前個舊所緣的消失，因此清楚地看見了所緣的開始、中間和結束。因為每次的觀照都能清楚見到每個所緣的即生即滅，禪修者了知所緣的無常性質，猶如巴利聖典和注釋書所說：

> 壞滅義故是無常……有已而無，故是無常。[14]

禪修者可能會如此反思：「這些所緣消失了！它們消逝不見了，真的是無常。」

> 凡無常即苦，可怖故苦。為生滅所逼惱故苦。[15]

禪修者可能會想：「我們因為愚痴才會這樣在享受我們的生命，事實上，生命裡沒有值得享受的事物。每件事物都在生滅，真的可怖！這是永恆的折磨！一切都在迅速地生起滅去，所以一切都是無可滿意的、苦的。我們隨時都有可能會死去。」尤其是遭遇苦受時，禪修者易於理解事物的可悲與苦厄，如巴利聖典和注釋書所說：

（觀其）是痛……是病……是癰……是刺……[16]

禪修者也可能思惟：「一切身心現象是苦，而且無人可以改變它們。它們不聽從任何人的指示。它們在生起後立即消失，是無實體的，是虛幻的，是不值得眷戀的。沒有『我』在控制著或者能使它們不生起、滅去。事實上，它們自行生起、滅去。」這個了悟符合巴利聖典及注釋書：

苦故無我[17]……[18]

無實體義故是無我……[19]

……不順從任何人的意志……[20]

禪修者在觀照這些反思之後，應立即回去觀照基本所緣。

親見每個直觀的所緣是無常、苦、無我之後，禪修者思惟著：所有其他曾經驗過的現象，也必然是無常、苦、無我——這稱為推論智（*anumānañāṇa*）。少作分析或學識較欠缺的人，和以持續觀照為優先，少尋思的人，比較不會以這推論的智識來進行思惟；喜好分析的人，則對此容易有許多的思惟。就某些禪修者而言，對這個了悟的分析，會持續地夾雜在觀照之間而讓修習停滯不前。其實即使不去分析這個了悟，禪修者的領悟力也會在較高的觀智階段變得越發清晰，因此，禪修者應以觀照為優先，而不是分析。如果分析出現了，就應該去觀照這個分析。

依於推論而了悟一切現象的生滅之後，禪修者將會單純覺察當下生起的一切現象而不再陷於分析。五根（信、進、念、定、慧）將變得平衡，觀照心會較以往更為迅速。所緣——也就是身心現象，也將極快速地現起。譬如，每次吸氣時，禪修者清楚地看到腹部上升移動的過程包含了許多片斷；其他的移動如腹部下降，肢體的彎曲、伸展等，也是如此。禪修者清楚體驗到遍布全身的微細震動或感受，一個緊接著一個，非常迅速地生起。有些人經驗到細膩的癢或針刺感，極迅速地乍起乍落。在這個時候，禪修者很少會經驗到不舒服的感受。[21]

當所緣如此快速地生起時，禪修者將無法跟上所緣來為每一個所緣標記、命名，這時候應該只是時時刻刻保持覺察而不加標記，如此才能跟上所緣。如果禪修者還是想要為所緣標記的話，那麼不需去標記全部所緣。標記一個所緣時，他可能覺察到四個、五個或十個其他的所緣。這並不是問題，如果想要為全部生起的所緣作標記，禪修者會疲累不堪。重點是要精確、準確地覺察每個所緣。在這個情況，不需依照通常的方式來觀照，禪修者應觀照來到六個感官根門的任何所緣。當然，如果這麼做而觀照進行得不順利的話，可以再回到通常的方式。

身心現象的生滅，比眨眼或閃電更加迅速。但是當觀智足夠成熟時，就只是時時保持覺察，便能輕易地見到每一個短暫的現象而無遺漏。正念變得如此強大，彷彿衝向生起的所緣，又彷彿是所緣掉入觀照心。觀照心清楚明確地了知每一個生起的所緣。禪修者可能會這麼想：「現象生起後立即滅去，生滅的速度如此地迅速，就好像是全速運作的機器，不過我卻能觀察到全部所緣！我想，我並未遺漏什麼，沒有什麼其他所緣是我應覺察而沒覺察到的。」

這是禪修者會親身體驗到的不可思議的觀智。

修道上的分心物

由於觀智的力量，禪修者可能會看到明亮的光，或者因對觀照心和所觀的所緣感到歡喜而體驗到狂喜。禪修者可能會起雞皮疙瘩，感到臉頰有淚水滑落，或者感到身體在震動。可能有種常被誤以為是不是在暈眩的「酥麻」感。或者，彷彿在吊床上來回擺盪般的輕快、舒暢感遍滿全身。無論行、住、坐、臥，禪修者都可以體驗到令人舒適的安詳。此外，身心皆變得非常輕快、柔軟，讓人即使維持長時的靜坐、躺臥，仍感到極為舒適，毫無疼痛、躁熱或僵硬的不適感。

在這時候，觀照心和被觀照的所緣同步、和諧地轉起，心也變得直捷敏銳。由於強烈的信心和自信，他的心會避免不善的行為而變得極為明淨。有時候，即使沒有在觀照任何所緣，這清澄的心也會持續一段很長的時間。當信心變得更加強大，禪修者可能會思惟：「真的，佛陀了知一切！」或者，「除了無常、苦、無我的身心現象之外，什麼也不存在。」在觀照時，禪修者經常極清楚地見到身心現象的生滅以及無常、苦、無我。禪修者可能會想到要鼓勵別人也來修習。平衡的精進將出現，既不過緊也不過鬆。所緣則好像自行被了知一般，從而觀捨（*vipassan-upekkhā*）現前。在此階段，禪修者有可能會體驗到非凡的強大喜樂而興奮得想告訴別人。

禪修者可能會喜歡下列這些愉悅的經驗：明亮的光、強大的正念、觀慧、狂喜等等。這喜歡，會讓他尋思：「禪修實在極為享受！」打從心底喜歡禪修練習。不過，不應花時間在享受光明等種種愉悅的經驗上；而是應該在它們出現時，即加以觀照「亮光」「舒服」「知道」「思考」「尊敬」「快樂」「喜歡」「愉悅」等等。

如果注意到亮光，觀照它「明亮、明亮」。如果認為看到光，應該觀照「看到、看到」，直到它消失。禪修者會因為喜歡光明及其他愉悅的經驗，而在它們出現時經常會忘記觀照。即使禪修者觀照亮光，但因於內心的喜歡，可能使亮光不會很快消失；在經歷亮光許多遍之後，禪修者才能善巧地觀照，亮光才會快速消失。有些禪修者的亮光非常強，就算觀照了很長的時間，亮光仍未消失，這時候，禪修者應該完全忽略那亮光，將注意力轉向其他的身心所緣。禪修者不應想著亮光是否仍然明亮，如果他這麼想的話，會發現亮光還在。任何關於亮光的思惟皆應準確地加以觀照，讓對亮光的覺知清澈而堅定。

因為定力變得非常強，如果禪修者的心是傾向亮光以外的其他特殊所緣，這些所緣也同樣會出現，所以禪修者不應讓心有所傾向。如果心有所傾向，應迅速地去觀照它直到它消失。有些禪修者會看到各種模糊的形狀、形態，一個接一個地出現，猶如相連的火車車廂。如果浮現了，禪修者應觀照它：「看、看」。每次觀照後，所緣便會消失。當內觀變弱時，形狀、形態會變得更加顯著，但如果仔細地觀照，每個所緣會在被觀照時立即消失。最後，它們將會停止出現。

如果對亮光或其他愉悅的經驗產生了喜愛，便是走上錯誤的道路。正確的內觀之道是持續地觀照，若能記住這點，繼續觀照實際生起的身心現象，覺知將會變得愈來愈清澈而能清楚地見到現象瞬間生起、消逝。每次觀照時，都會看到每個所緣即生即滅。禪修者清楚地看見一個個相續的移動，一點一點地一一壞散。因此，每個被觀照的所緣，都能讓禪修者了悟到無常、苦和無我。

修習一段時間後，禪修者可能會對禪修感到滿意而每隔一陣子便歇息一下，心想：「不會比這更好的了！」「沒有比這更殊勝的經驗了！」但是，禪修者不應恣意鬆懈下來，反而應練習更長的時間，不中途停歇休息。

消逝

當觀智發展至下一階段時，禪修者將不再覺察到所緣的生起，而只見到所緣的消逝。他會心想，所緣消逝得愈來愈迅速。禪修者也會看到，觀照心一個緊接著一個地消逝。例如，觀照腹部上升之時，禪修者清楚地見到許多微小的上升移動是如何地瞬間消失，也見到觀照心是如何地迅速逝去。如此，禪修者見到上升移動和對該移動的覺知，二者無不一個接一個地消逝。其他的所緣如腹部下降、坐、彎曲、伸展、僵硬等等，也是如此。每個所緣和對所緣的覺知，在剎那剎那間一個接一個地消逝。有些禪修者甚至觀察到三個現象依序滅去，即：感官所緣、對此所緣的識知，以及對該識知的了知。不過，只觀察到所緣和觀照心成雙成對地消逝，便已足夠。

當觀照變得清晰而足以看到感官所緣和對該所緣的識知雙雙消逝時，禪修者將不再有形態或形狀等概念上的錯覺，如身體的形態，手掌、手臂、腿的形態等；只會體驗到現象正在剎那剎那地消逝。因此，禪修者可能會覺得自己的練習變得不深入，不如以前那樣好；或者覺得觀照和觀照之間有許多的空檔。然而，事實並非如此。這只是因為心天生喜歡堅實形態的概念，當這些概念消失時，心便感到不舒服。

無論如何，這現象是修習進步的象徵。修習尚未成熟時，當禪修者觀照見、聽、觸等現象，會先覺察到所緣的堅實形態或形狀。但是，在這個觀智階段，禪修者先覺知到的是現象在瞬間消逝。換言之，禪修者體驗到了壞滅智。此時，堅實感只在禪修者刻意去注意它時才會再出現，其他的時候，當禪修者不間斷地觀照時，僅會覺知到現象的壞滅。因此，禪修者確認了古代聖者所說諺語的真實性：

> 概念法浮現時，究竟法隱沒；
> 究竟法浮現時，概念法隱沒。

雖然禪修者的覺察在此時變得極為清晰，但相續的覺察之間彷彿有許多空隙，這是因為禪修者正開始覺察到生起在心路過程（vīthi）之間的有分心。例如，觀照到要彎、伸手臂的動機時，禪修者可能會感到彎、伸手臂的動作似乎延遲了一會兒才發生，這其實代表禪修者的覺察變得敏銳而有力。在這狀況下，禪修者也應該去觀照當下在六個感官之門出現的任何顯著所緣。

禪修者透過對腹部起伏和坐姿等主要所緣的觀照，讓修習獲得動能之後，應該觀照任何生起的顯著所緣，如身體其他部位的感受、見到、聽到等等的現象。如此觀照時，倘若覺察變得不精準、明確，或者有妄想雜念介入，或者感到疲累，禪修者就應回去觀照腹部起伏、坐姿等基本所緣。一陣子後，當修習再度獲得動能，禪修者即可回去觀照一切生起的所緣。禪修者應該如此地練習一段時間。

一旦能夠不費力地擴大被觀察所緣的範圍，禪修者會清楚地看見一切所見、所聽皆在瞬間立即消逝，而兩個連續的瞬間並沒有連貫，是個別存在的。這是如實了知。然而，觀照時所緣可能因此顯得模糊不清。如此，禪修者也許會擔心：「我想，我的視力可能出問題了，變得朦朧不清。」不過，實際上禪修者的視力並沒有任何問題，這只是禪修者個別地辨視每個看見的瞬間，使得概念上的形狀形態顯得模糊不清。

此時，即使禪修者想停止修習，還是會持續地覺察身心現象，甚至試著想要睡覺也難以入睡，反而夜以繼日地保持著警覺、醒覺。這並不需要擔心，因為不會對健康造成任何傷害，禪修者應該只是持續地精進修習。當內觀夠強大時，覺察就會像是穿透所緣一般。

幻滅

當禪修者深深了解所緣和觀照心二者皆在立即消逝的時候，可能會想：「沒有什麼能持續一眨眼或電光閃現的一瞬間，這就是無常。以往，我並不知道這個事實。過去所發生的一切，必然也是如此迅速消逝。未來發生的一切，也將會如此迅速消失。」這類思惟生起時應該觀照。

再者，禪修者可能偶而會反思這些現象是如何的不停滅去、不穩定，心想：「顯然地，因為無知，我們才在享樂。了悟到現象皆在立即消逝，這事實真是令人怖畏。每次現象消逝時，就可能是我死亡的時刻。存在，是可怖的。必須無止盡地存在，是可怖的。要在一切皆在持續滅壞的情況下努力保持安適，是多麼可怖啊！這些立即消逝的現象在今生和來生不斷地出現，是多麼嚇人啊！我們都有老、病、死、苦、憂、悲等，真是令人畏懼！」禪修者必須無誤地觀照這反思的心理狀態。

在這個階段，禪修者通常會感到無助、沮喪、無力，對如此快速消融瓦解的身心現象生起了怖畏，毫無熱忱與喜悅，而且容易感到悲傷。然而，不需為此擔心，這顯示禪修者的修習正按照通常禪修過程的發展在進展中。禪修者需要做的，是只要藉由觀照任何反思和生起的所緣來保持平等捨心即可。若能如此，將會很快地度過這個階段；否則，感到不樂而陷入這些思維過久，禪修者可能會害怕到無法承受──這種由於不樂而產生的害怕，並不是觀智。因此，禪修者應該無誤地觀照這些思緒，不讓基於不樂而產生的畏懼生起。

另外，在觀照之間，可能會想到身心的過患，例如：「這些身心現象就這麼持續滅去，無法持久，真是枉然！看到它們自此生之始便持續地生起而沒完沒了，並且創造出種種並不存在的概念，實在令人意氣消沉！要辛勤努力去尋求所謂的快樂和幸福，真是悲慘啊！再生，真不是可喜的事。會有老、病、死、苦、憂、哀、悲，實在令人沮喪。這些全是苦，毫無安寧可言！」對於這類的思緒，禪修者應記得要加以觀照。

有時候，彷彿每個被觀照的現象以及觀照心，都是那麼可怖、令人不舒服、無意義、可厭、衰變、崩壞、危脆易逝。這時候，即使在身心現象出現時加以觀照，禪修者也不再感到滿意。每次在觀照身心現象時，都看到它們在滅去，禪修者不像以往那般充滿熱忱，反而對它們感到厭倦。因此，禪修者變得對觀照產生倦怠，但他不得不保持覺察，這就像是被迫走在汙穢不堪的路上，每一步都讓人感到作嘔、幻滅。

如此，在思考人的生命時，禪修者了解到生命不可能沒有這些不停地滅去的身心現象，所以對於生為男人、女人、國王、富人乃至天人，禪修者並不感到有任何的喜悅，相反的，只會感到厭離、幻滅。

欲求解脫

每次觀照所緣時，禪修者對所緣總是感到如此的厭倦，心彷彿掙扎著要逃離所緣似的。由於有想要從緣生的現象解脫出來的渴望，禪修者可能會想：「如果沒有見、聽、觸、想、坐、站、彎、伸等事，該有多好！多麼希望能夠擺脫這些，去到沒有它們的地方！」這類的思緒，都必須加以觀照。

其他時候，禪修者也可能會思索：「怎麼做才能脫離這些現象？如果持續地去觀照它們，那就像是刻意去觀看可厭的事物一樣。觀照到的每件事都令人厭惡，若能不必去觀照它們的話，該有多好啊！」當然，對於這種分心的思緒，禪修者應該加以觀照。

此類思惟甚至會促使某些禪修者在這狀況下嘗試放棄觀照，停止修習；然而，見、聽、知、腹部起伏、坐、彎、伸、想等身心現象，並不會就此停止生起，而是會如同往常一般地繼續現起。由於密集的內觀修習，使得這些身心現象會繼續向禪修者現起，現象的覺察仍持續自行生起著。這時禪修者會獲得策勵，心想：「即使我未試著去觀照，依然能持續觀照生起的現象，我對現象的覺察仍舊不斷地在轉起著。所以，捨棄修習並不能讓我脫離身心現象。只有當我能如實觀照身心現象並了悟它們的三共相時，才不需再擔心它們，且才能泰然地觀照它們，如此才能體驗到身心止息的涅槃經驗——只有那時，我才能獲得解脫。」一旦禪修者對自身的經驗能有如此的體認，他們將會繼續禪修。有些禪修者並未自行得到這個結論。但是，當老師加以解釋時，他們便可以繼續他們的修習。

當禪修獲得這種動能時，某些禪修者會經驗到難以忍受的疼痛。然而不應感到氣餒，事實上，是苦受的特相——苦（dukkhato）、病（rogato）、癰（gaṇḍato）、刺（sallato）、害（aghato）、殺（ābādhato） 等，正變得顯著（見第六章的〈苦的二十五種行相〉）。禪修者應該去觀照疼痛，直到能夠超越疼痛。

未遭遇劇烈疼痛的人，在觀照時可能會體驗到無常、苦、無我的四十種特質之任一種。即使他們的禪修很順利，沒有分心的思緒，但他們會以為自己修習得不好，或者感到所緣和觀照心並未同步。事實上，這只是因為他們急切地想要體驗身心現象的無常、苦、無我，導致他們對禪修的現況感到不滿意。如此，他們可能會想要變換姿勢，譬如，靜坐時想要經行，經行時想要靜坐。他們感到煩躁不安，想要調整手、腳，變換擺放位置，或者想要躺下來。他們無法在一個地方或以一種姿勢停留太久，會一直變換著姿勢。不需對此感到挫折！

當禪修者了知到有為的身心現象毫無樂趣可言，會因此而感到不滿意，這時候，他們會以為自己的觀照不理想。事實上，他們還不能像下一個階段，即行捨智階段那樣沉穩泰然地觀照身心現象。這時候，禪修者應該盡最大的努力來練習，試著長時間維持在同一個姿勢，不要一直變換姿勢。一陣子之後，他們將能再次平穩沉著地觀照。帶著耐心和毅力來練習，心會逐漸變得清澈，乃至一切的不安和不滿全部都消失無遺。

捨

最終，禪修者的內觀會強大到能夠不費力地對有為的身心現象保持平等捨心。觀照心變得極為明淨、細膩，覺察似乎自行順暢地流動。禪修者甚至能夠毫不費力地察覺非常隱微的身心活動，見到它們無常、苦、無我的本質，但並不是去思考它們。

如果是在觀照身體不同部位的觸點，禪修者會只是覺察到一個接一個的觸受，而不是體驗到任何色身的形態和形狀；這些觸受非常細膩，像是棉球的碰觸。有時候，禪修者感覺身體有如此多的不同觸受，而覺察就在全身非常快速地移動。有時候，彷彿身心都在往上騰起。有時候，可能就只有一些慣常的所緣是明顯的，而禪修者能夠平靜而穩定地觀照它們。

有時候，腹部起伏、觸、聽等，連同整個身體可能消失而只覺知到心的生起和滅去。禪修者可能會經驗到狂喜，彷彿沉浸在清涼舒適、沐浴在寧靜之中，或像置身於晴空般亮透清澈的光明之中。雖然禪修者可能不會如以前那樣極度喜愛這些愉悅的經驗，但是仍可能會執取它們。除了狂喜、寧靜、光明等，禪修者也應該觀照任何生起的執著。如果這些經驗持續著，那麼禪修者應忽略它們，去觀照其他的所緣。

在這個觀智階段，禪修者清晰地觀見每一個所緣和觀照心，能夠了知：「這些現象不是我，不屬於我，它們也不是任何人或屬於任何人。它們只是依緣而生的身心現象。依緣而生的現象在觀照著依緣而生的現象。」在這時候，觀照所緣，變成是令人愉悅的事，像是品嘗一道美味佳餚。不論修習歷時多長，禪修者總是感到不足；也不會經驗僵硬、麻、痛、癢等任何不舒服的覺受。因此，禪修者的姿勢威儀變得非常穩定，能夠輕易地維持頭、身、手、腳的不動。不論是坐或躺，禪修者能夠以單一姿勢禪修兩、三個小時而不感到疲累或僵硬。對禪修者而言，時間似乎過得非常快，兩、三個小時感覺起來像只是片刻。

有時候，觀照心會變得極敏捷，觀照特別地順利。禪修者如果對正在發生的現象感到憂慮，應當觀照它「憂慮、憂慮」。如果開始評估著禪修正在進步中，應觀照它「評估、評估」。或者，如果開始期待觀智更進一步，應觀照它「期待、期待」。之後，禪修者即回來繼續穩定地觀照慣常的所緣。

在這個階段，禪修者不應增加或減少精進的力道。由於部分禪修者未能觀照憂慮、興奮、執著、期待等心理狀態，他們的覺察力會變得分散、減弱。另有一些禪修者，會因感到興奮而增加了他們的精進力，這反而讓他的修習因此退步。憂慮、興奮、執著或期待，會讓禪修者脫離了內觀的觀照，這便是當覺察變得迅速而觀照特別順利時，禪修者應該保持修習的穩定，既不增加也不減少精進力的原因所在。如此，禪修者的修習將直接導向涅槃，也就是一切緣起現象的止息。

然而，在這個觀智階段，修習可能會屢有起伏進退，禪修者不需因而感到失望，應該鍥而不捨地努力。首要工作是觀照當下在六個感官之門生起的所緣，並擴大覺察的範圍去觀照在身體任一部位出現的所緣。但是，當禪修練習變得非常細緻而持續時，便不可能以這種方式觀照。所以說，一旦禪修獲得動能，在變得極為細緻之前的這個階段，禪修者應該毫無設限地觀照一切所緣。如果禪修者能仔細地觀照所緣，無論是「起」「伏」「坐」或其他身心活動，不久之後，禪修將獲得動能。禪修者的覺知將會順暢地流動，彷彿覺察是自行轉起般無需費勁。禪修者清晰而安詳地覺察那緣起的身心現象在迅速地消逝。

此時，禪修者的心不會受任何事物所引誘或干擾。無論所緣是多麼的誘人，也無法動搖禪修者的心。同樣地，無論所緣多麼令人厭惡，禪修者的心也一樣不會受影響。禪修者僅是如實地覺察：聽是聽、聞是聞、嘗是嘗、觸是觸、了知是了知。如此，在每次觀照所緣時，「六支捨」——對六種感官所緣保持平捨沉著——十分明顯。再者，即使是「我坐多久了」「現在幾點」等這類的思緒也全然止息，不再現起，更何況是以往的那種思考。

如果觀智未成熟而不足以引生道智，兩三個小時之後，定力減弱了，心便開始出現散亂，這時，觀照心可能會鬆懈下來，在觀照心之間便有了空隙。相對的，如果觀照心變得迅速、格外好的時候，禪修者可能會感到興奮而對進步有所期待，這也會導致觀照的遲緩。如果禪修者能去觀照那些評估、興奮、期待等的心理狀態，禪修的力道會再度恢復。但是如果觀智還不夠成熟，那麼禪修終究會再度變弱。因此，在這個階段，禪修者的練習可能會有許多起伏；而那些知道或聽聞過種種有關觀智階段的禪修者可能會遇到更多的波動起伏，這便是為何禪修者最好事先不要知道觀智進展的原因。但是，無論如何，禪修者不需感到氣餒，這些波動起伏象徵著禪修者的內觀已非常接近道智、果智。如果信、進、念、定、慧等五根能平衡進展，禪修者隨時都可能體證道、果、涅槃。

涅槃的體驗

觀智的波動起伏，就好比是從航行於大海的船舶上被放飛的鳥兒的飛翔。在古時候，當航海員不知道哪裡是最近的海岸，他們會把帶到船上的烏鴉放飛，烏鴉就會往不同的方向飛去尋找最近的海岸。只要未找到附近的海岸，烏鴉就會飛回船上；但是，一旦烏鴉發現陸地，便會直接飛到陸地。

同樣地，倘若內觀的力量不足，無法證得道智並體驗涅槃，內觀便會一再地被拉回，也就是觀照之間會有空隙。但是，當觀智夠成熟，五根平衡時，禪修者將見到身心現象的生滅逐漸加快而所緣也愈來愈清晰，如此持續約三、四次，然後，緊接在觀照六感官門裡任一顯著所緣之後[22]，禪修者體驗涅槃——所觀的所緣和能觀的心同時止息——因而證得道智和果智。

到達這狀態的人清楚地體驗到，他們的覺察在證悟之前速度加快；此外，所緣如何在最後一個觀照之後被切斷，心又是如何以涅槃——所有緣生現象的止息——為所緣，也會極為清楚。以下，是禪修者們對該經驗的一些描述：

> 所緣和觀照心二者突然中斷、停止。
>
> 所緣和觀照心被切斷，像藤蔓被砍斷。
>
> 我看到所緣和觀照心掉落，像一個重擔被卸下。
>
> 所緣和觀照心像是墜落下來，彷彿捉不住它們一般。

從所緣和觀照心脫離，好像突然從監獄的囚禁脫逃了出來。

所緣和觀照心驟然消逝，就像火燭的光被熄滅。

我從所緣和觀照心逃脫，像是突然從黑暗進到光明。

我擺脫了所緣和觀照心，彷彿從一團混亂突然進入清淨空間。

我發現所緣和觀照心沉沒了，彷彿它們沉入水中。

所緣和觀照心戛然而止，像跑步的人被封閉的道路擋住了。

緣生有為的身心現象的止息，這經驗並沒有維持很久，其實就如觀照一次般的那麼短暫。之後，對此事件的省察將會生起，如：「我剛剛體驗到的所緣和觀照心二者的止息！不是很特殊的體驗，就是道、果、涅槃。」擁有佛典知識的人可能會如此省察：「緣生的身心現象止息，即是涅槃。這止息的體驗，就是道智和果智，我已體悟涅槃，證得第一階的道、果。」曾經聽聞過名色止息經驗的人們，通常會生起系統且完整的省察，所以，他們也會省察哪些煩惱已斷、哪些煩惱未斷。

在這些省察之後，禪修者會如同往常地回去觀照身心現象。那時，身心的生滅進程將會相當粗糙而明顯，能清楚知道現象的開始與結束，或說生起與滅去。因此，他們可能會想，觀照一定又有了空隙，或以為自己的修習一定是退步了。這是事實，他們回到了生滅智，因此他們可能會再次見到這階段常見的亮光和影相。有些禪修者可能感覺他們的觀照心突然不再與所緣同步，像是處在修習初期，或有遇到種種苦受之時。

然而，多半來說，他們的心會時時保持清澈。在這階段，他們會感到非常安詳，心彷彿獨自漂浮在空中般。不過他們將無法觀照到這個心理狀態，即使他們試著去觀照它，也無法有效地覺察。他們不想要觀察其他事物，也無法觀照其他的所緣，他們的心清澈而安詳。而這清澈的心理狀態會逐漸變弱，那時，如果他們能持續觀照，將再次看清生滅。回到觀照細膩的階段一陣子之後，如果觀慧夠強大，他們可能會再次進入諸行的止息如同之前的經驗一樣。這個體驗，會取決於他們的定和觀智的力量而一再地重覆。現今仍有許多人反覆地進入已體驗的預流果，因為他們的主要目的只是證得第一階的道、果。這是透過一系列的觀智而成就第一階證悟的情況。

已得道果的人們，心態會和以往不同。這經驗如此地特別，讓他們感到彷彿重獲新生。他們的信心變得極為強大，因而生起了有力的喜和輕安，快樂也常常自動生起。有時候，信、喜、輕安、樂等心理現象，強大到使得禪修者在證得道果後無法立即很好地辨視所緣，即便觀照了它們。不過，在幾小時或幾天後這些現象會變弱，到時候就能再次辨明所緣，禪修會再次進入佳境。有些禪修者在證得道果之後感到放心了，或者說已感到滿意了，無意願再進一步觀照。這滿足的生起，可能是因為他們最初的動機便只想證得第一階的道果。如果他們想透過已證得的聖果再次體驗涅槃的寂靜，他們應該猶如往常般去觀照當下的身心現象。

進入果定

內觀禪修中，一般禪修者遭遇的第一個觀智是名色分別智。然而，就擁有道智、果智的禪修者而言，首先生起的則是生滅智；所以，在觀照身心現象時，生滅智最初生起，之後很快的便會依序生起更高的觀智，一直到極微細、殊勝的觀智——行捨智。當行捨智足夠強大時，就會如同以前一樣，心轉向涅槃——一切有為法止息。這時，果定的心路過程將會生起。

如果不預先決意果定的時間，它可能會僅持續幾剎那，或者可能持續相當長的一段時間，譬如：五、十、十五分鐘，或半小時、一小時。注釋書說，果定甚至可維持一整天，或預先決意的任何時間。現今我們也可以發現，定力強且觀智銳利的禪修者能進入果定很長的時間，如一個、兩個或三個小時，或者如注釋書所說那般預先決意的時間長度。即使在不需如此做時，若預先決意果定必須結束，就能自在地從果定出來。然而，就長時入果定的情況而言，其間可能會有數次思惟生起，不過如果觀照這思惟四、五次，就會再度進入果定。如此，禪修者可以進入果定幾個小時。

在果定期間，心完全安止於涅槃，一切諸行止息，而不識知其他所緣。涅槃與屬於此世間或他世間的有為名色法以及概念法完全不同。所以在果定期間，禪修者無法了知或憶起此世間（即自己的身體）或他世間，完全沒有任何念頭。即使身旁有顯著的可見、聽、聞、嗅、嘗、觸等的所緣，他也無法覺知它們。在入定時，即使很長的時間，其威儀姿勢也是牢固、穩定的，例如，如果靜坐時入果定，其坐姿會維持不搖動、不曲身，也無任何改換。如巴利佛典所說：

安止速行支持威儀姿勢。[23]

當果定心路結束時，首先經驗到的第一個所緣，可能是在回憶涅槃或果定，或某種視覺影相，或者只是思惟。然後，一般的觀察、光明或省察視情況出現。在離開果定之後，禪修者起初只能斷斷續續地覺知所緣。然而有些時候，如果禪修者的內觀極為有力，那麼在出果定之後也能立刻持續地覺察微細所緣。請記得，在開始觀察之前，就應該先決意要迅速進入果定以及持續期間的長短，當禪修者開始觀照時便不應再思惟它。

觀智不夠強而無法入果定時，禪修者可能會經驗到起雞皮疙瘩、打呵欠、顫抖、深呼吸等狀況，接著，觀照會間間斷斷。有時候，當觀照有所提升時，可能會心想涅槃近了而感到興奮，但觀照卻會因此而變得不連續，所以不應該這麼尋思。如果這想法出現了，應準確地觀照這想法。有些禪修者在能夠進入果定之前，會遭遇這些波動許多次。如果定力和觀智仍弱，要進入果定也許要花一些時間，或者無法長時停留在果定裡。

讓觀智更明晰

有時候，怖畏智、過患智、厭離智和欲解脫智並不清晰，因為之前在體驗它們的時間並不長。如果想要清晰、明白地體驗它們，必須決意體驗每個觀智一段時間。例如，倘若設定一段修習時間，決意說：「願生滅智持續半個小時！」那時，生滅智便會在那段時間生起，不會超過時限。之後，後續的壞滅智將自動生起，而只見到現象滅去；不過，如果壞滅智未自動生起，應該決意讓它生起。然後，此觀智會在那段期間現前，而下一個觀智會自動隨之而來。應當以這方式讓所有觀智依序生起。在精通現前的觀智之後，只要未自動進入下一個更高的觀智，禪修者便應該決意令下一個觀智生起。

所以，在壞滅智之後，應當決意：「願我體證怖畏智！」如此，怖畏智將會生起。對此感到滿意時，再決意：「願我體證過患智！」如此，禪修者在每次觀照現象時將見到其過患，體證到該觀智。對此觀智感到滿意時，再決意證得厭離智。該觀智將隨後生起，使禪修者變得厭倦、厭離。對此觀智滿意時，再決意：「願欲解脫智生起！」該觀智將於隨後生起，令禪修者每次觀照諸行現象時，渴望從它們脫離。接著，禪修者決意證得審察智。該觀智將於隨後生起，使禪修者體驗苦受、不滿，想要變換姿勢。最後，應決意證得行捨智，就在觀照的動能猶如自行運轉般的期間，那微妙的觀智將會生起。

如此，禪修者會發現，依其決意，他可以在特定的時間之內到達特定的觀智。禪修者也會發現，他的觀智像羅盤指針那般會適時變換，一旦他對現階的觀智感到滿意，即會變換到更高的觀智。如果之前未清楚體驗所有的觀智，禪修者應當如此反復地修習。另一方面，定力強且觀智銳利的禪修者，當他們未作決意而行觀照時，可能在短時間內——四、五個或十個觀照之內——便到達行捨智；也能常常體驗果智。如果非常精通這個練習，甚至可以在行走、進食等期間體驗果智。

為更高的道、果而修習

禪修者善於修習而能迅速進入果定並長住其中之時，應該進而為求更高的道、果而修習。為此，禪修者首先應決定他將花幾日修行，然後決意：「願在這段期間內，不生起已證得之果！而是生起更高一階的道智、果智！」之後，禪修者應該如同往常，就只是觀照當下的身心現象。

作這決意的理由是，在選定的時間內，如果觀智夠強的話，可以直接導向更高的道、果，而不是回到之前的聖果；否則禪修者將會經常回到曾證得的聖果。如上述那般決意的好處是，如果禪修者尚未能證得更高的道、果，在那段修習期間之後，他可以輕易地回到之前的聖果。否則，若他決意：「從現在起，我將只為更高階的道、果而修習！」他將發現自己很難回到之前的聖果；這樣，禪修者既未能證得更高的道、果，也不能回到之前所證的果，可能會因此而心煩意亂。

決意在一段期間內不回到之前的聖果後，禪修者如往常觀照身心現象。這時，觀智將從生滅智開始，依序地生起。觀智的培養將類似之前證得初道的方式，而非類似導向初果的的方式。如此，在生滅智成熟之前，禪修者可能會體驗到明亮的光、影相和種種苦受。身心現象的生滅，並不十分精緻、清晰。當禪修者為了果定而修習時，通常只花很少的時間便回到行捨智，但是現在他可能在低階的觀智花費長時間。然而，這並不像最初練習未成熟時那樣，在到達行捨智之前會有許多的困難或延遲。一天內，禪修者可以依序體驗觀智，回到行捨智。

禪修者的覺察力將更是準確、精準，遠勝於最初修習之時。其洞察力益發廣闊而清澈，對感官、世俗所緣和苦的輪轉更加感到怖畏、過患、厭離，想要解脫的渴望更為強烈。即使以前能夠一小時進入聖果三、四次，但現在的觀智可能停滯在行捨智的階段，因為觀智還未強大到足以進展至更高的道智。可能停留在這情況很長的時間，一天、兩天、數個月甚至數年。當觀智最終足夠強大時，觀照心將變得極為清明且迅速，在加速之後，心的焦點轉而以涅槃——諸行的止滅——為所緣。如此，禪修者證得第二階的道智和果智。緊接在後的是對道、果的反思以及對剩餘煩惱的省察。之後，當禪修者照常觀照時，生滅智將會帶著極清明的心生起。以上所述，是為了證得第二階的道智、果智，成為一來者的修習方式和經驗。

如果想要證得第三階證悟的道智、果智，禪修者應先決意一段修習的期間，並且停止期待進入已證得的果定。他如此決意：「願我尚未體證的更高的道、果能夠生起！願我體證更高的道、果！」之後，按照往常的方式觀照身心現象。觀智將從生滅智開始，依序進展，不久後將到達行捨智。如果觀智仍未成熟，就會停滯在這個階段一段時間。與往常一樣，當觀智夠強時，它會改變焦點，改以涅槃——諸行止息——為所緣。如此，第三階證悟的道智、果智將會生起。之後接著省察的程序。以上所述，是為了證得第三階的道智、果智，成為不還者的修習方式和經驗。

若想要證得第四亦即最後階段的道智、果智，禪修者只需依循相同的方法：先決意一段修習時間，擱置對現有的果定的期待，並決心要經驗最高的證悟，之後觀照當下的身心現象。除此之外，並沒有其他的修習方式。這便是為何《念住經》（MN.10）會使用「唯一之道」這個詞的原因所在。觀智將從生滅智開始，依序進展，不久後到達行捨智。如果觀智不夠有力，禪修將會停滯在這個階段。和往常一樣，當觀智夠強時，它會改變焦點，改以涅槃——諸行止息——為所緣。如此，第四階證悟的道智、果智將會生起。

證得阿羅漢道智、果智之後，禪修者會立即反思已清晰體證的道果涅槃。可能如此省察：「一切煩惱已斷除，將不再生起。我已完成一切應做的事。」以上所述，是為了證得阿羅漢的修習方式和經驗。

■ 波羅蜜[24]

「如此，某個道智、果智將會生起。」這句話，乃針對波羅蜜（pāramī）已成熟的人而說。如果波羅蜜尚未成熟，禪修者的觀智將不會越過行捨智。

此外，在證得第一階的道智、果智之後，得以快速證得第二階的道智、果智，相對而言是容易的；但是在證得第二階之後，想要證得第三階的道智、果智，可能就會花費較長的時間。原因是，要證得前兩個階段的道、果，只有戒學需要徹底圓滿，然而想要證得第三階的道、果，禪修者的定學（samādhisikkhā）需要徹底圓滿。因此，已證得第一階道、果的人，相對而言可以較輕易地證得第二階的道、果；但是要證得第三階的道、果，便不是那麼容易。

無論如何，不可能事先知道自己的波羅蜜是否成熟到足以證得某個階段的道智、果智。不同的人要證悟，所需的天數、月數、年數也不相同。如果修習了幾天或幾個月而未證得道、果，不能就此斷定自己的波羅蜜不成熟。此外，眼前的練習本身便是在累積波羅蜜，所以不要去評價自己的波羅蜜是否成熟。

禪修者應該永不放棄，不管如何就只要持續地全力禪修。請謹記下列這段話：「如果不禪修，就無法培養波羅蜜。即使波羅蜜算是成熟，但如果不禪修，那也就無法在此生證得道智、果智。相對的，倘若波羅蜜足夠成熟而本身也努力禪修，那麼將會容易且快速地證得道、果。因此，如果禪修者的波羅蜜已相當成熟，眼前的禪修便能使自己的波羅蜜趨於完全成熟而能在今生證得道、果。至少，眼前的禪修實踐，肯定能累積個人的波羅蜜，提升在來生證得道、果的可能性。」

建言

在瞿曇佛陀的這個時期，希望品嘗內觀法味的人們，應該修習洞察身、受、心、法的正念。[25]

對於具有中等智慧資質的人們而言，本書就內觀方法的說明已十分充足。如果他們閱讀此書並有系統地加以練習，且擁有強大的信心、願力和精進力，那麼一定能夠證得某階段的觀智乃至道智、果智。無論如何，我們不可能在此完整描述禪修者可能會有的種種經驗，尚有許多經驗沒有記載到，禪修者也未必會體驗上述提到的所有經驗。甲的經驗也可能和乙的經驗大不相同，這取決於個人波羅蜜的成熟度，以及覺察力的精準和連續的程度。

再者，禪修者的信心、願力和精進，不可能一直維持著，如果沒有老師的指導而自行按照理智性的理解來修習的話，就像一個人獨自在不熟悉的地方旅行一樣，可能會有疑惑與迷惘。所以，倘若獨自練習而缺乏老師細心的引導，要證得觀智和道智、果智，對一般人而言並不容易，這便是為何《相應部》會說下列這句話的原因：

> 當求大師以如實知見。[26]

因此，我建議你尋找一個有經驗，能夠清楚解釋各階段觀智乃至道智、果智、省察智和果定的老師，並在他的指導下修習。請保持謙遜，記得波提拉尊者（Ven. Potthila）的故事（見第四章），切莫驕傲地自認為：「我很特別，不需要任何人的指導！」禪修時，態度應該誠懇，並謹記佛陀所說的法語：

> 非以弱精勤，非以少精進，
> 得證於涅槃，諸苦之解脫。[27]

這意謂著，唯有努力不懈的修習，才得以證得涅槃。

1 此章早有很好的英譯，即U Pe Thin和Myanaung U Tin譯的*Practical Insight Meditation* (Kandy: Buddhist Publication Society, 1971)。熟悉該譯本的讀者會發現，本書的用語和內容，與該譯本有些不同。我們在本書中盡可能保留馬哈希大師原本的用語和文風。另外，該英譯本的一些錯譯及遺漏，也在此加以更正。

2 *The Connected Discourses*, 890. Rūpaṃ bhikkhave, yoniso manasi karotha, rūpāniccatañca yathābhūtaṃ samanupassatha. (SN 22.52)

3 *The Connected Discourses*, 889. [Aniccaññeva [Kvg]][Aniccaññeva [Svg]], bhikkhave bhikkhu [Rūpaṃ[Kvg]][Rūpe [Kvg]] aniccanti passati. Sāssa hoti sammādiṭṭhi. (SN 22.51)

4 *The Connected Discourses*, 1218. Phoṭṭhabbe, bhikkhave, bhikkhu yoniso manasikaronto. Phoṭṭhabbāniccatañca yathābhūtaṃ samanupassanto. (SN 35.159)

5 *The Connected Discourses*, 1217. Anicceyeva, bhikkhave, bhikkhu phoṭṭhabbe aniccāti passati, sāssa hoti sam-māditthi. (SN 35.157)

6 *The Connected Discourses*, 1187. Phoṭṭhabbe... abhijānaṃ parijānaṃ virājayaṃ pajahaṃ bhabbo dukkhak-khayāyā. (SN 35.112) 馬哈希大師對此句的解讀如下：「於觸證知、遍知，厭離，捨斷，能導向苦盡、阿羅漢果智和涅槃。」

7 *The Connected Discourses*, 1148. [Photthabbe[MS]] aniccato jānato passato avijjā pahīyati, vijjā uppajjati. (SN 35.53)

8 *The Middle Length Discourses*, 282. Yā ceva kho pana ajjhattikā vāyodhātu, yā ca bāhirā vāyodhātu vāyodhā-turevesā. Taṃ “netaṃ mama; nesohamasmi, na meso attā”ti- evametaṃ yathābhūtaṃ sammappaññāya datthabbaṃ. (MN 28, 62, and 140)

9 *The Connected Discourses*, 1847. Dukkhaṃ, bhikkhave, ariyasaccaṃ pariññeyyaṃ (SN 56.12)

10 *The Middle Length Discourses*, 146.... Yathā yathā vā panassa kāyo panihito hoti, tathā tathā naṃ pajānāti. (MN10; DN 22) 馬哈希大師對此句的翻譯，中譯如下：「無論身體處在什麼姿勢，皆如實覺照。」

11 這是在敘述緬甸常見的戶外洗浴，昔日緬甸普遍未把冷、熱自來水輸送至室內淋浴間。如果是使用現代室內配管的淋浴間，也要用類似的方式觀照洗浴時的一切活動。

12 這是在描述緬甸常見的以手抓食的用餐方法，在寺院尤其常見。用餐具進食時，在整個用餐期間，也應該以類似的方式來觀照：謹慎地觀照看到、嗅到、想提起餐具的動機、舉起、張嘴、將食物放入嘴中、合嘴、放下餐具、開始要咀嚼、咀嚼、嘗味、吞嚥等等。

13 亦見*The Path of Purification*, 609. Yathā yathā hissa rūpaṃ suvikkhālitaṃ hoti nijjaṭaṃ suparisuddhaṃ, tathā tathā tadārammaṇā arūpadhammā sayameva pākaṭā honti. (Vism 18.15)

14 *The Path of Purification*, 631 and 650. Aniccaṃ khayaṭṭhena... hutvā abhāvato aniccā. (Vism 20.14 and 20.84)

15 Yadaniccaṃ taṃ dukkhaṃ... dukkhaṃ bhayaṭṭhena... udayabbayappīḷanato dukkha (Ps and Sv)

16 *The Numerical Discourses*, 507. dukkhavatthutāya... rogato... gaṇḍato... sallato... (AN 4.124)

17 Anattā，菩提比丘譯此詞為non-self，我們做了改變，以符合馬哈希大師對此詞的翻譯。（譯按：英譯為not-self。為符合古漢譯，中譯仍作「無我」。）

18 *The Connected Discourses*, 869. Yaṃ dukkhaṃ tadanattā (SN 22.15)

19 *The Path of Purification*, 631.... Anattā asārakaṭṭhena... (Vism 20.16)

20 ... Avasavattanato anattā. (Mp)

21 *Practical Insight Meditation* 一書將此譯作 "By and large, these are feelings hard to bear. "（大致說來，這些感覺都令人難以忍受。）但是，依馬哈希大師原緬文的正確翻譯，應作本文此處的翻譯"During this time unpleasant sensations are rarely experienced."。

22 這六種身心現象依出現頻率的順序是：觸、知、聽、見、嘗、嗅。

23 *A Comprehensive Manual of Abhidhamma*, 248.（英譯做了調整）appanājavanaṃ iriyāpathampi sannāmeti. (Abhid-s 6.11)

24 波羅蜜（*Pāramī*）常被譯為「圓滿」（perfection）。但是，其字面義是「高尚人們的行為」（*paramānaṃ uttamapurisanaṃ bhāvo kammaṃ*）。這是指布施、持戒、出離、智慧、精進、忍耐、誠實、決定、慈心、捨心。這些特質的潛能，在生命的輪迴中一直潛藏在每個人的心中。

25 這是馬哈希大師自己寫的巴利文：Bhāvetabbā satā cevaṃ satipaṭṭhānabhāvanā vipassanā-rasassādaṃ patthentenīdha sāsane。

26 *The Connected Discourses*, 620. Yathābhūtam ñāṇāya satthā pariyesitabbo. (SN 12.82)

27 *The Connected Discourses*, 717. Nayidaṃ sithilamārabbha nayidam appena thāmasā; nibbānaṃ adhigantabbaṃ sabbadukkhappamocanaṃ. (SN 21.4)

第六章

觀智

我在第一章解釋了戒的清淨，在第二章解釋了心的清淨。慧的清淨，從見清淨一直到智見清淨，我也曾在第三、四和五章解釋了。在這一章，我將談及觀智和五種慧之清淨的關係。

名色分別智：見清淨

見清淨是如實見名、色。[1]

覺察諸法

如我在第五章解釋的，當禪修者定力增強時，分心散亂將會減少。大多時間，觀照心會持續運作而不間斷。如果散亂思緒出現，禪修者能夠立即觀照它，且由於觀照的緣故思緒將消失，也就是，思緒會停止、中斷。

這時候，禪修者將了悟，風界所產生的身體活動（如腹部的起伏、坐、站、走、躺、彎、伸等等），以及其他由其餘大種所產生的身體感受（如硬、軟、熱、冷、緊、鬆等等）都在變化。禪修者也會了知，這些色法無法了知或體驗所緣，如同無生命的木頭或石頭沒有知覺的能力一樣。

禪修者也將覺察了知「所造色」，例如，所見色和接收它的眼淨色、聲音和接收它的耳淨色、氣味和接收它的鼻淨色、味道和接收它的舌淨色、所觸色和接受它的身淨色，以及作為心理活動的物質基礎——即心所依處。

「如實見色」的意思是：觀察到它們具有會變化的特相、無知覺的顯現。依據疏鈔，abyākata[2]一詞在此的意思是「沒有知覺的」。下列所引述《大疏鈔》（*Mahāṭīkā*）和《根本疏鈔》（*Mūlaṭīkā*）的定義，和禪修者的實際經驗相符：

abyākata應指沒有知覺的，如「無所緣即abyākata」所說。[3]

當禪修者觀照時，將會發現：觀照心似乎奔向並黏住它觀照的所緣，例如腹部起伏。同樣很清楚的是，六種心識（見、聽、嗅、嘗、觸、思）似乎奔向它們的感官對象。「如實見名」意味著：觀察到名法具有傾向或被拉往感官所緣的特相。

辨別名色

對如實見的禪修者而言，名（心理現象）與色（身體現象）是不同的。這類禪修者不再將二者視為相同，雖然在禪修練習之前它們看似沒有差別。當禪修者觀察腹部上升移動時，他可以辨別上升移動和觀照它的心有所不同。同樣的禪修者可以分辨出差別的是：下降移動和觀照它的心；坐姿和觀照它的心；想彎的動機、彎曲的動作和觀照它們的心；想伸的動機、伸展的動作和觀照它們的心；可見色、眼、見和觀照它們的心。如同《清淨道論》所說：

> 觸等五法非從眼、色生，非從二者中間生，
> 依緣而生、所造作，猶如聲音從擊鼓而生。[4]

在鼓被擊打之前，聲音並不存在鼓裡，不在鼓棒裡，也不在二者之間。即使擊鼓時有聲音，這聲音並不從鼓生也不從鼓棒生。鼓和鼓棒這些色法並未轉化成聲音色法。聲音也未從兩者間哪一處生起。鼓聲是每次鼓被敲打時產生的全新的現象，它依緣於鼓、鼓棒、鼓的敲擊。鼓、鼓棒與聲音並不同。

同樣地，在我們看見某人或某物之前，見並未存在於眼、眼所見色或二者間任何一處。當我們看見可見色，發生的看見這個現象，並非源自於眼也非來自於所見色。眼識並非源自眼，也非來自可見色，見也並非源自二者之間的任一處。實際上，見是由於眼、色、光、注意的組合而生起的新現象。因此，眼、可見色，與見的視覺不同。其他的感官也是如此。

> 觸等五法非從耳、聲生，非從二者間生，依緣而生……
> 觸等五法非從鼻、香生，非從二者間生，依緣而生……
> 觸等五法非從舌、味生，非從二者間生，依緣而生……
> 觸等五法非從身、觸生，非從二者間生，依緣而生……
> 被造作，非從所依色生，非從法處生，依緣而生、被造作，猶如聲音從擊鼓而生。[5]

如實知見

當你觀察到身心現象的差別，你會了解，無論身或心都無法單獨執行坐、站、走、彎、伸、見、聽等的活動。只有身心一起才能執行這些活動，因此，身和心總是被誤以為是「我」，以為：「我在坐」「我在站」「我在走」「我在彎」「我在伸展」「我在看見」「我在聽」等等。實際上，並沒有「我」或「眾生」在坐、站、走，只有名色身心現象。這即是為何《清淨道論》說：

實際上，名依於色，色依於名。心想吃、想喝、想說或想變換姿勢時，色才吃、喝、說、變換姿勢。[6]

把這個原則更完整地說明：我們了解，想吃的意向是心理的，但實際去吃的是身體；想喝的意向是心理的，但實際去喝的是身體；想坐下的意向是心理的，但實際坐下的是身體；想站起的意向是心理的，但實際站起的是身體；想走的意向是心理的，但實際走的是身體；想躺下的意向是心理的，但實際躺下的是身體。

有些禪修者可能會用比喻，來描述他們對名色身心現象的體會。《清淨道論》即記述了下列的比喻：

因為由軸、輪、廂、轅的構件所組成，馬車被稱為馬車。然而，如果個別檢驗每個構件，馬車並不存在。

當柱、樑等材料聚合時，屋子被稱為屋子。然而，在這些材料之外，屋子並不存在。

因為有樹幹、樹枝、樹葉等，樹被稱為樹。但是，除了這些之外，樹並不存在。

同樣地，因為由五取蘊（即名色）所組成，眾生被稱為眾生。然而，倘若一一注意這些現象，將不會有「我是某某」的我慢或「我是人」的邪見。這時將會了知：從究竟真實而言並無眾生存在。存在的只是名（能傾向、了知所緣）和色（不能傾向所緣，將會變化）。如此的看見稱為「如實見」。[7]

然而，能否想到好的比喻，並不重要。當你只是觀照，不刻意思惟，你能夠辨別名色現象的差別，並了解此身中存在的，只是能了知所緣的「名」和不能了知所緣的「色」——除了這兩種現象之外，並沒有「眾生」「我」「人」存在。這份了解自然而然地到來，是「名色分別智」（nāmarūpaparicccheda-ñāṇa）的巔峰。此觀智又稱為「見清淨」，因為它有助於移除「我」存在的邪見（attadiṭṭhi）。這便是為何《大疏鈔》如此說：

「如實見名色」的意思是，觀察其自相：「這是名，這些就是名，此外無它（即無眾生）；這是色，這些就是色，此外無它（即無眾生）」。僅見法而不見眾生。這是見清淨，因為斷除有我真實存在的邪見。應如此理解其意。[8]

色法物質現象的自相，如會壞、硬（kakkhalatta）。名法心理現象的自相，如傾向所緣、與所緣接觸、感受、想（sañjāyana）、識知（vijānana）所緣。不管是色法或名法，只有在它們生起時才真正存在，不是在之前或之後。這是為何禪修者只有在時時刻刻觀察身心現象時，才能真正覺察到它們的自相。如此，禪修者了解到，沒有「我」或眾生存在，只有名色法。這份了知稱為「見清淨」，意思是它能夠斷除有「人」「眾生」的錯誤見解。

緣攝受智：度疑清淨

了解過去、未來、現在法的原因而超越對它們的懷疑，稱為度疑清淨。[9]

當禪修者透過觀照當下生起的所緣而如實了知名色的特相，將會以某種方式見到現象的原因，從而產生洞見因緣關係的「緣攝受智」（paccayapariggaha-ñāṇa）——了悟某些原因導致某些現象，無論屬過去、現在或未來。這份了知依於個人的意樂（ajjhāsaya）、精神成熟度和智慧，可以有多種形式。《清淨道論》共指出五種，我將在下一節解釋。

了知除了名色現象之外「我」並不存在的禪修者，可能會在禪修的時候反思分析這些名色現象的原因。他們不再接受現象會無故而生起，因為他們親身體驗到現象的原因。再者，也不再相信上帝、大梵天或其他的造物主，他們已明白，上帝、大梵或其他造物主，同樣是由名色所組成——他們的名色無法創造其他的眾生，就像禪修者的名法無法創造其他的生物。倘若這些造物主有能力辦到，我們要追問：「誰創造那造物主？」我們也要對那造物主的造物主問相同的問題，無限地追問下去。

見緣起的第一種方法

■ 見色法之因

有些禪修者能見到色法的生起原因。他們看見色法持續地生起，從出生開始一直到現在。其原因有四：過去的無明、渴愛、執取和業（有意的行為）。他們也見到：現在攝入的營養食素維持著身體；想坐下、彎曲等的意向導致坐下、彎曲等的身體動作；炎熱和寒冷的環境導致冷、熱的身體感受。

禪修者能夠親身觀察色法的現在因，如食素、心識、氣候，但他不能直接觀察到過去因，如無明、渴愛、執取和業。然而，在開始練習禪修之前，內觀禪修者已在理智上接受「善行導致優質的生活和有益的結果，惡行導致劣質的生活和有害的結果」。所以，當禪修者練習並親身觀察現在的無明、渴愛、執取和業，他將透過推論了知它們在過去的運作。

構成我們生命的名色法，皆是苦、無法令人滿意；對名色的執取，是苦的原因。不知這個真理，稱為「無知無明」(appaṭipatti-avijjā)。相信生命確實是令人滿意的、是快樂之因，稱為「邪知無明」(micchāpaṭipatti-avijjā)。上述這兩種無明如此深植於凡夫心中，從而無法僅透過學問加以超越。這便是為何凡夫不分日夜盡可能享樂的原因。人們盡其所能地日夜追求現世生活的快樂，並期待在未來的生命享受更好的生活。

另一方面，煩惱和業的止息，會導致一切名色法的完全止息(parinibbāna)，致使不再重生為人或天人，或男人或女人。不再重生，稱為「滅諦」或「無餘涅槃」（anupādisesanibbāna）。對涅槃的快樂安穩無所知，對內觀練習、道智無所知，稱為「無知無明」。另一方面，認為涅槃可畏，而內觀練習和道智是苦的原因，這是「邪知無明」。換句話說，這是對苦滅諦和向苦滅道諦的扭曲和錯誤見解。

當這兩種無明變強烈時，人們會恐懼涅槃，以為完全止息之後一切不生，無法知道、體驗任何事，也不會有什麼社交際遇。甚至會貶低解脫：「涅槃是徹底的虛無，不可能是什麼好事。為了涅槃而修行只是自找身心煩惱，到頭一場空！」這種主動生起對四聖諦的無知和錯誤見解，只會在某時刻發生在凡夫身上，但它潛伏在每個未被觀照的所緣對象中。然而，如果禪修者在它發生時加以觀照，將會親身看見它的存在；在回憶過去經驗時，也可以看見它的存在。

如果誤信這些名色是令人滿意的，便會喜愛、貪著它們；因此，人們便會想要變得更成功，這是執取；於是，由於執取而採取各種行動。當貪愛、執取、業發生於現在的時候，禪修者可以透過觀照來看見它們；也可以透過回憶過去已發生的事來了解它們。當禪修者實際看到業行如何根源於無明、渴愛和執取時，將會了悟現在世自結生以來持續發生的色法現象，是基於過去所造行為而發生。同時，他也了解這些色法現象也將會由於無明、渴愛和執取而生起。這是依據親身體驗和推論了知色法的原因。

■ 見名法之因

當禪修者觀照「看見」的現象，他了知並理解：在有眼和可見色時，看見便發生；或者，他了知並理解：當眼、可見色、眼識三者相遇時，便有所緣和心之間的觸。再者，聽覺也是如此，當禪修者觀照「聽」的現象，他了知並理解：在有耳和聲音時，聽到便發生；或者，他了知並理解：當耳、聲音、耳識三者相遇時，便有所緣和心之間的觸。再者，當禪修者觀照「觸」的現象，他了知並理解：在有身和可觸色時，觸便發生；或者，他了知並理解：當身、可觸色、身識三者相遇時，便有所緣和心之間的接觸。再者，當禪修者觀照「思惟」「了知」或「觀照」本身，他了知並理解：有心所依色和法（心的對象）時，思惟、了知或觀照的意識便發生；或者，他了知並理解：當心所依色、法（心的對象）、了知的意識三者相遇時，便有所緣和心之間的接觸。

另外，當禪修者觀照「見」「聽」「碰觸」或「思考」等等的時候，他可以看到與所緣接觸會產生身心上的樂受或苦受。樂受時享受並激起要繼續享受的渴望。對於苦受，則想加以去除，代以樂受。若執取樂受，就會引發身、語、意的行動，以便能繼續享受。如此，禪修者親身見到心理現象的原因。

■ 關於過去、未來的推論智

當禪修者親身見到現在世的身心現象的原因，他將以推論智理解過去世、未來世必定也是如此：「在過去，身心現象由於這些原因而生起；在未來，身心現象也將由於這些原因而生起。」

當禪修者已見名色依緣而起，他理解如同現在一樣，在過去世名色亦曾依緣而生起，在未來世名色也將依緣而生起。[10]

■ 度越十六種懷疑

當禪修者了知過去、未來、現在三世裡，只是名色法引生其他名色法，他將能夠斷除、超越我見和十六種與我見相關的懷疑。

關於過去世的懷疑，如下列五種：(1)「前世裡我存在嗎？」（心想自己是否過去便存在）(2)「前世裡我不存在嗎？」（心想自己是否只存在於今世）(3)「前世裡我是什麼人？」（心想自己過去是富有或貧窮、在家出家、緬甸人、印度人、梵天、天人、人、動物等等）(4)「前世裡我長相如何，誰或什麼創造了我？」（心想自己是高、矮、胖、瘦、白、黑等，是上帝、大梵天或其他天神所造，還是自行出世）(5)「前世裡我是什麼類的人？」

關於自己未來世的懷疑，如下列五種：(6)「死後我將有另一生嗎？」（心想是否永恆不滅）(7)「死後我不會有另一生嗎？」（心想自己死後是否將消失）(8)「下一生我將成為什麼？」（揣測自己將會富有或貧窮、在家出家、緬甸人、印度人、梵天、天人、人、動物等等）(9)「來生裡我長相如何，誰或什麼將創造我？」（心想自己是高、矮、胖、瘦、白、黑等，是否將由上帝、大梵天或其他天神所創造，還是自行出世）(10)「來世裡我將是什麼類的人？」

最後，關於自己現在世的懷疑，如下列六種：(11)「此身中有個我嗎？」(12)「此身中沒有個我嗎？」(13)「這個我是什麼？」（心想自己是富有或貧窮、在家出家、緬甸人、印度人、梵天、天人、人、動物等等）(14)「這個我長相如何？誰創造我？」（心想它是小、大、圓、扁、方、六角等等，是否由某個造物主所造，或自行存在）(15)「這個我從什麼前世轉變而來？」(16)「這個我將轉變至什麼未來世？」

「我過去存在嗎？」等十六種疑問，是依緣於對「我」的執取。[11]

依據疏鈔，由於相信「我」存在，才會生起這十六種疑問。若人了知「我」並不存在，僅是依於因緣而起的名色相續，則不會有這些疑問。有一個比喻：未真正看過兔子長相的人，才會對兔子是否有角一事感到懷疑。如果真正見過兔子，不可能有這種懷疑。這是透過見名色法之因而超越懷疑的第一種方式。

見緣起的第二種方法

有些禪修者以下列的方式看見身心的因緣：

因為眼和可見色所以我看到。因為耳和聲所以我聽到。因為鼻和香所以我嗅到。因為舌和味所以我能嘗到甜、酸等味。因為身和可觸色所以我感受到觸覺。因為心所依色和各種心理對象，所以我思考、回憶和觀照所緣。因為如理作意、居住合宜處所、結交有德之人、聆聽智者所說法，並且具備成熟的波羅蜜（pāramī），所以善業和內觀禪修生起。因為非理作意、居住不合宜處、結交惡人、聆聽無戒者的話，且波羅蜜未成熟，所以不善業生起。

依於善行的善業、無明、貪愛、執取，帶來好運的新生、六根門愉悅的美好所緣和許多有利的結果。依於不善行的惡業、無明、貪愛、執取，帶來壞運的新生、六根門不愉悅的糟糕所緣和許多不利的結果。

有分心導致轉向心。[12]

構成心所依色、眼、耳等的色法，自從此生的第一剎那便開始由於過去的業而持續生起。

坐、走、彎曲等的身體動作，是由想要那麼做的動機所引起。

外在環境的氣溫引生熱或冷的身體感受。吃入的食物裡的食素營養為身體提供能量……。

若禪修者看見並了知現在只有名色引生另外的名色，他可以推論了知過去、未來也是如此。因此，他能夠斷除並超越十六種懷疑。這是超越懷疑的第二種方式。

見緣起的第三和第四種方法

有些禪修者在觀察當下現起的所緣時，照見緣生諸法現象的生、住、滅。據此，他們了解，此生裡第一個心識生起是一個剎那心識，而死亡只是另一個心識剎那滅去，衰老是身心名色的相續現前。如此，他們了知名色法的生起原因。

我們可以這樣了解：衰老、死亡要發生，必須先有出生。出生必然是由業行（有意志的行為）所致。業行是由執取所致。執取是由於對名色的貪愛。貪愛是從苦、樂受而起。感受的產生，則是因為心與感官所緣之間的觸。觸源自於六處——眼、耳、鼻、舌、身淨色和心識（也就是，見等發生是由於眼淨色和心）。六處則依於它們所依靠的名色（也就是，眼、耳、鼻、舌、身淨色，是依於物質器官；至於心識，則是依於它的心所依處和其他心識）。名色法是因各種心識而生——如結生心、有分心和根門心。這心識生起的原因，是過去生為了自身福祉所做的業行。而這些業行，則依緣於無明。

菩薩等聖者看見如此逆序的緣起而完全了悟因緣。一般的禪修者也能夠如此了悟因緣，從而超越十六種懷疑。這是看見名色法之因緣的第三種方式。

其他禪修者，則是看見順序的緣起而了悟因緣。也就是，他們了悟因無明而有業行，因業行而有心識等等。菩薩等聖者如此完全了悟因緣。一般的禪修者也能夠這樣了悟因緣而超越十六種懷疑。這是看見名色法之因緣的第四種方式。

見緣起的第五種方法

有些禪修者，是從業行和業果的關係看見名色法的因緣。也就是說，業行產生結果，此結果又引生新的業行，而這新的業行，又更將一步產生新的結果。如此輾轉相續。這業行和業果之間的關係，分為「業輪轉」（kammavaṭṭa）和「果報輪轉」（vipākavaṭṭa）。業輪轉包括無明、行、愛、取、有（kammabhava）。果報輪轉包括識、名色、六入、觸和受。

如果禪修者詳細考慮緣起，他將看見這五因和五果的每一法。如果是大略地省思緣起，便不會區分個別的因和果，只是了解業行是業輪轉，業果是果報輪轉。在下文，我將說明《無礙解道》如何解釋業輪轉和果報輪轉。

■ 過去生的因

於過去生造作業行時，有這五法生起：「無明」，善、不善「行」，「愛」，「取」，及帶來新生的「有」。過去世所產生的這五法，是今世結生的因。[13]

注釋書提到善、不善思（saṅkhāra，行）和帶來新生的思（bhava，有）二者之間有三點差異。然而，我只就第一點加以解釋，因為這最容易理解。「思」是指計畫做善或不善行為時產生的意志，這思迫使著人們立即去行動。但是，實際造作善、不善行為時所產生的思，則是有意志的行動（kammabhava，業有）。

「業有」的例子包括：就布施而言，放棄某物並施予某人，讓他隨意處置；就殺生而言，實際殺害，而某個生命因而死亡。這些行為被完成了。其他的善、不善業行，也應如此理解。

上述列出的五種因緣順序，是按照教學的次序。但是，它們實際上發生的順序稍微有些不同：「無明」導致渴愛，「愛」導致執取，「取」導致準備行動的「思」（行）。準備行動導致執行行動的思（有）。執行行動之後，誤將行動視為快樂的原因，並誤以為將因此而快樂。這又製造了無明，之後跟著愛、取等等。如此，思業可以帶來以無明和渴愛為緣的再生。這就是為何《無礙解道》說，在（緊臨死亡之前的）執著瞬間裡的無明和渴愛，會成為再生之緣。[14]

■ 現在生的果

在此，於今生裡，有結生心、名色、六處、觸、受。此生的這五種果，是由過去生裡所做的業行所導致。[15]

當禪修者時時觀照名色身心現象時，將會清楚知道，相續的心識剎那（見、聽等）是連續心理過程的一部分。同樣地，也可以了解到，此生的結生心識剎那是前世裡最後一個心識剎那（即死亡）的後繼者。《清淨道論》說：

例如，眼識緊接在轉向心之後生起。然而，眼識並非來自轉向心，它只是緊隨其後。

同樣的是，心的過程以結生心為首。前一個心識剎那逝去，新的心識剎那取而代之。（也就是說，前世裡最後的心識剎那結束，此生裡第一個心識剎那緊隨其後）[16]

如果禪修者持續不斷地觀照，將會見到新的名色生起。他能夠推論了知：再生時的名色法也是如此生起；六處、觸、受也是如此；當六處成熟時，這些果法，最終將引生五種因法。

■ 現在生的因與未來生的果

當六處在此（生）成熟時，它們帶來五因法：「無明」；善、不善「行」；「愛」；「取」，及帶來新生的「有」。在我們今生造作業行時，這五種因便生起並成為未來世再生之因。[17]

這五種現在因，導致五種未來果的生起。

未來將生起結生心，名色、六處、觸、受。由於此生所作的業行，這五種果法將在未來世生起。[18]

■ 推論智

過去世所生的五種因法，和今世生起的五種因法相同。未來世裡將生起的五種因法，也將和今世裡生起的一樣。因此，禪修者若親證現世裡的因法和果法，也將能推論了知過去世裡所造的因和未來世裡將有的果。

這五種果法，全含在一個心識剎那裡。如果你大致上覺知到這些果法，將能看見它們的整體。例如，觀照到一個令人快樂或不快樂的所緣時，會覺察到：所見色、聲音、氣味、味道、觸或念頭，只是由於過去業行的結果而自行生起。禪修者並未分別地覺知到每一個果法「這是識，這些是名色」。同樣地，他在觀照的瞬間裡體驗了五因法的整體，理解它們是過去因。然後他了解為了個人福祉所作的一切行為——無論身、口、意，在今生或來生，將構成導致再生的業行。但是，他並未分別看見這些因——「這是無明，這是業行」。

禪修者在觀照時僅見因和果，因此他得到這樣的結論：「在過去生，只有業行及其果報。在未來生，也將只有業行及其果報。只有業行及其果報存在，沒有做業行的個體或個人，也沒有受用其果報的個體或個人。」如此， 禪修者捨斷、超越十六種懷疑。

若人從業輪和果報輪見到此生裡的名色法之因緣，他總結：「如同現在一樣，過去生中這些名色法也是業輪和果報輪，在未來世也將是如此。存在的，僅是業和果報；業輪和果報輪；業流和果報流；業相續和果報相續；行和行果。」果從業生，業以果為因，未來有從業而起，如此世間轉起。[19]

沒有（善不善）業的作者，也沒有業（苦樂）果的受者；唯有法轉起。這即是正見。當業與果報隨因轉起，如同種子與樹交替相續，起始不可知。[20]

在行布施或殺生時，想要做這事的意向（思）首先生起。在意向之後，跟著生起身、語的行為。意向和身、語行動，皆稱為業行——或是善或是不善。如此，業行包含名色身心現象。然而，佛陀也說，思是業之首。[21]造作行為時，只有名色，沒有個體或個人，但這些名色法被誤認為是「人」，因此會說「某某人布施」或「某某人殺生」。

再者，在見、聽等時，認知和感受可意、不可意所緣的種種名法，作為果報而生起。因為這些果報依靠名色法，所以我們說「某人在感受……」，然而，這只是通俗的說法，並沒有獨立存在的「人」在感受。同樣地，過去世造作業行時，也沒有造業的人，只有善、不善的業行。此生裡的結生心、有分心、耳識等，也全是業行的果報。我們今生依於這些果報，又造作更多的善、不善業行，這些新造的業，也將在未來產生果報。如此，業輪和果報輪不停地轉動。此中，沒有造作善、不善業的「我」（kāraka-atta），也沒有受用果報的「我」（vedaka-atta）。這份認識，即稱為「正見」（sammādassana）或「緣攝受智」。

■ 樹與種子

當有樹的種子存在時，必然已有結種子的樹，也有那樹所從生的種子。但是，我們無法追溯樹和種子的起源。以此類推，雞生蛋或蛋生雞的事例也是如此。同樣地，考慮到此生中生起作為果報的名色法，在過去生中必然是有業行的；而那業行必然又是更早之前的前生裡的業行之果報。如此類推。因此，我們無法找到名色相續流的起點。

有些人相信神創造一切。但是，如果有創造一切的神，那麼，神必然也在某個時候被創造。而誰能夠創造如此的神？是為了什麼目的？又是在何時？如果神曾被創造，神怎能說是創造一切？這些衝突顯示，如此的神，只是想像而已。循此，相信所謂的神是一切的創造主，這並不合理。

另一方面，有些人相信沒有什麼東西在創造一切，他們相信所有的事物從時間的起始以來便自行發生。然而，倘若如此，現在每件事都應該在自行發生。不過，無論依經驗或推論，我們找不到有任何名色法是不依任何原因地在自行生起。所以，相信萬事無因，任何事物皆自行發生而無任何因緣，這也不合理。

樹與種子、雞和雞蛋的比喻，並不完全恰當，因為我們事實上可以追溯它們的起因至地球上早期的生命。我們使用這些比喻的方式，如說「佛陀的臉猶如蓮花一般優雅」，我們並非真的認為佛陀的臉長得就像一朵蓮花。實際上，名色法或業輪與果報輪的起因，無法追溯，和那些比喻裡的例子其實不同。

未來將如這般展開：樹將產生種子，種子接著會長出樹，樹又再產出種子，如此延續不斷。循此，我們找不到樹和種子的盡頭。雞和蛋也是如此。同樣地，今生所作的業行將產生結生心等的來世果報。基於此果報，善、不善業行又將生起，它們隨後又招致另一個新生。如此，我們找不到業輪和果報輪的盡頭，找不到名色的盡頭。如果不藉由證得道智而終止這因果，它將不會有盡頭。任何一世裡的最後心識滅去時，下一個心識——即結生心，將會立即生起。我們可以這麼理解。《清淨道論》說：

> 於果中無業，於業中無果；[22]
> 彼此不相在，無業則無果。
> ……
> 果中業為空，無果於業中，
> 然果從業生，全依緣於業。
> ……
> 此中無梵天，輪迴造物主，
> 唯法相續流，因與支助緣。[23]

死亡與結生

如果禪修者能從業輪和果報輪看見名色，他便了解死亡和結生的過程。舉例而言，當可見色觸及眼，「轉向心」生起，緊接是「眼識」。同樣地，在「死亡心」和「結生心」之間也沒有間隙。前世裡最後的心識滅去時，新生的第一個心識立即因以往的業行而生起。博學的禪修者會如此了知「死亡和結生」。

對於學識較淺薄的禪修者，則是了解：死亡是一個心識剎那，結生是一個心識剎那，而緊接在死亡心識剎那之後的，是作為果報的結生心識剎那；就像見、聽等心路過程之後緊接著的是觀照心等等。如果能以這樣的方式來了知死亡與結生，就可說是了知過去、現在、未來一切法的因緣。如《清淨道論》說：

> 透過死亡與結生，了知過去、未來、現在的一切法……透過死亡與結生，了知一切法者所獲得的緣攝受智，圓滿而強大。[24]

在此注釋中，「了知一切法者」也許看似指某種「一切智」。這就是為何注釋家加了限定詞「透過死亡與結生」，以便顯示這智慧的限制。

禪修者一旦了知死亡與結生的過程，他便清楚了知，沒有任何一法從一世轉移至另一世——它們在當世便滅去無有殘餘。在新的一生，唯有緣於過去業行而生起的新的名色法。禪修者反思：這些名色法，無論過去、現在或未來世，皆會滅去，從而了悟無常。如此，禪修者將開始培育「領會智」。

換言之，當禪修者觀照當下生起的名色法時，他以上述的五種方式之一，見到名色的因緣。他於是能夠確定過去、未來、現在三世裡，只存在依因果而互相關聯的名色法。這是辨別因緣的「緣攝受智」的頂峰；此智也稱為「度疑清淨」，因為它斷除並超越上述十六種疑，以及另外八種疑——亦即關於下列事物的疑：佛、法、僧、三學、過去名色法、未來名色法、現在名色法，以及緣起。

小預流者

具此智的修觀行者名為小預流者（cūlasotāpanna），於此佛陀教法中已獲得休息，擁有堅實的立腳處，以及安穩的再生處。[25]

證得聖果才會給人真正的休息，證得聖道才算真正在佛陀教法中有立足之地。然而，在此修觀階段的禪修者，縱使他們尚未證得道、果，姑且也算是在佛陀教法裡獲得休憩處和立腳處，這是因為他們做了適當的努力，且其練習終將引領他們證得道智和果智。

換言之，於此得到休息，乃因為他們了解名色法的真實本質而感到法喜。依於緣攝受智，禪修者了解到只有因緣而生的名色法；無「我」或「人」，也沒有創造一切的神；一切無不依因緣而生。如此，邪見或謬見不再生起，其信心變得茁壯、堅定、不動搖。當具備這種有力、堅定、不動搖的信心時，就可說在佛陀教法中找到立腳處。

《清淨道論大疏鈔》解釋，何以禪修者在這個觀智階段被稱為小預流者而注定有安穩的再生處：

「安穩的再生處」意指：擁有不壞度疑清淨的修觀行者，即使未再證得任何進一步的觀智，仍然趨向善趣，因為他具備世間的戒、定、慧。正因此，他名為小預流者。[26]

「不壞度疑清淨」一詞表示無有邪見和懷疑時，必然趨向善趣。不過，這清淨僅是世間的，非出世間，它仍會因為不善思緒或他人的無德談話而再度變得有所缺陷，而懷疑和邪見可能再生起，這清淨因此消失，不能保證未來再生的安穩。

「因為他具備世間的戒、定、慧」一句則明白指出，由於在練習期間修得了清淨戒、定、慧，方能必向善趣。這意味著，若停止內觀練習，戒、定、慧不足時，則來生將不再有保障。如此，我們可以總結：只有當禪修者能夠藉由修習內觀或至少持戒清淨而扼止邪見和疑時，才會必向善趣。因此，不應該滿於現況，想著：「我已是小預流者，必生善趣。」從而放棄內觀禪修或戒行。

你也許會好奇：「小預流者的這個保障，是未來的每一世都有保障？還是只保障下一生？」答案是，唯獨保障下一生。不過，如同上述的疏鈔所說，只有當度疑清淨和其戒定慧無染時才會趨向善趣。在此階段，這些特質仍是世間的、脆弱的。如果今生喪失它們，下一生便得不到保障，更不用說之後的生命。

應謹記，即使菩薩已成熟波羅蜜，在他成佛前有時仍會投生惡趣。《佛種姓》（*Buddhavaṃsa*）的注釋書說，我們的菩薩曾在九位佛陀時期〔包括人壽長達三大劫的憍陳如佛（Kondañña Buddha）時期〕做為比丘。依據《陶師經》（*Ghatikāra Sutta*）的注釋[27]，如果菩薩在某位佛陀座下成為比丘，我們可以認定他當時已能證得「隨順智」——初道智之前的最高觀智。在善意佛（Sumana）和毘婆尸佛（Vipassī）時期，他被預言成為龍王。在蓮花佛（Paduma）時期，他被預言成為獅子王。依據本生故事，他在現今這一大劫期間多次投生為動物。依照帖米亞本生故事（Temiya Jātaka）所說，他甚至曾投生至地獄之中。

我們可以從這些故事得知：即使菩薩已證得比度疑清淨更高階的行捨智，但未來再生時仍未能避免至惡趣受苦。如果這是事實，那麼處在度疑清淨的人們，也必然如此，他們的（信、精進等）五根和觀智，遠遠不如菩薩的五根和行捨智。所以，如果你希望來生有保障、避免出生在惡趣，就應該盡最大努力透過初道智來根除邪見。你不應高估度疑清淨的保障，而滿足於過去的成就。《相應部》提供這個神聖的建議：

譬如利劍害，
亦如頭火燃，
比丘正念行，
斷除有身見。[28]

領會智

整體地領會過去、未來、現在諸法的慧，名為「領會智」。[29]

當緣攝受智達頂時，禪修者清楚看見名色法生起而滅去——一個所緣生起後便立即消逝。據此，禪修者了解：一切法是無常的，因為它們生起後便滅去；它們是苦的或說是無法令人滿足的，因為讓人持續被生滅所壓迫；它們也是無我的，因為人無法操控它們。禪修可能會這麼想：「的確，諸法無常、苦、無我。」

對於直接體驗的現在諸法，生起無數次如此的認知之後，禪修者推論了知：一切過去、未來和現在諸法，整體而言，都是無常、苦、無我。這是「領會智」（sammasanañāṇa）：整體理解一切過、未、現諸法，而非感知當下每一法的個別細節和特相。這便是何以此觀智也被稱為「整體之領會」（kalāpasammasana，作聚觀）的緣故。由於這個理解是立基於親自體驗過的名色身心現象，所以它也稱為「方法觀」（nayavipassanā）——或稱為「方法作意」（nayamanasikāra）和「方法見」（nayadassana）。依據《分別論注》：

若親身觀察單一行法為無常，可以依推論確認其餘行法也是如此。所以說「一切行無常」。

「一切行無常」等偈頌是依方法作意而說，並非一剎那的體驗。[30]

這注釋指明，領會智並非是禪修者需要刻意培養的觀智。的確，在親身體會名色法的無常、苦、無我之後，這種了悟將自行發生。如果禪修者博學、多聞、喜好思考，這種觀智會經常出現。然而，刻意的思惟反省，將阻礙純粹的觀照，如此可能耗費時間停留在這個觀智階段而無法進步。因此要小心。

在《無礙解道》中，佛陀詳細解釋此觀智依個人傾向而展開的多種方式。下列是其中的一部分說明：

> 比丘！任何色，無論過去、未來、現在、內、外、粗、細、劣、勝、遠、近，見一切色無常。這是一個領會。確定一切色是苦。這是另一個領會。確定一切色是無我。這是另一個領會。[31]
>
> 概括確定一切過去、未來、現在的色法是無常，因為它們消失；是苦因為它們壓迫；是無我，因為它們無實體。這智慧即領會智。[32]
>
> 概括確定一切過去、現在和未來的色法是無常、有為、緣生、會壞、會滅、會逝、會盡。這智慧即領會智。[33]

接著，針對四種名蘊、六根門、六感官所緣、六識、六觸、六種受等，佛陀以相同的方式，分別描述這個觀智。如果要一一解釋這一切會佔用過多篇幅，所以我將只就色法部分解釋此觀智的開展。

領會無常

觀照當下生起的所緣，如腹部起伏、坐姿、彎曲、伸展、移動等，禪修者將清楚了知它們即時生起滅去。基於此，他將了知一切色法是無常，過去生的色法也必然如現在的色法一樣滅去，過去世的色法並未被帶到這一世，它們全在過去消逝。這份了解是一種領會智。過去的色法無一持續到當下觀照的時刻，它們是無常因為它們生起後滅去。這份了解是一種領會智。他也了解未來世將生起的一切色法也如同現在世一樣將迅速消逝，無一將被帶到之後的未來世，它們是無常因為它們生起後滅去。這份了解是一種領會智。最後，他了解，現在世的色法無一能夠被帶到下一世，它們是無常的，因為它們也將在這一世滅去如同今生已觀察過的色法。這份了解也是一種領會智。

在觀察呼氣、吐煙、吐唾沫、大小便等的活動時，將發現其中的色法生起後滅去，任何內在的色法都不會被帶到外在。因此，它們是無常的。這份了悟是一種領會智。同樣地，觀照吸氣、吸煙、進食、喝飲料、吞口水等相關色法時，將發現它們出現後消失，任何外在的色法都不會被帶到內在。因此，它們是無常的。這份了悟是一種領會智。

當觀察粗的可見色、聲音、氣味、味道或碰觸時，將看見現象逐漸變得微細，將觀察到這色法生起後滅去。任何粗的色法都不會變微細。它們是無常的，因為它們出現後消失。這份了悟是一種領會智。同樣地，當觀察細的可見色、聲音、氣味、味道或碰觸時，將看見現象逐漸變得更明顯，觀察到這色法在生起後滅去。任何細的色法都不會變粗顯。它們是無常的，因為它們出現後消失。這份了悟是另一種領會智。

從虛弱或疾病康復時，人變得活躍、機敏或健康。如果觀照這過程裡的色法，將發現它們在出現後消逝。看見時便了解它們是無常的，因為與不健康相關的色法並未變成健康相關的色法，而是在當下消逝。這份了悟是一種領會智。當禪修者從健康機敏變得生病虛弱，並注意這過程裡的色法時，將發現它們出現後消逝。看見時便了解它們是無常的，因為健康相關的色法並未變成不健康的色法，而是當下消逝。這是另一種領會智。

觀照四肢彎曲的過程時，可以觀察到彎曲時的色法並未從這移動的瞬間到達下一個瞬間。禪修者了知到它們是無常的，因為較遠的色法並未變成較近的色法，而是在當下消逝。這份了悟是一種領會智。同樣地，當禪修者觀照四肢伸展的過程，可以觀察到伸展時的色法並未從這移動的瞬間到達下一個瞬間。禪修者了解它們是無常的，因為較近的色法並未變成較遠的色法，而是在當下消逝。這是另一種領會智。

領會苦

當年紀尚輕、健康無虞，且總是和與自己的狀況、條件相同的人來往的情形下，你很難知道名色身心是壓迫的。然而，若是常常遇見陷於疾病末期，將死去的老人，或者當自己生重病時，你就會思考自己就像他們一樣也會死亡。這時，你也將能夠了解名色身心是壓迫的。

尚未親身觀察到身心名色法不斷地生起和滅去時，是很難知道名色身心是壓迫的。然而，若能持續觀照正生起滅去的名色法，你將能體會到它們持續的時間不到一眨眼的功夫，就只是不停地生起滅去。它們不斷地生滅，所以是壓迫的；它們一直在滅去消逝，所以是無常的。它們是壓迫的，因為不斷生滅是種折磨。那時你將能輕易了知，它們是壓迫、可畏、無法讓人滿意的。如果新的名色未能生起，來取代舊的名色，那便是死亡。不能確定自己不會在某時間內死亡，這事實也是讓人苦惱。體驗過各式各樣的痛苦和愁惱，我們便能夠了解身、心不過是苦的聚集。

透過觀照腹部起伏、坐、彎曲、伸展、移動等所包括的色法，你能夠體會到它們在你觀照時便立即滅去。這種不斷生滅的現象 ，駭人而可畏，所以禪修者了知名色法是壓迫的。它們駭人而可畏，因為它們是讓人痛苦的、不愉悅的。它們必然使人受苦而無法令人滿意。有了這體會和了解後，禪修者也將會了知：過去、未來的色法，和現在的色法一樣，它們也是持續壓迫、駭人、可畏，無法令人滿意。更多的細節，可再參考前文領會無常的段落。

領會無我

關於我的理論

凡夫尚未體驗了知名色的真實本質，有一種根深柢固的錯覺，以為身內有一個「我」。抱持這類信念的人們在他們的文獻中以各種方式描述「我」。[34]依據這些文獻，「我」是身體的擁有者，它擁有整個身體或者部分的身體，包括五種感知根（buddhindriya：眼、耳、鼻、舌、身）、五種作用根（kammindriya：口、手、腳、性器官和肛門），以及感知暨作用根（ubhayindriya）等等。

為了駁斥這種「我」的信念，佛陀在《無我相經》（*Anattalakkhaṇa Sutta*）[35]等經典中解釋說：

諸比丘！色無我。諸比丘！因為若色是我，這色便不會導致疾病，就可能對色得以：「讓我的色如此，讓我的色不如此。」[36]

在印度教所謂彌曼差派（Vīmāṃsā）的典籍中，這個「我」被描述為發動者或行為者，以用劍或鋸子切東西的例子來說明：雖然人們使用劍或鋸子來切東西，但是，實際的「切物者」是人，是自己。同理，當人們使用眼、耳、四肢等「工具」來執行見、聽、走、站、坐、睡、曲、伸等動作時，「我」才是實際的發動者或行為者。為了破除這個錯覺，《阿毘達磨義廣釋疏》和其注釋說：

這指出，除了諸法的因緣法則外，沒有行為者或發動者。[37]

在往前移動時，無知的人錯認為：「『我』（atta）在移動，或者『我』完成移動」，或「我（ahaṃ）在移動，或者我完成移動」。[38]

內在沒有一個「我」在往前看或往旁看……內在沒有一個「我」在彎曲或伸展。[39]

在彌曼差和數論派（Sāṅkhya）的典籍裡，靈魂是感知苦樂的主體，將感受本身等同於「我」。為了消除這種錯覺，《念處經》的注釋書[40]說：

誰感受？沒有任何眾生或人在感受。…………因此，他了知：以樂事等為所緣而感受諸受。就受的生起而通俗說「我感受」。[41]

為了指出除了諸法外別無作者，注釋書說感受本身即是感受者。[42]

那些典籍也描述：「我」是常住者（nivāsi），永恆存在，即使作為其住所的身體已經敗壞。「我」是指揮官（sayamvasi），控制整個身體、器官和機能。「我」是管理者（adhiṭṭhāyaka），總管一切。如此，那些典籍有時將「我」等同於五蘊之一蘊，有時是二蘊，三蘊、四蘊，或五蘊。薩迦（Saccaka），是佛陀時期很有名的遊方沙門，他把「我」等同於五蘊，曾經對佛陀說：

瞿曇！我斷定：「色是我的『我』，受是我的『我』，想是我的『我』，行是我的『我』，識是我的『我』。」[43]

■ 破除「我」的錯覺

緬甸人其實也多少擁有這印度典籍所記載的關於「我」的錯覺。人們相信「我」能見、能聽等；「我」在走、住、坐、躺、彎、伸、說等等；「我」在體驗苦與樂；「我」想要時，便能見、能走等等。或者，「我」是真實存在的靈魂、自我，永恆不滅。即使他們一再反思：「沒有一個全面掌控的『我』，只有不斷生起滅去的名色法」，他們仍無法全然消除這根深柢固的「我」見。

如此，若能觀照每一個生起的名色現象，短時間內將能體驗到的是，只有名色現象在生起和滅去，並沒有「我」或實體，在掌控著一切。如此，便能夠確定「我」不存在，只有不斷生滅的名色現象。當清晰體驗腹部起落、坐、彎、伸、動等所涉及的色法，正依於條件而即生即滅時，便了解：即使不想要這些色法生起，也無法阻止它們生起，當所需的因和緣具備時，它們便將生起；即使不想要這些色法滅去，也無法阻止它們滅去，當因緣消失，它們便會滅去。沒有能夠控制這些色法生滅的實體。沒有恆常永存的實體。沒有實踐人們欲望的實體。這些色法，並非是由那被稱為「我」的掌控者所掌控，也並非是實踐個人欲望的實體。如此，禪修者正確地了知，無可掌控，「我」並不存在，沒有「我」，只有「無我」的本質。

觀察到身心現象違反個人意願而生起，或者體驗到即使希望某色法持續穩定但它仍消失，此時，無我的了解，便可能依此而開始生起。只有在觀察名色現象時，才能清晰地體驗它們的生起和滅去。至此，才會了解沒有永恆的「我」在控制或遂行個人想望；有的只是不斷生滅的諸法現象。這是真實體驗無我的特質，或者說是真實的領會智。《清淨道論》說：

> 一切無常，因為無實。「無實」一詞意指它們缺乏任何可稱其為擁有者、常住者、作者、感受者或指揮者的實體「我」。無常而苦的，不可能是擁有者、常住者、作者等，只因為它無法避開無常或生滅的壓迫。[44]
>
> 由於五蘊缺乏擁有者、常住者、作者、感受者或指揮者，所以五蘊是空。由於它們沒有擁有者，所以它們是無我。[45]

應注意，依注釋書的解釋來看，僅從沒有實質的觀點來考慮，尚不能夠培養真正的無我見。了知沒有「我」可被視為擁有者、常住者等之時，才能培養真實的無我見。記住，就算無色界天人也不免具有「我」的邪見。

如上述那樣了知現在的色法，同樣地就能了解過去的色法，得以清楚了知：「因為它們不能操控，並非恆存，無法遂行想望，所以它們是無我，就只是自然的現象。」其他細節，與無常的領會是相同的。

名法的觀察

上述對於色法的觀察，也適用於受、想、行、識。我將略加解釋覺知名法如何導致領會智。

內和外：觀照內在感官對象的心稱為「向內的心」（ajjhatta-citta），而觀照外在感官對象的心稱為「向外的心」（bahiddha-citta）。當覺知沒有障礙時，將發現觀照內、外現象的心，當下便滅去。他將了知，觀察內法的心並未變成觀察外法的心；觀察內法的心正滅去，因此它是無常的。觀察外法的心並未變成觀察內法的心；觀察外法的心正滅去，因此它是無常的。

粗和細：當粗顯的心理狀態轉換成微細的心理狀態時，粗顯的心實際上並未變成微細的心，同樣地，微細的心也未變成粗顯的心。因為它們在當下滅去，所以它們是無常的。可如此理解。

勝和劣：不善、無利益或染汙的下劣心並未轉變成善、有利益而無染的殊勝心。反之亦如此。因為這些心在當下滅去，所以它們是無常的。可如此理解。

遠和近：當注意力從遠的所緣轉向近的所緣或者相反，可以了知觀察遠所緣的心，並未轉變成觀察近所緣的心，觀察近所緣的心也未轉變成觀察遠所緣的心。因為它們在當下滅去，所以它們是無常的。可如此理解。

其他觀察

禪修者可能會以下列《清淨道論》所描述的方式，來觀察無常。

凡無常者，必定有為。為了列出其同義詞或顯示觀無常的多種方式，巴利聖典說：「過去、未來、現在色法，皆無常、有為、緣生、會壞、會滅、會逝、會盡。」[46]

這個觀察有四十個面向，包括無常、苦、病等等。《無礙解道》和《清淨道論》將這些面向，分類歸至無常觀、苦觀和無我觀。我將會於審察智的那一節再略加解釋。

《無礙解道》也提到這一種簡短的觀察：「緣生而有老死，無生則無有老死。」[47]據此，在觀察當下生起的名色法時，會見到它們的生起、停留和滅去。如此，了知：生起是停留和滅去的因。若無生起，便無停留和滅去。

這也適用於過去世：生起（出生）是衰老和死亡的因，若無生起，便無衰老和死亡。未來世也如此：緣於生起而有老和死，若無生起便無老死。如此，可以觀察（過、未、現）三世裡成對的因果，與緣起法相合。然而，這觀察並非從領會智而來，它被視為屬於前一個緣攝受智的一部分。如《無礙解道》注釋書的解釋：

「緣生而有老死」等句，並非指領會智，而是對緣起每一支的約略觀察。只是在假借的意義上稱為領會智。因此，它並非領會智，而是了知因緣的法住智（dhammaṭṭhiñāṇa）[48]

《清淨道論》提到其他觀察方法，如下列三類：觀察從結生心開始的名色法；七種觀察色法的方式（rūpasattaka）；七種觀察名色的方式（nāṁasattaka）。

第一類方法，多少符合上述的基於聖典的觀察。但其他依據佛典的方法，範圍太廣泛而無法在此說明。我只會略要地解釋禪修者應當學習的重點：九個有助於使諸根銳利的因素、七種觀察色法的方式和七種觀察名色的方式。

使諸根銳利

使諸根銳利的九個因素：(1)觀察生起的每一法的壞滅；(2)謹慎觀察；(3)持續努力；(4)創造適合的環境；(5)認出定的條件；(6)培養覺支；(7)不顧身命；(8)藉由勇猛精進以克服疼痛與痛苦；(9)不鬆懈直至證得道、果。[49]

我將簡略地說明每一個因素。

「觀察生起的每一法的壞滅」：試著去注意每一個生起的法的壞滅，即使你的觀智仍未強大到足以這麼做。不把它們當作是恆常的。當你的觀照變得有力而能觀察到滅去，應持續這麼做，不以其他方式觀察。這將讓你的諸根變得愈來愈銳利。

「謹慎觀察」：為了見到法的壞滅，你必須謹慎地觀察。

「持續努力」：你必須持續觀照，而不間斷。

「創造適合的環境」：為了證得新的觀智並鞏固已得的觀智，要確保七種適合禪修的環境：住所、托缽行處、交談、同伴、食物、氣候和威儀姿勢。亦即：住在合適的住所、在合宜的地方托缽、合宜的談話、結交合宜的同伴、吃合宜的食物、合宜的天氣，以及採用合宜的威儀姿勢。

「認出定的條件」：試著記住過去在什麼條件下能導致強大的定力，然後努力創造這些條件。

「培養覺支」：在心變得鬆弛時培養喜、精進、擇法覺支，在心變得過度亢奮時培養輕安、定、捨覺支。

「不顧身命」：如勇士般的努力，不擔憂身體和生命。

「藉由勇猛精進以克服疼痛與痛苦」：在面對由於密集練習而遭遇到的疼痛與痛苦時，以穩健精進的觀照來加以克服。

「不鬆懈直至證得道、果」：持續練習而不放棄，直到證得尚未證得的出世間道、果智。

如果你的練習停滯不前，就聚焦培養九因素中你所欠缺的因素。

七種觀察色法的方式

■ 拿起和放下

結生心被稱為「拿起」（ādāna），因為它拿起新生命的負擔。死亡心稱為「放下」（nikkhepana），因為它放下舊生命的負擔。看見此生中結生與死亡之間的色法，是無常、苦、無我，即是一種稱為「拿起與放下」（ādānani-kkhepana）的觀察，藉此可以清晰看見三共相。

體驗了直接觀察到的色法生滅之後，禪修者反思：此世從生到死的一切色法皆是無常，因為它們和當下觀察到的色法一樣生起後滅去；它們是無常的，因為它們並非總保持原狀，它們變化、衰敗；它們是無常的，因為它們一刻也不停留；它們是無常的，因為它們與恆常相反，不能說是恆常。這是觀察無常的四種方式。

這就好像禪修者觀察到諸法無常時，諸法這麼自我表白：「我們的確是無常的，就算你以為我們不是。事實是我們是無常的。」這就是為何我們說諸法不得說為常（niccapaṭikkhepa）的原因。以相同的方式，我們可以理解諸法不得說為令人滿意的（苦），不得說為「我」。

色法的生起轉成了停留或衰老，停留或衰老再轉成滅去或死亡。如此，禪修者可以觀察此生直到死亡的一切色法，就如同那些自己已親身體驗觀察的色法一樣。它們是無法讓人滿意的，因為它們持續生滅。它們是無法讓人滿意的，因為它們不穩定。它們是無法讓人滿意的，因為它們是一切身心痛苦的基礎。它們是無法令人滿意的，因為它們是令人滿意的相反故而不得說為是令人滿意的。

希望將生起的色法不生起，此希望是不可能達成的。希望已生起的色法不衰敗，也是不可能達成的希望。如此，禪修者可能會思考：此生中一切色法沒有「我」，就像已體驗觀察到的色法一樣。它們缺少任何可以視作「我」的、永存的事物，沒有能執行一切行動、感知苦樂或者能心想事成的「我」。這一切名色就像無人居住的空村。諸法是無我，因為不屬於任何人；擁有諸法的「我」並不存在，諸法不是誰的財產。諸法是無我的，因為不臣服於任何人的意志；因為不臣服於任何人的意志，諸法不得說為「我」。

這是觀察色法的第一種方式。

■ 三共相

有些人認為，應該根據閱讀、思惟所獲得的知識來觀察三共相，只要唸誦「無常、苦、無我」，不需直接體驗名色身心現象的生起與滅去。他們以為，這是「於名色安放三相」的唯一方法。但是，這並非事實。

實際上，在身心現象生起時加以觀照，且見到它們生起又滅去，一旦能見到名色法生起後立即滅去，此時就會明白它們是無常的；它們是無法令人滿意的（苦），因為它們持續地被生滅所不斷逼迫；它們是無我的，因為它們並不屈服任何人的意志。這是以親見的智慧「於名色安放三相」的方式。至於，基於這經驗的智慧，可以推論了知其他的名色法也是如此，如此，則是用依於推論的智慧「於名色安放三相」。

「於名色安放三相」有如此的意思：「無常」的特質，是變化、出現後消失（hutvā abhāva）;「苦」的特質，是不斷被生滅所逼迫（udayabbhayappaṭipīlana）;「無我」的特質，是不受控制（avasavattana）。

這三共相一直呈現在名色法之中，但是若不加以觀察則無法發現。當人們第一次開始觀察現象時，也無法體驗到它們，只有透過禪修使智慧成熟時才能觀察到這三共相。所以，藉由現量智觀察它們，就像是「於名色安放三相」。這便是何以書上說練習「於名色安放三相上」的緣故。《清淨道論大疏鈔》如此解釋：

> 三相常現前，但以往未留意。藉由觀察三相，宛如把它們放置在色法上（或名法，依情況而定）。[50]

名色法的自相存在於生、住、滅三個小剎那。這些自相包括：堅硬、感受、感知、接觸、知道或識知。我們在練習的初期便能夠個別地體驗這些現象。因此，注釋書此處並非說，必須「於名色安放自相」。

相對而言，三共相並不明顯，不會個別顯現；雖然它們是一切名色法所共有，但在最初練習時無法觀察到它們，只有當觀智成熟時才能體驗它們。那時候，在已熟悉的自相的體驗上會加上共相的體驗。這便是為何書上說「於名色安放三相」。《清淨道論大疏鈔》進一步解釋：

> 地大的硬、觸心所的觸等等的自相顯現三個剎那且個別顯著，因此很好了知。相對而言，看見無常等三共相時（它們顯現為消失、被生滅所壓迫、不遵循任何人的意志），它們似乎是被疊加在自相上。因此，注釋書說「安放三相……」。[51]

依據這些資料，勸人在實際觀察名色生滅之前，透過念誦或觀想來熟悉三共相，乃是不合理之事。透過觀察當下生起的名色，看見它們實際生起而滅去。此時才依經驗了知（直接體驗過的名色法），也才能推論了知（其他名色法）：一切名色實是無常的、無法令人滿意的、不受控制的。

■ 老化與衰敗

「老化與衰敗」（vayavuḍḍhatthaṅgama）意指色法逐漸衰敗。將色法的生命分為幾個階段，我們可以觀察它們的無常、苦、無我。在親身體驗所觀照的色法生起又滅去後，禪修者也許會思考：年輕時的身體已消失，未繼續存續到中年，如此它是無常、苦、無我；同樣地，中年時的身體也未存續到老年，老年時的身體也無法持續存在到來世。

在當今這時代，僅有少數人壽命至百歲。不過依據注釋書，我們應該有一百年的壽命。如果把一百年分為十階段，每一階段十年，我們可以思考，最初十年的身體不會持續到第二個十年，而是在最初十年的階段滅去，就如同我們現在觀照的色法滅去一樣。如此，身體是無常、苦、無我。這道理也適用於以後的階段。

我們可以進一步把百年壽命分為二十階段，每一階五年，或二十五階段，每一階段四年，或五十階段，每一階段兩年，甚至一百個階段，每一階段一年。我們也可以把每一年分為三季，每一季四個月，或者一年分六時期，每期兩個月。我們也可把每個月分為兩段：月盈和月虧。我們也可以把每天分為兩段，白天與黑夜，或分作六個時段——白日三個時段，夜晚三個時段。如此，我們可以思考，每一階段的色法不會存續到下一個階段。因此，它是無常、苦、無我。

這種思考是基於體驗性觀察的一種推論性觀察。然而，《清淨道論》解釋這觀察如何可以同時既是推論性的也是體驗性的：

> 前行時生起的色當下滅去，不持續到返回時，返回時生起之色不持續到向前看，向前看時生起之色不持續到側看，側看時生起之色不持續到彎曲時，於彎曲時轉起之色不持續到伸展時，當下滅去。如此「（於色）安放」[52]無常、苦、無我三相。[53]

注釋書解釋，這個順序僅是為了說明之便，並非練習的順序。不需要記住或依循上述順序練習，因為動作的順序是不固定的。例如，返回的動作不必然接著前看的動作，也可以是其他的動作，如前行、擺動、側看、彎曲、伸展等。前看之後也不必然是側看，可以是前行等。側看後也不必然是彎曲，彎曲後也不必然是伸展。往前、擺動等都有可能。

內觀禪修者應當依色法實際發生的順序來觀照它們。在實際觀察到移動的滅去之後，對其無常、苦、無我的了知，便會清楚顯現，且不需思慮。

在行走時，可以觀察到右腳步伐的色法並未持續到左腳的步伐，左腳步伐的色法也未持續到右腳的步伐。因為在一步伐之中，這些色法一個接一個滅去，所以它們是無常、苦、無我。即使在觀照之時，行者無需刻意思考，便將清楚了知這三共相。

一個步伐裡，提起時所涉及的色法不會持續到推出的移動，推出所涉及的色法也不會持續到放下的移動，放下時的色法也不會持續到之後另一腳的提起。因為它們分別在提起、推出、放下的時候便滅去，所以它們是無常、苦、無我。即使在觀照之時，禪修者無需刻意去思考，便將清楚了知這三共相。

在領會智的頂峰時，每個步伐裡的六個階段會變得顯著：提起（uddharaṇa）、抬平（atiharaṇa），推出到另一腳之前（vītiharaṇa），放下（sajjana）、接觸地面（sannikkhepana）、壓下（sannirumbhana）。在這六個階段中，提起的色法不會持續到抬平，抬平的色法不會持續到推出，推出的色法不會持續到放下，放下的色法不會持續到接觸，接觸的色法不會持續到下壓，下壓的色法不會持續到另一腳的提起。因為它們在當下便一個接一個、一段接一段地滅去，所以它們是無常、苦、無我。即使在觀照之時，禪修者無需刻意去思考，便將清楚了知這三共相。第四章已解釋了相關的巴利經文。[54]

當禪修者能夠如此清楚觀察了知每一個發生的動作，領會智便達其頂峰並導向下一個觀智——生滅智。如《清淨道論》所說：

> 當如此觀見諸行為一段一段，其色法的領會已是細緻。[55]

這是指，當人清楚觀見並了解前行的色法不會持續到返回時，或者分為六段的步伐中任何一段都不會持續到下一段時，色法的領會智已達至巔峰。這是此觀智最精微的狀態，是到達領會智的極點。

也許有人會想：「之後將被描述的其他觀察，例如食素營養的觀察（āhāra-sammasana），肯定較這個更為精微、細緻。」但是這想法並不正確。較晚被提到的觀察，並非表示它較其他觀察精微。它們出現在不同段落，只是因為無法同時描述它們。如果以其中一種方式看見法，也將會以其他的方式看見法。所以，不需要按照它們被描述的順序一一個別地去練習。如此，說這觀察精微、細緻，是正確的說法。

再者，當普通人整體地觀察一個動作接著一個動作的過程時，這領會智便達到巔峰。舉例而言，當他們了悟到前行時的色法並不持續到返回，這觀智便可能到達其頂點。對根器稍利的人而言，當他們看見單一動作分段生起的過程，例如，當他觀察到單一步伐裡的六個步驟，他的領會智便到達極致。

在觀察色法的方式外，注釋書還個別解釋觀察名法的七種方式，只是為了提供清晰的理論說明。實際練習時，應該觀察當下變得顯著的現象，無論它是名法或色法，無論發生的順序如何。如此，觀察色法和名法是可能的。這是為何在描述名法的觀察時，要求行者去觀照那覺察色法的名法。這並非說停止觀察色法以便觀察名法。實際上這是同時完成兩種觀察。

這是觀察色法的第二種方式。

■ 食生色

食所成色（āhāramayarūpa）得以透過飢餓與飽足而得了知。飢餓之時的身色衰弱疲倦，難看得好像燒過了的樹幹和窩在炭簍中的烏鴉一般。另一方面，飽足之時的身色是明亮、柔軟及好觸摸的。當禪修者觀察飢餓或飽足時的色法，他了知：飢餓之時生起的色，必於當時滅去，不會持續到飽足之時．飽足之時生起的色，必於當時滅去，不會持續到飢餓之時。因此，禪修者了知食所成色是無常、苦、無我。[56]

這是從營養觀察色法的方式，是觀察色法的第三種方式。

■ 時節生色

時節所成色（utumaya rūpa）得以透過熱與涼而得了知。熱時的身色衰弱疲倦，無吸引力。涼時的身色是明亮、柔軟及好觸摸的。當禪修者觀察熱時或涼時的色法，他了知：熱時生起的色，必於當時滅去，不會持續到涼時；涼時生起的色，必於當時滅去，不會持續到熱時。因此，禪修者了知時節所成色是無常、苦、無我。[57]

這是第觀察色法的第四種方式。

■ 業生色[58]

業生色（kammaja rūpa）可以從引生觸的六根門而得以了知：眼門、耳門、鼻門、舌門、身門和意門。……於身門中共有四十四色，包含身十法、性十法及由時節、心、食素所生的二十四色。其他根門有五十四色，亦即身門的四十四色，加上眼、耳、鼻、舌、意個別根門的業生十色。[59]

如果在看之時覺察整體的眼，我們可以說體驗了眼門和其所有的五十四種色。但是，要一一覺察個別的色法，是不可能的。注釋書本身並未要人這麼做。這便是為何它說應當在導向觸的根門了知業生色。有些人以為完全了知這些根門所包含的色法的唯一方式，就是依據上述的列舉方式仔細加以分析。事實並非如此。除了佛陀之外，沒有人有能力這麼做。

另外，縱使辨識並列舉出在看時生起的每一個色法是可能的，這也是不必要的。因為內觀的目的是去除隨眠煩惱。當人真正體驗到眼的無常、苦、無我本質時，就不會對其構成的諸法生起執著，不以為它們是常、樂、我。這會自動將眼的五十四種色法從隨眠煩惱的世界剔除。這便是為何巴利三藏從未說應當觀照被列出的各組色法。相反的，佛陀教導我們如此覺察含攝五十四色法的眼：

他了知眼……[60]

他如實了知「眼無常」。[61]

《清淨道論》也教導我們，覺察整體的色法而非它所列出的不同組的食生色、時節生色、心生色。所以，就業生色而言，應該清楚的是：當一個人體驗到眼淨色時，便也自動地體驗所有五十四種色。

把握整體的色時，他了知：於眼門的色於此處滅，不持續至耳門。耳門、鼻門、舌門、身門、意門也是如此。如此，（於業生色）安放三相：無常、苦、無我。[62]

注釋書以特定的順序描述這些色法，只是為了方便說明，不是練習的順序。所以，不需要以這次序去觀照色法，因為見之後不必然跟著聽，也可能是嗅等等。

舉例而言，如果聽之後是嗅，凡夫會有錯覺，以為見時的身體持續至之後嗅的時刻，或者以為可能以為看本身變成嗅，以為看的那人也同樣是嗅的人，以為「我」在看在嗅，以為同一個人在看在嗅。當看之後跟著嘗、觸或想時，也會有相同的錯覺。內觀禪修的目的是時時刻刻如實觀察名色法，是為了根除潛伏於它們之中的煩惱。因此，應當依諸法實際發生的順序來觀察它們，雖然這裡的描述是為了方便說明而採特定的次序。

依其生起的順序，不間斷地觀察見、聽等，行者了知：某感官經驗的色法不會持續到之後不同感官經驗的時刻，它們當下消失。再者，當見等感官經驗一再生起時，行者了知：最初見的瞬間所生的色法並未持續到第二個見的瞬間，見的第二個瞬間所生的色法並不持續到見的第三個瞬間，它們當下便消逝。行者也了知：聽等的經驗。由於知道某瞬間生起的色法並不持續到下一瞬間，它們在當下便消逝。所以行者將明白色法整體而言，是無常、苦、無我。即使在觀照之時，無需刻意思考，也能清楚了知這三共相。

這是觀察色法的第五種方式。

■ 心生色

心生色藉由悅和憂而顯著。[63]

心所產生的色法（citta-samuṭṭhāna rūpa），在人們感到快樂或不快樂時變得顯著。雖然此佛典並未明確提到中性的感受，但是，不苦不樂受也能夠使色法顯露。例如，想要坐下、站立、彎曲、伸展的時候，色法也會變得明顯。為了說明最顯明的狀況，我在這裡將僅解釋快樂與不快樂這兩個最明顯的狀況。

當人觀察到快樂轉成不快樂時，將觀察並了知到快樂的心理狀態和伴隨它的身體舒適。在這現象生起時加以觀察，便可了知快樂時的色法並不持續至不快樂。它們在快樂時消失。不快樂時的色法並未持續到快樂之時，它們在不快樂時滅去。當人覺察名法，如想坐、想站、想彎曲、想伸展的意圖，以及它們造成的身體移動（坐、站、彎、伸）的時候，將看見它們在當下便滅去。如此，行者了知心生色或身體動作是無常、苦、無我。在觀照之時，行者即使無需刻意思考，也清楚了知這三共相。

這是觀察色法的第六種方式。

《清淨道論》對如此觀察而了知三共相的禪修者闡述有為法的短暫：

無論命、身體或苦樂受，都只是與一心相應，剎那急速地轉起。[64]

一切現象，如生命、快樂、不快樂以及身體，皆不是「我」，與「我」無關，並非恆常。它們只是依緣生滅的個別現象。因為它們僅持續一心識剎那，或因為它們只能活一個心識剎那之久，它們的存在，可說是既匆促又短暫。

天人，縱使存活八萬四千小劫，
也無兩剎那的相同。
不論死人或者活人，

已滅的諸蘊皆如此，
一旦逝去便不復返。[65]

我們可以觀察見、聽、彎、伸等經驗的色法在每一個當下消失而不復返。它們一旦消逝，就永遠消失，就像死亡時最後的名色法。

此時滅去的，和將來滅去的，
其特質與已滅去的並無差異。[66]

過去名色法的消逝與未來名色法的消逝，相較於現在名色法的消逝，並無不同，它們完全一樣。因此，在禪修時親身體驗名色法滅去的禪修者，能夠得到如此的結論：過去名色法已滅去，未來名色法也將滅去，如同現在名色法的滅去一般。

心不生則不生，心現前則生存，
心滅則世間亡，此第一義施設。[67]

心識在它實際生起之前並不存在。因此，當心識尚未生起時，有情生命便不生，只有心識確實現前時才有生命。所以，我們只活在每一個當下的心識剎那。過去的剎那不復存在，永不再回來，永遠消失，就像死者的死亡心。這便是為何每個心識剎那的息滅說為眾生的死亡。但看起來，概念上稱為先生、女士、某某的有情，在究竟意義上是確實活著。這是因為他或她活在每一個心識剎那，一剎那接著一剎那。當舊的心識滅去，新的心識不生起，那生命在概念的意義上便是死亡。所以，禪修者了解每個心識剎那的滅去就像死亡一樣，得出這樣的結論：死亡和可觀察的心識剎那的滅去，二者並無不同。

已壞者無貯藏，未來者無積聚，
已生者如針尖芥子。[68]

滅去之法已完全消逝，不留痕跡。未來的法也不會積聚、藏在某處，它們在未生之前也不存在任何處。只有剎那生起的法存在，而它們也不能長存。如同一粒芥菜種子放在針的尖端，瞬間便會掉落。同樣地，諸法也在生起後立即消逝。

諸法生起時，已注定其滅壞，
會壞而存續，與過去不混雜。
來時無來處，壞時無去處，
如空中電光，生起而滅去。[69]

通常而言，到了生滅智的成熟階段，才開始清晰看見上述引文最後一句所說的諸法瞬逝的性質。普通根器的人只能在那較高階的觀智觀察到它。另一方面，根器好的人可能在領會智的階段便開始觀察到生滅。然而，不應期待每個人在這階段都會如此。

■ 無情識色

「無情識物」（dhammatārūpa）指衣服、墊子、水壺、餐盤、泥土、空氣、水、火、柱子、樹、石頭、金子、銀子等。在巴利聖典中，這些稱為「無根繫」（anindriyabaddha），因為它們缺乏「命根」（jīvitindriya）。在見、聽、嗅、觸碰它們時，會看見它們的生滅。因而了知它們是無常、苦、無我。

再者，將它們和自身體驗過的內外色法相比較，可以推論了知那些未能直接體驗的外在色法也是無常、苦、無我。這是觀察無情識物的情況。

這是觀察色法的第七種方式。

七種觀察名法的方式

■ 從整體

如同在七種觀察色法的方式的段落中所說，禪修者先觀察到色法，然後開始覺知到觀察本身，標記它：「觀察、觀察」或「觀照、觀照」或「知道、知道」。然後，開始了知它無常、苦、無我的共相。禪修者如此整體地（kalāpa）觀察的心。

■ 成雙法

每次觀察色法，也可以觀察到能觀的名法本身。如此，會在觀察色法和觀察名法之間交替。觀察這成雙之法（yamaka）時，將了知它們是無常、苦、無我。

觀察整體的心和觀察成雙之法，二者之間有些區別。當觀察整體的心時，只觀察心整體，並未區分其中的任何成分，如心、念、慧、定、精進、觸、思、受等。這是「從整體觀察的領會」（kalāpasammasana，作聚觀）。觀察成雙法時，主要觀察在觀察身體時所包括的特定心理成分，以致在觀察心時，覺察到觸、受、思、想、念、慧、定、精進等的心所。藉由區分特定的心理要素來觀察名法，稱為「從雙法觀察的領會」（yamakasammasana）。

關於心的觀察：「觀察心」的心指的是那名法之首的「心」（citta）。但也必須觀察伴隨著心而生起的心所（cetasika），例如觸、受、思、想、念、慧、定、精進等。這是何以疏鈔說「……在心的標題下解說」（cittasīsena hi niddeso）的緣故。

■ 剎那的本質

每次觀察色法時，可能會用第二個觀照心，觀察到第一個觀照心。然後，用第三個觀照心，觀察第二個觀照心；用第四個觀照心，觀察第三個觀照心；最後用第五個觀照心，觀察第四個觀照心。如此，每一個色法的觀照之後都可以跟著四個觀照心的觀察。如此，行者將了知它們是無常、苦、無我。藉由觀察四個相續的觀照心，行者了解到心的剎那性質，這種觀照的方式稱為「從剎那觀察的領會」（khaṇikasammasana）。

■ 從次第

每次觀察色法時，用第二個觀照心觀察那觀照色法的心。然後，用第三個觀照心觀察第二個觀照心，用第四個觀照心觀察第三個觀照心，用第五個觀照心觀察第四個觀照心，用第六個觀照觀察第五個觀照心，用第七個觀照觀察第六個觀照心，用第八個觀照觀察第七個觀照心，用第九個觀照觀察第八個觀照心，用第十個觀照觀察第九個觀照心，用第十一個觀照觀察第十個觀照心。如此，每個色法的觀照，之後接著十個相續的觀照心。如此，行者將了知它們是無常、苦、無我。這種觀照方式稱為「從次第觀察的領會」(paṭipāṭisammasana)。(《聖種論》(Ariyāvaṃsakathā)說:)

依次第觀察一整天是可能的。然而,觀照第十個心,就足以熟悉色業處和非色業處。因此,應該止於觀察第十個觀照心。[70]

觀察第十個觀照心後,應當再次觀察一個色法所緣,以及之後的十個觀照心。應該如此持續練習:在每個色法的觀察之後接著觀察十個觀照心。不需要觀察第十一個或更多的觀照心。

■ 實用的建議

在這裡,我想提供一些實用的建議,如同注釋書作者所做的一樣。這節所描述的觀察方法,並非是針對個人練習的指導。它們是一個標準,讓人用以評估自己依第五章的指導練習後所得到的觀智。

因此,禪修者的修習應當只觀察顯著生起的名色現象,並加以如實了知。你不應該試著依據這些觀色七法或觀心七法的段落來練習。如果禪修者這麼做,他會不必要地常想著自己的練習是否正確、符合某某方法,心因此游移散亂。如此,他將無法觀察到這游移思緒干擾了練習,觀照心因此無法相續不斷。這將延遲念力、定力和觀智的發展。

再者,如果初學者嘗試如此觀察一連續的觀照心,所緣可能會逐漸變得模糊不清楚。這時他必須尋找新的所緣,這會像禪修重新來過一樣。如此修行將停滯不前。《清淨道論大疏鈔》肯定了這一點:

如此,可能必須一再地開始正念業處。[71]

因此,就只依照第五章所描述的修習指引。在某個時間點,對色法的觀察後會接著觀察觀照心,並逐漸增加至兩個、三個或更多個觀照。但是,巴利聖典和其注釋,在解釋壞滅智時,只提到觀察一個色法和其後的一個名法。因此,我們可以如此結論：僅觀察一個色法和其後的一個觀照心，就足以證入道智和果智。

如果你最終熟練這個方法而證得道智、果智，並獲得果定，你可以嘗試依據本節所描述的方法去觀察相續的觀照心。那時候，你也許能夠觀照成百上千的相續觀照心而無所遺漏。但是，就尚未證入道、果智的初學者而言，最好不要試圖那樣子練習。

■ 去除邪見

如果你認為是你在修行，或者這修行是屬於你的，那麼這修行就未免除人我的認同，也不能算是在進行斷除我見的修習。當然，雖然前二清淨能使見解淨化至某個程度，然而，只要尚未用道智根除我見，我見仍然會再起。

> 因為已證見清淨和度疑清淨，邪見確實已淨化。然而，注釋書乃就仍需由道智根除的細微邪見而說。[72]

所以，即便在證得領會智之後，你仍會生起微細的邪見和懷疑。但是，如果你能夠了知：被觀的所緣和能觀的心，皆為因緣所生法，沒有「我」，那麼你的修習便可謂是在去除邪見（diṭṭhi-ugghāṭana）。這是非常深層的無我觀察。如《清淨道論》和《大疏鈔》所說：

> 如此觀諸行無我時，名為除去邪見。[73]
>
> 當無我隨觀銳利、有力、清澈時，另二種（無常隨觀和苦隨觀）隨之而來。藉此去除邪見。[74]

■ 去除慢心

如果你對自己的修習感到驕傲，以為「我能修得好，我已學會正確修行」。那麼，你的修習就不算是在去除慢心（māna-samugghātana）。另一方面，如果你的修習讓你了解到：被觀的所緣和能觀的心，都是無常的緣生法，那麼你的修習便算是在去除慢心。這是非常深入的無常隨觀。

觀無常會去除慢心。[75]

當無常隨觀銳利、有力、清澈時，另二種（苦隨觀和無我隨觀）隨之而來。藉此去除慢心。[76]

■ 去除愛著

如果你執著自己的練習，認為自己觀察得力，修行順利，觀照得很好，那麼你的修習就不算是在去除愛著（nikantipariyādāna），因為它無法除去愛著。另一方面，如果你的修習能讓你明白，被觀的所緣和能觀的心皆是持續生滅的緣生法，那麼你的修習便可謂是在去除愛著。這是非常深入的苦隨觀。如《清淨道論》和《大疏鈔》所說：

觀苦會去除愛著。[77]

當苦隨觀銳利、有力、清澈時，另二種（無常隨觀和無我隨觀）隨之而來。藉此去除愛著。[78]

生滅智

「凡有的、存在的，他捨斷（對它的執著），獲得捨。」這（《中部》經文）指的是：對於辨別（無常、苦、無我）的中立平捨。此名為觀捨。……究竟而言是慧，依作用分為兩種……譬如有人黃昏時見到似蛇的東西在屋內。不確定它是否為蛇，那人回頭去確認。當他看到頸部的三條紋後，對於「是蛇、非蛇」的辨別，保持中立（因為已知道是蛇，便不再關心是否是蛇）。同樣地，當修觀者以觀智見到三相，便對諸行的無常等性質變得中立。這是觀捨（vipassanupekkhā）。[79]

「我捨棄（對五蘊的貪愛）」，如此，禪修者得捨。[80]

去除貪愛

在初始練習時，禪修者因智慧不足無法看見名色是無常、苦、無我，於是誤以為它們是常、樂、我。因此，貪愛會生起。[81]然而一旦透過觀智了知三共相，將不再視名色為常、樂、我。欲望、執著、貪欲將不再生起。這種了知讓貪愛不再生起，也能除去名色法可能引起的貪愛。

一旦看見所觀察的名色法及尚未觀察的名色法之無常、苦、無我特質時，禪修者可以無疑地確定這些法是無常、苦、無我。如此，禪修者將不再關心事物會如何發生。在名色法生起時觀察它們，見到其開始與結束，禪修者培育出一種與生滅智相應的平捨。這時候，行者開始培育生滅智。如《無礙解道》的解釋：

> 隨觀現在諸法的變化是生滅隨觀智。[82]

修習時，總會觀見每個現象的開始，好像從某處冒出來，或者顯露在某處。他也會看到現象的結束，像燭火被吹滅般突然消逝。如此看見現象的生起和滅去，名為「生滅智」。

> 已生色是現在色，它的生起相是「生」（udaya），變易相是「滅」（vaya），生滅隨觀即生滅智。[83]
>
> 應當於相續現在或剎那現在法住於生滅，非過去、未來法。因此，佛陀說「現在諸法」等等。……
>
> 「已生」指已經存在並可被體驗之法。現在色指現在生起而有生住滅三時的。然而，在（生滅智的）初期，難以觀察如此的現在法。因此，應從相續現在（santatipaccuppanna）開始修習內觀。[84]

依據疏鈔，《無礙解道》句子中用的「已生色」是指剎那現在的色（khaṇapaccuppanna）。這些是剎那現在法，可以觀察到生住滅三個小剎那。這用詞並非指通俗意義的現在世（addhāpaccuppanna），也不是指名色的相續現在（santatipaccuppanna）。在生滅智尚未成熟時，禪修者只可能觀察到相續現在的生與滅。然而，當觀智成熟時，禪修者也可能觀察到剎那現在的生起與滅去。

相續現在與剎那現在

在腹部起伏、站起、坐下、走路、彎曲、伸展等身體活動裡的一切色法，在它們發生或被執行時便會現前。它們最初的出現稱為「生」，它們的消失稱為「滅」。在生滅智尚未成熟的階段，禪修者能夠觀察到腹部上升下落、站起、坐下、行走、彎曲、伸展等每個動作的整個過程的開始和結束。這個是觀察相續現在色（santatipaccuppannarūpa）。開始見到生起和滅去時，便開始發展生滅智。那時，禪修者將清晰而不混淆地了知每一個動作彼此獨立、分開，每一個動作都迅速生起而滅去，未曾流溢到下一個動作。例如，看見腹部上升有別於下落，肢體的彎曲有別於伸展，右腳的步伐有別於下一個左腳的步伐等等。

相對而言，在生滅智成熟的階段，禪修者觀見現象瞬間生起。例如，吸氣時，發現腹部的上升移動由許多依次發生的小移動構成。此外，他也看見每一個小移動皆個別地迅速滅去，未與其他移動混雜，就像下雨時池塘水面上形成的水泡不斷地消失。禪修者也以相同的方式見到其他身體活動，包括腹部下落、行走、彎曲、伸展、移動或調整姿勢。這時候，觀見移動的開始與結束，禪修者將清楚了知它們持續生起和滅去。依據巴利聖典，這是「強力生滅智」，能夠見到剎那現在色法（khaṇapaccuppannarūpa）的生起和消失。

同樣地，在見、聽、嗅等之時，禪修者將觀見色、聲等的迅速生滅，或者眼淨色、耳淨色等的迅速生滅。當觀智變得銳利敏捷而能夠觀見剎那生滅，禪修者或許不再能夠標記一一個別的色法。那時候，只是放鬆地正念觀察當下發生的一切現象。

> 已生的受是現在受，已生的想是現在想。已生的行是現在行。已生的識是現在識。它們的生起相是生，它們的變異相是滅。生滅隨觀是生滅智。[85]

在見、聽、嗅、嘗、觸、起心動念時生起的感受，是「現在受」（paccuppannavedanā）。同樣地，那時的想是「現在想」（paccuppannasaññā），那時的識是「現在識」（paccuppannaviññāṇa），那時的其餘心所是「現在行」（paccuppannasaṅkhāra）。

「行」（saṅkhāra）是協助整個見、聽等過程的心理要素。包括心與所緣之間的觸（phassa），彷彿心朝所緣去，或所緣朝心而來。思（cetanā），似乎衝向所緣，安排見、聽等的動作。尋（vitakka）、伺（vicāra）、喜（pīti）、輕安（passaddhi）、信（saddhā）、念（sati）、精進（vīriya）、定（samādhi）、慧（paññā）、貪（lobha）、瞋（dosa）、痴（moha）、慢（māna）、掉舉（不安、uddhacca）、邪見（diṭṭhi）、疑（vicikicchā）等等都是。[86]

這些名法出現是生，其消失是滅去。在見、聽等之時，了知其生與滅，不論是相續過程的生滅或者剎那現象的生滅，皆名為「生滅智」。

■ 觀察相續現在

假設有人感到僵硬然後趨於緩解，後來又感到疼痛或癢。在這例子裡，最初僵硬的感受，從它開始到緩解，乃是一個由許多個別的僵硬的剎那構成的過程。在生滅智未成熟的階段，禪修者只能夠觀察到一個作為相續整體的僵硬過程，不能夠觀察到個別而短暫的僵硬現象，因為這些現象彼此很類似。在僵硬的整個期間，正念覺察這整體的僵硬感覺，名為觀察「相續現在受」（santatipaccuppannavedanā）。

例子裡的第二個過程——僵硬緩解，第三個過程——感到疼痛或癢，也都是如此。禪修者能夠看見三段個別而獨立的相續過程。他將也能夠觀察到認出這些所緣的整體心理過程，即「相續現在想」；知道這些所緣的心識，稱為「相續現在識」；組織這些心理活動的心理造作，稱為「相續現在行」。禪修者也將能夠看見所有這些過程個別地生起又滅去。

■ 觀察剎那現在

在生滅智的成熟階段，禪修者將能夠體驗到一連串或一系列個別的僵硬瞬間生起又消失。例如，禪修者會看見某瞬間體驗到的僵硬生起又消失，有別於下一瞬間的僵硬，而後者又不同於下一個或之後的僵硬。禪修者也會以相同的方式，看見僵硬的緩解以及之後跟著到來的其他過程，包括想、眼識或行的過程。

舉例而言，在認出所緣時，體驗到「想」瞬間生起。也就是，發現對所緣的第一個認知的剎那生起又滅去，有別於第二和以後的認知。就「眼識」而言，體驗到看見的瞬間發生。也就是說，發現第一個看見的瞬間生起又滅去，有別於以後的看見。就「行」而言，體驗到行瞬間生起。也就是說發現第一個行的剎那生起又滅去，有別於以後的行法。

當觀智變得銳利敏捷而能夠看見剎那的行法時，可能無法標記每一個行法現象。這時候，就只要保持覺察這一切像機械般運作順暢、迅速生滅的現象。《無礙解道》提到許多可以如此觀察的過程，像是六根門、六識、六觸、六受等等。但是，如果在此全將它們列出就太占篇幅了。

體驗到名色法剎那生滅時，就會了知：「在觀察時，正在生滅的名色法在它們生起之前不存在於任何處。當它們生起時，它們不從任何處而來。當它們消失時，也沒有任何去處。一旦它們消失，便不存在於任何處。事實是，它們生起後便在當下此處依於因緣條件而消失。」

在達到此觀智之前，人們會對這些方面產生錯覺。例如，人們舉起手臂時，以為這舉起的手臂已經存在。於是，真正舉起手臂時，他想：這手臂和舉起之前的手臂是同一隻手臂。然後，在放下手臂時，人們以為這手臂和之前舉起的手臂相同，是同一隻臂。然而，在這個觀智階段，禪修者將不再落入這些錯覺。這是因為他能夠看見在腹部起伏、坐下、行走、看見、聽等等之中一切的剎那法。這是生滅智最重要的面向。

生滅的特質

上面的解釋提供一個我們藉以評估自己生滅智經驗的標準。以下是一些佛典的引文和解釋，但它們並非用來評估生滅智經驗的標準，而是在描述伴隨生滅智而來的能力。

> 見五蘊的生起時，見它們的二十五相。見五蘊的滅去時，見它們的二十五相。見五蘊的生起與滅去時，見它們的五十相。[87]

■ 生起的五個特質

無明生故色生。以此見到色蘊生的因。同樣地，渴愛、業、食素生起故，色生。以此見到色蘊生的因。透過見到生起的相，見到色蘊的生。因此，見色蘊生時，見此五相。[88]

據此，我們知道色生起的五相是：過去世作業時所含的無明、渴愛、所造業、今生的食素，以及現在色的生起。

■ 滅去的五個特質

無明滅故色滅。以此見到色蘊滅的因。同樣地，渴愛、業、食素滅故，色滅。以此見到色蘊滅的因。透過見到變化的相，見到色蘊的滅。因此，見色蘊滅時，見此五相。[89]

據此，我們知道色滅的五相是：由於證得阿羅漢道智而無明滅、渴愛滅、業滅、食素滅，以及現在色的滅去。

佛陀也對於受、想、行、識四個名蘊的個別生與滅的五法，提供了類似的分析。唯一的差別在於第四相的內容——對色而言是「食素」；對受、想、行前三個名蘊而言，是「觸」；而對最後的識蘊而言，是「名色」。

觀察真實的生與滅

如此，我們已描述每一蘊的十相：五個與生起有關，五個與滅去有關。五蘊加總起來，共有五十相。但是，在這五十相之中，唯有五蘊的當下生起可以稱為「真實的生起」，只有當下的滅去可以稱為「真實的滅去」。這是因為禪修者只能透過觀察現在生起的名色法來培育基於經驗的現量智。其他相的領悟只是推論智，這在第四章已解釋過。推論得知的法，並未真正存在於當下這一刻；是透過思惟才知道：當無明、渴愛等存在時，色、受等蘊也存在，當無明等消失時，五蘊也消失。因此《清淨道論大疏鈔》說：

有些老師說，名蘊的生滅只能透過通俗現在（addhā）或相續現在，來加以體驗，無法透過剎那現在。依據他們的見解，見名蘊的剎那生滅甚至是不可能的。

然而，其他許多老師說：如果概括地見生滅的因，不論其時間長度如何，這並未真正見到真實的生滅。人可能看見名蘊由於無明等因而生起，但看見這種意義的生起並非真正看見真實的生起。人可能看見名蘊由於無明等因滅而滅去，但看見這種意義的滅去並非真正看見真實的滅去。實際上，見到現在的名蘊正剎那生滅時，才算看見真實的生滅。這是合理的，首先觀察相續過程的名色法，觀智藉此逐漸變得有力、銳利和清澈而足以體驗剎那的生滅。[90]

這裡「見到現在的名蘊正剎那生滅」，指的是正在剎那剎那觀察諸法的觀智心。從技術面，我們僅可以說，如果諸法每一瞬間自己觀察自己，如果一剎那法同時是觀察的主體和客體，那麼這必定是觀照當下剎那的名蘊。當然，這不可能，就像指尖它無法自己碰觸自己。這是為何有些老師說見到當下剎那生滅的名蘊是不可能的原因。要駁斥這個論述也幾乎是不可能的。

然而，巴利典籍明白地描述如何體驗剎那的現在名法：

看見生起之相……看見變化之相。[91]

他知道：這些法生起；知道：這些法續住；知道：這些法滅去。[92]

《中部注》和《長部注》這麼解釋：生起的名法之三時——生、住、滅——對禪修者而言，仍然清晰分明，彷彿它們是真實發生的現在法。這是因為禪修者觀察了內、外六處。因此佛陀說：「法的現前是明顯的」等等。

所以，認為不可能觀察剎那的名蘊，這個由少數老師提出的論述，實際上與禪修者的經驗以及巴利典籍和注釋書並不一致。因此《清淨道論大疏鈔》說，依據這些小數老師的見解，主張不可能見到剎那生滅。然而，這些少數老師所提的論證遭到了駁斥。相對的，《清淨道論大疏鈔》支持「許多老師」，認為他們的見解是普遍被接受的見解（samānavāda）。

■ 推論智

當禪修者體驗現在法的生滅，便能推論了知過去、未來諸法必然也是如此。他可能想：如同現在法的生滅一樣，過去法或過去世諸法必然也在生起後滅去。未來諸法或未來世諸法必然也將生起後滅去。

首先，體驗現在諸法的生滅，然後推論了知過去未來法的生滅。[93]

■ 精勤初觀者

能夠觀察剎那現在的名色法之生滅時，將了解生起的法於過去未曾存在，現在完全消失，什麼也沒留下。禪修者將會了知它們如何即生即滅，像是雨滴落在湖面所激起的水泡，或像是空中乍現的電光，或像機器發出節奏聲。禪修者也將了解諸法無實質，如同幻術師用幻術變出的金子，或夢中仿真的夢境，或像在黑暗中旋轉火把而出現的火圈，或像香神（gandhabhas）在天空中造出的海市蜃樓，或像湍急水流的水沫，或像芭蕉樹的樹幹。禪修者將清楚覺察到諸行沒有堅固的實體，也沒有任何長久可用之物。如此，在此內觀階段的禪修者稱為「精勤初觀者」（āraddhavipassaka）。

至此他了知「會滅的生起，而生起的滅去」並以此方式通達五十相，而首次證得名為生滅隨觀的稚弱觀智。因為證此智，故稱為精勤初觀者。[94]

留意一下，依據《大疏鈔》，見到諸法的生滅，便算見到所有五十相。

整體的觀察心等，並非真正的毗婆舍那。只有生滅隨觀才是真正的毗婆舍那。[95]

十種觀染

由於光明、智、喜，心不定。由於輕安、樂，心擾動。由於勝解、策勵、現起、捨和貪愛，心動搖。[96]

已證悟的聖者、錯誤修行者、放棄業處者，以及怠惰者，不會生起觀染。正確修行、勉力且為精勤初觀者的良家子，才會生起觀染。[97]

請注意，《大疏鈔》說，這段引文提到聖者是觀染不生者的「上限」。觀染也不會出現在觀智較高階的禪修者身上，例如厭離智（nibbidāñāṇa）等。

■ 光明

由於定力，可能出現光明（obhāsa），它有時也因觀智而生起。例如，在修習止禪，如隨念佛陀特質時，可能會看到光明；在內觀行者能夠覺察、辨視名色法迅速生滅之前，光明也可能生起。第一種狀況的例子可見於給孤獨長者的經驗。

給孤獨長者的故事

富商給孤獨長者聽到佛陀在王舍城某位商人家中，他非常興奮想要立即去拜訪佛陀。但是，當時天色已晚不宜拜訪，因此他決定隔天一早去見佛陀。即使如此，他仍不停地憶念佛陀，在夜間醒來三回，每一次他都發現自己被憶念佛陀而產生的光明所圍繞。這亮光如此明亮讓他以為已是黎明而起床。前兩次，他意識到尚未破曉，所以又回床繼續睡覺。但是第三次，他以為已是白天因而獨自出發，想要去見佛陀。走在路上，他經過墓地並踩到一具屍體。這讓他感到害怕，光明於是消失。這才發現自己獨處黑暗中。當他正想要返家時，守護墓地的天人鼓勵他繼續向前走：

百千象、百千馬、百手騾車、百千少女穿載珠寶與耳環，也不值向前一步的十六分之一。[98]

這鼓勵了他繼續向前，因為他感覺有人陪伴，不再孤單。於是他重新憶念佛陀的德行，並發現自己再度被光明所籠罩。順利到達終點之前，類似的情況發生了三回。

這一則《相應部注》的故事，顯示單憑定力便可產生光明。

作為內觀禪修者，可能在名色分別智變得成熟有力量後，開始見到閃爍的光明；在獲得緣攝受智時，有時候可能見到彩色的光亮（綠、紅、藍、黃等）。但這些光亮只是定力的緣故，或者只看到光亮，或者伴隨佛像等影像。因為這些光明是定力所引發，它們可能在名色分別智的成熟階段出現。也可能在領會智時經常看到光明，在未成熟的生滅智階段則較不那麼頻繁。

在不同的觀智階段，人們以不同方式經驗這些光明和影像。在名色分別智階段，禪修者尚無法清楚看見光明和影像的生滅。在緣攝受智階段，看見它們的生起，但它們的滅去尚不清晰；新的所緣生起時，常丟了舊的所緣。其次，由於領會智的關係，起始、中間和結束開始變分明；在它們生起後，清楚地現前，之後位置改變、變小或變弱而消失。至於在生滅智的階段，所緣隨著每次觀照、標記而消失，或者只是透過觀照（未加標記）便消失；禪修者看見所緣突然生起並立即消逝，並未改變位置、縮小或逐漸變弱；禪修者清楚看見它生起，但看不到中間的停留，這是此階段的特色。在這三個觀智階段，定力讓喜、輕安、樂和信心變得異常明顯。

觀察名色法迅速生滅時生起的光明，便是觀智所引生的光明。對有些禪修者而言，它會是小而短暫的光明，就像暫時使用閃光燈。或者，它可能是圓形光像缽或碟子繞圈旋轉。對其他人而言，光明可能範圍非常廣，充滿整個房間甚至房間之外。光明也可能持續很長時間，即使加以觀照或其他思緒出現時也不會消失。光明也可能像頭燈、火炬、月光或日光。它可能彷彿從身體內散發出去，或者是在身體前方、後方、上方或下方。在夜間，禪修者可能會清楚看到周遭的景物，彷彿仍身處白天。在白天，景物變得特別清晰。乃至遠處的事物可能像近在眼前一樣清晰。

禪修者也許會懷疑：「我是以肉眼還是心眼看到光明？」依據《大疏鈔》，行者是用心眼看到這種光，類似用天眼的神通看見事物。但是，也有可能是以肉眼看見光明。禪修者應該基於個人禪修體驗，自己回答這個問題。

經驗到這些光明時，禪修者可能會猜想：這是道智、果智的徵兆，或者這就是涅槃了。即使未把它當成殊勝的修行成果，也可能會享受其中而產生執著。這時候，觀照便中斷，縱使仍繼續在觀察，所緣較以往不清晰。由於這些理由，光明被視作一種觀染。事實上，內觀的真正染汙和敵人，是對光明產生不善的貪愛、驕傲以及邪見。

■ 智

在這脈絡裡的智（ñāṇa），意指在觀照六根門生起的名色法時，清楚、明晰、分明的了知它們的迅速生起和滅去。任何名色法生起時皆被觀照，由於智的緣故，禪修者清楚觀見名色是諸多個別過程，生起又滅去，猶如以利刃將葫蘆瓜或茄子切成一片一片。在反思的時候，禪修者也清楚理解無常、苦、無我的性質；但是，他不會認為這理解是從思考而生，而是認為它在觀照時自然生起。

禪修者也可能錯把這了知當作是道智、果智，或者以為自己即將證得道智、果智，從而產生貪愛而阻礙了自身的修習。這就是為何此智被視為觀染的原因。事實上，內觀的真正障礙，是對此智產生不善的貪愛、驕傲以及邪見。以下從喜到捨，共七個障礙，也都是這個道理。

■ 喜

如下文所說，喜（pīti）共有五種。[99]由於生滅智的緣故，每次觀照都有某種程度的喜悅。它們自未成熟的生滅智開始逐漸增強。依據《大疏鈔》，出現在生滅智的成熟階段，這裡的喜僅指第五種喜，即「遍滿喜」（pharaṇāpīti）。

五種喜是：

「小喜」（khuddikāpīti）：這種喜顯現為突然的雞皮疙瘩，皮膚或肌肉驟然抽動，流淚，胸口或心臟怦然一動，或者喜悅快樂。這稱為小喜，因為它通常突然生起，只持續一小會兒而已。

「剎那喜」（khaṇikāpīti）：這種喜表現為突然而重複的雞皮疙瘩或其他類似小喜的表現，它們彷彿是一連串的空中電光閃爍。這稱為剎那喜，因為它通常一再地出現。

「繼起喜」（okkhantikāpīti）：這是一種散布於整個身體的喜樂與興奮的感受。它好似在體內起起落落，就像海上的波浪捲上岸邊然後又退去。

「踴躍喜」（ubhegāpīti）：這不可思議的喜悅感受非常強烈且遍滿全身。由於它的威力，整個身體或某部分會被舉起、移動或是拋擲出去。注釋書提到錫蘭的兩位禪修者，一位是比丘、一位是居士，他們充滿恭敬地憶想佛塔，經驗了這種喜。由於踴躍喜之故，他們被舉起到空中，一會兒便發現身處在佛塔平台上。這個時代也有某些禪修者發現他們的四肢或其他身體部位漂浮、振動或突然自行擺動。有位內觀禪修者曾發現身體多次姿勢不動地浮升到空中約一呎之高。

「遍滿喜」（pharaṇāpīti）：這是遍滿全身而極度喜悅的感受。感到整個身體充滿舒適感，猶如充滿氣的氣球。這種喜的愉悅讓人絲毫不想移動，即便眨眼或張眼都不願意。

說法、聽法或教導法時，內在生起的喜，使人激動、流淚或起雞皮疙瘩。這種喜有助於終止輪迴並趨向阿羅漢果。因此於一切喜之中，法喜最殊勝。[100]

問：尊者龍軍（Nāgasena）！有人在母親死亡時流淚，有些人因法愛而流淚。這兩種淚，哪一種是療癒的，哪一種不是？

答：王啊！第一種淚是有垢，熾然的，因貪瞋的緣故；另一種是無垢、清涼的，由於喜悅的緣故……清涼的是療癒的，熾然的不是。[101]

考慮到五種喜也被包括在失去意識（oblivion）和其原因之中，我將簡短地提一下。失去意識和其原因如下：

「五種喜」：當這五種喜增強，禪修者可能暫時進入某種類似失去知覺、喪失意識或無意識的狀態。隱士蘇美達（Sumedha）、商人給孤獨長者、國王摩訶卡比那（Mahākappina）首次聽到佛陀證悟時生起的喜，也許就是這些類別的喜。

「較高階的觀智」：在此觀智或壞滅智等更高階的觀智，若練習很平順，禪修者可能會失去意識一會兒。在失去知覺片刻之後通常可繼續練習或有更好的體驗。也許是觀的力量強大以至於相應的喜也變得強大而導致喪失意識。

「輕安」：有時候，練習很平順，寧靜變得很強大乃至心不願去觀察任何事。這感覺像是視而不見。然後便可能失去意識。然後，在這之後可能發現練習像以前一樣平順。

「捨」：有時候，練習很平順，捨心變得強大而不需要付出任何精進。禪修者這時候可能會突然失去意識一會兒，然後，練習持續如往常一樣順利。在這種情況下，我們可以認為平捨作為一種心的平衡狀態，引發了暫失意識的片刻。

「昏沉與睡眠」：有時候練習順暢而舒適，以至於所緣和覺察力逐漸模糊，最後進入一種失去意識的狀態。禪修者甚至可能會沉睡很長一段時間。甦醒再重拾練習後，將發現練習如以往平順，沒有昏沉和睡眠。由於促使人能夠聚精會神觀察的精進力變弱，而定的力量仍然維持其強度，所以昏沉睡眠蓋會導致暫失意識。

觀察更多的所緣或者注意力更貼近所緣，便能夠克服這些由於輕安、捨、昏沉睡眠引起的失去意識。

■ 輕安[102]

身心輕安（passaddhi）是免於任何的擾動或擔憂的狀態。它表現為某種平順的感覺，像找到涼爽處避開夏日豔陽，或者筋疲力盡後得到休息之時。如上述所說，這個輕安可能引發失去意識。它總是伴有輕快、柔軟、適業、練達、正直等心所。它們的體驗如下：

有了身、心的輕快性和柔軟性，沉重消停，覺知變得非常警醒和迅速。思考事情時，思緒敏捷。感到輕盈，走路時彷佛沒有腿的重量。在坐下、躺下或彎曲之時，也感到輕快，好似沒有了身體、手臂或雙腿。禪修者可能感覺自己可以很快走到遠處任何的地方，甚至可能感到想跑步的衝動。但要小心，別順從這份衝動。

柔軟性是僵硬的消除；它是身和心的柔軟和彈性。身和心變得溫和柔軟，沒有任何粗糙或僵硬。心富有彈性和適應性，可以觀察任何所緣。禪修者變得更尊重他人，偏好安靜的修行，而非粗澀的所緣或人群。

適業性是身心的可運作性。身心變得穩定而強壯，能夠安適地坐禪，一次便坐一兩個小時而沒有任何僵硬、燒灼、疼痛或疲勞感。練習可以長時間平順進展，沒有思緒的干擾。

練達性是身心的熟練性。身心同樣變得練達有力量，足以觀察一個接一個的所緣，一個瞬間接著一個瞬間，沒有猶豫、延遲與停滯。觀察變得像唸誦早已熟稔的祈禱文一樣容易而自發。

正直性是心的直率與誠實的狀態。心中沒有虛偽和欺騙，甚至決意終其一生保持真誠。

當這六法變得強大時，人會感到快樂和舒適，不論是坐時、站時、走時、躺時、彎伸時，或者禪修時。如《清淨道論大疏鈔》說：

> 輕安等，不僅適用於受等名蘊，也適用於色身，因為心輕安也去除色身的疲勞。[103]

■ 樂

觀照心伴隨著強烈的喜與樂（sukha）。因為心的快樂和歡喜，致使身體也顯現快樂和愉悅的感受。身體疾病的症狀甚至會消失。每一個念頭都帶來快樂，讓人難以不與同行禪修者分享自己的體驗。當這種快樂和舒適現前時，加上喜和輕安的催化，禪修者的快樂甚至遠勝於一切人間乃至天界的快樂。因此，佛陀說：

> 比丘心寂，入於空屋，正觀諸法，擁過人喜。
> 知蘊生滅，得喜與悅，對於知者，這是甘露。[104]

請注意，《中部注》的偈子描述真正的快樂（nirāmisasukha），這在之前談非世俗快樂時已經說過了。

■ 決心與自信

伴隨著觀照心，有非常明顯的決心與自信（adhimokkha，勝解）。由於這強大的信心，觀照心非常清晰無有煩惱，即使在休息時，也仍然非常清晰。對內觀修行的決心，以及光明、智等體驗，都強化了對於業、果、三寶功德的信心。因此，禪修者可能自己會想要做更多練習，並鼓勵別人這麼做，也可能對同行禪修者和老師，心懷極高的敬意與尊重。

■ 平衡的精進

策勵（paggaha）指保持平衡的精進或努力。觀察當下生起的名色法時，所用的心力不過多也不過少。擁有這種平衡的精進，練習會進展得非常平順，好像被觀照的所緣都能自發地現起而被順利覺察，不需任何的努力。

■ 不費力的念

不費力的念（upaṭṭhāna，現起）是指，當下生起的名色法似乎自行出現在觀照心之中，或者說，觀照心似乎自行沉入所緣。當念如此強而有力時，每個微細的現象都變得清晰顯著。下一個應被觀照的所緣，隨著前一個所緣的消失而出現。這時候出現的過往記憶也會變得非常鮮明，好像正在發生。但是，不要沉浸在這些思緒之中。

■ 捨

在觀智中的心之平衡，或者出現在其之前的「轉向心」裡的心之平衡，被稱為「捨」（upekkhā）。轉向心是把心轉向所緣的心理作用，它出現在每一個見、聽、觀察等的心理過程之前。轉向心如何轉向所緣，將決定之後跟隨的心是善或不善。禪修者的心沉浸於觀察每一個發生的現象，對於練習已非常熟悉。如此，當禪修者決意觀察時，轉向心將首先轉向所緣現象，了知諸法生滅的觀察則隨後到來。

在練習未成熟的階段，禪修者仍需費力去尋找所緣，在它們生起時則需持續觀察。他發現，心常常游移，不樂於或延遲觀察。然而，在生滅智階段，禪修者能夠直接而同步地觀察，心不需要太多的努力，彷彿自行奔向所緣。這就是「轉向捨」（āvajjanupekkhā）。接在它之後的是「觀捨」（vipassanupekkhā）[105]，能夠輕易地觀察到名色法的生滅。在此階段，這兩種平衡的心，出現在每一個觀察中，也可以成為觀的潛在障礙。

■ 喜愛

心倘若對於上述非凡的智、光明等觀染，樂在其中或耽於享受，是一種稱為喜愛（nikanti）的貪。喜愛是柔軟而細微的，常被誤以為是「修行之樂」

（bhāvanārati）、證悟本身，或者證悟的徵兆。實際上，喜愛才是真正的觀染。喜愛本身會毀壞內觀修行，若加上貪愛、慢心和邪見，就更加糟糕。

任何觀察的瞬間，都可以夾帶一種觀染或者多種觀染的結合；最糟的情況，是前九種觀染（喜愛除外）可能同時一起發生。不過，對每一種觀染的省察與執取，皆是個別形成，而非一整組。所以，記住：這裡以特定順序描述十種觀染，只是為了說明的方便，實際上，它們未必按照這個順序發生。

> 九種觀染能夠在同一剎那生起，但對它們的省察是個別的。[106]

如果錯將（光明、智、喜等）殊勝體驗當作道智、果智或它們的徵兆，禪修者將會偏離內觀的道路，並耗費時間享受這些體驗，因而不願再付出努力以證得更高的觀智或道、果智。如果喜愛這些經驗，便產生了貪愛。如果感到驕傲而想著：「我必然是唯一擁有如此非凡體驗的人」或者「我比別人優秀」，這就是生出了慢心。如果認為這些經驗是自己所有，認為「我在放光」或者「光從我發出」或「這光明是我的」，這便是生起邪見。這貪、慢、邪見三種取著（gāha），可以和十種觀染的任何一種相應，總共有三十種可能的組合。

> 光明等可能成為染汙（貪愛、慢、邪見）的所緣，在此意義下它們被稱為染，然而，它們自身並非不善。但是，喜愛既是染汙也是染汙的所緣。因此，雖有十種觀染，但有三十種取著。[107]

依據《清淨道論》，前九種觀染只有當它們被貪愛、慢、邪見相伴之時才稱為染汙，否則便不是染汙。因此，不應該把樂、信、覺支等，全部誤認為是通往「壞滅智」「行捨智」等高階觀智的障礙。已證道、果智的聖者在生滅智階段體驗的光明，也不應被錯當作是染。[108]

禪修者如果得到老師恰當的引導，能夠透過反思而有效地處理所遇到的任何障礙。他會想起：「這必然是老師曾提過的觀染。這不是證悟或其徵兆。停留在這經驗中並不是內觀的方法。這經驗過往不存在，現今才生起，因此，它是無常、苦、無我。它只是另一個需要被觀察的所緣。當這經驗發生時，觀照它才是正確的方法，如此能夠帶來更高的觀智和道、果智的證悟。」抱有此態度的禪修者將能恰當地運用時間，觀察每個生起的名色法，而不專注於光明、喜等經驗。這時候，禪修者將能清晰地看見名色法生滅，三相也會變得非常明顯。禪修者將見到：一切現象是無常的，因為它們出現後立即消失；一切現象是無法令人滿意的，因為被持續的生滅所逼迫；一切現象是無我的，因為它們不遵從任何人的希願。如此，禪修者的生滅隨觀智遠離了內觀的障礙。

道非道智見清淨

道非道智見清淨（maggāmagga-ñāṇadassana-visuddhi）意思是能夠區分正確和不正確的修行方法。例如，禪修者也許會思考：「享受光明等這些經驗，以及思惟它們並不是正確的方法，只有在這些名色法生起時，持續的以正念加以觀照，才是內觀的正確道路。」

行道智見清淨

行道智見清淨始於生滅智的成熟階段。

當禪修者不再執著於觀照名色生滅時現起的光明等體驗，便遠離了觀染。這也稱為「辨視正道的生滅智」，因為明白諸法的生滅。此智，是總稱為「行道智見清淨」（paṭipadā-ñāṇadassana-visuddhi）而以「隨順智」為頂點的九個觀智裡的第一觀智。換句話說，九個觀智構成導向證悟聖道的行道智見清淨。

極清晰地看見名色法生滅，明白了悟無常、苦、無我時，便生起行道智見清淨。換句話說，若觀照名色法生滅，三共相將自行顯現。有關於此，我將在第七章進一步舉例加以解釋。依據《清淨道論大疏鈔》：

見生滅時，無常相顯明。之後，其他相也將顯明：「凡無常者是苦，凡苦者是無我。」換言之，由於觀察生滅，清楚明了諸法生起後立即消失故是無常；它們是苦，因為持續被生滅所壓迫；它們是無我，因為不依任何人的意志而生起或滅去。[109]

生滅智成熟階段的禪修者，透過觀察名色生滅而清晰見到三共相，他們的觀照心變得非常迅速和銳利。覺知好像自發運轉。因為覺知如此迅速，被觀察的所緣也迅速地顯露。

壞滅智

在壞滅智（bhaṅgañāṇa）階段，行者將不再能見到諸法的生起和中間停留，人們將不再把它們看作像河水流動般的相續過程。這意味著名色法不再顯現為相續而連貫的過程。堅固形態和外形的心理影像，也不再現起。例如，在彎曲或伸展四肢時，將不再像過去那樣，有著手臂、腿的外形、移動形態的心理影像。當所緣被觀照時，只見到它的滅去、消失。這是壞滅智的開始。

下段文解釋生滅智如何成熟至壞滅智：

藉由離染並稱為行道內觀的生滅隨觀，禪修者如其真實本性觀察一切。藉由反覆辨別名色法並確認「無常、苦、無我」，他的智變得銳利。諸法生起非常迅速。如此之時，禪修者將不再見到諸法的生起、住立、相續過程或逐漸顯現的堅實形態。念將只了知它們的滅去、消失、壞去、滅盡。[110]如此，看見諸行生而滅去的禪修者，生起名為壞滅隨觀之觀智。[111]

《無礙解道》很詳細地解釋壞滅智的發展，我在這裡僅提幾個重點。

觀與反觀

審察所緣而隨觀壞滅的慧是觀智。[112]

「審察所緣」意指了知所緣，見所緣的盡、滅。「隨觀壞滅」意指隨觀那審察所緣之壞、滅而生起的智本身之壞滅。這慧是觀智。[113]

根據這些引文，觀察腹部起伏、坐、站、走、彎、伸、見、聽、想等活動中所包含的現在諸法時，禪修者觀見它們的滅去。然後，禪修者也看見最初那個觀察本身的滅去。如此，禪修者無論何時覺察所緣，皆見到所緣本身和對它的觀察心依序滅去。這便是壞滅智。

心以色法為所緣，生起而滅去。見到色法和對色法的觀照心二者皆滅去。以受、想、行、識為所緣時，也是如此。見到所緣滅去後，也見到觀照心的滅去。[114]

當腹部起伏、坐、彎、伸等現象發生時，觀察它們所含括的色法，禪修者看見它們滅壞、逝去、消失。了知被觀察的所緣滅去，是第一個壞滅智。之後，見到最初的壞滅智也滅去，這是第二個壞滅智，或者稱為「反觀」（paṭivipassanā），因為它觀察能觀之心的滅去。壞滅智包括上述兩個層次的觀察。

同樣地，在觀察其他蘊的時候，禪修者見到所觀的所緣和能觀照的心二者迅速滅去、消失。這是壞滅智的判準。「滅去、消失」指法的正常消失不見，而不是某種混亂的破壞。

注意一下注釋書說：「念將只了知它們的滅去、消失、壞去、滅盡」（khayavayabhedanirodheyeva sati）[115]，以及「見盡、滅」（khayato vayato disvā）[116]。這些句子值得好好思考。巴利佛典以相同的方式，詳細解釋了六根、六塵和六識等。「隨觀」（anupassati）一詞有七種定義，我稍後在第七章將加以說明。

所緣轉換、慧的轉移、強力轉向——這些是對壞滅智的反觀。[117]

在這段文中，「所緣轉換」指將覺知的對象從被觀照的所緣之消逝，轉換為能觀之心的消逝。「慧的轉移」指禪修者的智慧發生變化，只見到現象的滅去；不再像之前生滅智那般看到現象的生起。「強力轉向」指轉向每個現象的心識剎那，是強而有力的，能夠在所緣消逝之後立即見到能觀心的消逝。當觀慧具備上述這三個要素時，便可視作壞滅智。

注意，這三個要素中的第一和第三，是單一觀察心路裡相續的心識剎那。如果第一個心識剎那適當地轉向某一個所緣，接著之後的心識剎那便能夠恰當地觀察它。

「所緣轉換」意指於色所緣見到一一的滅去，然後見到那觀見色所緣滅去的心也滅去。如此，從前一個所緣轉換到另一個所緣。「慧的轉移」意指不再見到法的生起，只聚焦在法的消失。「強力轉向」意指觀察的力量強大，能夠在見到某所緣滅去之後立即見到觀見所緣滅去的那個能觀之心也滅去。[118]

注意「之後立即」意指緊接在第一個心路過程之後；至於第二個轉向剎那只能在一段有分心之後生起。應當了解「所緣轉換」和「之後立即」意指一個所緣只會被觀察一次，不是連續多次。禪修者不需要觀察一個動作裡所包含的每一個名色法，並加以計數、分類。他應該專注於觀察那些最顯著的身心現象。禪修者也不需要去個別地觀察心路過程中每一個心識剎那。[119]他應該只是觀察整體的心路過程。

推論智

禪修者不應該嘗試去觀察過去或未來的身心現象，也不應觀察不明顯的現象。應該只是覺察在此刻當下生起又滅去的顯著現象。禪修者應當熟記下列的重點。

藉由觀察現在所緣，確認（過未）二者相同。

於滅盡勝解，是壞滅相之觀。[120]

偈頌的第一句意指，基於親身觀察的所緣，可以確認過去、未來的所緣也滅壞。禪修者也許會如此省思：「如同現在經驗的諸法，過去有為法已滅去，未來有為法也將滅去。這些法全具有相同的性質。」如此，古代聖者曾說：

藉由現在的清淨見，推論過去、未來亦相同。

有為法滅去，如朝露在晨間太陽升起時消逝。[121]

禪修者開始內觀修行時，應當觀察當下正在生滅的現象，而非過去、未來的現象。以親身體驗清晰地觀察現在法之後，關於過去、未來諸法的推論理解會自行發生。對於過去、未來法，只需要這麼做。不用刻意嘗試去觀察過去、未來諸法。

成熟之智

在壞滅智的成熟階段，禪修者能夠看見被觀的所緣和能觀的心不斷滅去，如同鍋子裡的芝麻子持續爆裂，或者猶如雨滴落在湖面形成的水泡相續破裂，或者，就像不斷在變化的幻影。《清淨道論》說[122]，佛陀以下列《法句經》偈頌描述禪修者的這個體驗：

見世界為水泡，見世界為幻影。
如是見世界者，不為死王所見。[123]

以壞滅智見到每個所緣皆在消逝時，將不會受制於無明、貪愛、執取、業、再生和五蘊。沒有再生後的五蘊，便沒有死亡。禪修者證得壞滅智等的各種觀智，直到最終的阿羅漢果，從此將不再經歷更多的出生和死亡。這便是「不為死王所見」的意思。

醒悟的三個面向：怖畏智、過患智、厭離智

怖畏智

在壞滅智之頂點，禪修者清晰了悟名色法過去已滅去，現在正滅去，未來也將會滅去。因此，有為法逐漸顯得可畏。這時候，生起怖畏智。

見過去諸行已滅、現在諸行正滅，未來諸行將滅時，生起怖畏現起智。[124]

這時，禪修者見到隨著每次觀照而消失的有為法可畏、令人悚懼的面向。那些

被反思的所緣，也會被視作可畏或令人悚懼的。於是，觀照心將不會如生滅智、壞滅智的階段裡那樣自發、喜悅、熱衷。它會感到不快樂、沮喪。這種怖畏並非像看見可怕的鬼怪或敵人時所生起的害怕，只是由於真實了解有為法的可怕，感到灰心或苦惱。

怖畏現前智會感到害怕嗎？當然不會。事實上，它只是確認過去諸行已滅，現在諸行正滅，未來諸行將滅。[125]

過患智

當怖畏智成熟時，「過患智」（ādīnavañāṇa）緊接其後。這時，禪修者將不會把所觀察或省思的有為法當作是令人愉悅的、好的或有實質的。無論禪修者觀察或省思什麼，它們都令人不悅、可厭、不快。

《無礙解道》以四段文來描述怖畏智和過患智。第一段的第一句如下：

（現在世裡諸法的）生起是可怖的，因此被視為是危險的。這份了知名為過患智。[*1]

同段的第二句，有著相同的句型，只以「轉起」（pavattaṃ）代替「生起」（uppādo）。法的「轉起」指前一法的消失和後一法的生起。在每一個觀照中，名色法過程都被視作是可怖的，因為這過程持續發生。如此，第二句說：

（法的）轉起是可怖的，因此被視為是危險的。這份了知名為過患智。[*2]

第一段的其餘部分，針對法的其他面向，重複了相同的觀察。其他被界定為可怖的面向是：堅實形態、形狀或實體的相（nimitta）、業的累積（āyūhanā），結生（paṭisandhi）、趣處（gati）、初生（nibbatti）、再起（upapatti）、再生（jāti）、老（jarā）、病（byādhi）、死（maraṇa）、悲傷（soka）、過惱（upāyāsa）。請注意，這裡的「相」是指：腹部起落、坐、彎、伸、見、聽等現象的堅實形態、形狀或實體。

後三段的巴利和第一段文有著類似的結構。它們也提到法的十五個面向，不過並不是將它們視為可怖，第二段文視它們是「苦」（dukkha），第三段文視為「世俗」（sāmisa），第四段文視為「有為」（saṅkhāra）。

若體驗到被觀的所緣和能觀的心都在滅去，便會視它們為可怖的。再省思今生第一個名色法的生起，也會視它是可怖的。如此的看見與了解，名為「怖畏智」和「過患智」。上述是這些觀智發生的情況。即使未刻意去思考「轉起」「相」等面向，僅僅藉由觀照，仍會視諸法為可怖。

這五十五個面向的首五個——生起、轉起、相、善業的累積、結生——是過患智主要的觀察對象。後十個其實是首五個的同義詞，但是，佛陀仍提它們的原因是：有些人用這些同義詞來描述自身的經驗。「初生」（nibbatti）和「再生」（jāti）相當於「生起」（uppādo）和「結生」（paṭisandhi）；「趣處」（gati）、「再起」（upapatti）在究竟義上和「轉起」（pavattaṃ）類似，相當於從「老」到「過惱」的六個面向，包括在「相」之中。所以，觀察前五個面向便已足夠。

依據注釋書，這段文的第一段指怖畏智，其他三段指過患智。

> 於此十五事，以怖畏現前行相生起，是怖畏智；以苦、世俗、有為行相，是過患智。應如此理解。[126]

當人見到這十五面向是可怖、苦、世俗、有為，可能會思考與它們相反的可能性：「不生起、不轉起、無相、無累積、無結生，就可免於過患和苦。這是快樂和寂靜，遠離了欲愛與煩惱的繩索。」因此，《無礙解道》說：

> 如此了知寂靜：「不生是安詳。」
> 如此了知寂靜：「不生是快樂。」
> 如此了知寂靜：「不生是無欲。」
> 如此了知寂靜：「不生是涅槃。」[127]

厭離智

當過患智成熟時，將接著生起「厭離智」（nibbidāñāṇa）。這時，禪修者已了知有為法的缺失，在觀察或思惟它們之時會感到厭倦。即使是思考或想像它們，也會感到乏味、厭倦。《法句經》如此描述這個觀智：

諸行是無常，以慧觀見者，
於苦生厭離，此是清淨道。
諸行是為苦，以慧觀見者，
於苦生厭離，此是清淨道。
諸行是無我，以慧觀見者，
於苦生厭離，此是清淨道。[128]

我們可以如此理解偈頌的意思：由於成熟的壞滅智，推論智自發而生起，禪修者憑籍此智而了知一切因緣所生法皆是無常、苦、無我。然後，透過怖畏智和過患智見到有為法的危害與缺陷，禪修者對有為緣生諸法的無法令人滿意之本質，感到乏味而厭倦。這便是通往清淨的道路。

然而，根據《大疏鈔》，這偈頌應如此解釋：藉由領會智、生滅智和更高的觀智，禪修者見到一切有為法是無常、苦、無我。然後藉由怖畏智和過患智見到危害和缺陷，禪修者對有為緣生諸法的無法令人滿意的本質，感到乏味而厭倦。這是通往清淨的道路。

怖畏、過患、厭離三個觀智，實際上只是在程度上有所不同。它們同樣是對有為法之缺陷的了解，但程度不同：未熟、半熟、成熟。因此，某些已體驗怖畏智的禪修者，其過患智和厭離智緊接生起，或者在很短的時間內出現。對觀智進展迅速的禪修者而言，三種觀智之中僅有一或二種觀智變得顯著。

古德說，一怖畏智得三個名稱。見一切行可畏故，是「怖畏現起智」；於諸行中見過患故，是「過患隨觀」；於諸行起厭離，是「厭離智」。巴利佛典（《無礙解道》）說，這三種智是同一法，但名稱不同。[129]

欲解脫智

由於厭離智，對（一切諸行）感到厭煩、疲倦、不喜，不執取、不黏著、不束縛於三有、四生、五趣、七識住或九有情居。只是希望從一切行解脫、出離……於是，不再執取一切行，希望徹底從中脫離者，生起欲解脫智。[130]

這段文中所提的各種生命形態如下：

「三有」（bhava）是欲有（kāmabhava）、色有（rūpabhava）、無色有（arūpabhava）。「四生」（yoni）是卵生（aṇḍaja）、濕生（jalābuja）、胎生（saṃsedaja）、化生（papātika）。「五趣」（gati）是地獄趣、畜生趣、餓鬼趣、人趣、天趣。

「七識住」（viññāṇaṭṭhiti）[131]是：1. 擁有不同身（nānattakāya）、不同想（nānattasaññī）的有情生命，也就是，人類、欲界天人；2. 擁有不同身（nānattakāya）但相同想（ekattasaññī）的有情生命，也就是，初禪梵天和地獄界的眾生；3. 擁有相同身（ekattakāya）但不同想的有情生命，也就是第二禪梵天；4. 擁有相同身、相同想的有情生命，也就是，三禪梵天、四禪的廣果梵天（Vehapphala Brahmā）和淨居梵天（suddhāvāsa Brahmā）；5. 空無邊處的眾生（ākāsānañcāyatanasaññī）；6. 識無邊處的眾生（viññānāyatanasaññī）；7. 無所有處的眾生（ākiñcaññāyatanasaññī）。

「九有情居」（sattāvāsā）是七識住的眾生，以及無想有情的眾生（asaññasatta）和非想非非想處的眾生（nevasaññānnāsaññāyatana）。

我們的智慧局限在個人曾經驗過的生命世界，不熟悉的世界並不會觸發我們的煩惱，也不會帶來智慧。然而，若是依於「三有」培育厭離智，便可成就內觀。上述所列的生命世界，皆包括在這「三有」之中。

在一個無法感受到快樂的地方，人們很自然地會想要離開。同樣地，當見到有為法，包括被觀的所緣和能觀的心，都是可怖的、有缺陷的時候，人很自然地會想要離開或脫離它們。因此，厭離智變得強烈，不久後不僅想脫離被觀的所緣和能觀的心，也會希望逃離曾省思過的各種存有、出生方式和死後趣處。此種想要脫離的渴望，名為「欲解脫智」。

這時候，禪修者想要去捨、擺脫種種身體活動（如走、坐、躺、彎、伸等）、心理活動（如見、聽、想、觀照等）以及各種存有（人、天、女人、男人、梵天等）所牽涉的一切現象。他所希求的，便是從這一切解脫。因此，有些禪修者可能會認為，不觀察、不保持正念會更好，結果他們可能會停止觀照、觀察。

審察智

禪修者希望脫離由有、生、趣、住、居所構成的有為法，為了脫離這一切諸行，藉由審察隨觀智，安放三相把握一切諸行。[132]

當禪修者從諸行是常、樂、我的錯覺中，完全醒悟出來時，將能體證涅槃，即諸行的止息。此中，沒有任何引起憂悲苦惱的有為法。在尚未般涅槃之時便已如此，更何況般涅槃之後。

因此，如果希望脫離有為諸行，並不需做其他工作，只要深入了知有為法的三共相，並如往常般持續地觀照，以便獲得保持平捨的觀照心。因此，在欲解脫智時，禪修者必須像過去一般再次觀照諸有為法的生起和滅去。然後，禪修者能夠看見三共相的四十個面向：無常有十個面向、苦有二十五個面向、無我有五個面向。每一次觀照時，便看見這四十個面向中的某一個。因為是再次進行對此三共相的審察，所以將這了知稱為審察智。

無常觀的十個面向

《無礙解道》提到無常觀的十個面向如下：

1. 見諸行無常（aniccato）。
2. 見諸行敗壞（palokato）。見到被觀察的所緣敗壞，像沙岸崩垮或被侵蝕，紙張被撕成碎片，火被水澆滅，或煙被風吹散，屬於敗壞隨觀

（palokānupassanā）。

3. 見諸行不穩、動搖或短暫（calato）。在每一個觀照中體驗生滅時，了知無一法是穩定、牢固的，萬物皆不穩定。這是動搖隨觀（calānupassanā）。
4. 見諸行危脆、易壞（pabhaṅguto）。有時候，諸行法顯得如此脆弱乃至在觀察它們之前便已消逝。
5. 見諸行不恆久（addhuvato）。
6. 見諸行變易（vipariṇāmato）。這是觀察有為法從新生到衰老。
7. 見諸行沒有堅實的核心、實體（asārakato）。
8. 見諸行不持久（vibbavato）。

如果不能看穿諸行堅實的幻覺，就會相信名色法從孩童時到現在仍然相同。這就像認為樹和它據以成長發芽的種子是相同物，或者芽、葉子和樹幹是相同物。但是，如果能夠看穿堅實的幻覺，就不會為它所苦，而能夠辨別相續行法的不同。禪修者將會了悟：前一法在後一法生起之前便已消失，後一法並非從前一法而生，因為一法不會轉移到另一法，只是與它有因果的關係。

9. 見諸行依因緣而生（saṅkhatato）。禪修者了知諸法的因緣包括業、心、時節氣候、食素等。
10. 見諸行會死（maraṇadhammato）。

《清淨道論》提到無常觀的另三個面向：1. 觀見諸行被無常所限制（aniccantikā）；2. 觀見諸行短暫（tāvakālīka）；3. 觀見諸行以生滅為限（uppādavayaparicchinna）。

苦觀的二十五個面向

《無礙解道》提到苦觀的二十五個面向如下：

1. 見諸行為苦（dukkhato）。
2. 見諸行如病（rogato）。
3. 見諸行如瘡（gaṇḍato），作為正念所緣的名色法，只現前一會兒後便消失。這就像膿瘡成熟時膿汁滲出。有為法就像膿瘡，因為會滲出煩惱，如膿瘡溢出膿血。

4. 見諸行如肉中刺（sallato），因為它們造成難以忍受的痛苦，帶來身心苦惱，而且難以拔除。
5. 見諸行無益（aghato）[133]，因為就像毀謗聖者，不會帶來利益或財富，只是一連串不善法的肇因。
6. 見諸行如禍根（aghamūlato）。
7. 見諸行為痛（ādhato），因為它們是痛苦的近因，讓人無法過著無憂無慮的生活。
8. 見諸行為災（ītito），因為它們使人因失去親人（ñātivyasana）等事而受苦。
9. 見諸行為橫難（upaddavato），因為它們讓人遭遇意外的不幸，受統治者和政府的宰制。
10. 見諸行可畏（bhayato），因為它們是恐懼、危險的根源，是苦滅的相反。
11. 見諸行危險（upasaggato），因為它們與失去所愛等外在不幸以及身疾、貪煩惱等內在不幸有關，因為它們讓人受折磨，如同巫師或惡靈的黑魔法。
12. 見諸行非善匿處（atāṇato），因為它們無法讓人躲過痛苦與危險。
13. 見諸行非避難處（aleṇato），因為它們無法為人提供遠離痛苦與危險的避難處。
14. 見諸行非庇護處（asaraṇato），因為無法在它們那裡找到庇護；無論多微細的名色法，都免不了苦與危險。因此，一切名色法既非可匿處、避難處、庇護處，也無法幫助人免於苦與危險。
15. 見諸行有害（ādīnavato）。由於它們持續生滅，故充滿缺陷。因為它們是無常、苦、變壞，它們是令人難以置信的悲慘。
16. 見諸行如殺（vadhakato），因為當它們消逝時，人們便會死亡。
17. 見諸行有毒（sāsavato），因為它們支持漏煩惱（āsava）。
18. 見諸行會遭遇死亡和煩惱（mārāmisato）。
19. 見諸行會出生（jātidhammato）。
20. 見諸行會衰老（jarādhammato）。
21. 見諸行會病（bypādhidhammato）。
22. 見諸行是愁憂的根源（sokadhammato）。

23. 見諸行是悲泣的根源（paridevadhammato）。

24. 見諸行是過惱的根源（upāyāsadhammato）。

25. 見諸行是苦事（dukkhavutthu）。

《清淨道論》另提到苦隨觀的三個面向：見諸行恆常壓迫（abhiṇhasampaṭipīlana）；見諸行有苦（dukkhama）；見諸行為苦的根源（dukkhavatthu）。

應特別留意的是：禪修者在領會智以及未成熟的審察智階段，會經歷種種強烈而明顯的苦受，所以他們可能會觀察和體驗到上述苦的諸多面向。因此，《清淨道論》談這兩種觀智時，提到苦的許多面向。兩種觀智的差異在於：在較早的領會智，只是以概括的方式看見苦；在復審查智時，禪修者在觀察時，能見到剎那剎那的苦。

無我觀的五個面向

《無礙解道》提到無我觀的五個面向如下：

1. 見諸行無我（anattato）。此中並沒有「我」，能夠掌控、擁有、感受、下命令、隨己意行動；沒有恆常的「我」，作為行走、見物等的行為者，因此是無我。
2. 見諸行是陌生人、外來者（parato），因為它們不隨個人意願發生，且因為無法命令它們不老或不死。
3. 見諸行為缺（rittato），因為它們缺乏恆常、令人滿意、美淨的「我」。
4. 見諸行為虛、不實、無用（tucchato）。
5. 見諸行為空，無有「我」（suññato）。這裡，「我」指一種實體，是身體的擁有者，常住在身體中。它是走、見等動作的行為者、感受苦樂的行為者，能夠下指令、能夠主宰。如此的實體，被稱作眾生、靈魂、本我或自我，實際上只是臆想、信仰或執念（的產物）。

《清淨道論》提到無我觀的另外三個面向：見諸行是無主之法（assāmikato）；見諸行不受任何人控制（anissarato）；見諸行無法作主宰（avasavattīto）。

成熟的審察智

上述三共相的四十種面向，被稱為四十個「-to結尾」，因為它們每一個的巴利語都以-to結尾，如aniccato、dukkhato。它們也稱為「四十觀」，因為是觀的四十個行相。對於天生智慧或學習力愈強的人而言，這四十個面向將愈發地明顯而清晰。隨著導向更高道智的觀智生起，它們會變得更加顯著。然而，依據《無礙解道》，如果能夠清晰看到其中某一個行相，觀慧就足以導向道智的證得。這是因為在稱為「至出起觀」（vutthānagāminīvipassanā）的較高觀智洞見三共相的某一個行相之後，道智便緊接著生起。

就某些禪修者而言，審察智只需幾秒鐘便能成熟；對其他禪修者而言，則可能需要一天、一夜，或者三天才能成熟。在這個觀智成熟之前，禪修者會感到不滿意，心裡以為禪修進展不順利，雖然事實上是很好的。這是因為它們清晰體驗到上述苦的諸多面向，但由於尚未體證行捨智，所以不能夠淡然平捨地對待一切身心現象。當這審察智成熟時，他將發現，練習進展得特別好。回想自己在生滅智時曾歷經兩個階段：克服觀染之前與之後。同樣地，復審查智和壞滅智，也都各自有兩個階段，前階段仍會感到不滿意，後階段則感到滿意。

行捨智

當審察智完全成熟時，禪修者將不需太多努力便能夠在諸法生滅的當下體驗它們的三共相。這時候，修習充滿動能，即使修習了很長的時間，進展平順得好似諸行自行觀察諸行（saṅkhārāva saṅkhāre vipassanti）。[134]禪修者將能清晰地體驗無常、苦、無我的各種面向，對於諸行不再感到可怖、厭倦、失望，也不再一心想要解脫。他不再有任何不滿意或者認為練習不夠好的想法。他將不再焦慮或擔心物質財富的損失，也沒有怖畏智時的那種怖畏。他的心將極為清澈，知道這是自己所知的最平和的體驗。

但是，他不會如同之前未成熟的生滅智時那樣過於喜愛如此的體驗。會有很長久的一段時間，修習的進展平順而穩定。此時他的智慧不需要太多努力便能覺察所緣，進展順利而不間斷，彷彿自行運轉。這種智便是行捨智。

同樣地，禪修者希望從諸行解脫，以審察隨觀把握諸行。不見可執取為「我、我所」之事，捨斷了對諸行的怖畏和喜愛。對一切諸行保持淡然、中立。如是知，如是見時，禪修者的心於三有、四生、五趣、七識住和九有情居，退回、縮回、撤回，不延展，保持平捨或厭惡……這名為行捨智。[135]

應留意，「不延展」意味著觀照過程無法隨個人意願被引導或散發至許多所緣，只會自動自發地覺察禪修所緣。此時的心即使刻意試著去享受其他所緣，也不會喜愛它們，不論那些所緣多麼令人感到愉悅。對於喜愛或享受事物，禪修者不再感興趣。禪修者的心無法散漫游移長久的時間，一旦游移，心便會自行返回保持正念。

為了提供參考，我將在下面段落，解釋如何從空性的角度來觀察諸法。

二空的觀察

《清淨道論》依據《中部》的《不動有益經》（*āneñjasappāya Suta*）和其他經典，解釋了如何從兩方面觀察空性。

復次，諸比丘！聖弟子……如此思考：「空無我的存在和我所的存在。」[136]

應注意，依據《小誦注》[137]對《寶經》（*Ratana Sutta*）的注釋，我將attena vā, attaniyena vā譯作「我的存在和我所的存在」，而不是一般的翻譯：「我和我所」。

禪修者藉由觀察或省思名色法，會看見諸法空無「我的存在」，或者說，空無依其意願完成事物之「我的存在」；他也會了知諸法空無「我所的存在」，或者說，空無屬於我的事物。這是從二面空觀察諸法。

如果相信「我」，就會相信「我所」。如果了知「我」不存在，就不會再相信

「我所」存在。因此，如果了知無我，就能完成第二面向的觀察，了知沒有什麼事物是屬於我的。

四空的觀察

《清淨道論》依據《不動有益經》和其他經典，解釋如何從四個面向觀察空性：

復次！諸比丘！聖者如此省思：「我不在任何處。我不在任何人的任何物裡。任何人的我不在任何處。任何人不是我的任何物。」[138]

觀察諸法時，看見它們的消逝。但不認為存在著有任何的「我」能夠隨意控制。因此，得以完全了知「我」不存在於內或外，不在任何處所、時間、過去或未來。徹底了知身體活動（如走、站、坐、躺、彎、伸等）或心理活動（如見、時、觸、思慮等等以及受、想或其他心所）裡的名色法，並沒有「我」。觀察到諸法現象空無我的存在，便帶來上述的認識。這是第一個面向。

觀察諸法時，基於上述的觀察而省思諸法，禪修者了知到：只有消逝的現象諸法，沒有我或任何眾生。其他人不了解這一點就會將某人視作「我的父親」「我的母親」「我的兒子」「我的女兒」等。然而，禪修者了知事實上並沒有「我」可以如此屬於某人；沒有「我」可以被當作屬於父、母、兒、女等另一個人的所有物。因此，「我」不屬於任何人。觀察到諸法現象空無有「我」，帶來上述的認識。這是第二個面向。

基於上述的觀察，在看見、聽到或思慮被觀察的可見色、聲音之時，徹底了知他人的「我」不存在於身體內也不存在於外，不在任何地方。它也不存在於任何的時間，無論在過去、現在、未來，都不存在。它不存在於名色法之中，也不存在於所見的景色、所聽的聲音中。任何地方都沒有「我」。觀察到諸法空無有「我」，帶來上述的認識。這是第三個面向。

過去曾認為他人的「我」確實存在，如自己的父親、母親、兄弟、姊妹、兒子、女兒等，因為那時不知道其實只有滅去的諸法，沒有「我」或「眾生」。知道他人的「我」不存在，只有滅去的諸法。了解到他人不是什麼屬於自己的事物。觀察到諸法空無「我」，帶來上述的認識。這是第四個面向。

總而言之，了解現象諸法空無有我，包括從四個面向見到空性：（隨其意志成就事物的）「我」不存在，屬於其他人的「我」不存在；其他人的「我」不存在，屬於自己的他人之「我」不存在。

如果徹底了解這四項中的第一項，即「我」不存在，這便已經足夠。此是重點。清楚認知「我」不存在，就能得出結論：其他眾生也沒有「我」，自己不屬於其他人，其他眾生也不屬於自己。

六空的觀察

《清淨道論》依據《義釋》（*Niddesa*）提到「空」可從下列六個面向觀察：

> 如此觀看——眼空無1. 我、2. 我所、3. 恆常、4. 永恆、5. 永久，以及6. 不變易法。[139]

其他根門和名色，也是如此。也應當知道上述六面向中的後四個，是同義詞。

進一步說，在觀照「見」時，他了知：作為眼識基礎的眼淨色——空無有「我」（的存在）；它也不是「我」；沒有「我」的任何部分；它也不屬於我所有；它不常恆、沒有恆久，並非永恆、永久、不變化。這是以六個面向來觀察諸法空無有「我」。

八空的觀察

> 見色無堅實、不堅實、離堅實，所謂堅實——是1. 常恆堅實、2. 永恆堅實、3. 樂堅實、4. 我堅實、5. 常恆、6. 永恆、7. 永久、8. 不變易法。[140]

這是針對色蘊，從八面向觀察諸法我空。其他四名蘊、根門、所緣、識、觸、受等，也是如此。在這八面向中，除樂、我堅實以外的六個是同義詞。

十空的觀察

見色為——1. 缺（常、樂、淨、我）（ritta）、2. 虛（而無用，因為沒有常樂淨我）（tuccha）、3. 空（沒有可隨己意成事的我）（suñña）、4. 無我（anattā）、5. 無主（anissariya）、6. 非可隨欲造作（akāmakāriya）、7. 非可隨欲而得（alabbhanīya）、8. 非可自在（avasavattana）、9. 他者（para），10. 遠離（vivitta）。[141]

若要了解「非可隨欲造作」，可以想一想泡沫的例子。泡沫不可能被塑造成一個持久而可承載液體的杯子。同樣地，命令色法變得常、樂、我、淨，也是不可能的。換句話說，只有當必要條件存在時，身體活動才會出現（如走、站、坐、躺、彎、伸等等）。身體活動不可能只因為想要的意願而生起。

「遠離」（vivitta）指因和果彼此遠離。

業不在果中，果不在業中。無業則無果，二者相遠離。[142]

《大疏鈔》依循這句子而解釋說：

因不懷果，果不懷因。[143]

更詳細的解釋，可以參考此章先前關於「緣攝受智」的段落。

有趣的是，上述提到的十個面向中，只有前四個和《義釋》所述相同：

以十行相見世界為空——色是：缺（常、樂、淨、我）（ritta）、虛（tuccha）、空（沒有我）（suñña）、無我（anattā）、無實（asāraka）、殺者（vadhaka）、不久存（vibhāva）、罪之根（aghamūla）、有漏（sāsava）、有為（saṅkhatā）。[144]

如此，注釋書列出的十個面向，和原始材料所列的不盡相同。考慮到這個不一致的情況，我們不需要記住這十個面向，也不必按照它的順序練習。倘若能夠體驗到無常、苦、無我的這些面向的其中之一或少數，便已經足夠。然而，禪修者也可能體驗到所有的面向，這端看個人的波羅蜜資糧和稟性。所以，請了解這些只是練習時可能出現的情況，並非是必須遵循的過程。

十二空的觀察

色非有情、非壽者、非人、非青年、非女人、非男人、非自我、非我、非自我所有、非我所、非任何人，也非任何人所有。[145]

這是色法的觀察，也適用於受、想、行、識等。

這十二個面向的前八個，否定身體內有個永恆長存能夠隨其意志行動的「我」的存在；最後四個顯示色法也不屬於「我」所有。然而這一切，不是為了否定人們日常生活約定俗成的認知，如：存在「人」「他的財產」「我的財產」「他的身體」「我的身體」「她的小孩」「我的小孩」等等。

有人批判這注釋書，因為它提出的面向和原始經典不同，他們認為覺音長老所寫的注釋書，不只是如佛陀一樣否定「我」的觀念，也否定了日常生活所使用的世俗真理。這其實是錯誤的理解。雖然注釋書有許多關於無我的描述，像是關於領會智的敘述，其中有一些面向與原始巴利經典所述不同。但是，相關描述的目的，當然不在否定世俗真理的有效性，而是要否定永恆不變之「我」的有效性。[146]因此，《清淨道論大疏鈔》才說：

在「色非有情」等的句子中，「有情」並非依日常意義，因為已經了解色不是日常意義下的「有情」。沒有人把色稱為「有情」。實際上，「有情」是用以指他人想像為「有情」的「我」。他們認為「我」是個實體，被綁在色裡，或是把色和它綁在一起。然而，色並非是「我」。如此，了知色非有情，意思是，了知色無「我」。同理也用於「色非壽者」等等。[147]

捨的三個階段

云何說欲解脫、審察、安住之慧，為行捨智？關於生起的欲解脫、審察、安住之慧，為行捨智。關於轉起……相……聚積……結生……關於惱的欲解脫、審察、安住之慧，為行捨智。「生起是苦」的欲解脫、審察、安住之慧，為行捨智。生起是可畏……是世俗……是行……乃至「惱是行」的欲解脫、審察、安住之慧，為行捨智。[148]

應留意，此文段中重複的部分，最初的「生起」，依序被「轉起」「相」「聚集」「結生」「趣」「初生」「再現」「再生」「老」「病」「死」「憂」「悲」「惱」所取代。第二段文重複了四次，把「苦」換作「可畏」「世俗」「行」。

欲解脫、審察、安住構成此行捨智。在初期，由於厭離智感到厭倦，渴切想要從生起等解脫，這是欲解脫。在中期，為作解脫的方便而審察，這是審察。在後期，在解脫之後保持平捨，這是安住。[149]

應留意，「在解脫之後」這句意思，是指在去除對有為法的任何執取或掛念心之後。「平捨」「安住」意指從成熟的審察智到「至出起觀」，觀照諸行的覺知變得無需努力便非常順利、平衡、穩定，且能夠持續很長的時間。

這三個觀智，實際上是同一觀智的未熟、中間和成熟的三個階段。它們皆含有相同的了知：被觀的所緣和能觀的心二者，都只是具相同特質的緣生現象。因此，《無礙解道》說：

欲解脫智、審察隨觀和行捨，三法是一，但名字不同。[150]

因此，禪修者可能在欲解脫智和審察智之後，很快就體驗到行捨智。

頂峰的行捨智

就某些禪修者而言，在行捨智之後，隨順智、種姓智、道智、果智會很快生起。但是，對其他的禪修者而言，在這階段會體驗較多起伏，觀智會在有力和普通程度之間擺盪很長一段時間。《清淨道論》如此描述其動態：

（古時候，出海船員會釋放尋陸烏鴉去尋找距離最近的陸地。如果烏鴉看到陸地，會立即飛往岸上，反之，牠會飛回到船上。）同樣地，若行捨智見寂靜涅槃為寂靜，則捨棄一切諸行轉起而奔向涅槃。若不見，則行捨智屢屢返回取諸行為所緣。如同篩過的稻和梳理過的棉藉由反覆的過程逐漸變細微，以種種相把握諸行，捨斷對它們的怖畏和喜愛，於辨明諸行保持中立，依(無常，苦，無我)三種隨觀而住。[151]

《清淨道論大疏鈔》解釋說，當行捨智達至顛峰，不需努力，所緣便變得清晰，覺知似乎自發生起，彷彿被觀察的所緣和能觀察的心自己運作。因此，禪修者能夠脫離怖畏和喜愛，以平衡的心觀察一切諸行與三共相，而不需用太多的努力。

上段引文說行捨智見到並奔向涅槃。這意思是它已發展為「至出起觀」，它將直接導向「隨順智」，緊接其後的便是真正以涅槃為所緣的「種姓智」。換句話說，當反覆培養行捨智時，它會變得足夠銳利、清澈、有力而產生隨順智，此智接著導致真正見到涅槃的種姓智。於是，心奔向涅槃，以涅槃為所緣。如《大疏鈔》所說：

於諸行的平捨，由於銳利、清澈、有力而成就。如此的行捨智，多次轉起直至成熟而能產生隨順智時，稱為「見涅槃為寂靜」。如此之智捨棄諸行之轉起而奔向涅槃。如此，行捨智和隨順智、種姓智，說為同一。[152]

至出起觀

行捨智成熟至足以引生隨順智時，禪修者的信心將變得更加堅定。由於「信」的力量，觀察心極為清澈。「精進」穩定而不過緊也不過鬆。「念」變得非常清晰，心「定」於觀照的所緣。行捨智非常銳利而有力，禪修者清楚注意到觀照力的明顯提升，變得特別迅速、敏銳。

最後，兩、三個內觀心路生起（稱為sadisānupassanāvīthi，同隨觀心路），它們觀察諸行之無常、苦、無我三相之一相。例如，若第一個心路是藉由觀見無常而生起，則第二、第三個心路也是觀見無常；若第一個心路是藉由觀見苦或無我而生起，則第二、第三個心路是觀見苦或無我。另外，若觀見無常，將觀見無常的十種行相之一；若觀見苦，將觀見苦的二十五種行相之一；若觀見無我，將觀見無我的五種行相之一。

行捨智最後的這兩個或三個心路，稱為「至頂行捨」（sikhāpattasaṅkhārupekkhā）或「至出起觀」（vuṭṭhānagāminīvipassanā）。「出起」從兩個意義上意指「道智」：一、它從有為法出起，因為它不取諸行之相（saṅkhāranimita）為所緣；二、它從煩惱、業、果出起，因為它阻止它們轉起（pavatta）。

包括至頂行捨智、隨順智以及種姓智的三智，被稱為「至出起觀」，因為它們直接導向稱為「出起」的聖道。因此《攝阿毘達磨義論》說：

> 至頂行捨、隨順，名為至出起觀。[153]
>
> 至出起觀若藉由見（諸行）無我而生起，隨後的道則名為「空解脫」（suññātovimokkho）；若藉由見無常而生起，隨後的道則名為「無相解脫」（animittovimokkho）；若藉由見苦而生起，隨後的道則名為「無願解脫」（appaṇihitovimokkho）。[154]

也要知道，隨順智和至頂行捨一樣，見到諸行的同一面向，即無常、苦或者無我。

「至頂」和「至出起」皆是行捨智等三智的同義詞，它們稱為「至頂」因為它們到達（觀的）頂峰，稱為「至出起」因為它們去至出起。「出起」是指「道」，因為從作為外相的所觀照事出起，並從內轉起（的煩惱與果報）出起。如此，去至出起，故是「至出起」，意思是與聖道相繫。[155]

留意這段文中「外相」，並非僅指其他眾生或無生命物。它仍指於自身所起的，但顯得陌生或不熟悉的的一切現象。

隨順智

我們可以從心路過程（vīthicitta）來描述至出起觀的至頂行捨。[156]首先，生起兩個心識剎那的「有分波動」（bhavaṅgacalana）。接著是一個「轉向心」的心識剎那，它轉向所緣（在意門）。之後是七個「速行心」的心識剎那。依據《分別論注》，在與觀相應的速行心之後，並不會跟著生起註記所緣的「彼所緣心」；而是在速行心之後，「有分心」再生起幾次便結束整個心路。這種心路過程連續生起兩三回。

緊接之後，道智的心路過程生起。先是「轉向心」，轉向正在生滅的名色法。這轉向心的品質和之前二、三個心路過程裡的轉向心相同，也就是，它觀察相同的無常、苦、無我相。

在這轉向心後，接著生起三個內觀「速行心」，觀察同一個所緣的同一個行相。三個速行心的第一個稱為「遍作／預備」（parikamma），第二個稱為「近行」（upacāra），第三個稱為「隨順」。第一個稱為「遍作」，因為它是作準備的速行心；第二稱「近行」，因為它是道安止（magga-appāna）的入口；第三個稱為「隨順」，因為它符應或順應之前從生滅智開始的觀智，以及之後道心剎那裡（maggacittupāda）的三十七菩提分（bodhipakkhiyādhamma）。遍作、近行、隨順，是三個速行心識剎那的個別特有名稱。它們每一個也都可稱作「習行速行」

（āsevanajavana）、「遍作速行心」「近行速行心」或「隨順速行心」。

「隨順智」包括這三個隨順速行心的心識剎那。禪修者無法個別地觀察之前的轉向心或者這三個隨順速行心。禪修者只是整體地觀照三個速行心和轉向心，如同觀察見、聽等一般的心路過程時，只是整體地觀察轉向心和七個速行心。

體證無為法的心路過程，在書中有如此的描述：

將生起聖道時，行捨智觀諸行無常、苦或無我而入於有分。在有分之後，生起意門轉向心，如行捨智一般以諸行為所緣，見其無常、苦或無我。此後，緊接著有分後的轉向心，無間生起第一個速行心。此速行心，以同樣的方式，以諸行為所緣，名遍作心。[157]

「觀諸行無常、苦或無我而入於有分」意指行捨智的速行心生起七次，觀察三相之一，結束時回到有分心，也就是，有分心緊接在後生起。……「如行捨智一般」指（轉向心）與前兩、三個心路過程裡的行捨智同樣，也就是，它也觀察諸行的無常、苦或無我。[158]

一個誤導的錯誤

近來，我發現在《清淨道論大疏鈔》的緬甸版中，上述句子裡的「兩、三個」（dvatti）被誤植為「三十二」（dvattiṃsa）。有些學者誤以為這錯誤讀法是正確的，因而用八等至乘以行道四法來解釋三十二的數目。[159]

然而，文法上來說，顯然「兩、三個」指速行心的心路過程而不是指行捨智。依據此疏鈔，很清楚的是，這數目意指前面的速行心心路的數目，而不是所謂的「三十二種行捨」。

另有學者說「三十二」的數字指速行心心路的數目，但是，其他的注釋書或疏鈔並不支持這數目，而且和《大疏鈔》的此段文相衝突：

由於如此的習行是需要的，與捨相應的兩、三個速行心過程在證得第四禪之前必然生起，就像有相同觀的兩、三個速行心過程在道的心路之前生起。[160]

此段文支持兩、三個速行心路在第四禪之前生起，將它和在道心之前生起兩、三個速行心路的事實相互比較。這意味著，後一句話是普遍被接受的（samānavāda），十分穩當而能支持前一個論斷。

這種困惑無法只歸究於簡單的拼法失誤，因為dvatti和dvattiṃsa非常不同。然而，兩、三個速行心路是恰當的重複，足以導向道智。錫蘭版的《清淨道論大疏鈔》在此段文裡也說：「兩、三個」而非「三十二」。依據上述的證據，我們必須結論說：「兩、三個」是正確的讀法，「三十二」則應該是由於某種抄寫錯誤使然。

種姓智

在隨順智之後，稱為「種姓」的速行心（gotrabhū javana）生起。這個心識剎那，捨有為法而取無為法，亦即以涅槃為所緣。與這個速行心相應的智，稱為「種姓智」（gotrabhūñāṇa）。此時心以涅槃為所緣，不以感官對象為所緣。之前的心體驗所緣好像「從外在」看它們，「種姓智」的體驗則像是「奔入」無為法。《無礙解道》如此界定種姓智：

> 稱為「種姓」是因為它超越生而奔入不生。稱為「種姓」是因為它超越（被視為如陌生外人的）外在有為法，從而奔入涅槃——諸行的止息。[161]

道智與果智

在種姓智後緊接而來的，是與（出世間）道（maggajavana）相應的速行心識，同樣以涅槃為所緣。伴隨著這「道心」的觀或慧，稱為「道智」，也被稱為「智見清淨」。

在道心之後，「果心」隨即生起。對一般人而言，它維持兩個心識剎那，但是利慧的人，會持續三個心識剎那。這是因為利慧者只需要兩個隨順速行心（便完成隨順智），而非三個。[162]之後，若進入「果等至」（phalasamāpatti）中，可以連續生起無數次的果心。伴隨此果心的觀或慧稱為「果智」。

道心和果心體驗所緣，不像從外面看著它，而像心進入或被吸入有為法的止息。因此，這些心被稱為「安止」（appanā）。

兩或三個果心之後，跟著生起幾個有分心，之後接著是省察心（paccavekkhaṇā）

涅槃的體驗

以涅槃為所緣的種姓心、道心、果心，都僅持續少許的心識剎那。因此，對禪修者而言，這三類心識剎那通常不會個別地變顯著，只是作為一個整體而顯得與其他心識有所不同。

禪修者可能有如此的體驗：清晰見到心脫離被觀的所緣和能觀的心而進入諸行止息的狀態。清楚地看到心如何有一段短暫時間停留在諸行止息。對於諸行止息的省察，也會非常不同——就好像從睡眠醒悟或突然從水面浮出。具備佛典知識的禪修者，可以知道最初進入止息是「種姓智」，短暫的止息是「道心」，在反思之前的最後階段的止息是「果心」。

渡河的比喻

《清淨道論》以下列的比喻來描述道、果的體驗：

猶如要到溝渠對岸的人，奔跑而去，捉住繫於突出樹枝的繩子或藤蔓，跳越溝渠傾身向於對岸，到達對岸上方時，鬆開繩而著地。起初雙腳站立仍不穩，但逐漸恢復平衡。

同樣地，禪修者想要到達涅槃，即有、生、趣、識住、有情居之彼岸，藉由生滅隨觀等八智奔跑而去。藉由成熟隨順智的轉向心，他捉住繫於自身樹枝的一色法繩子或一名法藤蔓，轉向它的無常、苦或無我。

不放棄所緣，藉由第一個隨順心跳向對岸（實際上是遍作速行心），藉由第二隨順心（實際上是近行速行心），傾心向於涅槃，如同那人傾身向於對岸。他以第三隨順心來到涅槃的範圍，如那人擺動夠遠而到達於對岸。

當第三隨順心滅去，放掉曾為所緣的有為法，以種姓心而到達涅槃，即諸行止息的彼岸。因為對涅槃體驗不熟悉，所以起初仍不穩定，但之後因道智而重獲平衡。[163]

這比喻和禪修者實際的體驗十分吻合。應該反覆思惟，並透過實修來理解這個比喻。

■ 觀察禪那

關於體驗道智的情況，《馬陸迦大經》（*Mahāmālunkya Sutta*）[164]或《第五經》（*Pañcama Sutta*）[165]有另外的說明。

> 在此，離取[166]，斷不善法，止息一切身粗惡，離欲、離不善法，比丘成就有尋、有伺、有離生喜樂的初禪。觀其色、受、想、行、識之諸法無常、苦、病、瘡、刺、痛、他、壞、空、無我。令心迴避那些法，後令心向於不死界：「這是寂靜，這是微妙，即一切諸行的止滅、一切漏的止息、愛滅、離欲、滅、涅槃。」[167]

在道心剎那，禪修者當然不會想「寂靜、微妙」等等，只會直接體驗那寂靜、微妙的滿足。禪修者只有在這體驗之後，回顧所體證的經驗之時才有如此的想法和反思。如《中部注》在對「中分五十經篇」（Majjhimapaṇṇāsa）[168]的注釋裡所說：

> 道心以涅槃為所緣時，不會說：「如此寂靜，此甚微妙。」而是穿透涅槃的特質，將心帶到那裡。[169]

■ 諸法的四十行相

《無礙解道》如此解釋道智的進展：道智由於隨順智而生起，隨順智觀察名色諸行中稱作「以-to結尾」的四十個面向的任一面向，禪修者觀見涅槃是任一「以-to結尾」的相反物。我在這裡將只提其中六個特徵。

> 1. 見五蘊為無常，得隨順忍，見「五蘊滅是恆常的涅槃」，入於正性決定。[170]

「見五蘊為無常」一句泛用於所有的禪修者。但這並非指禪修者一次便見得所有的五蘊。事實上，僅觀照其中一蘊，或精確地說，僅藉由觀照一蘊中的一法，便證得隨順智。這便是何以《清淨道論》記述下列比喻的原因：「他捉住繫於自身樹枝的一色法繩子或一名法藤蔓，轉向它的無常、苦或無我。」

另外，其他的注釋書在解釋「隨順智」後如何立即跟著生起「種姓智」和「道智」時，提到了「從色出起……從非色出起」。這是因為有些人的智慧出眾，能夠在一次靜坐或片刻功夫即生起隨順智和道智。就此情況而說從五蘊出起。[171]

如此，對上文偈頌的理解應是，隨順智見一名法或一色法無常而生起，之後立即生起種姓智和道智，體驗沒有無常法的狀態。

進一步說明，禪修者直接體驗有為法的生起與滅去，因在內觀期間，諸法的無常非常顯著。但是，到了種姓心、道心、果心的剎那，心以涅槃為所緣，體驗不到所緣生起與滅去，唯獨諸行止息是明顯的。因此，涅槃的本質可以理解為恆常，沒有生起與滅去。

你應該如此了解下列《無礙解道》的偈頌：

2. 見五蘊為壞，得隨順忍。見「五蘊滅是不壞的涅槃」，證入正性決定。
3. 見五蘊為苦，得隨順忍。見「五蘊滅是樂的涅槃」，證入正性決定。
4. 見五蘊為可怖，得隨順忍。見「五蘊滅是無畏的涅槃」，證入正性決定。
5. 見五蘊為無我，得隨順忍。見「五蘊滅是第一義的涅槃」，證入正性決定。[172]

應注意到，這些偈頌是從究竟義描述涅槃，而非提涅槃是四十個「以-to結尾的」之相反物。在其他地方，涅槃的描述詞包括「缺因」（aparappaccaya）和「第一空」（paramasuñña），也並未說為「以-to結尾」的相反物。所以，之前的句子說：「觀見涅槃是任一『以-to結尾』的相反物」，這說法，只是從一般意義而言。

6. 見五蘊為空，得隨順忍。見「五蘊滅是不虛的涅槃」，證入正性決定。[173]

在這六個偈子中，前兩偈顯示，作為「無相解脫」的道智，藉由隨順智觀察無常而生起。其次，第三、四偈顯示，作為「無願解脫」的道智，藉由隨順智觀察苦而生起。最後，第五、六偈則是顯示，作為「空解脫」的道智，藉由隨順智觀察無我而生起。

關於其他的「以-to結尾」，詳見《無礙解道》。如果你想要有大概的認識，可以參見本書「審察智」的段落，曾提及隨順智應該見到這四十個「以-to結尾」的面向。

■ 給彌蘭陀王的解釋

《彌蘭陀王問》（*Milindapañha*）如下解釋證得道、果智的過程：

> 透過反覆作意，心超越轉起而進入不轉起。大王！如此到達不轉起的正確修行者說為作證涅槃。[174]

修習內觀時，禪修者觀察相續的名色之流，如同看著相續不斷的河水。如此觀察時，智慧逐漸敏捷，最後轉成至出起觀。此觀智將禪修者帶到與所觀現象相反的狀態，也就是諸行的止息。進入這狀態的心是種姓心、道心和果心。意思是，證得此三心的人體驗了涅槃。

■ 見法

許多經典如此描述道智的生起：

> ……遠塵離垢法眼生：凡生起者，盡皆滅去。[175]

但是，這個觀察並非發生在道心剎那。在道心剎那，只體驗到一切諸行的止息。

然而，當省察智反思道、果、涅槃的時候，禪修者會明白自身已經驗到諸行止息，也就是所觀法和能觀心二者的息滅。禪修者也可以了知，若證得「無餘涅槃界」（anupādisesanibbānadhātu），一切有為法便停止生起。[176]

另外，禪修者也能夠了知，凡生起的必然滅去。若在證得道、果、省察智之後持續練習，觀慧將從「生滅隨觀」開始。《長部注》如此解釋《阿跋經》（*Ambaṭṭha Sutta*）提到的法眼：

「法眼」指預流者的道智。為了展示道生起的行相，所以說：「凡生起者，盡皆滅去。」這是因為道智以諸行寂滅的涅槃為所緣時，便完成通達一切有為法的作用。[177]

這注釋書回答了下列的問題——道心只取無為法（asaṅkhata）作為所緣，但是，為何說道心了知「凡生起者，盡皆滅去」？有趣的是，「法眼」一詞在《梵壽經》（*Brahmāyu Sutta*）[178]，被用以指前三個道智，但在《羅睺羅小經》（*Cūḷarahulovāda Sutta*）[179]則被用以指全部四個道智。

提醒的話

讀者應了解：注釋書和本書詳細解釋道的過程，僅是為了提供理論的知識。實際上，禪修者不可能辨視一個所緣的單一心路過程裡每一個個別的心識剎那。因此，禪修者不應該試圖去分析自身體驗的某一瞬間是屬於速行心或其他種類的心識。適合依佛典加以檢視的實踐面向僅是：觀智的過程一直到隨順智；至出起觀的超凡特質隨順智裡最後的覺知後進入涅槃；省察智的生起；以及從生滅智再度開始。

省察智

省察的五事

以道智和果智體驗涅槃之後，首先省察已體驗的道、果、涅槃。擁有理論知識的禪修者可能會進一步省察哪些煩惱已斷，哪些煩惱未斷。這個智慧稱為「省察智」（paccavekkhañāṇa）。依據《攝阿毘達磨義論》：

智者省察道、果、涅槃，省察或不省察已斷煩惱和剩餘煩惱。[180]

下列三種省察必然會發生：道的省察、果的省察、涅槃的省察。但是，已斷煩惱和剩餘煩惱的省察，則未必發生，它們不一定發生。換句話說，只有學習過什麼道智斷除什麼煩惱的知識，才會有這兩種省察。沒有這方面理論背景的人則不會有這兩種省察。在大多數重要的注釋書中，也是如此解釋。省察智可能不生起的事實，見下列巴利聖典和注釋書的引文：

「尊者，我思忖著什麼法於我身內仍未斷，因為它的緣故，有時候貪、瞋、痴仍侵擾我的心。」「大名！你身內仍有一法未斷，因為它的緣故，有時候貪、瞋、痴仍侵擾你的心。」[181]

依據下列的注釋，有些聖者只省察五事中的一、兩事：

據說已證第二道智的大名，心想第二道可斷貪、瞋、痴。然而，他知道它們尚未被從心中斷除。因此，他思忖未被斷除的將來可能再生起。聖者可能有如此的不確定嗎？是的，可能。因為他不熟悉何等道斷除何等煩惱的教法。這意味著他未證得省察道、果等的省察智嗎？當然不是。不過，未必所有的聖者都有完整的省察。有些只省察已斷除的煩惱。有些只省察剩餘的煩惱。有些只省察道。有些只省察果，另外一些只省察涅槃。在省察五事中，只有一、二事確定被省察。[182]

有趣的是，雖然大多數其他的注釋書一致同意所有的聖者省察至少道、果、涅槃三事，但是這注釋書說聖者可能只省察其中一事。凡夫很難確定是否有些聖者在省察智時只省察五事之一。只有知道佛陀時期所有聖者省察方式的非常之人，能夠確認這一點。所以，這注釋書的說法值得留意。

斷除煩惱[183]

我將簡要地解釋四道智所斷除的煩惱，以便你能夠熟悉相關的教法。

■ 十結

十結之中，五法是初智所斷：有身見、疑、戒禁取及令生惡趣的欲貪、瞋恚等。粗的欲貪、瞋恚是第二智所斷。細的欲貪、瞋恚是第三智所斷。其餘五結是由第四智所斷：色愛、無色愛、慢、掉舉和無明。[184]

■ 十煩惱

十煩惱之中，見與疑是初智所斷。瞋是第三智所斷。貪、痴、慢、惛沉、掉舉、無慚、無愧是第四智所斷。[185]

應注意，在巴利語中，限定詞「唯」（eva）並未出現在上述的句子中。因此，這並不和下列事實衝突：令生惡趣的瞋恚以及粗的瞋恚，分別由初道智和第二道智所斷。至於第四道智所斷除的七種煩惱，那令生惡趣的部分已由初道智斷除，而粗的部分由第二道智斷除，微細的部分則由第三道智斷除。

■ 十邪性

邪見、妄語、邪業、邪命是初智所斷。邪思惟、兩舌、惡口是第三智所斷。這裡，語指此類談話裡的思。綺語[186]、邪精進、邪念、邪定、邪解脫、邪智是第四智所斷。[187]

這段文中的巴利語vācā字意是「言語」。然而，這並非指物質的聲音被道智斷除。實際上，是導致這些不善語的「思」被道所斷。因此，邪語、兩舌、惡口是就不善思而說。若無不善思，這邪語就不會發生；但是，在非常少的例子中，雖無不善思卻仍有邪語，例如，畢陵伽婆蹉長老（Pilindavaccha）[188]，他是長老阿羅漢，已完全證悟，卻常常不帶惡意地說粗口。因此，導致不善語的思，被稱為「邪語」。

同樣地，導致不善業的思，稱為「邪業」，導致與工作有關的不善語、不善業的思，稱為「邪命」。關於世俗事物的記憶，如家人、過往感官快樂、爭吵等等，稱為「邪念」。促使人們計畫、或從事、思考不善行的愚痴，稱為「邪智」。

自認為已離煩惱，但其實尚未從煩惱解脫，認為某些狀態是種證悟，但其實其中仍有煩惱，這稱為「邪解脫」。就究竟法而言，這是一種「貪」。如此，令人生至惡趣的邪解脫，由初道智斷；粗的部分，為第二道智所斷；細的部分，為第三道智所斷；涉及「有貪」（bhavarāga）的邪解脫，僅由第四道智所斷。

剩餘邪性的情況，就不言可喻了。

■ 八世間法

在八世間法中，（對衰、毀、譏、苦四種逆境的）瞋恚是第三道智所斷。（對利、譽、稱、樂四種順境的）隨貪是第四道智所斷。但是，有些學者說：對於名譽和稱讚的隨貪是第三道智所斷。[189]

在某些寫本中，有些學者說的是：名譽和稱讚是「第四道智所斷」（catuttañāṇavajjho）。但是，這和此巴利文段前部分所說的內容，意思並無不同，因此我認為「第三道智所斷」（tatiyañāṇavajjho）才是此處的原初、正確的巴利文讀法。[190]

■ 五種慳吝

慳吝，唯是初道所斷。[191]

慳吝（macchariya）有五種：關於住處、護持者、朋友或親戚、利得、美麗、知識，由初道所斷。

「住處慳」（āvāsamacchariya），不想與他人分享個人住處，包括寺院的土地、建築或房間。想要別人離開自己居住或停留的地方，也是住處慳。但是，想要保護個人住處以防止無德之人，並不算住處慳。

「家族慳」（kulamacchariya），不想與他人分享個人的護持者、朋友或親戚。但是，希望他人避免結交無德之人，並不算家族慳。

「利得慳」（lābhamacchariya），嫉妒別人所獲得的事物。不願意和有德之人（如可敬的同修比丘）分享個人的物品，也是利得慳。然而，太喜歡某個物品而不願捨棄，未必是利得慳。它可能也是貪愛。留意慳的特相是無法忍受他人擁有或使用自己的財物，而貪的特相是黏著於個人的財物而無法放棄。如果認為某人會搞壞或濫用物品，或霸凌或恐嚇他人，那麼不希望他有所得，並不算慳。有時候，深思熟慮也會使人不輕易把物品給人，因為發現真的沒有它不成。也請參考第四章討論「十結」的段落。

「美麗慳」（vaṇṇamacchariya），嫉妒他人的容貌、德行或聲譽。當不想聽到別人的美名之時，或者不希望別人像自己般受歡迎時，這種嫉妒便發生。然而，若不想聽到有人稱讚某人其實不具備的美德，這並不是慳吝。

「知識慳」（dhammamacchariya），不想與他人分享個人對佛法、佛典的知識、學問。然而，不對自己認為不誠實或無德的人傳授知識，並不算慳吝。

■ 十二種顛倒

在十二種顛倒中：以無常為常和以無我為我的想顛倒、心顛倒、見顛倒，及以苦為樂和以不淨為淨的見顛倒，是初智所斷。以不淨為淨的想顛倒與心顛倒，是第三智所斷。以苦為樂的想顛倒與心顛倒，是第四智所斷。[192]

已證得初道智與第二道智的人，仍然會享受欲貪，因為他們尚未斷除想顛倒和心顛倒。此二顛倒，將自己和他人的身體視作美的、樂的。然而，他們不再有關於淨與樂的見顛倒。因此，當他們思考這些法時，他們找不到任何美的、樂的事物。已證得第三道的人，尚未脫離以苦為樂的想顛倒和心顛倒；因此，他們仍執著於自己的身體，享受色界和無色界的生命。

■ 非行

非行（agati）唯是初道所斷。[193]

在審判案子或在分配財物給人們，或稱讚、處罰、勸誡、支持他人等行為時，可能會因為貪欲而做出錯誤行為（chandāgati，欲非行），或者因為瞋恚而做出錯誤行為（dosāgati，瞋非行），或者因為愚痴而做出錯誤行為（mohāgati，痴非行），或者因為怖畏而做出錯誤行為（bhayāgati，畏非行）。這些不公正的傾向或錯誤行為，由第一道所斷。

■ 四漏

在四漏中，見漏是初道所斷。欲漏是第三道所斷。有漏、無明漏是第四道所斷。[194]

欲漏（kāmāsava）和有漏（bhavāsava）的差異何在？有兩種不同的觀點。

依據眾多經典，對五種感官快樂的貪愛，名為「欲漏」。對色有、無色有、色界定、無色界定的貪愛，與常見（sassataditthi）相關的貪愛，對欲有（kāmabhava）的貪愛，如想成為人、天、龍、金翅鳥（Garuḍa）、女人、男人等[195]，名為「有漏」。

然而，依據阿毘達磨，唯有對色有、無色有、色界定、無色界定的貪愛，才稱為「有漏」。從究竟的意義而言，這些是與邪見不相應的貪。既使有第三道智，這類的貪也仍然存在，僅能夠以第四道智加以斷除。另一方面，欲漏則包括前一段所提的其他形式的貪。

■ 五蓋

在五蓋之中，疑蓋是初智所斷。欲貪、瞋恚、後悔三者是第三智所斷。惛沉、睡眠、掉舉是第四智所斷。[196]

應留意一下，依據阿毘達磨：

說欲貪由不還道所斷……被視為「欲貪蓋」的一切（色、無色）貪由阿羅漢道所斷。[197]

▪ 四取

於取之中，因為一切世間法皆為欲的對象，所以色、無色貪亦攝入欲取，所以此欲取是第四智所斷。其餘的三種是初智所斷。[198]

引文中未說明的其餘三種取：「戒禁取」，例如，相信模仿牛、狗的修鍊會帶來好運並從輪迴解脫；認為僅依持戒便可從輪迴解脫而不需了悟四諦，這也是戒禁取。「我語取」（attavādupādāna），執取二十種有身見。「見取」（diṭṭhi-upādāna）指十事邪見。[*3]

▪ 七隨眠

隨眠（anusaya）中：見隨眠與疑隨眠是初智所斷。欲貪隨眠與瞋恚隨眠是第三智所斷。慢、有貪及無明隨眠是第四智所斷。[199]

應記住，端視這些隨眠煩惱是否出現在心中，我們可以確認它們是否已被斷除。

▪ 十不善業道

在不善業道中：殺生、偷盜、邪淫、妄語、邪見是初智所斷。兩舌、惡口、瞋恚是第三智所斷。綺語、貪欲是第四智所斷。[200]

需要注意的是，妄語不善行僅在影響他人福祉時才完成。兩舌不善行僅在破壞雙方關係時才完成。綺語不善行僅在他人認真看待時才完成。

這裡並未使用「唯有」（eva）一詞來限制不善業的斷除只憑第三、四道。可以留意的是，令人投生惡趣的兩舌、惡口、瞋恚、綺語和貪欲，已被初道智所斷。與貪欲和瞋恚有關的粗的不善業，由第二道智所斷；與貪欲和瞋恚有關的細的不善業，則由第三道智所斷。與有貪相關的綺語、貪欲，為第四道智所斷。

■ 十二不善心

於不善心中，四種與邪見相應的及一種與疑相應的是初智所斷。二種與瞋相應的不善心是第三智所斷。其餘不善心是第四智所斷。[201]

「其餘」指四種邪見不相應的心，以及與一種掉舉相應的心。

這裡的情況相同，並未出現限定詞「唯」來規定那些不善心的斷除只由第三或第四道智。事實上，會使人投生惡趣的四種邪見不相應的貪根心和兩個瞋根心，已由初道智所斷。這六類與貪或瞋相應的心，其粗顯的形式，以及與此等粗顯的貪、瞋一起被消除的掉舉相應心，乃由第二道智所斷。

和貪、瞋相應的這六種心的微細形式，以及與微細的貪、瞋一同被消除的掉舉相應心，由第三道智所斷。四個和色界相關的邪見不相應心，以及剩餘的掉舉相應心，由第四道智所斷。

■ 同時斷除

如果某煩惱透過道智而斷除，那麼其他程度相同的煩惱也會被斷除。「同時斷除」（pahānekaṭṭha）意指，這些煩惱同時一起被斷除，從心中徹底消除。

其他煩惱

初智斷除四個邪見相應貪根心，以及兩個導向惡趣的瞋根心。

掉舉相應心只由稱為「修」的三個較高之道智所斷除。[202]

基於這段巴利引文，我們應該了解，掉舉只由第四道所斷。從邏輯上說，二果人和三果人的掉舉相應心，不像凡夫和初果人那樣粗重。因此，這裡說掉舉相應心只由稱為「修」（bhāvanā）的三個較高的道所斷除。

《清淨道論》和本書未提到但應被斷除的不善法，還有許多。[203]在這些不善法中，（《攝阿毘達磨義論》裡）直接提到名稱的，應該按照上述煩惱斷除的討論加以理解。未直接提到名稱的，則應該歸類到相關的不善心。如此，你便可以了解哪個道智能將它斷除。《清淨道論大疏鈔》這麼解釋：

應知道：輕視（makkha）、跋扈（paḷāsa）、欺誑（māyā）、諂曲／虛偽（sāṭheyya）、放逸（pamāda）、頑固（thambha）和鄙視（sārambha）等這些也應納入在這裡。[204]

《衣喻經》（*Vatthūpama Sutta*）[205]和其他經列出十六種會汙染心而應被斷除的煩惱：貪欲和自私（abhijjavisamalobha）、瞋恚（byāpāda）、忿怒（kodha）、怨恨（upanāha）、輕視（makkha）、囂張（paḷāsa）、嫉妒（issā）、慳吝（macchariya）、欺誑（māyā）、虛偽（sāṭheyya）、頑固（thambha）、鄙視（sārambha）、傲慢（māna）、過慢（atimāna）、憍慢（mada）和放逸（pamāda）。

再者，其他經典和阿毘達磨的〈小事分別〉（Khuddakavatthuvibhaṅga）提到有一千多個應被斷除的不善法。在這些不善法中，無法在究竟法裡面找到的（如輕視、跋扈等），應當參考與它們相關的不善法，以便知道該不善法由哪個道心斷除。

「輕視」（makkha），對應該感恩其幫助或善意的人不尊敬。與他們談話時，忘卻對方過去的幫助。從究竟法來說，這是一種與憂受相應的心。

「囂張」(paḷāsa),認為自己和聖者或有德之人有同等地位,說話時輕視他人的德行。從究竟法而言,這種敵對的態度是一種瞋根心。

「欺誑」(māyā),欲掩蓋個人的過失或缺點。從究竟法而言,這是一種貪根心。

「虛偽」(sāṭheyya),欲使他人相信自己具備良善的特質,雖然事實並非如此。從究竟法而言,這是一種貪根心。

「頑固」(thambha)是不尊敬值得尊敬的人,對他們不禮貌而粗魯。從究竟法而言,這是慢相應的心。

「鄙視」(sārambha)是希望勝過他人,贏過他人,壓過他人。這是一種慢,與邪見不相應的心。

「放逸」(pamāda)意思是怠慢而沉溺於欲樂和不善行。從究竟法而言,這是貪根心。

六種煩惱由初智所斷:輕視、囂張、嫉妒、慳吝、欺誑、虛偽。四種是由第三智所斷:瞋恚、忿怒、怨恨、放逸。六種是由第四智所斷:貪欲、自私、頑固、鄙視、慢、過慢、憍慢。[206]

此處說某些煩惱是由第三、四道智所斷。這只是就完全斷除而說。在完全由第三和四道智斷除的十個煩惱之中,那些會導向惡趣的煩惱形態,由初道智所斷,它們粗重的形態由第二道智所斷,它們的微細形態由第三道智所斷。

確認入流

■ 法鏡

於此,阿難!我將教你法鏡法門,藉此聖弟子若願意能夠自己宣稱「我地獄、畜生道、餓鬼道盡,下界惡趣墮處已盡。我是預流,必不下墮,決定趣處,向於正覺。」

阿難！什麼是法鏡法門，藉此聖弟子若願意能夠自己如此自己宣稱？阿難！在此，聖弟子於佛陀有不壞的淨信：「世尊是阿羅漢、正等覺、明行足、善逝、世間解、無上調御丈夫、天人師、佛陀、世尊」。他於法有不壞的淨信：「法是世尊善說，現見的，立即的，邀人來見的，導向的，智者所自證知的」。他於僧伽有不壞的淨信：「世尊的聲聞僧是善行道的，是直行道的，是真行道的，是正行道的，即四雙八輩——世尊的聲聞僧是可供養者，可供奉者，可施者，可合掌者，為世間無上的福田。」他具有聖弟子所愛之戒——無毀、無穿、無點、無雜、自在、智者所贊、無染、有助於定。

阿難！這是法鏡法門，藉此聖弟子若願意能夠自己宣稱「我地獄盡……我是預流，必不下墮，決定趣處，向於正覺。」[207]

依據此經，若在家居士反覆思考自己具備這四個特質後，可以決定（自己已證得預流果），並且若需要，可以向另一位相同程度的人，提起自己的成就。不需要另外一個人來確認他的這個成就，因為除了佛陀之外沒有人能夠這麼做。雖然如此，禪修老師有責任解釋清楚觀智的進展、道智、果智、省察智和法鏡法門。這是因為大多數的聖者[208]無法列舉出修行中所經歷的一切觀智以及已斷或未斷的煩惱。就這一點而言，聖者好比是拜訪陌生異地的旅客。如果無人提供訊息，他們無法知道一路上所經歷的各個地方的名稱，即便他們曾經到訪過這些地方。

因此，佛陀向給孤獨長者等聖弟子們講述預流聖者的特質，提供他們所需的訊息。唯獨在聽聞此類開示後，聖弟子們才能正確地宣稱自己的證悟，並接受舍利弗長老等資深比丘們的道賀。證得前三階證悟的聖者唯有在聆聽佛陀說明後，才會知道自己將不再投生於惡趣（我之後將再說明）。

因此，請了解，大部分的聖者並不能夠全面了解聖者的屬性。如之前說的，他們也未必能夠知道哪些煩惱已斷、哪些煩惱未斷。所以，禪修老師應該向他們的學生說明觀智的進展。雖然如此，成為聖者的比丘，只能在不違犯比丘戒的情況下透露自己的修行成就。比丘的戒律允許比丘只能出於兩個目的向他的同修比丘或尼師透露自己的修行成就：一是為了幫助他們認識佛法的益處，一是為了激發他們對修行的興趣。

■ 不壞淨信

聖者的信心堅定不動，不會因勸說、威脅或誤導而捨棄他們的信念。我們可分別藉由蘇帕布達（Suppabuddha）、達南迦尼（Dhanañjānī）、蘇羅巴塔（Sūrambaṭṭha）的故事，來說明這三個特質。

蘇帕布達的故事

在佛陀時代，有位痲瘋病人名叫蘇帕布達，他總是抱怨自己疾病的痛苦。他十分貧窮，無人照顧，從小便開始乞討食物。有一日，他碰巧聽到佛陀說法，他站在聽眾群的邊緣。在聽法時，他成為預流者。當時他急著向佛陀報告他的成就，但是在大眾面前他感到難為情。所以，當聽眾散去，他跟著離開一會兒，然後又開始回頭走向佛陀。當他如此做時，眾天之王帝釋在空中出現在他面前，想要測試他：「哦！蘇帕布達，你這麼貧窮、無助、悲慘！我會給你無盡的財富。但作為交換，你需要做的是，說出這句話：「佛陀不是真正的覺者。法不是真正的法。僧伽不是真正的僧伽。我捨棄佛、法、僧。」

蘇帕布達說：「你是誰？」

帝釋天回答：「我是帝釋，諸天之王。」

蘇帕布達斥責說：「你真是敢啊！真是可恥啊！」

「你不配與我說話，竟敢侮辱我，說我貧窮、無助、悲慘。這根本不是事實。我不是佛陀真正的兒子嗎？我才是富有之人，擁有最珍貴的財富。」然後，他說了下列的偈頌：

> 信財、戒財、慚愧財、多聞財、施捨財，以智慧為第七財，
> 若人擁有這七種財富，不論男、女，
> 此人並不貧窮，並未虛度他的生命。[209]

於是，帝釋天離開去找佛陀報告這段對話。佛陀回答帝釋天：「憑你一人無法勸誘他捨棄對佛、法、僧的信心，即使一千個你也辦不到。」蘇帕布達也回來找佛陀，在與佛陀交談並告別之後，他就被一隻牛撞死了。然而，由於他在聽法時已開

始培養的特質，如信、戒、多聞、捨、和智慧，他投生為三十三天裡的天人。住在人間時，他屬於非常低下的種姓，但由於聖道的力量，他比許多其他天人更強大，以至於許多天人非常嫉妒他。最後，帝釋天必須介入並解釋為何蘇帕布達擁有如此的力量。聖者的力量確實難以想像。

這個故事見於《小部》裡《自說經》（*Udāna*）和《法句經》（*Dhammapada*）的注釋，也見於《相應部注》。這個例子顯示財富、名聲無法引誘聖者否定佛法僧三寶。聖者絕對不會因任何理由而捨棄三寶。任何人一旦成為聖者，都將具備這種堅定的信心。

達南迦尼的故事

「親愛的，我已邀請五百位婆羅門明晚來用晚餐。」婆羅突邏闍（Bhrādvāja）對他的妻子達南迦尼（Dhanañjānī）這麼說。「最近，你一直禮敬禿頭比丘，無論站著、坐著、打噴嚏或咳嗽，都唱唸著『南無佛陀』。我求你明天幫幫忙，在我可敬的客人來用餐時，不要再這麼做。如果他們聽到你念誦，會對我感到不高興。」

「我不關心你的婆羅門或天人對你高興或不高興。」達南迦尼直白地回應。「我無法不禮敬佛陀。」

婆羅門責備她說：「親愛的！巨大的城門都能關閉，閉上你那兩指寬的嘴巴不應該是個問題，何況只是婆羅門用餐的短暫時間。這怎麼會是個問題？」

然而，他的請求無效。

於是，他拿起一把雙刃劍，恐嚇說：「看看這個，如果你明天敢禮敬那禿頭比丘，我就你把劈成兩半，從頭切到腳趾，像劈竹筍一樣。」

但是達南迦尼只是回答：「婆羅門，你可以隨你高興把我劈了，但是我不會遠離佛陀的教導。」[210]

「很好。」婆羅門無奈的說：「隨你高興。」

隔天，當婆羅門在用餐時，達南迦尼意外地跌倒並撞到頭。因為疼痛，她想起佛陀並雙手合十，朝向佛陀所在的竹林精舍禮敬，逕自唱唸：「南無世尊、阿羅漢、正等覺者」三遍。

那些婆羅門聽到她的唱誦聲音，非常生氣地離開，並說他們不需要由持有不同教義的人家所提供的餐點。婆羅突邏闍也非常氣憤，責備他妻子後便去找佛陀問責。然而，他被佛陀的回應所鼓舞，也成為佛陀僧團的一位比丘，最終證得阿羅漢。

這個故事見於《相應部》的《婆羅門相應》。沒有人可以恐嚇聖者放棄三寶。如果真的是聖者，信心就會如達南迦尼一樣堅定。

蘇羅巴塔的故事

十萬劫以前，在勝蓮華佛（Padumuttara Buddha）時期，蘇羅巴塔（Sūrambaṭṭha）許願自己將來能被推崇為深信三寶中最為第一的弟子。後來，在我們的喬達摩佛陀時期，他生於舍衛城某個富有家庭，有一天他邀請佛陀用餐。之後，當聆聽佛陀說法時，蘇羅巴塔成為預流者。

佛陀離開後，魔王偽裝成佛陀來到他家站在門口。蘇羅巴塔心想佛陀必定有特殊原因才會在如此短暫的時間內又返回他家。他快步走到佛陀面前，向佛陀禮敬並尋問原由。

魔王說：「蘇羅巴塔！很抱歉，我之前漫不經心地說出五蘊是無常、苦、無我。實際上，只有一部分如此，其他是恆常、長存、永恆的。」

蘇羅巴塔心想：「這麼說很可疑。」「佛陀說話從不模稜兩可或不確定。這人必定是反對佛陀的魔王。」於是，蘇羅巴塔直率地問：「你是魔王吧！不是嗎？」

「是的，沒錯。」魔王承認。

蘇羅巴塔說：「我的信心是不會動搖的。」「不論是你一位魔王或者是一千位魔王也無法誤導我捨棄三寶。喬達摩佛陀才剛剛開示，講述諸行無常。你別待在我家門口了！」他拍著手驅趕魔王。因此，蘇羅巴塔被推崇為在家眾之中以不壞信心正知三寶之德的第一人。

這故事見於《增支部注》。聖者的信心未必能強大到如蘇羅巴塔一般獲得信心「第一」（etadagga）的推崇，但是必定足夠讓他們不至於偏離佛陀的教導。不論對方的騙術多麼高明，聖者對三寶的信心都不會被破壞。如果有人宣稱，佛陀說諸行是常、樂、我，聖者一聽便知道：「此非佛陀的教導。」再者，如果任何人宣稱下列的事，聖者也能夠立刻知道這些陳述與佛說是衝突的、是錯誤的：

在這世上不存在具足一切智的佛陀。

佛陀無法了知某些身心現象。

道、果、涅槃，並不存在。

人們無法透過修行減少或斷除煩惱。

以定為基礎而親見諸行無常、苦、無我的智慧，並不存在。

為了斷除煩惱而曾修行或正在修行的聖者，並不存在。

■ 聖者戒行

聖所愛：聖者所愛、可喜、可意的戒行。聖者們喜愛五戒，即使來生亦不捨棄。[211]

在任一世中，雖不知自己是聖者，但縱使有人告訴他：「殺了這昆蟲，你將能統治宇宙。」他也無法殺害昆蟲，因為已是聖者。或者，縱使有人說：「如果你不殺這昆蟲，我將砍掉你的頭。」因為是聖者，也不會殺害昆蟲，縱使那會讓自己被砍頭。[212]

同樣地，聖者不可能從事偷盜、不正當的性行為、欺騙致使他人利益受損，或者濫用酒精。聖者對五戒的重視超越對財富與權力的重視，甚至超過自己的身體與生命。

如此，在反思過去或面對煩惱的情境時，預流者會發現自己信心堅定不移，且戒行清淨無損，如《大般涅槃經》（*Mahā Parinibbāna Sutta*）所說。[213]另外，為預流道智斷除的煩惱，將永不再生起，即使禪修者面臨會引發該煩惱的情境。

■ 不墮惡趣

聖者雖然仍是五蘊之身，但已不可能投生惡趣。預流者和一來者，將會投生欲界的善趣、色界，或者無色界。如果他們出生在人間，只會出生在上層社會的家庭。至於不還者，則只會再生於色界和無色界。

有人可能會問：聖者是否知道自己不會再投生惡趣。從《增支部》裡佛陀和長老舍利弗的對話可以推測出答案：

現在，那些遊方者已結集坐在一塊兒，他們之間有此般對話：「賢友啊！死時仍有煩惱殘留的人，仍未脫離地獄、畜生、餓鬼；不離墮處、惡趣、下界。」

然後，對於這些遊方者的敘述，尊者舍利弗不表歡喜也未加否定，而是從座位起身離開，心想：「我應該去了解世尊對此事的說法。」……

舍利弗！誰是這些愚笨無知的異學？誰能知道誰有餘煩惱，誰無餘煩惱？

舍利弗！有九種人有餘煩惱，但遠離地獄、畜生、餓鬼、墮處、惡趣、下界。[214]

佛陀接著列出這九種人：

1. 中般涅槃者（antarāparinibbāyī）：戒圓滿、定圓滿、慧中等。此人斷五下分結後，自動再生於上界，在壽命過半之前證得阿羅漢道。
2. 生般涅槃者（pahaccaparinibbāyī）：戒圓滿、定圓滿、慧中等。此人斷五下分結後，自動再生於上界，在壽命過半後，甚至可能在臨終時，證得阿羅漢道。
3. 無行般涅槃者（asaṅkhāraparinibbāyī）：戒圓滿、定圓滿、慧中等。此人斷五下分結後，自動再生於上界，不需精進便證得阿羅漢道。
4. 有行般涅槃者（sasaṅkhāraparinibbāyī）：戒圓滿、定圓滿、慧中等。此人斷五下分結後，藉由精進以證得阿羅漢道。
5. 上流般涅槃者（uddhaṃsotakaniṭṭhagāmī）：戒圓滿、定圓滿、慧中等。此人斷五下分結後，從一上界再生於另一上界，直到「色究竟天」（Akaniṭṭha）——淨居天的最高處，在那裡證得阿羅漢道。
6. 一來者（sakadāgāmī）：戒圓滿、定慧中等，斷除三結、薄弱貪瞋痴，將再回到這個世界一次。
7. 一種子預流者（ekabījīsotāpanna）：戒圓滿、定慧中等，斷除三結後，成為

「再發芽一次者」，僅會再回到人間一次。

8. 家家預流者（kolaṃkolasotāpanna）：戒圓滿、定慧中等，斷除三結，成為「從一家至一家者」，投生到好人家兩、三次。
9. 極七返預流者（sattakkhattusotāpanna）：戒圓滿、定慧中等，斷除三結後，至多再生七次——或到天界或到人間。[215]

最後，佛陀以下列這段話作為總結，話中之意闡明聖者未必知曉自己不再生於惡趣。他說：

「舍利弗！我過去未向比丘、比丘尼、優婆塞、優婆夷談此法教。什麼緣故呢？他們在聽到此法教後可能會趨向放逸。但是，為了回答你的問題，我說此法教。」[216]

基於這段話可以清楚的是，已證得前三個道、果智的佛陀弟子們，並不知曉自己不會再投生到惡趣，他們必須從佛陀處才知道這一件事。佛陀也知道，如果那些證得前三道但仍有執取的弟子們，得知他們已不會再投生惡趣，很可能會變得放逸，不再為證得阿羅漢道而精進努力。因此，他之前並未回答這個問題。那些證得前三道的佛弟子，只有在聽聞佛陀的說法之後，才能夠知道自己必定投生善趣。所以，很明顯的是，他們自身沒有能力確認這件事。

這就是為何居士大名（Mahānāma）雖然已是一來聖者，但仍對自己未來的再生去處感到懷疑的緣故。以下是大名和佛陀的對話，出自《相應部》：

「傍晚，拜訪世尊和可敬的比丘僧團後，當我進入迦毘羅衛，我遇到一頭失控的大象……那時候，尊者！我對世尊的念忘失了，對法的念忘失了，對僧伽的念也忘失了。我那時候想：如果這時，我死了，我的去處會是哪裡，我的來世會是什麼？」[217]

「大名！不用害怕！大名！不用害怕！你的死亡不會是不好的，你的死亡是無過的。當一個人的心長時間受信、戒、聞、捨、慧薰修，此時烏鴉、禿鷹、隼、狗、胡狼或各種生物吃掉他色所成、四大所造、父母所生、米麥所長養、無常、定壞散滅的身體。然而，因為長時間受信、戒、聞、捨、慧薰修，他的心上升，趣向勝處。

「具足四法的聖弟子，順向、斜向、傾向涅槃，哪四法？大名！於佛不壞淨信……於法不壞淨信……於僧不壞淨信……具足聖弟子所愛之戒、無毀……有助於定。」[218]

佛陀繼續說到兩個比喻：

「大名！若人將奶油罐或油罐壓入深水池中打破。所有的碎片會下沉，但是奶油或油會上升。同樣地，大名，當一個人的心長時間受信、戒、聞、捨、慧薰修，此時烏鴉……或各種生物吃掉他……的身體。然而，因為長時間受信、戒、聞、捨、慧薰修，他的心上升，趣向勝處。[219]

「大名！若一棵樹順向、斜向、傾向東方，如果從根部砍倒，它會倒向哪個方向？」

「倒向它已順向、斜向、傾向的方向。」

「同樣地，大名，具備這四法的聖弟子順向、斜向、傾向涅槃。」[220]

從這些對話，我們可以清楚的是，預流或一來聖者可能對自己未來的再生處感到不確定，也可能不知道哪些煩惱已被斷除，哪些尚未斷除。然而，不應該把這種不確定和初道智所斷除的「疑」相混淆。這種不確定，並非之前（談度疑清淨時）所說的八種或十六種疑之一。

大省察智

我現在將翻譯一段巴利文，它們解釋了預流者省察自身成就的七種方式。

這引領的聖見如何引領修此見者趨向完全的苦滅？

在此，比丘至森林、樹下或空屋，如此省察：我於內尚有任何纏縛未斷可能繫縛心，以至無法如實知見？若比丘為欲貪所纏，則心有纏縛；若比丘為瞋恚所纏，則心有纏縛；若比丘為惛沉、睡眠所纏，則心有纏縛；若比丘為掉舉和後悔所纏，則心有纏縛；若比丘為疑所纏，則心有纏縛；若比丘熱衷憶想這個世界，則心有纏縛；若比丘熱衷憶想他世界，則心有纏縛；若比丘與他人爭論、爭執、深入爭辯，以口劍刺人，則心有纏縛。

他如此了知：「我於內無有任何纏縛未斷可能繫縛心，以至無法如實知見。我的心已善向覺悟真諦。」這是他獲得的第一智，神聖、出世間、不共凡夫。[221]

預流者修習內觀時，雖然偶而纏縛煩惱生起，但它們無法阻止心如實了知名色的生滅。當纏縛煩惱生起時，聖者可以透過觀照來立即加以捨斷。觀照的過程平順；即使未加觀照，散亂不會長久。有時候，當觀照的動能非常好時，纏縛煩惱就不再生起。聖者在修習內觀時會反思發現，自己並未體驗到任何纏縛煩惱去阻礙對名色生滅的如實了知。因此，他可以知道：

聖弟子如此省察：「當我習練、修習、多修習此見時，我親身獲得寂止（即，無散亂的思緒）、獲得止息（平和，沒有由於所緣而被激起的煩惱）。」

他如此了知：「當我習練、修習、多修習此見時，我親身獲得寂止、獲得止息。」這是他獲得的第二智，神聖、出世間、不共凡夫。[222]

已證此聖見的聖者，在反覆生起此智時，習練、修習、培育此聖見。因為如此，他親身體驗纏縛的諸蓋煩惱已被斷除。他也能夠體驗到煩惱在觀照相續時無法生起。因此，反思至此時，第三、第四智生起：

再者，聖弟子如此省察：「在此（佛陀教法）以外，有任何其他的沙門婆羅門擁有我（透過觀察在六根門當下生起的名色法）所擁有的見解嗎？

他如此了知：「在此（佛陀教法）以外，沒有任何其他的沙門婆羅門擁有我（透過觀察在六根門當下生起的名色法）所擁有的見解。」這是他獲得的第三智，神聖、出世間、不共凡夫。

再者，聖弟子如此省察：「我擁有具正見者（證悟者）的特質嗎？什麼是具正見者的特質？具正見者的特質是：雖然他會犯某些已設有出罪法的過失，但他會立即向大師或同梵行者承認、坦承、發露，之後他將防護於未來。如同躺著的柔弱嬰兒，當手或腳放到著火的木碳時，他會立即縮回。這是具正見者的特質。

他如此了知：「我擁有具正見者的特質。」這是他所獲得的第四智，神聖、出世、不共凡夫。[223]

聖者比丘只會違犯建築泥土屋舍等的粗罪，或者不小心與居士在同一屋簷下過夜的小罪。這些行為被視為過失，只是因為它們是佛陀所制定（換言之，行為本身不涉及道德過失）。無論如何，聖者不會想掩藏他所犯的罪；他自然地會向同儕比丘坦露過失。他會立刻去坦露，不論白天或黑夜，不論夜有多黑。在家的聖者也是如此，不會隱藏任何過失，在被問之時皆願意承認。

再者，聖弟子如此省察：我擁有具正見者的特質嗎？什麼是具正見者的特質？這是具正見者的特質：雖然他會積極為同梵行者做許多事，但是他熱切關注自身增上戒學、增上定學、增上慧學。如同有新生小牛的母牛，凝視、看顧她的小牛。這是具正見者的特質。

他如此了知：「我擁有具正見者的特質。」這是他所獲得的第五智，神聖、出世、不共凡夫。

再者，聖弟子如此省察：我擁有具正見者的力量嗎？什麼是具正見者的力量？這是具正見者的力量：當佛陀所宣說的法與律被教導時，他留意（像珍惜寶藏般）、注意、全心全意，側耳聆聽。這是具正見者的力量。

他如此了知：「我擁有具正見者的力量。」這是他所獲得的第六智，神聖、出世、不共凡夫。

再者，聖弟子如此省察：我擁有具正見者的力量嗎？什麼是具正見者的力量？這是具正見者的力量：當佛陀所宣說的法與律被宣說時，他獲得意義的鼓舞、法的鼓舞（見其精華、理解其一致性），得到法相應的喜悅。

他如此了知：「我擁有具正見者的力量。」這是他所獲得的第七智，神聖、出世、不共凡夫。

如此，當聖弟子具備這七法，他已善思預流果作證的特質。如此，當具備這七法，聖弟子便具備預流果。[224]

果等至

什麼是果定？這是心安止於名色法的息滅（即涅槃）。凡夫無法進入果等至，因為他們從未證得果心。另一方面，所有已證得果心的人，皆能進入果等至，但是，只能進入已證得的最高果位。他們無法進入之前證得的較低果位，也無法進入更高的尚未證得的果位。

有些學者說：只有不還者和阿羅漢能夠進入果定，因為他們已圓滿修習定學；預流者和一來者無法進入果定，因為他們尚未修習足夠的定學。然而，《清淨道論》說，沒有理由說聖者無法進入與他們已證得的果位相符的果定，因為連凡夫都能夠進入他們已證得的（世間）禪那。另外，《無礙解道》也明確地使用了「預流果定」（sotāpattiphala-samāpatti）、「一來果定」（sakadāgāmiphala-samāpatti）的詞彙。因此，應該明白任何聖者都能進入已證得的果定。

如果聖者無法進入自已證得的果定，這只是由於定力和其他根的力量較弱（而非任何本具的限制）。為了培養定根和其他根的力量，禪修者需要做的就只是持續修習內觀。當這些根的能力被充分培育時，就能夠進入果定。只有在有能力反覆地進入果定時，禪修者才適合對他們的修行感到滿意。

三種內觀

內觀分為三種，即：「行把握觀」「果定觀」「滅盡定觀」。此中：行把握觀，無論或弱或強，必是道的近因；果定觀唯強時有效，因為與道的修行類似；滅盡定觀，不過弱亦不過強時有效。[225]

「行把握觀」（趨向更高階道智的觀）的強與弱，唯一差異在於：強力的觀快速地導向更上一層的道智（khippaābhiññā），力弱的觀則緩慢地導向更上一層的道智（dandhābhiññā）。

依據疏鈔，雖然「果定觀」以諸行為所緣，它的作用卻是從諸行撤回，而趨向於以涅槃為所緣的果心。就此而言，它和道心很相似，因此說「與道的修行類似」。「果定觀唯強時有效」這句僅針對剛學會掌握果定的人而言，如《無礙解道注》所說：

行捨智銳利時，能斷煩惱的道生起。為了強調此觀的銳利，原文重複並增補同義詞。然而，由於果定不費力便生起，它本性寧靜且與（已證得的）道相連，甚至弱行捨智也能令之生起。為了強調這點，這裡只用原文。[226]

如此，當禪修者能熟練地進入果定時，將發現即使弱的行捨智也能令果定生起。

果定的利益

什麼是進入果定的利益？就如同君王和天人享用他們生命特有的世間快樂，聖者們也受用與自身的果與涅槃體證相關的出世間快樂。

在進入果定的期間，聖者感到安詳，享受生滅諸行的止息。他們專注於這狀態的時間長短，由自己在入定前決定：「我將讓這果心持續如此的時間。」再者，禪修者藉由屢屢長時進入果定，可以讓老師和同儕修行者了解自己的證悟。

如何入果定

賢友！無相心解脫的成就[227]有二緣：不作意一切相，以及作意無相界。此二緣可成就無相心解脫。[228]

進入果定的步驟如下：

欲進入果定的聖弟子，當至空閒地獨處，從生滅智開始觀察諸行。觀智依序轉起，直到以諸行為所緣的種姓智。之後，心依於果定安止於（諸行之）滅。這時只生起果，而非生起道，即使仍在有學位。這是因為先前傾向於入果定。[229]

注意，《清淨道論》在此將以諸行為所緣的（頂峰）觀智稱為「種姓」。這是依據《無礙解道》的描述。然而，這個觀智在《發趣論》是被稱為「隨順智」（在本書中，也是如此）。

依據這引文，我們可以知道，聖者會從生滅隨觀智開始內觀修習。也就是說，聖者如果再次修習內觀，將立即能夠見到諸行的生滅。如此，為了進入果定，聖者能夠迅速地修習一系列的觀智，在短時間內很快從生滅隨觀智進展到行捨智。聖者如果已先決意進入果定，當行捨智成熟時，便會接著生起隨順智，然後，捨斷所觀諸行，心彷彿奔入涅槃。

■ 趨向道的觀與趨向果的觀

證入果定的過程，類似於之前證入果心的過程。這是因為果心只是證得道心所帶來的結果。在這時候，因為練習內觀是為了進入果，所以只有果心會生起，不會生起更高階的道心。

另一方面，如果是為證得更高的道智而修習內觀，那麼，觀智進展的狀況將有別於為了證得果定而修習內觀時的狀況。這是因為趨向於更高階道智的內觀修行，必須完成正精進的四個作用。[230]因此，在修習趨向於道的內觀修行時，觀智的發展歷程並不如在果定觀期間那般順利。因此，《大疏鈔》說：「行把握觀的進展有別於果定觀。」

修習趨向於道的「行把握觀」時，觀智仍依序發展。當行捨智變得成熟時，所期待的更高階的道智將生起。然而，如果行捨智尚未成熟而未能證得更高階的道智時，禪修者將只是持續停留在行捨智的階段。這時候，禪修者的心也可能傾向於之前已證得的果心的體驗（而非向於更高階的道心）。因此，如果為了證得更高階的道、果，禪修者應該決意不進入已證得的果定，在觀照時特別留意不讓心朝向於果定。

■ 果定的時間長短

賢友！無相心解脫有三因緣：不作意一切相，作意無相界，以及事前的決意（關於時間長短）。[231]

如果聖者希望進入果定，應該事先決定停留於果定中的時間：「願我的果定持續如此如此的時間。」時間長度可以是五分鐘、十分鐘、十五分鐘、半小時、一小時、兩小時，或者更長的時間。然而，在修習的期間，禪修者應當只是持續觀照所緣，不必努力或進一步思考之前的決意。當行捨智成熟時，心便會自然地進入諸行止息，並按照之前所決意的時間停留於果定。如此，果定持續的時間是之前已決定。然而，只有觀智銳利而具穿透力的聖者，才能讓果定的時間完全依照之前的決意。對於觀智不銳利而不具穿透力的聖者而言，果定可能不會如之前決定的時間持續那麼久。如果禪修者未事先決意，果定通常會持續不久。

果定的經驗

《增支部》如此描述果定：

阿難！在此，比丘如此想：「這是寂靜，這是勝妙，也就是一切行止息，一切得的棄捨，愛盡、離離、滅盡、涅槃。」[232]阿難！如此，比丘得到此定，1. 能於地不作地想；2. 於水不作水想；3. 於火不作火想；4. 於風不作風想；5. 於空無邊處不作空無邊處想；6. 於識無邊處不作識無邊處想；7. 於無所有處不作無所有處想；8. 於非想非非想處不作非想非非想處想；9. 於此世界不作此世界想；10. 於他世界不作他世界想；11. 不想所見、所聽、所感、所識、所至、所求、心所察，但仍有想。[233]

引文的前四點顯示，已證色界禪那者在果等至期間，心不去向地遍、水遍等的色界禪那。同樣地，其後四點說明，已證無色界禪那者在果定期間，心也不再作意，或者去向任何的無色界禪那。「此世界」「他世界」這兩句，意指在果定修習期間，不會憶想現在所處世界，或者天界等他方世界。「但仍有想」一句顯示，禪修者仍會感知到諸行止息的涅槃。

依據《增支部注》，「這是寂靜、這是勝妙！」是說，心專注於涅槃是如何的寂靜，果心的生起可能持續一整天；若心專注於涅槃是如何勝妙，果心的生起也可能持續一整天。「一切行止息」等詞，都是同義詞。專注於「一切行止息」乃至「涅槃」，果心的生起也可能持續一整天。這些語詞都是就果定而說。[234]

應注意到，「這是寂靜、這是勝妙！」只是心念，並未發出言語。這些描述旨在說明，於果定期間，禪修者的全部注意力投入在涅槃上。

從果定出起

賢友！從無相心解脫出起有二因緣：作意一切相，不作意無相界。[235]

禪修者不再以諸行止息的涅槃為所緣，而以任何一相為所緣時[236]，便離開了果定。《清淨道論》解釋上述的巴利引文：

「一切相」是色相及受想行識之相。確實，他不會同時作意一切相，但這是就包攝一切而說。所以，作意有分[237]的所緣時，便是從果定出起。[238]

有分心生起，便算「從果定出起」。然而，對一般的聖者而言，清楚了知有分心是困難的。在有分心生起之後，若非透過省察智來省察道、果、涅槃或者反思其他事，便會是觀照心繼續跟著生起。只有省察、反思和觀照心，才會顯著易於覺察。如此，當這三種心識狀態的任一生起時，就被認為是從果定出起。[239]

不穩定的等至

有些禪修者為了進入果定而修習內觀時，有可能很快地進出果定。這時候，心反覆在果心和一般觀照心之間切換。他們若對果定的體驗或相關知識不夠熟稔，可能會誤以為進入果定後仍然能夠觀察一般的心法。

事實上，長老目犍連曾經有類似的經驗，他告訴他的同行比丘：「賢友啊！當我在西頻尼卡河畔（Sappinikā）進入不動定（āneñjaṃ samādhiṃ）時，我聽到來至河邊喝水的大象在吼叫。」依據《自說經》的注釋，「不動定」是色界第四禪與無色定，或者是以它們為基礎而進入的阿羅漢果定。這種定強大、穩定，能夠讓處於此定中的人聽不到雷聲。長老目犍連的同伴對他所說的話感到懷疑，於是前去請問佛陀。佛陀回答：

> 比丘！這是那種定（即不動定），但尚未被淨化。[240]

這個意思是，長老目犍連的定仍未完全穩定，他的心是在不動心和一般的心識之間切換。因此，在那時候，他仍然可以聽到大象的吼聲。

《律》的注釋書解釋：長老目犍連在剃度後七天便成為阿羅漢。作為一位證悟不久的比丘，他尚未熟練第四禪的五種自在。[241]因此，當他不小心從禪那出起後，他聽到大象的叫聲，誤以為自己在禪那中聽到聲音。

請注意，雖然這裡只提到第四禪，應當了解這也可指與阿羅漢果定相應的禪那，因為目犍連長老成為阿羅漢後很快就入果定。也請注意，因為目犍連長老曾誤以為自己在禪那期間聽到大象吼聲，所以大可認定果定之後未必總是接著對果或涅槃的省察，也可能跟著了知其他所緣的心識。

熟練程度不同

從這個故事可下結論說：縱使兩位聖者證得相同的道智和果智，他們進入果定的熟練自在程度可能不同。依據《中部．上分五十》的注釋：

> 阿羅漢有兩種：一種恆常修習止觀（satatavihārī），另一種不恆常修習止觀（nosatatavihārī）。第一種縱使從事繁重工作後仍能進入果定。第二種就算只做輕小工作也無能進入果定。[242]

注釋書用下列的故事來說明這一點：在過去，某位長老比丘和他的沙彌弟子在樹林裡結夏安居。很不幸的，寺院的住處不夠，僅長老比丘有住處。長老比丘擔心著沙彌沒有遮蔽處，以至於整個雨安居三個月都無法進入果定。然而，沙彌卻能夠在三個月期間進入他的果定。

雨安居結束後，沙彌問道：「尊者！這森林寺院適合居住嗎？」

長老比丘回答：「這森林寺院不適合我。」

這故事裡的沙彌是恆常修習止觀的阿羅漢，所以他可以隨時進入果定，縱使他沒有得到合適的住所。長老比丘雖然也是阿羅漢，但是他並未經常修習止觀。所以他因為擔心沙彌，而無法進入果定。想要隨時進入果定的禪修者，必須過著時常修習內觀的生活。

涅槃

我將簡要地說明一下道心和果心的所緣——涅槃。

涅槃的定義

涅槃並非華麗的宮殿、城市或國度。它也不像明亮的光或某種清明、平靜。這些都只是概念法或有為法，不是究竟的無為法。

事實上，涅槃，作為無為法，有「寂止的特質」（santilakkhaṇa）。它是煩惱和苦的息滅。或者，它是諸行的不存在（visaṅkhāra），諸行的息滅，諸行的相反。《無礙解道》將涅槃與有為法作對比而界定如下。

（名色）生起是行，不生是涅槃。（名色）轉起是行，不轉起是涅槃。（名色）相是行，無相是涅槃。（名色）積聚是行，無積聚是涅槃。（名色）結生是行，不結生是涅槃。[243]

這巴利引文顯示，涅槃的本質[244]是有為法的完全止息，可描述為生起、轉起、相、積聚或結生的息滅。

從文法上說，涅槃一字可當作是「動名詞」，解釋為下列三種意思：

輪迴之苦在此息滅，故此名為涅槃。

由此輪迴之苦息滅，故此名為涅槃。

此息滅，故此名為涅槃。[245]

涅槃並非是可藉由日常觀念理解的某種不存在的狀態。涅槃被描述為非思議境界（atakkāvacaro）、甚深（gambhīro）、難見（duddaso）、僅可為具道智果智的智者親身體驗（paṇḍitavedanīyo）。再者，它非渴愛的糾纏所能觸及，遠離了「糾纏」（vāna）。以道智體驗涅槃時，心從渴愛解脫。因此，注釋如此界定涅槃：

它從糾纏出離，故名涅槃。此處無有糾纏，故名涅槃。依此拔除糾纏，此故名涅槃。[246]

涅槃只是名色法的息滅，於聖者現起為「無相」（animittapaccupaṭṭhānaṃ）。所以，雖然曾體驗過它，但是無法從顏色、形狀來描述它，或說它類似什麼。它只能被了知、描述為一切名色法的息滅、終止。《彌蘭陀王問》如此描述涅槃：

大王！涅槃無可比擬。無法從顏色、形狀、時間、度量、比喻、遠近因，或者邏輯思惟來描述它。[247]

涅槃被說是諸行的息滅、解脫、不生、不存在。涅槃也被說是無色、無形、無大小。無法用比喻來描述。因為如此，有些人可能認為涅槃什麼都不是，和稱為「無有」的概念（abhāvapaññatti）相同。但是，它絕對不是不存在的概念法。它的特質是有為法的息滅、解脫、不生、不存在。因為諸行息滅這個特質是顯著的，能夠被道心和果心所體驗。阿羅漢在般涅槃（parinibbāna）後，將不再生起任何名色法——名色完全息滅。下列出自《小部》的經文顯示：當涅槃被體驗時其特質如何變顯著。

諸比丘！有無生、無起、無作、無為。諸比丘！若沒有無生、無起、無作、無為，則從生、起、作、為的出離便不可知。因為有無生、無起、無作、無為，所以從生、起、作、為的出離可知。[248]

因為涅槃界（諸行不生的止息）裡沒有生起，所以它稱為「無生」（ajāta）、「無起」（abhūta）。因為它不是原因所造成，所以稱為「無作」（akata）。因為它非依於因緣所成，所以稱為「無為」（asaṅkhata）。如果涅槃界不存在，那麼就沒有名色法或五蘊的息滅。因此，若說涅槃界是無物，類似「無有」的概念法（abhāvapaññatti），這並非事實。涅槃是道心和果心的所緣，在究竟意義上是明顯的。因為它如此明顯，原本持續生起的名色諸蘊，在般涅般之後不再生起。那時，它們永遠息滅。這是說，息滅可以是很明顯的事。願你相信這一點！

諸比丘！有一處，無地、無水、無火、無風；無空無邊處，無識無邊處，無無所有處，無非想非非想處；無此世、無他世、無二者；無日、無月。諸比丘！在此，我說無來、無去、無住、無死、無升。非住、非轉，無依止。此即苦盡。[249]

沒有四大，意味著也沒有了所造色，以色法為基礎的欲界或色界裡的名法也不存在。四無色界的法不存在，也不存在與無色界有關的所緣。

「無此世、無他世」，與這些世界相關的一切法皆不存在。因此，在以涅槃為所緣的道心或果心剎那裡，感知不到與此世界或他世界有關的所緣。

「無日、無月」，因為沒有色法，便沒有黑暗。如此，不需要光明來驅逐黑暗。這顯示、太陽、月亮、其他行星、星辰，也不存在。

「無來、無去、無住、無死、無升」，雖然可以從人界或天界去到另一世界，但卻無法去至涅槃，從涅槃也無處可去。不同於人界或天界，涅槃中沒有人或眾生。

「非住、非轉」意思是他只能由道、果智和省察知所了知。

「無依止」，因為它不是色法，所以不在任何地方，不基於任何其他法，雖然它是一種名法，但它非因非果。這指它不基於任何的因緣。

「此即苦盡」意指，涅槃中沒有轉起。涅槃是名色持續生滅的相反物。雖然它是一種名法，它並不像心或心所那般具備認知所緣的特相。因為它是道、果的所緣，當禪修者體驗涅槃時，涅槃裡沒有任何的苦，因此是苦的盡頭。

> 因為涅槃是（火水、熱冷、光暗等）一切行的相反物，有為法中沒有涅槃，涅槃之中也不存在有為法。有為法和無為法不會並存。[250]

依據《自說經注》，只要有為法仍存在，就不是涅槃。在體驗涅槃時，有為法不生起。進入般涅槃時，有為法不再生起，不再存在。

透過四道智證得涅槃時，容不下任何形式的渴愛，無論是令入惡趣的欲貪、粗顯的欲貪、微細的欲貪、色界貪、無色界貪，這一切的貪愛都已徹底消除。這所有形式的貪愛已被捨棄、滅除，它們的牽絆已被切斷，它們的糾纏已被鬆綁。因此，佛陀如此描述涅槃：

> 諸比丘！什麼是苦滅聖諦？它是渴愛無餘滅盡、捨、棄捨、解脫、無著。諸比丘！這稱為苦滅聖諦。[251]
>
> 此甚難見，亦即一切行的止息、一切依的捨棄、愛盡、離欲、滅盡、涅槃。[252]

兩種涅槃

從一切名色法止息而言，只有一種涅槃，寂靜是它的特相。然而，從其他意義來說，涅槃也可分為兩類：「有餘依涅槃」（sa-upādisesa），這是指阿羅漢的涅槃，雖然阿羅漢完全息滅一切煩惱，但仍因過去的愛、取、業而體驗著今生五蘊的殘餘；「無餘依涅槃」（anupādisesa），是阿羅漢死亡後般涅槃的涅槃，意指一切行的完全止息。

佛陀如此解釋這兩種涅槃：

諸比丘！涅槃界有兩種，哪兩種？有餘依涅槃界和無餘依涅槃界。

諸比丘！什麼是有餘依涅槃界？在此，某比丘是阿羅漢，諸漏已盡，梵行已立，所做已辦，捨諸重擔，逮得己利，盡諸有結，以正智心得解脫。但其五根仍未壞，由此體驗可意、不可意，感受樂與苦。諸比丘！正是他的貪滅、瞋滅、痴滅，被稱為有餘依涅槃界。

諸比丘！什麼是無餘依涅槃界？在此，某比丘是阿羅漢……以正智心得解脫。此生一切已感受的、所不喜的，即將滅盡。諸比丘！這稱為無餘依涅槃界。[253]

請注意第一段描述「有餘依涅槃界」時，仍在世的阿羅漢被說為「捨諸重擔」，已經捨棄五蘊重擔，雖然仍然擁有名色身心。因為它們是最後身的五蘊，將來不再生起，所以可以說仍在世的阿羅漢已放下五蘊的重擔。

注意第二段談「無餘依涅槃界」時，所提到的感受，指唯阿羅漢才經驗到的「無記的」苦樂受，不能說是善或不善，也不會產生業果。再者，雖然只提到感受，應當了解這其實也包括一切五蘊。阿羅漢不再有任何會導致再生的五蘊。他在世時所經驗的名色法，也與貪、慢、邪見無關。因此，這些名色法生起後消失，不留下任何帶來再生的業力餘勢。

火若缺乏燃料，便無法持續燃燒，只會熄滅。同樣地，阿羅漢因過去業所生的五蘊，不會再引起來世的結生、新的五蘊，而是生起後消失、滅盡。阿羅漢死時，五蘊止息，永不再生起。因此，阿羅漢由於過去業而持續生起的五蘊，不會在新生命中生起，而是在這一生中完全息滅。

「無餘依涅槃界」是五蘊徹底息滅（khandhaparinibbāna）的同義詞。意即證得阿羅漢道智而死亡之後，不再有任何機會讓名色生起。另外，五蘊息滅是由證得阿羅漢道智而完成。

然而，這息滅並非真正生起什麼，所以不能夠說息滅在某一時生起。在修得阿羅漢道之前，煩惱和它的果報法（新生、五蘊）會在條件合宜時生起。但是，如此潛在的煩惱和法不能說真的存在於過去、現在或未來。因此，它們被認為是「在時間之外」（kālavimutta）。如此，這兩類涅槃：「有餘依涅槃」（= kilesaparibbāna，煩惱盡滅）和「無餘依涅槃」（= khandhaparinibbāna，諸蘊盡滅）也獨立於時間之外，不能說它們存在於過去、現在或未來。

因此，不應當問此類的問題：「在種姓智時體驗的涅槃生起在過去、現在或未來？」

> 此二涅槃界，向具眼者[254]顯示，穩定[255]、不取著：
> 一界是現世可見，有餘依，有索[256]已斷；
> 另一界，未來，無餘依，於中一切有止息。
> 知無為境，有索已斷，心已解脫，
> 已得法髓，歡喜於（渴愛）滅，穩定者斷一切有。[257]

在這偈子中，煩惱或五蘊的息滅——也就是涅槃——無論有餘或無餘，稱作無為法。如同水與火、熱與冷、黑暗與光明，或者空曠與叢林的相對，涅槃是有為法的相對，故稱「無為」。涅槃也稱為「境」（pada），可以透過道智和果智到達和體驗。據此，可以結論說：透過道智、果智而體驗的涅槃，和有餘依涅槃、無餘依涅槃，是相同的。如果不是如此，那麼下列阿毘達磨的說法，便不成立：

> 雖然涅槃從其自性而言是一種，但就文義，它是兩種，即有餘涅槃界和無餘涅槃界。[258]

涅槃的獨特性質是因（有為法）止息而帶來的寂靜（santi），或者，換句話說，任何種類的涅槃必然有這種獨特性質。在此意義上，涅槃實際上只有一種，雖然也分為兩種：有餘依和無餘依。

即使也說涅槃有兩種，但如果這兩類涅槃有別於透過道、果體驗的涅槃，這就會和《攝阿毘達磨義論》相衝突。假使涅槃真是這樣截然分開的，那麼我們就必須說，透過道、果體驗的涅槃是真實的，是究竟法，而有餘依、無餘依涅槃是假想的，只是概念。但是，倘若如此，涅槃便不僅分為兩類而必須分為三類：一類是真實的涅槃，有寂靜的自性，另兩類是（概念的），一個有餘依、一個無餘依。

有人說涅槃是一種名為「無有」的概念法（abhāvapaññtti），究竟義上並不存在。那麼，他也必須說煩惱和五蘊的息滅，與（基於邪見的）「我」的概念一樣，只是概念法。這等於是說沒有煩惱的息滅和五蘊的息滅。如此，煩惱會持續在阿羅漢的心相續中生起，且在般涅槃後，五蘊仍會持續生起。如此便沒有從苦解脫的可能性。

因此，我們必須結論說：透過道、果所體驗的涅槃是「共通的涅槃」（sāmaññanibbāna），有餘依和無餘依兩種涅槃是「有差別的涅槃」（visesanibbāna），後二者包括在共通的涅槃之中。這就是為何道、果智所體驗的涅槃未被分為：有餘依、無餘依；貪、瞋或痴的息滅、色或受的息滅；現在、過去或未來的息滅；或者是煩惱的息滅、法的息滅。實際上，涅槃只是被體驗和了知為能知與所知的有為法的息滅。因為一切名色法在涅槃中止息，這涅槃也包括有餘依涅槃和無餘依涅槃。

體驗涅槃

因為你尚未正確了知煩惱和五蘊的息滅，所以可能會認為它只是一種「無有」的概念，不是很深奧，或者認為它太過於深奧而難以理解。所以，如果你對自身的修行尚未感到滿意，應該下定決心努力修行，以便徹底斷除煩惱並避免來世五蘊的生起。只有到那時，你才能夠知道煩惱和五蘊的止息並非「無有」的概念，而是確實存在且不受因緣制約的究竟法，深奧、難見，超出邏輯思惟的範疇。

在以道智體證涅槃之前，必須先培養不放逸和正念，保護你的心不受誘惑。

> 因此，諸比丘！凡眼滅盡、色想滅盡之處，應了知。凡耳滅盡、聲想滅盡之處，應了知。凡鼻滅盡，香想滅盡之處，應了知。凡舌滅盡，味想滅盡之處，應了知。凡身滅盡，觸想滅盡之處，應了知。凡意滅盡，法想滅盡之處，應了知。[259]

禪修者可能透過觀察眼和色想或上述其他「成雙之法」而了悟涅槃。如果眼和色想的息滅明顯，那麼它們的名色法的覺知和息滅也會明顯。同理適用於其他成雙之法。事實上，當人體驗涅槃時，一切有為法的息滅是明顯的。這就是何以在體驗涅槃時，有為法之想完全息滅。

涅槃被描述為任一成雙法的息滅。總結來說，涅槃是這十二種感官的息滅。長老阿難曾如此解釋：

賢友！世尊曾就此（內、外）六處的息滅而說……[260]

《自說經注》也將涅槃描述為十二處的息滅，並建議參考佛陀為婆醯迦（Bāhiya）所做的解釋，其他學者曾加以引用。依據這些學者，「婆醯迦！你將不在這裡，不在那裡，不在中間」[261]這段文可以如此解釋：

（若人於所見、所聽、所感、所識，不再有煩惱），將不再存在於內六處（眼耳鼻舌身意），也不存在於外六處（色、聲、香、味、觸、法），也不在任何（眼耳鼻舌身意的）心、心所之中。[262]

修習內觀時，禪修者先觀照十二處、六識，以及心、心所中最顯著的之法。但是，在道心和果心生起的剎那，已找不到這些所緣，只體驗到諸行的息滅。此息滅的體驗，就是涅槃。了解這一點很重要。

十二處實際代表一切有為法。所以十二處息滅指一切有為法息滅。下列經文把涅槃描述作有為法的相反物。經文說：

在此，水、地、火、風無立足點之處：
正是從此處，（諸法之）奔流轉回，
在此處（惑、業、果之）輪轉不再轉起。
在此處，名、色止息。[263]
識不可見、無盡、一切光亮，
在此，地、水、火、風無立足點之處，
長短；小大；醜、淨，
名、色，無餘滅盡。
以識息滅，此亦滅盡。[264]

引文中，「一切光亮」（sabbatopabha），意指涅槃裡淨除了一切煩惱。類似的比喻也用於「智慧之光」（paññā-āloka）、「智慧光明」（paññā-obhāsa）和「智慧火炬」（paññāpajjota）。在與此相同的意義上，佛陀說：「諸比丘！此心極光淨。」*4 這裡的意思是，涅槃總是明淨的。心和智慧，具備一種內在的明淨，但可被煩惱所汙染。然而，涅槃，即煩惱或諸行的息滅，與煩惱法永不相干。因此，煩惱決不可能汙染涅槃，如同於天空不能作畫。因此才說涅槃是一切光明。簡單的說，注釋和疏鈔的意思是，涅槃和煩惱永無關聯，或者說，涅槃完全遠離煩惱。

所以，不應把那句話理解成：涅槃像太陽、月亮或星星一樣會發光，而人們能夠藉由道智、果智見到這光明。如此的理解，有違之前涅槃無相的描述，也會與龍軍長老對彌蘭陀王所提的涅槃本質的問題之回答相衝突。事實上，這種字面詮釋背離一切巴利聖典和注釋書，因為它們都指出，涅槃之中沒有色法。無論如何，潛在煩惱和五蘊的息滅，並非什麼明亮發光的物體。若真的如此，巴利聖典和注釋書可以說「涅槃明亮發光」。否則，它們不會用「貪盡」（rāgakkhayo）、「一切行止息」（sabbasaṅkhārasamatho）、「不生」（anuppādo）等等艱澀和否定詞來解釋涅槃。應該好好思考這點！

> 在地、水、火、風無立足點之處，
> 長短；小大；醜、淨，
> 名、色，無餘滅盡。
> 以識息滅，此亦滅盡。[265]

這幾行字談的是涅槃，息滅。最後一行提到涅槃的原因。「識」在此指般涅槃時的「死亡心」和「造作識」（abhisaṅkhāraviññāṇa）。所有當下存在的有為法在般涅槃時由於死亡心滅去而結束，因為沒有造作識可以產生結果，新的名色法也不生，只是息滅。由於這兩種心識的息滅，一切有為法息滅。這就像燈芯或燈油耗盡，油燈的光亮也就跟著息滅。

結論是：

Nissesasaṅkhāravivekalakkhaṇaṃ
Sabbasaṅkhatavidhurasabbāvaṃ
Nibbānametaṃ sugatena desitaṃ
Jāneyya saṅkhāranirodhamattakaṃ.

以離諸行為特相，
一切有為之相對為自性，
此涅槃為善逝所說
當知涅槃僅是諸行滅盡。

佛陀描述涅槃，具有遠離諸行，與諸行相反的特徵。對智者而言，涅槃只是諸行的完全息滅。

1 亦見 *The Path of Purification*, 605。Nāmarūpānaṃ yāthāvadassanaṃ diṭṭhivisuddhi nāma. (Vism 18.3)

2 巴利語 abyākata（或 avyākata）原意是「未決定的」或「未解釋的」，例如 avyākatakamma，無記業。

3 "Acetano abyākato"ti ettha viya anārammaṇatā vā abyākatatā daṭṭhabbā. (Vism-mhṭ)

4 *The Path of Purification*, 614. Na cakkhāto jāyare phassapañcamā, na rūpato no ca ubhinnamantarā; hetuṃ paṭiccappabhavanti saṅkhatā, yathāpi saddho pahaṭāya bheriyā. (Vism 18.33)

5 Ibid. Na sotato jāyare phassapañcamā, na saddato no ca ubhinnamantarā; hetuṃ paṭiccappabhavanti saṅkhatā, yathāpi saddho pahaṭāya bheriyā. Na ghānato jāyare phassapañcamā, na gandhato no ca ubhinnamantarā hetuṃ paṭiccappabhavanti saṅkhatā, yathāpi saddho pahaṭāya bheriyā. Na jivhato jāyare phassapañcamā, na rasato no ca ubhinnamantarā; hetuṃ paṭiccappabhavanti saṅkhatā, yathāpi saddho pahaṭāya bheriyā. Na kāyato jāyare phassapañcamā, na phassato no ca ubhinnamantarā; hetuṃ paṭiccappabhavanti saṅkhatā, yathāpi saddho pahaṭāya bheriyā. Na vatthurūpā pabhavanti saṅkhatā, na cāpi dhammāyatanehi niggahitā; hetuṃ paṭiccapabhavanti saṅkhatā, yathāpi saddo pahaṭāya bheriyā. (Vism 18.33)

6 Ibid. Atha kho nāmaṃ nissāya rūpaṃ pavattati, rūpaṃ nissāya nāmaṃ pavattati, nāmassa khāditukāmatāya pivitukāmatāya, byāharitukāmatāya, iriyāpathaṃ kappetukāmatāya sati rūpaṃ khādati, pivati, byāharati, iriyāpathaṃ kappeti. (Vism 18.34)

7 Ibid.., 612–13. asmā yathā akkhacakkapañjara-īsādīsu aṅgasambhāresu ekenākārena saṇṭhitesu rathoti vohāramattaṃ hoti, paramatthato ekekeasmiṃ aṅge upa-parekkhiyamāne ratho nāma natthi. Yathā ca kaṭṭhādīsu gehasambhāresu ekenākārena ākāsaṃ parivāretvā ṭhitesu gehanti vohāranaṃ hoti, paramat-thato gehaṃ nāma natthi. Yathā ca aṅguli-aṅguṭṭhādīsu ekenākārena ṭhitesu muṭṭhīti vohāramattaṃ hoti. Doṇitanti-ādīsu vīṇāti. Hatthi-assādīsu senāti. Pākāragehagopurādīsu nagaranti. kahandasākhāpalāsādīsu ekenākāreana ṭhitesu rukkhoti vohāranaṃ hoti, paramatthato ekekasmiṃ avayave upaparikkhiyamāne rukkho nāma natthi. Evamevaṃ pancasu upādanakkhandesu sati "sato puggalo"ti vohāramattaṃ hoti, paramatthato ekekasmiṃ dhamme upaparikkhiyamāne "asmīti vā ahanti vā"ti gāhassa vattthubhūto satto nāma natthi. Paramatthato pana nāmarūpamattameva atthīti. Evaṃ passato hi dassanaṃ yathābhūtadassanaṃ nāma hoti. (Vism 18.28)

8 Nāmarūpānaṃ yāthāvadassananti "idaṃ nāmaṃ, ettakaṃ nāmaṃ, na ito bhiyyo. Idaṃ rūpaṃ, ettakaṃ rūpaṃ, na ito bhiyyo"ti ca tesaṃ lakkhaṇasallakkhaṇamukhena dhammamattabhāvadassanaṃ attadiṭṭhimalavisodhanato diṭṭhivisuddhīti veditab-baṃ. (Vism-mhṭ)

9 亦見 *The Path of Purification*, 617. Etasseva pana nāmarūpassa paccayapariggahaṇena tīsu addhāsu kaṅkhaṃ vitaritvā ṭhitaṃ ñāṇaṃ kaṅkhāvitaraṇavisuddhināma. (Vism 19.1)

10 Ibid. So evaṃ paccayato nāmarūpassa pavattiṃ disvā, yathā edaṃ etarahi, evaṃ atītepi addhāne paccayato pavattittha, anāgatepi paccayato pavattissatīt samanupassati. (Vism 19.3)

11 Ibid., 622. Attābhinivesūpanissayā hi "ahosiṃ nu kho ahan"ti-ādi nayappavattā soḷasavutthuā kaṅkhā. (Vism 19.19)

12 見「附錄 3：心路過程」。

13 亦見 *The Path of Discrimination*, 52。Purimakammabhavasmiṃ moho avijjā, āyūhanā saṅkhārā nikanti taṇhā, upagamanaṃ upādānaṃ, cetanā bhavoti ime pañca dhammā purimakamma-bhavasmiṃ idha paṭisandhiyā paccayā. (Paṭis 1.275)

14 這裡所用的愛著（nikanti）一詞特指對新生命的愛著，是在結生心之前的一個心理過程。見「附錄 3：心路過程」的 H22。

15 見 *The Path of Discrimination*, 52。Idha paṭisandhi viññāṇaṃ, okkanti nāmarūpaṃ, pasādo āyatanaṃ, phuṭṭho phasso, vedayitaṃvedanā, [iti[ma. ni. aṭṭha.,abhi. ṭī, Vism 2. 213–14]] ime pañca dhammā idhupapatthibhavasmiṃ pure katassa kammassa paccayā. (Paṭis 1.275)

16 Yatheva cakkhuviññāṇaṃ, manodhātu-anantaraṃ; na ceva āgataṃ nāpi, na nibbat-taṃ anantaraṃ. Thateva paṭisandhimhi, vattate cittasantati; purimaṃ bhijjate cittaṃ, pacchimaṃ jāyate tato. (Sammohavinodaniyā)

17 見 *The Path of Purification*, 52. Idha paripakkattā āyatanānaṃ moho avijjā, āyūhanā saṅkhārā, nikanti tanhā, upagamanaṃ upādānam, cetanā bhavoti, ime pañca dhammā idha kammabhavasmiṃ āyatiṃ patisandhiyā paccayā. (Paṭis 1.275)

18 Ibid. Āyatiṃ paṭisandhi viññāṇaṃ, okkanti nāmarūpaṃ, pasādo āyatanaṃ, phuttho phasso, vedayitaṃ vedanā, [iti[ma. ni. aṭṭha.,abhi. ṭī, Vism 2.214]] ime pañca dhammā āyatiṃ upapaṭṭhibhavasmiṃ idha katassa kammassa paccayā. (Paṭis 1.275)

19 *The Path of Purification*, 621.（英譯者調整過譯文）So evaṃ kammavaṭṭavipākavaṭṭavasena paccayato nāmarūpassa pavattiṃ disvā, "yathā idaṃ etarahi, evaṃ atītepi addhāne kammavaṭṭavipāka-vaṭṭavasena paccayato pavattittha, anāgatepi kammavaṭṭavipākavaṭṭavaseneva-paccayato pavattissatī"ti. Iti kammañceva kammavipāko ca, kammavaṭṭañca vipākavaṭṭañca, kammapavattañca vipākapavattañca, kammasantati ca vipākasantati ca, kiriyā ca kiriyaphalañca. Kammā vipākā vattanti, vipāko kammasambhavo; kammā punabbhavo hoti, evaṃ loko pavattatī'ti.—samanupassati. (Vism19.18)

20 Ibid, 622.（英譯者調整過譯文）Kammassa kārako natthi, vipākassa ca vedako; suddhadhammā pavattanti, evetaṃ sammadassanaṃ. Evaṃ kamme vipāke ca, vattamāne sahetuke; bījarukkhādikānaṃva, pubbā koṭī na nāyati; anāgatepi saṃsāre, [appavatti[MS, Abhi. ṭī].][appavattaṃ[VRI]] na dissati. (Vism 19.20)

21 可見 *The Numerical Discourses*, 963:「比丘，我稱思為業！」Cetanāhaṃ bhikkhave kammaṃ vadāmi. (AN 6.63)。

22 也就是，業未轉變成果報，這與綿紗轉變成毛衣不同。

23 *The Path of Purification*, 622–23.（英譯調整過）Kammaṃ natthi vipākamhi, pāko kamme na vijjati. Aññamaññaṃ ubho suññā, na ca kammaṃ vinā phalaṃ.... kammañca kho upādāya, tato nibbatate phalaṃ.... Na hettha devo brahmā vā, saṃsārassatthikārako; suddhadhammā pavattanti, hetusambhārapaccayā. (Vism 19.20)

24 亦見*The Path of Purification*, 623。Sabbe atītānāgatapaccuppannādhammā cutipaṭisandhivasena viditā honti.... Evaṃ cutipaṭisandhivasena viditasabbadhammassa sabbākārena nāmarūpassa paccayapariggahañāṇaṃ thāmagataṃ hoti. (Vism 19.21)

25 Ibid., 625. Iminā pana ñāṇena samannāgato vipassako buddhasāsane laddhassāso laddhapatiṭṭho niyatagatiko cūlasotāpanno nāma hoti. (Vism 19.27)

26 Aparihīnakaṅkhāvitaraṇavisuddhiko vipassako lokiyāhi sīlasamādhipaññāsampadāhi samannāgatattā uttari appaṭivijjhanto sugatiparāyaṇo hotīti vuttaṃ "niyatagatiko"ti. Tato eva cūlasotāpanno nāma hoti. (Vism-mhṭ)

27 MN 81. 見 *The Middle Length Discourses*, 669–76。

28 *The Connected Discourses*, 100. Sattiyā viya omaṭṭho, ḍayhamānova matthake; sakkāyadiṭṭhipahānāya, sato bhikkhu paribbaje. (SN 1.21)

29 亦見*The Path of Discrimination*, 3。Atītānāgatapaccuppannānaṃ dhammānaṃ saṅkhipitvā vavatthāne paññā sammane ñāṇaṃ. (Paṭis 1.0)

30 Ekasaṅkhārassāpi aniccatāya diṭṭhāya sabbe saṅkhārā aniccāti avasesesu nayato manasikāro hoti... "sabbe sankhārā aniccā"ti ādivacanaṃ... nayato dassanaṃ sandhāya vuttaṃ. Na ekakkhaṇe ārammaṇato. (Vibh-a)

31 亦見*The Path of Discrimination*, 53。Yaṃ kiñci rūpaṃ atītānāgatapaccuppannaṃ, ajjhattaṃ vā, bahiddhā vā, olārikam vā, sukhumaṃ vā, nīnaṃ vā, panītaṃ vā, yaṃ dūre vā, saṅtike vā,sabbaṃ rūpaṃ aniccato vavattheti ekaṃ sammasanaṃ, dukkhato vavattheti,ekaṃ sammasanaṃ, anattato vavattheti, ekaṃ sammasanaṃ. (Paṭis 1.278)

32 Ibid. Rūpaṃatītānāgatapaccuppannaṃ aniccaṃ khayatthena, dukkhaṃ bhayatthena, anattā asārakaṭṭhenāti saṅkhipitvā vavatthāne paññā sammasane ñāṇam. (Paṭis 1.278)

33 Ibid. Rūpamatītānāgatapaccuppannaṃ aniccaṃ saṅkhataṃ paticcasamuppannaṃ khayadhammaṃ vayadhammaṃ virāgadhammaṃ nirodhadhammanti sankhippitvā vavatthāne paññā sammasane ñāṇaṃ. (Paṭis 1.280)

34 諸如印度教勝論派（Vaiśeṣika）的《勝見》（*Visesikadassana*）、正理派（Nyāya）的《正理見》（*Nyāyadassana*）等非佛教典籍。

35 SN 22:59. 見 *The Connected Discourses*, 901–3。

36 *The Connected Discourses*, 901. Rūpaṃ, bhikkhave, anattā. Rūpañca hidaṃ, bhikkhave, attā abhavissa, nayidaṃ rūpaṃ ābādhāya saṃvatteyya, labbhetha ca rūpe—"evaṃ me rūpaṃ hotu, evaṃ me rūpaṃ mā ahosī"ti. (SN 22.59)

37 Tathānidassanaṃ pana [dhammasabhāvavinimuttassa[MS, Áīkā-co -pāḷi]] [dhamma-sabhāvato aññassa[Abhi. pu. abhi. ṭī].] kattādino abhāvadīpanatthanti veditabbaṃ. (Abhidh-vibh-ṭ)

38 Yathā andha[bāla[dī. ni. aṭṭha., Abhi. aṭṭha.]] puthujjanā abhikkamādīsu—"attā abhikkamati, attanā abhikkamo nibbatto"ti vā, "ahaṃ abhikkamāmi, mayā abhikkamo nibbattito"ti vā sammuyhanti, tathā asammuyhanto.... (Abhidh-vibh-ṭ)

39 Abbhantare attā nāma āloketā vā, viloketā vā natthi... Abbhantare attā nāma koci [samiñjanto [MS]] [samiñjento [VRI]] vā pasārento vā natthi. (Abhidh-vibh-ṭ)

40 留意疏鈔也否定作為「行為者」之自我。

41 Ko vedayatīti? Na koci satto vā, puggalo vā vedayati... Tasmā esa evaṃ pajānāti "taṃ taṃ sukhādīnaṃ vatthuṃ ārammanaṃ katvā vedanāva vedayati. Taṃ pana vedanāpavattiṃ [vedanāya pavattiṃ[dī. ni. aṭṭha.]] upādāya 'aham vedayāmī'ti vohāramattaṃ hotī"ti. (Ps)

42 Dhammavinimuttassa aññassa kattu-abhāvato dhammasseva kattubhāvaṃ dassento "vedanāva vedayatī"ti āha. (MN-ṭ)

43 *The Middle Length Discourses*, 325.Ahañhi bho, Gotama, evaṃ vadāmi—"Rūpaṃ me attā, vedanā

me attā, saññā me attā, saṅkhārā me attā, viññāṇaṃ me attā"ti. (MN 35.11)

44 亦見*The Path of Purification*, 631。Sabbampi taṃ anattā asārakaṭṭhena [sammasati[Psm aṭṭhā.]]. Asārakaṭṭhenāti "[sāmī[MS]][attā[VRI]] nivāsī kārako vedako sayaṃvasī"ti evaṃ parikappitassa attasārassa abhāvena. Yañhi aniccaṃ, [dukkhaṃ[VRI]] [taṃ[MS, Vism]] attanopi aniccataṃ vā, udayabbayapīḷanaṃ vā vāretuṃ na ṣakkoti, kuto tassa kārakādibhāvo. (Vism 20.16)

45 Ibid., 632. Sāmī-nivāsī-kāraka-vedaka-adhiṭṭhāyaka-virahitatāya suññato. Sayañca assāmikabhāvāditāya anattato. (Vism 20.19)

46 Ibid., 631. Yaṃ pana aniccaṃ, taṃ yasmā niyamato sankhatādibhedaṃ hoti. Tenassa pariyāyadassanatthaṃ, nānākārehi vā manasikārapavattidassanatthaṃ "rūpaṃ atītānāgatapaccuppannaṃ, aniccaṃ, saṅkhataṃ, paticcasamuppannaṃ, khayadhammaṃ, vayadhammaṃ, virāgadhammaṃ, nirodhadhamman"ti puna pāḷi vuttā. (Vism 20.16)

47 見 *The Path of Discrimination*, 51。

48 Jātipaccayā jarāmarananti-ādi na vipassanāvasena vuttaṃ. Kevalaṃ paticcasa- muppādassa ekekaaṅgavasena saṅkhipitvā vavatthānato sammasanañāṇaṃ nāma hotīti pariyāyena vuttaṃ. Na panetaṃ kalāpasammasanañāṇaṃ. [Dhammaṭṭhitiñāṇamev'etaṃ[MS]][Dhammaṭṭhitiñāṇameva taṃ[VRI]] hotīti.

49 亦見*The Path of Purification*, 634。Navāhā'kārehi indriyāni tikkhāni bhavanti—uppannuppannānam saṅkhārānaṃ khayameva passati, tattha ca sakkaccakiriyāya sampādeti, sātaccakiriyāya sampādeti, sappāyakiriyāya sampādeti, samādhissa ca nimittaggāhena, bojjhaṅgāṇaña anupavattanatāya, kāye ca jīvite ca anapekkhataṃ upaṭṭhāpeti, tattha ca abhibhuyya nekkhammena, antarā ca abyosānenā"ti. (Vism 20.21)

50 Rūpadhamme niruḷhaṃ lakkhaṇattayaṃ pubbe attanā asallakkhitaṃ sallakkhetvā sammasanto taṃ tattha āropetīti vuccati. (Vism-mhṭ)

51 Yathā pathaviphassādīnaṃ kakkhaḷaphusanādilakkhaṇāni tīsupi khaṇesu sallakkhitabbāni paṭiniyatarūpatāya sabhāvasiddhāneva hutvā gayhanti, na evaṃaniccādilakkhaṇāni. Tāni pana bha ṅgudayabbayapīḷāvasavattanākāramukhena gahetabbato samāropitarūpāni viya gayhantīti vuttaṃ "sāmaññalakkhaṇaṃ āropetvā"ti. (Vism-mhṭ)

52 馬哈希大師用語是「放置三相」。智髻比丘對最後一句的翻譯是：「因此，它是無常、苦、無我」。

53 亦見*The Path of Purification*, 643–44。Abhikkame pavattarūpaṃ paṭikkamaṃ appatvā tattheva nirujjhati. Paṭikkame pavattarūpaṃ ālokanaṃ. Ālokane pavattarūpaṃ vilokanaṃ. Vilokanepavattarūpaṃ samiñjanaṃ. Samiñjane pavattarūpaṃ pasāraṇaṃ appatvā tattheva nirujjhati. Tasmā aniccaṃ dukkhaṃ anattā"ti tilakkhaṇaṃ āropeti. (Vism 20.61)

54 第四章，Chapter 4, p. 185–88.

55 亦見*The Path of Purification*, 644。Evaṃ pabbapabbagate saṅkhāre vipassato rūpasammasanaṃ sukhumaṃ hoti. (Vism 20.66)

56 Ibid., 645. Āhāramayaṃ rūpaṃ chātasuhitavasena pākaṭaṃ hoti. Chātakāle samuṭṭhitaṃ rūpaṃ hi jhattaṃ hoti kilantaṃ, jhāmakhāṇuko viya, aṅgārapacchiyam nilīnakāko viya ca dubbaṇṇaṃ dussaṇṭhitam. Suhitakāle samuṭṭhitaṃ dhātaṃ pīnitaṃ mudu siniddhaṃ phassavantaṃ hoti. So taṃ pariggahetvā "chātakāle pavattarūpaṃ suhitakālaṃ appatvā ettheva nirujjhati. (Vism 20.68)

57 Ibid., 645–56。Utumayaṃ [rūpaṃ[MS]] sītuṇhavasena pākaṭaṃ hoti. Uṇhakāle samuṭṭhitaṃ rūpaṃ

hi jhattaṃ hoti kilantaṃ, dubbaṇṇaṃ. Sīta-utunā samuṭṭhitaṃ rūpaṃ dhātaṃ pīṇitaṃ siniddham hoti. So taṃ pariggahetvā "unha-kāle pavat-tarūpam sītakālam appatvā ettheva nirujjhati...." (Vism 20.69)

58 見「附錄 5：色法」。

59 亦見*The Path of Purification*, 646。Kammajaṃ āyatanadvāravasena pākaṭaṃ hoti. Cakkhudvārasmiṃ hi cakkhukāyabhāvadasakavasena tiṃsa kammajarūpāni, upatthambhakāni pana tesaṃ utucittāhārasamuṭṭhānāni catuvīsatīti catupaṇṇāsa honti. Tathā sotaghānajivhādvāresu. Kāyadvāre kāyabhāvadasakavasena ceva utusamuṭṭhānādivasena ca catucattālisa. Manodvāre haday avatthukāyabhāvadasakavaseva ceva utusamuṭṭhānādivasena ca catupaṇṇāsameva. (Vism 20.70)

60 *The Middle Length Discourses*, 153. cakkhuñca pajānāti (MN 10; DN 22)

61 *The Connected Discourses*, 1181.... [Cakkhuṃ[MS]][Cakkhu[VRI]] aniccanti yathābhūtaṃ pajānāti... (SN 35.99)

62 *The Path of Purification*, 646. So sabbampi taṃ rūpaṃ pariggahetvā "cakkhudvāre pavattarūpaṃ sotadvāraṃ appatvā ettheva nirujjhati. Sotadvāre pavattarūpaṃ ghānadvāraṃ. Ghānadvāre pavattarūpaṃ jivhādvāraṃ. Jivhādvāre pavattarūpaṃ kāyadvāraṃ. Kāyadvāre pavattarūpaṃ manodvāraṃ appatvā ettheva nirujjhati, tasmā aniccaṃ dukkhamanattā"ti evaṃ tattha tilakkhaṇaṃ āropeti. (Vism 20.70)

63 Ibid., 646。Cittasamuṭṭhānaṃ somanassitadomanassitavasena pākataṃ hoti. (Vism 20.71)

64 *The Path of Purification*, 646–47. Jīvitaṃ attabhāvo ca, sukhadukkhā ca kevalā; ekacittasamāyuttā, lahuso vattate khaṇo. (Vism 20.72)

65 Ibid., 647. Cullāsītisahassāni, kappaṃ tiṭṭhanti ye marū. Na tveva tepi tiṭṭhanti, dvihi cittehi samohitā. Ye niruddhā marana, tiṭṭhamānassa vā idha; [Sabbepi[MS]][Sabbeva[VRI]] sadisā khandhā, gatā appatisandhikā. (Vism 20.72)

66 Ibid. Anantarā ca ye bhaggā, ye ca bhaggā anāgate; Tadantarā niruddhānaṃ, vesamaṃ natthi lakkhaṇe. (Vism 20.72)

67 Ibid. Anibbattena na jāto, paccuppannena jīvati; Cittabhaṅgā mato loko, paññatti paramatthiyā. (Vism 20.72)

68 Ibid. Anidhānagatā bhaggā, puñjo natthi anāgate; Nibbattā yepi tiṭṭhanti, āragge sāsapūpamā. (Vism 20.72)

69 Ibid. Nibbattānañca dhammānaṃ, bhaṅgo nesaṃ purakkhato; Palokadhammā tiṭṭhanti, purāṇehi amissitā. Adassanato āyanti, bhaggā [gacchantyadassanaṃ[MS]][gacchantudassanaṃ[VR]I]; Vijjuppādova ākāse, uppajjanti vayanti ca. (Vism 20.72)

70 Ibid., 649. Evaṃ vipassanā paṭipāṭiyā sakalampi divasabhāgaṃ sammasituṃ vaṭṭeyya. Yāva dasamacittasammasanā pana rūpakammaṭhānampi arūpakammaṭṭhānampi paguṇaṃ hoti. Tasmā dasameyeva ṭhapetabbanti vuttaṃ. (Vism 20.81)

71 Tathā sati kammaṭṭhānaṃ navaṃ navameva siyā. (Vism-mhṭ)

72 Kāmañcāyaṃ diṭṭhivisuddhikaṅkhāvitaraṇavisuddhisamadhigamena visuddhadiṭṭhiko, maggena pana asamugghāṭitattā anoḷārikāya diṭṭhiyā vasenevaṃ vuttaṃ. (Vism-mhṭ)

73 亦見*The Path of Purification*, 649–50。Evaṃ saṅkhāre anattato passana diṭṭhisamugghātanaṃ nāma hoti (Vism 20.82)

74 Yadā anattānupassanā tikkhā sūrā visadā pavattati, itarā dvepi tadanugatikā. Tadānena diṭṭhi-ugghāṭanaṃ kataṃ hoti. (Vism-mhṭ)

75 亦見 *The Path of Purification*, 649–50。Aniccato passana mānasamugghātanaṃ nāma hoti. (Vism 20.82)

76 Yadā pana aniccānupassanā takkhā sūrā visadā pavattati, itarā dvepi tadanugatikā. Tadānena mānasamugghātanaṃ kataṃ hoti. (Vism-mhṭ)

77 亦見 *The Path of Purification*, 649–50。Dukkhato passana nikantipariyādānaṃ nāma hoti. (Vism 20.82)

78 Yadā pana dukkhānupassanā tikkhā sūrā visadā pavattati, itarā dvepi tadanugatikā. Tadānene nikantipariyādānaṃ kataṃ hoti. (Vism-mhṭ)

79 亦見 *The Path of Purification*, 157–58。Yā "yadatthi yaṃ bhūtaṃ, taṃ pajahati. upekkhaṃ paṭilabhatī"ti evamāgatā vicinane majjhattabhūtā upekkhā, ayaṃ vipassanupekkhā nāma.... Paññā eva hi sā, kiccavasena dvidhā bhinnā. Yathā hi purisassa sāyaṃ gehaṃ paviṭṭhaṃ sappaṃ ajapadadaṇḍaṃ gahetvā pariyesamānassa taṃ thusa-koṭṭhake nipannaṃ disvā "sappo nu kho, no"ti avalokentassa sovattikattayaṃ disvā nibbematikassa "sappo, na sappo"ti vicinane majjhattatā uppajjati. Evameva yā āraddhavipassakassa vipassanāñāṇena lakkhaṇattaye diṭṭhe saṅkhārānaṃ aniccabhāvādivicinane majjhattatā upajjati, ayaṃ vipassanupekkhā. (Vism 4.168–69)

80 Taṃ pajahāmīti upekkhaṃ paṭilabhatīti taṃ tattha chandarāgappahānena pajahāmīti vipassanupekkhaṃ paṭilabhati. (Mp)

81 以執著、貪心、欲望、情慾的形式出現的「欲貪」（chandarāga）。

82 亦見*The Path of Discrimination*, 4。Paccuppannānaṃ dhammānaṃ vipariṇāmānupassane paññā udayabbayānupassane ñāṇaṃ. (Paṭis 1.0)

83 亦見 *The Path of Purification*, 652。Jātaṃ rūpaṃ paccuppannaṃ, tassa nibbattilakkhaṇaṃ udayo, vipariṇāmalakkhaṇaṃ vayo, anupassanā ñāṇaṃ. (Paṭis 20.94)

84 Santatipaccuppanne khaṇapaccuppanne vā dhamme udayabbayadassanābhiniveso kātabbo, na atītānāgateti vuttaṃ "paccuppannānaṃ dhammānan"ti.... Jātanti nibbattaṃ [paṭiladdhabhāvaṃ[MS]] [paṭiladdhattabhāvaṃ[VRI]]... paccuppannarūpaṃ nāma jātaṃ khaṇattayapariyāpannanti attho. Taṃ pana ādito duppariggahanti sanatipaccuppannavasena vipassanābhiniveso kātabbo. (Vism-mhṭ)

85 亦見*The Path of Purification*, 652。Jātā vedanā [paccuppannā[MS]][paccuppannaṃ[VRI]]... Jātā saññā [paccuppannā[MS]] [paccuppannaṃ[VRI]]... Jātā saṅkhārā [paccuppannā[MS]] [paccuppannaṃ[VRI]]... Jātaṃ viññāṅaṃ paccuppannā[MS]] [paccuppannaṃ[VRI]]... tassa nibbattilakkhaṇaṃ udayo. vipariṇāmalakkhaṇaṃ vayo. anupassanā ñāṇaṃ. (Vism 20.94)

86 這是阿毗達磨所描述的五十二種心所的一部分。完整條列，參見「附錄 2：每個心的心所」。

87 亦見 *The Path of Discrimination*, 55。Pañcannaṃ khandhānaṃ udayaṃ passanto pañcavīsati lakkhaṇāni passati, vayaṃ passanto pañcavīsati lakkhaṇāni passati; udayabbayaṃ passanto paññāsa lakkhaṇāni passati. (Paṭis 1.285)

88 亦見 *The Path of Purification*, 653–54。Avijjāsamudayā rūpasamudayoti paccayasamudayaṭṭhena rūpakkhandhassa udayaṃ passati. Taṇhāsamudayā... kammasamudayā... Āhārasamudayā rūpasamudayoti paccayasamudayaṭṭhena rūpakkhandhassa udayaṃ passati. Nibbattilakkhaṇaṃ passantopi rūpakkhandhassa udayaṃ passati. Rūpakkhandhassa udayaṃ[passanto [MS]][passantopi

VRI] imāni pañca lakkhaṇāni passati. (Vism 20.97)

89 Ibid., 653–54. Avijjānirodhā rūpanirodhoti paccayanirodhaṭṭhena rūpakkhandhassa vayaṃ passati. Taṇhānirodhā... kammanirodhā... āhāranirodhā... paccayanirodhaṭṭhena rūpakkhandhassa vayaṃ passati. Vipariṇāmalakkhaṇaṃ passan-topi rūpakkhandhassa vayaṃ passati. Rūpakkhandhassa vayaṃ [passanto MS][passantopi VRI] imāni pañca lakkhaṇāni passati. (Vism 20.97)

90 Ettha ca keci tāva āhu "arūpakkhandhānaṃ udayabbayadassanaṃ addhāsantativaseneva, na khaṇavasenā"ti tesaṃ matena khaṇato udayabbayadassanameva na sīyā. Apare panāhu " paccayato udayabbayadassane atītādivibhāgaṃ anāmasitvā sabbasādhāraṇato [avijjādipaccayā vedanādīnaṃ sambhavaṃ MS][avijjādipaccayā vedanānasambhavaṃ VRI] labbhamānataṃ passati, na uppādaṃ. Avijjādi-abhāve ca [tesaṃMS][tassa VRI] asambhavaṃ alabbhamānataṃ passati, na bhaṅgaṃ. Khaṇato udayabbayadassane paccuppannānaṃ uppādaṃ, bhaṅgañca passatī"ti, taṃ[... Abhi. Tī.] yuttaṃ. Santativasena hi rūpārūpadhamme udayato, vayato ca manasi karontassa anukkamena bhāvanāya balapattakāle ñāṇassa tikkhavisadabhāvapattiyā khaṇato udayabbayāupaṭṭhahantīti. (Vism-mhṭ)

91 亦見 *The Path of Purification*, 653–54。Nibbattilakkhaṇaṃ passantopi... vipariṇāmalakkhaṇaṃ passantopi (Vism 20.97)

92 *The Middle Length Discourses*, 899. Tyāssa dhammā viditā uppajjanti. Viditā upaṭṭhahanti. Viditā abbhattaṃ gacchanti. (MN 111.4)

93 Paṭhamañhi paccuppannadhammānaṃ udayabbayaṃ disvā atha atītānāgate nayaṃ neti. (Vism-mhṭ)

94 亦見 *The Path of Purification*, 655–56。[EttāvatānenaMS, Vism][Ettāvatācanena Vi. ṭī.][Ettāvatā tena Khu. ni. aṭṭha.] "vayadhammameva uppajjati, uppannañca vayaṃ upetī"ti iminā ākārena samapaññāsa lakkhaṇāni paṭivijjhitvā ṭhitaṃ udayabbayānupassanā nāma paṭhamaṃ taruṇavipassanāñāṇaṃ adhigataṃ hoti, yassādhigamā "āraddhavipassako"ti saṅkhaṃ gacchati. (Vism 20.104)

95 Kalāpasammasanādivasena pavattaṃ sammasanaṃ na nippariyāyena vipassanāsamaññaṃ labhati, udayabbayānupassanādivasena pavattameva labhati. (Vism-mhṭ)

96 亦見*The Path of Purification*, 660。Obhāse ceva ñāṇe ca, pītiyā ca vikampati; passaddhiyā sukhe ceva, yehi cittaṃ pavedhati. Adhimokkhe ca paggāhe, upaṭṭhāne ca kampati; upekkhāvajjanāya[caMS][cevaVRI], upekkhāya nikantiyā. (Vism 20.125)

97 Ibid., 656. Vipassanupakkilesā hi paṭvedhapattassa ariyasāvakassa ceva vippaṭipannakassa ca nikkhittakammaṭṭhānassa kusītapuggalassa nuppajjanti. Sammāpaṭipannakassa pana yuttapayuttassa āraddhavipassakassa kulaputtassa uppajjanti yeva. (Vism 20.105)

98 *The Connected Discourses*, 312. Sataṃ hatthī sataṃ assā, sataṃ assatarīrathā, sataṃ kaññāsahassāni, [āmuttamanikundalā MS] [āmukkamanikundalā VRI], ekassa padavītihārassa, kalaṃ nāgghanti soḷasiṃ... (SN 1.837)

99 關於喜的心理狀態，參見「附錄 2：每個心的心所」裡第 12 欄（喜）。

100 Yā panesā dhammaṃ kathentassa vā suṇantassa vā vācentassa vā anto uppajjamānā pīti udaggabhāvaṃ janeti, assūni pavatteti, lomahaṃsaṃ janeti, sāyam saṃsāravaṭṭassa antaṃ katvā arahattapariyosanā hoti. Tasmā sabbaratīnaṃ evarūpā dhammaratiyeva seṭṭhā. (Dhp-a)

101 "Bhante Nāgasena, yo ca mātari matāya rodati, yo ca dhammapemena rodati, ubhinnaṃ tesaṃ rodantānaṃ kassa assu bhesajjaṃ, kassa assu na bhesajjan"ti?"Kassa kho Mahārāja, assu [rāgadosehi

MS][rāgadosamohehi VRI] samalaṃ unhaṃ, ekassa pītisomanassena vimalaṃ sītalaṃ... taṃ bhesajjaṃ, yaṃ uṇhaṃ, taṃ na bhesajjan"ti. (Mil)

102 見「附錄 2a：每個心的心所」編號 35-46。

103 Tattha kāyaggahaṇena rūpakāyassāpi gahaṇaṃ veditabbaṃ, na vedanādikkhandhattayasseva. Kāyapassaddhiādayo hi rūpakāyassāpi darathādinimmaddikāti. (Vism-mhṭ)

104 *The Dhammapada*, 96. Suññāgāraṃ paviṭṭhassa, santacittassa bhikkhuno; Amānusī rati hoti, sammā dhammaṃ vipassato. Yato yato sammasati, khandhānaṃ udayabbayaṃ, [Labhate MS][LabhatiVRI] pītipāmojjaṃ, amataṃ taṃ vijānataṃ. (Dhp 373–74)

105 《大疏鈔》從究竟義說，「觀捨」是心的平衡（tatramajjhattatā）。它給這個定義也許是為了區分「觀捨」和被認為是練習障礙的「智」。然而，《無礙解道注》指出，這僅是某位老師的意見，並把它視為定。《無礙解道》和《清淨道論》的「難題索引」（Gaṇthipada）提供另一種觀點，把它視為觀。「難題索引」說，「觀捨」的作用是對檢視諸有為法保持淡然平捨。所以，不能把它和「智」混為一談。「難題索引」所述，似乎是我最能接受的觀點。所以，我從這觀點來解釋。

106 Na vāpi hi upakkilesā ekakkhaṇepi upajjanti, paccavekkhaṇā pana visuṃ hoti. (Vism-mhṭ)

107 亦見 *The Path of Purification*, 65。Ettha ca obhāsādayo upakkilesavatthutāya upakkilesāti vuttā, na akusalattā. Nikanti pana upakkileso ceva upakkilesavatthu ca. Vatthuvaseneva cete dasa. Gāhavasena pana samatiṃsa honti. (Vism 20.124)

108 （已證道智的）禪修者想要進入果定時，他們的內觀修行必然從生滅智開始。

109 [Udayavaye MS][Udayabbaye VRI] pana paṭividdhe aniccalakkhaṇaṃ pākataṃ hutvā upaṭṭhāti. Tato "yadaniccaṃ taṃ dukkhaṃ. Yaṃ dukkhaṃ tadanattā"ti itaralakkhaṇampi. Atha vā udayabbayaggahaṇena hutvā abhāvākāro, abhiṇhasampaṭipīḷanākāro, avasavattanākāro ca vibhūtataro hotīti kāraṇabhāvena udayabbayañāṇe yogassa lakkhaṇattayasallakkhaṇatthatā veditabbā, na sammukheneva. (Vism-mhṭ)

110 句中提到「滅」的許多同義詞，是為了避免混淆「滅」（nirodha）和「不生之滅」（anuppādanirodha）。

111 亦見 *The Path of Purification*, 663。Tayidaṃ sabbampi ayaṃ yogāvacaro [upakkilesavimuttenaVRI] [upakkilesavinimuttenaMS] vīthipaṭipannavipassanāsaṅkhātena udayabbayānupassanāñāṇena yāthāvasarasato sallakkheti. Tassevaṃ sallakkhetvā punapunaṃ "aniccaṃ dukkhaṃ anattā"ti rūpārūpadhamme tulayato tīrayato taṃ ñāṇaṃ hutvā vahati, saṅkhārā lahuṃ upaṭṭhahanti, ñāṇe tikkhe vahante saṅkhāresu lahuṃ upaṭṭhahantesu uppādaṃ vā thitiṃ vā pavattaṃ vā nimittaṃ vā na sampāpunāti. Khayavayabhedanirodheyeva sati santiṭṭhati. [Tassa "evaṃVRI] [evaṃMS] uppajjitvā evaṃ nāma saṅkhāragataṃ nirujjhatī"ti passato etasmiṃ thāne [bhaṅgānupassanaṃMS] [bhaṅgānupassanāMS] nāma vipassanāñāṇaṃ uppajjati. (Vism 21.10)

112 亦見*The Path of Discrimination*, 4。[Ārammaṇaṃ paṭisankhāVRI][ĀrammaṇappaṭisankhāMS] bhaṅgānupassane paññā vipassane ñāṇaṃ. (Paṭis 1.0)

113 亦見*The Path of Purification*, 664–65。Arammaṇapaṭisaṅkhāti yaṃkiñci ārammaṇaṃ paṭisaṅkhāya jānitvā, khayato vayato disvāti attho. Bhaṅgānupassane paññāti tassa, ārammaṇaṃ khayato vayato paṭisaṅkhāya uppannassa ñāṇassa bhaṅgaṃ anupassane yā paññā, idaṃ vipassane [ñāṇaṃMS][ñāṇanti vuttaṃVRI]. (Vism 21.12)

114 亦見 *The Path of Discrimination*, 55。Rūpārammaṇatā cittaṃ uppajjitvā bhijjati... Taṃ ārammaṇaṃ paṭisaṅkhā... tassa cittassa bhaṅgaṃ anupassati... vedanārammaṇatā ... saññārammanatā... saṅkhārārammaṇatā... viññāṇārammaṇatā cittaṃ uppajjitvā bhijjati. Taṃ ārammaṇaṃ paṭisaṅkhā tassa cittassa bhaṅgaṃ anupassati. (Paṭis 1.284)

115 見 *The Path of Purification*, 663. (Vism 21.10)。

116 Ibid., 664. (Vism 21.12)

117 亦見*The Path of Discrimination*, 59。vatthusaṅkamanā ceva, paññāya ca vivaṭṭanā, āvajjanā balañceva, paṭisaṅkhā vipassanā. (Paṭis 1.297)

118 Vatthusaṅkamanāti rūpādīsu ekekassa bhaṅgaṃ disvā, puna yena cittena bhaṅgo diṭṭho, tassāpi bhaṅgadassanavasena purimavatthuto aññavatthusaṅkamanā. Paññāya ca vivaṭṭanāti udayaṃ pahāya vaye santiṭṭhanā. Āvajjana balañcevāti rūpādīsu ekekassa bhaṅgaṃ disvā, puna bhaṅgārammaṇassa cittassa bhaṅgadassanatthaṃ anantarameva āvajjanasamatthatā. (Paṭis-a)

119 見「附錄 3：心路過程」。

120 亦見 *The Path of Discrimination*, 59。Ārammaṇanvayena, ubho ekavavatthanā. Nirodhe adhimuttatā, vayalakkhaṇavipassanā. (Paṭis 1.297)

121 亦見 *The Path of Purification*, 666。Ārammaṇa-anvayena ubho ekavavatthanāti paccakkhato diṭṭhassa ārammaṇassa anvayena anugamanena yathā idaṃ, tathā atītepi saṅkhāragataṃ bhijjittha, anāgatepi bhijjissatīti evaṃ ubhinnaṃ ekasabhāveneva vavatthāpananti attho. Vuttampi cetaṃ porāṇehi: "Saṃvijjamānamhi visuddhadassano, tadanvayaṃ neti atītānāgate, sabbepi saṅkhāragatā palokino, ussāvabindū sūriyeva uggate"ti. (Vism 21.21)

122 The *Path of Purification*, 667. (Vism 21.27)

123 *The Dhammapada*, 46. Yathā [pupphuḷakaṃ[MS]][pubbuḷakaṃ[Dhp, KNCom'y]][bubbuḷakkam[Vism]] passe, Yathā passe marīcikaṃ, Evaṃ lokaṃ avekkhantaṃ, Maccurājā na passati. (Dhp 170)

124 亦見 *The Path of Purification*, 668。Tassa "atītā saṅkhārā niruddhā, paccuppannā nirujjhanti, anāgate nibbattanakasaṅkhārāpi evameva nirujjhissantī"ti passato etasmiṃ ṭhāne bhayatupaṭṭhānañāṇaṃ nāma uppajjati. (Vism 21.29)

125 Ibid., 669。Bhayatupaṭṭhānañāṇaṃ pana bhāyati na bhāyatī'ti? Na bhāyati. Tañhi atītā sankhārā niruddhā, paccuppannā nirujjhanti, anāgatā nirujjhissantī'ti tīranamattameva hoti. (Vism 21.32)

*1 譯按：Uppādo bhayanti – bhayatupaṭṭhāne paññā ādīnave ñāṇaṃ.

*2 譯按：Pavattaṃ bhayanti – bhayatupaṭṭhāne paññā ādīnave ñāṇaṃ.

126 Tattha bhayākārena pavattaṃ ñāṇaṃ bhayatupaṭṭhānañāṇaṃ. Itarākārena pavattaṃ ādīnavañāṇanti daṭṭhabbaṃ. (Vism-mhṭ)

127 亦見 *The Path of Discrimination*, 5。Anuppādo khemanti santipade ñāṇaṃ... anuppādo sukhanti santipade ñāṇaṃ... anuppādo nirāmisanti santipade ñāṇaṃ... anuppādo nibbānan"ti santipade ñāṇaṃ (Paṭis 1.300)

128 *The Dhammapada*, 72. "Sabbe sankhārā aniccā"ti, yadā paññāya passati; atha nibbindati dukkhe, esa maggo visuddhiyā."Sabbe sankhārā dukkhā"ti, yadā paññāya passati; Atha nibbindati dukkhe, esa maggo visuddhiyā. "Sabbe dhammā anattā"ti, yadā paññāya passati; Atha nibbindati dukkhe, esa maggo visuddhiyā. (Dhp 277–79)

129 亦見 *The Path of Purification*, 674。Tenāhu porānā: "Bhayatupaṭṭhānaṃ ekameva tīṇi nāmāni

labhati, sabbasaṅkhāre bhayato addasāti bhayatupaṭṭhānaṃ nāma jātaṃ. Tesuyeva saṅkhāresu ādīnavaṃ uppādetīti ādīnavānupassanā nāma jātaṃ. Tesuyeva saṅkhāresu nibbindamānaṃ uppannanti nibbidā [nibbidānupassanā MS] nāma jātan"ti. Pāḷiyampi vuttaṃ:, "yā ca bhayatupaṭṭhāne paññā, yañca ādīnave ñānaṃ, yā ca nibbidā, ime dhammā ekattā, byañjanameva nānan"ti. (Vism 21.44)

130 Ibid. Iminā pana nibbidāññāṇena imassa kulaputtassa nibbindantassa ukkaṇṭhantassa anabhiramantassa sabbabhavayonigativiññāṇaṭṭhitisattāvāsagatesu sabhedakesu saṅkhāresu ekasaṅkhārepi cittaṃ na sajjati, na laggati, na bajjhati, sabbasmā saṅkhāragatā [muñcitukāmaṃ MS] [muccitukāmaṃ nissaritukāmaṃ VRI,sic] hoti... Athassa evaṃ sabbasaṅkhāresu vigatālayassa [sabba MS] [sabbasmā VRI] saṅkhāragatā muñcitukāmassa uppajjati muñcitukamyatā ñāṇaṃ. (Vism 21.45)

131 見「附錄6：存有的世界」。

132 亦見 *The Path of Purification*, 674。So evaṃ sabbabhavayonigatiṭṭhitinivāsagatehi [sabhedakehi MS] [sabhedakehi saṅkhārehi VRI] muñcitukāmo sabbasmā saṅkhāragatā muccituṃ puna te evaṃ saṅkhāre paṭisaṅkhānupassanāñāṇena tilakkhaṇaṃ āropetvā parigganhāti. (Vism 21.45)

133 也就是憂、痛、苦、惱。

134 *The Path of Purification*, 650. (Vism 20.83)

135 Ibid., 678–79. Evamevāyaṃ sabbasaṅkhārehi [muñcitukāmo MS][muccitukāmo VRI, sic] hutvā patisaṅkhānupassanāya saṅkhāre pariggaṇhanto "ahaṃ mamā"ti gahetabbaṃ adisvā bhayañca nandiñca vippahāya sabbasaṅkhāresu udāsīno hoti majjhatto. Tassa evaṃ jānato evaṃ passato tīsu bhavesu, castūsu yonīsu, pañcasu gatīsu, sattasu viññāṇaṭṭhitīsu navasu sattavāsesu cittaṃ patilīyati, patikutati, pativattati, na sampasāriyati, upekkhā vā pāṭikūlyatā vā saṇṭhati... Iccassa saṅkhārupekkhāñāṇaṃ nāma uppannaṃ hoti. (Vism 21.61–62)

136 *The Middle Length Discourses*, 871. Puna caparaṃ bhikkhave, ariyāsāvako... iti paṭisañcikkhati — "suññam'idaṃ attena vā, attaniyena vā."ti. (MN 106.7)

137 *Paramatthajotikā* I.

138 *The Middle Length Discourses*, 871. Puna caparaṃ bhikkhave, ariyāsāvako iti paṭisañcikkhati— "nāhaṃ kvacani, kassaci kiñcanatasmiṃ, na ca mama kvacani, kismiñci [kiñcanatatthī"ti MS, VRI MN] [kiñcanaṃ natthī"ti VRI, ANSCom'y] (MN 106.8)

139 亦見 *The Path of Purification*, 677。Cakkhu suññaṃ attena vā attaniyana vā niccena vā dhuvena vā sassatena vā avipariṇāmadhammena vā. (Vism 21.55)

140 Ibid., 677–78. Rūpaṃ asāraṃ nissāraṃ sārāpagataṃ niccasārasārena vā dhuvasārasārena vā sukhasārasārena vā attasārasārena vā niccena vā dhuvena vā sassatena vā avipariṇāmadhammena vā. (Vism 21.56)

141 Ibid., 678. Rūpaṃ rittato passati. Tucchato... suññato... anattato... anissariyato... akāmakāriyato... alabbhanīyato... avasavattakato... parato... vivittato passati. (Vism 21.57)

142 Ibid., 622–23. Kammaṃ natthi vipākamhi, pāko kamme vijjati; Aññamaññaṃ ubosuññā, na ca kammaṃ vinā phalaṃ. (Vism 19.20)

143 [Kammādi MS][Kārakādi VRI] viya, kāraṇehi phalena ca vivittato. Na hi kāraṇena phalaṃ, phalena vā kāraṇaṃ sagabbhaṃ tiṭṭhati. (Vism-mhṭ)

144 Api ca, dasahākārehi suññato lokaṃ avekkhati. Rūpaṃ rittato, tucchato, suññato, anattato,

asārakato, vadhkato, vibhāvato, aghamūlato, sāsavato, saṅkhatato. (Nidd II)

145 亦見 *The Path of Purification*, 678。Rūpaṃ na satto na jīvo na naro na māṇavo na itthī na puriso [na attā na aham na attaniyaṃ[MS]][na attā na attaniyaṃ nāhaṃ[VRI]] na mama na koci na kassaci... (Vism 21.58)

146 因此，《清淨道論》在「領會智」的段落解釋如下：「一切（法）以無實之義為無我。無實是說，缺乏被認為是「我、住者、作者、受者、自在者」的堅實我……是空，因為空無有主、住者、作者、受者、決意者。」見 *The Path of Purification*, 665. (Vism 20.16)。

147 Rūpaṃ na sattoti-ādīsu yo lokavohārena satto, rūpaṃ so na hotīti ayamattho idha nādhippeto, tassā'vutta-siddhattā. Na hi loko rūpamattaṃ "satto"ti voharati, [bāhirakaparikappeto[MS]] [bāhirakaparikappito[VRI]] pana attā "satto"ti adhippeto. So hi tehi rūpādīsu sattavisattatāya [pare ca[MS]][paresaṃ[VRI]] sañjāpanaṭṭhena "satto"ti vuccati, rūpaṃ so na hotīti attho. Suññatāpariggaṇhanañhetanti. Esa nayo na jīvotiādīsupi. (Vism-mhṭ)

148 亦見 *The Path of Discrimination*, 61。Kathaṃ muñcitukamyatāpaṭisaṅkhāsantiṭṭhanā paññā saṅkhārupekkhāsu ñāṇaṃ? Uppādaṃ muñcitukamyatāpaṭisaṅkhāsantiṭṭhanā paññā saṅkhārupekkhāsu ñāṇaṃ, pavattaṃ... nimittaṃ... āyūhanaṃ... paṭisandhiṃ... upāyāsaṃ muñcitu kamyatāpaṭisaṅkhāsantiṭṭhanā paññā saṅkhārupekkhāsu ñāṇaṃ... Uppādo dukkhanti... bhayanti... sāmisanti... saṅkhārāti... upāyāso saṅkhārāti muñcitukamyatāpaṭisaṅkhāsantiṭṭhanā paññā saṅkhārupekkhāsu ñāṇaṃ. (Paṭis 1.306–7)

149 亦見 *The Path of Purification*, 683。Tattha muñcitukamyatā ca sā paṭisaṅkhā ca santiṭṭhanā cāti muñcitukamyatā-paṭisaṅkhā-santiṭṭhanā. Iti pubbabhāge nibbidāñāṇena [nibbindantassa [MS]] [nibbinnassa [VRI]] uppādādīni pariccajitukāmatā muñcitukāmatā. Muñcanassa upāyakaraṇatthaṃ majjhe paṭisaṅkhānaṃ paṭisaṅkhā. Muñcitvā avasāne [ajjhupekkhanā [MS]] [ajjhupekkhanaṃ [VRI]] santiṭṭhanā. (Vism 21.81)

150 亦見 *The Path of Discrimination*, 263。Yā ca muñcitukamyatā yā ca paṭisaṅkhānupassanā yā ca saṅkhārupekkhā, ime dhammā ekatthā, byañjanameva nānaṃ. (Paṭis 5.84)

151 亦見 *The Path of Purification*, 679。Evameva sace saṅkhārupekkhāñāṇaṃ santipadaṃ nibbānaṃ santato passati, sabbaṃ saṅkhārapavattaṃ vissajjetvā nibbānameva pakkhanadati. No ce passati, punappunaṃ saṅkhārārammaṇameva hutvā pavattati. Tadidaṃ suppagge piṭṭhaṃ vaṭṭiyamānaṃ viya. [Nippaṭṭitakappāsaṃ vihaṭiyamānaṃ [MS]] [Nibbaṭṭitakappāsaṃ vihanamānaṃ [VRI]] viya [nānāpakārato [MS]] [nānapakārato [VRI]] saṅkhāre pariggahetvā bhayañca nandiñca pahāya saṅkhāravicinane majjhattaṃ hutvā tividhānupassanāvasena tiṭṭhati. (Vism 21.65)

152 Tikkhavisadasūrabhāvena saṅkhāresu ajjhupekkhane sijjhamāne taṃ saṅkhārupekkhāñāṇaṃ anekavāraṃ pavattamānaṃ paripākagamanena anulomañāṇassa paccayabhāvaṃ gacchantaṃ nibbānaṃ santato passati nāma. Tathābhūtañca saṅkhārapavattaṃ vissajjetvā nibbānameva pakkhandati nāma. Tayidaṃ idha ñāṇaṃ anulomagotrabhūñāṇehi saddhiṃ ekattaṃ netvā vuttaṃ ekattanayavasena. (Vism-mhṭ)

153 *A Comprehensive Manual of Abhidhamma*, p.354。行捨智與隨順（四諦）智，在圓滿時，亦稱為「至出起觀」。

154 Yā sikhāppattā, sā sānulomā saṅkhārupekkhā vuṭṭhānagāminīvipassanāti ca pavuccati... yadi vuṭṭhānagāminīvipassanā anattato vipassati, suññato vimokkho nāma hoti maggo. Yadi aniccato

vipassati, animitto vimokkho nāma. Yadi dukkhato vipassati, appaṇihito vimokkho nāma. (Abhid-s)

155 亦見*The Path of Purification*, 684。Sikhāpattavipassanāti vuṭṭhānagāminīti vā saṅkhārupekkhādiñāṇattayasseva etaṃ nāmaṃ. Sā hi sikhaṃ uttamabhāvaṃ pattattā sikhāpattā. Vuṭṭhānaṃ gacchatīti vuṭṭhānagāminī. Vuṭṭhānaṃ vuccati bahiddhānimittabhūtato abhiniviṭṭṭhavatthuto ceva, ajjhattapavattato ca [vuṭṭhāhanato [MS]][vuṭṭhahanato [VRI]] maggo, taṃ gacchatīti vuṭṭhānagāminī, maggena saddhiṃ ghatīyatīti attho. (Vism 21.83)

156 參考「附錄 3：心識之流」H15–17: 至出起觀的至頂捨；H18: 與道、果相應的心路。

157 亦見*The Path of Purification*, 691。Tassa "dāni maggo uppajjissatī"ti saṅkhārupekkhā saṅkhāre aniccāti vā dukkhāti vā anattāti vā sammasitvā bhavaṅgaṃ otarati. [Bhangānantaraṃ [MS]] [Bhavaṅgānantaraṃ [VRI]] saṅkhārupekkhāya katanayeneva saṅkhāre aniccāti vā, dukkhāti vā anattāti vā ārammaṇaṃ kurumānaṃ uppajjati manodvārāvajjanaṃ. Tato bhavaṅgaṃ āveṭṭetvā uppannassa tassa kriyācittassānantaraṃ avīcikaṃ [santatim anubandhamānaṃ [MS]][cittasantatim anuppabandhamānaṃ [VRI]] anubandhamānaṃ tatheva sankhāre ārammanaṃ katvā uppajjati pathamajavanacittaṃ, yaṃ [parikammaṃ [MS]] [parikammanti[VRI]] vuccati. (Vism 21.129)

158 Aniccāti vā... pe... sammasitvā bhavaṅgaṃ otaratīti Aniccāti vā dukkhāti vā anattāti vā sammasitvā bhavaṅgaṃ otaratīti aniccādīsu ekenākārena sammasantī sattakkhattuṃ pavattitvā bhijjantī bhavaṅgaṃ otiṇṇā nāma hoti tato paraṃ bhavaṅgassa vāroti katvā.... Tathevāti yathā atītāsu [dvattijavanāvīthisu [MS]] [dvattiṃsajavanāvīthisu [VRI]] saṅkhārupekkhā "aniccā"ti vā, "dukkhā"ti vā "anattā"ti vā saṅkhāre ārammaṇamakāsi, tatheva. (Vism-mhṭ)

159 八等至指八類禪那：四色界定和無四色定。行道四法是指：修習的行道或苦或樂，證悟的通達或速或遲。

160 Tādisāya āsevanāya icchitabbattā yathā maggavīthito pubbe dve tayo javanavārā sadisānupassanāva pavattanti, evamidhāpi appanāvārato pubbe dve tayo javanavārā upekkhāsahagatāva pavattantīti vadanti. (Vism-mhṭ)

161 亦見*The Path of Discrimination*, 67。Uppādaṃ abhibhuyyitvā anuppādaṃ pakkhandatīti gotrabhū... bahiddhā saṅkhāranimittaṃ abhibhuyyitvā... nirodhaṃ nibbānaṃ pakkhandatīti gotrabhū. (Paṭis 1.332)

162 無論哪一種情況，總共必須有七個速行心。

163 亦見 *The Path of Purification*, 697。Yathā hi mahāmātikaṃ laṅghitvā paratīre patiṭṭātukāmo puriso vegena dhāvitvā mātikāya orimatīre rukkhassakhāya bandhitvā olambitaṃ rajjuṃ vā yaṭṭiṃ vā gahetvā ullaṅghitvā paratīraninnapoṇapabbhārakāyo hutvā paratīrassa uparibhāgaṃ patto taṃ muñcitvā vedhamāno paratīre patitvā saṇikaṃ patiṭṭāti, evamevāyaṃ yogāvacaropi bhavayonigatiṭṭhitinivāsānaṃ paratīrabhūte nibbāne patiṭṭhātukāmo udayabbayānupassanādinā vegena dhāvitvā attabhāvarukkhasākhāya bandhitvā olambhitaṃ rūparajjuṃ vā vedanādīsu aññataradaṇḍaṃ vā aniccanti vā dukkhanti vā anattāti vā anulomavajjanena gahetvā taṃ amuñcamanova paṭhamena anulomacittena ullaṅgitva dutiyena paratīraninnapoṇapabbhārakāyo viya nibbananinnapoṇapabbhāramānaso hutvā tatiyena paratīrassa uparibhāgaṃ patto viya idāni pattabbassa nibbanassa āsanno hutvā tassa cittassa nirodhena taṃ saṅkārārammaṇaṃ muñcitvā gotrabucittena visaṅkhare paratīrabhute nib- bāne patati. Ekarammaṇe pana aladdhāsevanatāya vedhamāno so puriso viya na tāva suppatiṭṭhito hoti, tato maggañaṇena patiṭṭhāti. (Vism 22.6)

164 MN 64. 見 *The Middle Length Discourses*, 537–41。

165 AN 9.36. 見 *The Numerical Discourses*, 1298–1301。

166 我們偏好菩提比丘在舊版譯本的翻譯。本書主要引用新版翻譯，菩提長老在註腳提供下列的說明：「Upadhivivekā：《中部注》將 upadhi 解釋作五欲。這段文的前三句子似乎和之後較常見的兩句一樣表達相同的觀點。疏鈔解釋，它們是為了指出『離欲、離不善法』的方法」。*The Middle Length Discourses*, 539, fn. 654。

167 *The Middle Length Discourses*, 539–40. [Idhānanda bhikkhu upadhivivekā akusalanaṃ dhammanaṃ pahānā sabbaso kāyaduṭṭhullānaṃ paṭippassaddhiyā MN only] vivicceva kāmehi vivicca akusalehi dhammehi savitakkaṃ savicāraṃ viviekajaṃ pītisukhaṃ paṭhamaṃ jhānaṃ upasampajja viharati. So yadeva tattha hoti rūpagataṃ vedanāgataṃ saññāgataṃ saṅkhāragataṃ viññāṇagataṃ te dhamme aniccato dukkhato rogato ghaṇḍato sallato aghato ābādhato parato palokato suññato anattato samanupassati. So tehi dhammehi cittaṃ paṭivāpehi. So tehi dhammehi cittaṃ paṭivāpetvā amatāya dhātuyā cittaṃ upasaṃharati: "etaṃ santaṃ etaṃ panītaṃ yadidaṃ sabbasaṇkhārasamatho sabbūpadhipaṭinissaggo taṇhākkhayo virāgo nirodo nibbānan"ti. (MN 64.9)

168 《中部》的第二個五十經。

169 Maggacittaṃ nibbānaṃ ārammaṇakaranavaseneva "evaṃ santaṃ, etaṃ paṇītaṃ"ti na evaṃ vadati. Iminā [pana ākārena MNCom'y][panākārena ANCom'y] taṃ paṭivijjhanto tattha cittaṃ upasaṃharati. (Ps)

170 亦見*The Path of Discrimination*, 402。Pañcakkhandhe aniccato passanto anulomikaṃ khantiṃ paṭilabhati. Pañcānnaṃ khandhānaṃ nirodho niccaṃ nibbānanti passanto sammattaniyāmaṃ okkamati. (Paṭis 29.8)

171 見 *The Path of Purification*, 684. (Vism 21.84)。... rūpā vuṭṭhāti... arūpā vuṭṭhāti... ekappahārena pañcāhi khandhehi vuṭṭhā"ti. (Vism)

172 亦見*The Path of Discrimination*, 402–3。Pañcakkhandhe palokato passanto anulomikaṃ khantiṃ paṭilabhati. Pañcānaṃ khandhānaṃ nirodho apalokadhammo nibbānanti passanto sammattaniyāmaṃ okkamati... Pañcakkhandhe dukkhato passanto anulomikaṃ khantiṃ paṭilabhati. Pañcānaṃ khandhānaṃ nirodho sukhaṃ nibbānanti passanto sammattaniyāmaṃ okkamati... Pañcakkhandhe bhayato passanto anulomikaṃ khantiṃ paṭilabhati. Pañcānaṃ khandhānaṃ nirodho abhayaṃ nibbānanti passanto sammattaniyāmaṃ okkamati... Pañcakkhandhe anattato passanto anulomikaṃ khantiŋ paṭilabhati. Pañcānaṃ khandhānaṃ nirodho paramatthaṃ nibbānanti passanto sammattaniyāmaṃ okkamati. (Paṭis 29.8)

173 Ibid., 403. Pañcakkhandhe tucchato passanto anulomikaṃ khantiṃ paṭilabhati Pañcānaṃ khandhānaṃ nirodho atucchaṃ nibbānanti passanto sammattaniyāmaṃ okkamati. (Vism 29.8)

174 Taṃ cittaṃ aparāparaṃ manasikaroto pavattaṃ samatikkamitvā appavattaṃ okkamati, apavattamanupatto, Mahārāja, sammāpaṭipanno "nibbānaṃ sacchikarotī"ti vuccati. (Mil)

175 *The Middle Length Discourses*, 485. Dhammacakkhuṃ udapādi "yaṃ kiñci samudayadhammaṃ, sabbantaṃ nirodhadhamman"ti. (MN 56.18, 74.15, 91.36, and 147.10)

176 無餘涅槃界，指阿羅漢的死亡，徹底捨棄五蘊而不復再生。

177 Dhammacakkhunti ettha sotāpattimaggo adhippeto. Tassa uppatti-ākāradassanatthaṃ "yaṃ kiñci samudayadhammaṃ sabbaṃ taṃ nirodhadhamman"ti āha. Tañhi nirodhaṃ ārammaṇaṃ katvā kiccavasena evaṃ sabbasaṅkhataṃ paṭivijjhantaṃ uppajjati. (Sv)

178 MN 91. 見 *The Middle Length Discourses*, 743–54。

179 MN 147. 見 *The Middle Length Discourses*, 1126–28。

180 Maggaṃ phalañca nibbānaṃ, peccavekkhati pandito. Hīne kilese sese ca, paccavekkhati vāna vā. (Abidh-s)

181 *The Middle Length Discourses*, 186. Tassa mayhaṃ, bhante, evaṃ hoti: " kosu nāma me dhammo ajjhattaṃ appahīno yena me ekadā lobhadhammāpi cittaṃ pariyādāya tiṭṭhanti, dosadhammāpi cittaṃ pariyādāya tiṭṭhanti, mohadhammāpi cittaṃ pariyādāya tiṭṭhantī'ti. So eva kho te, mahānāma, dhammo ajjhattaṃ appahīno... (MN 14.2–3)

182 *The Middle Length Discourses*, 186. Ayaṃ kira rājā "sakadāgāmimaggena lobhadosamohā niravasesā pahīyantī"ti saññī ahosi, "ayaṃ appahīnam me atthī"tipi jānāti, appahīnakam upādāya pahīnakam[pi VRI] puna pacchatovāvatatīti saññī hoti. Ariyasāvakassa evaṃ sandeho uppajjatīti? Āma uppajjati. Kasmā? Paṇṇattiyā akovidattā, "Ayaṃ kileso asukamaggavajjho"ti imissā paṇṇittiyā akovidassa hi ariyasāvakassapi evaṃ hoti. Kiṃ tassa paccavekkhaṇā natthīti? Atthi. Sā pana na sabbesaṃ paripuṇṇa hoti. Eko hi pahīnakilesameva paccavekkha[ti VRI]. Eko avasiṭṭhakilesameva, eko maggameva, eko phalameva, eko nibbānameva. Imāsu [pana pañcasu VRI] paccavekkhaṇāsu ekaṃ vā dve vā no laddhuṃ na vaṭṭati. (Ps)

183 見「附錄 4：煩惱的斷除」，以表格呈現這段落所包含的訊息。

184 亦見 *The Path of Purification*, 710。Saṃyojanesu tāva sakkāyadiṭṭhi vicikicchā sīlabbataparāmāso apāyagamanīyā ca kāmarāgapaṭighāti ete pañca dhammā paṭhamañāṇavajjhā, sesā kāmarāgapaṭighā oḷārikā dutiyañāṇavajjhā, sukhumā tatiyañāṇavajjhā, rūparāgādayo pañcapi catutthañāṇavajjhā eva. (Vism 22.64)

185 Ibid. Kilesesu ditthivicikicchā paṭhamañāṇavajjhā, doso tatiyañāṇavajjho, lobhamhamānathina-uddhacca-ahirika-anottappāni catutthañāṇavajjhāni. (Vism 22.65)

186 四種不善語只算十邪道支中的一支。

187 Ibid. Micchattesu micchādiṭṭhi musāvādo micchākammanto micchā-ājīvoti ime paṭhamañāṇavajjhā, micchāsaṅkappo pisuṇavācā pharusavācāti ime tatiyañāṇavajjhā, cetanāyeva cettha vācāti veditabbā, Samhappalāpamicchāvāyāmasatisamādhivimuttiñāṇāni catutthañāṇavajjhā. (Vism 22.66)

188 畢陵伽長老習慣叫每個人「賤民」（vasala）。當別人向佛陀告狀，佛陀解釋這是因為過去一百世，畢陵伽皆出世於「呼賤民的婆羅門」家中（Udāna, PTS 3.6; Dhp-a, PTS 4.181f ）。有一天，在進入王舍城時，畢陵伽遇到一位帶著一碗長胡椒（pipphalī）的人，他問說：「賤民！碗裡有什麼？」那人生氣回答：「老鼠屎。」畢陸伽回答：「好吧。」於是胡椒變成了屎。那人很害怕，找到畢陵伽，說服他把它改正回來。（Mp PTS 1.154f ）

189 亦見*The Path of Purification*, 710。Lokadhammesu paṭigho tatiyañāṇavajjho, anunayo catutthañāṇavajjho, yase ca pasaṃsāya ca anunayo [tatiyañāṇavajjho'ti MS] [catutthañāṇavajjho'ti VRI] eke. (Vism 22.67)

190 《清淨道論》這段巴利文有不同讀法；馬哈希大師的說明採用 tatiyañāṇavajjho，而 VRI 的緬甸第六次結集版是作 catutthañāṇavajjho。

191 亦見 *The Path of Purification*, 710。Macchariyāni paṭhamañāṇavajjhāni. (Vism 22.67)

192 Ibid. Vipallāsesu anicce [niccanti MS] [niccaṃ VRI] anattani attāti ca saññācittadiṭṭhivipallāsā, dukkhe [sukhanti MS] [sukhaṃ VRI], asubhe subhanti diṭṭhivipallāso cāti ime paṭhamañāṇavajjhā,

asubhe subhanti saññācittavipallāsā tatiyañāṇavajjhā, dukkhe sukhanti saññācittavipallāsā catutthañāṇavajjhā. (Vism 22.68)

193 Ibid., 710–11。Agati paṭhamañāṇavajjhā. (Vism 22.69)

194 Ibid., 711。Āsavesu diṭṭhāsavo paṭhamañāṇavajjho. Kāmāsavo tatiyañāṇavajjho, itare dve catutthaññāṇavajjho. (Vism 22.70)

195 見「附錄 6：存有的世界」。

196 亦見 *The Path of Purification*, 711。

Nīvaraṇesu vicikicchānīvaraṇaṃ paṭhamañāṇavajjhaṃ, kāmacchando byāpādo kukkuccanti tīṇi tatiyañāṇavajjhāni, thinamiddha-uddhaccāni catutthañāṇavajjhāni. (Vism 22.71)

197 Kāmacchandassa anāgāmimaggena pahānaṃ ukkaṭṭhanīvaraṇavasena vuttanti veditabbaṃ... Tasmā sabbo lobho kāmacchandanīvaraṇanti arahattamaggenassa pahānavacanaṃ yuttaṃ. (Dhs-mlṭ)

198 亦見 *The Path of Purification*, 711。Upādānesu sabbesampi lokiyadhammānaṃ vatthukāmavasena kāmāti āgatattā rūpārūparāgopi kāmupādāne patati, tasmā taṃ catutthañāṇavajjhaṃ, sesāni paṭhamañāṇavajjhāni. (Vism 22.72)

*3 譯按：依據《中部》（MN 117），十邪見包括錯誤的以為：一、無施與，二、無廣施，三、無供養，四、無善行惡行諸業的果報，五、無有此世，六、無有他世，七、無母，八、無父，九、無化生有情，十、於此世間無有依正直行道而於此世他世自證及為世人說法的沙門、婆羅門。

199 Ibid. Ausayesu diṭṭhivicikicchānusayā paṭhamañāṇavajjhāva, kāmarāgapaṭighānusayā tatiyañāṇavajjhā, mānabhavarāgāvijjānusayā catutthañāṇavajjhā.(Vism 22.73)

200 Ibid. Akusalakammapathesu pāṇātipāto adinnādānaṃ micchācaro musāvādo micchādiṭṭhīti ime paṭhamañāṇavajjhā, pisuṇavācā pharūsavācā byāpādoti tayo tatiyañāṇavajjhā, samphappalāpābhijjhā catutthañāṇavajjhā. (Vism 22.75)

201 Ibid. Akusalacittuppādesu cattāro diṭṭhisampayuttā vicikicchā sampayutto cāti pañca paṭhamañāṇavajjhāva, dve paṭighasampayuttā tatiyañāṇavajjhā sesā catutthañāṇavajjhā. (Vism 22.76) 見「附錄 2：每個心的心所」：初道心，第 1, 2, 5, 6, 11；第三道心，第 9,10；第四道心，第 3, 4, 7, 8, 12。

202 Cattāro diṭṭhigatavippayuttā lobhasahagatacittuppādā, dve dosamanassasahagatacittuppādā: ime dhammā siyā dassanena pahātabbā. Katame dhammā na dassanena pahātabbā? Uddhaccasahagato cittuppādo... Katame dhammā bhāvanāya pahātabbā? Uddhaccasahagato cittuppādo... (Dhs)

203 例如《發趣論》(Paṭṭh)。

204 Cittuppādaggahaṇena cettha makkhapalāsamāyasāṭheyyapamādathambhasārambhādhīnaṃ saṅgaho katoti daṭṭhabbaṃ. (Vism-mhṭ)

205 MN 7. 見 The Middle Length Discourses, 118–22。

206 Sotāpattimaggena makkho paḷāso issā macchariyaṃ māyā sāṭheyyanti ime cha pahīyanti. Anāgāmimaggena byāpādo kodho upanāho pamādoti ime cattāro. Arahattamaggena abhijjhā visamalobho thambho sārambho māno atimāno madoti ime cha pahīyanti. (Ps)

207 *The Connected Discourses*, 1800. Tasmā tihānanda dhammādāsaṃ nāma dhammapariyāyaṃ desessāmi, yena samannāgato ariyasāvako ākaṇkhamāno attanāvo attānaṃ byākareyya: "khīṇaniryomhi khīṇatiracchānayoni khīṇapettivisayo khīṇapāyuduggativinipāto, sotāpannohamasmi

avinipātadhammo niyato [sambodhiparāyano"ti MS] [sambodhiparāyaṇo"ti VRI]. Katamo ca so, Ānanda, dhammādāso dhammapariyāyo ... [sambodhiparāyano"ti MS] [sambodhiparāyaṇo"ti VRI]? Idhānanda, ariyasāvako Buddhe aveccappasādena samannāgato hoti: " itipi so bhagavā arahaṃ sammāsambuddho vijjācaranasampanno sugato lokavidū anuttaro purisadhammasārathi satthādevamanussanaṃ buddho bhagavā"ti. Dhamme aveccappasādena samannāgato hoti: "svākāto bhagavatā dhammo sandiṭṭhiko akāliko ehipassiko opaneyyiko paccattaṃ vedittabbo.viññūhī'ti" Saṅghe aveccappasādena samannāgato hoti: "suppaṭipanno bhagavato sāvakasaṅgho, ujupaṭipanno bhagavato sāvakasaṅgho, ñāyapaṭipanno bhagavato sāvakasaṅgho, sāmīcipaṭipanno bhagavato sāvakasaṅgho, yadidaṃ cattāri purisayugāni aṭṭha purisapuggalā, esa bhagavato sāvakasaṅgho āhuneyyo pāhuneyyo dakkhiṇeyyo añjalikaraṇiyo anuttaraṃ puññaketaṃ lokassā"ti. Ariyakantehi sīlehi samannāgato hoti akhaṇḍehi acchiddehi asabalehi akammāsehi bhujissehi viññūpasatthehi aparāmaṭṭhehi samādhisaṃvattanikehi. Ayaṃ kho so, Ānanda, dhammādāso dhammapariyāyo, yena samannāgato ariyasāvako ākaṅkhamāno attanāva attānaṃ byākareyya: "khīṇaniryomhi... (pe)... [sambodhiparāyano"ti MS] [sambodhiparāyaṇo"ti VRI]. (SN 55.8)

208 證得四道智之一的人，即成為聖者（ariya）。

209 *The Numerical Discourses*, 1000. Saddhādhanaṃ sīladhanaṃ hirī ottappiyaṃ dhanaṃ. sutadhanañca cāgo ca, paññā ve attanaṃ dhanaṃ. Yassa ete dhanā atthi, itthiyā purisassa vā; adaliddo'ti taṃ āhu, amoghaṃ tassa jīvitaṃ. (AN 7.5)

210 Sace me [aṇgamaṇgāni MS][aṅgamaṅgāni VRI] kāmaṃ chejjasi brāhmana; nevāhaṃ viramissāmi, buddhaseṭṭhassa sāsanā. (Spk)

211 Ariyakantehīti ariyānaṃ kantehi piyehi manāpehi. [Pañcasīlāni hi MS][Pañca hi sīlāni VRI] ariyāsāvakānaṃ kantāni honti bhavantarepi avijahitabbato. Tāni sandhāyetaṃ vuttaṃ. (Sv)

212 Sacepi [hi VRI] bhavantaragataṃ ariyasāvakaṃ attano ariyabhāvaṃ ajānantampi koci evaṃ vadeyya "imaṃ kunthakipillikaṃ jīvitā voroepetvā sakalacakkavāḷagabbhe cakkavattirajjaṃ paṭipajjāhī"ti, neva so taṃ jātita voropeyya. Atāpi naṃ evaṃ [vadeyyaṃ MS][vadeyya VRI]"sace imaṃ ne [ghātessati MS][ghātessasi VRI] sīsaṃ te chindissāmā'ti. Sīsamevassa [chindeyyaṃ MS][chindeyya VRI] [neva MS][na ca VRI] so taṃ ghāteyya. (Ps)

213 DN 16. 見 The Long Discourses of the Buddha, 231–78。

214 *The Numerical Discourses*, 1264–65. Tena kho pana samayena tesaṃ aññatitthiyānaṃ paribbājakānaṃ sannisinnānnānaṃ sannipatitānaṃ [ayamantarakathā MS] [ayamantarākathā VRI] udapādi: "yo hi koci, āvuso, sa-upādiseso kālaṃ karoti, sabbo so aparimutto nirāya aparimutto tiracchānayoniyā aparimutto pettivisayā aparimutto apāya-duggativinipātā"ti. Atha kho ahaṃ, bhante tesaṃ aññatitthiyānaṃ paribbājakānaṃ bhāsitaṃ neva abhinandiṃ nappaṭikkosiṃ. Anabhinanditvā appaṭikkositvā uṭṭhāyāsana pakkamiṃ; "bhagavato santike etassa bhāsitassa atthaṃ ājānissāmī"ti... Ke ca, Sāriputta, aññatitthiyā paribbājakā bālā abyattā, ke ca sa-upādisesaṃ vā "sa-upādiseso"ti jānissanti, sa-upādisesaṃ vā anupādisesaṃ vā "anupādiseso"ti jānissanti! Navayime Sāriputta puggalā sa-upādisesā kālaṃ kurumānā parimuttā nirayā, parimuttā tiracchānayoniyā, parimuttā pettivisayā, parimuttā apāyaduggatinipātā. (AN 9.12)

215 第一到第五，是三果聖者；第六指二果聖者；第七到第九，指初果聖者。

216 Ibid., 1266–67. Na tāvāyaṃ Sāriputta dhmmapariyāyo paṭibhāsi bhikkhūnaṃ bhikkhūninaṃ

upāsakānaṃ upāsikānaṃ. Taṃ kissa hetu? Māyimaṃ dhammapariyāyaṃ sutvā pamādaṃ āhiriṃsūti. Api cā [yaṃ MS] mayā Sāriputta dhammapariyāyo pañhādhippāyena bhāsitoti. (AN 9.12)

217 *The Connected Discourses*, 1808. Tassa mayhaṃ bhante tasmiṃ samaye mussateva bhagavantaṃ ārabhta sati, mussati dhammaṃ ārabhta sati, mussati [saṃghaṃ MS][saṅghaṃ VRI] ārabhta sati. Tassa mayhaṃ bhante, evaṃ hoti: "imamhi cāhaṃ samaye kālaṃ kareyyaṃ, kā mayhaṃ gati, ko abhisamparāyo"ti? Mā bhāyi, Mahānāma, mā bhāyi, Mahānāma! Apāpakaṃ te maraṇaṃ bhavissati, apāpikā kālaṃkiriyā. Yassa kassaci Mahānāma dīgharattaṃ saddhāparibhāvitaṃ cittaṃ [sīla, suta, cāga, paññāparibhāvitaṃ cittaṃ MS] [sīlaparibhāvitaṃ cittaṃ, sutaparibhāvitaṃ cittaṃ, cāgaparibhāvitaṃ cittaṃ, paññāparibhāvitaṃ cittaṃ VRI], tassa yo hi kvāyaṃ kāyo rūpī... [pe MS] ... taṃ idheva kākā vā, khādanti gijjhā vā, [khādanti VRI] kulala vā, [khādanti VRI] sunakhā vā, [khādanti VRI]sigālā vā, [khādantiVRI]vividhā vā pāṇakajātā kādanti; yañca kvassa cittaṃ dīgharattaṃ saddhāparibhāvitaṃ, [sīla, suta, cāga MS][pe VRI] paññāparibhāvitaṃ taṃ uddhaṃgāmi hoti visesagāmi... Catūhi kho Mahānāma dhammehi samannāgato ariyasāvako nibbānaninno hoti nibbānapoṇo nibbānapabbhāro. (SN 55.21)

218 Ibid., 1809. Yassa kassaci Mahānāma dīgharattaṃ saddhāparibhāvitaṃ cittaṃ [sīla, suta, cāga, paññāparibhāvitaṃ cittaṃ MS][sīlaparibhāvitaṃ cittaṃ, sutaparibhāvitaṃ cittaṃ, cāgaparibhāvitaṃ cittaṃ, paññāparibhāvitaṃ cittaṃ VRI], tassa yo hi kvāyaṃ kāyo rūpī... [pe MS]... taṃ idheva kākā vā, khādanti gijjhā vā, [khādanti VRI]kulala vā, [khādanti VRI]sunakhā vā, [khādanti VRI]sigālā vā, [khādanti VRI]vividhā vā pāṇakajātā kādanti; yañca kvassa cittaṃ dīgharattaṃ saddhāparibhāvitaṃ, [sīla, suta, cāga MS] [pe VRI] paññāparibhāvitaṃ taṃ uddhaṃgāmi hoti visesagāmi... Catūhi kho Mahānāma dham mehi samannāgato ariyasāvako nibbānaninno hoti nibbānapoṇo nibbānapabbhāro. Katamehi catūhi? Idha, mahānāma, ariyasāvako buddhe aveccappasādena samannāgato hoti – itipi so bhagavā... pe... satthā devamanussānaṃ buddho bhagavāti. Dhamme... pe... saṅghe... pe... ariyakantehi sīlehi samannāgato hoti akhaṇḍehi... pe... samādhisaṃvattanikehi. (SN 55.22)

219 Ibid. Seyyathāpi, Mahānāma, puriso sappikumbhaṃ vā telakhumbhaṃ vā gambhīraṃ udakarahadaṃ ogāhitvā bhindeyya, tatra yā assa sakkharā vā kaṭhalā vā sā adhogāmi assa, yañcakhvassa tatra sappi vā telaṃ vā taṃ uddhagamī assa visesagamī. Evameva kho, Mahānāma, yassa kassaci dīgharattaṃ saddhāparibhāvitaṃ cittaṃ... pe... paññāparibhāvitaṃ cittaṃ tassa yo hi khvāyaṃ kāyo rūpī... dīgharattaṃ saddhāparibhāvitaṃ... pe... paññāparibhāvitaṃ cittaṃ... Apāpakaṃ te maraṇaṃ bhavissati, apāpika kalaṃkiriyā'ti. (SN 55.21)

220 Ibid., 1809. Seyyathāpi, Mahānāma, rukkho pācīnaninno pācīnapoṇo pācīnapabbhāro, so mūlacchinno katamena papateyyā'ti? Yena, bhante, ninno yena poṇo yena pabbhāro'ti. Evameva kho, Mahānāma, catūhi dhammehi samannāgato ariyasāvako nibbānaninno hoti nibbānapoṇo nibbānapabbhāro'ti. (SN 55.22)

221 *The Middle Length Discourses*, 421–22. Kathañca bhikkhave yāyaṃ diṭṭhi ariyā niyyānikā niyyati takkarassa sammā dukkhakkhayāya? Idha, bhikkhave, bhikkhu araññagato vā rukkhamūlagatro vā suññāgāragato vā iti paṭisañcikkhati: "atthi no kho me taṃ pariyyuṭṭhānaṃ ajjhattaṃ appahīnaṃ, yenāhaṃ pariyuṭṭānena pariyuṭṭhitacitto yathābhūtaṃ nappajāneyyaṃ na passeyyan"ti? Sace, bhikkhave, bhikkhu kāmarāgapariyuṭṭhito hoti, pariyuṭṭhitacittova hoti. Sace, bhikkhave, bhikkhu byāpādapariyuṭṭhito [hoti, pariyuṭṭhitacittova hoti. Sace, bhikkhave,

bhikkhu VRI] thīnamiddhapariyuṭṭhito [hoti, pariyuṭṭhitacittova hoti. Sace, bhikkhave, bhikkhu VRI] uddhaccakukkuccapariyuṭṭhito [hoti, pariyuṭṭhitacittova hoti. Sace, bhikkhave, bhikkhu VRI] vicikicchāpariyuṭṭhito [hoti, pariyuṭṭhitacittova hoti. Sace, bhikkhave, bhikkhu VRI]. idhalokacintāya pasuto[hoti, pariyuṭṭhitacittova hoti. Sace, bhikkhave, bhikkhu VRI] paralokacintāya pasuto hoti pariyuṭṭhitacittova hoti. Sace, bhikkhave, bhikkhu. Bhaṇḍanajāto kalajāto vivādāpanno aññamaññanaṃ mukhasattī'ti vitudanto viharati, pariyuṭṭhitacittova hoti. So evaṃ pajānāti: "natthi no kho me taṃ pariyyuṭṭhānaṃ ajjhattaṃ appahīnaṃ, yenāhaṃ pariyuṭṭānena pariyuṭṭhitacitto yathābhūtaṃ nappajāneyyaṃ na passeyyaṃ. Suppaṇihitaṃ me mānasaṃ saccānaṃ bodhāyā'ti. Idamassa paṭhamaṃ ñāṇaṃ adhigantaṃ hoti ariyaṃ lokuttaraṃ asādhāraṇaṃ puthujjanehi. (MN 48.8)

222 同上書，頁 422。括弧內為馬哈希大師的註解。
Puna ca paraṃ, bhikkhave, ariyasāvako iti paṭicañcikkhati: "imaṃ nu kho ahaṃ diṭṭhiṃ āsevanto bhāvento bahulīkaronto labhāmi paccattaṃ samathaṃ, labhāmi paccattaṃ nibbutin'ti? So evaṃ pajānāti: "imaṃ kho ahaṃ diṭṭiṃ āsevanto bhāvento bahulīkaronto labhāmi paccattaṃ samathaṃ, labhāmi paccataṃ nibbutin'ti. Idamassa dutiyaṃ ñāṇaṃ adhigantaṃ hoti ariyaṃ lokuttaraṃ asādhāraṇaṃ puthujjanehi. (MN 48.9)

223 Ibid. Puna ca paraṃ, bhikkhave, ariyasāvako iti paṭicañcikkhati: "yathārūpāyāhaṃ diṭṭiyā samannāgato, atthi nu kho ito bhahiddhā añño samaṇo vā brāhmaṇo vā tathārūpāya diṭṭhiyā samannāgato"ti? So evaṃ pajānāti: "yathārūpāyāhaṃ diṭṭiyā samannāgato, natthi ito bhahiddhā añño samaṇo vā brāhmaṇo vā tathārūpāya diṭṭhiyā samannāgato"ti. Idamassa tatiyaṃ ñāṇaṃ adhigantaṃ hoti ariyaṃ lokuttaraṃ asādhāraṇaṃ puthujjanehi. Puna ca paraṃ, bhikkhave, ariyasāvako iti paṭicañcikkhati: "yathārūpāyā dhammatāya diṭṭhisampanno pugalo samannāgato, ahampi tathārūpāya dhammatāya samannāgato"'ti. Kathaṃrūpāyā ca, bhikkhave dhammatāya diṭṭhisampanno pugalo samannāgato? Dammatā esā, bhikkhave, diṭṭhisampannassa pugalassa "kiñcāpi tathārūpiṃ apattiṃ āpajjati, yathārūpāya apattiyā vuṭṭhānaṃ paññāyati, atha kho naṃ khippameva satthari vā viññūsu vā sabrahmacārīsu deseti vivarati uttānīkaroti; desetvā vivaritvā uttānīkatvā āyatiṃ saṃvaraṃ āpajjati." Seyyathāpi, bhikkhave daharo kumāro mando uttānaseyyako hatthena vā pādena vā aṅgāraṃakkamitvā khippameva paṭisaṃharati; evameva kho, bhikkhave, dammatā esā diṭṭhisampannassa pugalassa: "kiñcāpi... (pe)... saṃvaraṃ āpajjati." So evaṃ pajānāti: "yathārūpāyā dhammatāya diṭṭhisampanno pugalo samannāgato, ahampi tathārūpāya dhammatāya samannāgato"'ti. Idamassa catuttaṃ ñāṇaṃ adhigantaṃ hoti ariyaṃ lokuttaraṃ asādhāraṇaṃ puthujjanehi. (MN 48.10–11)

224 Ibid., 422–23.（括弧內為馬哈希大師注解）
Puna ca paraṃ, bhikkhave, ariyasāvako iti paṭicañcikkhati: "yathārūpāyā dhammatāya diṭṭhisampanno pugalo samannāgato, ahampi tathārūpāya dhammatāya samannāgato"'ti. Kathaṃrūpāyā ca, bhikkhave dhammatāya diṭṭhisampanno pugalo samannāgato? Dammatā esā, bhikkhave, diṭṭhisampannassa pugalassa " kiñcāpi yāni tāni sabrahmacārīnaṃ uccāvacāni kiṃkaraṇīyāni tattha [ussukkamāpanno MS] [ussukkaṃ āpanno VRI] hoti, atha khvāssa [tibbāpekkho MS][tibbāpekkhā VRI] hoti. adhisīlasikkhāya, adhicittasikkhāya, adhipaññāsikāya." Seyyathāpi, bhikkhave, gāvī taruṇavacchā [thambaṃ ca MS][thambañca VRI] āllumpati [vacchakaṃ ca MS]

[vacchakañca VRI] apacinati; evameva kho, bhikkhave, dhammatā esā, bhikkhave, diṭṭhisampannassa pugalassa "kiñcāpi... (pe)... adhipaññāsikāya."So evaṃ pajānāti: "yathārūpāyā dhammatāya diṭṭhisampanno pugalo samannāgato, ahampi tathārūpāya dhammatāya samannāgato"'ti. Idamassa pañcanaṃ ñāṇaṃ adhigantaṃ hoti ariyaṃ lokuttaraṃ asādhāraṇaṃ puthujjanehi.

Puna ca paraṃ bhikkhave ariyasāvako iti paṭisañcikkhati: "yathārūpāya balatāya diṭṭhisampanno puggalo samannāgato ahampi balatāya saman- nāgato"ti. Kathaṃrūpāya ca, bhikkhave, balatāya diṭṭhisampanno pug- galo sammagāto? Balatā esā, bhikkhave, diṭṭhisampannassa puggalassa yaṃ tathāgatappavedite dhammavinaye desiyamāne aṭṭhiṃkatvā manasikatvā sabbacetasā samannāharitvā ohitasoto dhammaṃ suṇāti. So evaṃ pajānāti: "yathārūpāya balatāya diṭṭhisampanno puggalo sam- magāto, ahampi tathārūpāya balatāya samannāgato"ti. Idamassa chaṭṭhaṃ ñāṇaṃ adhigataṃ hoti ariyaṃ lokuttaraṃ asādhāraṇaṃ puthujjanehi.

Puna ca paraṃ bhikkhave ariyasāvako iti paṭisañcikkhati: "yathārūpāya balatāya diṭṭhisampanno puggalo samannāgato ahampi balatāya saman- nāgato"ti. Kathaṃrūpāya ca, bhikkhave, balatāya diṭṭhisampanno puggalo sammagāto? Balatā esā, bhikkhave, diṭṭhisampannassa puggalassa yaṃ athāgatappavedite dhammavinaye desiyamāne labhati atthavedaṃ, labhati dhammavedhaṃ, labhati dhammūpasaṃhitaṃ pāmojjaṃ. So evaṃ pajānāti: "yathārūpāya balatāya diṭṭhisampanno puggalo sam- magāto, ahampi tathārūpāya balatāya samannāgato"ti Idamassa sattamaṃ ñāṇaṃ adhigataṃ hoti ariyaṃ lokuttaraṃ asādhāraṇaṃ puthujjanehi.

Evaṃ sattaṅgasamannāgaa kho bhikkhave ariyasāvakassa dhammatā susamaniṭṭhā hoti sotāpattiphalasacchikiriyāya. Evaṃ sattaṅgasamannāgato kho bhikkhave ariyasāvako sotāpattiphalasamannāgato hoti. (MN 48.12–15)

225 亦見*The Path of Purification*, 734。Vipassanā [paneso KN, ViTi] [panesā Vism] tividhā hoti: saṅkhārapariggaṇhanaka-vipassanā phalasamāpattivipassanā nirodhasamāpattivipassanāti. Tattha saṅkhārapariggaṇhanakavipassanā mandā vā hotu tikkhā vā, maggassa padaṭṭhānaṃ hotiyeva. Phalasamāpattivipassanā tikkhāva vaṭṭati maggabhāvanāsadisā. Nirodhasamāpattivipassanā pana nātimanda nātitikkhā vaṭṭati... (Paṭis 23.33)

226 Saṅkhārupekkhāya tikkhabhāve sati kilesappahāne samatthassa maggassa sambhavato ātikkhabhāvadassanatthaṃ vevacanapadehi saha daḷhaṃ katvā mūlapadāni vuttāni. Phalassa nirussāhabhāvena santasabhāvattā maggāyattattā ca mandabhūtāpi saṅkhārupekkhā phalassa paccayo hotīti dassanatthaṃ mūlapadāneva vuttānīti veditabbāni. (Paṭis-a)

227 *The Middle Length Discourses*, 393, fn. 449 提到《中部注》說：「無相心解脫」（animittā cetovimutti）是果等至；「相」指色等所緣；「無相」指涅槃，其中無絲毫的有為法。

228 *The Middle Length Discourses*, 393. Dve kho, āvuso paccayā animittāya cetovimuttiyā samāpattiyā, sabbanimittānañca amanasikāro, animittāya ca dhātuyā manasikāro. Ime kho, āvuso, dve paccayā animittāya cetovimuttiyā samāpattiyā"ti. (MN 43.27)

229 亦見*The Path of Purification*, 728。Phalasamāpattitthikena hi ariyasāvakena rahogatena paṭisallīnena udayabbayādivasena saṅkhārā [passitabbā MS] [vipassitabbā VRI]. Tassa pavattānnupubbavipassanassa saṅkhārārammaṇagotrabhuñāṇānantarā phalasamāpattivasena nirodhe cittaṃ appeti. Phalasamāpattininnatāya cettha sekkhassāpi phalameva uppajjati, na maggo. (Vism 23.10)

230 這是指，未生的不善法，令不生起；已生的不善生，令之消除；未生的善法，令之生起；已生的善法，令之增廣。

231 *The Middle Length Discourses*, 393. Tayo kho, āvuso paccayā animittāya cetovimuttiyā ṭhitiyā, sabbanimittānañca amanasikāro, animittāya ca dhātuyā manasikāro, pubbe ca abhisaṅkhāro. (MN 43.28)

232 藉此顯示果等至期間所體驗的所緣。

233 *The Numerical Discourses*, 1558. [Idha, āvuso, Ānanda[AN XI]][Idhānanda[AN X, XI]], bhikkhu evaṃsaññī hoti: "etaṃ santaṃ etaṃ panītaṃ, yadidaṃ sabbasaṅkhārasamatho sabbūpadhipaṭinissaggo taṇhākkhayo virāgo nirodho nibbānan"ti. Evaṃ kho Ānanda siyā bhikkhuno tathārūpo samādhipaṭilābho yathāneva pathaviyaṃ pathavisaññī assa, na āpasmiṃ āposaññī assa, na tejasmiṃ tejosaññī assa, na vāyasmiṃ vāyosaññī assa, na ākāsānañcāyatane ākāsānañcāyatanasaññī assa, na viññāṇañcāyatane viññāṇañcāyatanasaññī assa, na ākiñcaññāyatane ākiñcaññāyatanesaññī assa, na nevasaññānāsaññāyatane nevasaññānāsaññāyatanasaññī assa, na idhaloke idhalokasaññī assa, na paraloke, paralokasaññī assa. Yaṃpi diṭṭhaṃ sutaṃ mutaṃ viññātaṃ pattaṃ pariyesitaṃ anuvicaritaṃ manassā, tatrāpi na saññī assa ca pana assā'ti. (AN 11.7)

234 Etaṃ santaṃ etaṃpaṇītan'ti [santa[MS]][santaṃ[VRI]] santanti appetvā nisinnassa [divasaṃpi[MS]] [divasampi[VRI]] cittuppādo "santaṃ [santaṃ"teva[MS]][santan"teva[VRI]] pavattati, paṇītaṃ paṇītanti appetvā nisinnassa [divasaṃpi[MS]] [divasampi[VRI]] cittuppādo "paṇītaṃ [paṇītaṃ"teva[MS]] [paṇītan"teva[VRI]] pavattati... (sabbasaṅkhārasamathoti-ādīnipi tasseva vevacanāni. Sabbasaṅkhārasamathoti appetvā nisinnassa hi [divasaṃpi[MS]] [divasabhāgaṃpi[VRI]] cittuppādo sabbasaṅkhārasamathoteva pavattati... pe...)... nibbānaṃ nibbānanti appetvā nibbānassa divasaṃpi cittuppādo "nibbānaṃ nibbānaṃ"teva pavattatīti. [Sabbaṃ etaṃ[MS]] [Sabbampetaṃ[VRI]] phalasamāpattisamādhiṃ sandhāya vuttaṃ. (Mp)

235 *The Middle Length Discourses*, 393–94. Dve kho, āvuso paccayā animittā cetovimuttiyā vuṭṭhānāyāsabbanimittānañca manasikāro, animittāya ca dhātuyā amanasikāra. (MN 43.29)

236 色、受、想、行、識。

237 見 *The Path of Purification*, 729, fn. 7：這是因為，一旦有分心生起，便算出了定，所以才說「他作意有分心的所緣」。有分心的所緣是業、業相、趣相。

238 Ibid., 729. Sabbanimittānanti rūpanimittavedanāsaññāsaṅkhāraviññāṇanimittanaṃ. Kāmañca na sabbānevetāni ekato manasikaroti, sabbasaṅgāhikavasena panetaṃ vuttaṃ. Tasmā yaṃ bhavaṅgassa ārammaṇaṃ hoti, taṃ manasikaroto phalasamāpattivuṭṭhanaṃ hoti. (Vism 23.13)

239 見「附錄 3：心路過程」H18, 20。

240 Attheso, bhikkhave, samādhi so ca kho aparisuddhoti. (Vin, Sp)

241 禪那五法是：透過轉向心審察禪支、入定、住定、出定、透過省察觀察禪支。

242 Dve hi khīṇāsavā satatavihārī [ca [VRI]] no satatavihārī ca. Tattha satatavihārī yaṃ kiñci kammaṃ katvāpi phalasamāpattiṃ samāpajjituṃ sakkoti, no satatavihārī pana appamattakepi kicce kiccappasuto hutvā phalasamāpattiṃ appetuṃ na sakoti. (Ps)

243 亦見 *The Path of Discrimination*, 17。Uppādo [saṅkhāra[MS]][saṅkhārāti[VRI]]... anuppādo [nibbānaṃ[MS]] [nibbānanti[VRI]]... Pavattaṃ [saṅkhāra[MS]] [saṅkhārāti[VRI]]... apavattaṃ [nibbānaṃ[MS]] [nibbānanti[VRI]]... Nimittaṃ [saṅkhāra[MS]] [saṅkhārāti[VRI]]... animittaṃ [nibbānaṃ[MS]] [nibbānanti[VRI]]... Āyūhanā

[saṅkhāra[MS]] [saṅkhārāti[VRI]]... anāyūhanā [nibbānaṃ[MS]] [nibbānanti[VRI]]... Paṭisanki [saṅkhāra[MS]] [saṅkhārāti[VRI]]... apaṭisanki [nibbānaṃ[MS]] [nibbānanti[VRI]]. (Paṭis 1.22)

244 巴利語 nibbāna 可以視為一動名詞，因為它的動詞形態和動名詞形態（dhātusiddhapada）常見於巴利三藏和注釋書（例如 nibbantidhīrā, nibbāpenti rāgaggiṃ, parinibbāyati, parinibbātu sugato, parinibbāyeyya, parinibbāyī, parinibbāyissati, antarā parinibbāyī, parinib-buto, khandhaparinibbānaṃ 等等）。

245 Nibbāti vaṭṭadukkhaṃ etthāti nibbānaṃ, nibbāti vaṭṭadukkhaṃ etasmiṃ adhigate'ti vā nibbānaṃ, nibbāyate vā nibbānaṃ.

246 Vānato [nikkhantaṃ[MS]][nikkhantanti[VRI]] nibbānaṃ... natthivānaṃ etthāti [vā[MS]] nibbānaṃ... natthi vā na etasmiṃ adhigateti vā nibbānaṃ. (Sv)

247 Appaṭṭhibhāgaṃ, Mahārāja, nibbānaṃ. Na sakkā nibbānassa rūpaṃ vā saṇṭānaṃ vā vayaṃ vā pāmaṇaṃ vā, opammena vā kāraṇena vā hetunā vā nayena vā [upadissayituṃ [MS]] [upadissayitun'ti[VRI]]. (Mil)

248 *The Udana and the Itivuttaka: Two Classics from the Pali Canon*, John Ireland, trans. (Kandy: Buddhist Publication Society, 1998), 103 and 148.

249 Ibid., 102。Atthi, bhikkhave, tadāyatanaṃ, yattha neva pathavī na āpo na tejo na vāyo na ākāsānañcāyatanaṃ na viññāṇañcayatanaṃ na ākiñcāññāyatanaṃ na nevasaññānāsaññāyatanaṃ tanaṃ nāyaṃ loko na paro loko na ca ubho candimasūriyā... Tatrāpāhaṃ, bhikkhave, neva āgatiṃ vadāmi na gatiṃ na ṭhitiṃ na cutiṃ na upapattiṃ, appatiṭṭhaṃ appavattaṃ anārammanaṇamevetaṃ, esevanto dhukkhassā. (Ud)

250 Yasmā nibbānaṃ sabbasaṅkhāravidhurasabhāvaṃ [tasmā[MS]] yathā saṅkhatadhammesu katthaci natthi, tathā tatthapi sabbe saṅkhatadhammā. Na hi saṅkhatāsaṅkhatadhammānaṃ samodhānaṃ sambhavati. (Ud-a)

251 *The Connected Discourses*, 1848. Katamañca, bhikkhave, [dukkhanirodho[MS]] [dukkhanirodhaṃ[VRI]] ariyasaccaṃ? Yo tassayeva taṇhāya asesavirāganirodho cāgo paṭinissaggo mutti anālayo. [... [DN, MN]] Idaṃ vuccati, bhikkhave, dukkhanirodho ariyasaccaṃ. (SN 5.13)

252 *The Middle Length Discourses*, 260. Idampi kho... duddasaṃ, yadidaṃ sabbasaṅkhārasamato sabbūpadhipaṭinissaggo taṇhākkhayo virago nirodho nibbanaṃ. (MN 26.19)

253 *The Udana and the Itivuttaka*, 149. Katamā ca, bhikkhave, sa-upādisesā nibbānadhātu? Idha bhikkhave, bhikkhu, arahaṃ hoti khīṇāsavo vusitavā kitakaraṇīyo ohitabhāro anuppattasadattho [parikkhīṇābhavasaññojano [MS]] [parikkhīṇābhavasaṃyojano [VRI]] sammadaññā vimutto. Tassa tiṭṭhanteva pañcindriyāni yesaṃ avighātattā manāpāmanāpaṃ paccanubhoti, sukhadukkhaṃ paṭisaṃvedeti. Tissa yo rāgakkhayo, dosakkhayo, mohakkhayo: ayaṃ vuccati, bhikkhave, sa-upādisesa nibbānadhātu. Katamā ca bhikkhave anupādisesa nibbānadhātu? Idha bhikkhave, bhik- khu, arahaṃ hoti... pe... [khīṇāsavo vusitavo kitakaraṇīyo ohitabhāro anuppattasadattho parikkhīṇābhavo saññājano[VRI]] sammadaññā vimutto. Tassa idheva, bhikkhave, sabbavedayitāni anabhinanditānī [sītī[MS]][sīti[VRI]] bhavissanti. Ayaṃ vuccati, bhikkhave, anupādisesa nibbānadhātu... (Ud)

254 佛陀被稱為具眼者，因為他擁有五種被稱為「五眼」的精神力量，包括「天眼」（dibbacakkhu）、阿羅漢道智的「慧眼」（paññācakkhu）、前三道智的「法眼」

（dhammacakkhu）、洞見眾生天賦的「佛眼」（Buddhacakkhu）以及一切皆見的「普眼」（samantacakkhu）。

255 *The Udana and the Itivuttaka*, 150, fn. 28:「Tādi，穩定，是解脫者、阿羅漢的用詞，指阿羅漢對可意和不可意的感官對象保持平捨。」

256 同上書，注腳 29：「有索（bhavanetti）是對存有的渴愛（bhavataṇhā），如此稱呼，是因為它把有情繫綁在輪迴之中。」

257 Ibid., 150. Duve imaṃ cakkhumatā pakāsitā, nibbānadhātū anissitena tādinā; ekāhi dhātu idha diṭṭhdhammikā, sa-upādisesā bhavanetti saṅkhayā; anupādisesa pana samparāyikā, yamhi nirujjhanti bhavāni sabbaso. Ye etadaññāya padaṃ asaṅkhataṃ, vimuttacittā bhavanettisaṅkhayā; te dhammasārādhigamā khaye ratā, pahaṃsu te sabbabhavāni tādino. (It)

258 *A Comprehensive Manual of Abhidhamma*, 222. [Tadethaṃ[MS]][Tadetaṃ[VRI]] sabhāvato ekavidhampi saupādisesanibbānadhātu, anupādisesanibbānadhātu ceti [duvimaṃ[MS]][duvidhaṃ[VRI]] hoti kāraṇapariyāyena. (Abhidh-s 6.31)

259 *The Connected Discourses*, 1191. Tasmātiha, bhikkhave, se āyatane veditabbe yattha cakkhu ca nirujjhati, rūpasaññā ca nurujjhati, se āyatane veditabbe [yattha sotañca nirujjhati, saddasaññā ca nurujjhati, se āyatane veditabbe yattha ghānañca nirujjhati, gandhasaññā ca nirujjhati, se āyatane veditabbe[MS]][... pe... [VRI]] yattha jivahā ca nirujjhati, rasasaññā ca nurujjhati, se āyatane veditabbe yattha kāyo ca nirujjhati, photthabbusaññā ca nirujjhati, se āyatane veditabbe yattha mano ca nirujjhati, dhammasaññā ca nirujjhati, se āyatane veditabbe. (SN 35.117)

260 Ibid. Saḷayatananirodhaṃ no etaṃ āvuso, Bhagavatā sandhāya bhāsitaṃ... (SN 35.117)

261 *The Udana and the Itivuttaka*, 21. Tato tvaṃ, bāhiya, nevidha na huraṃ na ubhayamantarena. Esevanto dukkhassā''ti. (Ud)

262 Aññe idhāti ajjhattikāyatanāni, huranti bāhirāyatināni, ubhayamantarenāti cittacetasikāti... (Ud-a)

263 *The Connected Discourses*, 103.（括弧內是馬哈希大師的注解）Yattha āpo ca pathavī, tejo vāyo na gādhati; ato sarā nivattanti, ettha vaṭṭaṃ na vattati; ettha nāmañca rūpañca, asesaṃ uparujjhati. (SN 1.27)

264 *The Long Discourses of the Buddha*, 179–80. Viññānaṃ anidassanaṃ, anantaṃ sabbatopabhaṃ; ettha āpo ca pathavī, tejo vāyo na gādhati. Ettha dīghañca rassañca, aṇuṃ thūlaṃ subhāsubhaṃ; ettha nāmañca rūpañca, asesaṃ uparujjhati. viññānassa nirodhena, etthetaṃ uparujjhati. (DN 11.85)

*4 譯按：Pabhassaramidaṃ, bhikkhave, cittaṃ. Tañca kho āgantukehi upakkilesehi upakkiliṭṭhaṃ. Taṃ assutavā puthujjano yathābhūtaṃ nappajānāti. Tasmā 'assutavato puthujjanassa cittabhāvanā natthī'ti vadāmī''ti. (AN I 10)

265 Ibid.

第七章

十八大觀

十八大觀（aṭṭhārasa mahāvipassanā）如下：

(1) 修無常隨觀者，斷常想。

(2) 修苦隨觀者，斷樂想。

(3) 修無我隨觀者，斷我想。

(4) 修厭離隨觀者，斷喜愛。

(5) 修離貪隨觀者，斷貪。

(6) 修滅盡隨觀者，斷集起。

(7) 修捨遣隨觀者，斷取。

(8) 修盡隨觀者，斷堅實想。

(9) 修滅隨觀者，斷增盛。

(10) 修變易隨觀者，斷穩固想。

(11) 修無相隨觀者，斷相。

(12) 修無願隨觀者，斷願求。

(13) 修空隨觀者，斷住著。

(14) 修增上慧法觀者，斷執取為實的住著。

(15) 修如實智見者，斷愚痴的住著。

(16) 修過患隨觀者，斷依賴的住著。

(17) 修審察隨觀者，斷未審察。

(18) 修轉離隨觀者，斷結縛住著。[1]

主要的七種隨觀

無常隨觀

無常隨觀（aniccānupassanā）意指，觀察有為法的自相時，見到它們生起又滅去。依據《清淨道論》，禪修者應該了知此隨觀的三個面向：無常、無常相、無常隨觀。

「無常」即五蘊。為何？因為它們生、滅、變化，或因為它們有已還無。生、滅、變化是「無常相」，或變化行相，即有已還無。[2]

「無常性」是生、滅、變化，或者有已還無。已生的法，由於變化，不住留，剎那壞滅，消失。「無常隨觀」是於色等法觀見無常。[3]

引文提到兩種無常相。第二種（有已還無）在壞滅智等較高階的觀智階段，特別顯著，成為突出的特徵。當禪修者清楚地見到這特徵時，無常隨觀之智變得銳利、敏捷。因此，阿毘達磨的疏鈔說：

「有已還無」：因此句可包括另外四種行相，所以注釋書個別地說。[4]

阿毘達磨的注釋書之一《迷惑冰消》提到，觀見無常的另外四種方式可以包括在「有已還無」一句中。[5]此注釋書的另四個方式是：「生滅」（uppādavaya）、「變異」（vipariṇāma）、「短暫」（tāvakālika），以及「恆常的否定」（niccapaṭikkhepa）。

依據《清淨道論大疏鈔》：

生、住、滅為一切有為法之相。然而，生、住作為無常相並不如滅那般明顯。因此，注釋書說：「壞滅是無常最突顯的部分。」[6]

依於因、緣而生起的法，稱為「有為法」。一切的有為法皆有「生、住、滅」的特徵。這三個階段，也稱為「生、老、死」，因為它們是有為法，所以這三者稱為「有為相」。無常之法也是有為之法。因為生、住、滅三有為相，也是無常法則的呈現，所以也稱為「無常相」（aniccalakkhaṇā）。

只知道有為法的生、住，尚不足以清楚了知無常。不過，因為有生和住，必定也有滅，所以我們可以憑藉推測來知道是無常。諸法在生和住時，無常性質其實並不明顯；而是在了知法的滅去或終止時，才能夠清楚了知它們的無常性質。如此，滅去的時候，無常的性質變得非常明顯。在生、住、滅三階段中，滅時的無常相是尤為顯著的，這就是注釋書說：「壞滅是無常最突顯的部分」的原因。

被稱為「無常」的五蘊，實際上和無常本身不同，後者是無常之相。然而，如果只知道無常相，卻未實際觀察五蘊，那麼就無法培養真正的無常隨觀智慧。因為這種無常的認識只是概念的。事實上，只有在觀察名色五蘊的自相時，才能夠直接見到它們的無常（生、住、滅）。所以，只有這時候，才能培育真正的無常隨觀。因此，阿毘達磨的注釋書這麼說：

什麼是至出起觀的所緣？（無常、苦、無我）三共相。然而，三相屬於概念，無法被描述（為在欲界、色界或無色界）。

但是，若人見無常、苦、無我三相，五蘊會彷彿頸上的腐屍一般。如此，以諸行為所緣之智（同時見諸法和它們的三共相），將從諸行出起。

猶如比丘想買一個缽，當看到賣缽者帶缽來時，他起初感到高興。然而，若檢查那個缽並發現三個破洞，便會喪失興趣，不是針對三個洞，而是對缽本身。同樣的。見到三相時，將對諸行喪失興趣。如此，以諸行為所緣之智，將從諸行出起。[7]

這段文回答了「至出起觀」的所緣，是諸行還是無常等三相的問題。禪修若還以諸行本身為所緣，便無法見到無常等相。另一方面，禪修者若仍以三相為所緣，便不能說種姓智和之後的道智、果智脫離了諸行。

如此，這段文的意思是，「至出起觀」見諸法自相（如硬、觸、了知所緣），因同時也見到其滅去，便觀見了三共相（無常、苦、無我）之一。這使禪修者厭惡具三相的諸行，就像人因頸脖上掛的腐屍而感到厭惡。如同常人會想擺脫這腐屍，禪修者也把諸行看作需以智慧擺脫的事物。

禪修者不僅觀察三相，也整體觀察諸行。這便是何以種姓智和道智從諸行出起，而「隨順智」見諸行無常、苦、無我。「出起」意味著：諸行不再是心的所緣；心的所緣是涅槃——即諸行的息滅。

這個例子說明，體驗三相的人如何想捨棄有三相的諸行。譬如，想買缽的比丘，在檢查缽時發現缽上有三個洞，因此他不再喜愛這個缽。比丘在看到這三個洞之前，是想要這個缽的。但當他看到那些洞時，他不想要的，並非那些洞，而是那個缽本身。為什麼？因為之前喜歡的只是缽，而不是那些洞。

同樣的道理，禪修者在看到三相之前，對諸行有所執著，但並非執著於無常等三相。所以，見到三相時想要捨棄或從執取解脫的希望，只和與三相捆綁在一起的諸行有關係。他們只想要捨棄諸行。因為對三相並無執著，所以並沒有捨棄三相的欲望。諸行連同其三相，是要被捨棄的事物。所以，以涅槃為所緣的種姓智和道智，不僅從有為法出起。阿毘達磨的疏鈔進一步解釋注釋的意義如下：

藉由諸行轉起的「無常等」之智而通達三相。那樣把握諸行，故說至出起觀「以相為所緣」。實際上，以諸行為所緣，在所說的意義上，說為以相為所緣。如此，注釋書說：「三相屬於概念」等。無常、苦、無我（於諸行外）被個別把握的相，屬於概念，究竟而言不存在。因為不存在，無法被描述為「在欲界等」。因此，個別被把握的相究竟而言不存在，唯從自相觀察諸行「無常、苦、無我」時名為觀察三相，所以注釋書說：「若人見無常、苦、無我三相。」因為見到諸行本身是無常、苦、無我，所以，諸行應當被捨棄，如同頸子上的腐屍。[8]

依據這些佛典，無常隨觀是藉由觀察名色法的自相而洞見無常。因此，我們不能說名色分別智、緣攝受智是無常隨觀，因為此二觀智只觀察自相。自領會智開始的觀智，才可視作無常隨觀，因為這些觀智觀見三共相。

再者，若人見無常，則算是無常隨觀，但不是苦隨觀或無我隨觀。同樣地，若見苦，則屬於苦隨觀，但不是另兩種隨觀。若人見無我，則屬於無我隨觀，但不是另兩種隨觀。《根本疏鈔》提到這點：

在無常苦無我之法之外提及無常等相，因為了知無常等，不同於了知色等的自相。因此，僅依名色分別智無法完成觀三相的作用。必須見色等是無常、苦、無我。……把握無常者，並未把握苦或無我，同樣地，把握苦等之時，也未把握其餘二相。[9]

■ 修習無常隨觀

從觀智清晰到足以分解「相續堅實」（santatighaṇa）的那一刻起，便是開始修習無常觀。接下來我將再進一步解釋。除非在名色發生的當下加以觀察，否則便不可能如實了知名色的自相，更別說想見到名色的生滅。因此，人們把一連串相續的現象，誤認為是單一個現象。當人們見到景物重覆或持續很長一段時間，可能認為現今見到的和過去所見的是同一個現象。在聆聽聲音等等的時候，也會有這種錯覺。「相續」一詞，意指諸法現象的連續，它容易讓人認為現在見到的和之前見到的是相同的。因為這樣的相續遮蔽了無常之相，致使人們無法見到諸法的無常性質，無知地認為它們恆常不變。

如此，當人們無法觀察到名色的生起和滅去時，「相續堅實」才能夠隱蔽名色的本質。禪修者若不間斷地觀察名色，將能夠見到它們一個接著一個地生起，甚至能夠看見單一法最初的生起和最終的滅去。禪修者見到名色法是許多個別的法，後一個與前一個法並未相接，因此名色相續的表象被打破，「生、住、滅」「有已還無」等無常相自行變得顯著。如此便是開始無常隨觀的修習。

若能清楚地看見無常共相，便可用合適的方式觀照標記現象：「無常」「無常」。同樣地，若見到現象是苦或無我，可以觀照標記：「苦」「苦」或「無我」「無我」。然而，只是覆誦「無常」「苦」或「無我」，不會達到任何成果。真正重要的是，確實了知這三共相。即使完全不使用標記，如果實際觀察當下諸法而真正了知無常、苦、無我，也是修習無常、苦、無我隨觀。

標記也有可能變成一種設想的知識，並未真正了知無常等共相。所以如第五章的建議，禪修者應實際觀察當下身心活動裡所包含的名色法，而不僅是覆誦「無常」「苦」和「無我」。我提這種標記的方法，僅給大家參考。

只要尚未作意生滅，無常相被相續所遮蔽便不現起。把握生滅後，當破除相續時，無常相如其本性現前。[10]

就不注意的人而言，無常相不現前，因為相續將它遮蔽。相續能夠遮蔽，因為未注意生起和滅去。（意思是當相續遮蔽時，無常相不現起）就見生滅者而言，生起的不到達滅去的，滅去的不到達下一個生起的：生起的剎那是一件事，滅去的剎那是另一事。即使單一法也有（生與滅）剎那分段現前，更何況過去的法。（這意指過去法和未來法是分開的，未來法和現在法也是分開的）因此，注釋書說：「把握生滅後……現前」等等。此中，「破除相續」意指，觀察到前後生起的法一個接一個連續生起，因而揭露它們的相續假相。就正觀生滅者而言，諸法並未相連，實際上不相連，就像鐵柵欄一樣（未相連在一起）。如此，無常相極為顯著。[11]

依據注釋，當禪修者不間斷地觀察當下生起的現象時，單一現象最初的生起和最終的滅去，會變得清晰，禪修者清楚地觀察到：前一個現象是一件事，後一個現象是另一件事。看到它們是不同的，非同一法，也不是二法連在一起。這揭露並破除之前所以為的相續概念。當禪修者破除相續概念，無常相如其本然地顯露，且愈發變得顯著。我們能夠以「生、住、滅」或者「有已還無」這兩種方式之一，見到無常相。體驗真實的無常相時，了知諸法無常的智慧，即稱為「無常隨觀」。當這種純正的智慧生起時，恆常想和它所帶來的苦便被斷除。《無礙解道》說：

隨觀無常者，斷常想。[12]

在此，「斷常想」雖明指捨棄「想顛倒」，但也包括「心顛倒」和「見顛倒」。這種敘述方式，稱為「舉隅法」（padhānanaya）——使用時，明確提出最重要或最著顯的面向，但同時也包括其他次要的面向。例如，「王來了」這句話，隱含的意思是：前來的人不僅是國王，也包括他的許多侍者、隨從。同樣地，這句子明確提到想顛倒，但也包括見顛倒和心顛倒，以及與它們相應的其他心所。依據《疏鈔》：

「常想」：緊捉恆常，這是以想為首的說法。樂想（sukhasaññā）和我想（attasaññā）也是如此。[13]

■ 斷除隨眠煩惱

哪一類的常想應該被斷除——過去、現在或未來？過去的煩惱，已消失不復存在，不需要斷除它。未來的煩惱未來才會到來，但在觀察的此刻尚未生起，所以也不需要捨斷它。當下觀察無常時，只有觀智的善法存在，並沒有煩惱需要被斷除，所以，也不需要斷除現在的煩惱。當名色法在六根門生起時，若未善加觀察了知為無常，反而視其為恆常，便是煩惱生起的最佳時機。所以，你應當知道，在因緣具足時可能生起的煩惱，才是應被斷除的煩惱。我們無法說這些煩惱實際存在於過去、未來，或者現在，它們是潛藏的煩惱，名為「隨眠煩惱」。

「隨眠煩惱」有兩類：存於相續裡的煩惱，即「相續隨眠」（santānānusaya）；存於所緣裡的煩惱，即「所緣隨眠」（ārammaṇānusaya）。「相續隨眠」是住在凡夫的心相續裡，或在未證阿羅漢第四果智的有學聖者心相續裡的煩惱。只要因緣條件合宜，相續隨眠便會生起。「所緣隨眠」是住在所緣裡的煩惱，所緣未被觀照時便會生起。只要所緣未被正確了知為無常、苦、無我，凡夫和有學聖者心中便會生起煩惱，因為他們會把所緣視作是常、樂或我。這種煩惱也稱為「所緣未被觀照時生起的煩惱」（ārammaṇādhiggatuppanna）。只有這種「所緣隨眠」的煩惱，才是觀智所斷的煩惱。

隨眠煩惱有七種，即：欲貪（kāmarāgānusaya）、瞋恚（paṭighānusaya）、慢（mānānusaya）、邪見（diṭṭhānusaya）、疑（vicikicchānusaya）、有貪（bhavarāgānusaya）及無明隨眠（avijjānusaya）。貪隨眠潛伏於世間每個可愛、可意的事物裡。瞋恚隨眠潛伏在世間每個不可愛、不可意的事物裡。無明潛伏在這兩類事物。慢、邪見、疑，與無明一起，應視在同一心。[14]

這裡提到的「可愛、可喜的」所緣，有兩種：「本質上可喜的所緣」（sabhāva-iṭṭhārammaṇa），和「看似可喜的所緣」（parikappaiṭṭhārammaṇa）。例如，美麗的景色、好聽的聲音等，這是本質上是可喜的所緣。至於，看似可喜的所緣，如糞便、腐屍等，為狗、豬、禿鷹所喜歡，它們表面上看似好，但實際裡並如此。然而，這兩類都被視作可愛的所緣，欲貪和有貪潛伏在其中。

同樣地，不可喜的所緣，也有兩類：「本質上不可喜的」（sabhāva-aniṭṭhārammaṇa），和「看似不可喜的」（parikappa-aniṭṭhārammaṇa）。這兩種都被視作不可愛的所緣。瞋恚潛伏在世間所有這些不可愛的現象中。當貪或瞋潛伏在這些可喜和不可喜的所緣之時，痴也潛伏在其中。如果痴潛伏在其中，也意味著與痴相伴的慢、邪見、疑，也潛伏在其中。隨眠煩惱「潛伏」並非指它們隱密地藏在某處，而是說它們給煩惱提供了機會，當條件合宜時便會出現，必須藉由觀智或道智才能斷除。

「貪隨眠潛伏」：眾生的貪隨眠，以未被斷除之義，潛伏在可喜所緣裡。[15]

在所緣與相續隨眠中，以所緣隨眠而潛伏於可喜所緣中。[16]

「在所緣與相續隨眠中」：在所緣隨眠、相續隨眠二者中。猶如說尚未被道完全斷除的貪，以具勢力之義，潛伏於心相續，在條件合宜時可能生起。同樣應知所緣隨眠亦潛伏於可喜所緣。[17]

對於每一個尚未被觀智或道智正確了知的所緣，煩惱都可能生起。上述注釋和疏鈔裡所述「隨眠潛伏於……所緣」的句子說明了這一點。因此，佛陀說：

諸比丘！於樂受，應斷貪隨眠；於苦受，應斷瞋隨眠，於不苦不樂受，應斷無明隨眠。[18]

■ 所緣隨眠煩惱

潛伏於感官所緣裡的所緣隨眠，也稱為「緊捉所緣時生起的」煩惱。注釋書這麼說：

當（色等）所緣進入眼等範圍時，即使最初未生起煩惱，因為緊捉所緣之故，煩惱之後必然生起。因此稱為「緊捉所緣時生起的」。[19]

若清楚體驗可意或不可意所緣（如色、聲、香、味、觸、法等），煩惱（如貪、瞋等）可能在當下或之後生起。如果它們在當下生起，顯然它們也能夠在之後生起。藉由如理作意和其他方法，煩惱也許尚不會當下生起。但是，所緣已留下鮮明印象並牢記在心中，煩惱肯定有可能在之後生起，也許是在反思所緣時，或是遇到類似的或相反的所緣時，或者被另一人提醒的時候。

因為所緣已留下長遠的印象，牢記在心裡，所以煩惱能夠生起。如此，因為所緣深印在心中，留下長遠影響而可能生起的煩惱，稱為「緊捉所緣時生起的」（ārammaṇādhigahituppanna）。應當特別留意「因為緊捉所緣之故」這段文。正因為所緣被深烙在心中留下長遠印象，與所緣相關的煩惱才可能在之後生起。若非如此，煩惱便不會生起。

已藉由道智完全斷除隨眠煩惱的聖者，自然不會再生起這一類的煩惱。但是，禪修者如何透過內觀來防止這些煩惱？如果在所緣生起於六根門時，能夠當下觀察所緣（眼所見色、眼識、聲音、耳識等等），見到它們並非恆常、無法令人滿意、無法控制，那麼，不論在接觸的當下或者事後回想所緣，便不會把它們看作是「常」「樂」「我」。如此，對於所觀察的所緣，煩惱便不會生起，沒有能力生起或者得不到機會生起。「得不到機會生起」的意思是，只要所緣被正念觀察，煩惱便不會潛伏其中，不再緊捉所緣，如此便沒有所緣隨眠。因為沒有潛伏於所緣的隨眠煩惱，這樣，就能夠脫離「纏縛煩惱」和「違犯煩惱」，脫離善、不善業和它們的名色法果報。由於內觀帶來的正知見，基於錯誤認知而生起的煩惱、業、果，便不可能生起。煩惱的斷除是由於內觀智慧。《大疏鈔》說：

> 「以彼分」：首先，無常隨觀以彼分斷（以相反物代替而）斷捨常想。缺乏無常隨觀可能生起的「常」的煩惱、從此煩惱生的業行，以及從此二者所生的果報五蘊，這一切皆由於不得生起機會，而被斷捨。苦想等的斷除，也是如此。因此，注釋書說「內觀以彼分的方式斷捨煩惱、業行和果報」。[20]

如果不能夠了知在六根門生起的所緣的無常相，那麼，與常想相應的煩惱，便有機會生起。這些煩惱被說為是「潛伏」在未被了知為無常的所緣，因為若缺乏這份了知，之後條件具足時，禪修者會再想起這些所緣。此類思緒其實是一種纏縛煩惱。思慮這所緣後，因為視它們為恆常，在條件具足時，便會採取行動，想去得到、享受它們，或者加以去除。所以，這些行動便是真正的業行（abhisaṅkhārā）。由於這些善、不善的業行，五蘊的果報便視情況而在新的一生中生起。

新一生的名色法，只能因為業行而生起。若沒有業行，名色便無法生起。若無與常想相應的煩惱，業行便不生起。若沒機會視所緣為恆常，煩惱便不會生起。所緣在六根門生起的當下能被正確了知是無常時，便沒有機會視所緣為恆常。因此，當我們正確了知在六根門生起的所緣是無常，而生起無常隨觀之時，那些所緣便遠離了隨眠煩惱、纏縛煩惱以及造作業行的違犯煩惱。因為沒有業行，便不會生起來世的業果。

如此，無常隨觀能使人免於隨眠煩惱乃至來生業果，因此注釋書說它能夠斷捨隨眠煩惱、業行和果報。「斷捨」意指令它們消失、不再出現，或者不予機會生起。苦隨觀和無我隨觀，也是如此解釋。因此，注釋書說：「內觀以彼分的方式，斷捨煩惱、業行和果報。」

■ 相續隨眠煩惱

某些煩惱潛伏於凡夫和前三果位的聖者的心相續裡。這類煩惱尚未被道智徹底斷除，因此在條件具足時便可現起。這和瘧疾的情況類似：患有瘧疾時若未痊癒，縱使當下可能沒有任何症狀，便仍是在病中。又譬如，若未捨棄肉食的人，被問到「你吃肉嗎？」雖然當下沒在吃肉，他必須回答「我吃肉」，因為他過去吃肉，將來也會再吃肉。

同樣地，七種隨眠煩惱潛伏於凡夫的心相續。初果人和二果人心中，有五種隨眠煩惱潛伏，僅邪見和疑被斷除。三果聖者心中潛藏著貪、慢和無明三種隨眠。這些煩惱，在當下這剎那的生住滅三時裡雖然並未生起，但是過去曾經生起，未來也將會在因緣具足時生起。因為可能生起的機會尚未被根除，所以仍然潛伏在心相續中，隨時準備生起。因此，阿毘達磨說：

> 不還者，有無明、慢和有貪隨眠潛伏。（預流與一來）二聖者有無明、欲貪、瞋、慢和有貪隨眠潛伏，但是，沒有邪見和疑隨眠。凡夫則有無明、欲貪、瞋、慢、邪見、疑，以及有貪隨眠潛伏。[21]

然而，這七種隨眠煩惱無法同時生起。例如，欲貪與有貪，不會同時發生；貪不能夠與瞋、疑一同生起；瞋也無法與慢、邪見、疑、貪一同生起；慢不會與邪見、疑和瞋相伴而生；邪見也無法與疑、有貪和慢共存。然而，它們可以一起潛伏著。

我們不能說隨眠煩惱會如同纏縛煩惱和違犯煩惱那樣生起、停留和消失。實際上，因為道智尚未斷除隨眠煩惱，這些煩惱仍潛伏於眾生的心相續中，而可能隨著因緣條件而生起。下列阿毘達磨的引文顯示，欲貪隨眠和瞋恚隨眠如何一起潛伏著，又如何個別地生起。

> 有欲貪隨眠潛伏的人，也有瞋恚隨眠潛伏嗎？[22]
>
> 隨眠在某人的相續裡尚未被斷除，條件合宜時於相續裡生起的可能性也未被阻斷。它們以前曾生起在相續裡，未來亦將生起，即使當下未生起。就此而說：「有欲貪隨眠潛伏的人，也有瞋恚隨眠潛伏。」[23]

基於「也未被阻斷」這文段，阿毘達磨的《根本疏鈔》才說，唯獨這七種煩惱，足夠強大而能潛伏於眾人的相續中。注釋書也解釋，它們被稱為「隨眠煩惱」的原因是：它們在條件合宜時將會生起，因為尚未有道智將它們根除，也因為未修習止觀來阻止它們生起。

依據巴利聖典和注釋書，七種、五種或三種隨眠煩惱，總是潛伏於凡夫或有學聖者的相續裡。在善心、果報心、結生心、有分心和死亡心生起之時，這些隨眠煩惱也仍然潛伏著。它們甚至潛伏於無想天眾生的心相續裡，更何況是在不善心生起之時。隨眠煩惱潛伏於凡夫和有學聖者的相續裡，因為仍未被斷除，在條件合宜時將會生起。只有道智能夠完全斷除這些隨眠煩惱。內觀雖然無法將之根除，但可以暫時壓制它們。這符合《清淨道論》的這段文：

> 雖然透過止觀鎮伏，它們仍稱為「未斷之生」。[24]

如此，關於前述的「隨觀無常者，斷常想」一句，應當知道：所緣隨眠和與之相關的法（纏縛煩惱、違犯煩惱、業、果）只是暫時被斷除。《清淨道論》就此點而說「隨觀無常者，斷常想」。

▩ 無常揭露苦與無我

若已了知所緣是無常，常想便不再生起。但是，有人或許會問：雖然已了知所緣是無常，那麼，把所緣當作「樂」「我」的煩惱，是否仍可能生起？我們可以明確說「不可能」。

若已見到所緣生起後滅去，清楚體驗了無常，便不會把這些無常的所緣當作是令人滿意的、是我、是眾生。

事實上，如果（依據親證無常的智慧）反思諸法生起後立即消失，便能夠確定：諸法持續地生起又滅去，因此是無法讓人滿意的、不愉悅的，讓人不可接受的且不值得追求的。這些名色不遵循個人的意志，因此不屬於任何人所有，它們只是自行生起滅去。下列《增支部》的引文提供一個難以反駁的例子：

諸比丘！為斷除「我」慢，應修習無常想。得無常想者，無我想確立。得無我想者，斷除「我」慢，（這是）現法涅槃。[25]

此引文的要點，是無常想能建立無我想。換句話說，見到現象無常時無我想便自行發展。「我慢」（asmimāna）是認為「我是⋯⋯」的慢心。這種自我存在的慢心甚至存在於三果聖者的心相續中。例如，當他們做了某些可敬的事，他們可能想：「是我完成了這工作。」這也稱為「值得之慢」（yathāvamāna）。聖者當然明白凡夫所認為的我、眾生並不存在。然而，當他們做了值得稱讚的事，他們的言行舉止仍然會帶著我慢，認為「是我這麼思考、說話或行動」。

這種發生於聖者身上的慢心，也可稱為「見慢」（diṭṭhimāna），因為拔除這種慢的方式與拔除「有身見」的方式類似。當我們說在較高的道智中「正見」斷除「邪見」時，所指的邪見實際上是這種慢，而非已被第一道智斷除的有身見。只有阿羅漢道智能夠完全斷除這種「我慢」。以阿羅漢道智清楚看見無常時，也就能見到無我。當清楚見到無我時，也就能夠以阿羅漢道智完全斷除「我慢」。因此，為了斷除我慢，佛陀說：「應修習無常想。」注釋書給了這個解釋：

「得無常想者，無我想確立」：如果見到無常共相，也就會見到無我共相。如果見到三相之一，也就會見到其餘二相。因此佛陀說：「得無常想者，無我想確立。」[26]

若了知無常、苦、無我三相的其中一相，則也會了知其餘二相。依據上述的兩段引文，在反思已見其無常的所緣時，只會視它們的本質為苦和無我，不見它們有樂和我的本質。所以應當了解：了知某所緣為無常時，不僅斷除基於常想而起的煩惱，也會斷除因於樂想和我想的煩惱，因為也見到所緣的苦和無我的本質。

■ 概念的相與真正的相

關於這點，我將再討論阿毘達磨注釋書裡的一段文。

當水壺或杯子破裂的時候，人們常會習慣說：「無常啊！」無常相如此向他們顯現。感到膿瘡或刺傷（的疼痛），人們也會說：「苦啊！」苦相如此向他們顯現。然而，對一般人而言，無我相並未顯現，如同黑暗一般隱晦不明，難以了知，不易談論與解釋。無論佛陀出現於世與否，無常相和苦相，都會顯露；但是，若佛陀未出現於世間，無我相便不會顯露，只有佛陀出現在世間時，無我相才會顯露。

即使作為最擅長教學的老師，譬如佛陀的前世破箭菩薩（Bodhisatta Sarabhaṅga）以及其他的隱士、沙門，都僅能教導無常相和苦相，不能夠教導無我相。如果他們能夠教導（第三相），他們的弟子應該已經證得道智和果智。然而，無我相是具備一切知智的佛陀的專屬領域，不屬於其他人。因此說，佛陀基於無常相、苦相，或者二者的基礎上教導無我相。[27]

事實上，佛教之外的老師所教導的無常相和苦相，也不是觀智範圍內的真正無常相和苦相，只是與無常相、苦相名稱有關的概念。再進一步解釋，水壺或水杯只是世俗概念，它們的破碎也不是觀智了知的真正無常相。因某人死亡而感到無常，也並非真正的了知無常。凡夫經驗膿瘡或刺傷的苦受，也非從究竟諦了知的苦相。這是因為凡夫把這苦受視作「人」的一部分，然而在究竟義上，「人」並不真的存在。凡夫只是想著：「我在受苦」「我在痛」。如此，這便和以觀智如實了知的究竟名色法無關。

上述《增支部注》引文所說的「有已還無」「被生滅所壓迫」「不可控制」，是真正的三相，必須藉由觀智加以了知。如果了知三相之一，就會了知其餘二相。所以《迷惑冰消》說，佛陀為了讓人了知無我相，在無常相與苦相的基礎上教導無我相。[28]

雖說如此，藉以了知無我相的無常相和苦相，也是必須透過內觀才能了知的真正共相。它們像無我相一樣，不易了知，而且除了佛陀之外，其餘人也無法教導。因此，《根本疏鈔》說：

> 無我相的教學，不屬於佛之外的其他任何人的領域。教導能夠顯露無我相的無常相與苦相，也不屬於佛之外的其他任何人的領域。它們是難教的，因為難顯現。[29]

注釋書說，除了佛陀以外，其他人無法教導無我相，還說佛陀必須在無常、苦二相的基礎上教導無我相。據此而言，若人未了知無常相和苦相，就不能了知無我相。或者換句話說，如果真正了知無常相和苦相，便也能了知無我相。除了佛陀以外，沒有其他人能夠了知無我相，他們也無法了知苦相和無常相；因此，除了佛陀以外，其他人所教導的無常相和苦相，都無法揭露無我相。這意味著，教導真正的無常、苦、無我相，非常困難，因為這些相很難顯露，只有佛陀才辦得到。

疏鈔所提到的，能夠顯露無我相的無常相和苦相，指必須藉由觀智才能了知的真正的無常相和苦相。它們不是像壺破、針刺這種冒充的無常相或苦相。《隨疏鈔》（Anuṭīkā）區別兩類了知如下：

> 藉由壺破或刺傷等而了知的無常相和苦相，並不是能令人了知眾生無我的方法。藉由繫於因緣、反覆逼迫等而了知的無常相和苦相才是。更詳細地說，眼等的名色法，依緣於業、四大等而生。如此，它們是無常，因為它們無有而生，有已而無。它們是苦，因為持續被生滅所逼迫。它們是無我的，因為不依循任何人的意志。已修習觀智或累積波羅蜜而持續觀察名色法的人，能夠見到這些。[30]

■ 概要

無常隨觀是透過觀察在六根門生起的名色法自相，見到它們生起滅去，或僅是滅去，從而了知無常。了知當下所觀察的所緣為無常，這種智慧稱為「現量無常隨觀」（paccakkha-aniccānupassanā）。

從經驗徹底了知後，雖未直接體驗過去的名色法，但知道它們同樣是無常。依此，禪修者也了知此世上任何的名色法皆是無常。這種藉由反思而得的了知，稱為「比量無常隨觀」（anumāna aniccānupassanā）。

無常隨觀，無論是依親身經驗的現量或推論的比量，皆始於領會智。但就其斷除隨眠煩惱的功能來說，完整的開發則是始於壞滅智。這就是為何在《小部》的《無礙解道》裡，佛陀說：

> 隨觀無常者，斷常想。[31]

關於苦隨觀和無我隨觀，我將只簡要地解說。讀者可以按照上述解釋無常隨觀的方式，詳細了解苦隨觀和無我隨觀。

苦隨觀

苦隨觀（dukkhānupassanā）是藉由觀察名色法的自相，見到反覆生滅的壓迫，從而了知苦。

在六根門生起的名色法稱為「苦」，因為持續地生起和滅去，壓迫著它們。而被持續生滅所壓迫的情況，稱為「苦相」（dukkhalakkhaṇā）。在名色生滅時，觀察它們，便能夠見到苦的共相。而觀見名色為苦的觀智，稱為「苦隨觀」──觀見名色諸行是可畏的、危險的、令人氣餒的、不好的，可厭的。

> 依據「凡無常者是苦」這句話，五蘊本身即是苦。為什麼？因為它們持續被（生滅）壓迫。持續被壓迫的行相，即是苦相。[32]

苦有三個面向：身心的苦受，稱為「苦苦」（dukkhadukkha）；身心樂受的無常性，稱為「壞苦」（vipariṇāmadukkha）；諸行生起又滅去的狀態，稱為「行苦」（saṅkhāradukkha）。

在這三個面向中，注釋書只使用最後一個，因為它共通於三界一切有為法。如《大疏鈔》說：

> 三種苦之中，行苦共通於一切有為法。[33]

如果未觀察在六根門持續生起與滅去的名色法，便無法了解生滅的逼迫。倘若感覺到由於長久保持同一姿勢而產生的苦受，便立刻調整姿勢，那麼，連身心之苦受都來不及清楚現前，更何況是身心樂受的無常相或生滅性質。藉由變換姿勢把苦隱藏了起來，連最粗顯的苦也無法觀見，那麼苦隨觀也就無法現前。

另一方面，如果觀察在六根門生滅的名色法，便能觀見生滅如何持續地帶來壓迫。禪修者若能覺察到生滅的持續壓迫，自然也能夠覺察先前以同一姿勢靜坐時出現的樂受之消逝；隨後，禪修者觀察到僵硬、悶熱等已生起的苦受。因為苦受，禪修者想要改變姿勢，或者實際改變了姿勢。變換姿勢之後，苦受消失而樂受生起。禪修者會在觀照時見到這一切。如此，當禪修者見到生滅的持續壓迫，並觀察到長時靜坐而出現的苦受、想要變換姿勢的衝動，以及實際變換姿勢的動作時，他便了解到：姿勢的變換是如何地遮蔽了苦之相。之後，真正的苦隨觀會由於見到微細的生滅相而生起。

> 未作意持續壓迫時，因為被姿勢所遮蔽，苦相不顯現……作意持續壓迫，且揭露姿勢時，苦相如其本性顯露。[34]

「揭露姿勢時，苦相如其本性顯露」這一句看似只指身心痛苦的「苦苦」，但它也適用於生起和滅去的「行苦」，以及身心樂受消逝的「壞苦」。這是「作意持續壓迫」一句所指的內容。所以，這是三種苦現前的情況。

見到苦相而生起真正的苦隨觀時，樂想等皆被斷除。進一步解釋，如果未正確了知所緣（名色法）是苦，那麼視所緣為樂的想顛倒便可能生起。見顛倒和心顛倒，也會生起。因此，煩惱也會生起，接著引發善、不善的業行，以及隨之而來的業果。然而，如果正確了知所緣是苦，想顛倒等便不再生起。如此想顛倒乃至業果等法，都無法生起，因為它們已被苦隨觀所斷除、棄捨。《清淨道論》說：

修苦隨觀者，斷樂想。[35]

在《無礙解道》，佛陀也說：

隨觀苦者，斷樂想。[36]

■ 概要

苦隨觀，藉由觀察在六根門生起的名色法的自相，並見到生滅變化的壓迫從而了知苦。了知當下所觀察的所緣是苦，名為「現量苦隨觀」（paccakkha dukkhānupassanā）。

依經驗徹底了知苦之後，也據此而反思了知過去和未來的名色法，以及世界上一切名色皆同樣是苦。這藉由反思而生的了知名為「比量苦隨觀」（anumāna dukkhānupassanā）。

苦隨觀，無論是依現量經驗或比量推論，皆始於領會智。但是就其斷除煩惱的功能來說，完整的開發則是始於壞滅智。

無我隨觀

「無我隨觀」（anattānupassanā）是藉由觀察名色法的自相，見到它們不受控制，自行發生，從而了知無我。

「我」一詞，與「無我」相對，並非指名法集合、色法集合、身體，或者任何可見色。實際上，它只是指凡夫認為是「靈魂」或「我」的事物。凡夫錯以為有個「我」是擁有者、永存者，造作者、感受者、監督者、掌控者。但是，這個所謂的「我」，並不是五蘊名色法，也不存在於五蘊名色法之中，或其他任何地方。「我」

只是未斷邪見的凡夫所持有的概念。

因此，五蘊名色法被稱為無我。這意指在它們身上找不到一個「我」。為何如此？因為，如果有個「我」，便可以隨意控制五蘊。但是，沒有什麼在控制五蘊，所以五蘊是「無我」。不受控制的性質，稱為「無我相」。如果在名色法生起時加以觀察，將會只看見一切名色法自行生滅，在其中找不到任何可稱為「我」的事物，可作為名色之主宰、掌控者的事物。如此，禪修者了知所觀察的名色現象，不是擁有主宰或掌控力的「我」，只是自然的現象。如此的了知是無我隨觀。

依據「凡苦者是無我」這句話，五蘊名為無我。為何？因為對五蘊沒有掌控力。無能行使掌控力，是無我相。[37]

如果不觀察在六根門生起的名色現象，將見不到名色有不同的種類、特相、作用和所緣；反而會把名色看作單一、堅實的實體。例如，在看的時候，眼識並未顯現為個別的現象；反而是將想見的動機、眼識以及對所見物的想法等等現象，視作顯現為單一、堅實的實體——這堅實的概念，遮蔽無我之相。如此，無我相未顯現時，無我隨觀的真實智慧便無法生起。

另一方面，若念、定、慧達至成熟，禪修者觀察發生在六根門的名色法時，每一法將會以不同方式顯現為個別的存在，而作為所緣的每一法，也將會顯露它們的短暫性、特相或作用。它們不會只是整體地呈顯出單一而堅實的實體。例如，當我們看見某物之時，眼識獨自顯現為單一個別的存在；這時，堅實的概念便被打破，無我相依其真實本質而自行顯露。因此，只有當無我相顯露時，無我隨觀的真實智慧才會現前。

未作意種種界的分離，被堅實所遮蔽故，無我相不現前……分別種種界而分離堅實之時，無我相如其本性顯現。[38]

有四種「堅實」概念遮蔽無我相：1. 與現象的相續有關的，稱為「相續堅實」（santatighana）；2. 與現象的聚集有關的，稱為「聚集堅實」（samūhaghana）；3. 與現象的作用有關的，稱為「作用堅實」(kiccaghana)；4. 與現象的所緣有關的，稱為「所緣堅實」(ārammaṇaghana)。

在本書的其他章節，曾解釋過相續堅實。

■ 相續堅實

「相續堅實」意指，基於現象的相續而產生的堅實概念。

如果不知道看的過程，其實是包括了看的意向、最初的眼識、後起的眼識、對所見的思緒，那麼這些現象便會被視為單一實體。倘若把這些現象看作是連續不斷的，便會誤認為有一個「我」在控制，且正是這個「我」能夠隨意地看、見或者思考。

對於聽的過程，也是如此理解。同理，對於彎曲、伸展、行走、站立、坐下或躺下，也一樣適用。人們如果不了解這些動作裡所包括的個別身心過程，例如，想要移動的心、實際的移動（，以及包括在一個移動或動作裡的許多微小移動），那麼將會認為有個「我」能夠隨意做出這些移動。由於「相續堅實」，使得我們無法區別出許多瞬間消逝的現象，以致於遮蔽了無我相。所以說，因為未能將相續的名色法加以區分、識別，所以便以為它們是「我」。

那麼，如何打破相續堅實的概念，讓無我相顯現？應當在修習內觀禪修時，了知想要看的心和實際看的動作，是不同的或分開的現象。對於其他現象，也如此了知。循此，就不見現象的連續，不見是「我」，便能破除「相續堅實」。當相續堅實被破除，禪修者便了知：「『想看的意欲』無法做到『看』或『見到』的動作；『看』的動作也無法做到『想看的意欲』或『見到』的動作；『見到』也無法做到『想看的意欲』或『看』的動作。」因此，其中沒有「我」能夠隨心所欲，一切只是自然現象隨著因緣條件而生起。應當如此了知無我相。

關於聽的過程，也當如此理解。同樣的道理，也適用在彎曲、伸展、行走、站立、坐下或躺下。如果了知包括在這些動作裡的個別過程（想要的心、實際的動作，以及單一動作或移動裡的個別微細動作），將能夠了知想彎曲的意欲無法做到彎曲的動作；彎曲的動作無法做到想彎曲的意欲。同樣地，想伸展的意欲無法做到伸展的動作；伸展的動作無法做到想伸展的意欲。因此，能夠隨心所欲彎曲或伸展的「我」並不存在，存在的，只是隨著因緣條件而生起的自然現象。應當如此了知無我相。對於行走等的身心活動，也當用相同的方式加以了知。

■ 聚集堅實

「聚集堅實」指所有基於現象的聚集而產生的堅實概念。

如果尚未藉由內觀修行觀察並辨別在六根門生起的名色現象，禪修者將視整體名色現象為單一個現象，無法辨別：色法是一個現象，名法是另一個現象。舉例而言，常人感覺彎曲手臂就是一件事，無法辨別出想彎曲的動機（名法）和手臂的彎曲（色法）。

再者，常人總是把在自身相續裡的眼見色、耳聞聲等等，視作單一個現象。所以，在見物並碰觸時，他感覺到所見色和所觸色是同一個現象；另外，他也覺得，見所依的眼根與碰觸所依的身根，是同一個現象。與此類似的例子非常多，無法一一詳細列舉。如此，將名色現象總體感知為單一個聚集、同一個眾生，就是「聚集堅實」的概念。因為無法透過內觀禪修來分辨不同現象的個別本質，所以，無我相被「聚集概念」所隱覆。

那麼，如何打破這「聚集堅實」的概念？應當持續觀察在六根門生起的名色法，如此，至少名法和色法將會顯現為個別不同的現象。例如，在彎曲肢體時，想要彎曲的動機是一回事，實際的彎曲移動是另一回事。同樣地，在伸展肢體時，將會明顯的是，想伸展的動機是一回事，實際伸展的移動是另一回事。或者，在觀察腹部的上升移動時，將變得明顯的是，上升移動是一回事，觀照上升移動的心是另一回事。或者，在觀察其他所緣時，將會明顯的是，能觀之心和被觀的所緣，並不相同。如果這些變得顯著，那麼名色現象是單一聚集的概念便會被打破。

於是，禪修者能夠了知：「想要彎曲或伸展的動機，無法做到彎曲或伸展的移動。倘若沒有想要彎曲或伸展的動機，彎曲或伸展的移動，也無法自行發生。再者，若沒有腹部起伏等可以觀照的對象，觀照的心也無法自行生起。」如此，無我相如其本性而顯現。

再者，當禪修者持續觀照見、聽、觸等之時，將會變得明顯的是：可見色是一個現象，聲音是一個現象，所觸是另一個現象。也會變得明顯的是：作為見之基礎的眼根是一個現象，作為聽之基礎的耳根是一個現象，作為觸之基礎的身根，是另一個現象。再者，變得明顯的是，眼識是一個現象，色與眼識之間的觸是一個現象，樂、不樂的感受是另一個現象。當每一個現象皆能個別地顯現時，禪修者便徹底地破除了「聚集堅實」的概念。

如此，禪修者了知：沒有一個身、語、意的活動，可以隨個人喜愛而發生，只有在因緣條件具足時，才能做到這些活動。這時候，禪修者才清楚看見「無我相」的真實本質——即不能隨心所欲的控制。

■ 作用堅實

「作用堅實」指與現象的作用有關的堅實概念。

名色法的作用，彼此不盡相同。然而，若未藉由內觀加以辨別，就會把名色法視為單一、相同的實體。在見的時候：眼使見色發生，眼識能見色，而所見色能夠被看見。雖然這些作用有別，但是常人卻感覺，發生在同一相續裡的眼、色和眼識，是單一個實體、同一個人。聽的情況，也是如此。

眼識能見，耳識能聽，鼻識能嗅，舌識能嘗，身識能有觸覺，意識能思考。雖然上述這些作用各個不同，但常人卻感到，這些是發生在單一相續的心理現象，是一個實體，會認為是「我」在見，是「我」在聽、嗅、嘗、觸、想。

樂受使心快樂。苦受使心沮喪。捨受則讓心平靜，既不快樂也不沮喪。雖然這些作用也不同，但常人感到的是：發生在單一相續裡的這三種受是同一個實體；認為是「我」在高興、快樂，是「我」在不高興和憂鬱，也是「我」在感到不樂不悲的平靜。

想要彎曲的動機，使彎曲的移動發生。雖然它們的作用不同，但常人卻感到：心的動機（名）和移動（色）是同一個實體；以為是「我」擁有想彎的動機，是「我」在彎曲；或者以為「我」就是想彎的動機，「我」就是彎曲。伸展和行走，也是如此。常人因為未能藉由內觀了知作用不同的名色法是個別的現象，所以會感到它們是一個實體。這是「作用堅實」的概念。

那麼，如何打破「作用堅實」的概念？應當在內觀修行中觀照當下生起的名色現象，如此，將可辨別名色是個別分開的現象。會變得清楚的是，這些名色法有各自不同的作用，個別發生而未混雜在一起。如此，禪修者之前認為它們是一個實體的想法，將會被打破，也將會了知到每一法有獨自的作用，且不能執行另外的作用。於是，無我相的真實本質——不能隨心所欲的控制——便清楚顯現。

■ 所緣堅實

「所緣堅實」指與名法的所緣對象有關的堅實概念。

名法各自的所緣並不相同。然而，常人若未透過內觀加以辨別，會感覺這些名法只是單一的實體。實際上，眼識以色為所緣，耳識以聲為所緣，鼻識以香為所緣，舌識以味為所緣，身識以觸為所緣，意識以各種心理對象為所緣。見色的眼識不同於聽聲的耳識，也不同於體驗其他所緣的心識。聽聲的耳識不同於能見的眼識，也不同於體驗其他所緣的心識。見不同顏色的眼識，彼此也不相同。例如，見白色的眼識不同於見黑色、藍色或黃色的眼識，見黑色、藍色或黃色的眼識，也和見白色的眼識不同。聽見不同聲音的耳識，也是如此。再者，如果看著同一顏色一段時間，則每個眼識剎那都與它的前一個和後一個眼識剎那有所不同。聽相同聲音一段時間的情況，也是如此。

每個所緣皆是由不同的心識所體驗。但是，常人把這些發生在同一相續裡的所緣，視為一個實體。以為「是我自己在看和聽」或者「我是那個想要看而隨後便去看的人」或者「我看到了白色、黑色、藍色和黃色」或者「我看到相同的顏色好一會兒了」等等。如此，常人覺得彼此所緣不同的種種名法，只是單一的實體。這是「所緣堅實」的概念。這種概念是無我相對凡夫隱而不顯的另一個原因。

那麼，如何打破「所緣堅實」的概念？如果定力、念力和觀智強大，且在當下觀察見、聽等現象，便能徹底打破「所緣堅實」的概念。對禪修者而言，在見的時候，變得明顯的是：想看的動機是一個現象，觀察動機的觀照心是另一個現象；再者，看見的心是一個現象，觀察看見的觀照心，又是另一個現象。聽的時候，也是相同的情況。

再者，也會變得明顯的是：見的心是一個現象，聽的心是另一個現象，乃至觸的心、想的心以及觀照的心，彼此都不相同。

在看見各種顏色時，會變明顯的是：看見白色是一個現象，觀照此看見是另一個現象；看見黑色是一個現象，觀照此看見是另一個現象。聽的時候，也是相同的情況。在看見同一所見色的不同階段時，會變明顯的是：第一次看見的心，不同於觀照它的心；第二次看見的心，不同於觀照它的心。聽的時候，也是相同的情況。

如果能夠分辨這些所緣各異的心理現象個個不同，那麼，無我相的真實本質——不能隨心所欲的控制——就會清楚顯現。

《清淨道論大疏鈔》為不同的「堅實概念」給了以下的摘要：

> 名色法生起並相互支持時，未檢驗諸行的人，執取它們為單一實體，於是有「聚積堅實」。同樣地，雖然諸法的作用不同，但被執取為一，於是有「作用堅實」。同樣地，名法緣取的所緣不同，但被執取為一，於是有「所緣堅實」。但是，這些堅實由於界智被分解，如同被手擠壓的水泡般消失。如此，無我相更為顯著：「它們只是依緣而生的諸法，是空……」。[39]

依據注釋和疏鈔，當堅實概念被破除，而所緣的真實本質被觀察為無我之時，真正的無我隨觀便生起，破除了「我」的概念。如果未正確了知所緣（名色）為無我，那麼，把這些未被正確了知的所緣當作是「我」的「想顛倒」，便會生起；「見顛倒」和「心顛倒」也會生起。由於這些顛倒，「煩惱」和「業行」也將生起，接著帶來「果報」。

然而，如果正確了知諸法無我，那麼相關的想顛倒、見顛倒、心顛倒，便不會生起。如此，這一切苦——從「想顛到」到其最後的果報——便不會再生起，因為已被「無我隨觀」所斷除。因此，《清淨道論》說：

> 隨觀無我者，斷我想。[40]

▪ 概要

「無我隨觀」是藉由觀察在六根門生起的名色法的自相，見到名色法無我——即不隨個人心願而生起，無法隨意控制——或者見到它們是無常，是苦。了知當下觀察的所緣是無我的觀智，稱為「現量無我隨觀」（paccakkha anattānupassanā）。

依經驗徹底了知無我之後，推論了知世間上一切名色法也是無我，不是眾生，只是自然的現象。這藉由反思而來的了知，稱為「比量無我隨觀」（anumāna anattānupassanā）。

無我隨觀，無論是依現量經驗或比量推論，皆始於領會智。但是就其斷除煩惱的功能來說，完整的開發則是始於壞滅智。

■ 依壞滅觀見三相

無常的名稱，特別是就名色法的剎那滅而言。因此，注釋書說「有已還無」等。[41]

「壞滅是無常的頂點」。因此，無常隨觀適合壞滅隨觀者。[42]

依據這些引文，在已提到的無常相裡，「有已還無」是特別突出的無常相。這是指現在法的剎那滅。如此，應該理解，就隨觀壞滅的禪修者而言，觀察當下正在生滅的名色法的壞滅、消逝、滅去，即是完成「無常隨觀」。見到名色法滅去時，便不再將它們視作快樂的、令人愉悅的。禪修者了知，因為名色法持續被壞滅所壓迫，所以實際上無法讓人滿意、是不好的、無法帶來快樂。此時，便生起「苦隨觀」。

倘若禪修者了知，自己沒有能力讓這些名色法不消逝，無法使它們變得令人愉悅或者永恆存在，這時便生起「無我隨觀」。如此，藉由觀察現在名色法壞滅，可證得三種隨觀。《清淨道論》說：

因為壞滅是無常的頂點，所以隨觀壞滅的瑜伽行者，隨觀一切行無常而非常。因為凡無常是苦，凡苦是無我，他亦觀見諸行為苦而非樂，為無我而非我。[43]

如此，當滅壞智達至巔峰時，僅透過觀察壞滅，便能完成此三種隨觀。這一點在以後會變得更清楚。

厭離隨觀

「厭離隨觀」（nibbidānupassanā）指「過患智」之後的「厭離智」，此智在第六章曾說過。由於「壞滅智」，禪修者無論觀照什麼所緣，都只見到它的壞滅。不管是透過觀照而見到諸行的滅去、消逝，或者透過對它們的反思，禪修者見到諸行是有缺陷的、可畏的，對它們感到厭倦、厭煩。這是厭離隨觀的生起。

如果沒有「厭離隨觀」，禪修者仍會感覺諸行是令人歡喜的，生起「喜俱之渴愛」（sappītikataṇhā）——依於這種喜愛，煩惱和業也會生起，接著便帶來果報。但是，由於「厭離隨觀」，對過去曾喜愛的名色法，便不生起喜貪與愛著。如此，「厭離隨觀」斷除了喜貪與愛著。《清淨道論》說：

修厭離隨觀者，斷喜愛。[44]

《清淨道論大疏鈔》進一步解釋說：

「厭離隨觀」：以厭離諸行的行相而生起的隨觀。「喜愛」：喜俱之渴愛。[45]

離貪隨觀

「離貪隨觀」（virāgānupassanā）：以離染的行相而生起的隨觀。[46]

依據此疏鈔引文，禪修者已由於厭離隨觀而對諸行感到厭倦。因為禪修者不論何時觀察，只見諸行壞滅，所以對諸行感到離貪，並傾心向於涅槃——即諸行的止息。此隨觀是「離貪隨觀」。依據《清淨道論》：

「滅之離貪」（khayavirāga）[47]：諸行的剎那壞滅。「畢竟離貪」：涅槃。「離貪隨觀」是見到這兩種離貪的觀或道。[48]

「滅之離貪」是指由於修習內觀，了知所緣諸行的壞滅，從而生起的觀智。「畢竟離貪」則是指從一切諸行解脫，也就是涅槃。事實上，內觀無法直接見涅槃、畢竟離貪，因為涅槃並非內觀的所緣。

然而，在「厭離智」之後生起的「欲解脫智」，欲求從一切諸行解脫，傾心向於離諸行的涅槃。所以，才在傾心向於涅槃的意義上，姑且說它見到涅槃。如此，因為「欲解脫智」觀察這兩種離貪，所以它是「離貪隨觀」。《大疏鈔》說的「對諸行感到離貪」，和「傾心向於涅槃」這句話的意思相同。「道智」見到涅槃（畢竟離貪），涅槃是道智的所緣。道智也見到「滅之離貪」，因為之前已完成見的作用。如此，道智即是「離貪隨觀」。不過，禪修者應知道，在這裡我們僅是針對世間智而說，所以唯內觀智是「離貪隨觀」。[*1]

「壞滅智」已完全成熟的禪修者，才具備「厭離隨觀」和「離貪隨觀」。因此《無礙解道》如此描述壞滅智：

厭離而非喜貪，離染而不染著。[49]

《清淨道論》說：

因為凡無常、苦、無我者，不應喜貪；凡不應喜貪者，不應染著。所以，依壞滅隨觀見諸行無常、苦、無我時，厭離而不喜貪，離染而不染著。[50]

之前曾說，就「無常隨觀」等而言，標記「無常、無常」，幫助提升注意力，這是合適的。然而，就「厭離隨觀」和「離貪隨觀」而言，標記「厭離、厭離」或「離貪、離貪」，顯然不適合。如之前《清淨道論》所說，在藉由「壞滅智」了知諸行是無常、苦、無我之後，禪修者進而了知諸行不可喜，但令人厭倦。這個觀智是「厭離隨觀」。接著，禪修者對諸行無有貪染，這觀智就是「離貪隨觀」。應該記住：在「無常隨觀」時，標記「無常、無常」，並非必要。實際觀察到一切所觀、所思的名色法為無常等，才是真正重要的事。

滅盡隨觀

「滅盡隨觀」：諸行滅盡的隨觀；或者，諸行滅盡，因無再生而於未來不生，成就此事的隨觀，是滅盡隨觀。這是強力的欲解脫智。[51]

依據《大疏鈔》這段文，「滅盡隨觀」（nirodhānupassanā）可以有兩種定義：「滅盡的隨觀」或者「為了滅盡的隨觀」。然而，在究竟義上，二者並無不同。「欲解脫智」見到諸行滅去而希願從諸行解脫。這種銳利敏捷的「欲解脫智」是「現量滅盡隨觀」（paccakkhanirodhānupassanā）。禪修者想要從一切諸行解脫，但是，諸行若未被觀見其滅盡，將招致來生和未來的諸行。在滅盡隨觀中，諸行無法導致來生和諸行的生起。如此，為了不再有來世和未來諸行，而進行的隨觀，能促使來生和未來一切諸行止息。綜上所述，在《大疏鈔》的兩個定義中，第一個是觀察諸行滅盡的隨觀；第二個是為了使來生和諸行皆滅盡而做的隨觀。

再者，「入出息念」的相關注解，也以相同方式定義「滅盡隨觀」。實際體驗當下所觀察的諸行（剎那）滅去、滅盡（khayanirodha）之時，心傾向於一切諸行的「畢竟滅盡」（accantanirodha）——涅槃。如此，當「欲解脫智」變得銳利、敏捷時，即成為「滅盡隨觀」。也就是，心傾向於「畢竟滅盡」，便是欲求從諸行解脫。

《無礙解道》曾以下列的句子，解釋「滅盡隨觀」：

使滅盡，不令集起……使滅盡者，斷集起。[52]

依據《清淨道論》，上述引文可以有兩種解釋方式[*2]：「他如是不染著，先以世間智使貪滅盡，而非集起，意思是不造成集起；或者，他如此離染，依比類智而使（過去和未來）未見的諸行滅盡，如同使現前（體驗）的諸行滅盡。不令集起，意思是，僅作意諸行的滅盡。只見到它的滅盡，而非集起。」[53]雖然「使滅盡」可以有這兩種詮釋方式，但意指相同的事物，都指強力的欲解脫智。滅盡隨觀，並未區分為兩種隨觀方式。

第一種定義說「使貪滅盡」。但是，它並未說清應以什麼方式，觀察什麼現象，又使哪種貪滅盡。不過如同第二個定義所說，指的是現在體驗的諸行的滅盡，以及未直接體驗的過去、未來諸行的滅盡。所以，應當知道，是在觀察這些法時，使貪滅盡。

第二種定義，未說到使哪些煩惱滅盡。但是，如同第一個定義說「使貪滅盡」，所以，應如此正確了解這一段話：如何辦到呢？隨觀諸行的滅盡時，見不到它們永恆長存，因此不起貪愛。由此看來，兩個定義的意思其實是相似的。

應當了知「使貪滅盡」這句話，也指以下三者的滅盡，即：其他的煩惱、貪所引的業行，以及業行的果報。如此，應該了解《大疏鈔》的兩個解釋和《清淨道論》的這段引文，實際上意思是相同的。

觀察現在諸行滅盡的「滅盡隨觀」是「現量智」。當這種依經驗的智慧成熟時，也反思過去和未來諸行和現在諸行一樣滅盡——這種「滅盡隨觀」是「比類智」或「推論智」。依據《清淨道論大疏鈔》：

> 如同作意於現見的、現在生起的諸行之滅盡一般，禪修者藉由比類智推論未見到的過去、未來諸行：「如同現在諸行，其餘諸行也同樣滅盡。」如此，作意於所作意的諸行之滅盡。[54]

疏鈔說，「滅盡隨觀」指強力的欲解脫智。如此應知，之前的「離貪隨觀」是指同一觀智的稚弱階段。

藉由推論智，了知能引生貪和其他煩惱的有為法。這些煩惱的斷除只是暫時的。因此，《大疏鈔》說：

> 「使貪滅盡」：使貪達至鎮伏滅盡。意思是暫時鎮伏。[55]

這是因為潛伏於過去、未來諸行之中的隨眠煩惱，無法以世間智根除，必須藉由出世間的「道智」方能根除。

捨遣隨觀

捨棄諸行（或說捨棄視諸行為常、樂、我之煩惱）而生的隨觀，是捨遣隨觀。它是審察和安住[56]。[57]

「捨棄諸行而生」這一句是「借代」的用法，因為實際上並非諸行本身被捨棄，而是對於諸行的煩惱被捨棄。因此，這裡另補充了一句譯文：「捨棄視諸行為常、樂、我之煩惱」。這一點類似於下述的佛陀教導：

諸比丘！色不是你們的，應加以捨斷。[58]

注釋書解釋，此處的「捨斷」一詞並非指捨斷身體，而是捨斷對身體的愛著。

舉例而言，倘若某人有個孩子不聽教誨且品行乖張，常常給他製造麻煩，並帶來許多痛苦。這時候，那人可能會反覆思考孩子那些嚴重而缺德的過失，想要脫離親子關係。倘若那人不再把孩子當作是兒子或女兒，那麼，他不只捨斷因那孩子而起的身心之苦，也捨斷了那個孩子。當那人能夠不把孩子當作是自己的兒子或女兒，他便真正捨棄自己的孩子。同樣地，禪修者再次審察諸行並見到它們無常、苦、無我時，他便捨棄（那視諸行為常、樂、我的）煩惱，也就是捨棄了諸行。因此，疏鈔說：能夠捨斷煩惱的隨觀是「捨棄諸行而生」。《清淨道論》說：

無常隨觀等也稱為「捨棄捨遣」和「躍入捨遣」，因為它藉由彼分斷除煩惱、業和果報蘊，且因為它藉由見有為法之過失，而傾向並躍入與諸行不同的涅槃。因此，具備此隨觀的比丘捨棄煩惱並躍入涅槃；他不使煩惱生起故不拿取煩惱，不無視其過失故不拿取有為所緣。因此說：「他捨遣，不拿取。」[59]

如這段文所解釋的，「捨遣」一詞的意思有「捨棄」（pariccāpaṭnissagga）不需要的事物，或者「躍入」（pakkhandanapaṭinissagga）所渴望的事物。捨遣隨觀乃歸屬於審察智和行捨智，能夠暫時捨棄那基於常、樂、我想而生起的煩惱、因煩惱而生的業行，以及它們的果報。所以，它被稱為「捨遣」。

再者，就像有人見到某處充滿危險後，會想去另外一個沒有危險的地方，同樣地，當觀智見到有為法的危險後，會傾向於涅槃——有為法的相反。「傾向」只是指希望脫離有為法的想望，它並非是真正以涅槃作為所緣。透過傾向涅槃，才能夠躍入涅槃，捨棄自身。如此，它是捨遣。綜而言之，因為它藉由審察智和行捨智，能觀察煩惱的捨棄，也因為它能觀察心傾向躍入涅槃，所以它是捨遣隨觀。

如果未觀察有為法是無常、苦、無我，那麼煩惱倚靠這些未被觀察的所緣，便得到機會生起。當我們說煩惱得到機會，實際是指「它們被引發」或「拿取」。但是，若清楚觀見諸法現象是無常、苦、無我，此時煩惱便不得機會，無法依於未觀照的所緣而生起。當我們說它們不得機會，我們指「它們未被引發」或「未拿取」。因此，說「不使煩惱生起故不拿取煩惱」。

若不能看見無常等過患，當覺知或反思這些有為法時，就會以煩惱捉取有為法。然而，如果透過覺知見到無常等過患，雖然以有為法為所緣，但不會拿取所緣。因為在觀察某個有為所緣時，煩惱不生起，禪修者棄捨所緣，不拿取所緣，因此說「不無視其過失故不拿取有為所緣」。

如（此節開始時）《大疏鈔》引文所說，「捨遣隨觀」是指「審察智」和「行捨智」。

概要

若人已充分建立這七種隨觀，從無常隨觀到捨遣隨觀，也就建立了接下來的十一種隨觀。因為這另外的十一種隨觀，其實已包括在這七種隨觀之內。因此，注釋書許多處提及禪修者應該修習這七種隨觀。佛陀也在《無礙解道》多次說到這七種隨觀。

進一步說，若人充分建立無常隨觀、苦隨觀和無我隨觀，那麼，也就建立了包括在這之中的四種隨觀：厭離、離貪、滅盡、捨遣。因此，巴利三藏大多只提到無常、苦和無我三個隨觀。在此提供《清淨道論大疏鈔》的說明，以便讀者能夠確認這一點：

雖然隨觀分類為七種和十八種等，但它們全部包括在無常、苦、無我三隨觀之中。如此，至頂觀藉由三隨觀而住立。[60]

雖然這些隨觀或觀智可分為七隨觀、十八大觀，四十觀等等，它們全包括在無常、苦、無我隨觀之中。若這三種隨觀完全確立，含括其中的其餘觀智也便獲得確立。因此，當觀智銳利而充分開展達至頂峰時，它甚至僅是依憑無常、苦、無我這三種隨觀。

無常隨觀和無相隨觀，意義相同而文字不同；苦隨觀和無願隨觀如此；無我隨觀和空隨觀亦如此。[61]

如此，若確立了無常隨觀，也就確立了無相隨觀。若確立了苦隨觀，也就確立了無願隨觀。若確立了無我隨觀，也就確立了空隨觀。

但是，一切觀都是增上慧法觀。如實智見包括在度疑清淨之中。[62]

因此，若建立無常、苦、無我三種隨觀，也就建立了增上慧法觀。在三種隨觀前，如實智見已先建立。《大疏鈔》說明其餘的十一種隨觀如何被含攝其中而得完成：

當無常隨觀完成時，滅盡隨觀、盡隨觀、滅隨觀、變易隨觀則得到部分完成。當苦隨觀完成時，厭離隨觀和過患隨觀得到部分完成。當無我隨觀完成時，其餘的隨觀也得到部分完成。[63]

「部分完成」是就「領會智」而說。應當記住：無常等隨觀和與其相應的隨觀，是在「壞滅智」等較高觀智裡被完成的。

疏鈔並未把「離貪隨觀」包括在苦隨觀裡。為何如此？《無礙解道》談及「離貪隨觀」捨斷欲取，但未說「離貪隨觀」如「無我隨觀」一般能斷除見取、戒禁取和我語取。因此，離貪隨觀不應包括在無我隨觀之中，它與無我隨觀有不同的斷除作用。它應僅含攝於苦隨觀之中，因為苦隨觀有與它相同的斷除作用。所以，應當理解作：疏鈔中，離貪隨觀一詞被遺漏了，所以不見於這文獻。

依據《大疏鈔》，當無常隨觀建立時，也就建立了滅盡、盡、滅和變易四種隨觀。當苦隨觀建立時，也就建立了厭離、離貪和過患三種隨觀。當無我隨觀建立時，也就建立捨遣、審察、轉離三種隨觀。如此，所有的隨觀都包括在無常、苦、無我三種隨觀之中。

只有在洞見諸行壞滅的觀智變得銳利時，無常、苦和無我三種隨觀才確立。依據《大疏鈔》：

> 有些學者說，在壞滅智裡，不需個別地見無常等，僅依見滅而見一切相。不過，這是在壞滅隨觀達頂峰時，才是如此。在那之前，需要有多種方式的見。[64]

這段《大疏鈔》的引文中，「有些學者」所說的不恰當處，只針對「壞滅智」的稚幼階段。若指達頂峰的壞滅智，該說法也是《大疏鈔》所認可、支持的。因此，佛陀在《無礙解道》說：

> 滅相是觀者之心（遠離煩惱的禪者之心）生起的唯一原因。[65]

其餘的隨觀

盡隨觀

依據《清淨道論大疏鈔》，「盡隨觀」（khayānupassanā）是觀察有為法自相剎那滅去的觀智；或者說，是見到觀照心自身也剎那滅去的觀智。這個隨觀，了知所緣和觀照心二者皆滅去。在破除有為法的堅實概念，而見到它們只是滅去時，這個隨觀便得以完全發展。

盡隨觀是見到現在五蘊的壞滅之智，此智亦見到在五蘊壞滅之後生起的，以該壞滅之智為所緣的心、心所之壞滅。[66]

然而，若人破除堅實概念而見到盡滅：「無常以盡為義。」其觀智是盡隨觀。[67]

前面的段落已解釋如何破除四種堅實概念。如果禪修者的壞滅智變得銳利、敏捷而破除了堅實概念，那麼在彎曲手臂時，將只見到微細的移動正一段接著一段地出現，並見到它們的滅去、消逝。也見到觀照心——它與所緣不同——緊跟在所緣之後，立即滅去、消逝。如此，稱為「彎曲」的色法，並未如凡夫所見那樣被視為「手臂」或「手掌」的堅實形態。甚至手臂也不再顯現為永恆存在。再者，觀照心也不再如凡夫所感覺的那般，像是某個人在覺知；會因覺察的力量而感知它就只是正剎那剎那地消逝。禪修者如其所是地了知這些名色法，它們就只是「滅去、滅去」。相同的情況也發生在伸展、見物等的活動。由於這份智慧，想顛倒等不再生起。因此說：「修盡隨觀者，斷堅實想。」

從壞滅智開始盡隨觀圓滿。如此，斷除堅實想。在此之前，盡隨觀未圓滿故，堅實想尚未被斷。其餘的隨觀也是相同的情況。觀慧圓滿與否，應從斷遍知和度遍知加以考慮。[68]

根據這段的第一句話，應該明白，在證得壞滅智之前，無法斷除堅實概念。「度遍知」指領會智和生滅智，在那時觀智的力量尚不足，所以無常等隨觀無法完全捨斷恆常等想。「斷遍知」指從壞滅智開始的觀智，這時候，觀智完全建立，所以無常等隨觀有能力完全斷除恆常等想。

滅隨觀

滅隨觀（vayānupassanā）有如此的描述：

依同一所緣，確定二者同一，傾向於滅，這是滅相觀。依親證和比類見到諸行的壞滅後，傾向於稱為壞滅的滅。由於這些隨觀，增盛被斷除。當觀慧見：「凡我增盛（業行）所求的，皆會滅去。」心便不再傾向增盛。[69]

見到現在的名色法剎那壞滅後，也透過推論了知過去和未來的名色法剎那滅去。那時候，禪修者了解到：「諸行剎那不停地滅去。沒有恆存不滅的法。」因此，傾向於滅的觀智便生起。這觀智稱為「滅隨觀」。它會消除為了獲得幸福和繁榮而增盛業行的欲望。當人們尚未充分了知名色法剎那不停消逝時，會認為自己和他人的身體是穩定、堅固的。因為人們想要享受認為是穩定堅固的有為法（比如自己和他人的身體），所以為了現生和未來生，造作、積聚許多的業行。

透過這「滅隨觀」而徹底了知一切有為法無不剎那不停地逝去之時，人們將知道自己不需要花費精力去追求那些過往視為恆常的事物。對於業行的積累也不再感到任何興趣。舉例而言，假若有人為了給他心愛的兒女買美麗高級的衣服而勤奮努力工作，但當他知道兒女已死亡時，便對這種努力不再感興趣。同樣地，「滅隨觀」斷除了追求感官快樂的業行增盛，對它們不再感到興趣。

▪ 變易隨觀

變易隨觀（vipariṇāmānupassanā），是依據色七法等，超越彼彼界線而見到不同方式的轉起；或者是從衰老與死亡二相看見已生起者之變易。[70]

藉由觀察和反思，觀見變易的第一種方式如下所述。禪修者見到：從結生心剎那開始到死亡心的（自身）一切色法終究在死亡時消逝、毀壞。生命最初階段的色法，在第二階段時已變化，它們不再相同。生命第二階段的色法，在第三階段已變化，它們不再相同。生命最初十年的色法，在青少年期已變化，它們不再相同。青少年時的色法，在二十多歲時已變化，它們不再相同。夜間的色法，到了白天已變化，它們不再相同。白天裡的色法，到了晚上已變化，它們不再相同。早晨時的色法，到了中午已變化，它們不再相同。到了下午、傍晚、初夜、中夜、黎明、清晨，色法無不都已變化，它們不再相同。這是以粗顯的方式見到變易。

以下是更細微的變異。看到前往時的色法，在返回時已變化，或者看到它們不再相同。看見返回、見物或彎曲時的色法，在前往時已變化，它們不再相同。看見不動時的色法，在活動時已變化，它們不再相同；相反的情況也是如此。見到腹部上升時的色法，在腹部下落時已變化，它們不再相同；相反的情況，也是如此。看到提起、推出、放下、壓下和下一個提起的色法，每每在下一個步驟時已變化，它們不再相同。見到感受寒冷時的色法，在感受熱時已變化，它們不再相同；相反的情況，也是如此。看到感到飢餓時的色法，在感受飽足時已變化，它們不再相同；相反的情況，也是如此。看到感到開心時的色法，在感到悲傷時已變化，它們不再相同；相反的情況，也是如此。

不論任何時候看到任何活動或狀態的色法，都見到它們的變化。再者，不論任何時候看見連續的心識剎那，都見到前一個心識剎那，和後一個心識剎那並不相同，它們已經變化。這是變易隨觀的第一種看見變化的情況。

上述《清淨道論》引文裡所述的第二種看見變化的方式，是看見衰老和死亡如何改變名色諸法。以衰老、死亡這兩種方式看見諸法並未保持原來的狀態，而是變易、衰退。這是看見粗顯的變易。

有更細緻地看見變化的方式：觀智持續觀察當下生起的名色法而成熟時，將見到色法的中間階段——也可稱為衰老，與初始階段不同，已發生變化；也見到最後階段——也稱為死亡——消逝或毀壞。如此，無論何時觀察名色法，都將親身見到中間和最終的階段不同於最初階段，它們已發生變化。當禪修者徹底了知現在的名色法並不保持原初的狀態而是會改變的時候，他透過推論智，也了知過去和未來的名色法以及整個世界上一切的名色法亦是如此：它們發生了變化而未能保持原初的狀態。它們從中間變化到最終，從住變化到滅，從老變化到死。這也是變易隨觀的第二種看見變易的方式。

見到現象不維持原初狀態而是有所變化的觀智，不論是依經驗或依推論，都稱為「變易隨觀」。這種隨觀消除了把諸行當作不變、穩定的穩固想。

《無礙解道注》提到「盡隨觀」和「增上慧法觀」時，說推論的壞滅智是滅隨觀，由於滅隨觀而見到「一切法變易」的觀智，稱為「變易隨觀」。《無礙解道注》這麼說：

滅隨觀是在見到現在五蘊壞滅之後，藉由比類而見過去、未來五蘊壞滅之智。變易隨觀是由於傾向於稱為壞滅的滅盡，見一切法的變易之智：一切過去、未來、現在五蘊皆變易。[71]

依據這段文，應當了知「變易隨觀」僅在壞滅智到達頂峰時生起。

無相隨觀

如我在上述摘要已解釋過的，「無相隨觀」（animittānupassanā）實際上和無常隨觀相同。不過，應該給這用詞一個定義，所以，我將簡短地說明。

「相」（nimitta）：行之相。[72]

「行之相」（saṅkhāranimitta）：行之相藉由聚集等堅實概念（向非禪修者）顯現，且透過對其作用等的辨識與分別，（向禪修者）顯現。[73]

因緣而生的色法（如行走、站立、坐、躺、彎、伸等身體活動和移動），因緣而生的名法（如見、聞、嗅、嘗、觸、想等），以及顯現在六根門的所緣（如色、聲、香、味、觸、法等），就凡夫而言，並不顯現為僅是活動和現象，彼此似乎也沒有差異，而且不是短暫的；反而，它們似乎有堅實的形態，是單一的實體，恆常不變。這種堅實的概念，也被叫作「常相」「穩固相」（dhuvanimitta）或「永恆相」（sassatanimitta）。

觀見有為法無常的「無常隨觀」，稱為「無相」，因為它是常相、穩固相、永恆相的相反；稱為「隨觀」，因為它能夠觀察無常。將這二詞組合起來時，我們說「無相隨觀」，意思是：觀察諸行堅實相的相反物。

持續觀察當下名色身心現象時，在六根門生起的有為法，不會顯現為堅實的形態，乃至單一實體、恆常、持續、穩固。實際上，它們顯現為僅是活動、現象，彼此不相同，只存在於剎那之間，生起後便隨即消逝。在「壞滅智」的階段，它們便是如此顯現，禪修者僅見諸行消逝、結束、敗壞、消失或無常。如此了知時，諸行便不被看作恆常、堅實的實體，基於常見、堅實見的煩惱，也就不能生起。因為此無常隨觀能夠捨斷諸行的堅實相，《清淨道論》說：

> 如此，它稱為無相，因為藉由無常隨觀破除諸行堅實，而斷除常相、穩固相和永恆相。[74]

若不間斷地觀察諸行之相，每一法的作用將會變得顯著。除此之外，它們的自相、剎那性，以及（名法的）所緣，也將變得明顯。關於它們如何顯現的詳細描述，請參考「無我隨觀」一節中討論四種堅實概念的段落。

在分別諸行的作用、特相、剎那性和所緣時，諸行顯現的方式，就是「行之相」。當禪修者能夠辨別其作用、特相、剎那性和所緣時，便見到諸行的這些「相」，同時以它們作為所緣。如此，無常隨觀既不違背行之相，也不能夠脫離它們。雖然如此，無常隨觀被稱為無相隨觀的原因，是因為它是行之相（常、穩固、永恆）的相反物，也因為它的所緣免除了諸行的堅實相。

在以往，諸行總是顯現為堅實長存的實體，但是當無相隨觀——即無常隨觀，穩固建立時，諸行將只會顯現它們的壞滅本質。因此，禪修者將正確了知過去被誤認為堅實、恆常的諸行之相。

此了知是如何發生的？這就好比當人們發現過往自己認為是有教養文化的某人，其實不懂世事且缺乏教養，或者類似剝開芭蕉樹的層層外皮卻找不到任何實木心材。同樣地，禪修者藉由無常隨觀，看見以前認為是恆常穩固實體的有為法，竟分解為個別的存在，而且持續的時間短暫，不及電光乍現的瞬間。如此，禪修者正確了知諸行之相，未見到恆常實體，只見不停地剎那消逝的現象。因此，禪修者斷除了諸行的密實相和常相，也連帶捨斷了煩惱、業行和從它們而生的果報。

> 作意無常者現起諸行滅。[75]
>
> 作意無常者如實知見相。[76]

無願隨觀

渴愛以為名色身心現象，如行走、站立、坐、彎、伸、見、聽、觸、想等，是可愛的、美好的、令人愉快的事物。這樣的渴愛也稱為願求（paṇidhi, paṇihita）。

「苦隨觀」了知有為法不斷被生滅所壓迫，見到它們無法令人滿意、不美好，無可喜愛。這份了知是願求、渴愛的相反物，稱為無願隨觀（appaṇihitānupassanā）。因此說：「修無願隨觀者，斷願求。」

空隨觀

未充分培養無我隨觀時，人們會以為有一個「我」或「眾生」，能夠完全操控坐、站、彎、伸、見、聽等名色身心現象。然而，打破四種堅實概念的壞滅智，能建立穩固的無我隨觀，從而不論何時觀察所緣，只見到它們正迅速生起和滅去。這時，禪修者找不到能夠操控它們的「我」或「眾生」。相反的，他會發現，在所需條件現前時，不僅自身不希望它生起的現象會生起，甚至不希望它消失的現象也會消逝。禪修者找不到能夠完全掌控（現象）的我或眾生，於是了解到：所緣和觀察所緣的心，只是快速滅去的自然現象，其中並沒有一個我或眾生，能夠執行坐、站、彎、伸、見、聽等活動，或能夠觀察和覺知。禪修者了解到，只有自然的現象滅去，沒有「我」。因為無我隨觀了知名色現象空無有「我」，所以它稱為「空隨觀」。此觀能夠斷除因為執取「我想」而生的煩惱、業行和果報。

增上慧法觀

增上慧法觀透過壞滅而把握空：「諸行壞滅，僅有諸行之死，別無他物。」它在了知色法等所緣並見到所緣和能觀之心壞滅之後生起。這觀智是增上慧亦是對諸法的觀察，所以稱為「增上慧法觀」。藉由它而斷除住著於實體的捉取，因為清楚見到空無恆常的實體以及我的實體。[77]

當壞滅智變得銳利而敏捷，禪修者覺察任何在六根門出現的所緣時，他了知到所緣的消逝，緊接著也了知到觀照心的消逝。以此方式，他見到所緣和觀照所緣的心，一個接一個不停地迅速消失。他了知到所緣和觀照心只是有為法。這些一一消逝的現象，皆是依於條件而生。就僅是這些有為法在消逝、滅去。實際上除了有為法之外，別無他物，沒有自我、沒有我，沒有眾生。如此，禪修者徹底了知，這些有為法無有永恆的實體，無有我或眾生。這個觀智是「增上慧法觀」。

如實智見

如實智見是分別名色以及其因、緣。藉此斷除基於愚痴的住著：「我過去存在嗎？」或「神創造世界嗎？」[78]

「緣攝受智」是「如實智見」(yathābhūtañāṇadassana)。當此觀智充分建立時，禪修者見到，現今存在的僅是因果相聯的名色身心現象。如此，他能夠得到結論：今生裡一切名色法的生起，乃由於過去生的無明、渴愛、執取和業。在過去生裡，也有依於名色法的無明、渴愛、執取和業。由於今生的無明、渴愛、執取和業，在新的一生中名色法將會生起。如此便可以得出結論：在過去、現在、未來三世中，只有作為因與果的名色法的存在。因此，人不再懷疑自己過去是否曾存在，也不再對於上帝或其他天神是否創造眾生而感到困惑。意即，斷除了懷疑和迷惑。《大疏鈔》說：

愚痴（sammoha）是顯現為懷疑與誤解的困惑。[79]

過患隨觀

過患隨觀（ādīnavānupassanā）是於一切有等見其過患之智。它透過怖畏現前而生起。以此智斷除依賴的住著：「無一物可依賴。」[80]

如同第六章所示，怖畏智銳利、敏捷時，禪修者見到有為法的過患，生起過患智，亦即過患隨觀。當此過患隨觀智生起時，禪修者看不見哪個有為法是可依賴的，所緣和觀照心皆無可依賴，被審察的所緣和能審察的心也無可依賴。禪修者過去會這麼想：「如果我每一生都做人，那就好了。如果我是億萬富豪，那就好了。

如果我是國王，那就好了。如果我是天人，那就好了。如果我是梵天，那就好了。」在過患智生起前，禪修者以為有些事物是可依賴的，可依賴的存有或可依賴的名色法。但是，現今他發現無有一物是可依賴的。如此，雖然在過去，禪修者認為欲界、色界、無色界中有可依賴的名色法，但是現在，觀智捨斷了對這想法的住著。從究竟意義而言，執著名色法可依賴（ālayābhinivesa），這是「有貪」。

認為諸行能提供保護，是依賴的住著，從究竟義而言，是有貪。[81]

過患智未能妥善建立時，禪修者即使感覺再痛苦，也仍無法捨斷存有世界和有為法。他會認為，在存有當中，仍有可讓人快樂的事物，因此，他只希望脫離眼前的不幸。例如，若人正在生病或發燒，便希望恢復健康；若正處貧窮，便希望富裕、有錢；若覺得這輩子似乎無望，便希望來世更好；若認為做人痛苦，便希望投生到天界或梵天界。但是，常人並不會想要從一切有或有為法完全解脫。這種對存有及有為法的貪著、喜愛或糾纏，是一種依賴的住著。過患隨觀則能斷除依賴的住著。如此，當此隨觀成熟時，便接著生起厭離智。

審察隨觀

審察隨觀（paṭisaṅkhānupassanā）是產生解脫方法的審察智。藉此斷除未審察。[82]

審察智是從諸行解脫的方法。它是審察隨觀。藉由它斷除無明，即於無常等之未審察，它是無常等之審察的相反物。[83]

欲解脫智生起，因此能夠捨棄諸行，或者能夠從諸行解脫。當此觀智確立時，審察智亦即審察隨觀，隨即生起。在這裡，應當留意「能夠捨棄諸行」和「能夠從諸行解脫」的兩種表述方式，意思其實是相同的。如此，注釋書交替使用這兩個詞來指稱欲解脫智。

以下是捨棄諸行的方式：當諸行生起時，如果尚未徹底了知諸行是無常、苦和無我，那麼對諸行的貪欲和喜愛，便會生起。當不樂受生起或者樂受有所變化，見到一切諸行生起又滅去時，可能生起苦惱、害怕或者厭倦。這時，由於仍執著有為法，無法捨棄有為法而從中脫離。

如果在有為法生起之時便能徹底了知它們是無常、苦、無我，那麼就不會認為這些有為法可喜、可樂，也不會把它們當作是「我」或「我所」。如此，便不會希望或願求從有為法獲得快樂，也不會希望或願求它們的消失，當然也不會想擁有有為法。如果有為法令人不悅，他也不擔心；他也不在乎不想要的有為法到來。這就像是人們對於毫不在乎的事物，如石頭、沙子、雜草、落葉或垃圾等，沒有任何的想望、希求、擔心或者關心。如果禪修者能夠只是單純覺察當下生起的有為法，而沒有任何想望和擔心，這相當於已捨棄它們，因為它們帶來的障礙已經不存在。如此，便已從有為諸行解脫。我們也可以透過在捨遣隨觀那一節所提及的品行乖張小孩的例子，來理解這裡的說明。

已完全證悟的阿羅漢，徹底從諸行解脫。就內觀禪修而言，在行捨智的階段，禪修者具備「六支捨」，也算是從諸行解脫；然而，若僅有想解脫的願求，卻蹉跎度日而不繼續精進觀察，便無法完成從有為法解脫的作用。這個作用，只有透過觀智徹底了知諸行無常、苦、無我後才能完成。而這份了知，唯有再次如同往常一般不間斷地觀察有為法，才能夠建立。如此，在欲解脫智時禪修者會生起想要捨棄有為諸行的意念，但審察智才是欲解脫智捨棄諸行的實際方法。如果想要捨棄諸行，必須實際觀察每一個生起的有為法。禪修者在如此觀察之時，尚未能對諸行保持捨心。此觀智是審察智。

在審察智的最初階段，有些禪修者會想要逃避有為諸行而不去觀察，因為對它們感到怖畏或厭倦。他們以為，若不去觀察就能避開有為法，若繼續觀照則必須面對它們，所以就停止了禪修，不願提起正念。然而，這時候痴隨眠會潛入未被觀察的有為法。由於禪修者的觀照不如以往那般持續，於是痴便有機會生起。不過，如果觀照心能不間斷地相續，痴也就不得機會生起。如此，不知道無常、苦、無我的愚痴，稱為「未審察」（appaṭisaṅkhāna），即審察智的相反物。這個意思是，審察智捨斷未審察或者愚痴，不給予它生起的機會。

轉離隨觀

轉離隨觀（vivattānupassanā）包括行捨智和隨順智。在這時候，心從一切行轉離、退縮、撤回，就像水滴從微傾的蓮花葉上滾落。藉由它，斷除結縛住著。[84]

心藉由種姓、道、果，捨棄諸行而躍入涅槃——（諸行）輪迴的止息。考慮到這點，應該說行捨智和隨順智是轉離隨觀。含於且源自（諸行）的結縛和其他煩惱是依於煩惱的住著（kilesābhinivesa）。[85]

行捨智和隨順智，皆是轉離隨觀。當這兩種觀智生起時，禪修者雖觀察（所緣和能觀心）諸行的滅去，但他沒有了在較低觀智時的取著或愛喜，也沒有怖畏智以後出現的怖畏、厭離、厭倦，或者想要逃脫的欲求。

禪修者不需努力讓所緣現前，也不擔心或排斥不愉悅的所緣會出現。實際上，禪修者擁有極清澈、明淨的心，不間斷地觀察諸行，覺知著諸行的滅去。這時候，就好像心從這些有為諸行轉離。如同水滴從微傾的蓮葉滾落般，心從每個所觀察的有為法轉離。不論所緣是極為可意或令人苦惱，心也不會多加思慮，而只是單純地覺知。如此地從有為法轉離，致使（在隨順智後）種姓智和道智的心，捨棄諸行而奔入涅槃（輪迴的止息）。這兩種觀智，稱為轉離隨觀。

這種轉離隨觀斷除了所有的結縛，比如像是與可意感官對象有關的欲結、與不可意的感官對象有關的瞋結等等。如果到達行捨智的階段，在與世俗所緣有關的念頭生起時，心既不喜愛，也不沉迷，只是對這類事物不感興趣，乃至長時間地連想都不願想。只有在停止練習內觀一段時間後，才會去思考或想像這些世俗的所緣。

然而，《無礙解道》注釋書給轉離隨觀的定義則有所不同，此注釋書說，這是指在隨順智之後生起的種姓智。如此，《清淨道論》和《無礙解道》在定義上似乎相互衝突。佛陀解說轉離隨觀時，並未提到轉向心，即第一個轉向新所緣的心識剎那。注釋書考慮到這一點，因而認為種姓智——它並不需要轉向心——是轉離隨觀最適合的作用。關於這個問題，讀者可以採用自己覺得合適的觀點。

馬哈希大師的結語

Bhāvetabbā yogīhi yā databbā ca paccakkhato,

vaṇṇitā tā aṭṭhārāsa mahāvipassanā māya,

dubbodhaṃ subodhetuna yogīnaṃ sutavuddhiyā.

內觀行者應當修習禪修並在自身中體證這十八大觀。十八大觀的意思，或許不易被理解，然而，我嘗試努力使它們易於被理解，以便增廣內觀行者的見聞知識。

1 亦見*The Path of Purification*, 651，以及Venerable Mātara Sri Ñāṇārāma Mahāthera, *The Seven Stages of Purification and the Insight Knowledges* (Kandy: Buddhist Publication Society, 2010)。Aṭṭhārasa mahāvipassanā nāma aniccānupassanādikā paññā. Yāsu aniccānupassanaṃ bhāvento niccasaññaṃ pajahati, dukkhānupassanaṃ bhāvento sukhasaññaṃ pajahati, anattānupassanaṃ bhāvento attasaññaṃ pajahati, nibbidānupassanaṃ bhāvento nandiṃ pajahati, virāgānupassanaṃ bhāvento rāgaṃ pajahati, nirodhānupassanaṃ bhāvento samudayaṃ pajahati, paṭinissaggānupassanaṃ bhāvento ādānaṃ pajahati, khayānupassanaṃ bhāvento ghanasaññaṃ pajahati, vayānupassanaṃ bhāvento āyūhanaṃ pajahati, vipariṇāmānupassanaṃ bhāvento dhuvasaññaṃ pajahati, animittānupassanaṃ bhāvento nimittaṃ pajahati, appaṇihitānupassanaṃ bhāvento paṇidhiṃ pajahati, suññatānupassanaṃ bhāvento abhinivesaṃ pajahati, adhipaññādhammavipassanaṃ bhāvento sārādānābhinivesaṃ pajahati, yathābhūtañāṇadassanaṃ bhāvento sammohābhinivesaṃ pajahati, ādīnavānupassanaṃ bhāvento ālayābhinivesaṃ pajahati, paṭisaṅkhānu-passanaṃ bhāvento appaṭisaṅkhaṃ pajahati, vivaṭṭānupassanaṃ bhāvento saṃyogābhinivesaṃ pajahati. (Vism 20.90)

2 亦見*The Path of Purification*, 663。Aniccanti khandhapañcakaṃ. Kasmā? Uppādavayaññathattabhāvā, hutvā abhāvato vā. [Aññathattaṃ nāma jarā.[khu.ni.aṭṭha.]] Uppādavayaññathattaṃ aniccalakkhaṇaṃ hutvā abhāvasaṅkhāto vā ākāravikāro. (Vism 21.6)

3 Ibid. 283. Aniccatāti tesaṃyeva uppādavayaññatathattaṃ, hutvā abhāvo vā, nibbattānaṃ tenevākārena aṭṭhatvā khaṇabhaṅgena bhedoti attho. Aniccānupassanāti tassā aniccatāya vasena rūpādīsu aniccanti anupassanā. (Vism 8.234)

4 Hutvā abhāvaṭṭhenāti idaṃ itaresaṃ catunnaṃ ākārānaṃ saṅgahakattā visuṃ vuttaṃ. (Vibh mḷt)

5 Aparehipi catūhi kāraṇehi aniccaṃ—uppādavayavantato, vipariṇāmato, tāvakālikato, niccapaṭikepatoti. (Sv)

6 Kiñcāpi uppādāditividhampi saṅkhatalakkhaṇatāya aniccalakkhaṇaṃ, tathāpi jātijarāsu [na diṭṭhāsu[MS]] [nadiṭṭhāsu na[VRI]] tathā aniccalakkhaṇaṃ pākaṭaṃ hutvā upaṭṭhāti yathā [vayalakkhaṇeti[MS]] [vayakkhaṇeti[VRI]] āha "bhaṅgo nāma aniccātaya paramā koṭī"ti. (Vism-mhṭ)

7 Vuṭṭhānagāminī pana vipassanā kimārammaṇāti? Lakkhaṇārammaṇāti. Lakkhaṇaṃ nāma paññattigatikaṃ na vattabbadhammabhūtaṃ. Yo pana aniccaṃ dukkham-anattāti tīṇi lakkhaṇāni sallakkheti, tassa pañcakkhandhā kaṇṭhe baddhakuṇapaṃ viya honti. Saṅkhārāmmaṇameva ñāṇaṃ saṅkhārato vuṭṭhāti. Yathā hi eko bhikkhu pattaṃ kiṇitukāmo pattavāṇijena pattaṃ ābhataṃ disvā haṭṭhapahaṭṭho gaṇhissāmīti cintetvā vimamsamāno tīni chiddāni passeyya, so na chiddesu nirālayo hoti, patte pana nirālayo hoti; evameva tīni lakkhaṇāni sallakkhetvā saṅkhāresu nirālayo hoti Saṅkhārārammaṇeneva ñāṇena saṅkhārato vuṭṭhātiti veditabaṃ Dussopamāyapi eseva nayo. (Dhs-a)

8 "Aniccan"ti-ādinā saṇkharesu pavattamānena ñāṇena lakkhaṇānipi paṭividdhāni honti tadākārasaṅkhāra[gg[MS]][g[VRI]]ahaṇatoti āha "lakkhaṅārammaṇā"ti. [Sankhāralakkhaṇarammaṇā[MS]] [Saṅkhārārammaṇā[VRI]]evayathāvuttādhippāyena "lakkhaṇārammaṇā"ti vuttāti dassento "lakkhaṇaṃ nāmā"ti ādimāha. Aniccatā dukkhatā anattatāti hi visuṃ gayhamānaṃ lakkhaṇaṃ paññatigatikaṃ

paramatthato avijjamānaṃ, avijjamānattā eva parittādivasena navattabbadhammmabhūtaṃ. Tasmā visuṃ gahetabbassa lakkhaṇassa paramatthato abhāvā, "aniccaṃ dukkhaṃ anattā"ti saṅkhare sabhāvato sallakkhentova lakkhaṇāni sallakkheti nāmāti āha "yo pana aniccaṃ dukkhaṃ anattāti tīṇi lakkhaṇāni sallakkhetī"ti. Yasmā ca aniccanti-ādinā saṅkhārāva dissamānā, tasmā te kaṇṭhe baddhakuṇapaṃ viya paṭinissajjanīyā honti. (Dhs-mlṭ)

9 Aniccādīhi aniccalakkhaṇādinaṃ aññattha vacanaṃ ruppanādivasena pavattarūpādiggahaṇato visiṭṭhassa aniccādiggahaṇassa sabbhāvā. Na hi nāmarūpaparicchedamattena kiccasiddhi hoti, aniccādayo ca rūpādīnaṃ ākārā daṭṭhabbā... Aniccanti ca gaṇhanto "dukkhaṃ anattā'ti na gaṇhāti, tathā dukkhādiggahaṇe itarassāgahaṇaṃ. (Vibh-mlṭ)

10 亦見*The Path of Purification*, 662–63。Aniccalakkhanaṅaṃ tāva udayabbayānaṃ amansikārā santatiyā paṭicchannattā na upaṭṭhāti.... Udayabbayampana pariggahetvā santatiyā vikopitāya aniccalakkhaṇaṃ yāthāvasarasato upaṭṭhāti. (Vism 21.3–4)

11 Santatiyā hissa paṭicchannattā aniccalakkhaṇaṃ na upaṭṭhāti, sā ca santati udayabbayāmanassikārena [paṭicchādikā^{VRI}] jātā... Udayabbayaṃ passato na udayāvatthā vayāvatthaṃ pāpuṇāti vayāvatthā vā udayāvatthaṃ. Aññova udayakkhaṇo, aññova vayakkhaṇoti ekopi dhammmo khaṇavasena bhedato upaṭṭhāti, pageva atītādikoti āha "udayabbayam pana... pe... upaṭṭhātī"ti. Tattha santatiyā vikopitāyāti pubbāpariyena pavattamānānaṃ dhammānaṃ [aññoññabhāva ^{MS}] [aññoññabhāvasa^{VRI}] lakkhaṇena santatiyā ugghāṭitāya. Na hi sammadevi udabbayam sallakkhentassa dhamma sambhandabhāvena upatihanti, atha kho ayosalākā viya asambhandhabhāvenāti upaṭṭhahanti, atha kho ayosalākā viya asambhandabhāvenāti suṭṭhutaraṃ aniccalakkhaṇaṃ pākaṭaṃ hoti. (Vism-mhṭ)

12 亦見 *The Path of Discrimination*, 178。Aniccato anupassanto niccasaññaṃ pajahati. (Paṭis 3.197)

13 Niccasaññanti niccagāhaṃ, saññāsīsena niddeso. Sukhasaññaṃ attasaññanti etthāpi eseva nayo. (Vism-mhṭ)

14 Sattānusayā – kāmarāgānusayo, paṭighānusayo, mānānusayo, diṭṭhānusayo, vicikicchānusayo, bhavarāgānusayo, avijjānusayo. Yaṃ loke piyarūpaṃ sātarūpaṃ ettha sattānaṃ rāgānusayo anuseti. Yaṃ loke appiyarūpaṃ asātarūpaṃ ettha sattānaṃ paṭighānusayo anuseti. Iti imesu dvīsu dhammesu avijjānupatitā. Tadekaṭṭho māno ca diṭṭhi ca vicikicchā ca daṭṭhabbā. Ayaṃ sattānaṃ anusayo.

15 Ettha sattānaṃ rāgānusayo anusetī'ti etasmiṃ iṭṭharammaṇe sattānaṃ appahīnaṭṭhena rāgānusayo anuseti. (Vibh-a)

16 Ārammaṇasantānānusayanesu iṭṭhārammaṇe ārammaṇānusayanena anuseti. (Vibh-mūla-anuṭika)

17 Ārammaṇasantānānusayanesuti ārammaṇānusayanaṃ santānānusayananti dvīsu anusayanesu. Yathā hi maggena asamucchinno rāgo kāraṇalābhe uppajjanāraho thāmagataṭṭhena santāne anusetīti vuccati, evaṃ iṭṭhārammaṇepīti ārammaṇānusayanaṃ daṭṭhabbaṃ. (Vibh-mūla-anuṭika)

18 *The Connected Discourses*, 1261. Sukhāya, bhikkhave, vedanāya rāgānusayo pahātabbo, dukkhāya vedanāya paṭighānusayo pahātabbo, adukkhamasukhāya vedanāya avijjānussayo pahātabbo. (SN 36.3)

19 亦見*The Path of Purification*, 715。Cakkhādīnaṃ pana āpāthagate ārammaṇe pubbabhāge anuppajjamānampi kilesajātaṃ, ārammaṇassā adhiggahitattā eva aparabhāge ekantena uppattito, ārammaṇādhigahituppannanti vucchati. (Vism 22.89)

20 Aniccānupassanā tāva tadaṅgappahānavasena niccasaññaṃ pariccajati, pariccajantī ca tathā appavattiyaṃ ye “niccan”ti gahaṇavasena kilesā, tammūlakā abhisaṅkhārā tadubhayamūlakā ca [vipākākhandhā[MS]] [vipākakkhandā[VRI]] anāgate uppajjeyyuṃ, te sabbepi appavattikaraṇavasena pariccajati, tathā [dukkhanupassanadayo[MS]] [dukkhasaññādayo[VRI]]. Tenāha—“vipassanā [hi[VRI]] tadaṅgavasena saddhiṃ khandābhisaṅkhārehi kilese pariccajatī”ti. (Vism-mhṭ)

21 Anāgāmissa avijjānusayo ca mānānusayo ca bhavarāgānusayo ca anuseti... pe. Dvinnaṃ puggalānaṃ avijjānusayo ca kāmarāgānusayo ca paṭighānusayo ca mānānusayo ca bhavarāgānusayo ca anusenti, no ca tesaṃ diṭṭhānusayo ca vicikicchānusayo ca anusenti. Puthujjanassa avijjanusayo ca anuseti kāmarāgānusayo ca paṭighānusayo ca mānānusayo ca diṭṭhānusayo ca vicikicchānusayo ca bhavarāgānusayo ca anusenti. (Yam)

22 Yassa kāmarāgānusayo anuseti tassa paṭighānusayo anusetīti? Āmantā... (Yam)

23 Evameva yamhi santāne anusayā appahīnā, yamhi vā pana nesaṃ santāne uppattipaccaye sati uppatti anivāritā, tattha anuppajjanakkhaṇepi uppannapubbañceva kālantare uppajjamanakañca upādāya yassa kāmarāgānusayo upajjati, a paṭighānusayo upajjatiyeva nāmā. (Abhidh-mlṭ)

24 亦見*The Path of Purification*, 716。Samathavipassanāvasena pana vikkhambhitampi... asamūhatuppannanti vuccati. (Vism 22.89)

25 *The Numerical Discourses*, 1247. Aniccasaññā bhāvetabbā asmimānasamugghātāya. Aniccasaññino, bhikkhave, anattasaññā saṇṭhāti, anattāsaññi asmimānasamugghātaṃ pāpuṇāti diṭṭheva dhamme nibbānaṃ. (AN 9.1)

26 Anattasaññā saṇṭhātīti aniccalakkhaṇe diṭṭhe anattalakkhaṇaṃ diṭṭhameva hoti. Etesu hi tīsu lakkhaṇesu [ekekasmiṃ[MS]][ekasmiṃ[VRI]] diṭṭhe itaradvayaṃ [diṭṭhamo[MS]] [diṭṭhameva[VRI]] hoti. Tena vuttam—“aniccasaññino, bhikkhave, anattasaññā saṇṭhātī”ti. (Mp)

27 *Sammohavinodanī*, PTS 50. 馬哈希大師在這段討論裡未引用巴利文。

28 Anattalakkaṇapaññāpanañhi aññassa kassaci avisayo, sabbaññubuddhānameva visayo. Evametaṃ anattalakkhañaṃ apākaṭaṃ. Tasmā satthā anattalakkhanaṃ dassento aniccena vā dassesi dukkhena vā, aniccdukkhena vā. (Vibh-a)

29 Anattalakkhaṇapaññāpanassa aññesaṃ avisayattā anattalakkhaṇadīpakānaṃ aniccadukkhalakkhaṇānañca paññāpanassa avisayatā dassitā hoti. Evaṃ pana duppaññāpanatā etesaṃ durūpaṭṭhānatāya hotīti. (Vibh-mlṭ)

30 Na hi ghaṭabhedakaṇṭakavedhādivasena labbhamānā aniccadukkhatā sattānaṃ ekantato anattadhigamahetū honti. Paccayappaṭibaddhatā-abhiṇhasampaṭipīḷanādivasena pana labhamānā honti, tatthā hi cakkhādīni kammādimahābhutadipaccayapaṭibaddhavuttīni, tato eva ahutvā sambhavanti hutvā paṭiventīti aniccāni, abhiṇhasampaṭipīḷitatthā dukkhāni, evaṃbhūtāni ca avasavattanato anattakānīti pariggahe ṭhitehi samupacitañāṇāsambhārehi passituṃ sakkā. (Vibh-mlṭ)

31 亦見 *The Path of Discrimination*, 178。Aniccato anupassanto niccasaññaṃ pajahati. (Paṭis 3.197)

32 亦見*The Path of Purification*, 663。...Yadaniccaṃ taṃ dukkhan”ti vacanato pana tadeva khandapañcakaṃ dukkhaṃ. Kasma? [Abhiṇhappaṭipīḷanā.[MS]] [Abhiṇhapaṭipīḷanā.[VRI]] [abhiṇhap-paṭipīḷanākāro [MS]] [abhiṇhapaṭipīḷanākāro [VRI]] dukkhalakkhaṇaṃ. (Vism 21.7)

33 Tīsu dukkhatāsu saṅkhāradukkhatāva byāpinī... (Vism-mhṭ)

34 亦見 *The Path of Purification*, 662–63。Dukkhalakkhaṇaṃ abhiṇhasampaṭipīḷanassa amanasikārā

iriyāpathehi paṭicchannattā na upaṭṭhāti... Abhiṇhasampaṭipīlanaṃ manasikatvā iriyāpathe ugghāṭite dukkhalakkhanaṃ yāthāvasarasato upaṭṭhāti. (Vism 21.3–4)

35 Ibid., 651. Dukkhānupassanaṃ bhāvento sukhasaññaṃ pajahati... (Vism 20.90)

36 亦見 *The Path of Discrimination*, 178。Dukkhato anupassanto sukhasaññaṃ pajahati. (Paṭis 3.197)

37 亦見*The Path of Purification*, 663。"Yaṃ dukkhaṃ tadanattā"ti pana vacanato tadeva khandhapañcakaṃ anattā. Kasmā? Avasavattanato. Avasavattanākāro anattalakkhaṇaṃ. (Vism 21.8)

38 Ibid., 662–63. Anattalakkhaṇaṃ nānādhātuvinibbhogassa amanasikārā ghanena paṭiccannattā na upaṭṭhāti... Nānādhātuyo vinibbhujitvā ghanavinibbhoge kate anattalakkhaṇaṃ yāthāvasarasato upaṭṭhāti. (Vism 21.3–4)

39 亦見*The Path of Purification*, 663, fn. 3。Yā hesā aññamaññūpatthaddesu samuditesu rūpārūpadhammesu ekattābhinivesavasena aparimadditasaṅkhārehi gayhamānā samūhaghanatā, tathā tesaṃ tesaṃ dhammānaṃ kiccabhedassa satipi paṭiniyatabhāve ekato gayhamānā kiccaghanatā, tathā sārammanadhammānaṃ satipi ārammaṇakaraṇabhede ekato gayhamānā ārammaṇaghanatā. ca, tā dātūsū ñāṇena vinibbhujitvā dissamānāsu, hatthena parimajjiyamāno pheṇapiṇḍo viya vilayaṃ gacchaṇti, "yathāpaccayaṃ pavattamānā suññā ete dhammā dhammattā"tī anattalakkhaṇaṃ pākaṭataraṃ hoti. Tena vuttaṃ "nānādhātuyo... pe... upaṭṭhātī"ti (Vism-mhṭ)

40 Ibid., 651. Anattato anupassanto attasaññāṃ [... [Vism.]] pajahati. (Vism 20.90)

41 Visesato dhammānaṃ khaṇikanirodhe aniccatāvohāroti dassento "hutvā abhāvo vā"-ti-ādimāha. (Vism-mhṭ)

42 Aniccato tāva anupassanā bhaṅgānupassakassa yuttā "bhaṅgā nāma aniccatāya paramā koṭī'ti. (Vism-mhṭ)

43 Ibid., 665. Yasmā bhaṅgo nāma aniccatāya paramā koṭī, tasmā so bhaṅgānupassako yogāvicaro sabbaṃ saṅkāragataṃ aniccato anupassati, no niccato. Tato aniccassa dukkhattā, dukkhassa [ca[VRI]] anattattā tadeva dukkhato anuppassati no sukhato. Anattato anupassati no attato. (Vism 21.15)

44 亦見 *The Path of Purification*, 651。Nibbidānupassanāṃ bhāveno nandiṃ pahajati. (Vism 20.90)

45 Nibbidānuppassanāyāti saṅkhāresu nibbindanākārena pavattāya anuppassanāya. Nanditoti sappītikataṇhāto. (Vism-mhṭ)

46 Virāgānupassanāyāti tathā virajjanākārena pavattāya anuppassanāya. (Vism-mhṭ)

47 這些術語的英譯引自 Matara Sri Ñānarama Mahāthera, The Seven Contemplations of Insight (Kandy: Buddhist Publication Society, 1995)。

48 亦見*The Path of Purification*, 283。Khayavirāgo'ti saṅkhārānaṃ khaṇabhaṅgo. Accantavirāgoti nibbānaṃ. Virāgānupassanāti tadubhayadassanavasena pavattā vippasanā ca maggā ca. (Vism 8.235)

*1 譯按：Ārammaṇato vā vipassanāya khayavirāgānupassanāvasena pavatti, tanninnabhāvato accantavirāgānupassanāvasena, maggassa pana asammohato khayavirāgānupassanāvasena, ārammaṇato accantavirāgānupassanāvasena pavatti veditabbā. (Vism-mhṭ)

49 亦見*The Path of Discrimination*, 178。Nibbindati no nandati, virajjati no rajjati. (Paṭis 3.197)

50 亦見*The Path of Purification*, 665。Yasmā pana yaṃ aniccaṃ dukkhamanattā, na taṃ abhinanditabbaṃ. Yañca anabhinanditabbaṃ, na tattha rajjitabbaṃ. Tasmā[etasmiṃ[Vism]][esa tasmiṃ[Psm Com'y]] bhaṅgānupassanānusārena "aniccaṃ dukkhamanattā"ti diṭṭhe saṅkhāragate nibbindati, no nandati. Virajjati, no rajjati. (Vism 21.16)

51 Nirodhānupassanāyāti saṅkhārānaṃ nirodhassa anupassanāya. Yathā saṅkhārā nirujjhantiyeva āyatiṃ punabbhavavasena na uppajjhanti, evaṃ vā anupassanā nirodhānupassanā. [Tenevāha "nirodhānupassanāya nirodheti, no samudetī"ti[Mula. Ti])] Muñcitukamyatā [hi[VRI]] ayaṃ balappattā. (Vism-mhṭ)

52 亦見 *The Path of Discrimination*, 178。Nirodheti, no samudeti... Nirodhento samudayaṃ pajahati. (Paṭis 3.197)

*2 譯按：So evaṃ arajjanto lokikeneva tāva ñāṇena rāgaṃ nirodheti, no samudeti. Samudayaṃ na karotīti attho. atha vā so evaṃ viratto yathā diṭṭhaṃ saṅkhāragataṃ, tathā adiṭṭhampi anvayañāṇavasena nirodheti, no samudeti. nirodhatova manasikaroti. nirodhamevassa passati, no samudayanti attho. (Vism)

53 用於《無礙解道》引文中的 nirodheti 這個詞，可用兩種方式分析而獲得兩種不同的定義。第一種，把它拆成字根 rudh，接頭詞 ni，兩個接尾詞 e 和 ti；第二種，把它拆成名詞 nirodha 和兩個接尾詞 e 和 ti。

54 Yathā diṭṭhaṃ sampati upaṭṭhitaṃ saṅkhāragataṃ nirodheti nirodhaṃ mansi karoti, [evaṃ[MS]] adiṭṭhampi atītānāgataṃ anvayañāṇavasena 'yathā idaṃ etarahi, evaṃ itarepī'ti anuminanto nirodheti, manasikatassāpi nirodhaṃ [manasi[MS]]karoti. (Vism-mhṭ)

55 Rāgaṃ nirodhetī'ti rāgaṃ vikkhambhananirodhaṃ pāpeti vikkhambhetīti attho. (Vism-mhṭ)

56 此句裡的巴利字 paṭisaṅkhāsantiṭṭhānā 意指「行捨智」。

57 Saṅkhārānaṃ paṭinissajjanākārena pavattā anupassanā paṭinissaggānupassanā. Paṭissaṅkhasantiṭṭhanā hi ayaṃ. (Vism-mhṭ)

58 *The Middle Length Discourses*, 234. Rūpaṃ bhikkhave na tumhākaṃ, taṃ pajahatha. (MN 22.40)

59 亦見*The Path of Purification*, 665–66。Ayampi aniccādi-anupassanā tadaṅgavasena saddhiṃ khandhābhisaṅkharehi kilesanaṃ pariccajanato, saṅkhatadosadassanena ca tabbiparīte nibbāne tanninnatāya pakkhandanato 'pariccāgapaṭinissaggo ceva pakkhandanapaṭinissaggo cā'ti vuccati. Tasmā tāya samannāgato bhikkhu yathāvuttena nayenakilese [ca[MS]] pariccajati, nibbāne ca pakkhandati. Nāpi nibbattanavasena kilese ādiyati, na adosadassitāvasena saṅkhatārammaṇaṃ. Tena vuccati 'paṭinissajjati no ādiyatī'ti. (Vism 21.18)

60 'Sattadhā aṭṭhārasadhā'ti-ādinā vibhattāpi hi anupassanāpakārā aniccānupassanādīvasena tīsu antogadhāti matthakappattā vipassanā tāsaṃ eva vasena tiṭṭhati. (Vism-mhṭ)

61 亦見 *The Path of Purification*, 652。[Yā ca aniccānupassanā yā ca animittānupassanā ime dhammā ekatthā byañjanameva nānaṃ. Tathā "yā ca dukkhānupassanā yā ca appaṇihitānupassanā, ime dhamma ekatthā, byañjanameva nānaṃ. [Vism only]] [Yā ca anattānupassanā yā ca suññatānupassanā, ime dhamma ekatthā byañjanameva.[Psm, Vism]] (Vism 20.91)

62 Ibid. Adhipaññādhammavipassanā pana sabbāpi vipassanā. Yathābhūtañāṇadas-sanaṃ kaṅkhāvitaraṇavisuddhiyā eva saṅgahitaṃ. (Vism 20.91)

63 Aniccānupassanāya hi siddhāya nirodhānupassanā, khayānupassanā, vayānupassanā, vipariṇāmānupassanā ca ekadesena siddhā nāma honti; dukkhānupassanāya siddhāya nibbidānupassanā, ādīnavānupassanā ca; anattānupassanāya siddhāya itarāti. (Vism-mhṭ)

64 Keci panettha 'aniccato anupassati, no niccatoti-adinā visuṃ dassanakiccaṃ natthi, bhaṅgadassaneneva sabbaṃ diṭṭhaṃ hotī'ti vadanti, taṃ bhaṅganupassanāya matthakappattiyaṃ

yuttaṃ, tato pana pubbabhage anekākāravokārā anupassanā icchitabbāva. (Vism-mhṭ)

65 亦見 *The Path of Discrimination*, 169。Vayalakkhaṇupaṭṭhānekattañca vipassakānaṃ. (Paṭis 3.17)

66 Khayānupassanāti paccuppannānaṃ rūpakkhandhādīnaṃ bhaṅgadassanañāṇañca taṃtaṃkhandhab haṅgadassanānantaraṃ tadārammaṇacittacetasikabhaṅgadassanañāṇañca. (Paṭis-a)

67 亦見*The Path of Purification*, 722。Khayānupassanāti pana ghanavinibbhogaṃ katvā aniccaṃ khayaṭṭhenāti evaṃ khayaṃ passato ñāṇaṃ. (Vism 22.114)

68 Bhaṅgānupassanato paṭṭhāya tassā pāripūrīti ghanasaññāya pahānaṃ hoti, tato pubbe aparipuṇṇatāya taṃ na hoti. Evamaññatthāpīti paripuṇṇāparipuṇṇatā pahānatīraṇapariññāsu vipassanāpaññāya daṭṭhabbā. (Vism-mhṭ)

69 亦見*The Path of Purification*, 722。Vayānupassanāti—Ārammaṇavayena, ubho ekavavatthānā; nirodhe adhimuttatā, vayalakkhaṇavipassanāti.— Evaṃ vuttā paccakkhato ceva anvayato ca saṅkhārānaṃ bhaṅgaṃ disvā tasmiññeva bhaṅgasaṅkhāte nirodhe adhimuttatā, tāya āyūhanassa pahānaṃ hoti. Yesaṃ hi atthāya āyūheyya, 'te evaṃ vayadhammā'ti vipassato āyūhane cittaṃ na namati. (Vism 22.115)

70 Ibid. Vipariṇāmānupassanāti rūpasattakādivasena taṃ taṃ paricchedaṃ atikkamma aññathāpavattidassanaṃ. [Athavā[MS]] Uppannassa vā jarāya ceva maraṇena ca dvīhākārehi [vi[VRI]] pariṇāmadassanaṃ... (Vism 22.116)

71 Vayānupassanāti paccuppannānaṃ khandhānaṃ bhaṅgadassanānataraṃ tadanvayeneva atītānagatakhandhānaṃ bhaṅgadassanañāṇaṃ. Vipariṇāmānupassanāti tasmiṃ bhaṅgasaṅkāte nirodhe adhimuttattā, atha sabbepi atītānāgatapaccuppannā khandhā vipariṇāmavantoti sabbesaṃ vipariṇāmadassanañāṇaṃ. (Paṭis-a)

72 亦見 *The Path of Purification*, 669。Nimittanti saṅkhāranimittaṃ. (Vism 21.34)

73 Saṅkhāranimittanti 'saṅkhārānaṃ samūhādighanavasena, sakiccaparicchedatāya ca saviggahānaṃ viya upaṭṭhānan'ti. (Vism-mhṭ)

74 亦見*The Path of Purification*, 691–92。Yasmā panesa aniccanupassanāya saṅkhāranaṃ ghanavinibbhogaṃ katvā niccanimittadhuvanimitta-sassatanimittāni pajahanto āgato, tasmā animitto. (Vism 21.122)

75 亦見*The Path of Discrimination*, 250。Aniccato manasikaroto khayato saṅkhārā upaṭṭhanti... (Paṭis 5.55)

76 Ibid., 262. Aniccato manasikaronto nimittaṃ yathābhūtaṃ [pa[MS]] jānāti passati. (Paṭis 5.78)

77 亦見*The Path of Purification*, 723。Adhipaññādhammavipassanāti—"Ārammaṇañca paṭisaṅkhā bhaṅgañca anupassati;suññato ca upaṭṭānaṃ, adhipaññā vipassanā"ti.Evaṃ vuttā rūpādi-ārammaṇaṃ jānitvā tassa ca ārammaṇassa tadāram-maṇassa ca cittassa bhaṅganaṃ disvā "saṅkhārāva bhijjanti, saṅkhārānaṃ maraṇaṃ, na añño koci attahī"ti bhaṅgavasena suññataṃ gahetvā pavattāvipassanā. Sā adhipaññā ca dhammesu ca vipassanāti katvā adhipaññādham-mavipassanāti vuccati, tāya niccasārābhāvassa ca attasārābhāvassa ca suṭṭhu diṭṭhattā sārādānābhinivesassa pahānaṃ hoti. (Vism 22.118)

78 Ibid. Yathābhūtañāṇadassananti sappaccayanāmarūpapariggaho, tena "ahosiṃ nu kho ahaṃ atītamaddhānan"ti-ādivasena ceva, "issarato loko sambhotī"ti-ādivasena ca pavattassa sammohābhini- vesassa pahānaṃ hoti. (Vism 22.119)

79 Saṃsayamicchāñāṇānaṃ vasena sammuyhanaṃ sammoho... (Vism-mhṭ)

80 亦見*The Path of Purification*, 723。Ādīnavānupassanāti bhayatupaṭṭhānavasena uppannaṃ sabbabhavādīsu ādinavadassanañāṇaṃ, tena 'kiñci alliyitabbaṃ na dissatī'ti-ālayābhinivesassa pahānaṃ hoti. (Vism 22.120)

81 Saṅkhāresu leṇatāṇabhāvaggahaṇaṃ ālayābhiniveso atthato bhavanikanti. (Vism-mhṭ)

82 亦見*The Path of Purification*, 723。Paṭisaṅkhānupassanāti muñcanassa upāyakaraṇaṃ paṭisaṅkhāñāṇaṃ, tena appaṭisaṅkhāya pahānaṃ hoti. (Vism 22.120)

83 Saṅkhārānaṃ muñcanassa upāyabhūtaṃ paṭisaṅkhāñāṇaṃ paṭisaṅkhānupassanā, tāya aniccādīsu [appaṭisaṅkhānaṃ tattha[MS]] [appaṭisaṅkhātatthā[VRI]] paṭisaṅkhānassa paṭipakkhabhūtaṃ [avijjā[MS]] [avijjaṃ[VRI]] pajahati. (Vism-mhṭ)

84 亦見*The Path of Purification*, 723。Vivaṭṭānupassanāti saṅkhrupekkhā ceva anulomañca. Tadā hissa cittaṃ īsakapoṇe padumapalāse udukabindu viya sabbasmā saṅkhāragatā patilīyati, patikuṭati, pativattatīti vuttaṃ. Tasmā tāyasaṃyogābhinivesassa pahānaṃ hoti. (Vism 22.121)

85 Yathā cittaṃ saṅkhāre muñcitvā vivaṭṭaṃ nibbanaṃ pakkhandati, tathā pavattanato [saṅkhāre[MS]] [saṅkhārupekkhā ca[VRI]] anulomanañca 'vivaṭṭānupassanā'ti [vuttaṃ[VRI]]. Niviṭṭhabhāvena ogāḷhabhāvena pavattasaṃyojanādikilesā eva kilesābhiniveso. (Vism-mhṭ)

橡樹林文化 ❖❖ 善知識系列 ❖❖ 書目

JB0001	狂喜之後	傑克・康菲爾德◎著	380 元
JB0002	抉擇未來	達賴喇嘛◎著	250 元
JB0004X	東方大日	邱陽・創巴仁波切◎著	400 元
JB0005	幸福的修煉	達賴喇嘛◎著	230 元
JB0006X	初戀三摩地	一行禪師◎著	280 元
JB0007X	森林中的法語	阿姜查◎著	320 元
JB0010X	達賴喇嘛　禪修地圖	達賴喇嘛◎著	320 元
JB0011	你可以不怕死	一行禪師◎著	250 元
JB0012X	平靜的第一堂課——觀呼吸	德寶法師 ◎著	280 元
JB0014Y	觀照的奇蹟	一行禪師◎著	300 元
JB0015	阿姜查的禪修世界——戒	阿姜查◎著	220 元
JB0016	阿姜查的禪修世界——定	阿姜查◎著	250 元
JB0017	阿姜查的禪修世界——慧	阿姜查◎著	230 元
JB0018Y	遠離四種執著	究給・企千仁波切◎著	300 元
JB0019Y	禪者的初心（暢銷全球五十週年紀念版）	鈴木俊隆◎著	300 元
JB0020X	心的導引	薩姜・米龐仁波切◎著	240 元
JB0021X	佛陀的聖弟子傳 1	向智長老◎著	240 元
JB0022	佛陀的聖弟子傳 2	向智長老◎著	200 元
JB0023	佛陀的聖弟子傳 3	向智長老◎著	200 元
JB0024	佛陀的聖弟子傳 4	向智長老◎著	260 元
JB0025	正念的四個練習	喜戒禪師◎著	260 元
JB0027	見佛殺佛	一行禪師◎著	220 元
JB0028	無常	阿姜查◎著	220 元
JB0029	覺悟勇士	邱陽・創巴仁波切◎著	230 元
JB0030	正念之道	向智長老◎著	280 元
JB0032	統御你的世界	薩姜・米龐仁波切◎著	240 元
JB0033	親近釋迦牟尼佛	髻智比丘◎著	430 元
JB0034	藏傳佛教的第一堂課	卡盧仁波切◎著	300 元
JB0035	拙火之樂	圖敦・耶喜喇嘛◎著	280 元
JB0037X	一行禪師　活在正念的愛裡	一行禪師◎著	300 元
JB0038	專注力	B・艾倫・華勒士◎著	250 元

JB0039Y	輪迴的故事	堪欽慈誠羅珠◎著	350 元
JB0040	成佛的藍圖	堪千創古仁波切◎著	270 元
JB0041	事情並非總是如此	鈴木俊隆禪師◎著	240 元
JB0042X	祈禱的力量	一行禪師◎著	300 元
JB0044	當光亮照破黑暗	達賴喇嘛◎著	300 元
JB0045	覺照在當下	優婆夷紀・那那蓉◎著	300 元
JB0046	大手印暨觀音儀軌修法	卡盧仁波切◎著	340 元
JB0047X	蔣貢康楚閉關手冊	蔣貢康楚羅卓泰耶◎著	260 元
JB0048X	開始學習禪修	凱薩琳・麥唐諾◎著	320 元
JB0049X	我可以這樣改變人生	堪布慈囊仁波切◎著	300 元
JB0050	不生氣的生活	W. 伐札梅諦◎著	250 元
JB0052	一心走路	一行禪師◎著	280 元
JB0054	觀世音菩薩妙明教示	堪布慈囊仁波切◎著	350 元
JB0058	慈悲與智見	達賴喇嘛◎著	320 元
JB0059	親愛的喇嘛梭巴	喇嘛梭巴仁波切◎著	320 元
JB0062X	白話《菩提道次第廣論》	宗喀巴大師◎著	550 元
JB0063	離死之心	竹慶本樂仁波切◎著	400 元
JB0065X	夢瑜伽與自然光的修習	南開諾布仁波切◎著	320 元
JB0067X	最勇敢的女性菩薩：綠度母	堪布慈囊仁波切◎著	350 元
JB0069	接觸大地：與佛陀的親密對話	一行禪師◎著	220 元
JB0070	安住於清淨自性中	達賴喇嘛◎著	480 元
JB0072S	菩薩行的祕密【上下冊】	佛子希瓦拉◎著	799 元
JB0073	穿越六道輪迴之旅	德洛達娃多瑪◎著	280 元
JB0074X	突破修道上的唯物	邱陽・創巴仁波切◎著	350 元
JB0078	見之道	根松仁波切◎著	330 元
JB0079	彩虹丹青	祖古・烏金仁波切◎著	340 元
JB0082	進入禪定的第一堂課	德寶法師◎著	300 元
JB0083	藏傳密續的真相	圖敦・耶喜喇嘛◎著	300 元
JB0085	本智光照：功德寶藏論　顯宗分講記	遍智　吉美林巴◎著	380 元
JB0086	普賢王如來祈願文	竹慶本樂仁波切◎著	320 元
JB0088	不依執修之佛果	敦珠林巴◎著	320 元
JB0089	本智光照：功德寶藏論　密宗分講記	遍智　吉美林巴◎著	340 元
JB0090	三主要道論	堪布慈囊仁波切◎講解	280 元
JB0091	千手千眼觀音齋戒：紐涅的修持法	汪遷仁波切◎著	400 元

JB0092	回到家，我看見真心	一行禪師◎著	220 元
JB0093	愛對了	一行禪師◎著	260 元
JB0095X	次第花開	希阿榮博堪布◎著	400 元
JB0096	楞嚴貫心	果煜法師◎著	380 元
JB0097	心安了，路就開了：讓《佛說四十二章經》成為你人生的指引	釋悟因◎著	320 元
JB0098	修行不入迷宮	札丘傑仁波切◎著	320 元
JB0099	看自己的心，比看電影精彩	圖敦・耶喜喇嘛◎著	280 元
JB0100	自性光明・法界寶庫論	大遍智　龍欽巴尊者◎著	480 元
JB0101X	穿透《心經》：原來，你以為的只是假象	柳道成法師◎著	380 元
JB0102	直顯心之奧秘：大圓滿無二性的殊勝口訣	祖古貝瑪・里沙仁波切◎著	500 元
JB0103	一行禪師講《金剛經》	一行禪師◎著	320 元
JB0104	一行禪師談生命真正的快樂：金錢與權力能帶給你什麼？	一行禪師◎著	300 元
JB0105	一行禪師談正念工作的奇蹟	一行禪師◎著	280 元
JB0106	大圓滿如幻休息論	大遍智　龍欽巴尊者◎著	320 元
JB0107	覺悟者的臨終贈言：《定日百法》	帕當巴桑傑大師◎著 堪布慈囊仁波切◎講述	300 元
JB0109	快樂來自心	喇嘛梭巴仁波切◎著	280 元
JB0110	正覺之道・佛子行廣釋	根讓仁波切◎著	550 元
JB0111	中觀勝義諦	果煜法師◎著	500 元
JB0112	觀修藥師佛：祈請藥師佛，能解決你的困頓不安，感受身心療癒的奇蹟	堪千創古仁波切◎著	300 元
JB0113	與阿姜查共處的歲月	保羅・布里特◎著	300 元
JB0114	正念的四個練習	喜戒禪師◎著	300 元
JB0115	揭開身心的奧秘：阿毗達摩怎麼說？	善戒禪師◎著	420 元
JB0116	一行禪師講《阿彌陀經》	一行禪師◎著	260 元
JB0117	一生吉祥的三十八個祕訣	四明智廣◎著	350 元
JB0118	狂智	邱陽創巴仁波切◎著	380 元
JB0119	療癒身心的十種想——兼行「止禪」與「觀禪」的實用指引，醫治無明、洞見無常的妙方	德寶法師◎著	320 元
JB0120	覺醒的明光	堪祖蘇南給稱仁波切◎著	350 元
JB0121	大圓滿禪定休息論	大遍智　龍欽巴尊者◎著	320 元
JB0122X	正念的奇蹟	一行禪師◎著	300 元
JB0123	一行禪師　心如一畝田：唯識 50 頌	一行禪師◎著	360 元

JB0124X	一行禪師 你可以不生氣：佛陀的最佳情緒處方	一行禪師◎著	320 元
JB0125	三句擊要： 以三句口訣直指大圓滿見地、觀修與行持	巴珠仁波切◎著	300 元
JB0126	六妙門：禪修入門與進階	果煜法師◎著	400 元
JB0127	生死的幻覺	白瑪桑格仁波切◎著	380 元
JB0129	禪修心經——萬物顯現，卻不真實存在	堪祖蘇南給稱仁波切◎著	350 元
JB0130	頂果欽哲法王：《上師相應法》	頂果欽哲法王◎著	320 元
JB0131	大手印之心：噶舉傳承上師心要教授	堪千創古仁切波◎著	500 元
JB0132	平心靜氣：達賴喇嘛講《入菩薩行論》〈安忍品〉	達賴喇嘛◎著	380 元
JB0133	念住內觀：以直觀智解脫心	班迪達尊者◎著	380 元
JB0134	除障積福最強大之法——山淨煙供	堪祖蘇南給稱仁波切◎著	350 元
JB0135	撥雲見月：禪修與祖師悟道故事	確吉．尼瑪仁波切◎著	350 元
JB0136X	醫者慈悲心：對醫護者的佛法指引	確吉．尼瑪仁波切 大衛．施林醫生 ◎著	350 元
JB0137	中陰指引——修習四中陰法教的訣竅	確吉．尼瑪仁波切◎著	350 元
JB0138X	佛法的喜悅之道	確吉．尼瑪仁波切◎著	350 元
JB0139	當下了然智慧：無分別智禪修指南	確吉．尼瑪仁波切◎著	360 元
JB0140	生命的實相——以四法印契入金剛乘的本覺修持	確吉．尼瑪仁波切◎著	360 元
JB0141	邱陽創巴仁波切 當野馬遇見上師：修心與慈觀	邱陽創巴仁波切◎著	350 元
JB0142	在家居士修行之道——印光大師教言選講	四明智廣◎著	320 元
JB0143	光在，心自在 〈普門品〉陪您優雅穿渡生命窄門	釋悟因◎著	350 元
JB0144	剎那成佛口訣——三句擊要	堪祖蘇南給稱仁波切◎著	450 元
JB0145	進入香巴拉之門——時輪金剛與覺囊傳承	堪祖嘉培珞珠仁波切◎著	450 元
JB0146	（藏譯中）菩提道次第廣論： 抉擇空性見與止觀雙運篇	宗喀巴大師◎著	800 元
JB0147	業力覺醒：揪出我執和自我中心， 擺脫輪迴束縛的根源	圖丹．卻准◎著	420 元
JB0148	心經——超越的智慧	密格瑪策天喇嘛◎著	380 元
JB0149	一行禪師講《心經》	一行禪師◎著	320 元
JB0150	寂靜之聲——知念就是你的皈依	阿姜蘇美多◎著	500 元
JB0151	我真正的家，就在當下—— 一行禪師的生命故事與教導	一行禪師◎著	360 元
JB0152X	達賴喇嘛講三主要道—— 宗喀巴大師的精華教授	達賴喇嘛◎著	360 元

Published by agreement with Wisdom Publications through the Chinese Connection Agency, a division of The Yao Enterprises, LLC.

善知識　JB0164

馬哈希大師 內觀手冊 Manual of Insight

作　　者／馬哈希大師（Mahāsi Sayadaw）
中 譯 者／溫宗堃、何孟玲
責任編輯／陳芊卉
封面設計／周家瑤
內頁排版／菩薩蠻電腦科技有限公司
業　　務／顏宏紋
印　　刷／漾格科技股份有限公司

發 行 人／何飛鵬
事業群總經理／謝至平
總 編 輯／張嘉芳
出　　版／橡樹林文化
台北市南港區昆陽街 16 號 4 樓
電話：886-2-2500-0888 #2738　傳真：886-2-2500-1951
發　　行／英屬蓋曼群島商家庭傳媒股份有限公司城邦分公司
台北市南港區昆陽街 16 號 8 樓
客服專線：02-25007718；02-25007719
24 小時傳真專線：02-25001990；02-25001991
服務時間：週一至週五上午 09:30-12:00；下午 13:30-17:00
劃撥帳號：19863813　戶名：書虫股份有限公司
讀者服務信箱：service@readingclub.com.tw
城邦網址：http://www.cite.com.tw
香港發行所／城邦（香港）出版集團有限公司
香港九龍土瓜灣土瓜灣道 86 號順聯工業大廈 6 樓 A 室
電話：852-25086231　傳真：852-25789337
電子信箱：hkcite@biznetvigator.com
馬新發行所／城邦（馬新）出版集團
Cite（M）Sdn. Bhd.（458372U）
41, Jalan Radin Anum, Bandar Baru Seri Petaling,
57000 Kuala Lumpur, Malaysia.
電話：+6(03)-90563833　傳真：+6(03)-90576622
電子信箱：services@cite.my

一版一刷／ 2025 年 2 月
ISBN：978-626-7449-55-4（紙本書）
ISBN：978-626-7449-54-7（EPUB）
售價：800 元

城邦讀書花園
www.cite.com.tw

國家圖書館出版品預行編目（CIP）資料

馬哈希大師 內觀手冊 / 馬哈希大師 (Mahāsi Sayadaw) 著 ; 內觀慈心基金會翻譯團隊英譯 ; 溫宗堃 , 何孟玲中譯 . -- 一版 . -- 臺北市 : 橡樹林文化出版 : 英屬蓋曼群島商家庭傳媒股份有限公司城邦分公司發行 , 2025.02
面 ;　公分 . -- (善知識 ; JB0164)
譯自 : Manual of insight
ISBN 978-626-7449-55-4 (平裝)

1.CST: 佛教修持
225.7　113018500

廣　告　回　函
北區郵政管理局登記證
北 台 字 第 10158 號

郵資已付　免貼郵票

115 台北市南港區昆陽街 16 號 4 樓

城邦文化事業股份有限公司

橡樹林出版事業部　收

請沿虛線剪下對折裝訂寄回，謝謝！

|橡|樹|林|

書名：馬哈希大師 內觀手冊　書號：JB0164

橡樹林文化

讀者回函卡

感謝您對橡樹林出版社之支持，請將您的建議提供給我們參考與改進；請別忘了給我們一些鼓勵，我們會更加努力，出版好書與您結緣。

姓名：________ □女 □男 生日：西元________年

Email：________

● 您從何處知道此書？

□書店 □書訊 □書評 □報紙 □廣播 □網路 □廣告 DM

□親友介紹 □橡樹林電子報 □其他________

● 您以何種方式購買本書？

□誠品書店 □誠品網路書店 □金石堂書店 □金石堂網路書店

□博客來網路書店 □其他________

● 您希望我們未來出版哪一種主題的書？（可複選）

□佛法生活應用 □教理 □實修法門介紹 □大師開示 □大師傳記

□佛教圖解百科 □其他________

● 您對本書的建議：

____

____

____

非常感謝您提供基本資料，基於行銷及客戶管理或其他合於營業登記項目或章程所定業務需要之目的，家庭傳媒集團（即英屬蓋曼群商家庭傳媒股分有限公司城邦分公司、城邦文化事業股分有限公司、書虫股分有限公司、墨刻出版股分有限公司、城邦原創股分有限公司）於本集團之營運期間及地區內，將不定期以MAIL訊息發送方式，利用您的個人資料於提供讀者產品相關之消費與活動訊息，如您有依照個資法第三條或其他需服務之務，得致電本公司客服。

我已經完全了解左述內容，並同意本人資料依上述範圍內使用。

________（簽名）